国家科学技术学术著作出版基金资助出版

产品与服务开发中的智能决策与优化

雒兴刚　唐加福　张忠良　李延来　著

科学出版社
北　京

内 容 简 介

本书是一部关于产品与服务开发管理的研究专著。针对产品与服务的设计与开发过程，本书结合企业实际需求凝练了其中的一些关键决策和优化问题，内容涉及开发项目调度、开发任务指派、顾客需求排序、新产品定位、产品平台规划、产品族优化设计、产品配置推荐、产品定价和捆绑策略等多方面的研究工作，书中采用了运筹学、统计分析、优化算法、数据挖掘、机器学习和系统仿真等多种研究方法，并附有大量应用问题的计算实例。

本书可供从事产品与服务设计及开发管理研究的科研人员和工程技术人员阅读，也可以作为管理科学与工程、系统工程等专业的研究生、教学与科研人员的参考书。

图书在版编目（CIP）数据

产品与服务开发中的智能决策与优化 / 雒兴刚等著. —北京：科学出版社，2021.3

ISBN 978-7-03-063563-1

Ⅰ. ①产… Ⅱ. ①雒… Ⅲ. ①产品开发－智能决策－决策支持系统 Ⅳ. ①F273

中国版本图书馆 CIP 数据核字（2019）第 273228 号

责任编辑：魏如萍 / 责任校对：贾娜娜
责任印制：张 伟 / 封面设计：无极书装

科学出版社 出版
北京东黄城根北街 16 号
邮政编码：100717
http://www.sciencep.com

北京捷迅佳彩印刷有限公司 印刷
科学出版社发行 各地新华书店经销
*
2021 年 3 月第 一 版 开本：720 × 1000 B5
2021 年 5 月第二次印刷 印张：26 1/4
字数：530 000

定价：258.00 元

（如有印装质量问题，我社负责调换）

序　一

产品开发在企业生产活动中占有重要的地位，是企业提高经济效益和保持竞争优势的重要手段。从产品开发到最终交付至用户，企业需要历经规划、设计、生产、配送、营销等多个环节。目前，管理科学与工程领域的相关研究大部分集中于生产、配送、营销等环节，对于前期的产品规划与设计过程的研究相对偏少，传统的产品开发管理的理论体系还需要进一步拓展和完善。

另外，随着信息革命和生产力的不断发展，服务业在国民经济中的比重逐渐攀升，许多传统的制造类企业开始向服务型企业转型，新的服务模式不断涌现，为现代服务业发展提供了广阔的发展空间。服务作为一种无形的产品，其开发过程与产品开发既有联系又有区别，服务设计、流程设计和服务系统设计有其自身的特点，因此需要进行深入探讨和研究。

在此背景下，作者结合多年的研究基础和实践经验，根据其承担的国家自然科学基金委员会重点项目研究成果，将产品与服务开发中的一些管理决策新方法的研究成果及多个案例和应用研究撰写成书，从理论、方法和应用多个层面，通过深入浅出的语言阐述了一套完整的智能决策理论体系。针对产品与服务开发中的项目任务调度、任务指派、质量功能展开中的需求排序、产品开发中的产品定位、产品平台的规划、产品族的优化设计、产品配置的推荐、产品与服务的定价等基础科学问题进行了深入研究，提出了解决研究问题的科学理论和方法，并进行了案例分析和讨论。这些研究成果对于企业的产品开发实践具有很好的参考和指导作用，对于丰富已有的产品开发理论和应用实践具有启迪意义，对于企业提高产品开发管理水平具有应用价值。

该书内容深入翔实，其主要特点之一是既涵盖了有理论深度的研究内容，同时给出了许多实际案例和实验分析，有助于读者深入理解书中的理论和方法并在产品开发实践中予以灵活运用。

当然，产品与服务开发领域还有许多更为广泛的研究工作需要该书作者继续深入研究，祝愿该领域能够呈现更多有价值的创新研究成果，协助中国企业完成从中国制造到中国创造的宏伟目标。

新信息技术的广泛普及和纵深发展，必将为产品开发领域带来新的需求和研究问题，需要众多国内外学者的共同协作和努力。我相信该书的出版必将为企业推进产品开发过程的智能化、改进产品服务质量、提高企业竞争能力提供必要的理论指导，也必将产生重要的影响。

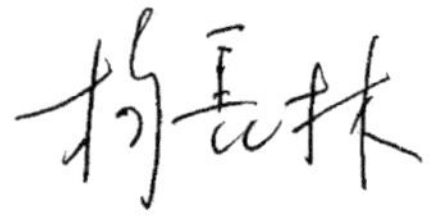

2019 年 11 月

序　二

进入 21 世纪以来，随着云计算、大数据、区块链、移动通信、人工智能等新兴信息通信技术的不断发展，现代企业正面临数字化、网络化、智能化全面融合发展的历史机遇，企业传统的管理机制和运营模式开始发生变革，由此带来的一系列新科学问题亟待深入研究。产品与服务开发可以帮助企业从设计源头上确保产品质量、改善成本结构、提升用户体验、提高产品附加值，从而帮助企业获得更大的市场空间。产品开发是一个非常复杂的信息和业务处理过程，是系统工程理论方法在产品工程中的应用，需要设计、材料、工艺和控制等技术的联合攻关，同时里面蕴含了大量的优化决策问题，有必要应用系统工程的理论与方法来帮助开发者做出科学的判断和决策。

该书的部分成果是作者在东北大学工作或学习期间完成的，我很高兴看到他们在产品与服务开发管理领域取得的一系列创新性研究成果，并在国家自然科学基金委员会重点项目的支持下撰写《产品与服务开发中的智能决策与优化》一书。

该书从系统工程的视角出发，凝练了产品开发管理中的一些重要决策问题，涉及产品开发项目的任务调度和指派、用户需求分析和排序、产品定位和规划、产品平台优化设计、产品配置和定价等，不仅建立了这些问题的数学模型，提出了相应的解决方法，而且形成了一套产品开发决策支持的系统方法，并针对多个实际的产品和服务案例进行了研究分析。书中的最后两章还分别提供了一个产品配方设计的实际应用案例和一个套餐服务设计的应用案例。该书的大部分内容都曾发表于管理科学领域的一些重要国际期刊，这些研究工作来源于设计类企业的开发管理实践，可为中国企业提高产品开发和设计过程的科学水平提供理论指导。

该书内容丰富，深入翔实，不仅回顾了产品与服务开发相关研究主题的国内外研究现状与前沿，而且从建模与优化角度提出了典型产品开发决策问题的解决方案，还附有一些数值实验、案例分析和相关讨论，可以由此了解作者用系统工程思维来分析复杂问题的研究思路和方法。

近年来，我国服务业的产值在国民经济中的地位和比重正在不断攀升，许多传统的产品导向型企业开始向服务导向型企业转型。企业为用户提供的服务可以看作一种特殊的无形产品，具有一些与有形产品完全不同的特点。书中的一些章节涉及了服务开发和设计工作，这一研究领域需要作者及更多学者继续深入研究，希望将来能呈现更多有价值的思考和研究成果。

我相信该书的出版，对于丰富产品与服务开发决策相关理论和提高我国企业产品开发管理水平，将产生重要的影响。

唐立新

2019 年 11 月

前　言

产品开发是指从产品（新产品或改进产品）的调研、构思、规划、设计、试制、鉴定、生产到销售的全过程，是具有创造能力的综合信息处理过程。服务作为一种特殊类型的无形产品，其开发和设计过程与有形产品相比，既有共性也具有一些不同的特征。产品与服务开发是一项系统工程，涉及管理理论、信息技术、统计工具、优化方法、人工智能、系统工程、社会科学等多个学科的领域知识，需要跨组织和跨部门的相关人员协作完成。产品与服务开发对于企业的重要性是不言而喻的，它不但是企业生存的核心竞争力保障和企业发展的重要基石，还是企业提高经济效益的重要途径之一。

然而，产品与服务开发也是一项高风险活动，有相当比例的产品与服务开发最终以失败告终。一方面，产品与服务的开发周期较长，期间可能面临多学科交叉、跨部门协调、成本结构变化、市场需求不确定等问题，这都会增加产品与服务开发工作的难度。另一方面，许多企业特别是中小型企业的产品开发过程仅仅凭借设计经验和直觉来进行，普遍存在设计知识依赖于个人、设计方案不够优化和项目周期不易控制等问题。因此，企业在产品与服务开发中除了需要攻坚解决技术难题，还需要掌握先进的管理科学理论、工具和方法以指导开发实践，提高开发过程的效率，缩短开发周期。

近年来，新的信息通信和人工智能技术发展突飞猛进，一些基础学科如统计分析、优化理论和数学建模等在许多领域得到了广泛的应用和推广。这些背景为产品与服务开发能力的提升提供了机遇，企业迫切需要基于定量分析的管理科学与工程方面的理论与方法，通过数据驱动、机器学习和数学建模等工具，在开发过程中进行科学的选择和决策，对设计方案进行优化和改进。通过结合工程领域知识和专家经验，定量建模方法可以为决策者提供策略选择参考，为设计者提供推荐的设计方案。

基于此，本书作者及其研究团队针对产品与服务开发中的实际需求进行了分析，凝练了一些基础科研问题并开展了研究，提出了一系列与产品和服务开发相关的创新性理论和方法，并在一些典型的产品和服务类企业中得到了成功的应用。

本书汇集了近年来作者及其研究团队在产品开发管理领域的阶段性研究成果，主要聚焦于产品与服务开发相关基础科研问题的定量分析、优化建模和算法设计等研究成果。希望本书能为设计类企业提供有益的参考，为对这一领域研究感兴趣的学者开拓思路。

全书共分 12 章。第 1 章介绍了相关概念及综述。第 2 章至第 10 章从理论层面针对产品开发管理中的一些关键决策问题提出了数学模型和解决方法。第 11 章和第 12 章从行业应用层面分别介绍了一个产品案例和一个服务案例。

本书是作者及其研究团队集体智慧的结晶。雒兴刚教授统筹全书，并负责第 1、2、4、6、8、9、10 章的撰写；唐加福教授负责第 12 章的撰写；张忠良副教授负责第 5、7、11 章的撰写；李延来教授负责第 3 章的撰写；张铁军、张子辰、齐微、赵亮、刘乐等研究生也参与了相关章节的撰写工作。

作者根据上述素材筛选、编辑并统稿。由于本书涉及的专业面广，作者和研究生的水平有限，加上时间仓促，书中难免存在不足之处，恳请读者批评指正。

作者首先要感谢国家自然科学基金委员会管理科学部重点项目（71831006；71831003）、面上项目（71771070；71872153）和青年科学基金项目（71801065）以及浙江省属高校基本科研业务费重点项目（GK209907299001-202）对本书相关研究工作的资助和支持。

感谢课题组的教师和研究生多年来的辛勤工作和奉献精神；感谢加拿大卡尔加里大学的涂忆柳教授、中国香港理工大学的 CK Kwong 教授、美国佐治亚理工学院的焦建新教授多年来与作者的研究合作和深厚情谊。

作者还要特别感谢国家自然科学基金委员会管理科学部领导对课题组的指导和帮助；感谢黄海军教授、于景元研究员、徐伟宣研究员、盛昭瀚教授、党延忠教授、华中生教授、胡祥培教授、王红卫教授、蒋炜教授、赵林度教授等在研究过程中给予的无私帮助和学术建议。

本书在撰写和出版过程中还得到了科学出版社经管分社马跃社长、魏如萍编辑和编辑部其他同志的支持和帮助，在此一并表示衷心的感谢。

作　者

2019 年 11 月于杭州电子科技大学

目　　录

第1章　导　论

1.1　产品开发概论

1.1.1　产品开发的概念和意义

产品可以被用户使用和消费，能满足用户某种需求，具体包括有形的物品、无形的服务及它们的组合等（吴健安，2011）。产品开发是指从产品的调研、构思、规划、设计、试制、鉴定、生产到销售的全过程，它不仅包括旧产品的改进，也包括新产品的研制（李志广，1993）。产品开发也可以看作一系列将输入（顾客需求、竞争分析和预算投入等）转化为输出（物理形式、属性设置和逻辑过程等）的相互关联或作用的活动，是一种具有创造能力的综合信息处理过程。

如图 1.1 所示，产品开发是一项典型的系统工程，需要考虑各种企业资源信息，如开发时间、人力资源、设备设施、制造环境、供应链、营销渠道、配送网络等，同时，产品开发涉及多领域和多学科，如管理理论、信息技术、统计工具、优化方法、人工智能、系统工程、心理学、人机工程及工程领域知识等。因此，需要企业跨部门相关人员密切协作来完成。

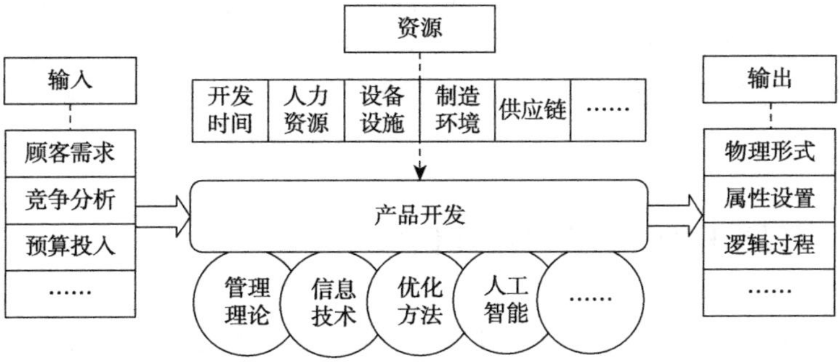

图 1.1　产品开发示意图

产品开发是企业赖以生存的主要支柱之一。随着新技术的不断涌现，产品更新换代的速度不断加快，如果企业不及时进行产品开发，将很难在日益激烈的市场竞争环境中生存。从某种意义上来说，企业的产品开发能力是企业生存的核心竞争力保障和企业发展的重要基石。另外，产品开发也是企业提高经济效益的重要途径之一。新产品或改进的产品往往具有更强的性能、更低的成本、更多的技术含量和更高的附加价值，因此能更好地吸引顾客和满足用户需求，为企业带来更大的经济效益。

然而，产品开发过程也蕴含着巨大的风险，可能来自技术、市场、环境、管理、金融等多个方面。例如，产品开发的步伐赶不上技术发展的速度，导致产品过时而被快速淘汰；产品定位出现偏差和错误，导致产品无法吸引目标客户；竞争对手公司抢先推出相似产品，导致产品的竞争加剧；产品开发过程中市场需求发生变化，导致开发的产品滞销；银行贷款利率提高，导致产品开发项目的投资风险；开发的产品有设计缺陷或安全隐患，导致召回损失或产品质量事故等。

因此，产品开发对于企业发展具有举足轻重的作用，企业需要对在产品开发中涉及的各种决策问题做出正确的选择，同时具有对产品设计方案进行持续优化的能力。实际上，产品开发是一个动态和连续的过程，其中涉及大量的定性和定量信息，存在各类的不确定性，包含数据整理与分析、产品开发方案的选择与确定、产品平台的结构分析、产品特性水平值的确定、企业资源的投入与配置、产品生产及营销策略制定等一系列复杂任务。

目前，我国企业在产品开发过程中很大程度上依赖设计经验和设计直觉，缺乏对数据的有效利用和分析，定量科学理论和方法特别是优化和决策方法的应用不够普及，这些问题都在一定程度上限制了我国企业的产品开发和设计水平，削弱了我国企业在国际市场中的竞争力。

近年来，随着信息技术的不断发展，数据分析、人工智能和优化方法的应用已经深入众多企业领域，新的理论、工具和方法正在不断涌现，这都为企业产品开发及产品设计提供了良好的契机。在结合具体产品专业领域知识的基础上，如何在产品开发过程中有效利用智能决策方法和智能优化方法，通过科学的定量分析和优化理论来提高设计过程的效率，成为我国企业迫切需要解决的一个重要问题。

1.1.2　产品开发的主要阶段及任务

产品开发是一个长期和复杂的过程，一般可分为概念设计、系统设计、详细设计、测试改进和产品投产等几个阶段（Ulrich and Eppinger，2015），涉及的企业相关部门主要有营销部门、设计部门和生产部门等。产品开发过程中相关部门的主要任务如表 1.1 所示。

表 1.1　产品开发过程中相关部门的主要任务

部门	概念设计	系统设计	详细设计	测试改进	产品投产
营销部门	分析细分市场 选择代表性顾客 分析竞争公司相关产品	定义产品选项 设计产品线	制订营销计划	安排测试计划	为部分顾客提供早期出产的产品
设计部门	验证产品可行性 进行工业设计 原型设计与分析	确定系统模块 设计系统接口 建立产品平台 精炼工业设计	设计零件实体 进行公差设计 输出工程图	测试可靠性 测试性能 取得调控许可 实现设计更改	评估早期出产的产品
生产部门	预估生产成本 评价生产可行性 评估供应链	选择供应商 进行自制分析确定装配计划	确定加工工艺 确定质量控制措施和方案	启动供应商程序 改进加工工艺 改进装配方案	开始生产系统的运作管理

在经过前期的商业目标确定、市场调研和可行性分析论证的基础上，概念设计阶段旨在验证产品可行性，选择目标产品形状、性能和特征的基本方案。在这一阶段，营销部门要进行市场调研工作，分析细分市场的特征，从中遴选代表性顾客，分析竞争公司的相关产品。设计部门要进行设计概念的生成和比较，验证产品的可行性，对产品进行工业设计，制造原型产品并进行分析和改进。生产部门则配合设计部门评估产品的生产可行性，估算产品的生产成本，同时对产品的生产供应链进行评估。

在系统设计阶段，企业需要定义和建立产品架构和产品结构，在保证满足细分市场顾客需求的基础上，通过模块化和标准化来缩减成本。营销部门问询代表性顾客，通过分析其多样化需求来定义产品选项，并结合竞争性产品的信息设计产品线。设计部门分析产品结构并进行模块设计，划分产品的子系统并确定子系统接口，通过与标准化部门的协调来建立产品平台，确定产品平台的具体参数，并进一步精炼产品的工业设计。生产部门进行评估和预选供应商的工作，对产品的自制零部件进行工艺和成本分析，确定部件和成品的装配计划。

在详细设计阶段，企业需要生成和输出产品中所有非标件的详细工程图纸和工艺文档。营销部门在这一阶段预先制订产品营销计划。设计部门输出产品中所有零部件的工程图纸，确定产品实体尺寸及物料清单（bill of material，BOM）表，并进行零件的公差设计。生产部门需要参考企业生产资源和能力确定产品的加工工艺，制定产品质量控制措施和方案。

在测试改进阶段，企业需要进行产品的试制、测试和评估工作。营销部门配合设计和生产部门联系典型用户，安排产品的用户测试计划。设计部门制订详细的测试方案，包括可靠性测试和产品性能测试等，在取得调控许可后，执行测试计划，分析测试结果并进行产品的设计更改。生产部门则启动供应商程序，根据产品的测试情况进一步改进零件加工工艺和部件的装配方案。

在产品投产阶段，企业开始对新产品进行量产并逐步增加产量。营销部门为部分关键顾客提供早期出产的产品。设计部门评估早期出产的产品，以期识别可能的问题。生产部门则开始生产系统的运作管理，为规模生产做准备。

1.1.3 现代企业产品开发的特征

随着信息技术、智能制造系统和现代管理理论的不断发展，企业产品开发的理念、过程和方法也在发生变化，产品开发从传统的以个人经验为导向的活动演变为一项复杂的系统工程，呈现出系统性、协同性、集成性等特点，具体表现在如下几个方面。

1. 跨企业的研发团队

传统的产品开发只局限于企业内部。随着社会化分工的不断深入，供应链已经成为现代企业最为重要的管理方式，企业间的竞争已经转变为供应链与供应链之间的竞争。现代企业的产品开发也是基于供应链展开的，需要建立跨企业的研发团队，团队成员通过产品开发任务的分解建立联系，为提高产品性能密切协作。

2. 多学科的知识结构

产品开发过程中需要设计学、工程理论、人机工程、心理学、应用数学、统计分析等多个学科的支持和协同，研发项目团队需要多学科的知识结构，在分析产品开发涉及的各领域设计要求与目标的基础上进行决策和优化，同时协调多个学科之间的冲突。

3. 质量导向的设计意识

产品开发的目的是满足顾客的实际需求，产品设计要以顾客需求为导向。产品质量的保障不能单纯依赖产品制造过程中的质量控制和质量追溯，还要从产品设计这个源头入手，保证所开发的产品能满足顾客的需求。

4. 协同、并行和敏捷的开发过程

对于现代企业而言，产品开发不再是凭借个人经验的行为，而是一种群体协作活动。在对产品开发任务进行分解的基础上，能否对其进行科学的管理和协调，是衡量现代企业产品开发项目管理水平的一个重要标志。

产品开发过程包括营销分析、产品设计、工艺设计、产品试制、产品测试等多个阶段，传统的开发方法是分阶段开展工作，但这种方式导致开发周期过长。

现代企业的产品开发多采用并行工程（同步工程）理念，开发者从设计之初就开始考虑其他阶段的接口和需求，后续工艺水平和工装能力，以及产品总体质量目标的实现要求。

产品开发周期一般都比较长，在这个过程中，用户需求和市场形势不断变化，现代企业的产品开发过程具有敏捷特征，企业可以在产品开发过程中不断调整设计以适应开发任务、开发进度、开发团队及任务分配的动态变化。

5. 数据驱动、模块化和支持定制的设计方法

传统的产品开发模式主要依赖于设计人员的经验。现代企业在其产品开发过程中积累了大量的设计数据，用户在使用产品的过程中也产生了大量的产品使用数据，通过收集和分析这些数据可以更好地驱动设计，使得设计过程更加科学和精确。

为了解决产品系列与开发周期及成本之间的矛盾，现代企业的产品开发一般都采取模块化设计理念和方法，即将产品设计划分为一系列通用的模块或子系统，然后根据用户需求对模块进行选择和组合，形成不同规格和性能的产品。

在智能制造的大潮之下，定制产品正在被新一代的消费者所推崇。现代企业支持大规模定制，为顾客提供高度个性化的产品，通过模块化设计和智能制造等先进技术来降低设计和生产成本，并追求接近大规模生产的低成本。

6. 信息工具支撑的开发环境

随着信息技术的发展和人工智能技术的兴起，现代企业在产品开发过程中需要各种信息工具的支撑，如有限元分析软件系统、知识管理软件系统、支持多学科优化的决策支持系统、支持远程协同的产品协同设计软件系统、支持顾客行为分析的顾客关系管理软件系统、支持跨企业的企业资源规划软件系统等。这些信息工具可以显著提升产品开发项目的效率、缩短产品的上市时间。

1.2 服务及服务开发的特征

1.2.1 服务的概念及重要性

服务的范围比较宽泛，很多学者都对服务给出过不同的定义，有学者从社会学角度定义服务，也有学者从经济学角度定义服务。本书从产品的角度来诠释服务，即将服务看作一类特殊的产品，用来满足用户的某种需要。这里给出一个比

较侧重管理科学与工程角度的定义（Tomiyama et al.，2004）。

服务是服务提供者（service provider）给予服务接受者（service receiver）的一种活动，这种活动通过一系列服务流程（service process）在一定的服务环境（service environment）中为服务提供者创造价值。

如图1.2所示，服务包含了多种要素，如服务环境、服务提供者、服务接受者、服务系统、服务流程、服务信息、服务内容、服务质量等。服务环境是指提供服务的场所和设施。服务提供者为服务接受者提供具体的服务，其服务内容（service package）由企业的开发部门进行设计和推出。服务内容的实施需要服务系统的支撑，服务内容被细化为包含多个任务的服务流程，流程中某些任务由企业的后台部门执行，其中，提供前台和服务接受者进行交互的部分称为服务触点（service encounter）。针对服务信息，服务提供者和服务接受者可以进行互动和交流。服务提供者期望实现某种服务目标，一般是通过服务接受者的状态变化来反映，期望的目标和实际的效果之间的差距体现了服务质量的高低。

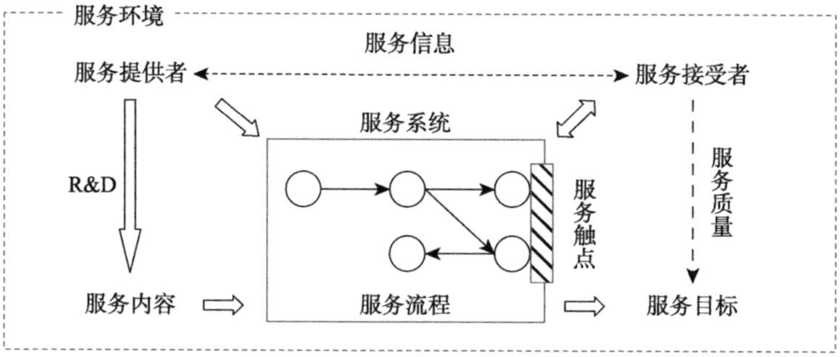

图1.2 服务包含的要素及其关系

近年来，生产型经济日趋成熟，世界经济重心由制造业不断向服务业倾斜，服务业已成为当今世界经济增长的新引擎，因而备受各国政府的重视。我国服务业增加值和就业规模不断增长，已成为国民经济的第一大产业。西方发达国家的服务业占GDP（gross domestic product，国内生产总值）比重在70%左右，我国服务业占GDP比重2016年就已达51.6%，对国民经济增长的贡献率为58.2%，服务业新增投资占全部新增投资的76%，服务业税收收入占全部税收收入的比重为56.5%（来有为和陈红娜，2017）。

另外，许多生产制造型企业开始转型为服务导向型企业。例如，美国通用电气公司（General Electric Company，简称GE）是一家老牌电子设备制造公司，但GE从20世纪90年代成立服务委员会专门开发和设计服务产品，2018年GE的服务业务利润超过其总利润的一半，其提供的服务主要包括产品服务、附加服务、专业服务三大类别，已转型为一个多元化服务性公司（陈丽娴等，2018）。

可以预见，我国服务业对国民经济的贡献还会继续扩大；对产品开发进行研究，不应忽略对无形产品即服务的开发和设计的相关研究。

1.2.2　服务与有形产品比较

服务是一种特殊类型的无形产品，其与有形产品之间存在着相同的特征，具体包括以下几点。

（1）二者都是为了满足顾客的某种需求。顾客通过使用产品或消费服务，达到某种状态的改变。例如，使用汽车产品进行出行改变乘客的物理位置，通过消费旅游服务来放松身心。

（2）二者都存在差异化。制造类企业可以通过差异化的产品系列来满足不同消费需求。类似地，服务类企业也可以提供不同配置、不同质量的服务产品。例如，针对老年人和上班族的不同的旅游套餐服务。

（3）二者都可以设计为模块化结构。产品可设计为多个层次的模块化层次，通过配置模块内的不同部件，可以形成多样化的产品。许多服务产品也具有模块化结构，如物流服务、工程服务、金融服务、计算服务等。

（4）二者都需要后台系统的支撑。产品需要生产系统来保证产品的加工，而服务需要服务系统来保证服务的运行。服务系统通常包括前台和后台的服务人员，以及相关的设备和资源等。

另外，在很多情况下，产品和服务是集成在一起的。有形的产品往往包含服务，如电子产品的质保和维修服务。有些服务也依赖于有形产品，例如，车辆维修服务是基于汽车产品进行的。在服务的开发过程中，许多与产品相关的开发和设计理念及设计方法都可以借鉴和利用，以提高服务开发和设计的水平和质量。

1.2.3　服务开发的特点

众所周知，服务具有无形性、异质性、易逝性和同步性等特征。这些与有形产品截然不同的特征，使得服务的开发设计过程与产品的开发设计过程有所不同，具体表现在以下几个方面。

（1）无须进行实体设计。对于有形产品的设计过程而言，实体设计是其中的重要一环，其中，可能需要结构力学和有限元分析等理论和方法来进行计算和分析。而服务的开发与设计则完全没有这一环节。

（2）一般不考虑库存和制造费用。产品开发过程需要考虑产品的原材料、在制品、外购零部件和成品的库存，以及相关的工艺和制造过程，这些因素的成本影响到产品设计方案的选择和优化。大部分服务不需要考虑库存和制造。但是，有些特殊类型的服务因为与产品联系紧密，也需要考虑备件和耗材的库存，如维修服务和工程服务等。

（3）服务开发需要进行流程设计。服务与有形产品不同，需要设计详细的服务流程，其中包括服务前台及服务触点的设计，以及服务后台的业务逻辑。服务流程由多个服务活动组成，服务活动具有时序约束，在特定的环境中有服务资源方面的要求和限制。

（4）服务设计中需要考虑顾客参与。许多服务需要和消费者进行互动，消费者的感知直接影响到服务质量，因此在服务设计中需要考虑消费者的行为及服务接受者和服务提供者的价值共创。

（5）服务开发可以实现高度的个性化。虽然部分产品也倡导个性化，但服务的特点使其极易实现个性化。一方面，服务过程直接接触顾客，每个顾客可能都不同，所以服务的方案可以是完全个性的，如医疗服务等。另一方面，对于服务而言极易实现价格歧视，即一对一的服务定价。

因此，在研究服务开发设计的理论和方法时，需要充分考虑上述特点，才能使所建立的模型和工具对服务业具有良好的适用性。

1.3 产品开发中的决策问题及研究综述

产品与服务开发是一个高风险和长周期的复杂过程，其中蕴含了大量的决策和优化问题，有必要采用管理科学的理论、工具和方法进行研究，以辅助企业进行科学的分析和决策。本书的研究内容主要涉及了项目调度、任务指派、质量功能展开、顾客需求排序、顾客选择行为模型、新产品定位、产品平台规划、产品族设计、产品配置、产品推荐、产品定价、产品捆绑等问题，下面针对这些相关研究问题进行简要的文献综述与回顾。

1.3.1 项目调度

一般类型的项目调度问题可以应用资源受限项目调度问题（resource constrained project scheduling problem，RCPSP）来表示，其数学模型有如下假设（Demeulemeester and Herroelen，1996）。

（1）工程由J个工作组成，工作之间存在前后序关系，记P_j为工作j（$j=1,2,\cdots,J$）的前序工作集合，则工作j在它的任一前序工作p（$p\in P_j$）完成前不能进行。

（2）工作 $j(j=1,2,\cdots,J)$ 的工时为 d_j 个时间单位；工作启动时间被忽略或折入工作的工时。

（3）工程包括两个工时为0的虚拟工作（dummy activities）：第一个工作为工程的起始工作；第 J 个工作为工程的结束工作。

（4）工程共有 K 种资源，第 k 种可重复使用资源的总量为常数 R_k $(k=1,2,\cdots,K)$。

（5）工作 j 的完成需要第 k 种资源的量为 r_{jk}；在工程任意时段使用的各种资源之和不能超过其总量。

（6）问题的目标是使工程在满足紧前约束和资源约束的前提下总工期最短。

典型的资源受限的项目调度问题的数学模型描述如下（刘士新等，2001）：

$$\min f_J \tag{1.1}$$

s.t.

$$f_i \leqslant f_j - d_j, \quad \forall i \in P_j, \quad j=1,2,\cdots,J \tag{1.2}$$

$$f_1 = 0 \tag{1.3}$$

$$\sum_{i\in S_t} r_{ik} \leqslant R_k, \quad k=1,2,\cdots,K, \quad t=1,2,\cdots,f_J \tag{1.4}$$

其中，f_i 表示工作 i 的完工时间；S_t 表示在时间段 $(t-1,t]$ 内正在进行的工作集合，即 $S_t=\{i\,|\,f_i-d_i<t<f_i\}$。式（1.1）表示目标函数，虚拟工作 J 完工时间最小即对应工程总工期极小化；式（1.2）表示工作的前序工作完成后该工作才能进行；式（1.3）表示工程从时间轴零点开始调度；式（1.4）表示在工程进行中任何时段资源的使用量不能超过规定的总量。

资源受限项目调度问题的数学模型是一种整数规划模型，属于一类比较困难的NP难问题，求解该问题的算法主要有两类：一类是精确解法，另一类是近似解法。

1. 精确解法

从资源受限项目调度问题的相关文献来看，精确求解方法都是采用分支定界法。分支定界法的基本思想是先利用搜索树将问题的解空间按照一定的规则分割成子空间（分支过程），再利用合理的定界方法排除那些不包含最优解的子空间（定界过程），从而实现缩小有效搜索空间的目的。

针对资源受限项目调度问题，分支定界法通常是把搜索树的节点 g 与一个不完全计划 PS_g 和时刻 t_g 相对应，PS_g 包含工程中的部分工作，指定了每项工作的开始执行时间，并且保证满足紧前关系及资源约束。A_g 为 PS_g 中正在执行的工作集合，处理 PS_g 的时间为 A_g 中的一项或几项工作完成并释放出资源的最早时刻，也是下一节点所对应的时刻，$t'_g=\min\left\{S_j=d_j, j\in A_g\right\}$，$t'_g=\min$ 对应时刻有一个可

行工作集 $E'_g=\{j \mid j\notin \mathrm{PS}_g, \forall i\in P_j, S_i+d_i\leqslant t'_g\}$。由于资源的限制，一般在时刻 t'_g 只能调度 E'_g 中的部分工作，而其余的工作被延迟，调度的工作不同便会产生不同的节点。定界方法用来剪掉搜索树不必要的分支，以减少搜索树节点的数量。当某一节点的 PS_g 已经被扩展为一个完全计划（包含工程中的全部工作）或该节点按照定界方法被剪掉时，则会发生回溯过程。

Demeulemeester 和 Herroelen（1997a）在分支定界算法中提出了最小延迟替代集的概念，利用 Windows 操作系统的新技术改进了这一算法（Demeulemeester and Herroelen，1997b），并在算法中采用了新的定界方法，提高了算法的效率。

针对资源受限项目调度问题的分支定界法中，搜索树的节点是一种调度方案。每个调度方案定义了一个可行计划的集合，分支定界过程就是由根节点向叶节点调度方案转换的扩展二叉树过程，同时利用一些策略来控制搜索树的节点数。

在分支定界法中，下界计算方法有两种，一种是求解原问题的松弛问题，并将结果作为原问题目标值的下界，这种方法称为构造性方法；另一种是首先建立一个最大目标值，然后不断缩减问题并修正这个值，这种方法称为破坏性方法。实验表明，利用破坏性方法可以得到比构造性方法更好的下界（Klein and Scholl，1999）。

2. 近似解法

在实际应用中，任务的个数往往很大，这时候用精确求解方法不能满足计算时间的需要。因此，许多学者开始研究该问题的近似解法，目前应用比较多的是启发式方法和智能优化方法。

1）启发式方法

资源受限项目调度问题的启发式方法主要有两个要素：调度方案和优先规则。调度方案可分为串行调度方案和并行调度方案。优先规则是计算各工作优先权系数的方法。

串行调度方案包含 J 个阶段。对应每阶段 $n\,(n=1,2,\cdots,J)$ 有一个不完全计划 PS_n 和一个可行工作集 $E_n=\{j \mid j\notin \mathrm{PS}_n, P_j\subseteq \mathrm{PS}_n\}$ $E_n=\{j \mid j\notin\{C_n\cup A_n\}, P_j\subseteq C_n, r_{ik}\leqslant R'_k, k=1,2,\cdots,K\}$。每一新阶段调度 E_n 中优先权最大的工作，并指定该工作的开始时间为满足紧前关系约束和资源约束的最早可行时间。

并行调度方案最多包括 J 个阶段，阶段 n 对应调度时间 t_n，到 t_n 时间已经完成的工作集合为 C_n，在 t_n 时间正在进行的工作集合为 A_n，在 t_n 时间的可行工作集合为 E_n，$E_n=\{j \mid j\notin\{C_n\cup A_n\}, P_j\subseteq C_n, r_{ik}\leqslant R'_k, k=1,2,\cdots,K\}$。从阶段 n 到阶段 $n+1$ 需要两步：①计算 t_{n+1}、C_{n+1} 和 A_{n+1}，更新各种资源的剩余量 R'_k 和 E_{n+1}；②按优先

权从高到低的顺序从 E_{n+1} 中选择工作 j，如果当前每种资源的剩余量大于工作 j 的需求量，则调度工作 j，同时更新各种资源的剩余量和 E_{n+1}，重复步②直至 E_{n+1} 为空。

优先规则是指按照一定的优先次序处理工作，使优先权高的工作先参加调度。目前有多种多样的优先规则，如最高排列位置权重、最多紧后工作数、资源调度方法、最大化最坏情况下的自由时间、最小化最晚开始时间、最小化自由时间、最小化最晚完成时间、最大化资源总需求量、最大化资源利用量、后序工作平均机动时间、动态加权自由时间和资源价格等。Hartmann 和 Kolisch（2000）的研究对这些规则进行了综述和比较。

启发式方法求解资源受限项目调度问题的优点是速度快。由于算法简单，只产生一个优先次序，即使对于上百个任务，启发式方法也能在极短时间内完成计算。但是，启发式方法具有很强的问题依赖性，目前尚没有任何一种优先规则可以对任意类型的资源受限项目调度问题求得满意解。

2）智能优化方法

近年来基于人工智能的智能优化方法是一个很活跃的学术领域。智能优化方法不要求得到最优解，但往往在工程应用许可的时间内得到比较满意的解，因此具有比较好的实际应用价值。目前应用比较多的智能优化方法主要有遗传算法、模拟退火算法、蚁群算法、禁忌搜索算法和粒子群优化算法等。

已经有许多学者将智能优化方法用于资源受限项目调度问题。Hartmann（1998）提出了资源受限项目调度问题的遗传算法，取得了很好的计算结果。其后还有学者提出了资源受限项目调度问题的蚁群算法和禁忌搜索算法等。

资源受限项目调度问题的智能优化方法主要包括编码方式和解码规则、邻域的定义和初始解产生几个部分。一般来说，邻域的定义和相邻解的生成和编码方式密切相关，如禁忌搜索算法。算法初始解的产生可以结合不同的启发式优先规则，产生一些比较好的初始解。

目前智能优化算法的编码方式和解码规则，归纳起来可以分为如下几类（刘士新等，2001）。

（1）紧前关系相容链表。串行调度方案每一次执行的结果对应一个工作链表，各工作在链表中的顺序是满足紧前关系约束的。反之，如果给定一个满足紧前关系的工作链表，那么应用串行调度方案解码可以生成一个可行调度计划。

（2）优先权系数向量。如果给定一个 J 维向量，向量中的第 j 个元素代表工作 j 的优先权系数，那么针对该向量应用并行调度方案解码便可生成一个可行调度计划。

（3）优先规则链表。事先选定若干条优先规则构成优先规则集，再从中依次随机选择 J 条规则构成优先规则链表（一条编码）。解码规则既可以采用串行调度方案也可以采用并行调度方案。解码过程如下：调度第 j 项工作时，采用编码中的第 j 条优先规则计算当前可调度工作集中各工作的优先权，并选择优先权最高的工作按照串行（并行）调度方案原则安排其开始时间，至 J 项工作全部调度完毕。

智能优化算法具有智能搜索或进化的功能，搜索时间相对较短，适合在工作数量较多的情况下求解。但是，智能优化算法有一定的随机特性，在某些情况下可能陷入局部最优而得到一个较差的解。另外，目前智能优化算法的编码方式都或多或少地存在冗余编码，即一个个体和调度计划的关系不是一对一，而是多对一的，这会在一定程度上降低算法的求解效果和执行效率。

1.3.2 任务指派

指派问题是运筹学中的一类经典问题，其优化问题的描述是：要分配 n 个人去做 n 件任务，每人只能完成一项任务，每项任务只能由一人完成；由于每个人的专长不同，不同的人完成一个任务所花费的时间或费用不同；应该指派哪个人去完成哪项任务，以使完成所有任务的时间或费用最小。指派问题可以用一个线性 0-1 整数规划模型表示，可以采用匈牙利算法在多项式时间内求得问题的最优解（Kuhn，1955）。

传统的指派问题是平衡的，即人和任务的数量是相同的。但实际中，人和任务的数量可能是不相同的和非平衡的。例如，任务的数量比人的数量多，但每个任务也必须完成，即每个人承担任务的数量可能超过一个。或者人的数量比任务的数量多，每个人必须安排一项任务，即任务可以由多个人共同完成。问题中也可以对人和任务的数量有一些特殊的限制。当给定任务总量或人数总量为常数时，这种指派问题称为广义指派问题（generalized assignment problem）（Savelsbergh，1997），这种指派问题在实际中有很多应用。广义指派问题的数学模型和传统指派问题的数学模型比较相似，其模型求解的方法也比较成熟，即通过设置虚任务或其他方法构造扩展矩阵，将其转化为经典指派问题，并应用匈牙利算法进行求解（Haddadi and Ouzia，2004）。

指派问题是一般化程度很高的一种优化问题，很多实际问题都可以抽象为指派问题，例如，人可以是一个具体的操作人员，也可以是一个处理单元、加工中心或者服务器，任务可以是一个具体的项目任务，也可以是一个工件、物料或系统线程。近年来，关于指派问题的相关研究论文数量很多，涉及传统的工业过程、港口码头、物流系统、人力资源、计算机系统、医疗服务等，这些研究工作大体上可以分为三大类：一是特殊类型的指派问题；二是基于不确定性的指派问题；

三是集成指派优化问题。

（1）特殊类型的指派问题。这类指派问题的模型一般都具有一些特殊的约束或目标，比经典指派模型复杂，对应一些实际问题的需要，模型的求解也不能直接采用匈牙利算法。例如，二次指派问题（quadratic assignment problem）具有和经典指派问题类似的约束，但它考虑了人（或任务）之间的联系并将其反映到优化目标（如距离或流量等）上，模型的优化目标具有 0-1 决策变量的乘积即二次规划的形式，因此在求解上比较困难，是一个典型的 NP 难问题，对于大规模问题一般都采用智能算法进行求解（Dokeroglu et al.，2019）。再如，多水平广义指派问题（multilevel generalized assignment problem）中，每个人执行每个任务的效率系数不是只有一个而是有多个，但不同的效率系数对应着不同的费用和不同的资源占用（Laguna et al.，1995），因此，该问题的优化模型也比较复杂，不能用传统匈牙利算法求解。

（2）基于不确定性的指派问题。经典指派问题中的相关信息即模型中假设是给定的常量，例如，某个人完成某项任务所需的时间和费用等。在实际中，这些获得和估计的信息可能并不是精确的，存在一定的不确定性。因此，一些研究将这些不确定的信息考虑为随机量或模糊量，就构成了基于不确定性的指派问题，其中，主要是模糊指派问题。模糊指派模型的求解思路主要有两种。一种是仍然采用基于匈牙利算法的基本框架。例如，在匈牙利算法中通过构造两模糊数差值的模糊方程对其进行扩展，求得并非真正意义上的最优模糊解（胡劲松，2001）。另一种则是将模糊模型转化为清晰系数模型，例如，通过模糊分解原理和水平效果函数等将指派模型转化为一个非线性优化模型，然后用遗传算法进行求解（Li et al.，2012）。

（3）集成指派优化问题。经典指派问题相对比较简单，也有比较好的求解方法，因此近年来有一些研究聚焦于指派问题和其他优化问题的联合优化问题，其中比较多的是调度问题和指派问题的集成优化，包括一些传统工业行业中的问题，例如，生产供应链系统中订单指派和订单调度的集成优化问题（Chen and Pundoor，2006），项目任务调度问题和人员指派问题的集成优化问题（Wu and Sun，2006），港口码头交叉转运模式下的装货卡车调度和坞门指派问题的集成优化问题（Rijal et al.，2019）。还有一些新兴的服务行业问题，如上门医疗服务中的工作人员指派和车辆路径调度的集成优化问题（Moussavi et al.，2019），核磁共振设备的医疗检查任务的指派和调度的联合优化问题（Wu et al.，2020），航空公司同时考虑航班调度问题和飞机司乘人员指派问题的集成优化问题（Kenan et al.，2017）。

集成指派优化问题因为决策变量的类型和个数相对比较多，对应的优化模型大部分都是非线性模型，对于大规模问题很难求得全局最优解。因此，现有的研究中主要采用了启发式算法，如遗传算法（Shima et al.，2006）、邻域搜索（Hao et al., 1998)、蚁群算法(Deng et al., 2017)等，或者采用基于仿真的方法(Dagkakis et al., 2019)。

1.3.3 质量功能展开

质量功能展开（quality functional deployment，QFD）是一种从产品开发阶段进行全方位质量设计与质量保证的系统化理论与方法。QFD 将定性的顾客声音（voice of customer）转换为定量的设计语言，使得顾客需求驱动产品设计和生产的全过程，并通过协调各产品相关部门的工作以保证产品质量能真正满足顾客需求。QFD 自 20 世纪 60 年代由日本著名质量专家 Shigeru Mizuno 和 Yoji Akao 提出后，首先在三菱重工和丰田等日本制造企业得到实施，并于 20 世纪 80 年代传入美国后在多家企业得到成功推广，目前已在全世界范围内被普遍应用。QFD 的应用行业领域十分广泛，包括汽车、造船、航空、装备、电子等传统制造业，也涵盖了软件、交通、教育、医疗、公共服务等非制造业，显示了强大生命力和领域适用性。

QFD 最重要的特点之一，就是从源头上而不仅是从生产过程来保证产品的质量。传统的质量控制主要是通过产品生产过程检查和产品检验来进行的；但 QFD 的思想则有所不同，它主张以满足顾客需求为主旨，从以产品检验和过程控制为核心转向提高产品设计的内在质量，将质量管理的重心从生产阶段前移至设计阶段。QFD 的主要思想依据是，设计质量是产品质量的根本，如果产品设计质量低下，即使产品生产过程十分精良也无法生产出用户满意的产品。一般认为，质量管理的发展经历了质量检验(quality inspection)、统计过程控制(statistical process control)和全面质量管理(total quality management)等阶段，而 QFD 正是全面质量管理的一种重要使能工具和方法，也是一种新颖的质量设计理论，已经得到了世界范围内各类企业的普遍重视。

QFD 自提出以来，经过半个多世纪的发展已经形成了比较系统的理论和技术体系。然而，QFD 也存在一些局限和不足。例如，顾客需求的不清晰可能导致质量规划的偏差和质量目标单一，从而无法对多种指标进行综合考虑，也可能导致配置过程复杂而缺乏高效的优化统筹等。为了改善 QFD 的上述问题，很多学者结合新兴的人工智能方法、最优化理论、计算机技术、应用数学工具等，在 QFD 基本理论和框架的基础上提出了一些新的模型和方法，同时扩展了 QFD 的研究外延和决策领域，这也是质量管理领域学术研究的热点之一。

QFD 中涉及大量的经验和定性知识的灵活运用，对于企业人员和新手来说，应用 QFD 并不是一件容易的工作。近年来有很多研究将一些量化数理方法和信息工具引入 QFD，使得 QFD 分析和实施过程更加规范和更具有操作性，主要可以分为基于 AHP/ANP、Kano 模型、人工智能的 QFD，考虑不确定性的 QFD 和应用优化方法的 QFD 等几个方面。

1. 基于 AHP/ANP 的 QFD

QFD 的重要支撑工具之一是质量屋（house of quality，HoQ）。HoQ 的左墙是顾客需求，而需求的选择、排序和权重设置是产品属性设计和部署的主要依据和驱动之一。在这些工作中如何避免主观因素影响并量化和规范设置过程，是一个重要的研究问题。层次分析法（analytic hierarchy process，简称 AHP 法）是一种确定评价指标相对重要性的科学方法，它通过对指标的两两对比和一致性分析来确定评价指标的权重。有些研究将 QFD 中的顾客需求作为一种评价指标，应用 AHP 法将多个层次的候选顾客需求进行对比分析后，对顾客需求进行重要性排序，并在此基础上选取关键顾客需求作为 QFD 的输入（Sousa-Zomer and Miguel，2017）。在顾客需求已经确定的前提下，也有研究直接用 AHP 法确定 HoQ 左墙中顾客需求的相对重要性值（王晓暾和熊伟，2010）。另外，与顾客需求关联的候选工程特性（或产品特性）通常也比较多，QFD 中没有必要处理全部的工程特性，例如，Li 等（2011）将工程特性作为评价指标，应用 AHP 法来进行工程特性的排序和选择。

AHP 法的基本假设之一是同一层次的指标之间是相互独立的，然而很多现实问题并非如此。网络分析法（analytic network process，简称 ANP 法）是 AHP 法的扩展，其主要思想是考虑了同层次各指标之间及不同层次指标之间的相互作用与影响，利用超矩阵对各指标进行综合分析并获得指标的综合权重值。一些研究考虑了 QFD 中顾客需求之间的相互影响，通过建立顾客需求之间的内部依赖性矩阵并应用 ANP 法来计算顾客的相对重要性值（Zaim et al.，2014）。另外，Lam 和 Lai（2015）则直接将 HoQ 的顾客需求和工程特性作为 ANP 法中的网络上下两层，通过分别计算顾客需求和工程特性的内部依赖矩阵，以及顾客需求和工程特性之间的层间依赖矩阵，构造超矩阵并经稳定收敛后得到工程特性的相对重要性向量。

2. 基于 Kano 模型的 QFD

Kano 模型是一种对顾客需求进行分类的工具，体现了不同产品特性对用户满意程度的差异和非线性关系。因此，如何在 QFD 中应用 Kano 模型对用户需求的相对重要性进行合理的设置，成为学者感兴趣的研究问题之一。Kano 模型将顾客需求分为魅力型（attractive）需求、期望型（one-dimensional）需求、基本型（must-be）需求、无差异型（indifferent）需求、逆向型（reverse）需求、问题型（questionable）需求，其中和 QFD 相关的主要是前三种。这部分的研究工作都是基于 MH

（Metropolis-Hastings）方法的框架（Ji et al.，2014）进行的，其基本思路是首先通过 Kano 评估表对顾客需求进行分类，分别计算满意需求针对所有需求的占比和不满意需求的占比，取二者的加权和（Raharjo et al.，2010）或最大值（Sireli et al.，2007）并归一化后作为基本的需求权重。有一些研究进一步考虑了不同 Kano 分类需求对权重的影响，通过构造新的函数关系，从基本顾客需求权重来得到调整的顾客权重。一种方法是直接把基本顾客需求权重的 k 次幂作为调整后的权重，而不同类型的需求则取不同的 k 值，以实现非线性映射关系（Tan and Shen，2000）。另一种方法则将基本顾客需求权重和调整顾客权重设定为线性关系，通过 k 值来改变调整系数的值，实现不同 Kano 类型顾客需求对 QFD 结果影响不同的效果（Chaudha et al.，2011）。k 值的确定一般采用经典的标度方法，而孟庆良和蒋秀军（2012）提出采用基于极坐标方式表达的 Kano 满意度指标来折算 k 值。另外，孙园园等（2014）假设魅力型需求和基本型需求的顾客满意度模型为指数函数，假设期望型需求的顾客满意度模型为线性函数，并通过参数估计方法来得到函数中的系数。这些不同的量化处理方法考虑了 Kano 模型对顾客需求的分类，影响了 QFD 的配置结果，并有利于更好地提高顾客的满意度。

3. 基于人工智能的 QFD

近年来，人工智能技术和方法在很多学科领域问题中展示了独特的优势，其数据驱动的特点使得各类数据的表达、分析与处理更为客观、准确。传统 QFD 是一种定性定量结合的方法，然而人工智能与传统 QFD 结合，使得采用精确量化模型来描述传统 HoQ 中复杂非线性映射关系成为可能。基于人工智能的 QFD 的相关文献可以分为以下几个方面：第一，很多研究将人工智能用于 HoQ 中顾客需求和工程特性取值之间映射关系的建模。例如，Zhu 和 Liu（2010）采用人工神经网络来分析顾客需求与工程特性取值之间的非线性关系，输入为顾客需求的重要度，网络中间层采用 Sigmoid 型逻辑函数或线性函数进行神经元传递，输出神经元为工程特性取值。Zhang 等（2010）利用基于 Apriori 算法的关联规则法，以支持度、置信度及兴趣度阈值为标准，挖掘顾客需求与工程特性属性值之间的关联规则，最后通过规则聚合确定给定顾客需求相对应的工程特性的属性值。第二，一些研究侧重于用人工智能来增强 HoQ 的过程构建。例如，Kutschenreiter-Praszkiewicz（2013）将 HoQ 中的工程特性分成了期望（expected）和显示（revealed）两种类型，并利用神经网络来建立二者之间的对应关系。Lee 等（2015）将模糊推理方法应用于 HoQ 中顾客需求和工程特性的关联关系建模，生成的模糊规则可以为质量改善提供决策参考。第三，一些研究则将人工智能用于顾客需求重要度或工程特性重要度的动态预测，其实质是时间序列预测方法与 QFD 的结合。例如，黄爱华等（2013）建立了最小二乘支持向量机模型来动态预测 QFD 中的顾客需求重要度，并结合人工免疫算法（immune algorithm，IA）来优化模型参数。第四，基于 QFD 的规划模型中有很多复杂度较高的非线性模型，有一些研究专注于求解这些模型的人工智能优化算法，如遗传算法、粒子群算法等。

4. 考虑不确定性的 QFD

QFD 中各相关过程中所收集的信息对最终的质量决策有着十分重要的作用，但这些信息从测量和认知角度都不可避免地存在着不确定性。因此，在 QFD 中如何合理正确地处理这些信息和减少不确定性对质量改进的影响，成为众多学者的关注问题之一。考虑不确定性的 QFD 根据信息类型特点可以进一步分为基于模糊（fuzzy）理论的 QFD、基于粗糙集（rough set）理论的 QFD 和基于证据（Dempster-Shafer，DS）理论的 QFD。

1）基于模糊理论的 QFD

在 QFD 的构建过程中，顾客需求、工程特性及二者间相关关系的表达很多情况下都来自典型顾客或产品专家的人工评估数据。这些数据包含了主观的误差和不确定性，如概念的不明确和外沿的不清晰等。模糊理论是一种在模糊集合和隶属函数基础上发展起来的理论，可以很好地处理数据的模糊特性。基于模糊理论的 QFD 相关文献中，从刻画顾客需求及产品数据模糊特性的角度来看，主要包括以下几个方面：第一，将顾客需求与工程特性的映射关系表示为模糊量。例如，Liu 等（2015）应用模糊线性回归模型，以系统信度最大为目标，求得最优的 h 值，并用其来表示顾客需求和工程特性的关系。第二，将顾客需求评分或重要度用模糊数表示。例如，何桢等（2008）用三角模糊数表示顾客需求权重并采用基于 α 截集的模糊加权平均方法来计算技术特性的重要度。第三，将输出的工程特性表示为模糊数。例如，Li 等（2014）用直觉模糊数表示顾客需求重要度、顾客需求与工程特性间关联关系、工程特性之间的自相关关系，将计算出的工程特性重要度也表示为模糊数，并结合逼近理想解排序法（technique for order preference by similarity to an ideal solution，TOPSIS）来进行方案评估。Liu 等（2016）则提出了一种针对工程特性的模糊重要度来计算模糊期望值的方法，以方便工程特性的最终排序和选择。

考虑到模糊建模和计算转化的便利性，大部分 QFD 相关研究中模糊量的表示都采用对称三角模糊数来表示不确定性，也有一些研究尝试了更复杂的方式，如非对称三角模糊数和梯形模糊数等。

2）基于粗糙集理论的 QFD

模糊理论虽然在处理 QFD 过程不确定性中有很多应用，但其主要缺点是模糊量需要给出隶属函数，而在实际中隶属函数通常是不容易被精确刻画的。粗糙集也是一种处理不确定和不精确问题的理论，其优势之一是无须提供问题所需处理的数据集合之外的任何先验信息，并由此得出较为客观的推论。粗糙集优点受到了很多学者的关注，也为 QFD 中不确定性的处理提供了新的思路。从现有文献来看，基于粗糙集的 QFD 相关研究主要集中在如下几个方面：第一，顾客需求的排序或需求重要度的确定。例如，Zheng 等（2019）将顾客需求评分抽象表示为区间粗糙数，通过一致性检验后，结合不同类型顾客的权重，最终得出顾客需求相对重要度。第二，顾客需求与工程特性相关关系或工程特性自相关关系的确定。例如，Li 等（2012a）将 HoQ 中每项顾客需求所对应的工程特性作为决策属性集，其他工程特性组成相应的条件属性集，构造决策系统后，应用相对约简和相对核等方法修正决策系统，通过引入自相关关系的比例因子来确定各工程特性间的自相关系数。熊伟等（2013）应用类似方法来确定顾客需求与工程特性间的相关关系，并通过引入语言信息理论进一步提高了 QFD 中相关分析的粗糙集依赖度计算精度。第三，工程特性的排序。例如，Song 等（2014）将顾客需求权重及顾客需求与工程特性间的关联关系用一种由粗糙集中上下近似集延伸定义的粗糙数进行表示，通过群决策和灰色关联分析方法推算并得出工程特性的重要度排序。

3）基于证据理论的 QFD

证据理论又称为 DS 证据理论，其特点是可灵活处理不完整和不精确的信息，能够融合来自不同证据源的多个证据，减少信息间的冲突性。与模糊理论和粗糙集理论相比，证据理论可以在缺失信息和不完全信息的基础上进行推理，因此在处理多类型异构评估数据并进行决策方面有很好的优势。在 QFD 建模过程中，不同的评估主体为评估对象（如顾客需求和关联关系等）进行评估时，不一定对所有的评估对象都熟悉（存在缺失信息），可能给出不精确的评估（如区间数或基于信度函数的表示），也可能给出非完备的信息（多个评估结果互相冲突），而这些信息需要进行整合以最终生成合理的工程特性选择和排序。基于证据理论的 QFD 相关文献可按照评估主体分为两类，其中之一是在 HoQ 建模过程中考虑多个产品专家的非一致评估信息。例如，Jia 等（2016）将专家评分等级作为识别框架，同时各专家对顾客需求与工程特性的相关关系的评分赋予基本概率函数，然后得出各专家对关联关系评分的合成关联关系，最终得到工程特性权重。另外一类则是考虑多个代表性顾客对需求表达的不完备性和非清晰性。另外，一些文献综合考虑了包含上述两种情形的评估主体，提出了工程特性选择或权重确定的系统化方法。例如，Chin 等（2009）提出了一种基于区间证据推理的顾客需求重要度及关联矩阵等信息处理方法，并综合考虑工程特性间的自相关关系，将证据推理算法用于工程特性的重要度确定。

5. 应用优化方法的 QFD

优化理论将实际问题抽象为一个数学模型，研究如何在给定的限制条件下对变量进行取值以使得模型的目标函数达到最优。QFD是一种质量改进方法，其主要思想蕴含了对质量过程的优化和持续改进的追求。因此，很多学者将优化理论与方法应用于QFD，为企业评估决策的科学性提供了准确量化的依据。下面按照决策变量角度、建模方法角度和优化算法角度等几个方面进行分类整理。

1）决策变量角度

在应用优化的QFD建模过程中，优化模型的决策变量是一个关键的因素，其取值是优化的输出，也决定了QFD中应用优化方法来解决何种类型的具体问题。目前的研究文献中相关的决策变量主要包括以下几种。第一，顾客需求的重要度。例如，李延来等（2008）建立了一个最大化所有顾客需求对所有规范化评价的总相离度的优化模型，并用拉格朗日乘子法求解模型，得到一组最优的顾客需求重要度。Wang 和 Chin（2011）则通过建立以顾客需求重要度实际值与估算值偏差最小化为目标的线性目标规划模型，将不同顾客对顾客需求权重的不同表达转化为约束条件，得到最优的顾客需求重要度。第二，工程特性的水平值组合。例如，陈知然和于丽英（2015）将工程特性的水平值组合作为决策变量，建立了以顾客需求满意度最大化为目标的模糊线性规划模型，并将其转变为给定α阈值的确定性规划模型以便求得工程特性水平值（levels）的最优组合。Luo 等（2010）则以细分市场的综合顾客满意度水平最大化为优化目标建立了优化模型，决策变量是选择工程特性的水平值组合。第三，工程特性的选择。例如，Perçin 和 Min（2013）先通过HoQ推算获得顾客最大满意度所对应的工程特性值，然后建立了一个目标规划模型来最小化顾客满意度偏移量的加权和，0-1 型决策变量是工程特性的选择。第四，HoQ中相关关系的参数。例如，部分研究将顾客需求和工程特性间映射函数中的参数用模糊数进行表示，而这些模糊参数的标定则是在模糊回归优化模型的基础上进行计算和求解（Sener and Karsak，2010）。

2）建模方法角度

在这些基于优化理论的QFD相关文献中，所建立的最优化模型各有特点，可以从建模角度加以分类。首先，为了降低建模的复杂性，QFD中的相关关系及成本关系等一般都被简化为线性关系，因此文献中的模型大部分都是线性规划模型或线性整数规划模型。但也有一些文献为了更好地描述参数之间的非线性关系而建立了非线性模型。例如，Wang 等（2015）建立了描述顾客需求评价信息聚合情况的非线性优化模型，以求解最优的顾客需求重要度。其次，从模型的目标来说，大部分模型只考虑了单目标优化，其中，考虑最多的是顾客满意度的最大化，这也和QFD以满足顾客需求为主旨相符。另外，也有模型中以顾客满意度实际水平与目标值的加权偏差最小化为目标，或以成本最小化为目标等。对于求解HoQ中相关关系参数的优化模型，其目标主要是最小化误差平方和最大化模糊量隶属度等。此外，也有一些研究建立了多目标优化模型。例如，耿秀丽和邱华清（2018）

建立了顾客满意度最大化、成本与响应时间最小化的多目标模型。安相华等（2010）建立了以客户满意度最大化、质量特性实现成本最小化和质量特性实现难度最小化的多目标优化模型。

3）优化算法角度

对于上述的 QFD 优化模型，其中的线性规划模型求解算法比较成熟，已有成熟的商业化软件包（如 IBM ILOG）。但对于其中的非线性模型或大规模的线性整数规划模型来说，求解问题的全局最优解就变得十分困难。对于这类问题，目前比较有效的方法是采用亚启发式算法（meta-heuristic algorithms）进行求解。例如，安相华等（2010）设计了非支配排序遗传算法（non-dominated sorting genetic algorithm，NSGA-Ⅱ）以求解基于 QFD 的三目标优化模型。Zhong 等（2014）将模糊仿真与遗传算法相结合，用于求解以风险期望成本最小化为目标的模糊机会约束规划模型。Wang 等（2015）设计了免疫粒子群优化（immune particle swarm optimization，IPSO）算法，用于求解所建立的基于多样化需求评价的非线性优化模型。

1.3.4 顾客需求排序

在产品开发过程中，顾客需求是产品设计的驱动力和源头，只有满足了顾客需求的产品才可能是高质量的产品。顾客可能有多种需求，对于多个需求的重要性如何考虑，即这些需求的优先次序排序或重要度，将会导致后续设计方案和投入资源的不同。

一般来说，顾客需求权重的确定大致可以分为以下五个步骤（Zheng et al.，2019）：①识别顾客需求；②确定顾客需求的初始权重；③对顾客需求进行竞争性分析；④设定顾客需求的改进比例；⑤确定顾客需求的最终权重。其中，前两个步骤尤为重要。

顾客需求权重的确定方法有很多，从获取机理上，可以分为如下三种方法。

（1）直接分配法。这种方法邀请典型顾客直接给出每个需求针对其他需求的相对重要性。重要性的度量一般采用标度法，如 1-3-5-7-9 等（Franceschini and Rupil，1999）。这种方法简单直接，但效果的好坏直接取决于顾客的个人经验。对于一些新产品的开发，由于相关信息比较少，用户直接给出权重就比较困难。另外，重要度设定也依赖于标度的选择，分配过程有时候也不够客观和健壮。然而由于其简单实用，许多企业在实际中仍然采用这种方法。

（2）成对比较法。该方法请顾客对顾客需求进行成对比较，然后将比较结果转化为一组顾客权重。在成对比较法计算需求权重的相关研究中，AHP 法的应用最多（Wei，2010）。具体过程包括顾客需求分层、需求两两比较打分和一致性检查等，比较好地解决了需求权重设定问题。然而，该方法假设之一是顾客需求之间是独立的，这和实际往往不符。ANP 法是在 AHP 法基础上的扩展，能解决跨层次的顾客需求之间的依赖性问题，但其评估过程对于顾客来说过于复杂烦琐，也限制了其应用（Zaim et al.，2014）。

（3）偏好排序法。该方法与前两种方法的最大不同是，用户只需要给出需求的排序结果，而不是一个具体的量化值，最终的顾客需求权重可以通过聚合和分析多个用户的排序结果求得（Franceschini，2015）。偏好排序法避免了用户给出精确权重的负担，而且也能从一定程度上解决不确定性问题，例如，用户给出的排序结果可以是不完全的。但该方法也有一些缺点，如缺乏顾客需求之间的相对比较信息等。

顾客需求权重确定和排序问题的输出比较简单，统计分析和信息处理领域的许多新理论和方法都适用于该问题。因此，近年来吸引了大量学者的关注。相关的研究主要体现了两个方面的特征，一是多种不同方法的综合应用，二是不确定性理论的应用，下面分别进行说明。

（1）多种不同方法的综合应用。顾客需求权重的确定需要采用定性和定量的输入信息，还要考虑竞争产品的信息，同时还需要考虑异质顾客的信息，因此有必要采用各种不同的信息和模型进行综合处理。例如，采用 Kano 模型对顾客需求进行分类，然后在分类的基础上利用 AHP 法进行需求权重的设定（Li et al.，2009）；综合采用最小偏差法、平衡记分卡和 AHP 法来确定顾客需求权重（Li et al.，2012b）；结合 AHP 法、模糊理论和目标规划模型来确定顾客需求权重（Liao and Kao，2014）等。

（2）不确定性理论的应用。很多顾客需求采用人类语言表达，具有不精确和不分明的特点。为了处理这些不确定信息，有许多研究在顾客需求的排序中应用了模糊理论，主要是和 AHP 法与 ANP 法的结合。例如，Liao 和 Kao（2014）考虑到顾客需求来自人为主观判断，故将其评分值用模糊数进行表示，并应用模糊层次分析法和目标规划来计算确定的顾客需求重要度。另外，顾客偏好具有多样性，在整合顾客需求时，也需要考虑多个顾客偏好一致性带来的非精确性，这方面的研究主要是将模糊理论和群决策方法结合，用以生成融合的顾客需求排序。例如，Zhang 和 Chu（2009）提出了基于最小二乘模型的群决策方法来处理多种类型和多种粒度的不确定判断信息，并应用模糊理论来表达决策过程中的不确定性。尽管模糊理论可以处理不精确信息，但选择隶属函数的过程依赖于工程师经验，因而比较主观。因此，粗糙集理论作为另一种强有力的理论工具，在有关顾客需求设定的文献中被广泛应用。例如，吕锋等（2015）将顾客需求定义为条件属性，顾客满意度定义为决策属性，通过粗糙集中依赖度的计算得出顾客需求的基本重要度，并结合决策试验和评价实验法（decision making trial and evaluation laboratory，DEMATEL）对顾客需求进行排序。粗糙集采用集合边界来表示不确定性，不需要提供额外的主观信息，适合于统计数据缺乏的小规模数据集问题，但目前应用粗糙集的需求排序相关研究中主要采用粗糙数方法，对于顾客异质性和灵活性考虑仍有不足。另外，还有一些研究采用了证据推理方法，例如，刘丹和陈冰（2014）将顾客需求评价等级作为一个识别框架，建立各评分人员对各项需求要素评分的基本信任分配函数，通过冲突分析后，合成每个需求要素的综合信任分配函数，将其与对应评分相乘得出 QFD 左墙的顾客需求权重。

1.3.5　顾客选择行为模型

顾客选择行为模型的研究对于产品开发与设计至关重要。在产品开发与设计过程中，需要预估新产品的销售收入，这就需要估计顾客对一个待开发的新产品的效用及顾客是否购买这个产品。目前，消费者选择规则主要包括确定性选择规则和概率型选择规则两种类型（Luo et al.，2011）。确定性选择规则的基本假设是顾客对产品的效用是一个常数，而顾客永远选择效用最大的产品。确定性选择规则的优点是简单且容易在建模中进行表示，缺点是过于刚性，没有考虑效用采集可能的误差。概率型选择规则或模型能更加真实地模拟消费者的购买行为，因此它已经被广泛应用到相关研究之中。

概率选择模型（也被称为离散选择模型）描述了一个特殊个体的行为选择，它揭示了特定个体行为的选择概率与相关解释变量之间的定量关系（聂冲和贾生华，2005）。概率选择模型通常使用效用最大化原则，简而言之，一个决策者的选择行为被建模为选择效用最高的选项。不可能指定和估计一个概率选择模型，使得该模型总是能够成功地预测所有人选择的概率。因此，可以采用随机效用的概念，这一概念最早出现在心理学的研究中（Thurstone，1994）。每个选项的真实效用被认为是随机变量，因此一个选项被选择的概率被定义为它在所有可选方案中具有最大效用的概率。自从 Bradley 和 Terry（1952）及 Luce（1959）提出 Bradley-Terry-Luce（BTL）模型，McFadden（1974）提出多项式分对数模型（multinominal logit model，MNL），概率选择模型被广泛应用在运输（Hess et al.，2005；Mehta and Lou，2013）、营销（Zhang，2006；Erdem et al.，2008；官振中和任建标，2013）、运作管理（Newman et al.，2014）和其他领域。

假设决策者 $i(i \in C)$ 考虑一个选择的集合 $C_n = \{1,2,\cdots,n\}$，决策者 i 选定选择 $j(j \in C_n)$ 所得的效用 u_{ij} 被表示为 $u_{ij} = v_{ij} + \varepsilon_{ij}$，其中，$v_{ij}$ 是决策者 i 选定选择 j 的效用函数的确定性部分，ε_{ij} 是由不确定因素产生的模型的随机扰动项。McFadden

（1974）证明，当随机扰动项 ε_{ij} 相互独立且服从同一 Gumbel 极值分布时，n 个选项的 MNL 模型可以表示为

$$q_{ij}=\frac{\exp(v_{ij})}{\sum_{k=1}^{n}\exp(v_{ik})} \tag{1.5}$$

MNL 模型有简洁的公式和好的理论基础，它已经引起了许多学者的注意（Luo et al.，2012；Aydin et al.，2016）。例如，Chen 和 Hausman（2000）基于 MNL 模型，用联合分析法研究了一个产品线选择问题。Dong 等（2009）基于 MNL 模型，针对短期售卖季节性的产品开发了一个动态定价模型，并证明利润函数是凹函数，同时比较了包括静态定价、统一动态定价和混合动态定价三种不同定价机制下的利润表现。Kwong 等（2011）基于 MNL 模型建立了一个多目标的产品线优化模型，包括最大化产品的市场份额、最小化总的开发成本和最小化总的产品开发周期，并运用一个多目标的遗传算法来求解这个问题。Wu 和 Chen（2011）建立了一个基于 MNL 的产品线定价模型，并结合遗传算法和差分进化算法开发了一个双层算法，以解决这个混合整数非线性规划问题。

国内也有许多学者致力于 MNL 模型的研究。例如，牟博佼等（2009）基于 MNL 模型分别对寡头生产商生产一种竞争产品和两种非替代性产品进行了研究。随后，牟博佼等（2010）又基于 MNL 模型分别研究了生产商定价和零售商定价模式下的最优产品定价和库存决策。官振中和史本山（2007）基于 MNL 模型，研究了易逝性产品的收益管理订购和定价策略，并对模型应用威布尔主观价值需求函数进行了模拟分析和讨论。李德春和尚岳峰（2007）基于 MNL 模型，研究了快速消费品的促销效果评估，并通过调取消费品妇女卫生巾的数据进行实证分析，验证了评估模型的可行性。郭捷和李永壮（2012）基于 MNL 模型对液态奶制品进行了特征因素分析，对顾客选择偏好进行了探讨。

MNL 模型可以描述顾客选择产品的随机决策过程，预测顾客对产品的选择概率，估计顾客对市场中新产品的潜在需求。但是，MNL 模型有严格的假设，要求不相关选项是独立的（independence of irrelevant alternatives，IIA），且误差项服从独立且相同的 Gumbel 分布（independent identical distribution，IID）。其中，IIA 特性表明两个选项的选择概率的比率不依赖于其他选项，因而不考虑其相似性。当产品之间有许多共同的属性时，MNL 模型有可能会夸大市场份额，从而产生错误的选择预测。在实际中，很多例子表明，产品之间的效用并不符合独立假设，这常常可以通过“红巴士/蓝巴士”悖论（Debreu，1952；Train，2003）和其他相似产品间的选择问题进行举例。在这些问题中，不同的属性被配置成不同的产品，共同属性的共享导致产品之间效用的相关性很高。在这种情况下，如果忽略效用之间的相关性，得到的选择概率可能是不精确的，因此

MNL 模型的应用受到一些限制。

鉴于 MNL 模型的局限性，Williams（1977）提出了巢式（nested logit，NL）模型，它是 MNL 模型的一个扩展，考虑了各个选项之间的相关性。首先把选择集 C_n 分割成 M 个巢，每个巢为 $C_{mn}(m\in M)$，且

$$C_n=\bigcup_{m=1}^{M}C_{mn} \tag{1.6}$$

$$C_{mn}\cap C_{m'n}=\varphi,\quad \forall m\neq m' \tag{1.7}$$

如果一个选项 $i\in C_{mn}$，则效用函数为 $u_{jn}=\tilde{v}_{jn}+\tilde{\varepsilon}_{jn}+\tilde{v}_{C_{mn}}+\tilde{\varepsilon}_{C_{mn}}$，误差项 $\tilde{\varepsilon}_{jn}$ 和 $\tilde{\varepsilon}_{C_{mn}}$ 被认为是独立的。和在 MNL 模型中一样，误差项 $\tilde{\varepsilon}_{jn}$ 被假设是独立的且服从相同的 Gumbel 分布，并且带有尺度参数 μ_m（每个巢里的 μ_m 可以是不同的）。像随机变量 $\max_{j\in C_{mn}} U_{jn}$ 一样，误差项 $\tilde{\varepsilon}_{C_{mn}}$ 服从带有尺度参数 μ 的 Gumbel 分布，参数 μ 和 μ_m 反映巢 C_{mn} 中各选项的相关性。在选择集合里每个巢都对应一个综合效用。

$$v_{C_{mn}}=\tilde{v}_{C_{mn}}+\frac{1}{\mu_m}\ln\sum_{k\in C_{mn}}\mathrm{e}^{\mu_m\tilde{v}_{kn}} \tag{1.8}$$

个体 n 在巢 C_{mn} 中选择选项 j 的概率是

$$q(j\mid C_n)=q(C_{mn}\mid C_n)q(j\mid C_{mn}) \tag{1.9}$$

其中

$$q(C_{mn}\mid C_n)=\frac{\mathrm{e}^{\mu\cdot v_{C_{mn}}}}{\sum_{l=1}^{M}\mathrm{e}^{\mu\cdot v_{C_{ln}}}} \tag{1.10}$$

$$q(j\mid C_{mn})=\frac{\mathrm{e}^{\mu_m\tilde{v}_{jn}}}{\sum_{k\in C_{mn}}\mathrm{e}^{\mu_m\tilde{v}_{kn}}} \tag{1.11}$$

$$0\leqslant\frac{\mu}{\mu_m}\leqslant 1 \tag{1.12}$$

在 NL 模型中，产品被分为几组。首先顾客选择一个组，然后他只能从被选择的组中选择一个产品。NL 模型是对 MNL 的直接改进，它由逻辑划分、结构系数和 MNL 子模型共同构成，缓解了不相关替选方案的独立性问题，NL 模型的应用范围比 MNL 模型更广泛（Silberhorn et al.，2008；Wen，2010）。但巢式层次结构的构造没有一定的规则可循，不同的划分方式带来的计算结果也不尽相同。

随后，Hausman 和 Wise（1978）提出多项式概率（multinomial probit，MNP）模型，它是在随机误差项服从联合正态分布的假设条件下得到的，选择概率为

$$
\begin{aligned}
q_j &= \text{Prob}(v_j + \varepsilon_j > v_k + \varepsilon_k, \forall j \neq k) \\
&= \int I(v_j + \varepsilon_j > v_k + \varepsilon_k, \forall j \neq k) \cdot \phi(\varepsilon_n) \mathrm{d}\varepsilon_n
\end{aligned}
\quad (1.13)
$$

其中，$I(g)$ 表示括号内的式子是否成立的指示函数，这一积分涵盖了所有的概率值。这个积分是非封闭型的，所以必须通过数学模拟来估计概率值。常用的模拟方法包括极大似然模拟（simulated maximum likelihood）、瞬间模拟（simulated moments）、频率模拟（frequency simulator）等。MNP 模型缓解了 IIA 特性，但是模型假设随机误差项服从正态分布。

McFadden（1978）又提出广义极值（generalized extreme value，GEV）模型，这个模型也缓解了 IIA 特性。Kamakura 和 Russell（1989）提出了潜在类别（latent class，LC）模型，McFadden 和 Train（2000）提出了混合 logit（mixed logit，MIXL）模型。MIXL 模型也缓解了 IIA 特性，但是它假设随机误差服从相同的极值分布。

基于传统的概率选择模型，一些学者也提出了其他的概率选择模型（Li and Webster，2017；Boyaci and Akcay，2018）。Fiebig 等（2010）建立一个广义的多项式分对数模型，研究规模和系数的异质性对顾客偏好的影响。不同于之前的顾客效用最大化假设，Stüttgen 等（2012）基于“满意”思想，提出了一个选择模型。为了研究组合优化问题，Wang R X 和 Wang Z Z（2017）开发了一个内生网络效应的 MNL 模型，这个模型不需要满足 IIA 特性。Kim 等（2017）提出了一个序列搜索的概率选择模型，这个模型避免了部分解析模型的高维积分计算。Blanchet 等（2016）建立了一个马尔可夫链选择模型求解组合优化问题。在温和的假设条件下，马尔可夫链模型对于一般的选择模型是一个好的近似。基于马尔可夫链选择模型，文中提出的组合优化问题能在多项式时间内求解。逐项消去（elimination by aspect，EBA）模型（Tversky，1972a，1972b）比传统选择模型更加真实地反映了消费者的选择过程。EBA 延伸了等级定序分对数（rank-ordered logit）模型、MNL 模型（Kohli and Jedidi，2015），NL 模型、交叉巢式分对数模型（Kohli and Jedidi，2017）。

另外，Natarajan 等（2009）提出了两类新的离散选择模型：边际分布模型（marginal distribution model，MDM）和边际矩模型（marginal moment model，MMM）。在文献 Feng 等（2017）中，MDM 和 MMM 被归为一类新的选择模型——半参数选择模型（semiparametric choice model，SCM）。当效用误差的边际分布函数已知时，可以应用 MDM；当效用误差的均值和方差已知时，可以应用 MMM。这两个模型有简单的公式和较弱的假设限制，能克服 MNL 模型的 IIA 问题。Mishra 等（2014）进一步研究了 MDM 和 MMM 的特性，发现 MNL 模型可以通过效用误差项服从指数分布时的 MDM 得到，MMM 可以通过效用误差项服从 t 分布时的 MDM 获得，而 GEV 模型可以通过效用误差项服从广义指数分布时的 MDM 得到。因为应用 MMM 时不必知道误差的具体分布函数，因此相比于 MDM，MMM 有更多的优势，也有更好的适用性。

1.3.6 新产品定位

1. 新产品定位的概念

新产品定位（new product positioning）就是在已知顾客需求及偏好、竞争产品及市场信息的前提下，如何确定一个新产品的属性水平值的决策过程（Luo et al.，2012）。新产品定位和市场定位有所不同，后者相对宏观，是指公司对产品目标消费市场的选择，而新产品定位则是针对新产品而言，需要通过工具和方法来确定新产品的基本属性水平，而这一步是后续产品详细设计工作的输入。如果新产品定位不良，那么开发出的产品即使性能优良也可能会导致销售的失败。

图 1.3 是一个新产品定位的二维版示意图。图中的横坐标和纵坐标分别表示新产品的两个产品属性值的变化区间。由于顾客需求偏好的差异，不同的顾客对于这两个产品属性值的偏好是不同的，图中虚线的圆表示公司根据市场调研情报所了解的所有细分市场，其中不同的细分市场其容量有所不同。市场中已经有一些竞争公司开发了类似的产品，这些产品根据其产品属性值的情况在图中用菱形来表示。公司之前已经开发了一些同类产品，这些产品的位置用五角星来表示。对新产品定位就是在图中找到一个最优的新产品开发的“位置”，这个最优的定位既要考虑所开发的产品有足够好的销路，还要考虑竞争产品对自己的挤压效应，另外还要考虑不能对公司已有产品的销售造成打压，即自蚕食效应（cannibalization）（Luo et al.，2012）。

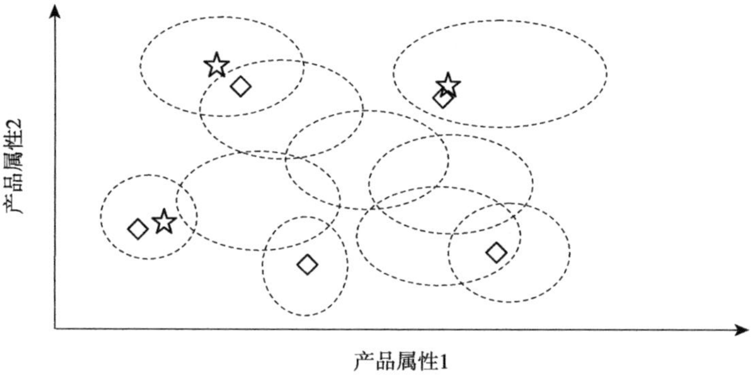

图 1.3　新产品定位的二维版示意图

关于新产品定位的相关研究论文分析和比较可以参见几个综述论文（Shocker

and Srinivasan，1979；Green and Krieger，1989；Kaul and Rao，1995）。

2. 新产品定位的步骤

新产品定位的过程主要包括以下几个步骤（Green and Krieger，1989）。

（1）产品市场的分析。收集市场和顾客数据，对产品的目标市场进行分析，采用聚类分析等方法确定产品的细分市场。

（2）产品属性空间的构建。识别产品的主要属性，采用因子分析和判别分析等方法将其映射到低维度的产品属性空间，并在产品属性空间中标识公司现有产品和竞争产品。

（3）顾客选择购买行为模型的确定。选择并通过顾客选择模型来预测一个潜在顾客对于一个新产品可能会有什么样的购买决策。

（4）优化模型和算法的设计。建立新产品定位的优化模型，并采用优化方法确定新产品在产品属性空间中的最优位置。

3. 新产品定位的模型

近年来学者提出了很多新产品定位模型，下面按照顾客偏好表示、顾客选择行为、产品定价、模型优化目标、不确定性等角度对这些模型进行分类说明。

（1）顾客偏好的表示。新产品定位问题通常通过效用（utility）来衡量顾客对产品的偏好程度或者愿意购买的程度。从现有文献看，多尺度分析（multidimensional scaling，MDS）和综合分析（conjoint analysis，CA）是应用最多的两种顾客偏好表示方法（Kwong et al.，2011）。多尺度分析方法的感知空间中，点表示产品个体，理想点代表满足顾客购买需求的理想产品，假设理想点和其他点之间距离的倒数与顾客偏好存在函数关系，用欧氏距离 $d=\left[\sum_{K}\omega_k(x_k-I_k)^2\right]^{1/2}$ 来表示，其中，x_k 表示产品第 $k(k=1,2,\cdots,K)$ 个属性的位置，ω_k 表示第 k 个属性的权重，I_k 表示空间中第 k 个属性理想点的位置。该方法在产品线设计研究早期有比较多的应用。而综合分析法的思路有所不同，它根据顾客对不同属性等级组合的假想产品方案打分，再通过回归、层次贝叶斯模型或者线性规划模型来估计产品方案的成分效用值。综合分析法采用随机效用模型建模，其中顾客感知效用等于可测效用加误差随机量，假设误差量 ε 相互独立且同分布，可测效用等于成分效用值（part-worth utility）的线性组合（Luo et al.，2011）。与多尺度分析相比，综合分析更容易在对应的数学模型中构建公式，因而被许多企业广泛应用。当效用通过其他相关变量和控制参数以公式形式表达，效用可以通过参数估计获得；例如，一些统计分析软件能根据选项排序计算顾客效用（Tsafarakis et al.，2008）。

（2）顾客选择行为的表示。在新产品定位中，顾客选择行为的表示一般假设其遵循两类规则，即确定性选择规则和概率型选择规则（Kwong et al.，2011）。一些文献中把确定性选择规则也称作首选原则或者最大效用原则，其假设是在顾客理性的前提下，满足以下两个约束（Burkart et al.，2012）：①参与约束（participation constraint），当顾客剩余效用非负的约束不满足时，顾客不选择产品；②激励相容约束（incentive compatibility constraint），顾客只选择距离理想点最近或者剩余效用最高的产品，被选择产品的剩余效用一定大于等于其他候选产品及竞争产品的剩余效用。概率型选择行为规则假设观测效用不等于真实的效用，每个产品都有一个被顾客购买的概率；顾客对产品的偏好越大，会越愿意为产品支付。在实际中，概率型选择行为在模拟消费者决策时更加贴近市场实际情况，从而在运作管理模型中得到了广泛的应用。新产品定位的相关文献涉及多种概率型顾客选择行为，具体请参见 1.3.5 小节顾客选择行为模型的相关研究。

（3）产品定价的考虑。新产品定位模型中，早期有一些文献并不考虑产品定价。然而，对新产品来说，价格也是重要的决策因素，价格过高会导致产品的剩余效用降低，从而降低潜在用户的购买数量，价格过低则导致产品利润偏低。目前考虑产品定价的新产品定位模型中主要有两种策略。一种是直接把价格当作产品的基本属性之一来进行建模（Kwong et al.，2011）。这种方法简单且容易实施，缺点是没有考虑价格对于新产品性能参数的特殊调节作用。另一种方法则是将产品价格作为单独的模型决策变量进行处理（Luo et al.，2011）。这种方法的优点是重复表达了价格对效用的影响，缺点是增加了优化模型的复杂度和求解难度。

（4）模型优化目标的选择。新产品定位问题是以顾客感知效用为中心选择合适的决策规则建立目标最优的模型，其优化模型的目标函数主要包括最大化新产品的收入、最大化总市场利润、最大化市场份额、最大化用户效用、最大化用户数量、最小化产品相关成本等。

（5）不确定性的考虑。新产品定位模型中的不确定性既有随机因素（Dobson and Kalish，1988），也有模糊因素（Hsieh and Chen，1999）。随机参数的研究主要包括效用和成本等。模糊参数主要包括人工估计的市场规模、竞争产品信息、模糊排序、产品到理想点之间的模糊距离等。

4. 新产品定位的算法

对于新产品定位的线性模型，一般都直接采用商业化软件如 IBM ILOG™ 进行求解。对于新产品定位的非线性模型，特别是基于 MNL 和基于理想点的模型，都是非凸的，而且求解十分困难。对于小规模算例和问题，相关研究中多采用分支定界法（Hansen et al.，1998）。对于中大规模算例和问题，多采用集束搜索算法、贪婪算法、爬山算法等启发式算法（Dobson and Kalish，1988），以及遗传算法、模拟退火算法、粒子群算法等亚启发式算法。

1.3.7 产品平台规划

1. 产品平台的概念

产品平台（product platform）是一组共享产品设计与零部件的集合，以此为基础可以衍生出一系列产品（Meyer and Lehnerd，1997）。产品变体（product variant）则是基于产品平台开发的产品，这些产品具有不同的特征和功能，可以满足不同层次的顾客需求（Meyer and Utterback，1993）。一般来说，有两种类型的产品平台（Simpson et al.，2006）：一种是基于模块的产品平台（或可配置产品平台），另一种是参数化产品平台（或可伸缩产品平台）。对于基于模块的产品平台，其产品系列是通过在产品平台上增加、替换或删除一个或多个功能模块产生的。而基于可伸缩的产品平台则采用一些关键变量来规划产品平台，并在此基础上形成多种产品。

关于产品平台的相关研究文献比较多，涉及很多方面，如顾客工程、产品族定位、产品平台优化、商业策略、制造和生产、信息技术和管理等。Jiao 等（2007）、Simpson（2004）和 Fujita（2002）等对这些研究文献进行了全面的分类和讨论。本书中只涉及了参数化产品平台的优化，因此下面只介绍与此相关的文献。

2. 参数化产品平台的规划方法

在参数化产品平台中，所有的成员都共享一个参数化表示，即它们被同样的工程属性所表达，但对于不同的产品变体，其工程属性的值是不同的。优化的目标是帮助产品设计人员确定产品平台和产品变体的最佳工程特性设置。一般来说，可伸缩产品平台的设计和优化主要包括以下几个阶段（Dai and Scott，2007）。

（1）产品平台配置，即如何选定哪些工程特性是平台工程特性。

（2）为这些选定的平台工程特性确定合理的值。

（3）为产品变体的非平台工程特性确定最优值。

在有些研究中（2）和（3）被合为一个步骤。

关于可伸缩产品平台的第一个系统化的设计方法是 Simpson 等（1999）提出的产品平台概念探查方法（product platform concept exploration method，PPCEM）。PPCEM 使用了一个可均衡多目标的决策支持系统来对产品平台的约束和目标建模。该模型是一个多目标模型，有多个互相冲突的目标，采取的策略是最小化总性能损失量。Conner 等（1999）为产品平台开发了一种多样均衡评估方法（product variety tradeoff evaluation method，PVTEM）。该方法与 PPCEM 类似，采用了通用性指标和性能指标来评估产品平台的多目标权衡。Moore 等（1999）应用了综合分析方法来设计产品平台，其主要特点是将需求方面的预测方法和供应方面的费用估计方法集成在一起。他们的案例分析进一步指出了考虑产品通用性的重要性。然而，他们并没有给出优化的模型和优化过程。Nayak 等（2002）提出了一种基于 PPCEM 的新方法，称为基于变种的产品平台设计方法（variation-based platform design method，VBPDM），该方法使用基于变种的建模，可以处理弹性设计需求，并在通用性和性能均衡中集成考虑产品平台参数和比例因素。Messac 等（2002）提出采用物理规划（physical programming）和 PPCEM 来设计产品平台和产品族。物理规划方法将优化问题用带有物理含义的术语和参数表示，这样便于处理优化过程中均衡分析的决策过程。Fellini 等（2004）提出了一种基于个体最优和敏感性分析的两阶段方法来确定通用性指标。该方法从个体的设计优化入手，用一阶函数信息度量和计算产品性能偏差。Kumar 等（2009）提出了一种称为市场驱动的设计方法，与之前的以产品性能为目标的优化方法不同，该方法以产品的市场定位为主要目标，并使用了嵌套对数选择规则（nested logit choice rule）来模拟顾客在含有竞争产品的细分市场中如何选择产品的行为。Dai 和 Scott（2007）采用敏感性分析和聚类分析技术来解决产品平台配置问题和确定平台工程特性和非平台工程特性的值。Williams 等（2004）提出了一种新方法，称为产品平台结构化理论方法（product platform constructal theory method，PPCTM），可以帮助产品设计人员在处理多层通用性指标、多种产品说明，以及在产品平台范围和性能的内在均衡的过程中，系统化的管理产品平台的模块化和通用性。这种方法采用了基于效用的决策支持方法和需求建模技术，可以处理多种设计目标和非均匀市场需求。

1.3.8　产品族设计

1. 产品族的定义

产品族（product family）是一组相关产品，这些产品有不同的特性和功能，可以满足不同细分市场的用户需求，但这些产品是从同一个产品平台衍生出来的（Jiao et al.，2007）。产品族技术是一种有效解决产品多样化的方法和实现大规模定制的途径，它通过模块化技术和产品平台提高设计的重用性和效率，方便系列产品的管理，并大幅度缩短产品的设计和生产周期。目前，产品族技术在飞机、汽车、电子产品和软件等行业有着广泛的应用。

在产品族的相关研究文献中，另一个相似的概念是产品线（product line）（Kwong et al.，2011）。从研究内容来看，产品族和产品线的很多概念、思路和架构很大程度上是互相重叠的。所不同的是，产品线较多从营销和顾客的角度考虑，而产品族较多从工程角度考虑。产品族的相关研究很多都从模块化、产品平台、最优化等角度开展，而产品线的相关研究中，有很多文献是从营销策略分析和供应链协调方面入手。

与有形产品类似，服务产品也对应有服务族（service family）的概念和服务族设计理论（Moon et al.，2010）。与产品族不同的是，服务族没有产品尺寸、形状和材料等信息，但强调的是服务流程的模块化、子流程接口和重用性。

2. 产品族设计的任务

产品族设计的主要任务是，在产品的工程约束条件下，如何合理地确定产品平台模块结构和平台工程特性，使产品平台的通用性（commonality）和特殊性（distinctiveness）之间得到均衡；以及在产品平台基础上派生的系列产品如何合理选择零部件和设定零部件的技术参数，使这些产品能在尽可能节省费用的基础上最大化产品性能等指标，以满足众多的细分市场（market niches）的需要（Luo et al.，2011）。

产品族设计中需要考虑生产和供应链环节，通过模块化技术和零部件复用来降低生产、外购和装配的成本。产品族设计不但需要了解产品结构和加工工艺，同时需要应用优化理论与方法来提高设计水平。

3. 产品族设计的方法论

从设计方法论角度来看，产品族的设计方式可以分为以下两种（Simpson et al.，2006）：①自上而下的产品族设计，即企业先设计完成产品平台和产品族的基本结构，开发设计产品族时从已有的平台和结构生成新的产品族；②自下而上的产品族设计，即企业从多个已有的类似产品入手，进行分析和再设计，通过通用模块化和标准化技术形成产品族。

4. 产品族的通用性指标

产品族的通用性是评价产品族的一项核心指标，反映了组件的重用性和节省成本的能力，是产品族的建模过程中重要的部分。如果通用性指数比较高，则说明产品族中产品的相似度较大，产品制造成本较低和部件重用性较好；反之则说明满足多样化细分市场的能力比较好。很多学者从不同角度提出通用性指标，主要包括以下几种（Simpson et al.，2006）。

（1）通用性程度指标（degree of commonality index，DCI）：该指标的计算公式如下

$$\mathrm{DCI}=\left(\sum_{j=i+1}^{i+d}\Phi_j\right)\Big/d$$

其中，i 表示产品成品的数量；d 表示所有产品的零部件（不算重复零部件）的数

量；Φ_j 表示零部件在产品结构树中被重复使用的次数。DCI 可以看作产品族中被重用零部件的数量和零部件总数量的比例。DCI 比较计算容易，但缺点是它的值没有边界，因此不容易在不同产品族之间做横向比较。

（2）归一化通用性指标（total constant commonality index，TCCI）：该指标的计算公式如下

$$\text{TCCI} = 1-(d-1)\Big/\left(\sum_{j=1}^{d}\Phi_j - 1\right)$$

与 DCI 相比，TCCI 具有归一化的特点，它表示产品族中通用零部件的个数与零部件之间的比例。当 TCCI 等于 0 时，表示完全没有零部件共享，当其等于 1 时，表示完全的零部件共享，即零部件之间可以完全互换。这就使得 TCCI 有比较好的共享表示能力。TCCI 计算简便且有边界，但其缺点是对产品族通用性信息的考虑不足，如成本等方面的信息。

（3）产品线通用性指标（product line commonality index，PCI）：该指标的计算公式如下

$$\text{PCI} = 100\left(\sum_{i=1}^{P}\text{CCI}_i - \sum_{i=1}^{P}\min\text{CCI}_i\right)\Big/\left(\sum_{i=1}^{P}\max\text{CCI}_i - \sum_{i=1}^{P}\min\text{CCI}_i\right)$$

其中，$\text{CCI} = n_i f_{1i} f_{2i} f_{3i}$，表示零部件 i 的通用性水平；n_i 表示产品族中包含零部件 i 的产品的个数；f_{1i} 表示在尺寸和形状方面，共享零部件 i 的产品的最大数量与共享零部件 i 的最大可能数量之间的比率；f_{2i} 表示在材料和制造过程方面，共享零部件 i 的产品的最大数量与共享零部件 i 的最大可能数量之间的比率；f_{3i} 表示在装配和固定方面，共享零部件 i 的产品的最大数量与共享零部件 i 的最大可能数量之间的比率；P 表示可以在产品中进行标准化的零部件个数；max CCI 和 min CCI 分别表示 CCI 的最大值和最小值。

PCI 也是一种有边界的指标，其取值范围是[0，100]。当 PCI 等于 0 时，表示产品族中的零部件在尺寸和形状、材料和制造过程、装配和固定等方面毫无共性。当 PCI 等于 100 时，表示产品族中的零部件在尺寸和形状、材料和制造过程、装配和固定等方面可以完全互换。

（4）通用性百分比指数（percent commonality index，%C）：该指标的计算公式如下

$$\%\text{C} = I_c C_c + I_n C_n + I_l C_l + I_a C_a$$

其中，I 表示权重且其和为 1；C_c 表示通用零部件和所有零部件之间的比率；C_n 表示零部件联系中通用联系和所有联系的个数比率；C_l 表示装配顺序中的通用装配顺序和所有装配顺序的个数比率；C_a 表示通用装配工作站和全部工作站的个数比率。

%C 是有权重向量，也是一个有边界（0-100）的指标，其优点是灵活性好，缺点是计算时需要较多的信息。

（5）通用性指标（commonality index，CI）：该指标的计算公式如下

$$\mathrm{CI}=1-\left(u-\max p_j\right)\bigg/\left(\sum_{j=1}^{d}p_j-\max p_j\right)$$

其中，u 表示产品族中不通用零部件的个数；p_j 表示某个产品中零部件的个数。CI 的值越大，表示产品族中不通用零部件越少。CI 的优点是计算简便，缺点是只关注不通用零部件的数量而忽略了成本等信息。

（6）零部件通用性指标［component part commonality index，CI（C）］：该指标的计算公式如下

$$\mathrm{CI(C)}=\left(\sum_{j=1}^{d}\left[P_j\sum_{i=1}^{m}\varPhi_{ij}\sum_{i=1}^{m}V_iQ_{ij}\right]\right)\bigg/\left(\sum_{j=1}^{d}\left[P_j\sum_{i=1}^{m}V_iQ_{ij}\right]\right)$$

其中，d 表示产品族中不通用零部件的个数；m 表示产品族中产品的个数；P_j 表示零部件的制造成本或外购费用；j 表示产品族中所有产品的某个零部件；V_i 表示产品族中产品的生产量；Q_{ij} 表示产品 i 中不相同的零部件 j 的个数；$\varPhi_{ij}$ 表示产品族中的一个产品中的不相同的零部件 j 的出现次数。

从 CI（C）的指标公式中可以看到，CI（C）较好地反映了产品族中零部件的通用性，同时在指标中也考虑了成本的影响。不足之处是需要额外的信息来估计每个零部件的费用。

5. 产品族的设计方法

对产品族的结构特征而言，产品族和产品平台类似，也可以分为两种（Jiao et al.，2007）：①模块型产品族，即产品族中不同产品的变化主要通过某些特征模块或组件的替换来实现；②参数型产品族，即产品族中不同产品的变化主要通过某些特征参数值的变化来调整。

对于模块型产品族，其产品结构的主要特征是产品功能结构元素与物理零部件是一对一映射的，基于平台的个性化产品模块组合可以生成多种不同的变形产品，同时通过接口和零部件的标准化来获得规模效应。这方面的研究主要可分为以下几个方面（Simpson et al.，2006）。

（1）模块识别和产品的模块化。模块化的基础原理是要保持模块内部元素的高内聚和模块之间的低耦合。产品模块的识别就是通过分析产品的 BOM 结构图和产品零部件之间的联系来识别模块。产品模块化的方法主要有三种，一是设计结构矩阵方法，这种方法可以通过矩阵元素关系的分析来进行矩阵分解。例如，Yu 等（2003）利用设计结构矩阵方法来识别产品组成要素之间有高度关系的部分，

并将这些元素聚类成为模块。二是模块功能展开方法，这种方法可以用来评估模块之间的集成性。例如，Erixon 和 Ostgren（1993）扩展了质量功能展开的矩阵方法，用扩展矩阵来进行模块分析和评估。三是启发式方法。例如，Hölttä 和 Salonen（2003）提出了一种含有五个步骤的启发式算法，通过生成系统树图来发现产品之间的公共模块。

（2）产品族中的接口标准化。产品的模块接口定义和标准化对产品族来说，有重要的意义，如果没有清晰和健壮的物理接口和管理手段，产品族演化过程将受到限制。因此，学者提出了一些新的接口设计方法。例如，Hill（1999）提出了一种方法来帮助设计者评估模块间接口如何影响模块的功能和如何选择最佳的接口参数。Sosa 等（2004）提出从能源、材料、空间和信息等不同的维度来识别接口的特性。Martin 和 Ishii（2002）提出了一种耦合指标来评估模块接口的耦合量，该指标可以用来进行多代产品族的规划。Mikkola 和 Gassmann（2003）提出了一种模块化规划模型，该模型考虑了零部件数量、模块接口的数量和可替换特性等，可以用来分析产品结构的模块化程度。

（3）产品族的模块组件优化。在产品模块建立和模块接口已经确定的前提下，产品族中的产品如何选择最优的模块基本元素以符合产品功能需求，是一类工程优化问题。产品族模块组件优化的研究一直是产品族研究的热点问题之一。例如，Gonzalez-Zugasti 等（2000）建立了产品族的优化选择问题模型，考虑了产品变体和产品族的多种约束。Yigit 和 Allahverdi（2003）将产品族优化问题抽象为一个广义的子集选择问题，考虑了模块化产生的质量损失和再配置的费用。Wang 和 Chen（2012）提出结合模糊理论、多准则决策、QFD 和 DEMATEL 等方法来进行产品族模块组件的选择，建立了一个线性整数规划模型。Fujita 等（2013）提出了一个产品族和供应链配置的联合决策模型，模块的选择和生产供应场地的选择问题被集成在一个统一的整数规划模型框架中并采用遗传算法进行求解。Xiao 等（2018）提出了一个双层规划模型来优化上层的产品族的模块选择和下层的加工工艺选择，同时考虑了加工过程的低碳因素。Kim 和 Moon（2017）考虑了产品族中既有新零部件模块也有再制造零部件模块的情形，建立了一个考虑可持续性的产品族模块选择数学规划模型。Yang 等（2014）提出了一种考虑环境因素的产品族设计方法，在模型中考虑了模块零部件的再利用特性和产品的可回收特性。Agard 和 Bassetto（2013）提出了一种综合考虑质量和成本的新产品族设计方法，设计了求解算法并提供了一个工业应用案例。

对于参数型产品族，其设计主要分为两个部分，一是参数化产品平台的设计，二是产品族中产品的参数值确定，关于这一部分的研究可以参见本书 1.3.7 小节的综述部分。

6. 产品族设计的优化建模

参数型产品族通过改变产品的设计参数值来实现产品的多样化，通过变量值的共享达到降低设计复杂度和节省成本的目的。产品族设计从本质上来说是一项最优化问题和决策问题，在满足给定资源和约束的条件下，工程师需要从可行的产品族设计方案中优选出满意的方案。下面将产品族设计的相关研究从数学建模的角度进行分类。

第一，根据产品族设计阶段来分，产品族设计方法可以分为单阶段方法和多阶段方法。单阶段方法将产品平台和产品变体的优化问题集成在一起处理，模型一致性比较好，但当产品数量比较大的时候，问题规模往往很大而难于求解。多阶段方法是先优化产品平台，然后再优化设计产品族中的产品变体，其优点是通过问题分解降低了复杂度，每个阶段的优化问题相对容易求解，缺点是可能在前序阶段丢掉全局最优解。

第二，根据产品平台的存在性来分，可以分为平台已经建立和平台尚未建立两种情形。前者的优化模型中，平台和模块化基本属性已经定义，因此优化问题相对容易求解。后者不但需要考虑平台参数和模块选择问题，而且要考虑产品的属性设置问题，因此需要进行集成优化且难度较大。

第三，根据平台多样性的角度来分，可以分为单平台和多平台的情形。早期的产品族相关研究都是基于一个平台的假设进行优化，近年来的一些研究引入了多平台的概念，可以在保持产品性能的基础上，通过考虑多个产品族之间的相似性，进一步提高企业对于产品的通用性的要求，从而通过标准化降低成本。

第四，根据优化的层次来分，可以分为单层次和多层次优化。单层次是基于一个决策层次的优化，包括多个子问题的联合优化。最近的一些研究开始采用一些多层次优化的方法对产品族进行设计，例如，采用主从模式的双层规划来处理产品族模块选择和后续的供应链与生产工艺决策等。

1.3.9 产品配置

产品配置是按照一定的配置规则获得满足客户需求的产品 BOM 的一系列活动（Aldanondo et al.，2003）。产品配置通过搜索预先定义的零部件类型与零部件类型接口，在一定时间内给出符合用户要求并满足相关约束条件的配置结果。

表示一个产品配置至少需要两个不同的阶段：描述域知识和描述产品需求说明。前者说明在应用系统域中可用的对象类型及对象类型之间的关系；后者包括说明产品在何种环境下操作、需要满足何种条件和寻找配置解时按照什么标准进行选择等。一般来说，表达域知识比较困难，原因是对象之间联系的多样性和复杂性很难维护。

产品配置的求解分为基于规则的推理、基于模型的推理和基于案例的推理。

1. 基于规则的推理

基于规则的推理使用生产规则统一表示域知识和控制策略。作为一种专家系统，基于规则的产品配置系统一般都采用规则编程语言而不是常规的过程化语言进行开发。过程化语言提供有限的分支和预先确定的活动顺序，但在如下两个关键方面不能提供配置过程需要的运行灵活性。

（1）为了获得一个有效的配置，哪些活动必须被执行。

（2）一个和其他活动发生联系的活动何时正确地被执行。

而规则编程语言明确提供动态和实时的决策功能，可以满足上述特性。规则编程语言中的规则采用 **IF** condition **THEN** consequence 的格式。基于规则的产品配置系统用前向链的方式求得配置解（Forza and Salvador，2002）。在每一个步骤，系统都检查所有的规则集合，但仅考虑下一步能执行的规则。每个规则都有自己的触发事件，用来标识其适用性的范围。产品配置系统从下一步的规则中选择其中之一，执行其对应活动部分。

基于规则的推理的问题在于，域知识和控制策略之间缺乏必要的分离，这样一来单个实体的知识被扩散到几条规则，这使得知识的维护比较困难。例如，如果考虑零部件类型的说明有所变化，则需要更新规则，这时很难找到所有需要变化的规则；另外，如果条件没有发生，系统并不需要考虑规则的结果部分，但开发人员必须确保规则集合完全覆盖每一种需要出现的结果。

2. 基于模型的推理

基于模型的推理的基本假设是一个系统可以用模型来表达，模型由可以分解的实体和实体之间的相互作用组成。基于模型的推理有几种不同的配置实现方法，它们分别是基于逻辑的方法、基于资源的方法和基于约束的方法。

1）基于逻辑的方法

基于逻辑的方法是一种在描述逻辑（description logic）（Paramasivam and Plaisted，1998）上发展起来的方法。描述逻辑有许多分类和扩展，适应于不同的特定应用。描述逻辑是一种用来对知识进行表达和推理的形式化工具，它为传统的基于框架的系统、语义网络、面向对象的表示和语义数据模型等提供了逻辑基础。

描述逻辑中主要的推论机制是包容（subsumption）（Mcguinness and Borgida，1995），所谓包容就是决定一个概念（或描述）是否比其他概念（或描述）更全面。

包容的语义由两个概念的关系子集来定义，描述逻辑系统中，大部分推论可以用包容来表达，主要包括分类和识别。分类是将一个新的概念集成到概念层的过程；识别是确定一个个体是否属于一个特定的概念。描述逻辑的语义清晰，逻辑操作简单，可以用于知识获取阶段，也可以用于问题解决阶段。

在知识获取阶段，分类工具采用包容方法将组织描述到明确的类别中。当一个新的描述被分类并添加到知识库中或者现有的描述被修改并重新分类后，描述逻辑可以自动保持一致性。在问题解决阶段，描述逻辑可以有两种方式支持配置。第一种方式是描述逻辑为其他配置系统提供运行支持。在这种方式下，基于包容的分类方法可以有效地检索描述。描述逻辑可以处理部分的和不完全的描述，扩展的描述逻辑甚至能提供特殊类型的推理。

第二种方式是让描述逻辑系统解决所有的配置问题。知识库中包含类（或部件类型）和规则的描述，这些规则绑定在由不同层次提取的概念上，可以根据需要扩展和细化一个配置。系统的用户界面向用户提出一些简单的问题，导引用户完成选择过程，然后系统利用这些输入，经过计算后得到配置解。

基于逻辑的方法的缺点是，推理和知识表示的表现很难同时达到高效率。如果在形式化上要求一定层次的表现（如允许存在判断的量化），计算包容就变得很困难；反之，如果限制知识表示的表现，确保其能够被处理，那么从形式上又很难表示复杂的系统，而这种系统在实际的配置任务中通常是存在的。

2）基于资源的方法

基于资源的系统将配置任务表示成一种“生产－消费”（producer-consumer）模型（Heinrich and Jungst，1991），用环境的描述表示需求说明，即技术系统需要和供应多少数量的各类资源。系统的目标是找到所有部件的集合，使所有的资源集合保持平衡状态，且在该状态下所有的需求都得到满足。一个配置可以被选择的条件为：环境和不同的部件需求能达到资源的平衡，且配置的部件能够达到最大的资源供应。

下面是求解一个配置任务的算法的简要说明。首先，确定需求说明的环境所需要的资源。其次，选择一种尚未平衡的资源类型，确定能够供应该资源的所有部件类型的列表。从列表中选择一个部件类型，将这个部件类型的一个实例加入到当前的不完全配置中。重复上述步骤，如果对于每种资源，需求量都小于等于环境或部件供应的数量，配置结束。如果走到一个不可行分支的末端，那么就用回溯法（back tracking，BT）返回上一个选择点继续计算。

在基于资源的方法中，域知识按照下面三个层次进行组织（Mittal and Frayman，1989）。

（1）系统知识：描述和一个给定应用域相关的资源类型，主要表示为资源类型的分类。

（2）目录知识：目录知识嵌在部件类型的描述中，也就是一种技术说明。它的组织方式是根据部件使用、供应资源的相似性，按照层次进行组织。

（3）启发式知识：在寻找一个配置解时，为资源和部件的选择过程提供指导的知识，由专家人工提供。

基于资源的方法主要适用于求解功能性需求的配置任务，特别是当单个部件部分地满足功能性需求时，这种方法的效率很高。例如，某些模块化系统中，所有的约束都是基于资源的，适合用基于资源的方法求解。对于结构化需求的配置和一些特殊布置需求的配置，基于资源的方法变得复杂，效率很低。

3）基于约束的方法

基于约束的方法为配置任务定义一个通用的且与域无关的模型，每个部件用由其属性的集合和与其他部件连接的接口集合来定义，部件之间的约束限制了部件的自由组合，只有满足约束的解才是可行的配置。除了部件说明之外，配置说明还包括所需的产品和优化准则等。给定一个配置说明，目标是得到一个或多个配置，这些配置必须满足配置说明和优化准则；如果不存在可能解，则目标是检查配置说明是否一致。

这种方法对域知识有两个基本的假设。首先，配置通常是有目的的活动，用户事先知道产品需要实现哪些功能；其次，用户必须确定部件中哪些是关键的部件。这种类型的配置任务称为约束满足问题（constraint satisfaction problem，CSP）（Tsang，1993）。

一个约束满足问题可以表示成 $R=(X,D,C)$，其中：

（1）X 是有限个变量的集合，$X=\{x_1,x_2,\cdots,x_n\}$，用来表示产品配置中部件类型的集合。

（2）D 是作用于 X 中每个变量 $x_i(1\leqslant i\leqslant n)$ 上的函数，将每个变量 x_i 映射为其相应的域 $D_{x_i}=\{d_1^i,d_2^i,\cdots,d_i^i,d_m^i\}$，其中，$d_k^i(1\leqslant k\leqslant m)$ 是变量 x_i 的一个域值，用来表示变量所代表的部件类型的域。

（3）C 是有限个约束的集合，$C=\{c_1^{s_1},c_2^{s_2},\cdots,c_j^{s_j}\}$，其中，约束 $c_l^{s_l}$ 的作用范围 $s_l\in X$，且 s_l 在 C 中是唯一的，约束 $c_l^{s_l}$ 的维数是 s_l 中变量的个数。每个约束 $c_l^{s_l}(1\leqslant l\leqslant j)$ 规定了作用范围 s_l 中各变量所有允许同时取的域值组合。产品配置中的配置知识可以经过转换变成约束集合 C。

假设变量 x_i 在其域中的赋值为 $I_{x_i}\in D_{x_i}$，对变量集合 X 中所有变量的赋值为 I_X，若存在一个 I_X 满足约束集合 C 中的所有约束，则约束满足问题 R 是可以被满足的，且 I_X 是 R 的一个解，而 R 的所有解是所有满足约束集合 C 中约束的 X 的赋值。

约束满足问题主要的求解方法是系统搜索法，包括对局部赋值变量进行搜索的 BT 法和对所有赋值变量搜索的 GT（generate and test，生成及测试）法，但不论 BT 法还是 GT 法，都无法预先发现不一致或不必要的搜索分支。因此，当求解复杂 CSP 问题时，往往具有很差的时间计算复杂度。而将一致性技术（consistency techniques）引入到系统搜索法中，可以提前发现不一致的搜索分支，因此能够通过剪枝来减小搜索空间，大大降低了计算的时间复杂度。通常使用弧一致性（arc consistency，AC）法的前向检验（forward checking，FC）算法来改善系统搜索算法，同时能获得较好的计算时间复杂度（Tsang，1993）。

功能角色集合和部件集合之间的关系是典型的多对多关系，相同功能角色的不同的部件可能需要搭配不同的部件集合或功能角色集合；同时，多功能的部件也常常提供不同的功能角色集合。因此，配置的本质是动态变化的。1990 年，Mittal 和 Falkenhainer 扩展了 CSP 的概念，提出了动态约束满足问题（dynamic constraint satisfaction problem，DCSP）（Mittal and Falkenhainer，1990）。DCSP 引入了活动变量的概念，将变量之间的约束关系分成依赖相容约束和活动约束两类，丰富了约束求解在配置问题上的应用。

相比 CSP，DCSP 的优点在于它提出了活动变量和活动约束，这样在配置问题求解时，通过检查哪些变量处于活动状态，可以避免一些无关的计算过程（杨煜俊等，2004）。

基于约束的模型描述的缺点是，它要求所有的变量和变量之间的约束必须一开始就定义完毕，但实际上求解配置解时只有其中一小部分是活动的。在某些需求很特殊的情况下，可以给变量集加一个上界以提高运算效率；但是在实际应用中，这种方法往往很难覆盖所有需要的变量。

3. 基于案例的推理

前面描述的基于规则的推理和基于模型的推理都是采用演绎和展开的方法得出结论。基于案例的推理采取完全不同的方式，推理所需要的知识按照案例的方式存贮，这些案例记录了以往用户的配置结果的集合；通过基于案例的方法，可以找到一个相似的、以前已经解决的问题，改造这个问题使之满足当前配置问题的需求（Tseng et al.，2005）。基于案例的推理的默认假设是相似的问题具有相似的解，这也是它工作的核心机制。如果能够找到一个和当前配置相似的配置，那么只需要在其上做一些修改。在基于案例的推理系统中，基本的处理流程如下。

（1）输入用户需求。这个步骤的目的主要是从用户需求的输入中抽取特征，这些特征将用来获得相似的案例。

（2）获得一个配置。获取配置时，按照配置的标识从案例库中查找与需求特征相匹配的案例。

（3）修正这个配置，使之满足新的条件。修正的主要任务是如何确定修正所需的知识和控制修正的过程。常规的方法是采用基于规则的系统来执行修正，这同样会导致修正规则的知识获取和维护问题。另一种方法是使用基于模型的方法去检验候选解和寻找必要的修正。

（4）保存新的配置。当配置系统解出一个配置问题后，这个问题及它的解就作为一个新的案例保存在案例库中。

对于其他类型的配置系统，规则和约束的获取很困难，而它们又是推理过程本身所依赖的。在基于案例推理的配置系统中，对预先定义的配置或案例进行推理，系统可以不需要一个完整的模型。系统总能够在案例库中发现一个相似的解提供给用户，如果找不到一个完整的模型，系统可以进行自动修正，也有一些配置系统避开自动过程，把这个工作留给专家手工完成。

1.3.10　产品推荐

产品推荐是向顾客提供购买何种产品的建议（Herlocker et al.，2004）。作为产品信息超载的一个有效的解决方案，产品推荐系统已经在电子商务领域被广泛应用于推荐零售产品、软件产品和服务，成为维持网络经济的一个重要因素。

推荐系统建立在推荐技术（Klašnja-Milićević et al.，2015）的基础上，通常分为以下三类。

（1）基于内容的过滤：它是通过分析要推荐给客户的条目与已经由该客户评价过的条目（历史记录）之间的描述以实现推荐功能。多种技术已经被应用于分析条目内容和寻找内容之间的规则以产生推荐，如词频/反文档频率（term frequency-inverse document frequency，TF-IDF）（Salton，1988）、聚类（Vassiliou et al.，2006）、贝叶斯分类器（Pazzani and Billsus，1997）、机器学习（Brbić and Arko，2015）等。但基于内容的推荐技术的局限在于：它与系统推荐的对象密切相关。例如，如果两个不同条目由同一个特征集表示，那么系统就无法区分它们。基于内容的推荐技术的缺点还包括新用户问题和非专业用户问题。例如，不能推荐客户没有见过的条目。

（2）协同过滤：到目前为止，这是最成功和最流行的推荐技术。与基于内容的过滤不同的是，它通过找到推荐系统的客户相似性并且以其他客户的评价为基础预测客户对条目的效用值，从而产生推荐。协同过滤用于评价预测的方法包括余弦法（Breese et al.，1998）、图论（Aggarwal et al.，1999）、潜在语义分析（Hofmann，2004）、贝叶斯网络（Chen and George，1999）、线性回归（Sarwar et al.，2001）等。协同过滤同样存在新用户的问题。此外，它也存在其他的缺点，如新条目的问题（即一个新条目必须由大量的客户进行评价）和稀疏性问题（所得的一小部分评分可能会导致不准确的相似度计算）。

（3）混合方法：这种方法结合协同过滤和基于内容的过滤，以避免它们各自的缺点。混合系统所采用的策略包括：执行这两种方法，然后结合它们的预测；把一些基于内容的特点纳入到协作方法中；把一些协作的特点纳入到基于内容的过滤方法中，构建一个统一的模式，其中既包含基于内容的特性，又包括协作特性（Klašnja-Milićević et al.，2015）。

关于更多推荐系统的分类、研究领域、限制、可能的扩展及应用的问题可以参阅 Klašnja-Milićević 等（2015）、Sarwar 等（2001）、Pazzani 和 Billsus（1997）和 Schafer 等（1999）的论文。然而，如前所述，推荐系统需要保持大量的用户配置文件，并且存在诸如新用户问题和复杂性的限制等。

1.3.11 产品定价

1. 产品定价的概念及影响因素

产品定价就是企业如何确定产品销售价格的决策过程。产品定价对于企业来说是一个重要的决策内容，因为产品价格和收入直接相关，而有些决策只是和成本相关。产品定价要考虑到以下多种影响因素（杜荣，2004）。

（1）市场需求。一般认为，市场需求量是价格的负相关函数，在有些分析模型中，需求量被直接假设为价格的线性负相关函数；而规划模型中，也有直接将市场需求假设为常量的。

（2）产品成本。成本估算是一项比较困难的工作，可以采用固定变动成本法和作业成本法等方法估算产品成本，许多定价模型是基于成本进行的。

（3）竞争因素。竞争者产品的效用和市场价格必然会影响到企业的产品定价，而如果考虑竞争者的行为和反应，则很多产品定价模型采用博弈论来分析均衡结果。

（4）定价目标。通常最大化利润、最大化市场占有率、最大化销售收入等是最常用的企业定价目标。

（5）其他因素。其他因素一般包括：政府干预、关税、消费者心理、广告效应等。

2. 产品的基本定价方法和策略

常用的产品定价方法有如下几种（郭国庆，2001）。

（1）成本导向的定价方法。这种方法以产品的单位成本为基础加预期利润来确定产品价格。成本导向的定价方法又可以进一步分为总成本加成定价法（计算产品的变动成本和固定成本，加一定比例的利润和税金来确定产品价格）、边际成本定价法（按照产品的变动成本估算边际成本，加上边际贡献来确定产品价格）、盈亏平衡定价法（先估计销量，再估算盈亏平衡点，然后确定产品价格）、目标收益定价法（按照企业的投资收益率来计算产品价格）等。成本导向的定价方法的特点是只考虑卖方而忽视了顾客和竞争因素。

（2）竞争导向的定价方法。这种方法通过研究竞争公司的各种因素来确定产品价格。竞争导向定价法又可以进一步分为随行就市定价法（参照行业平均价格来定价）和密封投标定价法（采用单招标方和多投标方的方式来竞争确定产品价格）等。竞争导向的定价方法的特点是产品价格跟随竞争产品。

（3）顾客导向的定价方法。这种方法通过研究市场需求和顾客感知来确定产品价格。顾客导向的定价方法又可以进一步分为理解产品价值定价法（通过理解产品对顾客的价值来定价）、需求差别定价法（利用需求差异和细分市场将相同或轻微差异产品按照不同价格销售给顾客）、逆向定价法（先根据需求确定产品的销售价格，然后反推批发价和出厂价）等。顾客导向的定价方法的特点是以顾客需求为中心，价格随市场需求而变。

企业在制定和调整产品价格时，通常会采用一些产品定价策略，常用的定价策略主要包括以下几种（郭国庆，2001）。

（1）心理策略。主要是应用心理学原理来定价，诱导顾客进行购买。例如，尾数定价（如价格为 0.99 元）、幸运数字定价（如中国区手机号码中含 6 或 8）、声誉定价（如奢侈品的高价）等。

（2）折扣策略。主要是根据各种实际情况设置价格折扣进行促销。不同的折扣手段包括现金折扣、数量折扣、季节折扣、智能折扣等。

（3）地理策略。主要是考虑运输成本，根据产品不同的销售位置而采取不同的价格。其中地理差别价格包括产地交货价格、目的地交货价格、统一交货价格、分区运送价格、运费津贴价格等。

（4）差别策略。主要是根据不同的顾客、不同的时间、不同的空间来进行同种产品的差别定价，实际上属于一种价格歧视行为。例如，同样的产品，团购的价格要比单买价格低。执行差别策略需要注意不能引起顾客反感和法律问题。

另外，对于新产品而言，在投放市场之初定价策略主要有两种：一种是撇脂定价策略，即采取高价格策略，在短期内获得高额利润；另一种是渗透定价策略，即采取低价策略，在短期内抢占市场份额并挤压竞争企业。

3. 产品定价决策的相关研究

产品定价决策的理论研究涉及了多个学科，主要包括微观经济学、运筹学、控制论、营销学等学科。近年来关于产品定价有大量的研究文献，学者基于不同的定价问题提出了很多定价模型，研究内容涉及众多方面。下面对这些产品定价决策问题和采用的理论方法按照不同的分类进行简要综述。但需要特别说明的是，因为产品开发中的定价是面向长期规划的，所以和短期促销收益管理中的定价有所不同。

1）静态定价和动态定价

产品的静态定价问题的分析模型一般是考虑价格弹性，从边际成本等于边际收益的角度得到收益最大化的最优价格，建模和分析采用微观经济学方法。模型的扩展包括加入顾客异质性、用竞争产品价格调整需求函数来表示竞争、考虑质量敏感的市场环境、加入市场份额等不同约束等（Kornish，2001）。产品静态定价问题的离散模型则考虑的约束比较复杂，如顾客选择行为的模型化表示，但市场需求都假设为可预测的常量，模型求解采用运筹学理论。模型的扩展包括多产品的考虑、产品选择问题和产品设计问题的集成优化等。

产品动态定价是一种差别定价策略，是指厂商根据不同的市场场景、不同的消费偏好和不同的时间节点来制定不同的产品价格（Broder and Rusmevichientong，2012）。产品动态定价是近年来定价研究的主要热点之一，可以检索到大量的研究论文，考虑的角度也各有不同。例如，从时间节点考虑，将最优价格表示为时间 t 的函数，其中调整价格部分考虑多种影响因素，如通过应用于新产品扩散的 Bass 模型描述顾客的价格期望、通过折扣函数来表示收入现金流的净现值影响、通过增加积分模型约束来表示成本随时间下降的影响和供给小于需求的市场结构、通过修正支付意愿函数来表示网络外部性、通过微分方程来表示产品间的替代和互补联系、通过需求交叉价格弹性因子来表示多个产品的相互影响等；从建模和分析方法来看，主要应用了微分博弈、控制论和动态规划等（Jørgensen，1986）。

2）垄断市场和竞争市场

垄断市场环境的产品定价假设只存在一个具有垄断地位的厂商，向同质或异质的消费者群体销售一个或多个产品。垄断环境的产品定价是最基本的定价情形，数学模型相对简单，因为一般只考虑厂商和消费者之间的博弈行为（Rajan et al.，1992）。垄断环境的产品定价模型大多都应用 Stackleberg 博弈方法进行建模和求解。在基于供应链的定价模型中，因为考虑零售商和批发商之间的协调和各种特殊情形（如双渠道、闭环、质保、补贴、融资等），产品零售价和批发价的确定相对比较复杂，一般也采用各类博弈方法进行分析（Chen and Chang，2013）。

在竞争市场环境下，产品定价的分析模型一般都考虑双寡头格局，考虑较多的因素包括需求的不确定性、多产品的差异性与替代效应、厂商服务水平、消费者的风险规避等，许多研究采用微观经济学理论和博弈论来进行建模，应用比较多的是 Nash 均衡分析（Dockner and Feichtinger，1986）。产品定价的离散优化模型一般对厂商和竞争产品的数量没有限制。因为现实中很少有绝对垄断的厂商，市场竞争程度对定价策略和收益影响很大，当前对于产品定价的研究大都考虑竞争市场。

3）确定需求和不确定需求

产品定价中的市场需求包括市场规模、顾客保留价格和竞争信息等。早期的产品定价模型一般假设需求是外生变量，可以通过历史数据和人工经验进行精确的估计，因此从数学建模角度相对容易进行处理。

然而，需求的估计过程中可能存在估计误差，估计的需求可能存在不确定性。近年来的产品定价模型，大部分都考虑了市场需求的不确定性，主要包括顾客保留价格的不确定、顾客到达时间的不确定、顾客到达率的不确定、顾客总量的不确定、顾客购买决策风险的不确定、市场环境的不确定等（Lobel and Perakis，2011）。从求解和分析方法来看，应用比较多的是随机过程分析和马尔可夫理论等（Walczak and Brumelle，2007）。

4）同质消费者和异质消费者

在产品定价的研究论文中，有一些模型假设消费者是同质的。实际中很少有同质消费者的情形出现，因而这个假设过强，这些模型一般是作为基础模型留待扩展或者和其他决策问题进行联合优化。最简单的消费者异质可以从不同的保留价格进行考虑，也可以从不同的消费者行为的角度进行考虑，其中后者又包括消费者非理性行为、风险偏好和策略性行为等（Xu and Hopp，2009）。

对于消费者行为偏好，一般是通过消费者效用函数的不同参数来区分消费者类型，如风险厌恶型、风险中立型、风险喜好型（Schlosser，2015）。通过量化风险偏好行为，研究不同风险偏好对厂商定价和收益的影响。

对于消费者策略性行为，一般将消费者分为短视性消费者、策略性消费者、求廉性消费者（Levin et al.，2009）。当面对一个产品时，短视性消费者只要产品价格低于保留价格时就立即购买，求廉性消费者对价格很敏感所以尽量在打折时购买。策略性消费者会比较产品打折前后自己的消费者剩余，视其大小来决定是否购买。在考虑策略性消费者的定价模型中，通常将销售分为两个周期且第二个周期拥有价格折扣，建模采用主从博弈，其中一个比较强的假设是第一个周期时策略性消费者可以准确预测第二个周期时厂商的价格。

5）单产品和多产品

一部分产品定价模型是针对单个产品的，特别是动态定价模型（Spann et al.，2015）。对于离散优化模型来说，单个产品的定价模型的决策变量比较少，求解相对容易。同类多产品的情形可以看作单产品的定价问题的拓展（程岩，2010），如产品线定价需要考虑产品线中不同产品之间的竞争，有的模型还集成考虑了产品线中的产品选择问题和产品设计问题。

还有一些文献研究了不同类型产品的混合定价和捆绑定价，如产品和增值服务的捆绑定价问题（Zhang et al.，2019）。具体请参见产品捆绑部分的综述。

6）纯定价决策和集成决策

纯定价决策是指问题的内生变量仅考虑产品价格，有许多研究论文的问题都属于纯定价决策（Kachani and Shmatov，2011）。但是，近年来很多研究都专注于将定价问题和其他问题集成考虑，比较典型的就是零售商产品定价和库存问题的联合决策，很多此类模型都是基于报童模型在需求函数、战略性消费者、产品残值目标、可追加订货、多阶段订货等方面的扩展（Elmaghrabv and Keskinocak，2003）。另外，文献中还有一些类似的联合决策问题，如产品定价与广告决策问题、供应商选择问题、产品设计问题、生产设备选型等的联合决策问题，以及服务产品的定价与流程配置问题、车辆路径调度问题、人员指派问题的联合决策问题。

7）一般产品和特殊产品

大部分研究论文的研究对象都是一般类型的产品，但也有很多文献针对一些特殊类型产品进行了研究，比较典型的是易逝品（Levin et al.，2010）（保留价格随时间下降）、耐用品（Jing，2011）（使用周期长故扩散模型适合）、高科技产品（官振中和史本山，2008）（换代快且宜采用撇脂定价策略）、时尚产品（Huang et al.，2014）（使用周期短）、服务产品（Yang and Ng，2010）（边际成本低）、金融产品（李志勇和余湄，2018）（高风险且产品组合丰富）等。

1.3.12　产品捆绑

捆绑销售是企业常用的一种营销策略，存在于社会经济生活中的各个领域。例如，智能手机和通信套餐的联合销售，娱乐演出或体育比赛的套票，网购商品搭配礼品包装等。对于企业而言，产品捆绑策略有利于新产品进入市场。新产品通常作为被捆绑产品，通过与成熟产品进行捆绑而迅速融入市场，避免新产品在进入市场时产生不必要的花费。企业将捆绑销售作为一种价格歧视的工具，通过调整单品与捆绑之间的价格关系来吸引更多的顾客购买，并将获取的顾客盈余直接转化为公司的利润。

首先列举捆绑策略领域的综述类文献。Guiltinan（1987）对服务捆绑和混合捆绑进行了归纳总结，根据不同的捆绑折扣来选择合适的捆绑，对捆绑策略中的互补关系和战略营销目标给出了深入的思考。Stremersch 和 Tellis（2002）从三个角度分析了捆绑策略的优势：首先重新给出了捆绑策略定义，并从估值的对称性和变化性这两个维度对捆绑策略进行了分类；其次对每种捆绑策略的合理性进行了评估；最后对每种捆绑策略达到最优时的条件进行了区分。Venkatesh 和 Mahajan（2009）从顾客需求、公司盈利、市场竞争三个角度对传统捆绑文献中的经济模型进行了总结，研究了捆绑策略的设计和定价行为，对捆绑策略中的市场因素和数学方法进行了具体划分。Rao 等（2018）从捆绑中产品类别的数量、构建捆绑的主体和捆绑决策的时间框架角度对捆绑策略的概念进行了扩展，并对捆绑策略的多个原理进行了解释，指出了捆绑研究中尚未解决的研究问题。此外，Cao（2013）在其博士论文中从零售业角度对捆绑策略给出了详尽的管理性解释。

1. 产品捆绑的定义

从广义上讲，Adams 和 Yellen（1976）从捆绑数量角度考虑，提出捆绑销售是指两种或两种以上的产品按照一定数量进行打包出售。Guiltinan（1987）、Yadav 和 Monroe（1993）从捆绑价格角度考虑，认为捆绑销售是指两种或两种以上的产品或服务按照一个特殊的价格进行销售。Yadav（1994）从捆绑时间角度考虑，将捆绑销售定义为两种或两种以上的产品同时进行销售的策略。从狭义上讲，余嘉明和刘洁（2004）提出捆绑销售是将功能、包装、品牌上不同的产品进行整体销售。曹洪（2004）认为捆绑销售是指垄断者将垄断产品与其他产品组合之后的销售模式。康凌男（2012）把两个或两个以上的品牌或公司在销售产品的过程中进行合作的行为称为捆绑销售。除了上述定义之外，张艳坤（2015）与胡应环（2006）也总结了相关文献中出现的捆绑策略的定义。

最早的产品捆绑研究始于 Stigler（1963）。Adams 和 Yellen（1976）将捆绑策略划分为三类：单售、纯捆绑和混合捆绑。单售是指产品只能单独地进行销售，纯捆绑是指产品只能通过捆绑进行销售，混合捆绑是指单售和捆绑销售可以同时存在。McAfee 等（1989）支持这一观点，并且提出当顾客估值满足独立分布时，混合捆绑策略是最优的。Bhargava（2013）提出了部分混合捆绑的概念，即所有产品中存在着某种产品只能进行捆绑销售而不允许单售。与之相反，Hanson 和 Martin（1990）从捆绑组合设计的角度提出了完全混合捆绑的概念，即当公司除了销售每个单品和包含所有单品的捆绑之外，还可以销售包含任意单品组合的捆绑。Hitt 和 Chen（2005）与 Wu 等（2008）对完全混合捆绑问题进行了简化，提出以一个固定的价格从所有的单品中选择指定数量的单品进行捆绑的方法，将这种捆绑称为定制化捆绑。随后，Jiang 等（2011）将定制化捆绑应用到电商的在线销售的场景中。从捆绑中产品的关联程度考虑，Stremersch 和 Tellis（2002）根据捆绑中的产品是否存在相关性，将捆绑划分为产品捆绑和价格捆绑。Venkatesh 和 Kamakura（2003）对上述研究进行了延伸，根据捆绑中产品的保留价格相关性程度将捆绑划分为独立品捆绑、互补品捆绑和替代品捆绑。在此基础上，

Sheikhzadeh 和 Elahi（2013）着重检验了保留价格呈完全正相关和完全负相关的产品捆绑。

2. 产品捆绑的分类

根据不同的分类方法，许多学者从多个角度对捆绑策略进行了划分。通过对之前研究的总结归纳，本部分将捆绑策略进行如下分类。

（1）根据捆绑对象不同，分为产品捆绑、服务捆绑、产品和服务捆绑。产品捆绑是指企业将有形产品进行打包出售，如吉列的剃须刀和刀片，麦当劳的汉堡和可乐等。服务捆绑是指企业将服务进行打包出售，如为期五天的游轮旅行等。产品和服务捆绑是指企业将有形产品和服务一起出售，其中的服务通常包括售后服务（Cohen and Whang，1997；Kurata and Nam，2010）和附加服务（Lin，2017；Shugan et al.，2017）。不同于传统的有形产品和服务，信息产品作为一种特殊的产品，既具有产品的特性，也具有服务的特性，许多学者着重研究了信息产品的捆绑销售（Chuang and Sirbu，1999；Hui et al.，2012；Li et al.，2013）。

（2）根据捆绑主体不同，分为企业内捆绑和企业间捆绑。企业内捆绑是指一家企业将自家的产品或服务一起出售。McCardle 等（2007）考虑将基础产品和时尚产品进行捆绑销售，其中基础产品的市场规模是已知的，而时尚产品的市场规模是随机的。企业间捆绑是指两家及以上的企业为了共同利益而将各自的产品或服务进行联合销售。Ghosh 和 Balachander（2007）分析了一家多产品的全能型公司和两家单产品的专业型公司在捆绑销售下的竞争行为。

（3）根据捆绑产品的关联程度不同，分为同类产品捆绑和多类产品捆绑。同类产品捆绑是指企业将功能相同的产品一起出售。Stremersch 和 Tellis（2002）将这种同质产品的捆绑称为价格捆绑，其本质是数量折扣。多类产品捆绑是指企业将在用途或使用等方面有关联性的产品一起出售，可以分为互补品捆绑、替代品捆绑和独立品捆绑，三者的区别在于单品的保留价格与捆绑的保留价格的关系。独立品捆绑的保留价格满足可加性，即捆绑的保留价格等于单品的保留价格之和。互补品捆绑的保留价格大于单品的保留价格之和，满足超可加性。替代品捆绑的保留价格小于单品的保留价格之和，满足次可加性。Venkatesh 和 Kamakura（2003）对互补品捆绑和替代品捆绑进行了详细的分析。首先，对于两个满足均匀分布的互补品，当边际成本低或处于中等水平时，弱互补品的混合捆绑是最优的；当边际成本高时，弱互补品的单售是最优的，而强互补品的纯捆绑始终是最优的。其次，对于两个满足均匀分布的替代品，强替代品的单售是最优的，弱替代品的混合捆绑是最优的。最后，对于两个满足均匀分布的互补品和替代品，在纯捆绑下，替代品的最优捆绑价格低于独立品的最优捆绑价格，互补品的最优捆绑价格高于独立品的最优捆绑价格。在这三种捆绑中，关于互补品捆绑的研究最为常见。裘立波（2009）认为捆绑中的互补性，不仅指各个产品之间存在功能上的互补关系，还包括在顾客心中形象上的互补关系，顾客更愿意将捆绑作为一个整体来进行衡量。Guiltinan（1987）提出在产品捆绑中存在至少三种互补关系：提供搜索的经济性，增加顾客的满意度，提升整体的形象，并给出了相应的捆绑实例。Matutes 和 Regibeau（1992）认为公司提供捆绑折扣会导致囚徒困境的出现，相比于两家公司都不进行捆绑的情况，公司将会获得更少的利润。相似的结果也出现在 Gans 和 King（2006）的研究中，但是他们考虑的产品来自两个独立类别，而前者考虑的产品来自两个互补性类别。

（4）依据捆绑品牌不同，分为同品牌捆绑和不同品牌捆绑。同品牌捆绑是指企业捆绑的产品属于同一品牌。不同品牌捆绑是指企业捆绑的产品属于不同品牌。Balachander 等（2010）认为顾客的品牌忠诚度对公司制定捆绑策略会产生影响。Armstrong 和 Vickers（2009）考虑了捆绑策略中顾客品牌偏好相关性的影响，运用二维豪泰林模型同时描述了顾客的质量偏好和品牌偏好对捆绑定价的影响。

（5）依据研究理论的不同，分为古典学派、芝加哥学派和后芝加哥学派。捆绑策略的发展历经了古典学派的杠杆理论、芝加哥学派的价格歧视理论和后芝加哥学派的策略行为理论的三个阶段。不同学派之间虽然存在着分歧，但是共同点都是研究如何通过捆绑策略来达到提升市场效率的目的，这也是捆绑策略能够长期不断发展的原因。

古典学派的理论依据是杠杆原理，即垄断企业利用捆绑销售随意提高产量或提升价格，通过将自身市场延伸到新的市场而获得额外的利润。对于整个市场而言，捆绑销售会造成一定程度的经济损害，是一种扰乱市场秩序的无效率行为。而且古典学派自身也存在着缺陷，其仅考虑垄断型市场结构对市场参与者的影响，忽视了捆绑销售自身的特点。古典学派的研究过度依赖于历史数据，只凭借经验进行判断，并没有构建数学模型对捆绑策略进行定量分析，也没有给出充分的理论证明。

芝加哥学派对古典学派进行了反驳。Ward（1957）作为芝加哥学派的代表，提出在大多数情况下捆绑销售不会使市场的垄断力量向另一个市场延伸，也不能增加企业的利润。Adams 和 Yellen（1976）认为捆绑销售迫使垄断厂商将顾客的保留价格作为产品的出售价格，会导致市场偏离帕累托均衡。Schmalensee（1982）考虑了保留价格呈负相关性的商品，他认为将捆绑销售作为一种价格歧视的工具，可以达到规避卡特尔规定和促进风险分散等目的。芝加哥学派提出了寡头垄断价格理论，通过捆绑销售可以解决生产者和顾客之间的不对称问题，利用价格歧视榨取更多的顾客盈余，提升市场的经济效率。

随着博弈论和信息经济学的发展，后芝加哥学派开始出现，其主要观点是当被捆绑商品的市场存在不完全竞争时，垄断企业会利用捆绑销售来限制竞争。

Whinston（1990）采用博弈论对捆绑销售进行定量分析，提出了策略行为理论。假设在寡头垄断的市场结构中，捆绑销售作为一种市场圈定策略，通过设置市场的进入障碍阻止潜在竞争者的加入，减少被捆绑产品的市场竞争，将垄断行为延伸到新的市场。由于芝加哥学派的理论缺陷在于只考虑捆绑市场中的完全竞争，后芝加哥学派考虑了市场中存在信息不完全性的情况，通过策略行为模型来定量分析捆绑销售的潜在竞争性。当考虑两产品捆绑时，主要考虑两种市场结构：垄断-竞争市场和竞争-竞争市场。在垄断-竞争市场中，第一种场景是在位者生产两种独立需求的产品。Carbajo 等（1990）利用伯川德模型和古诺模型分析捆绑策略对于竞争对手进入或退出市场的影响，证明捆绑策略能够加速垄断势力的扩张。当在位者有能力对价格进行限制时，Nalebuff（2004）对比分析了捆绑和不捆绑的情况。第二种场景是在位者生产两种完全互补产品。Avenali 和 D'Annunzio（2013）考虑在位者选择单售或混合捆绑，而进入者选择生产同质产品或者更高价值的产品。结论表明，在位者会选择捆绑策略，抑制进入者生产更高价值的产品。在竞争-竞争市场中，两种产品的市场都存在潜在进入者。Choi 和 Stefanadis（2001）提出在位者生产两种互补型产品，而两个进入者分别通过降低同质产品的成本来进入市场。当在位者选择捆绑时，市场的进入壁垒提高，阻碍进入者通过降低成本进入市场。

3. *产品捆绑的方法*

本部分主要从捆绑设计和捆绑定价两个角度分析捆绑策略的研究方法，即设计导向型方法和价格导向型方法。前者考虑如何从产品可选集中选择合适的产品进行捆绑或者考虑产品的属性水平如何确定，后者强调的是如何对单品和捆绑制定合适的价格。

从捆绑设计的角度考虑，主要方法是平衡性模型及其改进模型。平衡性模型通常考虑两个方面：捆绑时需要考虑产品属性的相互作用，所选的捆绑要能体现所有特征的平衡性。Farquhar 和 Rao（1976）最早研究了电视节目的安排问题，利用线性规划对属性进行分类，从所有的可能对象中选择最均衡的捆绑。Bradlow 和 Rao（2000）考虑产品属性之间的互补关系，基于分层贝叶斯模型在个体的层面建立了平衡框架。平衡性模型的优势在于考虑了顾客对于捆绑的平衡性选择，这种多属性决策问题有助于分清捆绑设计中存在的相互依赖性，不足之处在于捆绑策略中产品组成的数量是外生的。另外一些学者对于平衡性模型进行了改进，其中一种是基于可比性的平衡性模型。Chung 和 Rao（2003）解决了传统的平衡性模型中属性的不可比较性，将属性划分为可比较型属性、部分比较型属性、不可比较型属性。基于可比性的平衡性模型的优势在于考虑了不同类别的产品组合，不足之处在于忽视了对混合捆绑策略的研究。

从捆绑定价的角度考虑，主要方法是混合整数线性规划和概率型方法。混合整数线性规划方法主要针对产品数量是三个及以上的情况，因为此时的捆绑定价问题会十分复杂。Hanson 和 Martin（1990）最早在捆绑策略中利用混合整数线性规划解决了捆绑定价问题，考虑了多个单品及成本和保留价格等因素，并对企业的产品线选择进行了设计。混合整数线性规划的优势在于可以解决大规模捆绑问题，不足之处在于结果的敏感性分析难以评估。概率型方法主要分析顾客层面上的支付意愿情况。Venkatesh 和 Mahajan（1993）与 Ansari 等（1996）对电视娱乐节目或体育节目的捆绑进行分析。前者针对的是利润最大化的垄断厂商，当混合捆绑更为有利的时候，单票和套票的价格需要同时进行优化。后者考虑的是非营利厂商，这些厂商愿意在捆绑中提供更多的条目和设置更低的价格。概率型方法的优势在于整合了顾客偏好和限制性的资源约束，不足之处在于捆绑的组成是外生的。

1.4 本书的主要思路和体系结构

1.4.1 本书的基本思路

产品与服务开发是一项复杂的系统工程，涉及多个学科的领域知识，需要跨组织的项目团队协作完成。产品与服务开发是生产环节的前端，很大程度上决定了产品或服务的竞争力和成本结构，不但是企业发展的核心保障，也是企业提高经济效益的重要途径。

传统的产品与服务开发过程对于设计人员个人经验的依赖程度很高，许多企业特别是中小型企业的设计人员在进行产品或服务的设计时大多凭借设计直觉，设计方案缺乏精确的优化计算。另外，产品与服务开发过程的风险也比较大，容易出现开发项目延期和预算超支等情况。因此，企业在产品与服务开发中，不但要进行工程技术攻关，同时需要提高管理水平，通过掌握先进的管理科学与工程理论、工具和方法来指导产品与服务开发的过程实践。

产品与服务开发管理领域有许多相关的研究论文，但这些文献很多聚焦于定性分析和案例研究，定量研究也以统计分析和实证研究（如关键成功因素分析和路径分析等）为主。对于产品与服务开发中的核心决策与优化问题，如开发项目调度与任务指派、顾客需求排序、新产品定位、产品平台规划、产品族优化设计、产品配置推荐、产品定价等，目前也有一些相关的研究，但这些研究工作对产品与服务开发过程的特点和复杂约束的分析不够深入，也没有充分考虑新的信息通信技术、管理理念和社会经济环境给产品与服务开发过程带来的影响，而这也正是企业界正在面对和迫切需要解决的问题。

在这种背景下，作者及其研究团队针对产品与服务开发中的实际需求进行了分析，凝练了一些基础科研问题并开展了研究，提出了一系列与产品与服务开发相关的创新性理论和方法，并在一些典型的产品（如卷烟产品）和服务类企业（如电信企业）中得到了成功的应用。本书汇集了近年来作者及他的博士生们在产品开发管理领域的一些阶段性研究成果。

1.4.2　本书的章节结构

本书以产品与服务的开发和设计管理过程为研究对象，以数学建模、统计分析、优化算法、运筹学、人工智能和系统工程等为基本理论工具，以为企业的产品开发管理过程提供智能化和系统化的决策与优化方法与技术框架为目标，对产品开发管理中的开发项目调度、开发任务指派、顾客需求排序、新产品定位、产品平台规划、产品族优化设计、产品配置推荐、产品捆绑定价等关键问题进行了深入研究。全书内容共分 12 章，各章的名称及各章之间的联系、各章对应的研究问题、采取的主要工具和方法如图 1.4 所示。

本书各章的主要内容如下。

第 1 章介绍了本书的研究背景，总结了一些与产品及服务开发有关的概念，对产品与服务设计相关领域的研究进行了回顾和分析，包括产品族设计、质量功能展开、产品结构配置等，明确了本书的主要研究内容和重点方向。

第 2 章讨论了产品与服务开发任务的特点，分别建立了开发项目调度问题和开发任务指派问题的优化模型，设计了基于贪婪准则的混合遗传算法用于求解问题的模型，并通过实际产品开发的案例进行了计算和分析。

第 3 章分析了产品规划质量屋构建过程中的决策问题，提出了基于粗糙集、卡诺模型和 AHP 法的顾客需求最终重要度确定和排序方法，设计了相应的求解算法，并通过仿真实验分析验证了所提方法的可行性和有效性。

第 4 章针对三种不同的情形（考虑负效用问题、考虑质量目标和考虑工程约束等）提出了产品开发早期阶段的新产品定位方法，证明了在无细分市场环境下考虑负效用的新产品定位模型的数学特征，建立了顾客感知空间、产品属性空间和工程特性空间之间的映射关系，并根据几个优化模型的特点设计了相应的算法，对于考虑负效用的新产品定位模型设计了基于二分搜索的区间分析算法，对于考虑工程约束的新产品定位模型设计了亚启发式算法，对于考虑质量目标的新产品定位模型则转化为线性模型进行求解。

内容	章名称	研究问题	主要工具和方法
简介	第 1 章：导论		
提出的理论与方法	第 2 章：产品开发项目的任务调度与指派优化	开发任务调度和指派	数学规划；混沌优化；遗传算法
	第 3 章：产品规划质量屋的顾客需求重要度排序	顾客需求排序	粗糙集理论；AHP法；卡诺模型
	第 4 章：考虑效用、质量与工程约束的新产品开发定位	新产品定位	效用理论；多尺度分析；区间分析；智能算法
	第 5 章：顾客需求驱动的产品平台设计优化	产品平台规划	质量功能展开；敏感性分析；最小二乘回归
	第 6 章：基于细分市场的产品族多目标优化 第 7 章：考虑供应商选择的产品族集成优化	产品族设计优化	聚类分析；正交设计；联合分析，多目标优化
	第 8 章：面向多样化顾客需求的产品配置推荐	产品配置推荐	质量功能展开；模糊数学；联合分析，禁忌搜索
	第 9 章：基于最大化最小收益的产品鲁棒定价 第 10 章：考虑服务质量易变性的产品与服务捆绑定价	产品定价	主从博弈；鲁棒优化；非线性优化；概率论
行业应用	第 11 章：卷烟产品的叶组配方智能辅助设计	典型产品的案例	统计分析；数据挖掘；优化理论；智能优化
	第 12 章：手机套餐服务产品的智能辅助设计	典型服务的案例	

图 1.4　本书的章节安排和结构

第 5 章提出了一种包含五个步骤的产品平台构建方法，采用质量功能展开技术建立了产品平台工程特性和非平台工程特性的联合优化模型，进行了敏感性分析，并通过案例分析与传统的两阶段方法进行了对比分析。

第 6 章针对产品开发集成设计中的产品族设计优化问题进行了研究，提出了一个考虑最大化市场份额、最小化产品开发费用和最小化产品开发周期的多目标模型，用曲线拟合方法解决了成分效用模型对不同类型产品属性的适用性问题，设计了 NSGA Ⅱ算法来获得模型的非支配解集，并采用了一个数码相机产品案例来验证所提出的模型和算法。

第 7 章讨论了在产品开发早期考虑供应商选择的必要性，在确定性选择规则、联合分析和效用理论的基础上，建立了集成供应商选择问题的产品族部件选择优化模型，开发了一种嵌入了单纯形过程的遗传算法来求解建立的优化模型，并通过一个打印计算器的产品案例验证了算法的搜索效率。

第 8 章提出了多样化顾客需求环境下三种不同的产品配置方法。首先，建立了复杂配置约束条件下的产品配置优化模型，设计了多阶段禁忌搜索算法求解模型。其次，建立了一个基于 QFD 的产品配置优化模型，并将其转化成了等效的线性整数规划模型。最后，提出了一种在 B2C（business to consumer，企业对消费者）的电子商务环境下从产品族中自动优化配置产品的新方法。

第 9 章考虑了消费者选择模型中参数不确定性问题，建立了基于 MNL 的产品鲁棒定价模型，并分别研究了考虑同质顾客和异质顾客的静态鲁棒定价问题和动态鲁棒问题，进行了鲁棒定价模型解析解的计算和模型特性分析，通过数值实验比较了精确模型和鲁棒模型、静态的鲁棒优化结果和动态的鲁棒优化结果，通过敏感性分析实验得到了一些定价策略和相关管理启示。

第 10 章考虑了存在三种易变水平的服务质量市场情形时产品与服务的联合定价问题，针对质量稳定的产品和质量差异化的服务，将捆绑折扣引入到三种市场之中，建立了不同情形下的定价问题数学模型，分析了电商环境下的成本敏感性、产品品质和服务质量易变性的影响，得到了一系列捆绑定价的管理启示。

第 11 章介绍了一个具体产品开发的智能决策案例。针对某烟草公司的卷烟产品配方设计问题，首先对配方历史数据进行了相关性分析，建立了烟叶化学元素与评吸属性间的多元回归模型，提出了结合关联规则挖掘和支持向量机（support vector machine，SVM）模型的启发式卷烟配方设计与维护方法，开发了卷烟产品的配方设计决策辅助系统并应用于某烟草企业。

第 12 章介绍了一个具体服务开发的智能决策案例。结合某电信企业的具体需求提出了手机套餐全生命周期管理的体系架构，采用 Kohonen 聚类方法建立了电信客户细分的三维消费分析模型，实现了手机套餐设计从市场调研、目标客户分群、客户选择行为定量分析、基于客户终身价值的套餐效用测算、套餐方案评价到套餐优化方案选择的综合解决方案，为手机套餐服务的设计过程提供方法指导。

1.5　本 章 小 结

本章介绍了本书的研究背景，总结了一些与产品及服务开发有关的概念，主要包括产品开发的概念、服务的概念、服务与有形产品的异同、产品开发和服务开发的不同点、产品开发的一些相关术语等。对产品与服务设计相关领域的研究进行了回顾和分析，包括项目调度、任务指派、质量功能展开、顾客需求排序、顾客选择行为模型、新产品定位、产品平台规划、产品族设计、产品配置、产品推荐、产品定价、产品捆绑等，明确了本书的主要研究内容和重点方向。最后介绍了本书的主要思路和章节结构。

第 2 章　产品开发项目的任务调度与指派优化

2.1　问 题 背 景

随着 Internet 和电子商务等技术的兴起和全球经济的一体化，产品与服务的开发设计需要从更加广泛的范围共享资源和协作开发，项目开发的管理环境正在逐步发展成为一个基于 Web 环境、支持异地协同工作和为产品相关人员及数据提供信息共享和交互的平台。项目管理是产品与服务开发管理的重要组成部分，包括任务分解、任务调度和任务指派等功能（李建明和童秉枢，1998）。与一般的项目管理相比，产品与服务开发管理中项目管理的不同点是建立在产品数据集成环境之上的，项目需要在此环境中实现数据集成和数据共享，提供产品结构的细节，针对产品相关资源进行合理的规划和调度，并实现任务协调和任务流程跟踪等功能，使项目组成员可以在一定的权限基础上访问产品信息，使用共同的产品模型，实现在企业范围内的项目协作。作为项目管理中的一项重要内容，开发管理中的项目调度问题对于在开发管理平台下缩短项目执行周期和加快产品上市时间有着重要的意义。

产品与服务开发管理中的项目调度主要是针对开发设计类项目进行的，和一般的工程调度问题相比，它具有以下特点。

（1）项目资源以人力为主。产品及服务的开发和设计是一项创造性的脑力活动，主要由企业工程师承担，开发过程中耗费的资源是工程师的智力。

（2）任务的工期具有一定的弹性。不同工程师由于教育背景、能力和经验等多方面的因素，对于某个任务的执行周期有较大的差异。

（3）开发任务可以有不同的执行模式。工程师在同一个时间段内，可能执行一项或多项开发任务。例如，在进行某项设计时同时进行一些设计审核任务。

（4）设计资源的间断性。项目进行过程中，由于休假、其他项目任务，设计资源可以承担任务的时间可能是间断的。

（5）任务可以中断后执行。开发任务不涉及生产设备的运行，中途暂停对任务影响很小。在实际的产品开发项目组中，工程师通常同时参与几个开发项目，其可工作的时间区段由于安排了其他工作计划而呈现不连续的状态，合理利用开发任务的拆分往往能更充分地利用这些时段，最终可以有效缩短项目的总工期。

当前许多产品开发管理软件系统中，对项目调度考虑都比较少，有些系统集成使用其他项目管理软件（如 Microsoft Project），还有一些系统甚至没有项目调度的功能，完全靠手工定义。

产品开发管理的相关文献中，讨论项目调度问题的相对较少。现有的文献中，He 等（2003）介绍了一个产品开发信息管理系统，可以实现设计任务的计划和调度，但文中只有系统的框架描述，没有调度算法的实现过程，也没有指出其调度过程和一般的调度过程的区别。由于产品设计项目的任务数量巨大，Mesihovic 等（2004）提出采用集成的方法，建立产品数据管理系统和项目管理软件之间的功能集成，用项目管理软件实现任务调度功能。纪丰伟和陈恳（2002）建立了产品开发环境下的人员和任务模型，并采用专家系统推理机的方法进行任务分解，用计划评审技术（program evaluation and review technique，PERT）来进行任务进度的安排，最后用专家系统进行进一步优化，但文献中没有提及其任务和一般调度问题的不同点。尚没有针对产品开发管理特点的项目调度算法及其实现过程的文献研究。因此，有必要针对产品开发管理的特点，研究对应的调度算法，在产品开发与设计环境下直接进行设计任务的调度（雒兴刚等，2007）。

另外，指派问题是运筹学中的一类经典问题，已有许多文献针对一些实际应用问题提出了扩展指派模型和相应的求解算法，如 Wilson（2005）提出的带有特殊有序集的广义指派问题，Glover 等（1979）提出的多层广义指派问题，Kogan 和 Shtub（1997）提出的动态广义指派问题，Brucker 和 Nordmann（1994）提出的 k-轨迹指派问题等。目前市场上商品化的产品开发管理系统主要偏重产品项目信息和项目文档的管理，产品开发任务的指派完全靠人工来定义，缺乏有效的管理和控制。

产品开发中的任务指派问题是指在产品开发环境下，不同的产品开发设计工程师由于设计能力和经验等因素，对不同项目的不同设计任务具有不同的执行工期，这些设计任务可能存在先后序关系，如先设计零件，再设计零件的工装夹具，如何为设计工程师合理分配任务，使预定的目标达到最优（如项目总周期最短、任务量均衡等），以达到提高效率、合理利用设计资源的目的。

产品开发中的任务指派也属于项目管理的范畴，因此，其中所涉及的设计工程师、设计任务也具有和项目调度类似的特点。有关产品开发管理的文献中，Shen 等（2003）提出一种多准则的评估模型，用模糊的方法根据人员的能力和现有任务进行评估，然后按照设计的启发式步骤进行任务分配，但没有考虑任务的先后序关系。曹健等（1999）考虑了并行环境下任务的特殊性，并提出了一种新的方法，即给人员能力进行分级，用一个系数向量来影响指派过程，该方法也没有考虑任务的前后序关系。杨波等（2002）讨论了任务分解的原则，并用模糊评判方法建立设计技能矩阵，然后用分支定界方法求解，但也没有考虑任务的前后序关系。李玉家等（2002）讨论了设计任务的特点，建立了设计任务分配的数学模型，并采用了遗传算法进行求解。该模型考虑了设计任务的前后序关系，但没有考虑设计任务的可中断特性。产品开发中的任务具有可中断等特点并存在紧前关系约束；如何确定这些任务的指派方案是一种特殊的指派问题，目前尚没有此类实际问题的扩展指派模型。

因此，有必要研究针对产品开发管理特点的任务分配算法（雒兴刚等，2006），加强产品开发管理平台下产品开发项目的计划、跟踪和控制，使得产品开发项目管理人员可以合理调配项目的资源，实现在有限设计资源下任务的自动指派和调度，从而达到缩短项目的总工期和提高项目执行效率的目的。

2.2　开发任务调度与指派的数学模型

2.2.1　开发项目调度问题的数学模型

产品开发中的项目任务调度问题可以描述为：某产品项目包括 J 个已经分配的任务，项目计划期为 T；任务 $j\left(j=1,2,\cdots,J\right)$ 可以拆分成多次执行，假设拆分不对任务的工期造成影响；任务 j 的工期为 d_j 个时间单位；任务之间存在先后序关系，记 P_j 为任务 j 的前序任务集合，则任务 j 在它的任一前序任务 $p\left(p\in P_j\right)$ 完成前不能进行；项目共有 K 种资源，资源总量在项目进行过程中可能是变化的，第 k 种资源在时刻 t 的总量为 R_k^t $\left(k=1,2,\cdots,K,\ t=1,2,\cdots,T\right)$；任务 j 的完成需要第 k 种资源的量为 r_{jk}；在项目计划期 T 内的任意时段，各种资源量的消耗不能超过其总量。

问题的目标是如何确定所有任务的计划开始日期和拆分方案，以使：①项目在计划期 T 内的总工期最短；②任务拆分的次数尽可能少；③拆分造成任务中断的时间尽可能短。

为了简化模型，按照时间单位将任务分为 d_j 个任务单元，设任务单元 $u_{j,h}$ $\left(h=1,2,\cdots,d_j\right)$ 的开始时间为 $t_{j,h}$，则产品开发中的任务调度问题可以用如下模型表示。

$$\min\ \alpha \max_{1\leqslant j\leqslant J}(t_{j,d_j})+\beta\sum_{1\leqslant j\leqslant J}\left\{\sum_{1\leqslant h\leqslant d_j}\left[t_{j,h+1}-t_{j,h}-1\right]^{+}\right\}+\gamma\sum_{1\leqslant j\leqslant J}(t_{j,d_j}-t_{j,1}-d_j) \quad (2.1)$$

s.t.

$$t_{i,d_i}<t_{j,1},\quad \forall i\in P_j,\quad j=1,2,\cdots,J \quad (2.2)$$

$$\sum_{m\in A_t} r_{mk}\leqslant R_k^t,\quad k=1,2,\cdots,K,\quad t=1,2,\cdots,T \quad (2.3)$$

$$t_{j,l+1}>t_{j,l},\quad l=1,2,\cdots,d_j-1,\quad j=1,2,\cdots,J \quad (2.4)$$

$$t_{j,1}>t_j^{\mathrm{ES}};t_{j,d_j}\leqslant t_j^{\mathrm{LF}},\quad j=1,2,\cdots,J \quad (2.5)$$

$$0\leqslant t_{j,h}\leqslant T,\quad h=1,2,\cdots,d_j,\quad j=1,2,\cdots,J \quad (2.6)$$

其中，t_j^{ES} 和 t_j^{LF} 分别表示任务 j 的最早开始时间和最晚结束时间；$[x]^{+}$ 表示 x 大于零表达式时为 1，否则为 0；A_t 表示某时段正在进行的任务集合（即落在时段 t 的所有任务单元所在的任务序号集合）。

$$A_t=\left\{m\mid t=t_{m,h},m=1,2,\cdots,J,\ h=1,2,\cdots,d_m\right\} \quad (2.7)$$

目标函数（2.1）中，α 所在的部分表示项目完工期（所有任务的最后一个任务单元的完工时间）；β 所在的部分表示所有任务的拆分次数总和；γ 所在的部分表示所有任务的拆分时间之和。α 、β 和 γ 是三个整数且满足 $\alpha\gg\beta\gg\gamma$，使问题的优化目标优先满足最小化项目工期，其次是拆分次数和拆分中断时间。

式（2.2）为紧前关系约束；式（2.3）表示资源约束；式（2.4）表示每个任务拆分后的任务单元的时序关系；式（2.5）表示任务的可行范围在任务的最早开工时间和最晚完工时间之内。

2.2.2　开发任务指派问题的数学模型

产品开发中的任务指派问题描述如下：设某产品项目有 m 个设计资源和 n 个有紧前约束的开发任务；每个任务只能被一个设计资源承担；每个设计资源计划承担项目的 $C_i\ (i=1,2,\cdots,m)$ 个任务；设计资源 i 对任务 $j\,(j=1,2,\cdots,n)$ 的执行工期为 $d_{i,j}$；在项目计划期内的任意时段，任何设计资源只能执行一个任务；任务 j 可以拆分成多次执行，假设拆分不对任务的工期造成影响；项目计划期为 T，设计资源 i 可工作的时间窗为 $\left[t_i^S,t_i^E\right]$。问题目标是如何确定开发任务的指派方案，使得：①项目在计划期 T 内的总工期最短；②任务拆分的次数尽可能少；③拆分造成任务中断的时间尽可能短。设模型的决策变量为

$$x_{i,j}=\begin{cases}1, & \text{任务}j\text{指派给设计资源}i\\0, & \text{其他}\end{cases}\quad (i=1,2,\cdots,m;j=1,2,\cdots,n) \quad (2.8)$$

$$y_{i,j}=\begin{cases}1, & 在(t-1,t)时段内第j个任务被执行\\0, & 其他\end{cases}\quad (t=1,2,\cdots,T;j=1,2,\cdots,n) \tag{2.9}$$

则任务的开工时间可表示为

$$e_j^S=\min_{1\leqslant t\leqslant T}\left\{ty_{t,j}\mid y_{t,j}=1\right\},\quad j=1,2,\cdots,n \tag{2.10}$$

任务的完工时间为

$$e_j^E=\max_{1\leqslant t\leqslant T}\left\{ty_{t,j}\right\},\quad j=1,2,\cdots,n \tag{2.11}$$

上述问题可以用如下数学模型（模型Ⅰ）表达：

$$\min\ \alpha\max_{1\leqslant t\leqslant T\ 1\leqslant j\leqslant n}(ty_{t,j})+\beta\sum_{j=1}^{n}\sum_{t=e_j^S}^{e_j^E-1}\left|y_{t+1,j}-y_{t,j}\right|/2+\gamma\sum_{j=1}^{n}(e_j^E-e_j^S+1-\sum_{i=1}^{m}(x_{i,j},d_{i,j})) \tag{2.12}$$

s.t.

$$\sum_{i=1}^{m}x_{i,j}=1,\ j=1,2,\cdots,n \tag{2.13}$$

$$\sum_{j=1}^{n}x_{i,j}=C_i,\ i=1,2,\cdots,m \tag{2.14}$$

$$\sum_{j=1}^{n}(x_{i,j}y_{t,j})\leqslant 1,\ i=1,2,\cdots,m,\quad t=1,2,\cdots,T \tag{2.15}$$

$$\sum_{t=1}^{T}\sum_{i=1}^{m}\left(x_{i,j},y_{t,j}\right)=\sum_{i=1}^{m}\left(x_{i,j}d_{i,j}\right),\ j=1,2,\cdots,n \tag{2.16}$$

$$e_{j'}^E<e_j^S\forall j'\in P_j,\quad j=1,2,\cdots,n \tag{2.17}$$

$$y_{t,j}\sum_{i=1}^{m}(x_{i,j}t_i^S)\leqslant ty_{t,j}\leqslant y_{t,j}\sum_{i=1}^{m}(x_{i,j}t_i^E),\quad t=1,2,\cdots,T;\quad j=1,2,\cdots,n \tag{2.18}$$

其中，P_j 表示任务 j 的前序任务集合；目标函数（2.12）中 α 所在的部分表示项目完工期；β 所在的部分表示所有任务的拆分次数总和；γ 所在的部分表示所有任务的拆分中断时间之和。α、β 和 γ 是三个整数且满足 $\alpha>>\beta>>\gamma$，使问题的优化目标优先满足最小化项目工期，其次是拆分次数和拆分中断时间。

模型Ⅰ中，式（2.13）表示任务只能指派给一个人；式（2.14）表示设计资源在项目中承担任务的总数等于 C_i；式（2.15）表示在项目时间（t−1，t）内，任何设计资源只能承担不超过 1 个任务；式（2.16）表示任务的总执行时间之和为承担该任务的设计资源的执行工期；式（2.17）表示任务在其任一前序任务完成前不能进行；式（2.18）表示承担任务的设计资源必须在时间窗内执行该任务（$y_{t,j}$=0 时该约束不起作用）。模型Ⅰ是一个比较复杂的 0-1 整数规划模型，可以看作一个

指派和调度综合的模型。考虑转换的模型（模型Ⅱ）为

$$\min f(x_{1,1},\cdots,x_{m,n})$$

s.t.

$$\sum_{i=1}^{m} x_{i,j}=1,\ j=1,2,\cdots,n \tag{2.19}$$

$$\sum_{j=1}^{n} x_{i,j}=C_i,\ i=1,2,\cdots,m \tag{2.20}$$

其中，目标函数 $f\left(x_{1,1},\cdots,x_{m,n}\right)$ 为如下模型（模型Ⅲ）的最优解：

$$\min \alpha \max_{1\leqslant t\leqslant T,1\leqslant j\leqslant n}\left(ty_{t,j}\right)+\beta\sum_{j=1}^{n}\sum_{t=e_j^S}\left|y_{t+1,j}-y_{t,j}\right|/2+\gamma\sum_{j=1}^{n}\left(e_j^E-e_j^S+1-\sum_{i=1}^{m}\left(x_{i,j}d_{i,j}\right)\right) \tag{2.21}$$

s.t.

$$\sum_{j=1}^{n}\left(x_{i,j}y_{t,j}\right)\leqslant 1,\quad i=1,2,\cdots,m,\quad t=1,2,\cdots,T \tag{2.22}$$

$$\sum_{t=1}^{T}\sum_{i=1}^{m}\left(x_{i,j}y_{t,j}\right)=\sum_{i=1}^{m}\left(x_{i,j}d_{i,j}\right),\ j=1,2,\cdots,n \tag{2.23}$$

$$e_{j'}^E<e_j^S\ \ \forall j'\in P_j,\ j=1,2,\cdots,n \tag{2.24}$$

$$y_{t,j}\sum_{i=1}^{m}\left(x_{i,j}t_i^S\right)\leqslant ty_{t,j}\leqslant y_{t,j}\sum_{i=1}^{m}\left(x_{i,j}t_i^E\right),\ \ t=1,2,\cdots,T\ ;\ \ j=1,2,\cdots,n \tag{2.25}$$

模型Ⅲ中，$x_{i,j}\left(i=1,2,\cdots,m;j=1,2,\cdots,n\right)$ 是模型Ⅱ已经确定并由函数输入的已知常量；决策变量是 $y_{t,j}\left(t=1,2,\cdots,T;j=1,2,\cdots,n\right)$，对应一个可行调度方案。这是一种特别的扩展调度模型。

模型Ⅱ是一种目标函数比较特殊的广义指派模型。当 $m=n$，$C_i=1$ 时，模型Ⅱ的约束就变成了传统指派模型的约束；当所有任务按照简单串行方式执行时，项目工期为各任务工期之和，和传统指派模型的目标相同。显然，模型Ⅱ的最优解一定是模型Ⅰ的最优解；因此，在求解模型时可借鉴一些指派问题和项目调度问题的方法。

2.3 优化模型的智能求解算法

2.3.1 开发项目调度模型的求解算法

开发项目调度模型属于非线性整数规划，目标函数（2.1）和约束（2.3）是非

线性的，不能用传统运筹学的方法处理。针对数学模型设计了基于贪婪准则的混合遗传算法进行求解。下面说明算法的染色体编码、解码方法和遗传算子的设计。

1. *编码和解码方法*

编码的关键是在进行交叉和变异等遗传操作后，可以尽量保证新个体满足约束，并保留较优解的个体特征。如果编码中包括了任务的开工时间信息，经过遗传算子的处理后就很难满足资源约束和紧前约束。因此，本章采用基于任务优先规则（priority rule）的编码，个体的每个基因由三部分组成：基因 ID、任务优先级和基因属性。基因 ID 代表任务的序号；第二部分记录一个不重复的任务优先级小数 $pri \in (0,1)$，代表任务的处理优先级（优先级用小数表示的目的是便于混沌变异算法的处理）；基因属性中包括任务的拆分单元的开工日期信息，每次解码并计算适值函数后，直接将结果记录在基因属性中，可以直接用于输出显示项目甘特图。

个体解码过程是将个体中的任务优先级序列按照一定的规则转化为一个问题的可行解的过程，本章使用贪婪法进行解码处理。贪婪法不能保证求得最优解，但对很多问题都可能产生最优解。它的基本思想是：采用逐步构造最优解的方法，在每个阶段，都做出一个在一定标准下最优的决策，做出该决策的依据称为贪婪准则。

解码算法采用的贪婪准则为：每次处理一个任务，任务的每个任务单元在满足紧前约束和资源约束的前提下，开工时间越早越好。贪婪准则在处理某个任务时，必须保证其所有的前序任务已经处理完毕。这可以通过采用串行调度方法解决。只有在一个可行的不完全调度的基础上，才可以按照任务的先后处理次序（优先级）处理。

解码算法的具体步骤如下。

步骤 1：清空所有任务单元的开工日期，即 $t(j,h)=0, i=1,2,\cdots,J; h=1,2,\cdots,d_j$；清空序号集合 S。

步骤 2：如果 S 的元素个数小于等于 J，则转步骤 3，否则算法结束。

步骤 3：计算后续序号集合。

$$D=\left\{j \mid j \notin S, P_j \in S, j=1,2,\cdots,J\right\} \tag{2.26}$$

步骤 4：根据优先级大优先的原则选择当前任务序号，即

$$j^c = \arg\max\{pri(j) \mid j \in D\} \tag{2.27}$$

步骤 5：根据前序任务的开工日期和工期，计算当前任务的最早开始时间。

$$t_{j^c}^{\mathrm{ES}} = \begin{cases} \max\left\{t(i,d_i) \mid i \in P_{j^c}\right\}+1, & \left|P_{j^c}\right| \neq 0 \\ 1, & \left|P_{j^c}\right| = 0 \end{cases} \tag{2.28}$$

步骤 6：计算当前任务的第一个任务单元的开工日期。

$$t\left(j^c,1\right)=\min\left\{t\mid t_{j^c}^{\mathrm{ES}}\leqslant t\leqslant t_{j^c}^{\mathrm{LF}},\quad r_{j^c k}\leqslant R_k-\sum_{m\in A_t} r_{mk}, k=1,2,\cdots,K\right\} \quad (2.29)$$

步骤 7：初始化累加变量 h=2。

步骤 8：如果 h 小于等于 d_{j^c}，则计算第 h 个任务单元的开工日期。

$$t\left(j^c,h\right)=\min\left\{t\mid t\left(j^c,h-1\right)<t\leqslant t_{j^c}^{\mathrm{LF}},\quad r_{j^c}\leqslant R_k-\sum_{m\in A_t} r_{mk}, k=1,2,\cdots,K\right\} \quad (2.30)$$

并转步骤 9；否则转步骤 10。

步骤 9：h=h+1，转步骤 8。

步骤 10：将当前任务序号并入 S，即 $S\leftarrow S\cup\{j_c\}$，转步骤 2。

算法中使用符号的说明如下。

$pri(j)$：任务 j 的优先级整数值，对应个体的基因值。

$t(j,h)$：任务 j 的第 h 个任务单元的开工时间。

S：已经处理完的任务的序号集合，这些任务构成一个不完全调度。每次迭代向 S 中添加一个任务序号，当所有任务序号都包含在 S 中时算法迭代终止。

D：所有前序任务已经处理完毕，本身尚未处理的任务的集合。

j^c：根据优先级选定的、将要进行处理的任务的序号。

$t_{j^c}^{\mathrm{ES}}, t_{j^c}^{\mathrm{LF}}$：任务 j^c 的最早开始时间和最晚结束时间，可以用向后递归法和向前递归法求出；算法中 t_j^{ES} 由前序任务集合的开工日期和工期计算得出，与向后递归求解 t_j^{ES} 相比，实时计算的 $t_{j^c}^{\mathrm{LF}}$ 较大，可以有效减少算法中的循环次数。

2. 遗传算子

采取转轮法进行选择，使适值较大的个体有较大的选择概率。同时在进化过程中采用精选策略，将未参加繁殖的最好个体直接加入下一代。进行选择操作时，个体的适值函数由式（2.31）确定。

$$Fit(X)=\frac{f_{\max}-f(X)+\gamma}{f_{\max}-f_{\min}+\gamma} \quad (2.31)$$

其中，$f_{\max}$ 和 $f_{\min}$ 分别表示种群中所有个体对应目标函数的最大值和最小值；$f(X)$ 表示当前个体对应的目标函数值；γ 表示开区间(0, 1)上的一个实数，以避免等式中的分母为零。

交叉算子采用定位交叉方法，即先从父个体 1 中随机提取一些基因，填入子个体 1 的对应位置；然后从父个体 2 中将其他不同的基因顺次填入子个体 1 的空余位置。子个体 2 的处理方法与此类似，只需调换两个父个体处理即可。

变异算子可以采用随机交换基因的方法产生新的个体，但经过试验发现这种变异方法会导致算法的爬山能力减弱，调度问题容易陷入局优解，从而导致早熟现象。本章变异算子采用混沌优化技术，利用混沌系统的漂移特性改善种群的多样性。变异算法采用一维 Logistic 映射①作为混沌变异模型，即

$$f: x(t+1) = \alpha \times x(t) \times (1 - x(t)) \tag{2.32}$$

当 $\alpha=4$ 时系统处于混沌状态，[0，1]是映射 f 的混沌不变集；当时间足够长时，f 的任意轨道在其中稠密，即对于 $\forall \varepsilon > 0$ ，以及 $\forall x \in [0,1]$ ，开球 $B(x,\varepsilon)$ 中必包含 f 的一条轨道上的点，而 f 的任一轨道能以任意精度逼近[0, 1]中的所有点。

染色体有 J 个基因，用 J 维独立的 Logistic 映射产生该空间中点的 J 个坐标分量。按照基因序号排列提取基因的优先级小数作为混沌变量 $x_i \left(i = 1, 2, \cdots, J\right)$ ，由优先级小数的编码定义可知其范围适用于 Logistic 模型②，通过式（2.32）的计算可得到一个优先级数序列以对应新的个体。

混沌变异遗传算子的实现步骤如下。

步骤 1：初始化 k=1，f^*=0。

步骤 2：如果 $k \leqslant M$，转步骤 3；否则转步骤 8。

步骤 3：提取当前个体的优先级小数序列，得到 J 个轨迹不同的混沌变量 $x_{i,k}$ $\left(i = 1, 2, \cdots, J\right)$。

步骤 4：对混沌变量按照式（2.32）进行迭代搜索，求得新混沌变量 $x_{i,k+1}$ $\left(i = 1, 2, \cdots, J\right)$ 作为当前个体基因的优先级小数。

步骤 5：计算当前个体的适值，如果适值大于 f^*，转步骤 6；否则转步骤 7。

步骤 6：克隆当前个体至个体 *indv*，将适值保存到 f^*。

步骤 7：k=k+1，转步骤 2。

步骤 8：将个体 *indv* 作为变异后的个体，变异结束。

其中，M 是混沌搜索的长度，增加 M 可能产生更优秀的变异个体，使算法可以跳转到解空间的其他区域；但是 M 的增加意味着更多的迭代次数，需要消耗较多的计算时间。

2.3.2　开发任务指派模型的求解算法

开发任务指派模型的目标函数和部分约束是非线性的，不能用线性规划方法处理；如果采用分支定界法求解，即使对于规模较小的问题，模型的解空间也很

① 即 logistic map，逻辑斯谛映射。

② 即 logistic model，逻辑斯谛模型。

大，导致求解时间过长，不能用于实际的产品开发项目。虽然目前有许多针对指派问题或项目调度问题的遗传算法，但本章的模型并不能直接应用这些方法。结合模型的特点，本章设计了一种基于贪婪准则的遗传算法对模型进行求解，取得了较好的效果。下面说明算法的染色体编码、解码方法和遗传算子的设计。

1. 编码和解码方法

模型的决策变量分为两个部分：一部分是对应指派方案的 $x_{i,j}$ $(i=1,2,\cdots,m;\ j=1,2,\cdots,n)$，另一部分是对应调度方案的 $y_{t,j}$ $(t=1,2,\cdots,T;j=1,2,\cdots,n)$。对于模型的一个好解来说，它应该是一个好的指派方案同时也是一个好的调度方案。遗传算法中染色体编码直接关系到遗传算法的运行效果，优秀染色体的基因中应该含有对应解的优良特性，只有这样才可能通过交叉操作产生更好的解。考虑模型特点，本章借鉴了调度问题中基于任务优先权的编码方案，染色体设计如下：染色体总长度为 n，对应 n 个任务；每个基因中包含一个任务的序号和该任务的调度优先级小数；染色体中的基因分成 m 个区，第 i 个区中的 C_i 个任务由第 $i(i=1,2,\cdots,m)$ 个设计资源承担。例如，图 2.1 是算例中问题的一个染色体，共有 10 个基因组成，对应 10 个任务；基因方格中上面是任务的序号，下面是任务的调度优先级小数，如任务 7 的调度优先级为 0.08；A，B，C，D 分别表示四个设计资源对应的区，按照设计资源承担任务的个数，前 3 个任务（7，5，10）指派给设计资源 A，后续 2 个任务（1，4）给 B，依次类推。

7	5	10	1	4	6	3	8	9	2
0.08	0.40	0.38	0.47	0.12	0.59	0.45	0.62	0.82	0.97
A			B		C		D		

图 2.1　染色体举例

种群在进行初始化时，对于种群中的每个染色体，随机生成一个 1～n 个随机排列的整数作为任务序号，并随机生成 n 个(0, 1)区间的随机小数作为任务调度优先级。

染色体解码的过程是：首先，对于第 $j(j=1,2,\cdots,n)$ 个任务，其基因的序号为 $ge(j)$，那么该任务的承担者序号为 $ut(j)=\min\left\{i\,|\,\sum_{k=1}^{i}C_k \geqslant ge(j), i=1,2,\cdots,m\right\}$，指派决策变量 $x_{ut(j),j}=1$，$j=1,2,\cdots,n$，其余均为 0；并进而可以确定每个任务的执行工期。其次是根据染色体中每个任务的调度优先级小数确定其调度方案。一般调度问题常采用串行调度或并行调度方法进行计算，但这些方法不能直接用于任

务可拆分的情况。本章设计了一种基于贪婪准则的串行调度算法，可以较好地对本模型进行求解。

算法采用的贪婪准则为：每次处理一个任务，任务的每个任务单元在满足约束的前提下，开工时间越早越好。贪婪准则在处理某个任务时，必须保证其所有的前序任务已经处理完毕；只有在一个可行的不完全调度的基础上，才可以按照任务的优先级进行处理。

算法的具体步骤如下。

步骤 1：将每个任务按照时间单位拆分成若干个任务单元，清空所有任务单元的开工日期，即 $t(j,h)=0\left(j=1,2,\cdots,n;h=1,2,\cdots,\sum_{i=1}^{m}(x_{i,j}d_{i,j})\right)$，清空序号集合 S。

步骤 2：如果 S 的元素个数小于等于 n，则转步骤 3，否则算法结束。

步骤 3：计算后续任务序号集合，即

$$D=\left\{j\mid j\notin S,P_j\in S,j=1,2,\cdots,n\right\} \tag{2.33}$$

步骤 4：根据优先级大优先的原则选择当前任务序号，即

$$j^c=\arg\max\{pri(j)\mid j\in D\} \tag{2.34}$$

步骤 5：根据前序任务的开工日期和工期，计算当前任务的最早开始时间，即

$$t_{j^c}^{\mathrm{ES}}=\begin{cases}\max\left\{t\left(j,\sum_{i=1}^{m}\left(x_{i,j}d_{i,j}\right)\right)\mid j\in P_{j^c}\right\}+1, & \left|P_{j^c}\right|\neq 0\\ 1, & \left|P_{j^c}\right|=0\end{cases} \tag{2.35}$$

步骤 6：初始化累加变量 h=1，并计算当前任务的第 1 个任务单元的开工日期，即

$$t\left(j^c,1\right)=\min\left\{t\mid t_{j^c}^{\mathrm{ES}}\leqslant t\leqslant t_{j^c}^{\mathrm{LF}},\sum_{i=1}^{m}\left(x_{ij}t_i^S\right)\leqslant t\leqslant\sum_{i=1}^{m}\left(x_{ij^c}t_i^E\right),\sum_{k\in A_t}x_{i,k}=0,i=1,2,\cdots,m\right\} \tag{2.36}$$

步骤 7：h=h+1。

步骤 8：如果 h 小于等于 $\sum_{i=1}^{m}\left(x_{i,j^c}d_{i,j^c}\right)$，则计算第 h 个任务单元的开工日期并转步骤 7；否则转步骤 9。

$$\begin{aligned}&t\left(j^c,h\right)\\&=\min\left\{t\mid t\left(j^c,h-1\right)<t\leqslant t_{j^c}^{\mathrm{LF}},\quad\sum_{i=1}^{m}\left(x_{ij^c}t_i^S\right)\leqslant t\leqslant\sum_{i=1}^{m}\left(x_{ij^c}t_i^E\right),\quad\sum_{k\in A_t}x_{i,k}=0,i=1,2,\cdots,m\right\}\end{aligned} \tag{2.37}$$

步骤 9：将当前任务序号并入 S，即 $S \leftarrow S \cup \{j^c\}$，转步骤 2。

算法中使用符号的说明如下。

$pri(j)$：任务 j 的调度优先级小数。

$t(j,h)$：任务 j 的第 h 个任务单元的开工时间。

S：已经处理完的任务的序号集合，这些任务构成一个不完全调度。每次迭代向 S 中添加一个任务序号，当所有任务序号都包含在 S 中时算法迭代终止。

D：所有前序任务已经处理完毕，本身尚未处理的任务的序号集合。

P_j：任务 j 的前序任务的序号集合。

j^c：根据优先级选定的、将要进行处理的任务的序号。

$t_{j^c}^{\mathrm{ES}}, t_{j^c}^{\mathrm{LF}}$：任务 j^c 的最早开始和最晚结束时间。

A_t：项目时间 $(t-1,t)$ 内正在进行的任务序号集合（即落在时段 t 的所有任务单元所在的任务序号集合）。

$$A_t = \left\{ k \mid t = t(k,h), k = 1,2,\cdots,n; h = 1,2,\cdots,\sum_{i=1}^{m}\left(x_{i,k} d_{i,k}\right) \right\} \tag{2.38}$$

个体解码后得到所有任务单元的开工时间 $t(j,h)$，然后可以用式（2.39）得到调度决策变量 $y_{t,j}$。

$$y_{t,j} = \begin{cases} 1, & \text{当} t = t(j,h), h = 1,2,\cdots,\sum_{i=1}^{m} x_{i,j} d_{i,j} \\ 0, & \text{其他} \end{cases} \quad (t = 1,2,\cdots,T; j = 1,2,\cdots,n) \tag{2.39}$$

根据算法步骤可知，求得的决策变量一定满足模型 I 的所有约束。

2. 遗传算子

个体的适值可以按照式（2.40）计算：

$$Fit(X) = T - f(X) \tag{2.40}$$

其中，$f(X)$ 表示当前个体对应的目标函数值，可以解码后用式（2.12）计算。为了加快算法的速度，$f(X)$ 可以直接利用 $t(j,h)$ 计算，式（2.12）也可表示为

$$\begin{aligned} \min \alpha \max\nolimits_{1\leqslant j\leqslant n}\left(t\left(j,ld_j\right)\right)\beta \sum_{1\leqslant j\leqslant n}\left\{\sum_{1\leqslant h\leqslant ld_j}\left[t\left(j,h+1\right)-t\left(j,h\right)-1\right]^{+}\right\} \\ +\gamma \sum_{1\leqslant j\leqslant n}\left(t\left(j,ld_j\right)-t(j,1)+1-ld_j\right) \end{aligned} \tag{2.41}$$

其中，$ld_j = \sum_{i=1}^{m}\left(x_{i,j} d_{i,j}\right)$ 表示第 j 个任务的执行工期；$t\left(j,ld_j\right)$ 表示任务 j 的最后一个任务单元的开工日期；$[x]^{+}$ 表示如果 x 大于零则表达式为 1，否则为 0。

采用转轮法进行选择。仿真试验时发现，如果 T 较大时用式（2.41）计算，好的个体和一般个体的适值差别较小。为了使优秀个体有较高的选择压力，转轮法选择中使用的适值按照式（2.42）重新计算。

$$Fit'(X)=\frac{Fit(X)-f_{\min}+\gamma}{f_{\max}-f_{\min}+\gamma} \tag{2.42}$$

其中，$f_{\max}$ 和 $f_{\min}$ 表示种群中所有个体适值的最大值和最小值；γ 表示开区间(0, 1)上的一个实数，以避免等式中的分子或分母为零。

采用循环交叉，目的是使交叉后子个体中任务的指派信息来自父个体或母个体之一。随机产生(0, 1)区间的小数几乎不会出现相同的情况，因此交叉时基因中的小数随基因的整数一起移动后，个体的调度优先级序列仍然是有效的。图 2.2 是一个循环交叉的例子。

父1	5	3	10	1	4	6	7	2	8	9
	0.08	0.40	0.38	0.47	0.12	0.59	0.45	0.62	0.82	0.97
父2	10	9	8	6	5	1	3	7	4	2
	0.37	0.62	0.77	0.12	0.86	0.33	0.90	0.54	0.25	0.56

C1:5-10-8-4-5;　C2:9-3-7-2-9;　C3:1-6-1

子1	5	9	10	1	4	6	3	7	8	2
	0.08	0.62	0.38	0.47	0.12	0.59	0.90	0.54	0.82	0.56
子2	10	3	8	6	5	1	7	2	4	9
	0.37	0.40	0.77	0.12	0.86	0.33	0.45	0.62	0.25	0.97

图 2.2　循环交叉举例

变异分为两个部分：一部分是整数位的变异，对应任务承担者的变化；另一部分是小数位的变异，对应任务调度优先级的变化。前者在个体的 m 个区中随机选取两个不同的区，然后分别从每个区随机选择一个基因进行交换；后者则直接随机选择两个不同基因的优先级小数进行交换。图 2.3 是一个变异的例子。

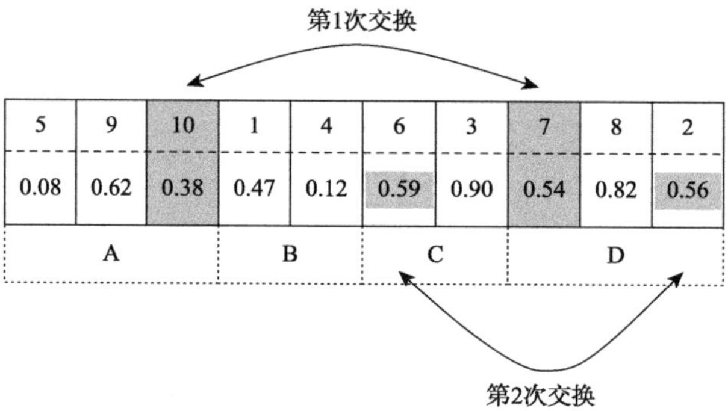

图 2.3　变异举例

2.4　开发任务调度与指派的案例分析

2.4.1　开发项目调度模型的案例分析

为了验证开发项目调度模型和算法的有效性，并进一步比较考虑任务拆分和不能拆分两种情况下的最优解，本章借用文献 Patterson（1984）中的项目调度例子进行了仿真计算和分析，该问题的网络如图 2.4 所示，图中节点上面的数字表示该任务的工期，节点下面的三个数字分别表示该任务对三种资源的消耗量，资源均为可再生资源，在项目每个时段的可用量均为 6。

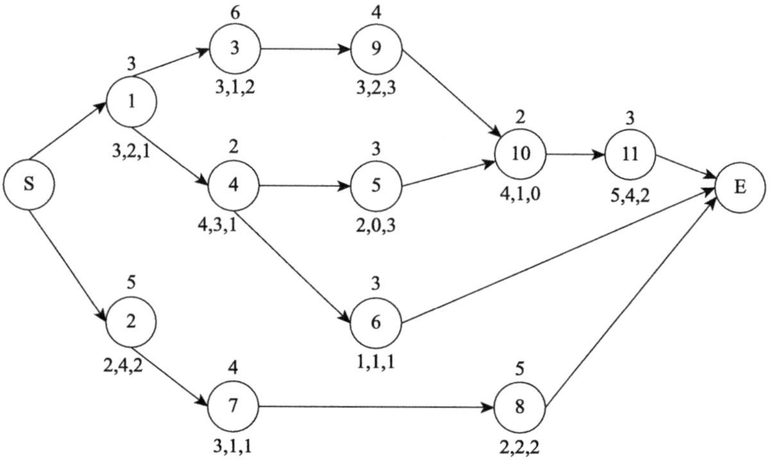

图 2.4　项目调度问题的例子

当任务不可拆分时，该项目在满足资源约束下的最短工期为 22 天，最好解对应的甘特图见图 2.5，三种资源的分布见图 2.7；假设该问题中的任务可拆分，应用本章的模型和算法得出解的最短工期为 20 天，对应的甘特图如图 2.6 所示，三种资源的分布如图 2.8 所示。其中，图的横坐标为时间（天）；图 2.5 和图 2.6 的纵坐标为任务序号，任务矩形中的数字代表任务序号；图 2.7 和图 2.8 的纵坐标为资源的占用量。从图 2.5 和图 2.6 中可以看到，任务 6 被拆分后，总的项目工期由任务不能拆分时的最优解 22 天减少为 20 天。这说明利用任务的可拆分属性，可以在设计任务的安排计划过程中更有效利用现有资源和缩短项目的总工期。

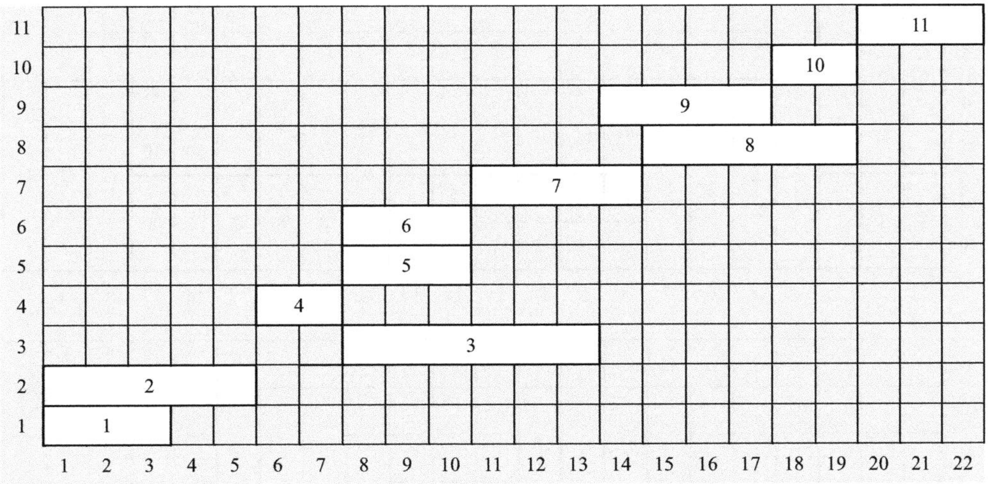

图 2.5　最佳个体对应的甘特图（任务不能拆分）

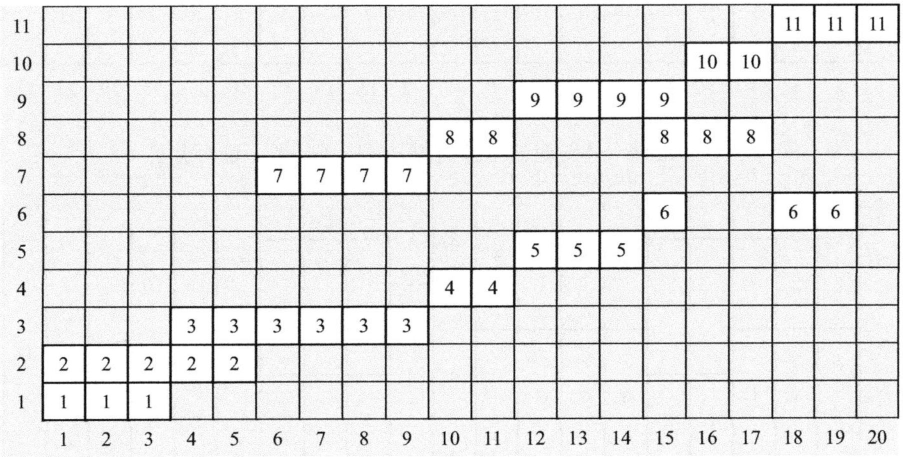

图 2.6　最佳个体对应的甘特图（任务可以拆分）

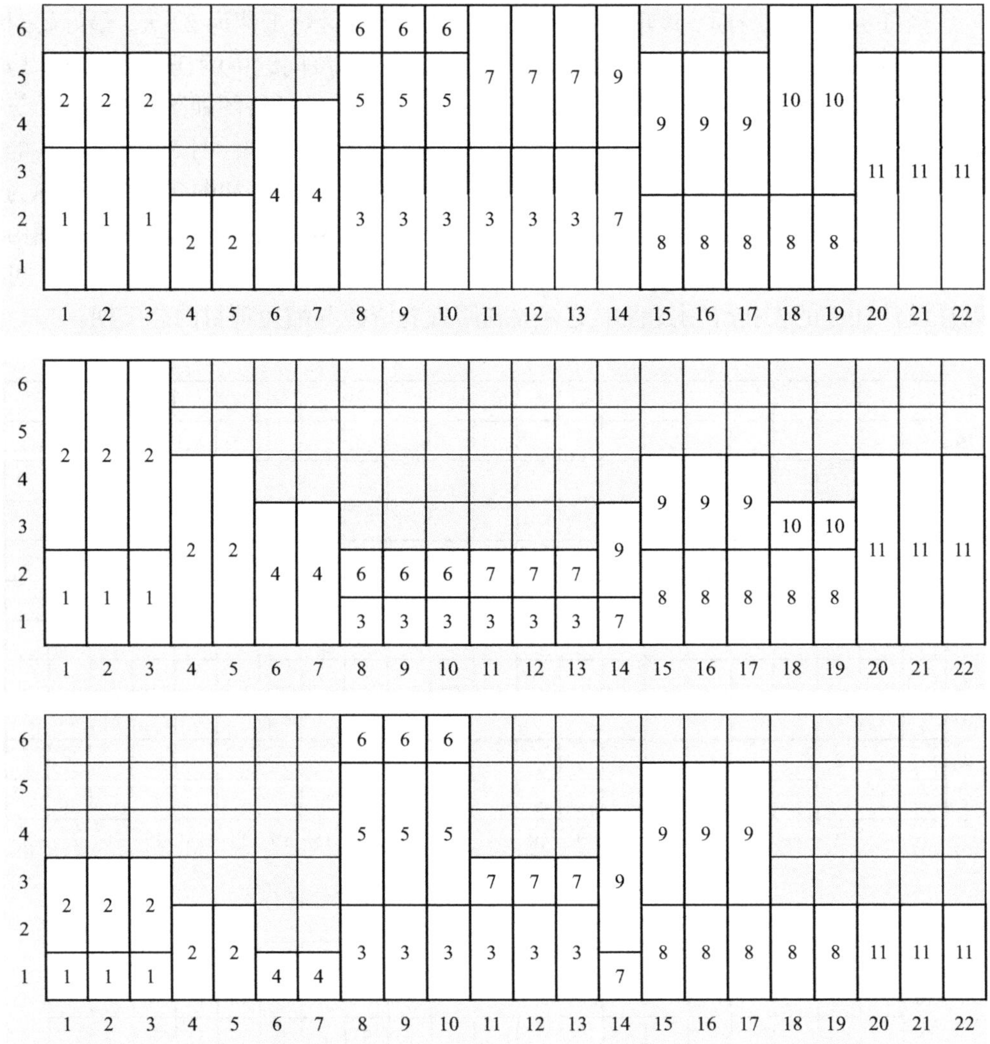

图 2.7　最佳个体对应的三种资源分布图（任务不能拆分）

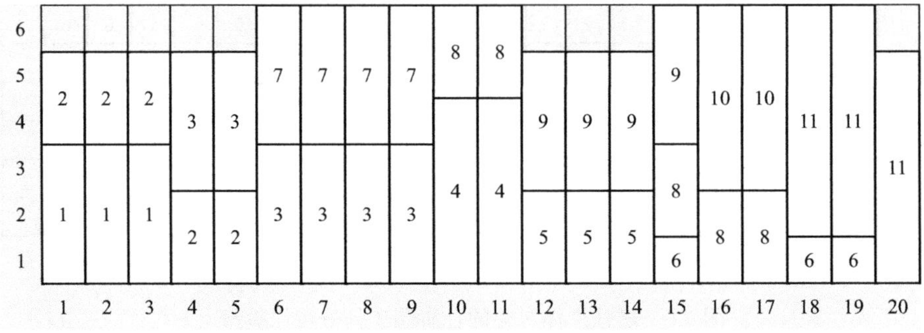

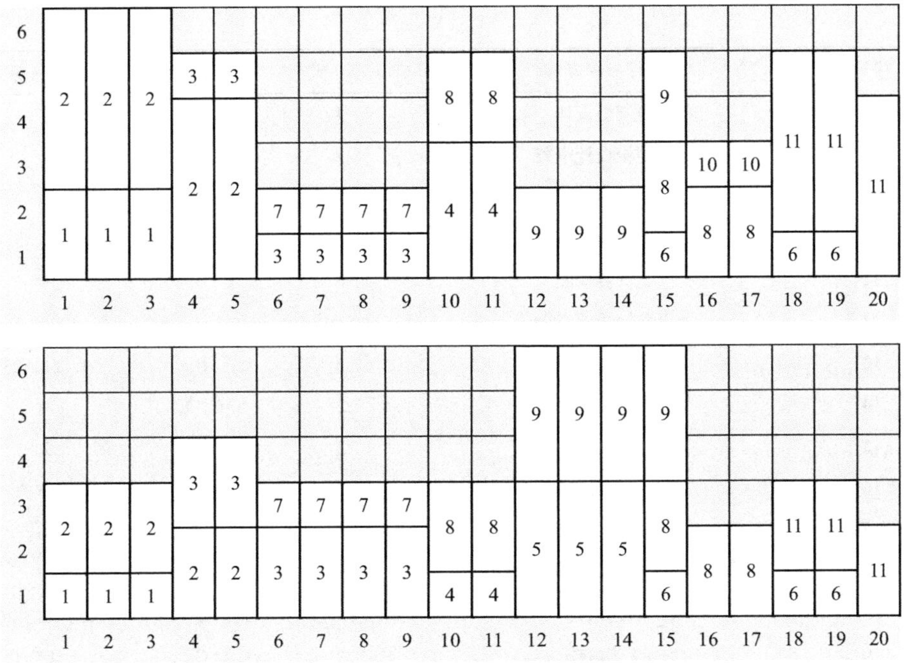

图 2.8　最佳个体对应的三种资源分布图（任务可以拆分）

为了进一步验证本章模型在产品开发中的应用效果，本章用一个实际产品开发项目的任务调度问题进行了仿真计算。某企业研发部由五名工程师组成，准备承担某产品设计项目。按照公司 ISO①9001 质量体系程序文件的要求，共分为 26 个有先后序关系的设计或审校任务，表 2.1 列出了这些任务的序号、内容、工期、承担工程师和前序任务序号，图 2.9 是所有任务的网络图。工程师因为假期、出差或已分配任务等原因，在某些时段不能执行任务；将这些不可用时间段按照项目的开始时间进行平移，整理成如表 2.2 所示的相对时段。

表 2.1　设计任务信息

序号	任务内容	工期/天	工程师	前序任务
1	发生器总装设计	5	A	无
2	发生器总装图审校	2	B，C	1
3	液压原理图	5	B	无
4	液压原理图审校	2	A，D	3
5	电气原理图	6	B	4
6	电气原理图审校	2	A，C	5

① 即 International Standards Organization，国际标准化组织。

续表

序号	任务内容	工期/天	工程师	前序任务
7	控制柜设计	4	E	6
8	控制柜设计审校	2	B，C	7
9	线路布置图	3	D	8
10	线路布置图审校	1	E	9
11	电气接线图	6	B	6
12	电气接线图审校	1	C	11
13	液压详细设计	4	B	4，21，23
14	液压详细设计审校	2	C，E	13
15	头部设计	3	C	2
16	头部设计审校	2	A	15
17	头部夹具设计	3	C	16
18	头部夹具审校	1	D	17
19	工艺设计	3	E	18，22，26
20	工艺审校	2	C	19
21	内衬设计	5	D	2
22	内衬审校	2	E	21
23	收敛段设计	5	C	2
24	收敛段审校	2	E	23
25	模具设计	2	C	24
26	模具设计审核	1	D，E	25

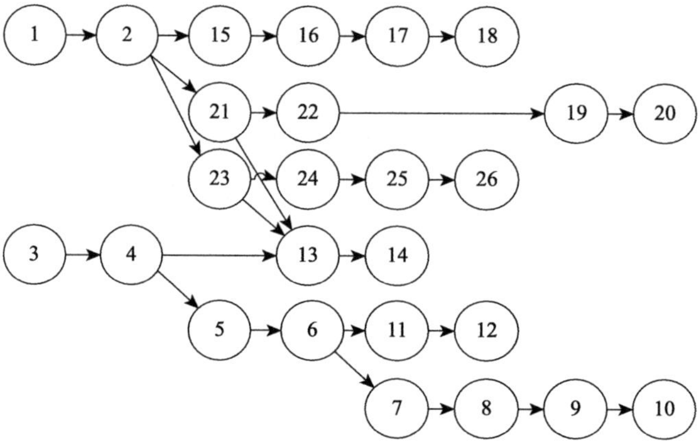

图 2.9　任务的网络图

表 2.2 工程师不能承担任务的时段

工程师	不能承担任务的时段/天
A	[6, 11]
B	[3, 4]；[15, 18]
C	[3, 4]
D	[23, 24]
E	[8, 12]；[20, 25]

应用本章的模型和算法求得的最优个体对应的调度甘特图如图 2.10 所示，资源分配图如图 2.11 所示。其中，图 2.11 的纵坐标为工程师代号，图 2.11 中黑色区域代表不能执行任务的时间段。从图 2.10 和图 2.11 中可以看到，任务 3、5、11、15、17 和 21 被拆分后，总的项目工期由任务不能拆分时的最优解 39 天减少为 36 天。这说明利用任务的可拆分属性，可以在任务的安排计划过程中更有效利用现有资源和缩短项目的总工期。在产品开发项目中，项目工期的缩短对于降低开发费用和提高项目组的开发竞争力都具有十分重要的意义。

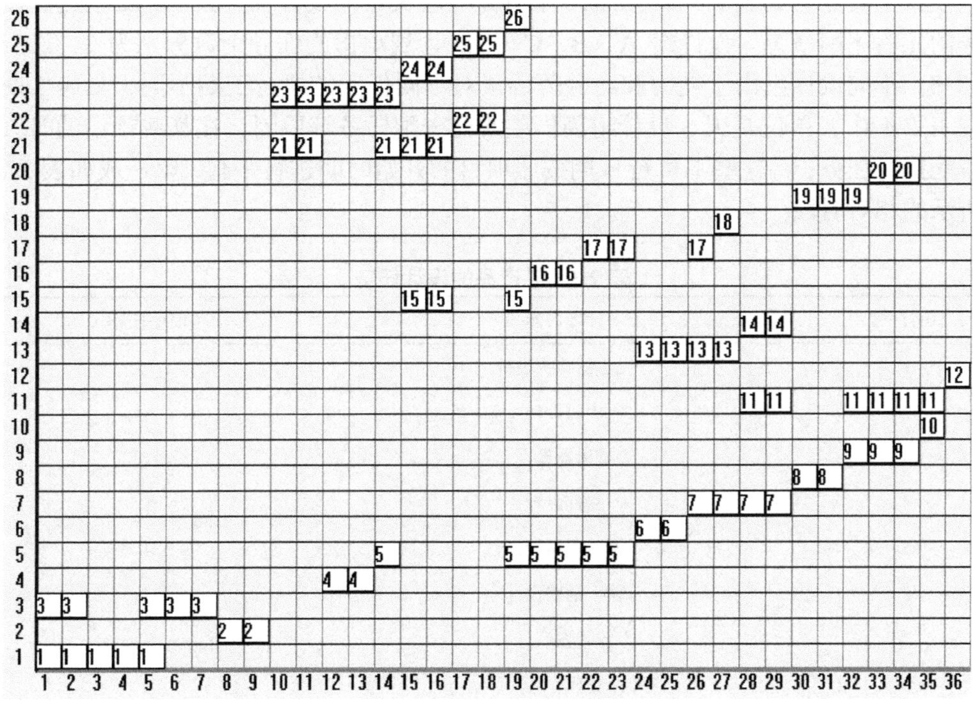

图 2.10 最优个体对应的调度甘特图

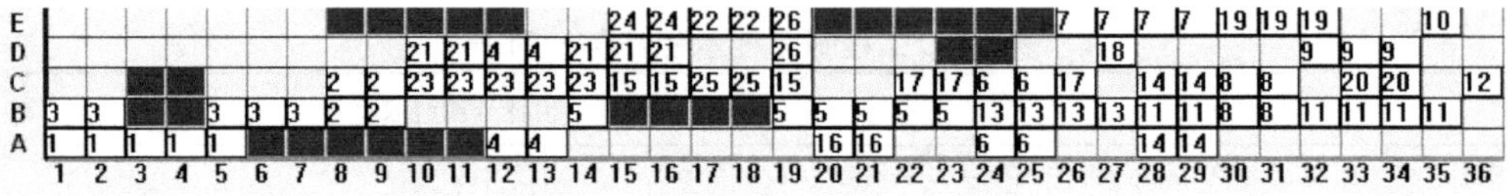

图 2.11　最优个体对应的资源分配图

算法使用 C++实现，遗传算法的参数设为：种群个数 P=20，进化代数 MaxGen=50，交叉概率 p_c=0.3，变异概率 p_m=0.15。种群的平均适值在 30 代左右基本趋于稳定。操作系统是 Window XP，计算机的硬件配置为 Inter Pentium Ⅳ2.6G CPU/512 DDR 的普通微机。

2.4.2　开发任务指派模型的案例分析

为了验证开发任务指派模型和算法的有效性，本章使用产品开发中的任务指派问题案例进行了计算和验证，取得了比较满意的结果。下面是其中的一个问题：某企业研发部由 4 个设计组（A，B，C，D）组成，准备承担某产品设计项目，该项目主要分为如表 2.3 所示的 10 个有先后序关系的设计任务，图 2.12 是这些任务的先后序网络图。设计组 A，B，C 和 D 计划承担的任务个数分别为 3，2，2 和 3。不同设计组由于能力和经验等因素对不同任务的执行工期不同，具体工期在表 2.4 中，单位是天。设计组因出差或已分配任务等原因，在某些预定的时段不能执行任务；将这些不可行日期按照项目的开始时间进行平移，整理成如表 2.5 所示的相对时段。

表 2.3　某产品的设计任务

任务序号	任务内容	前序任务
1	发生器接头设计	无
2	内衬设计	无
3	旋风器设计	1
4	头部设计	1
5	输入气路设计	4
6	输入油路设计	4
7	收敛段设计	2
8	壳体设计	7
9	旋风器夹具设计	3
10	加工工艺	5，6，8，9

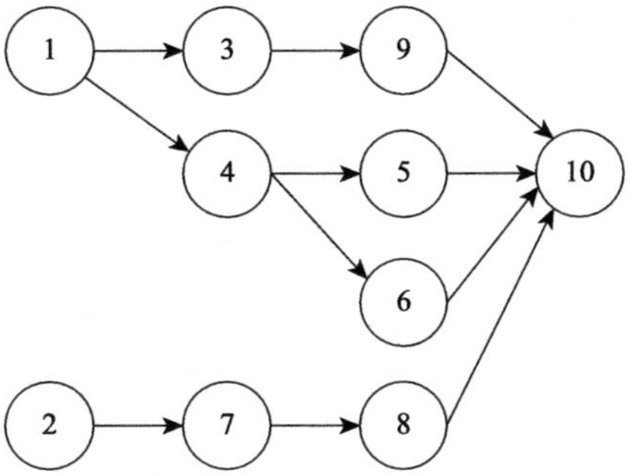

图 2.12　某产品的设计任务网络图

表 2.4　设计组对任务的执行工期

任务序号	A	B	C	D
1	2	3	4	5
2	4	3	5	6
3	5	3	3	4
4	4	3	5	6
5	4	2	7	6
6	3	2	6	4
7	3	3	4	6
8	5	3	4	7
9	4	3	5	6
10	2	3	6	6

表 2.5　设计组不能承担任务的时段

设计组	不能承担任务的时段
A	[3, 4]
B	[12, 13]
C	[6, 7]；[14, 15]
D	无

应用本章的模型和算法进行计算，求得的最好个体对应的调度甘特图如图 2.13 所示，资源分配图如图 2.14 所示。图中横坐标为时间（天），任务矩形中的数字代表任务序号；图 2.13 的纵坐标为任务序号，图 2.14 的纵坐标为设计组代号，图中黑色区域代表不能执行任务的时间段。最好个体对应的任务指派方案是：A（4，9，10），B（7，5），C（2，8），D（1，3，6），项目工期为 15 天，资源平

均利用率为 73.1%，算法运行 80 代的时间为 0.453 秒。

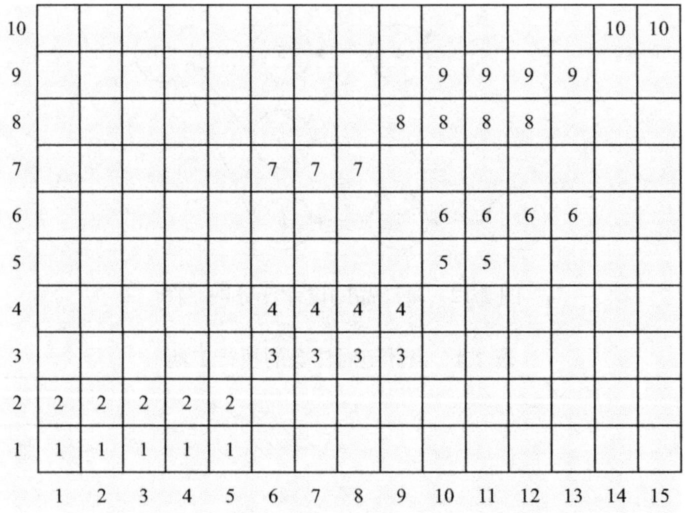

图 2.13　最好个体对应的甘特图

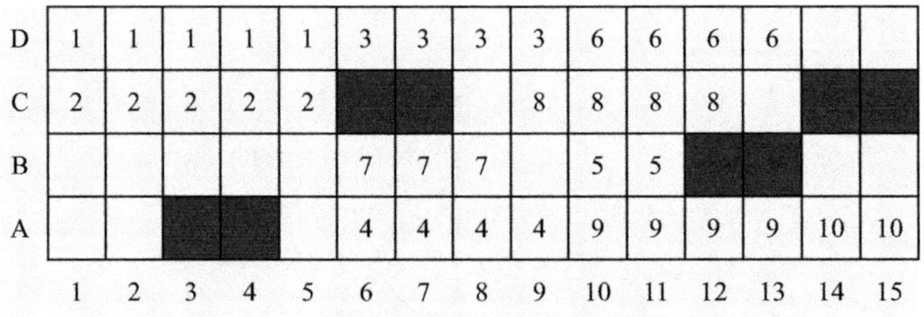

图 2.14　最好个体对应的任务分配图

利用等效模型Ⅱ，用精确方法求解该问题（指派变量使用穷举法生成，调度方案使用分支定界法求解），最优解和遗传算法的结果相同，但运行时间为 42 小时 31 分 2.36 秒，不适用于实际工程项目。

调整遗传算法的参数，对不同的问题进行测试，发现当交叉概率和变异概率适当时算法可以保持很好的收敛性，但是算法的达优率在很大程度上依赖于种群大小。例如，对于表 2.3 的问题，当 P 小于 70 时算法只收敛到一个局优解，P 大于 80 算法均能收敛到最优解，如图 2.15 所示。这说明此类问题的解空间很大，如果种群小则初始种群的多样性相对差，可能使进化过程陷入局优解。

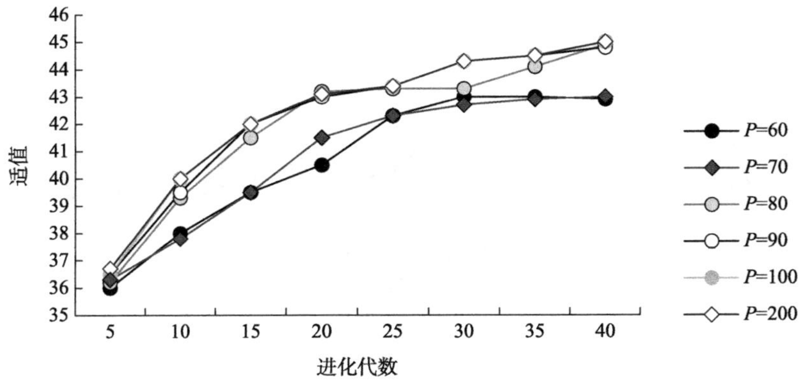

图 2.15　种群个数对适值的影响

上述算法用 Visual C++实现，遗传算法参数设为：种群大小 P=80，进化代数 MaxGen=50，交叉概率 p_c=0.5，变异概率 p_m=0.05；随机数用 $U(0, 1)$。试验的操作系统是 Window XP，硬件配置为 Intel Pentium Ⅳ2.6G CPU/512 DDR 的普通微机。

2.5　本 章 小 结

本章考虑了产品与服务开发中开发任务的特点，分别建立了开发项目调度问题和开发任务指派问题的优化模型，并设计了基于贪婪准则的混合遗传算法用于求解该模型。仿真试验的结果表明，由于考虑了任务的可拆分特性，本章的数学模型和算法可以更有效地利用现有设计资源，从而得到更好的优化目标。同时，应用实例的计算结果表明，本章的算法实现简单有效，能基本满足工程上的需要。

第3章　产品规划质量屋的顾客需求重要度排序

3.1　问题背景

质量功能展开的一个重要工具是质量屋。质量屋可以进一步分为产品规划质量屋、部件配置质量屋、工艺规划质量屋和制造要求质量屋四个连续的阶段，将顾客需求依次分解到产品开发过程多个阶段，反映了产品从开发、设计、工艺到制造的全过程。产品规划质量屋是面向顾客的第一个环节，对于构造产品规划质量屋而言，确定顾客需求的最终重要度是其中至关重要的一步（Chen et al., 2005）。在最终重要度的基础上，公司可以有目的地设计和开发以匹配或超过目标市场中所有竞争者的顾客满意度，从而提高产品的质量并获得更多竞争优势。

顾客需求最终重要度的估计和排序通常包括以下四个步骤（Chan and Wu, 2005）。

步骤1：识别目标顾客并获得其需求。

步骤2：确定顾客需求的基本重要度。

步骤3：识别竞争对手并进行相关分析。

步骤4：确定顾客需求的最终重要度并进行排序。

由于顾客需求是产品和服务开发的推动力，因此必须采取足够的投入以正确捕捉这些需求，保证公司的成功。根据Chan和Wu（2002）的研究，现有许多方法可用于收集顾客需求，包括焦点小组、个人访谈、倾听和观察、投诉和反馈、自然现场接触、保修数据、亲和关系图和聚类分析等。然而，这些方法都没有提供定量手段来从需求备选项目中获取产品或服务的顾客需求。

确定需求的基本重要度有许多方法，最简单的方法是基于点评分的量表，也有一些较为复杂的方法。例如，Armacost等（1994）、Lu等（1994）使用AHP法确定顾客需求基本重要度；Ho（2008）提出了一种确定顾客需求基本重要度的群体决策技术。鉴于基本重要度评估的模糊性和不精确性，一些研究应用了模糊集方法或集成模糊集方法，如三角模糊数（Wang，1999；Chen et al.，2006）、模糊层次分析法（Kwong and Bai，2003）、模糊算法（Chan and Wu，2005）、模糊分析网络过程（Kahraman et al.，2006）。然而，这些方法的缺点之一是模糊集合中确定隶属函数是困难的并且受到主观经验的影响（Pawlak and Skowron，2007）。

总之，大多数现有方法在处理产品与服务开发中的不确定和模糊信息以确定顾客需求基本重要度时，在很大程度上取决于主观评价，缺乏客观性。因此，这可能影响对这些顾客需求的优先级分析，并导致产品与服务开发中的不恰当决策。

粗糙集理论是一种相对新颖的智能工具，被广泛用于查找数据依赖性、评估属性的重要性、发现数据模式、减少所有冗余对象和属性、寻找最小属性子集等。粗糙集理论在上述用途中的主要优点是它不需要任何关于数据的初步或附加信息，如隶属度或模糊集理论中的可能性值（Pawlak and Skowron，2007）。因此，与模糊集理论相比，粗糙集理论可以应用于更广泛的设计问题，其中包括产品与服务开发中顾客需求集的确定及其基本重要性的评估。

AHP 法的广泛适用性是由于其具有简单性、易用性和极大的灵活性。此外，它可与比例法相结合构成一个综合方法，以同时考虑定性和定量因素。与单独使用的 AHP 法相比，综合方法可以做出更加科学的决策。

本章针对产品与服务开发中的顾客需求重要度确定问题的特点，提出基于粗糙集、卡诺模型和 AHP 法的顾客需求最终重要度确定和排序方法，并设计相应的求解算法，利用仿真试验来验证所提方法与算法的可行性和有效性（Li et al.，2009；Li et al.，2010；Li et al.，2012a；Li et al.，2012b）。

3.2　顾客需求集的选定

粗糙集理论中的成员关系不是事先指定的，而是从已知数据计算和逻辑推演获得的，这可以避免事先指定隶属度的困难和减少主观因素的影响。为此，首先利用粗糙集中相对核和相对约简等方法来确定产品规划质量屋中的顾客需求。

3.2.1　确定顾客需求的决策系统表示方法

现代产品设计强调顾客需求对产品与服务设计过程的引导作用，并认为应将顾客需求贯穿于上述过程中。顾客需求驱动产品设计改进，确定产品与服务所关注的顾客需求具有相当重要的意义。一般而言，顾客对理想中的产品的需求是缺乏系统性、模糊和不分明的，并且其中可能存在大量的冗余。在顾客需求的确定方面，产品与服务开发团队应根据顾客问卷调查、与用户面谈、研究竞争者产品和现场调查等方法确定只具有不相关、正相关和负相关等三种关系的顾客需求 $\mathrm{CR}_1^s,\mathrm{CR}_2^s,\cdots,\mathrm{CR}_r^s,\cdots,\mathrm{CR}_{N_0}^s$ 所组成的筛选集。

将筛选集中顾客需求所组成的集合定义为条件属性集 $C^{\mathrm{cr}}=\left\{\mathrm{CR}_1^s,\mathrm{CR}_2^s,\cdots,\mathrm{CR}_r^s,\cdots,\mathrm{CR}_{N_0}^s\right\}$，同时把顾客对产品整体的满意度（customer total satisfaction degree，CTSD）定义为相应的决策属性集 $D^{\mathrm{cr}}=\{\mathrm{CTSD}\}$。顾客根据实际情况确定每项顾客需求及其满意度的可能性，同时确定在上述不同顾客需求综合影响下将导致的满意度水平的评价。产品与服务开发团队收集上述评价数据，由它们组成样本集 $U^{\mathrm{cr}}=\{u_1,u_2,u_3,\cdots,u_{q^{\mathrm{cr}}}\}$，进而构建顾客需求确定的决策系统 $\mathrm{DS}^{\mathrm{cr}}=\left(U^{\mathrm{cr}},C^{\mathrm{cr}}\cup D^{\mathrm{cr}}\right)$，且 $C^{\mathrm{cr}}\cap D^{\mathrm{cr}}=\varnothing$。

3.2.2　确定顾客需求的决策系统相对核与相对约简

决策系统的相对核与相对约简是粗糙集理论中两个重要的概念。粗糙集理论认为知识是基于对象分类的能力，分类过程是将相差不大的对象分为一类，它们的关系是不可分辨关系，也称为等价关系。获得等价关系的基础是决策系统的相对核与相对约简。

对于顾客需求确定的决策系统 $\mathrm{DS}^{\mathrm{cr}}$ 而言，C^{cr} 中所有 D^{cr} 的必要原始关系所构成的集合称为 C^{cr} 的核，简称为相对核，记为 $Core_{D^{\mathrm{cr}}}(C^{\mathrm{cr}})$。决策系统 $\mathrm{DS}^{\mathrm{cr}}$ 的相对核与相对约简之间存在下述关系。

$$Core_{D^{\mathrm{cr}}}(C^{\mathrm{cr}})=\bigcap Red_{D^{\mathrm{cr}}}(C^{\mathrm{cr}}) \tag{3.1}$$

其中，$Core_{D^{\mathrm{cr}}}(C^{\mathrm{cr}})$ 是 C^{cr} 相对于 D^{cr} 的一个相对约简。顾客需求确定的决策系统 $\mathrm{DS}^{\mathrm{cr}}$ 可能存在多个相对约简。决策系统 $\mathrm{DS}^{\mathrm{cr}}$ 的相对核包含在其所有相对约简中，所以确定相对核是所有相对约简的基础。

下面将首先构造顾客需求确定决策系统的区分矩阵和区分函数，而后经过粗糙推理得到其相对核与相对约简，进而获取顾客需求所组成的集合。

3.2.3　确定顾客需求的决策系统区分矩阵和区分函数

区分矩阵实际是一种信息表示技术，对于相关函数确定的决策系统 $\mathrm{DS}^{\mathrm{cr}}=$

$\left(U^{\mathrm{cr}}, C^{\mathrm{cr}} \cup D^{\mathrm{cr}}\right)$。若用 $M_{D^{\mathrm{cr}}}=(c_{jk}^{\mathrm{cr}})$ 表示 $\mathrm{DS}^{\mathrm{cr}}$ 的区分矩阵，其中，$j=1,2,\cdots,q^{\mathrm{cr}}$，$k=1,2,\cdots,q^{\mathrm{cr}}$。

该区分矩阵的元素 c_{jk}^{cr} 则可定义为

$$c_{jk}^{\mathrm{cr}}=\begin{cases}\{\mathrm{CR}_r^s \mid \mathrm{CR}_r^s \in C \wedge \mathrm{CR}_r^s(u_j) \neq \mathrm{CR}_r^s(u_k) \wedge \mathrm{CS}(u_j) \neq \mathrm{CS}(u_k), r=1,2,\cdots,N_0\}, & \mathrm{CS}(u_j) \neq \mathrm{CS}(u_k) \\ \varnothing, & \mathrm{CS}(u_j)=\mathrm{CS}(u_k)\end{cases} \tag{3.2}$$

根据上述定义可知，该区分矩阵是一个以主对角线对称的矩阵，且主对角线的元素均是 $\varnothing$。相对核是区分矩阵中所有单个元素组成的集合。由 $\mathrm{DS}^{\mathrm{cr}}$ 的区分矩阵可唯一确定其区分函数。若 $c_{jk}^{\mathrm{cr}}=\{\mathrm{CR}_1^s, \mathrm{CR}_2^s, \cdots, \mathrm{CR}_{h_{jk}^{\mathrm{cr}}}^s\} \neq \varnothing$，指定布尔函数 $\mathrm{CR}_1^s \vee \mathrm{CR}_2^s \vee \cdots \vee \mathrm{CR}_{h_{jk}^{\mathrm{cr}}}^s=\sum \alpha(j,k)$；若 $c_{jk}^{\mathrm{cr}}=\varnothing$，则 $\sum \alpha(j,k)=\varnothing$。

则决策系统 $\mathrm{DS}^{\mathrm{cr}}$ 的区分函数定义为

$$F_{S_d^{\mathrm{cr}}}=\prod_{(j,k)\in U^{\mathrm{cr}} \times U^{\mathrm{cr}}} \sum \alpha(j,k) \tag{3.3}$$

上述区分函数的极小析取范式的所有合取式是相对于决策属性 $\mathrm{DS}^{\mathrm{cr}}$ 的条件属性集 C^{cr} 的所有相对约简 $Red_{D^{\mathrm{cr}}}(C^{\mathrm{cr}})^1$，$Red_{D^{\mathrm{cr}}}(C^{\mathrm{cr}})^2$，…，$Red_{D^{\mathrm{cr}}}(C^{\mathrm{cr}})^{t^{\mathrm{cr}}}$，…，$Red_{D^{\mathrm{cr}}}(C^{\mathrm{cr}})^{w^{\mathrm{cr}}}$，将上述所有相对约简中包含的全部条件属性所组成的集合定义为 $\mathrm{NC}^{\mathrm{cr}}$。基于此，将 $\mathrm{NC}^{\mathrm{cr}}$ 定义为

$$\mathrm{NC}^{\mathrm{cr}}=\begin{Bmatrix}\mathrm{CR}_i \mid \mathrm{CR}_i \in (Red_{D^{\mathrm{cr}}}(C^{\mathrm{cr}})^1 \cup Red_{D^{\mathrm{cr}}}(C^{\mathrm{cr}})^2 \cup \cdots \cup Red_{D^{\mathrm{cr}}}(C^{\mathrm{cr}})^{t^{\mathrm{cr}}} \cup \cdots \cup Red_{D^{\mathrm{cr}}}(C^{\mathrm{cr}})^{w^{\mathrm{cr}}}) \\ i=1,2,\cdots,N\end{Bmatrix} \tag{3.4}$$

同时定义集合

$$\overline{\mathrm{NC}}^{\mathrm{cr}}=\{\mathrm{CR}_r^s \mid \mathrm{CR}_r^s \in C^{\mathrm{cr}}, \mathrm{CR}_r^s \notin \mathrm{NC}^{\mathrm{cr}}, r=1,2,\cdots,N_0\} \tag{3.5}$$

根据相对约简和相对核的定义可知：集合 $\mathrm{NC}^{\mathrm{cr}}$ 所包含的顾客需求与顾客满意度之间存在着相关关系，进而把它定义为待开发的产品与服务中的顾客需求集；集合 $\overline{\mathrm{NC}}^{\mathrm{cr}}$ 所包含的顾客需求与顾客满意度之间不存在相关关系；$\mathrm{DS}^{\mathrm{cr}}$ 的相对核所包含的工程特性对于顾客满意度而言是最重要的。

3.3　顾客需求基本重要度的确定

根据新的条件属性 $\mathrm{NC}^{\mathrm{cr}}$ 和决策属性 D^{cr} 构建新的样本集 U^{fr}，建立相应于 $\mathrm{NC}^{\mathrm{cr}}$ 的顾客需求基本重要度确定的决策系统 $\mathrm{DS}^{\mathrm{fr}}=\left(U^{\mathrm{fr}}, C^{\mathrm{fr}} \cup D^{\mathrm{fr}}\right)$，其中

$C^{\text{fr}} = \text{NC}^{\text{cr}}$ 和 $D^{\text{fr}} = D^{\text{cr}}$ 。

从本质上讲，待开发的产品与服务中顾客满意度与顾客需求之间的基本重要度分别是每一项顾客需求对于顾客满意度的贡献量度，因此可将上述基本重要度定义为下述多属性决策中相应条件属性的重要度：由所有顾客需求组成条件属性集，并将顾客需求满意度定义为相应的决策属性。对于该决策系统，条件属性集所包含的各项顾客需求对顾客满意度的基本重要度就是相应的条件属性相对于 D^{fr} 的重要度。

决策系统 DS^{fr} 的各条件属性在决策和数据分类中发挥着不同的作用。为了考察其各条件属性的重要性，采用的方法是从条件属性表中去掉一个属性，再来考察没有该属性后分类的变化情况：如果去掉这个属性后将改变所做的决策和分类，则这个属性是重要的，否则该属性是可以删除掉的；如果上述分类变化越大，则该属性的重要度值越大，反之亦然。该方法以没有删除任何属性的分类为基准，把没有删除任何一个属性视为一种知识分类，将删除各属性后的分类视为相对于总属性分类的正域。其本质是删除一个条件属性后的分类可以准确划分到没有删除任何条件属性分类中去的对象集合。粗糙集在进行数据处理时无须提供数据之外的先验信息，而且能够在考察所有属性的情况下同时提供各属性的重要性大小；并且粗糙集中各属性的重要度是客观计算的，从而避免了人为给定等主观因素的影响。

根据粗糙集中相对正域的方法，可以确定决策系统 DS^{fr} 中某一个条件属性 $\text{CR}_i \in C^{\text{fr}}$ 的重要度 β_i ，进而得到条件属性 CR_i 的重要性。

$$\beta_i = \gamma\left(C^{\text{fr}}, D^{\text{fr}}\right) - \gamma\left(\left\{C^{\text{fr}} - \text{CR}_i\right\}, D^{\text{fr}}\right) \tag{3.6}$$

因此，可以将顾客需求 CR_i 的基本重要度定义为

$$ir_i^f = \frac{\beta_i}{\sum_{i=1}^{N} \beta_i} \tag{3.7}$$

顾客满意所要求的顾客需求基本重要度是由“顾客的声音”所决定的，因而它全面地反映了顾客的需求。但在对顾客需求最终重要度的确定过程中，顾客需求的基本重要度是其所必须考察的决定性因素之一，同时必须考察实现顾客需求满意度的改进比率的重要度和“顾客需求的卖点”等其他决定性因素。只有同时全面地考察上述三种因素，才能准确地确定顾客需求的最终重要度、有效地缩短顾客需求设计的时间和降低顾客需求设计的成本和难度，从而能够以一种高效和经济的方式实现产品与服务的设计。为此，下面将引入实现顾客需求满意度的改进比率的重要性概念，并对其进行定性和定量分析。

3.4　满意度改进比率重要性的计算

3.4.1　满意度改进比率重要性的概念

在顾客需求调查过程中，要求顾客利用 1～5 的数字标度对本公司 Co_1 及竞争对手 $\mathrm{Co}_k(k=2,3,\cdots,M)$ 的产品进行评价，根据顾客需求的调查结果，确定本公司 Co_1 及竞争对手 $\mathrm{Co}_k(k=2,3,\cdots,M)$ 的顾客需求 CR_i 的顾客满意度评价值 SCR_{ik}。开发团队根据资源状况和改进产品的意愿确定该项需求的顾客满意度改进目标 GCR_i，它反映的是改进后的产品在该项需求满意度的改进目标。

顾客需求 CR_i 的满意度的改进比率定义为

$$cir_i^{\mathrm{cres}}=\frac{\mathrm{GCR}_i}{\mathrm{SCR}_{i1}} \tag{3.8}$$

例如，顾客需求 CR_i 的满意度评价值 SCR_{i1} 是 1.8，而该项需求满意度的改进目标 GCR_i 是 3.4，则该项顾客需求的满意度改进比率为 3.4/1.8=1.89。

实践中发现，顾客需求满意度的提高需要平衡下述六个决定性因素：顾客满意、顾客需求满意度的改进比率、顾客需求所属卡诺模型中的需求类型、实现顾客需求满意度的改进比率所需的总投入、实现顾客需求满意度的改进比率的总难度及“顾客需求的卖点”。只有恰当地平衡上述六个因素，才能经济和有效地提高产品与服务的质量，并能够缩短其投放市场的时间，从而提高产品的市场竞争力。

在提高顾客需求满意度的过程中，顾客需求满意度的改进比率仅仅表明企业改进顾客需求满意度的程度大小，而实现顾客需求满意度的改进比率的重要性必须考虑上述改进比率的大小，同时必须考察顾客需求所属卡诺模型中的需求类型、实现顾客需求满意度的改进比率所需的总投入、实现顾客需求满意度的改进比率的总难度等决定性因素，因而在确定实现顾客需求满意度的改进比率重要性的过程中，顾客需求满意度的改进比率不再是唯一的决定性因素，也必须考察实现该改进比率所要求的各种资源、组织能力等其他决定性因素。为此，引入实现顾客需求满意度的改进比率的重要性的定义。

定义 3.1　实现顾客需求满意度的改进比率的重要性不仅取决于该改进比率的大小，同时取决于顾客需求所属的卡诺模型中的需求类型、实现顾客需求满意度的改进比率所需的总投入、实现顾客需求满意度的改进比率的总难度。

为了表述方便，利用如下函数表示顾客需求满意度的改进比率 cir_i^{cres} 的重要性。

$$ir_i^{\mathrm{acir}}=f\left(cir_i^{\mathrm{cres}},\quad ka_i,\quad inp_i,\quad dif_i\right) \tag{3.9}$$

其中，ka_i 表示顾客需求 CR_i 的卡诺因子；inp_i 表示实现改进比率 cir_i^{cres} 要求的总投入；dif_i 表示实现改进比率 cir_i^{cres} 的总难度。

根据实现顾客需求满意度的改进比率的重要性定义，式（3.9）必须满足如下要求：第一，顾客需求满意度的改进比率越大，则其重要性越大；反之亦然。第二，顾客需求的卡诺因子越大，则其重要性越大；反之亦然。第三，实现单位改进比率的总难度越大，则其重要性越小；反之亦然。第四，实现单位改进比率所需的总投入越少，则其重要性越大；反之亦然。

根据上述分析可知，通过引入实现顾客需求满意度的改进比率的重要性概念，开发团队能够较为准确地计量实现顾客需求满意度的改进目标的重要度。

3.4.2 顾客需求的卡诺因子

顾客需求的卡诺模型是由日本的 Kano 博士提出的，卡诺模型定义了如图 3.1 所示的三种类型的顾客需求：基本型、期望型和兴奋型（Kano et al.，1984）。

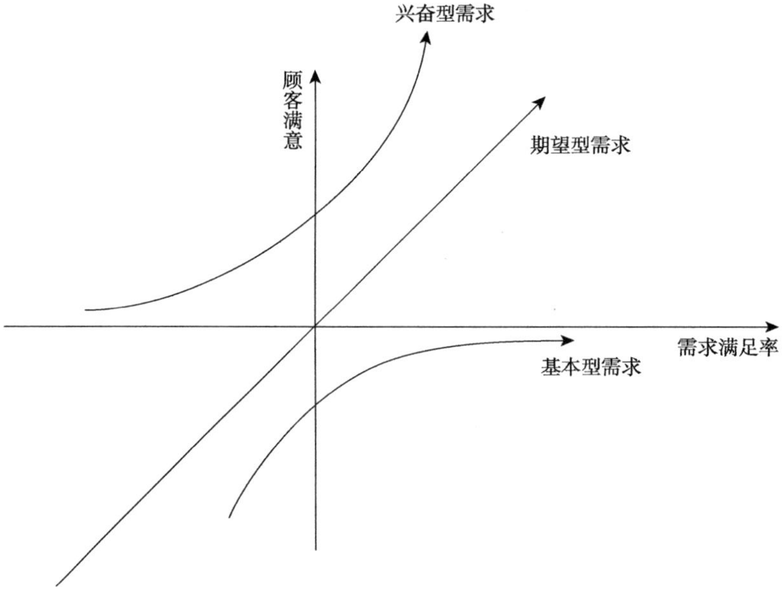

图 3.1 卡诺模型

基本型需求是顾客认为产品和服务应当具备的需求因素，顾客通常不做表述，因为顾客假定这些是产品和服务所必须提供的，这类需求的存在对顾客满意度的提高没有多大影响，但是缺少这类需求或未达到顾客对它们的期望将会导致顾客的极大不满。因此，在任何情况下，基本型需求都是具有决定性的竞争性因素，也是评价产品的根本标准。期望型需求在产品中实现的越多，顾客就越满意；当没有满足这些需求时，顾客就不满意。顾客通常以一种清晰的方式来表达对上述需求的期望，这就迫使企业必须不断地调查和了解顾客需求，并通过合适的方法在产品中体现这些需求。兴奋型需求是指顾客通常对这类需求并不了解，也没有这方面的期望。兴奋型需求处于缺失的状态或未达到顾客的期望，不会导致顾客的不满，但满足顾客的兴奋型需求将使顾客出乎意料的兴奋，并将极大地增加顾客的满意程度。

根据卡诺模型可知，在各项需求里，如果该项需求属于基本型需求，实现其满意度改进比率的重要性是最大的，其主要原因为：产品或服务不能达到顾客对该项需求的期望，则顾客根本不会对它们产生任何兴趣。如果该项需求属于兴奋型需求，实现其满意度改进比率的重要性是最小的，其主要原因为：产品或服务未能达到该项需求的期望，顾客不会对它们产生不满。如果该项需求属于期望型需求，则实现其满意度改进比率的重要性是介于上述二者之间的。总之，实现上述各项顾客需求满意度改进比率的重要性并不是相等的，并且其中不同类型的需求是以不同的方式来体现各自的重要性的。顾客需求满意度改进比率 cir_i^{cres} 度量了产品在该项需求满意度的改进程度。然而，实现该项需求满意度改进比率的重要性，不仅取决于其满意度改进比率的目标大小，还取决于该项需求所属卡诺模型中的需求类型。

ka_i 代表顾客需求 CR_i 所属的卡诺模型中需求类型的影响因子，简称为顾客需求 CR_i 的卡诺因子。对于卡诺模型中的不同需求类型，ka_i 是不相同的。如果顾客需求 CR_i 属于卡诺模型中的基本型，那么 ka_i 大于 1；如果顾客需求 CR_i 属于卡诺模型中的期望型，那么 ka_i 等于 1；如果顾客需求 CR_i 属于卡诺模型中的兴奋型，那么 ka_i 小于 1。团队根据顾客调查结果将所有顾客需求划分到卡诺模型中相应的类型，进而选择恰当的重要度系数 ka_i 。例如，可以选择数值组合 1.5、1.0 和 0.8，它们分别代表基本型需求、期望型需求和兴奋型需求。ka_i 的选择主要依赖于团队成员的经验和对上述关系的理解。

3.4.3　实现改进比率所要求的总投入

在实现顾客需求满意度的改进目标时，产品与服务团队将面对许多困难：市场预测中不可预见的错误、供应商竞争力的波动、产品的研发时间及隐藏于产品研发过程中的技术困难等。正是由于团队要克服上述困难以实现改进目标，因而实现顾客需求满意度的改进目标的决定性因素之一是其所要求的各种投入量的大小。因为各种投入可能并不具有相同的重要性，故而需要基于它们与项目的相关性对其进行优先排序。

为简化起见，采用比例标度法确定实现顾客需求满意度的改进目标所要求的各种投入的大小，并且利用 AHP 法确定各种投入的相对重要性。因此，实现顾客需求 CR_i 满意度的改进比率 cir_i^{cres} 所要求的总投入可由式（3.10）确定。

$$inp_i = \sum_{k=i}^{K}\left(w_k \times inp_i^k\right) \tag{3.10}$$

其中，inp_i 表示实现改进比率 cir_i^{cres} 所要求的总投入；K 表示实现改进比率 cir_i^{cres} 所要求的投入种类数；inp_i^k 表示实现改进比率 cir_i^{cres} 所要求的第 k 种投入的大小；w_k 表示第 k 种投入的相对重要性。通过式（3.10），可较为准确地计量实现顾客需求 CR_i 满意度的改进比率 cir_i^{cres} 所要求的总投入。

3.4.4 实现满意度改进比率的总难度

对顾客需求进行优先排序时，通常情况下，顾客满意推动这项排序工作，然而也必须对需求排序进行技术难度的分析，从而准确地评估实现顾客需求满意度的改进目标的风险。从企业整体出发，其不同的组织活动均存在一个难度的问题。团队必须对其所涉及的项目实施可行性分析。一种极端情况下，团队对其工作所需要的各种资源拥有绝对的控制力，能够完全达到顾客需求满意度的改进目标。另外一种极端情况下，应用于项目的资源被“沉淀”下来，其原因如下：该项目并不是其利益相关者所真正希望的，由于缺乏相关的支持和足够的资源，它很少能达到所设定的目标。而介于二者之间的情况是：团队必须推动和影响其他利益相关者和独立部门，从而推进项目工作以实现顾客需求满意度的改进目标，而上述工作的效率却是较低的，这主要是因为团队必须花费一定的资源和人力以协调其他利益相关者及独立部门，而上述资源和人力却没有任何实际的效果。

团队需要对实现顾客需求满意度的改进目标进行难度分析，以便提前发现并化解不可预知的风险，从而提高其成功的可能性。为了准确地确定实现顾客需求满意度的改进目标的总难度，可以首先利用比例标度法确定实现顾客需求满意度的改进比率所需要的各种投入的难度，而后利用“加权和”的形式确定其总难度。

实现顾客需求 CR_i 满意度的改进比率 cir_i^{cres} 的总难度可以由式（3.11）得到。

$$dif_i = \sum_{k=1}^{K}\left(w_k \times dif_i^k\right) \tag{3.11}$$

其中，dif_i 表示实现改进比率 cir_i^{cres} 的总难度；dif_i^k 表示实现改进比率 cir_i^{cres} 所要求的第 k 种投入的难度。通过式（3.11），可较为准确地计量实现顾客需求满意度的改进目标的总难度。

3.4.5　实现满意度改进比率的重要性

为简化起见，利用式(3.12)来近似表示实现顾客需求满意度的改进比率 cir_i^{cres} 的重要性。

$$ir_i^{\text{acir}} = \left(cir_i^{\text{cres}}\right)^{b_1} \times \left(ka_i\right)^{b_2} \times \left(inp_i\right)^{b_3} \times \left(dif_i\right)^{b_4} \tag{3.12}$$

其中，$b_1 > 0$，$b_2 > 0$，$b_3 > 0$ 和 $b_4 > 0$。开发团队根据其经验和知识确定 b_1、b_2、b_3 和 b_4 的取值。

这里作进一步的简化，即 $b_1 = 1, b_2 = 1, b_3 = -1$ 和 $b_4 = -1$，则式（3.12）变形为

$$ir_i^{\text{acir}} = cir_i^{\text{cres}} \times ka_i \times \left(inp_i\right)^{-1} \times \left(dif_i\right)^{-1} \tag{3.13}$$

根据上述分析可知，实现顾客需求满意度的改进比率 cir_i^{cres} 的重要性 ir_i^{acir} 能够准确量度实现顾客需求满意度的改进目标的重要度。实现某一顾客需求满意度的改进比率的重要性越大，则实现其改进比率的风险越小；与之相类似，实现某一顾客需求满意度的改进比率的重要性越小，则实现其改进比率的风险越大。

3.5　顾客需求最终重要度的估计及排序

顾客需求的最终重要度需要考虑“卖点”概念。为了表述方便，将顾客需求 CR_i 的“卖点”记为 sp_i。通常一个中等的卖点则意味着顾客需求的重要性不是很高或者竞争优势不是非常明显。可根据文献所提信息熵的方法来确定每一项顾客需求的“卖点”(Chan and Wu，2005)。

那些具有较大的基本重要度、更大的“顾客需求的卖点”和更大的实现顾客需求满意度的改进比率的重要性的顾客需求一定是开发团队的工作重点及市场机遇，顾客需求最终重要度必须反映上述内容。

基于此，可将顾客需求 CR_i 的最终重要度定义如下：

$$fir_i = \frac{ir_i^f \times ir_i^{\text{acir}} \times \text{sp}_i}{\sum_{i=1}^{N} ir_i^f \times ir_i^{\text{acir}} \times \text{sp}_i} \tag{3.14}$$

顾客需求的最终重要度是由顾客满意所要求的基本重要度、顾客需求满意度的改进比率、顾客需求所属卡诺模型中的需求类型、实现顾客需求满意度的改进比率所需的总投入、实现顾客需求满意度的改进比率的总难度及“顾客需求的卖点”共同确定，因而它能够评估产品与服务开发项目的效率，并化解其相应的风险。

在上述理论分析的基础上，设计了如下顾客需求最终重要度的确定算法。

步骤 1：输入决策系统 $\mathrm{DS}^{\mathrm{cr}}=\left(U^{\mathrm{cr}},C^{\mathrm{cr}}\cup D^{\mathrm{cr}}\right)$。

步骤 2：对于决策系统 $\mathrm{DS}^{\mathrm{cr}}$，计算其区分矩阵 $M_{D^{\mathrm{cr}}}$；而后根据 $M_{D^{\mathrm{cr}}}$，求出区分函数及 C^{cr} 相对于 D^{cr} 的相对核 $Core_{D^{\mathrm{cr}}}(C^{\mathrm{cr}})$。

步骤 3：计算区分函数的极小析取范式的所有合取式，而后得到相对于决策属性集 D^{cr} 的条件属性集 C^{cr} 的所有相对约简 $Red_{D^{\mathrm{cr}}}(C^{\mathrm{cr}})^1$、$Red_{D^{\mathrm{cr}}}(C^{\mathrm{cr}})^2$、$\cdots$、$Red_{D^{\mathrm{cr}}}(C^{\mathrm{cr}})^{t^{\mathrm{cr}}}$、$\cdots, Red_{D^{\mathrm{cr}}}(C^{\mathrm{cr}})^{w^{\mathrm{cr}}}$。

步骤 4：将所有相对约简中包含的全部条件属性所组成的集合定义为 $\mathrm{NC}^{\mathrm{cr}}$，同时定义集合 $\overline{\mathrm{NC}}^{\mathrm{cr}}$。

步骤 5：判断顾客对产品的整体满意度 CTSD 与 $\mathrm{NC}^{\mathrm{cr}}$ 中各项顾客需求之间的相关关系，其判断准则如下：顾客满意度 CTSD 与集合 $\overline{\mathrm{NC}}^{\mathrm{cr}}$ 所包含的条件属性不存在相关关系；CTSD 与集合 $\mathrm{NC}^{\mathrm{cr}}$ 所包含的条件属性存在着相关关系，即顾客需求集是由 $\mathrm{NC}^{\mathrm{cr}}$ 所包含的条件属性组成的。

步骤 6：根据新的条件属性 C_n^{cr} 和决策属性 D^{cr} 构建新的样本集 U^{fr}，而后建立顾客需求基本重要度确定的决策系统 $\mathrm{DS}^{\mathrm{fr}}=\left(U^{\mathrm{fr}},C^{\mathrm{fr}}\cup D^{\mathrm{fr}}\right)$。

步骤 7：令 $i=1$，计算决策系统 $\mathrm{DS}^{\mathrm{fr}}=\left(U^{\mathrm{fr}},C^{\mathrm{fr}}\cup D^{\mathrm{fr}}\right)$ 中条件属性 $\mathrm{CR}_i\in C^{\mathrm{fr}}$ 的重要度 β_i，而后得到顾客需求 CR_i 的基本重要度 ir_i^f，而后 $i=i+1$，重复此步骤，直至 $i=N$。

步骤 8：令 $i=1$，分别计算 cir_i^{cres}、ka_i、inp_i 和 dif_i，而后计算实现顾客需求满意度的改进比率 cir_i^{cres} 的重要性 ir_i^{acir}，而后 $i=i+1$，重复此步骤，直至 $i=N$。

步骤 9：令 $i=1$，根据信息熵的方法确定 sp_i，而后确定顾客需求 CR_i 的最终重要度 fir_i，而后 $i=i+1$，重复此步骤，直至 $i=N$。

步骤 10：输出顾客需求最终重要度向量 $FIR=(fir_1,fir_2,\cdots,fir_N)$，并进行排序。

3.6　顾客需求排序的案例分析

为了验证所提顾客需求最终重要度的确定方法，这里将应用一个家电企业 Co_1 所生产的全自动洗碗机的产品改进设计实例进行相关的案例分析。

3.6.1 基于粗糙集的顾客需求集确定

企业 Co_1 正在改进一种旧式的全自动洗碗机。根据公司的销售网络和市场调查，该公司的 20 个客户被选中以帮助确定顾客对公司产品的需求。根据对上述客户的调查，确定了 14 个原始的顾客要求。通过使用亲和关系图，这 14 个要求被分为六个主要的顾客需求，这些顾客需求被确定为代表客户最关心的问题：洗涤干净（CR_1^s）、洗涤时间短（CR_2^s）、洗涤过程安静（CR_3^s）、漂洗彻底（CR_4^s）、消耗较小（CR_5^s）和不损坏餐具（CR_6^s）。根据所提基于粗糙集的顾客需求确定粗糙集方法，确定决策属性集 $D^{cr}=\{CTSD\}$，以及条件属性集 $C^{cr}=\{CR_1^s,CR_2^s,CR_3^s,CR_4^s,CR_5^s,CR_6^s\}$。

根据该决策系统的决策属性 D^{cr} 和条件属性 C^{cr} 之间相关关系的初步判断，调查对象首先确定六项顾客需求的可能性：将洗涤干净和漂洗彻底分为最高、较高和高三个等级，分别用 1、2 和 3 表示；确定洗涤时间短为长和短两个等级，分别用 1 和 2 表示；把消耗较小分为大和小两个等级，分别用 1 和 2 表示；把不损坏餐具、洗涤过程安静分为高和低两个等级，分别用 1 和 2 表示。而后他们确定对产品整体的满意度分为最好、较好、中和差四个等级，同样分别用 1、2、3 和 4 表示。根据上述分级状况，顾客确定在上述需求可能性的不同组合综合影响下，将导致的产品整体满意度的评价结果，记录上述评价数据，并由它们组成顾客需求确定的样本集 U^{cr}，最后建立一个顾客需求确定的决策系统 $DS^{cr}=\left(U^{cr},C^{cr}\cup D^{cr}\right)$。

根据式（3.2）和式（3.3），利用 MATLAB 软件中的粗糙集工具箱来编程求解得到此决策系统的区分函数的最小析取范式为

$$F_{DS^{cr}}=(CR_1^s\wedge CR_2^s\wedge CR_4^s)\vee(CR_1^s\wedge CR_3^s\wedge CR_4^s)\vee(CR_1^s\wedge CR_4^s\wedge CR_6^s)。$$

根据上述最小析取范式可知：

$Core_{D^{cr}}(C^{cr})=\{CR_1^s,CR_4^s\}$ 是条件属性集 C^{cr} 相对于决策属性集 D^{cr} 的相对核，即对于决策属性集 D^{cr} 而言，条件属性 CR_1^s 和 CR_4^s 是最重要的。它的三个析取式对应的集合分别为 $Red_{D^{cr}}(C^{cr})^1=\{CR_1^s,CR_2^s,CR_4^s\}$、$Red_{D^{cr}}(C^{cr})^2=\{CR_1^s,CR_3^s,CR_4^s\}$ 和 $Red_{D^{cr}}(C^{cr})^3=\{CR_1^s,CR_4^s,CR_6^s\}$。它们为条件属性集 C^{cr} 相对于决策属性集 D^{cr} 的三个相对约简。由于上述相对约简中没有条件属性 CR_5^s，故去掉该属性后并不改变 DS^{cr} 的分类能力，在决策系统 DS^{cr} 中条件属性 CR_5^s 是冗余的。在此基础上，分别构建条件属性集 $NC^{cr}=\{CR_1=CR_1^s,CR_2=CR_2^s,CR_3=CR_3^s,CR_4=CR_4^s,CR_5=CR_6^s\}$ 以及 $\overline{NC}^{cr}=\{CR_5^s\}$。

判断顾客满意度 CTSD 与 C^{cr} 中各项顾客需求之间的相关关系，其结果如下：

顾客对产品的整体满意度CTSD与集合C_n^{cr}所包含的条件属性存在着相关关系，即待开发的全自动洗碗机的顾客需求集是由条件属性CR_1、CR_2、CR_3、CR_4和CR_5组成的。

3.6.2 基于粗糙集的需求基本重要度获取

根据新的决策属性D^{fr}和条件属性C_n^{fr}之间相关关系的进一步判断，首先确定五项顾客需求的可能性：确定洗涤时间短为长和短两个等级，分别用 1 和 2 表示；将洗涤干净和漂洗彻底分为最高、较高和高三个等级，分别用 1、2 和 3 表示；把不损坏餐具和洗涤安静分为高和低两个等级，分别用 1 和 2 表示。然后确定D^{fr}中决策属性分为最好、较好、中和差四个等级，同样分别用 1、2、3 和 4 表示。

根据上述分级状况，顾客确定在上述需求可能性的不同组合综合影响下，将导致的产品整体满意度的评价结果，记录上述评价数据，并由它们组成顾客需求的基本重要度确定的样本集U^{fr}（表 3.1），构建顾客需求基本重要度确定的决策系统$S_d^{\mathrm{fr}}=(U^{\mathrm{fr}},C^{\mathrm{fr}}\cup D^{\mathrm{fr}})$。

表 3.1 样本集

U^{fr}	CR_1	CR_2	CR_3	CR_4	CR_5	CTSD	U^{fr}	CR_1	CR_2	CR_3	CR_4	CR_5	CTSD
1	1	1	1	1	1	1	16	1	2	2	2	2	3
2	1	1	1	1	2	1	17	1	1	1	3	1	2
3	1	2	1	1	1	1	18	1	1	1	3	2	2
4	1	2	1	1	2	1	19	1	2	1	3	1	3
5	1	1	2	1	1	1	20	1	2	1	3	2	3
6	1	1	2	1	2	1	21	1	1	2	3	1	2
7	1	2	2	1	1	1	22	1	1	2	3	2	3
8	1	2	2	1	2	2	23	1	2	2	3	1	3
9	1	1	1	2	1	2	24	1	2	2	3	2	3
10	1	1	1	2	2	2	25	2	1	1	1	1	2
11	1	2	1	2	1	2	26	2	1	1	1	2	2
12	1	2	1	2	2	3	27	2	2	1	1	1	2
13	1	1	2	2	1	2	28	2	2	1	1	2	3
14	1	1	2	2	2	2	29	2	1	2	1	1	2
15	1	2	2	2	1	2	30	2	1	2	1	2	2

续表

U^{fr}	CR_1	CR_2	CR_3	CR_4	CR_5	CTSD	U^{fr}	CR_1	CR_2	CR_3	CR_4	CR_5	CTSD
31	2	2	2	1	1	2	52	3	2	1	1	2	3
32	2	2	2	1	2	3	53	3	1	2	1	1	2
33	2	1	1	2	1	2	54	3	1	2	1	2	3
34	2	1	1	2	2	3	55	3	2	2	1	1	3
35	2	2	1	2	1	3	56	3	2	2	1	2	3
36	2	2	1	2	2	3	57	3	1	1	2	1	3
37	2	1	2	2	1	3	58	3	1	1	2	2	3
38	2	1	2	2	2	3	59	3	2	1	2	1	3
39	2	2	2	2	1	3	60	3	2	1	2	2	3
40	2	2	2	2	2	4	61	3	1	2	2	1	3
41	2	1	1	3	1	3	62	3	1	2	2	2	3
42	2	1	1	3	2	3	63	3	2	2	2	1	3
43	2	2	1	3	1	3	64	3	2	2	2	2	4
44	2	2	1	3	2	3	65	3	1	1	3	1	3
45	2	1	2	3	1	3	66	3	1	1	3	2	3
46	2	1	2	3	2	3	67	3	2	1	3	1	3
47	2	2	2	3	1	3	68	3	2	1	3	2	4
48	2	2	2	3	2	4	69	3	1	2	3	1	4
49	3	1	1	1	1	2	70	3	1	2	3	2	4
50	3	1	1	1	2	2	71	3	2	2	3	1	4
51	3	2	1	1	1	3	72	3	2	2	3	2	4

条件属性的重要性计算是从所考虑的条件属性集合中移除该属性后计算其依赖性的变化完成的。根据式（3.6），计算条件属性 CR_i 的重要性 β_i。根据式（3.7），计算顾客需求的基本重要度（表 3.2）。

表 3.2　顾客需求的基本重要度

顾客需求	CR_1	CR_2	CR_3	CR_4	CR_5
基本重要度	0.26	0.16	0.18	0.23	0.17

与以前常规方法相比，本方法具有以下特点：顾客需求基本重要度的意义是明确的；顾客需求基本重要度的确定没有任何先验假设，其结果来自实际调查结

果的计算；顾客需求的基本重要度从顾客需求的多个侧面出发来确定。

3.6.3　实现需求满意度改进比率的重要性

根据相关调查，企业 Co_1 的主要竞争对手是企业 Co_2、Co_3、Co_4 和 Co_5，并且每个竞争企业均制造类似的全自动洗碗机。企业 Co_1 需要了解全自动洗碗机市场及其在市场中的相对位置，以找出进一步改进的契机。开发团队要求 20 个选定的客户利用 1～5 级的标度对其全自动洗碗机和四个竞争对手的满意度估计进行评价。

对这些客户对五个竞争性产品在五个顾客需求的满意度评估进行求平均值处理以获得顾客需求的满意度评估（表 3.3）。

表 3.3　顾客需求的满意度评估

顾客需求	SCR_{i1}	SCR_{i2}	SCR_{i3}	SCR_{i4}	SCR_{i5}
CR_1	3.2	3.8	4.0	4.0	3.4
CR_2	2.4	3.0	3.2	2.8	2.9
CR_3	3.2	3.0	3.2	3.8	3.4
CR_4	3.4	3.7	3.8	4.2	3.8
CR_5	3.5	3.8	3.2	3.4	3.3

根据可用资源和五家公司对五个顾客需求的相对表现，开发团队对每个顾客需求满意度设定其改进目标，以更好地满足这些顾客需求。经过各种考虑后，公司使用 1～5 级的标度设立五个顾客需求满意度的改进目标，即

$$\mathrm{GCR} = (\mathrm{GCR}_1, \mathrm{GCR}_2, \mathrm{GCR}_3, \mathrm{GCR}_4, \mathrm{GCR}_5) = (4.0, 3.2, 3.8, 4.2, 4.0)$$

根据五个顾客需求满意度的当前值和目标值，利用式（3.8）计算出顾客需求满意度的改进比率向量，即

$$CIR^{\mathrm{cres}} = \left(cir_1^{\mathrm{cres}}, cir_2^{\mathrm{cres}}, cir_3^{\mathrm{cres}}, cir_4^{\mathrm{cres}}, cir_5^{\mathrm{cres}}\right) = (1.25, 1.33, 1.19, 1.23, 1.14)$$

为了确定顾客需求的卡诺因子，通过卡诺问卷获得分类客户需求所需的数据，进而分析数据并将客户要求分类为卡诺需求的类别：CR_1 和 CR_4 是基本型属性；CR_2、CR_3、CR_5 是期望型属性。将上述顾客需求分类为适当的卡诺类别之后，可以选择相应的卡诺因子。基于开发团队的经验和知识，可能的一组值对应三种需求，分别被确定为“1.5”，“1”和“0.8”。基于此，将五项顾客需求的卡诺因子向量表示为

$$KA = (ka_1, ka_2, ka_3, ka_4, ka_5) = (1.5, 1.0, 1.0, 1.5, 1.0)$$

应当指出的是，只要团队认为该数值组合能够反映上述实际关系的内在特征，就可以选择 ka_i 的不同数值组合。

根据开发团队在此产品改进方面的经验和专业知识，确定了四个关键因素，即财务支持、改进时间、竞争能力和后勤支持。利用比例标度法确定实现顾客需求满意度的改进比率所需的四种输入值。应用 AHP 法确定这些输入因子的相对重要性（表 3.4）。

表 3.4　四个输入因子的相对重要性

关键因素	财务支持	改进时间	竞争能力	后勤支持
相对重要性	0.32	0.27	0.24	0.17

根据这四种输入的数值和这些输入因子的相对重要性，利用式 $inp_i = \sum_{k=i}^{K}\left(w_k \times inp_i^k\right)$ 计算关于五项顾客需求的实现顾客需求满意度改进比率的总输入矢量为

$$INP = (inp_1, inp_2, inp_3, inp_4, inp_5) = (0.89,\ 0.87,\ 0.72,\ 0.73,\ 0.84)$$

为了确定实现顾客需求满意度的改进比率的总可行性，利用比例标度法估计实现顾客需求满意度的改进比率的四种投入的可行性。基于四种投入的可行性及其相对重要性，利用式 $dif_i = \sum_{k=1}^{K}\left(w_k \times dif_i^k\right)$ 确定实现顾客需求满意度的改进比率的总难度向量，即

$$DIF = (dif_1, dif_2, dif_3, dif_4, dif_5) = (1.19,\ 1.29,\ 1.41,\ 1.15,\ 1.30)$$

针对每一个顾客需求，根据顾客需求满意度的改进比率、顾客需求所属卡诺模型中的需求类型、实现顾客需求满意度的改进比率所需的总投入、实现顾客需求满意度的改进比率的总难度，估计实现顾客需求满意度的改进比率的重要性。利用式（3.13），确定五项顾客需求的实现满意度改进比率的重要性向量为

$$IR^{acir} = (ir_1^{acir}, ir_2^{acir}, ir_3^{acir}, ir_4^{acir}, ir_5^{acir}) = (1.99,\ 1.50,\ 1.21,\ 1.52,\ 1.24)$$

3.6.4　顾客需求最终重要度的估计及排序

为了考察产品满足顾客需求的表现，顾客需求的最终重要度也必须考虑“卖点”概念。为了表达简单，将 1.5、1.25 和 1 分别指派为强的“卖点”、中等的“卖点”和无“卖点”。根据企业的可用资源和五家公司对五个顾客需求的相对竞争力，该企业可以根据每个顾客需求设定相应的“卖点”，以更好地提升竞争力。

根据任一项顾客需求的基本重要度、实现顾客需求满意度的改进比率的重要

性和“顾客需求的卖点”，确定顾客需求最终重要度的向量为

$$FIR = (fir_1,\ fir_2,\ fir_3,\ fir_4,\ fir_5) = (0.32,\ 0.16,\ 0.14,\ 0.25,\ 0.13)$$

根据顾客需求重要度向量，可以得到质量屋的顾客需求排序结果为：CR_1^s；CR_4^s；CR_2^s；CR_3^s；CR_5^s。为了使本企业产品在竞争性的相关市场中能够获得成功，开发团队必须对那些拥有更大的改进重要度或排序靠前的顾客需求给予更多关注和资源。然后，上述顾客需求改进重要度通过质量屋分析可以被转化为后续产品与服务规划的具体要求。

3.7　本 章 小 结

本章针对产品与服务开发中的顾客需求重要度的特点，提出了基于粗糙集、卡诺模型和 AHP 法的顾客需求最终重要度确定和排序方法，并设计了相应的求解算法。仿真试验的结果表明，所提方法比较全面地考虑了顾客需求、企业改进产品的效率和可行性及竞争者的压力等影响因素，充分挖掘了开发团队中专家的知识和经验，故其结果更趋真实和可靠。

第 4 章　考虑效用、质量与工程约束的新产品开发定位

4.1　问 题 背 景

在产品开发管理中，一个早期的重要决策问题是新产品定位（Luo et al.，2010）。新产品定位需要调查顾客的需求和偏好，分析竞争产品对市场份额的影响，可通过建立优化模型来求得最优的产品属性水平值(Fuchs and Diamantopoulos, 2012)。例如，市场上已经存在若干咖啡机产品，公司要开发一款新的咖啡机产品，如何设定咖啡机的主要设计属性水平值（如容量多少升，加热时间多少秒），才能避免和现存产品恶性竞争并获得最大的市场份额，就是一个新产品定位问题。

在新产品定位问题中，需要采用合适的方法来表示顾客的选择购买行为（Schmalensee and Thisse，1988）。根据目前的文献，概率选择规则因其能更真实地表示顾客选择行为，所以近年来应用比较广泛（Luo et al.，2012）。在概率选择规则假设下，效用被假设为一个随机变量，顾客购买行为是一个随机过程，但概率选择规则一般都假设顾客对所有产品的选择概率都是非零的，例如多项式分对数规则（multinomial logit rule）和效用比例规则（share-of-utility rule）等。换句话说，不论产品的效用值有多小甚至是负的，仍有顾客购买该产品，所以该产品仍然占有一定的市场份额。在实际中，这显然不合理，因为顾客没有理由购买一个效用值为负（即购买行为给顾客带来损失）的产品。有些学者已经认识到这一问题，在产品定位的概率选择规则表示中进行了一些改进。例如，Sudharshan 等（1987）建立了一个基于多尺度分析的产品定位模型，通过增加约束来限定只有 k 个离理想点最近的产品才有选择概率，其他产品的选择概率为零。Kraus 和 Yano（2003）建立了一个基于效用比例规则的产品定位混合整数规划模型，在模型中采用一个约束来防止具有负效用的产品被选中。但是，目前针对这一问题尚没有针对多项式分对数规则的相关研究文献。本章在多项式分对数规则中考虑了负效

用问题，并基于联合分析方法建立了一个利润最大化产品定位模型，分析了模型的数学特性，并设计了求解算法（Luo et al.，2012）。

另外，产品定位也可以采用基于多尺度分析的方法，但从工程设计角度来看，上述方法确定的产品属性空间最优点映射到工程特性空间后可能是不可行的设计方案（Kwong et al.，2011）。针对这个问题，本章提出了一种考虑工程约束的产品定位方法，通过引入感知图（perceptual mapping）和质量屋来将用户空间、产品属性空间和工程特性空间连接起来，在顾客选择概率的计算中考虑了顾客的总体满意度，并设计了求解算法来获得工程特性的最优值及新产品在联合空间图中的最优位置点。

最后，现有考虑质量的新产品定位方法求得产品特性的最优水平值时，只针对单个细分市场，即根据某个细分市场中的顾客对产品的需求，通过设定最优的产品特性值，达到提高顾客满意度的目的，这些方法只能保证每个细分市场的顾客满意度最大，不能保证整个市场的顾客满意度最大，因此有较大的局限性。实际上，保证了每个细分市场中的顾客满意度最大，并不能保证该产品在整个市场中的总体满意度最大。本章通过考虑各细分市场的顾客满意度与整个市场的顾客满意度的关系，建立了基于 QFD 的新产品定位优化模型（刘乐，2013），该模型能充分利用质量屋中各个组成部分的信息，权衡并优化各细分市场的关系，确定各个工程的特性目标值，使设计的产品在有限的资源约束下能最大限度地满足顾客需求，达到提高顾客总体满意度的目的。

4.2 考虑负效用问题的新产品定位方法

4.2.1 优化模型的建立

某公司准备开发一个新产品，该产品有 K 个产品属性，且第 k 个产品属性有 L_k 个属性水平（levels）$(k=1,2,\cdots,K)$。假设属性水平之间的组合都是有效的，那么一个产品轮廓（product profile）可以由一组属性水平的组合来表示。通过市场调研和分析，该产品有 I 个细分市场，其中第 i 个细分市场中估计有 Q_i 个顾客 $(i=1,2,\cdots,I)$。市场中还存在 N 个其他公司的竞争产品，第 j 个竞争产品在市场中的价格为 $p_j\,(j=1,2,\cdots,N)$。

新产品定位的目标是在最大化公司总利润的基础上求得新产品的最优产品轮廓。优化问题的决策变量定义如下。

（1）p：连续性变量，表示新产品的价格。

（2）x_{kl} $\left(k=1,2,\cdots,K;\ l=1,2,\cdots,L_k\right)$：0-1 变量，当第 k 个产品属性的第 l 个属性水平被选定时 $x_{kl}=1$，否则 $x_{kl}=0$。

顾客对产品的偏好可以通过效用值来进行量化表示。根据联合分析中比较常用的成分效用模型（Kohli and Sukumar，1990），一个产品轮廓的效用可以表示为选定的产品属性水平的成分效用之和，即

$$U_{i0}=\sum_{k=1}^{K}\sum_{l=1}^{L_k}u_{ikl}x_{kl} \tag{4.1}$$

其中，U_{i0} 表示新产品在第 i 个细分市场中的效用值；u_{ikl} 表示第 k 个产品属性的第 l 个水平在第 i 个细分市场中的成分效用。成分效用的值可以采用线性回归方法来估计。

根据多项式分对数规则（Ben-Akiva and Lerman，1985），顾客选择行为可以表示为

$$P_i=\frac{\mathrm{e}^{\mu U_{i0}}}{\mathrm{e}^{\mu U_{i0}}+\sum_{j=1}^{N}\mathrm{e}^{\mu U_{ij}}} \tag{4.2}$$

其中，P_i 表示顾客购买的选择概率，即第 i 个细分市场中的顾客购买新产品的概率；U_{ij} 表示第 j 个竞争产品在第 i 个细分市场中的效用值；μ 表示比例系数。

实际上，如果一个产品的效用采用货币值来进行表示，那么它与产品价格的差体现了顾客的收益，这里称之为剩余效用。假设顾客都是理性的，不会购买剩余效用值为负的产品，则用户购买概率可以表示如下：

$$P_i=\frac{\Gamma(U_{i0},p)}{\Gamma(U_{i0},p)+\sum_{j=1}^{N}\Gamma(U_{ij},p_j)} \tag{4.3}$$

其中，U_{i0} 表示新产品在第 i 个细分市场中的效用值（货币表示）；Γ 表示一个分段函数，满足：

$$\Gamma(U,p)=\begin{cases}\mathrm{e}^{\mu(U-p)}, & U-p\geqslant 0\\ 0, & \text{其他}\end{cases} \tag{4.4}$$

式（4.4）表示，如果 $U-p<0$，顾客不会购买该产品；否则，购买该产品的概率服从多项式分对数规则。

在顾客购买选择规则的基础上，购买新产品的期望顾客数量可以表示为

$$Q=\sum_{i=1}^{I}Q_iP_i \tag{4.5}$$

新产品的期望利润可以表示为

$$\Pi=Q(p-C^{\mathrm{var}})-C^{\mathrm{fix}} \tag{4.6}$$

其中，C^{fix} 表示新产品开发的固定费用，如项目启动费用、管理费用、固定投资费用等；C^{var} 表示新产品的可变费用，如部件购买费用和加工费用等。因为 C^{var} 与新产品属性水平的取值相关，所以 C^{var} 是一个与决策变量 x_{kl} 相关的变量。根据 Green 和 Krieger（1996）的线性费用模型，可变费用的估计可以采用如下模型：

$$C^{\text{var}} = \sum_{k=1}^{K}\sum_{l=1}^{L_k} c_{kl}^{\text{var}} x_{kl} \tag{4.7}$$

其中，c_{kl}^{var} 表示新产品的第 k 个属性的第 l 个水平的单元可变费用，它可以通过联合分析方法进行估计（Kohli and Krishnamurti，1989）。

结合式（4.1）～式（4.7），优化模型表示如下：

$$\text{Max} \quad \prod = \sum_{i=1}^{I} Q_i \frac{\Gamma(U_{i0}, p)}{\Gamma(U_{i0}, p) + \sum_{j=1}^{N} \Gamma(U_{ij}, p_j)} (p - C^{\text{var}}) - C^{\text{fix}} \tag{4.8}$$

s.t.

$$\sum_{l=1}^{L_k} x_{kl} = 1 , \quad k = 1,2,\cdots,K \tag{4.9}$$

$$U_{i0} = \sum_{k=1}^{K}\sum_{l=1}^{L_k} u_{ikl} x_{kl} , \quad i = 1,2,\cdots,I \tag{4.10}$$

$$C^{\text{var}} = \sum_{k=1}^{K}\sum_{l=1}^{L_k} c_{kl}^{\text{var}} x_{kl} , \quad i = 1,2,\cdots,I \tag{4.11}$$

$$x_{kl} = 0 \text{ or } 1 , \quad k = 1,2,\cdots,K , \quad l = 1,2,\cdots,L_k ; \quad p > 0$$

其中，约束（4.9）确保每个产品属性中只有一个属性水平被选中。因为 C^{fix} 在模型中是一个常量，目标函数（4.8）可以改写为

$$\text{Max} \quad \prod = \sum_{i=1}^{I} Q_i \frac{\Gamma(U_{i0}, p)}{\Gamma(U_{i0}, p) + \sum_{j=1}^{N} \Gamma(U_{ij}, p_j)} (p - C^{\text{var}}) \tag{4.12}$$

令 $U_i^C = \sum_{j=1}^{I} \Gamma(U_{ij}, p_j)$（$N$，$U_{ij}$ 和 p_j 都是给定的常量），式（4.12）可以进一步简化为

$$\text{Max} \quad \prod = \sum_{i=1}^{I} Q_i \frac{\Gamma(U_{i0}, p)}{\Gamma(U_{i0}, p) + U_i^C} (p - C^{\text{var}}) \tag{4.13}$$

4.2.2 优化模型的求解

上述优化模型是一个非线性模型，包含离散型决策变量（x_{kl}）和连续型变量

（ p ）。模型可以看作一个产品配置问题（确定产品属性的属性水平）和产品定价问题（确定产品价格）的组合。对于大规模问题，这个模型的解空间很大，适合采用启发式方法求得满意解而非全局最优解。本章提出一种基于区间分析（interval analysis）的精确求解方法，可以获得小规模问题的全局最优解。

如果问题规模较小，可以对新产品属性水平的所有组合进行枚举遍历。对于遍历中的某个属性水平组合（对应某个产品轮廓，即 x_{kl} 已经给定），原模型就退化成一个如下所示的一维变量优化模型：

$$\text{Max}\ \prod(p)=\sum_{i=1}^{I}Q_i\frac{\Gamma(U_{i0},p)}{\Gamma(U_{i0},p)+U_i^C}(p-C^{\text{var}}) \tag{4.14}$$

其中， Q_i ， U_{i0} ， C^{var} 都是常量，唯一的决策变量是连续型变量 p 。换句话说，如果一个新产品的配置情况已经确定，优化问题就变成如何获取最优的定价，达到最大化期望利润的目标。

下面首先分析在一个未细分的市场环境下该模型的数学特性，然后再讨论在一个细分市场环境下模型的特征及求解方法。

1. 未细分的市场环境

在一个未细分的市场环境下，所有的顾客都假设对产品有相同的偏好。这个假设看起来和实际不太相符，但在很多与产品定位相关的研究论文中都使用了这一假设，如 Chen 和 Hausman（2000）的研究。实际上，为了符合该假设，只要把式（4.14）中的细分市场个数设定为一，即简化为

$$\text{Max}\ \prod(p)=Q_1\frac{\Gamma(U_1,p)}{\Gamma(U_1,p)+U_1^C}(p-C^{\text{var}}),\quad p>0 \tag{4.15}$$

显然，如果产品价格高于效用 $(p>U_1)$ ，没有顾客会选择购买产品[$\Gamma(U_1,p)=0$]，导致效用为零。因此式（4.15）可以进一步简化为

$$\text{Max}\ \prod(p)=Q_1\frac{e^{\mu(U_1-p)}}{e^{\mu(U_1-p)}+U_1^C}(p-C^{\text{var}}),\quad U_1>p>0 \tag{4.16}$$

定理 4.1　式（4.16）的局部最优解即为全局最优解。

证明：用反证法证明。假设有多于一个的局部最优解。任选其中两个局部最优解，将其中较小的一个定义为 p_1 ，另一个定义为 p_2 。

式（4.16）中 $\prod(p)$ 的导数为

$$\prod'(p)=\left[\frac{Q_1\left(p-C^{\text{var}}\right)e^{\mu(U_1-p)}}{e^{\mu(U_1-p)}+U_1^C}\right]=Q_1e^{\mu U_1}\frac{e^{\mu U_1}+U_1^Ce^{\mu p}\left[1-\left(p-C^{\text{var}}\right)\mu\right]}{(e^{\mu U_1}+U_1^Ce^{\mu p})^2} \tag{4.17}$$

因为 p_1 是一个局部最优解， p_1 满足 $\prod'(p_1)=0$ 。因此有

$$e^{\mu U_1}+U_1^C e^{\mu p_1}\left[1-\left(p_1-C^{\text{var}}\right)\mu\right]=0 \tag{4.18}$$

类似地，p_2 也满足 $\prod'(p_2)=0$，同样得到

$$e^{\mu U_1}+U_1^C e^{\mu p_2}\left[1-\left(p_2-C^{\text{var}}\right)\mu\right]=0 \tag{4.19}$$

令 $\Delta p=p_2-p_1$，式（4.19）的左半部分可以重写为

$$\begin{aligned}&e^{\mu U_1}+U_1^C e^{\mu(p_1+\Delta p)}\left[1-\left(p_1+\Delta p-C^{\text{var}}\right)\mu\right]\\&=e^{\mu U_1}(1-e^{\mu\Delta p})+e^{\mu\Delta p}\left\{e^{\mu U_1}+U_1^C e^{\mu p_1}\left[1-\left(p_1-C^{\text{var}}\right)\mu\right]\right\}-\mu\Delta p U_1^C e^{\mu\Delta p}e^{\mu p_1}\end{aligned} \tag{4.20}$$

根据式（4.18），式（4.20）中大括号中的表达式为零，因此式（4.19）的左半部分可以进一步简化为

$$e^{\mu U_1}+U_1^C e^{\mu p_2}\left[1-\left(p_2-C^{\text{var}}\right)\mu\right]=e^{\mu U_1}(1-e^{\mu\Delta p})-\mu\Delta p U_1^C e^{\mu\Delta p}e^{\mu p_1} \tag{4.21}$$

根据开始的假设 $p_2>p_1$，Δp 是一个正值。另外，μ 和 U_1^C 也均为正值参数。因此式（4.21）的右半部分必然为负，即

$$e^{\mu U_1}+U_1^C e^{\mu p_2}\left[1-\left(p_2-C^{\text{var}}\right)\mu\right]<0 \tag{4.22}$$

显然，这与式（4.19）矛盾。定理 4.1 得证。

定理 4.1 说明了模型的目标函数是单峰类型。对于这类模型，可以应用很多成熟有效的非线性算法进行求解，如黄金分割法、牛顿法、斐波那契法等（Luenberger，1973）。

2. 细分的市场环境

在实际中，很多顾客可能有不同的偏好和购买行为，支持在细分市场环境下进行产品定位的优化模型比较符合实际情况。在细分市场环境下，购买行为相似的顾客通常可以划分为一个组，以减少后续计算的难度。对市场进行细分的常用方法是采用聚类分析技术（Stewart and Myers，1998）。

可以看到，式（4.14）表示的新产品总利润是所有细分市场中的利润之和。根据定理 4.1，每个细分市场的利润函数都是单峰的，但总利润函数却不一定是单峰函数；但因为只有一个决策变量，仍然可以采用一些全局优化方法对其进行求解，如区间分析（Hansen，1979）和 Lipschitz 优化法（Horst and Tuy，1993）。本节设计了一种基于区间分析的二分搜索方法来求解上述模型。算法主要变量表示如下：

X——一组初始价格点；

S——一组区间；

x^*——最优价格；

$\prod^*$——最大期望利润；

ϕ——空集；

$|S|$——S 集中的元素个数；

s——S 中的一个元素（区间），s 的下界、上界分别表示为 a 和 b，即 $s=[a,b]$；

ε——计算容差；

$L(s)$，$U(s)$——区间 s 的下界值和上界值；

$\prod'$，$\prod''$——函数 $\prod$ 的一阶、二阶导数。

算法主要步骤表示如下。

步骤 1：设置 $X=\{C^{\text{var}},U_1,U_2,\cdots,U_I\}$，计算 X 的最优解，即 $\prod^*=\max\limits_{i=2}^{I+1}\prod(X(i))$，$x^*=\{X(j)\big|X(j)=\max\limits_{i=2}^{I+1}\prod(X(i))\}$。本步骤的目的是生成初始价格点集，因为 X 中的点也有可能是问题的最优解，需要计算其目标函数值，留待后面的步骤所用。

步骤 2：将 X 按函数值升序排列，设置 $S=\{[X(1),X(2)],[X(2),X(3)],\cdots,[X(I),X(I+1)]\}$，其中 $[X(i),X(i+1)]$ $(i=1,2,\cdots,I)$ 表示一个区间，其下界、上界分别为 $X(i)$ 和 $X(i+1)$。$X(i)$ 表示 X 的第 i 个元素。本步骤的目的是将价格点集进行排序，并形成一组区间，为后面的区间分析做准备。

步骤 3：如果 $S=\phi$，算法结束，最优解为 x^*，否则进行下一步。

步骤 4：如果 $|S|=1$ 且 $L(\prod''(S(1)))<0$ 且 $U(\prod''(S(1)))<0$，算法结束，这种情况可以直接调用标准非线性算法在区间 $S(1)$ 内寻优。本步骤检查是否集合中只有一个区间（$|S|=1$）且此区间内函数为凸（$L(\prod''(S(1)))<0$ 且 $U(\prod''(S(1)))<0$，即函数二阶导数为负）。

步骤 5：在 S 中选择一个区间，表示为 $s=[a,b]$，选择的策略可以有多种。例如，①选择上界点的函数值最大的区间；②选择下界点的一阶导数值最小的区间；③随机选择。从 S 中移除 s。

步骤 6：如果 $L(\prod'([a,b]))\times U(\prod'([a,b]))\leqslant 0$ 且 $U(\prod([a,b]))\geqslant\prod^*$，则设置 $m=(a+b)/2$，计算 $\prod(m)$；如果 $\prod(m)>\prod^*$，设置 $x^*=m$ 且 $\prod^*=\prod(m)$ 并转向下一步。否则转向步骤 3。本步骤采用了两种剪枝策略来去除无效的区间：①如果 $\prod'([a,b])$ 的上下界值均为正或均为负，函数曲线 $\prod'([a,b])$ 必然是单调增或单调减。因此，最优价格不会位于 (a,b)。同时，前面的步骤中已经计算了端点 a 和 b 的函数值。因此，如果 $L(\prod'([a,b]))\times U(\prod'([a,b]))\leqslant 0$，那么区间 $[a,b]$ 可以被去除；②如果 $\prod([a,b])$ 的上界值比 $\prod'$ 小，则意味着 $[a,b]$ 内的所有点均差于当前最优解，因此也可以去除。如果区间 $[a,b]$ 能够逃过上述两个剪枝策略，那就意味着 $[a,b]$ 中至少有一个局部最优解（可能是全局最优解），则进而采用二分策略，选取 $[a,b]$ 的中间点作为分割点，将其划分成两个更小的区间。同时也要计算该中间点的函数值，与当前最优解进行比较。

步骤 7：如果$b-a>\varepsilon$，将区间$[a,m]$和$[m,b]$加入S；转向步骤 3。

需要说明的是，在上述算法中，所有的区间函数如$\prod'(s)$和$\prod''(s)$都按照区间算术操作和函数的方法进行计算（Hansen and Walster，2004）。另外，如果不想使用其他更有效的非线性优化算法，步骤 4 可以省略。也就是说，当只剩一个区间且函数为凸时，这里的算法也可以进行二分搜索求解。

4.2.3　案例分析

本小节采用某香港企业的数码相机产品作为案例来说明其新产品定位过程。案例分析中的算法采用 Visual C++编写，运行算法的计算机配置情况为：2GB RAM，1.86 GHz CPU，操作系统为 Windows 7。表 4.1 列出了数码相机产品的属性及属性水平。

表 4.1　数码相机的产品属性及属性水平

序号	属性名称	属性水平
1	像素值/百万	7；10
2	防抖功能	否；是
3	屏幕尺寸/厘米	2.5；3
4	电池	AA 电池；锂电池
5	面部识别功能	否；是
6	拍摄模式的数量	12；18
7	重量/克	100～120；120～140；140～160；160～180
8	光学变焦	3，5，7，9

为了降低市场调查的复杂度和避免可能的组合爆炸问题（Zhang，2005），采用了统计软件 SPSS 软件包里的田口正交表功能来产生一组正交产品变体。

表 4.2 列出了生成的 L16 正交产品变体，可以供市场调查使用。其中，标记为“1”的单元格表示对应行所在的产品变体选择了对应列所在的属性水平，而标记为“0”则表示未选定。

表 4.2　数码相机产品的正交产品变体

产品变体	像素		防抖功能		屏幕尺寸		电池类型		面部识别		拍摄模式		重量				光学变焦			
	7	10	N	Y	2.5	3	AA	Lith	N	Y	12	18	100～120	120～140	140～160	160～180	3	5	7	9
1	1	0	1	0	1	0	1	0	1	0	1	0	1	0	0	0	1	0	0	0
2	0	1	0	1	1	0	0	1	1	0	0	1	0	0	1	0	0	0	1	0

续表

产品变体	像素		防抖功能		屏幕尺寸		电池类型		面部识别		拍摄模式		重量				光学变焦			
	7	10	N	Y	2.5	3	AA	Lith	N	Y	12	18	100～120	120～140	140～160	160～180	3	5	7	9
3	1	0	0	1	0	1	0	1	0	1	1	0	1	0	0	0	0	0	1	0
4	0	1	1	0	0	1	1	0	0	1	0	1	0	0	1	0	1	0	0	0
5	1	0	1	0	0	1	0	1	0	1	0	1	0	0	0	1	0	0	0	1
6	0	1	0	1	0	1	1	0	0	1	1	0	0	1	0	0	0	1	0	0
7	1	0	0	1	1	0	1	0	1	0	0	1	0	0	0	1	0	1	0	0
8	0	1	1	0	1	0	0	1	1	0	1	0	0	1	0	0	0	0	0	1
9	0	1	0	1	1	0	1	0	0	1	0	1	1	0	0	0	0	0	0	1
10	1	0	1	0	1	0	0	1	0	1	1	0	0	0	1	0	0	1	0	0
11	0	1	1	0	0	1	0	1	1	0	0	1	1	0	0	0	0	1	0	0
12	1	0	0	1	0	1	1	0	1	0	1	0	0	0	1	0	0	0	0	1
13	0	1	0	1	0	1	0	1	1	0	1	0	0	0	0	1	1	0	0	0
14	1	0	1	0	0	1	1	0	1	0	0	1	0	1	0	0	0	0	1	0
15	0	1	1	0	1	0	1	0	0	1	1	0	0	0	0	1	0	0	1	0
16	1	0	0	1	1	0	0	1	0	1	0	1	0	1	0	0	1	0	0	0

注：N 表示否；Y 表示是；Lith 表示锂电池

针对表 4.2 中所列的产品变体开展市场调研，收集得到了顾客对这些产品变体的偏好情况。市场调研中有公司的 35 个数码相机典型用户参与，顾客对每个产品变体的感知效用用货币表示，然后通过聚类分析将调研数据进行分类，最后得到了三个细分市场，每个细分市场的聚类中心点如表 4.3 所示。这三个细分市场的顾客人数由市场部门分别估计为 6.1 人、3.3 人和 4.2 人，固定成本估计为 380 万港元。

表 4.3　细分市场的聚类中心及产品变体可变费用　　单位：港元

产品变体	感知效用			估计的可变费用
	细分市场 1	细分市场 2	细分市场 3	
1	386	188	620	120
2	600	750	740	220
3	571	688	760	300
4	514	325	640	180

续表

产品变体	感知效用			估计的可变费用
	细分市场 1	细分市场 2	细分市场 3	
5	643	575	660	270
6	614	625	620	250
7	571	413	620	135
8	586	475	680	240
9	786	563	720	350
10	400	413	620	170
11	543	500	620	230
12	614	450	620	180
13	414	550	680	160
14	471	313	600	150
15	400	350	600	130
16	500	663	620	290

在表 4.1、表 4.2 和表 4.3 的基础上，应用最小二乘线性回归来计算三个细分市场中每个产品属性水平值的成分效用，回归计算结果如表 4.4 所示。

表 4.4　计算得到的属性水平值的成分效用

细分市场	像素		防抖功能		屏幕尺寸		电池类型		面部识别		拍摄模式		重量				光学变焦				回归常数
	7	10	N	Y	2.5	3	AA	Lith	N	Y	12	18	100～120	120～140	140～160	160～180	3	5	7	9	
S1	0	38	0	91	0	19	0	−12	0	30	0	80	0	−29	−40	−65	0	79	57	204	364
S2	0	54	0	195	0	26	0	173	0	70	0	45	0	34	0	−13	0	56	94	84	144
S3	0	23	0	43	0	−3	0	43	0	8	0	3	0	−50	−25	−40	0	−20	35	30	611

表 4.2 中的 16 个产品变体的可变费用由公司的产品开发团队进行估算，结果如表 4.3 中的最后一列所示。通过应用和成分效用计算类似的联合分析方法，可以计算得到每个产品属性水平的单元可变费用，如表 4.5 所示。表 4.6 列出了公司主要竞争产品的价格和配置情况。MNL 的比例系数标定为 0.5。

表 4.5　数码相机产品属性水平的单元可变费用

	像素		防抖功能		屏幕尺寸		电池类型		面部识别		拍摄模式		重量				光学变焦				回归常数
	7	10	N	Y	2.5	3	AA	Lith	N	Y	12	18	100～120	120～140	140～160	160～180	3	5	7	9	
可变费用/港元	0	18	0	49	0	8	0	48	0	63	0	34	0	−18	−63	−76	0	8.7	13	73	116

表 4.6　竞争产品的价格和配置情况

竞争产品	像素		防抖功能		屏幕尺寸		电池类型		面部识别		拍摄模式		重量				光学变焦				价格/港元
	7	10	N	Y	2.5	3	AA	Lith	N	Y	12	18	100～120	120～140	140～160	160～180	3	5	7	9	
Cp1	0	1	1	0	1	0	0	1	1	0	1	0	0	0	1	0	1	0	0	0	410
Cp2	1	0	0	1	0	1	1	0	0	1	1	0	0	1	0	0	1	0	0	0	470
Cp3	0	1	0	1	0	1	0	1	0	1	0	1	1	0	0	0	0	0	0	1	580

因为属性水平的组合总共只有1024（ $2^6 \times 4^2$ ）个，因此本案例属于一个小规模问题，可以求得全局最优解。采用基于区间分析的二分搜索方法来求解模型，求得的最优解为（ ε=0.01 ）：最优产品变体的配置情况如表 4.7 中的配置 1（像素：10；防抖功能：是；屏幕尺寸：3.0；电池类型：锂电池；面部识别：否；拍摄模式：18；重量：140～160；光学变焦：9），该产品的定价为 593 港元，最大期望利润为 1006 万港元，案例的计算时间为 1.96 秒。

如果不考虑负效用的影响，即将式（4.8）等式右边换为 $e^{\mu(U-p)}$ 使其表示为传统的 MNL 模型，则计算所得的最优产品变体如表 4.7 中的配置 2（像素：10；防抖功能：是；屏幕尺寸：3.0；电池类型：AA；面部识别：否；拍摄模式：18；重量：140～160；光学变焦：9）。两种不同的顾客选择规则下，配置 1 和配置 2 的具体比较如表 4.7 所示。

表 4.7　两种顾客选择规则下配置 1 和配置 2 的具体比较

	传统 MNL 模型					本章提出的顾客选择模型				
	选择概率			最优定价/港元	最大期望利润/万港元	选择概率			最优定价/港元	最大期望利润/万港元
	S1	S2	S3			S1	S2	S3		
配置 1	0.34	0.33	0.22	574	805	0.36	0.43	0.21	593	1006
配置 2	0.40	0.20	0.22	533	820	0.43	0.29	0.21	546	1001

通过分析比较表 4.7 中的数据可以发现，应用本章所提顾客选择模型求得的最大期望利润和最优定价相比传统的 MNL 模型均要高一些。这种现象的原因是，

一些效用值为负的竞争产品（Cp1 在 S1 和 S2，Cp2 在 S2）的Γ函数值在本章所提顾客选择模型中为零，因此新产品对应的市场份额就相应增大。在传统的 MNL 模型中，这些效用值为负的竞争产品仍然占有一定的市场份额，结果就导致新产品的期望利润被低估。

为了进一步分析最优解和竞争产品价格的关系，假定竞争产品的价格采用一系列折扣进行变化，通过实验来观察最优新产品的价格和期望利润情况。结果如图 4.1 所示，可以看到最优解的价格和利润随着竞争产品的价格下降而呈单调下降趋势。当竞争产品的价格小于原价格的 0.4 时，新产品将出现负利润。这种现象是合理的，因为竞争产品价格降低将增加顾客对竞争产品的选择概率，相应的减少新产品的市场份额，抑制新产品的价格并最终会降低期望利润。

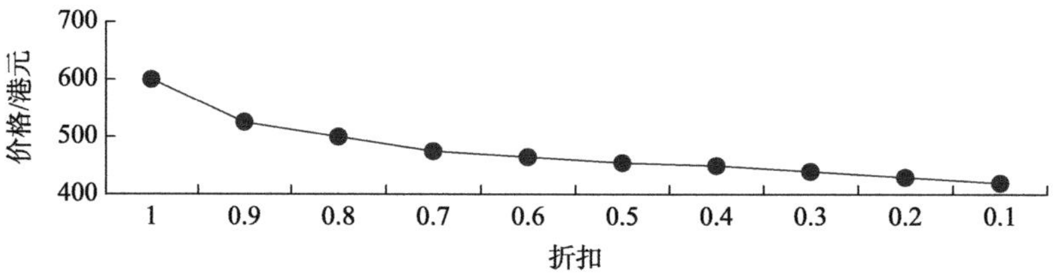

（a）

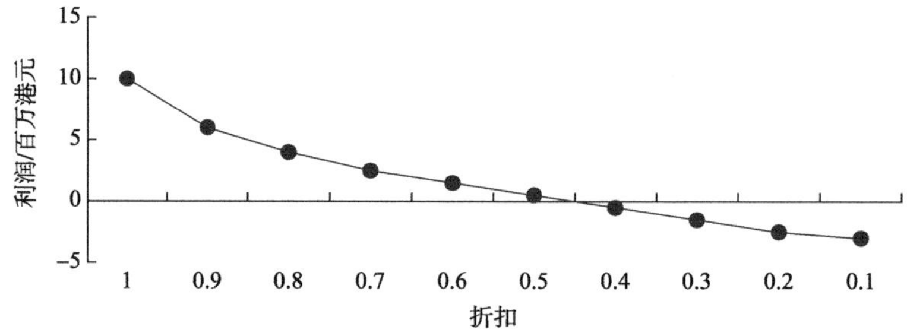

（b）

图 4.1　最优价格和利润与竞争产品价格的关系

4.3　考虑工程约束的新产品定位方法

4.3.1　新产品定位方法的具体步骤

本节所提的方法主要包括以下步骤。

（1）通过市场调研，充分理解用户对竞争产品的满意程度和用户对理想产品的看法。分析用户的特征，并采用聚类方法对用户进行分类（Hsu et al.，2000；

Kuo et al.，2002）。

（2）在市场调研的基础上，采用因子分析方法构建产品的联合空间图，并在联合空间图中确定竞争公司产品和公司已有产品的位置。

（3）确定细分市场，并在每个细分市场中确定用户的理想产品点，如何确定理想产品点的方法可参阅文献 Lv 等（2004）、Shocker 和 Srinivasan（1974）等。

（4）分析顾客需求和工程特性的关系，确定顾客需求的权重向量，并构建新产品的质量屋。质量屋的具体构建方法可参考文献 Hauser（1988）。

（5）确定质量屋中顾客需求和工程特性的映射函数关系及工程特性之间的自相关函数关系。采用统计回归方法或模糊回归等方法来估计函数参数，具体方法可参考文献 Chen 等（2004）、Fung 等（1998）等。

（6）在基于映射函数关系的基础上，建立新产品定位的数学模型，确定工程特性的最优水平值，目标是最大化新产品和公司现有产品的总市场份额。

（7）设计亚启发式算法求解建立的优化模型。

4.3.2　优化模型和求解算法

下面建立考虑工程约束的最优新产品定位优化模型。经过需求调研和市场细分等分析之后，得到联合分析空间中有 n_F 个因素（factors）、n_I 个理想点、n_C 个竞争性产品和 n_E 个公司已有产品。在联合分析空间中一个理想点和一个产品之间的加权欧式距离可以表示为

$$d_{i,j}=\left(\sum_{p=1}^{n_F} w_{i,p}(I_{i,p}-y_{j,p})^2\right)^{1/2} \tag{4.23}$$

其中，$d_{i,j}$ 表示第 i 个理想点和第 j 个产品之间的欧式距离；$w_{i,p}$ 表示第 p 个元素相对于第 i 个理想点的相对重要度 $(i=1,2,\cdots,n_1,\ p=1,2,\cdots,n_F)$；$I_{i,p}$ 表示第 i 个理想点在第 p 个因素的位置 $(i=1,2,\cdots,n_1,\ p=1,2,\cdots,n_F)$；$y_{j,p}$ 表示第 j 个产品在第 p 个因素上的顾客满意度 $(p=1,2,\cdots,n_F;\ j=1,2,\cdots,n_C,\mathrm{exi}(1),\mathrm{exi}(2),\cdots,\mathrm{exi}(n_E),\mathrm{new})$。$\mathrm{exi}(m)$ $(m=1,\cdots,n_E)$ 表示公司的第 m 个现有产品，new 表示准备开发的新产品。

经过市场分析和质量屋构建，得到 m 个顾客需求和 n 个产品工程特性。顾客需求满意度和工程特性属性取值之间的功能映射关系可表示为

$$Z_{i',j}=f_{i'}^{R}(x_{1,j},x_{2,j},\cdots,x_{n,j}),\quad i'=1,2,\cdots,m \tag{4.24}$$

其中，$x_{j',j}$（$j'=1,2,\cdots,n$）表示第 j 个产品的第 j' 个工程特性的目标功能实现程度；$Z_{i',j}$ 表示第 i' 个顾客需求针对第 j 个产品的顾客满意度；$f_{i'}^{R}$ 表示一个功能函数，可以通过统计回归的方法进行估计。

顾客满意度和关键因素之间的映射关系可以表示为

$$y_{j,p}=f_p^M(z_{1,j},z_{2,j},\cdots,z_{m,j})$$
$$p=1,2,\cdots,n_F;\ j=1,2,\cdots,n_C,\mathrm{exi}(1),\mathrm{exi}(2),\cdots,\mathrm{exi}(n_E),\mathrm{new} \tag{4.25}$$

其中，f_p^M 表示一个函数，可以应用因子分析方法获得。

同时，一个工程特性可能受到其他工程特性的影响，即存在相互关系（correlation），这种工程特性之间的复杂关系可以通过函数表示如下：

$$x_{j',j}=g_{j'}(x_{1,j},\cdots,x_{j'-1,j},x_{j'+1,j},\cdots,x_{n,j}),\quad j'=1,2,\cdots,n \tag{4.26}$$

其中，$g_{j'}$ 表示一个描述一个工程特性和其余工程特性之间关系的函数。

一个产品的总体顾客满意度（overall customer satisfaction，OCS）可以通过多个维度的顾客满意度的加总（即针对所有需求的顾客满意度）来获得，这种方式也可以看作从系统层面进行的多属性合成。现有的研究中一般都是采用线性加权的方法来获得 OCS，即

$$\omega_j=\sum_{i'=1}^{m}w_{i'}z_{i',j} \tag{4.27}$$

其中，ω_j 表示第 j 个产品的 OCS；$w_{i'}$ 表示第 i' 个需求的重要度系数。

优化问题的目标是最大化公司的总市场份额，其中包括公司的现有产品的市场份额和新产品的市场份额。为了估计一个产品在某个特定细分市场中的市场份额，需要应用顾客选择行为规则来进行计算。这里采用了基于理想点的概率性顾客选择行为规则，即一个产品的市场需求份额由其在联合分析空间中的位置和理想点之间的距离及顾客需求的满意程度来决定。需求份额和 OCS 都是一个范围从 0 到 1 的小数，需求份额可以表示为

$$\prod\nolimits_{i,j}=\omega_j\times(1/d_{i,j})/\sum_k(1/d_{i,k}) \tag{4.28}$$

其中，$\prod_{i,j}$ 表示第 j 个产品在第 i 个细分市场的需求份额。

最大化总市场份额的优化模型可以表示如下：

$$\text{Maximize}\sum_{i=1}^{n_I}S_i\Big(u_{i,\mathrm{new}}\prod\nolimits_{i,\mathrm{new}}+\sum_{h=1}^{n_E}u_{i,\mathrm{exi}(h)}\prod\nolimits_{i,\mathrm{exi}(h)}\Big) \tag{4.29}$$

s.t.

$$d_i^{(k)}(1-u_{i,\mathrm{new}})\leqslant\left(\sum_{p=1}^{n_F}w_{i,p}(I_{i,p}-y_{\mathrm{new},p})^2\right)^{1/2}\leqslant d_i^{(k)}+L(1-u_{i,\mathrm{new}}) \tag{4.30}$$

$$d_i^{(k)}(1-u_{i,\mathrm{exi}(h)})\leqslant\left(\sum_{p=1}^{n_F}w_{i,p}(I_{i,p}-y_{\mathrm{exi}(h),p})^2\right)^{1/2}\leqslant d_i^{(k)}+L(1-u_{i,\mathrm{exi}(h)}),\quad h=1,2,\cdots,n_E \tag{4.31}$$

$$y_{j,p} = f_p^M(z_{1,f}, z_{2,f}, \cdots, z_{m,f}), \quad p = 1,2,\cdots,n_F, \quad j = 1,2,\cdots,(1+n_C+n_E) \quad (4.32)$$

$$z_{i',\text{new}} = f_{i'}^R(x_{1,\text{new}}, x_{2,\text{new}}, \cdots, x_{n,\text{new}}), \quad i' = 1,2,\cdots,m \quad (4.33)$$

$$x_{j',\text{new}} = g_{j'}(x_{1,\text{new}}, \cdots, x_{j'-1,\text{new}}, x_{j'+1,\text{new}}, \cdots, x_{n,\text{new}}), \quad j' = 1,2,\cdots,n \quad (4.34)$$

其中，如果产品 j 是第 i 个理想点的 k 个最近邻的产品的其中之一，则 $u_{i,j}=1$，否则为 0；L 表示一个大的正数；S_i 表示第 i 个细分市场的总市场份额；$d_i^{(k)}$ 表示从第 i 个理想点到它的第 k 个近邻产品的距离；下标 new 和 exi(h) 分别表示新产品和本公司的第 h 个现有产品。优化模型中可根据具体的产品需求增加其他的工程约束。

优化问题的目标函数由式（4.29）来定义，总市场份额是所有细分市场中需求份额的加总。一个细分市场的需求量由其潜在顾客人数 S_i 和产品的需求份额的乘积决定。式（4.30）确保新产品到第 i 个理想点之间的距离小于 $d_i^{(k)}$，$u_{i,\text{new}}$ 的取值是 0 或者 1。式（4.31）与之相似，但针对的是公司的现有产品。式（4.32）表示顾客需求满意度和联合空间的关键因素之间的关系。式（4.33）表示工程特性和顾客需求满意度之间的关系。式（4.34）表示工程特性之间的自相关关系。

上述优化模型含有非线性目标函数和一些非线性约束，传统的线性规划方法无法求解该问题。当理想点的个数、产品属性和因素的数量比较多时，优化模型的复杂度会急剧增加。

采用遗传算法来求解建立的优化模型（Holland，1975）。遗传算法具有计算过程简单和搜索能力好等特性，在很多复杂优化问题中都有很好的应用。本章中设计的遗传算法的主要流程和关键步骤简要描述如下。

1）染色体表示

优化模型的决策变量是产品工程特性的取值设置，这些决策变量可通过归一化方法转化成 0 到 1 之间的小数。因此，可直接采用向量结构表示这些染色体。

2）种群初始化

遗传算法的初始种群按照均匀随机的方式生成，以保证种群生成个体的多样性。

3）适值计算

这里采用惩罚函数法来处理模型中的约束，即将不满足的约束加权后整合到目标函数中。尽管优化模型中的约束（4.30）和约束（4.31）从数学表示上比较复杂，但通过算法的“if-else-then”语句和排序算法则相对容易实现，并将其集成在目标函数的计算过程中。

4）遗传算子

本节的选择操作采用了轮盘赌方法。交叉操作采用两点交叉方法。变异操作采用简单的均匀函数变异方法。

遗传算法的搜索过程按照预定的次数进行，到达指定代数即终止。

4.3.3 案例分析

采用 Chen 等[26]的包装机设计问题进行案例分析，用于说明和验证本章所提出的方法。该包装机主要有四个顾客需求和七个产品工程特性，四个顾客需求分别是“提高打包质量”（CR_1）、“改善打包效率”（CR_2）、“减少打包噪声”（CR_3）、“增加机器的稳定性”（CR_4），七个工程特性分别为“改善夹具铸件的精度”（EC_1）、“改善打包的精度”（EC_2）、“增加打包的控制力度”（EC_3）、“改善打包过程的准确率”（EC_4）、“增加压锤的强度”（EC_5）、“减少机械传动装置的噪音”（EC_6）、“减少机器主机架的高度”（EC_7）。经过市场调查和分析，得出四个主要的竞争性产品，分别为 Cp_1、Cp_2、Cp_3 和 Cp_4。图 4.2 显示了该包装机设计的质量屋结构。

自相关关系

EC_s	EC_1 (−)	EC_2 (−)	EC_3 (+)	EC_4 (+)	EC_5 (+)	EC_6 (−)	EC_7 (−)
EC_1							
EC_2				●			
EC_3							
EC_4		●				●	
EC_5							
EC_6				●			
EC_7							

CR_s	权重	相关关系							本公司	比较信息 Cp_1	Cp_2	Cp_3	Cp_4	最小	最大
CR_1	0.46	●	●	●					3.4	4.0	1.9	3.7	3.6	1	5
CR_2	0.28			●	●	●			3.1	3.0	1.8	2.9	3.9	1	5
CR_3	0.16						●		2.2	3.7	4.3	1.8	3.5	1	5
CR_4	0.10							●	1.6	3.7	3.7	3.7	4.0	1	5
	单位	毫米	毫米	牛	准确率	洛氏硬度	分贝	米	48.6	66.1	34.9	54.3	67.7	满意度/%	

工程特性

	EC_1	EC_2	EC_3	EC_4	EC_5	EC_6	EC_7
本公司	11	7	58	90	55	75	1.9
Cp_1	8	6	65	85	50	68	1.7
Cp_2	12	9	60	70	50	55	1.8
Cp_3	9	8	62	80	45	80	1.7
Cp_4	10	10	65	75	55	70	1.6
最小	6	4	55	60	40	50	1.5
最大	15	12	70	100	60	90	2.0

图 4.2　包装机的质量屋

通过分析质量屋中的竞争评分数据，采用 SPSS 软件中的因子分析方法，可以得到两个因素（即 $p=2$）及两个因素对应的系数，如表 4.8 所示。因此，两个因素和四个顾客需求满意度之间的函数关系可以表示为

$$y_{j,1} = 0.464z_{1,j} + 0.449z_{2,j} - 0.217z_{3,j} + 0.166z_{4,j} \tag{4.35}$$

$$y_{j,2} = 0.030z_{1,j} + 0.100z_{2,j} + 0.508z_{3,j} + 0.695z_{4,j} \tag{4.36}$$

其中，$y_{j,p}$（p=1, 2）表示第 j 个产品在第 p 个因素上的顾客满意度；$z_{i,j}$（i=1, 2, 3, 4）表示第 i 个顾客需求对应于第 j 个产品（j=1, 2, 3, 4, exi, new）的顾客满意度。

表 4.8　两个因素对应的系数

顾客需求	因素 1	因素 2
CR_1	0.464	0.030
CR_2	0.449	0.100
CR_3	−0.217	0.508
CR_4	0.166	0.695

通过用户调研和聚类分析，总结了五个细分市场，对于每个细分市场，联合空间的理想点如表 4.9 所示。通过式（4.35）和式（4.36）的计算，可以得到五个理想点在联合分析图中的位置信息，如表 4.9 中的最后两列所示。另外，公司现有产品和竞争产品的顾客需求满意度可以从质量屋中的竞争性分析数据中获得。通过与上述方法类似的计算，可以得到公司现有产品和竞争产品在联合分析图中的位置坐标。最终得到的包装机联合空间分析图如图 4.3 所示。

表 4.9　联合空间图中的理想点

细分市场	理想点	顾客需求感知				坐标	
		CR_1	CR_2	CR_3	CR_4	因素 1	因素 2
#1	I1	3.814	3.695	1.197	3.814	3.80	3.74
#2	I2	2.461	2.441	4.002	2.461	1.78	4.06
#3	I3	1.560	3.194	3.659	1.560	1.56	3.31
#4	I4	3.267	2.047	2.727	3.267	2.39	3.96
#5	I5	4.292	3.380	3.537	4.292	3.46	5.25

对于顾客需求和工程特性之间关系的表达和工程特性之间自相关关系的表达，采用 Chen 等（2004）的线性回归方法，得到线性关系函数如下：

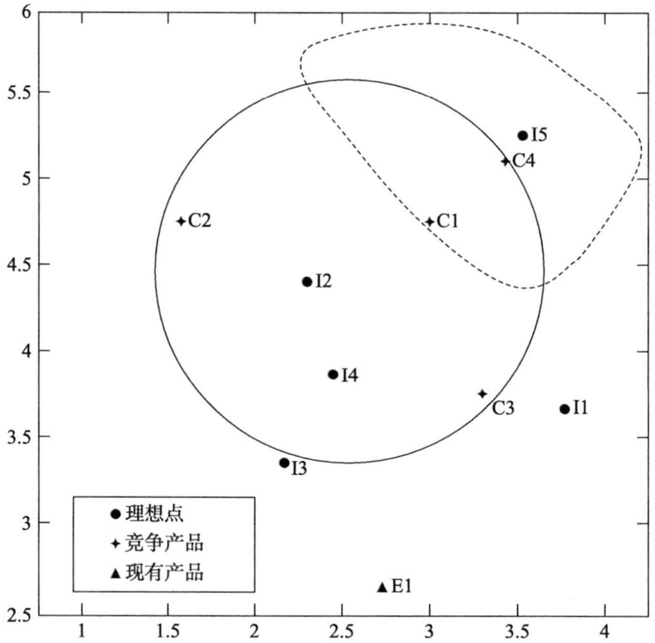

图 4.3　包装机的联合空间分析图

$$z_{1,\text{new}} = 5.98x_1 - 0.33x_2 - 1.37x_3 + 0.88 \quad (4.37)$$

$$z_{2,\text{new}} = 2.45x_3 + 0.96x_4 + 1.25x_5 + 0.54 \quad (4.38)$$

$$z_{3,\text{new}} = 4.20x_6 + 1.00 \quad (4.39)$$

$$z_{4,\text{new}} = 4.00x_7 + 1.25 \quad (4.40)$$

$$x_2 = 0.97x_4 + 0.01 \quad (4.41)$$

$$x_4 = 0.87x_2 - 0.30x_6 + 0.22 \quad (4.42)$$

$$x_6 = -0.87x_4 + 0.89 \quad (4.43)$$

其中，x_j（j=1, 2, ⋯, 7）表示新产品的第 j 个工程特性；$z_{i,\text{new}}$（i=1, 2, 3, 4）表示新产品的第 i 个顾客需求的满意度。

包装机产品 OCS 值采用文献 Tang 等（2002）的线性加权方法，表示如下：

$$\omega_j = \sum_{i'=1}^{m} w_{i'} z_{i',j} = 0.46z_{1,j} + 0.28z_{2,j} + 0.16z_{3,j} + 0.10z_{4,j} \quad (4.44)$$

因为本案例中公司只有一个现有产品，因此根据式（4.44），公司现有产品的 OCS 值可以直接通过计算得到：

$$\omega_{\text{exi}} = 0.46\times0.60 + 0.28\times0.53 + 0.16\times0.3 + 0.10\times0.15 = 0.49 \quad (4.45)$$

假设每个用户只选择细分市场中距离理想点最近的四个产品（即 $k = 4$）。例如，对于图 4.3 所示的细分市场#2，用户可能的选择是 C1、C2、C3、C4，其中

C1、C2、C3 位于联合分析空间图中实心圆内，C4 正好位于圆的边界。如果新产品位于联合分析空间图中的实心圆以外，那么其市场份额将为 0（$u_{2,\text{new}}=0$）。如果新产品位于实心圆之内，那么根据式（4.28），细分市场#2 中的任何一个顾客选择新产品的概率为

$$\prod_{2,\text{new}}=\frac{\omega_{\text{new}}/d_{2,\text{new}}}{1/d_{2,1}+1/d_{2,2}+1/d_{2,3}+1/d_{2,\text{new}}} \tag{4.46}$$

另外，细分市场#2 中的任何一个顾客选择公司现有产品的概率为 0（$u_{2,\text{exi}}=0$），因为公司现有产品（E1）的位置在实心圆的范围之外。通过计算距离可知，只有细分市场#3 中的顾客对于 E1 的选择概率是非 0 的。

根据式（4.29），S_i 是第 i 个细分市场的潜在顾客人数。显然，如果 S_i 按照等比例变化，并不会影响模型的最优值。因此，S_i 也可以看作公司市场人员对于各个细分市场给出的重要程度。本例中假设这五个细分市场的重要性系数分别为 1.0、1.8、1.3、1.5、1.2，则优化问题的模型可以表示为

$$\text{Maximize}\left(1.0\prod_{1,\text{new}}+1.8\prod_{2,\text{new}}+1.3\prod_{3,\text{new}}+1.5\prod_{4,\text{new}}+1.2\prod_{5,\text{new}}+1.3\prod_{3,\text{exi}}\right) \tag{4.47}$$

s.t.

$$\prod_{1,\text{new}}=\begin{cases}\dfrac{\omega_{\text{new}}/d_{1,\text{new}}}{1/d_{1,1}+1/d_{1,3}+1/d_{1,4}+1/d_{1,\text{new}}}, & d_{1,\text{new}}\leqslant d_{1,\text{exi}}\\ 0, & \text{其他}\end{cases} \tag{4.48}$$

$$\prod_{2,\text{new}}=\begin{cases}\dfrac{\omega_{\text{new}}/d_{2,\text{new}}}{1/d_{2,1}+1/d_{2,2}+1/d_{2,3}+1/d_{2,\text{new}}}, & d_{2,\text{new}}\leqslant d_{2,4}\\ 0, & \text{其他}\end{cases} \tag{4.49}$$

$$\prod_{3,\text{new}}=\begin{cases}\dfrac{\omega_{\text{new}}/d_{3,\text{new}}}{1/d_{3,2}+1/d_{3,3}+1/d_{3,\text{exi}}+1/d_{3,\text{new}}}, & d_{3,\text{new}}\leqslant d_{3,1}\\ 0, & \text{其他}\end{cases} \tag{4.50}$$

$$\prod_{4,\text{new}}=\begin{cases}\dfrac{\omega_{\text{new}}/d_{4,\text{new}}}{1/d_{4,1}+1/d_{4,2}+1/d_{4,3}+1/d_{4,\text{new}}}, & d_{4,\text{new}}\leqslant d_{4,\text{exi}}\\ 0, & \text{其他}\end{cases} \tag{4.51}$$

$$\prod_{5,\text{new}}=\begin{cases}\dfrac{\omega_{\text{new}}/d_{5,\text{new}}}{1/d_{5,1}+1/d_{5,3}+1/d_{5,4}+1/d_{5,\text{new}}}, & d_{5,\text{new}}\leqslant d_{5,2}\\ 0, & \text{其他}\end{cases} \tag{4.52}$$

$$\prod\nolimits_{3,\text{exi}}=\begin{cases}\dfrac{0.49/d_{3,\text{exi}}}{1/d_{3,2}+1/d_{3,3}+1/d_{3,\text{exi}}+1/d_{3,\text{new}}}, & d_{3,\text{new}}\leqslant d_{3,1}\\ 0, & \text{其他}\end{cases} \tag{4.53}$$

$$d_{i,j}=\sqrt{(I_{i,1}-y_{j,1})^2+(I_{i,2}-y_{j,2})^2}\ ,\quad i=1,2,3,4,5;\quad j=1,2,3,4,\text{exi},\text{new} \tag{4.54}$$

$$0\leqslant x_i\leqslant 1\ ,\quad i=1,2,\cdots,7 \tag{4.55}$$

另外，还可以添加约束（4.35）～约束（4.44）等。

应用遗传算法对上述问题进行求解,遗传算法的主要参数设置如表4.10所示。图4.4显示了算法的求解结果及在联合分析图中的位置情况，算法求得的最优新产品工程特性目标值的实现水平如表4.11所示。

表 4.10　遗传算法参数设定

算法参数	取值
代数	100
种群规模	20
交叉率	0.7
变异率	0.01

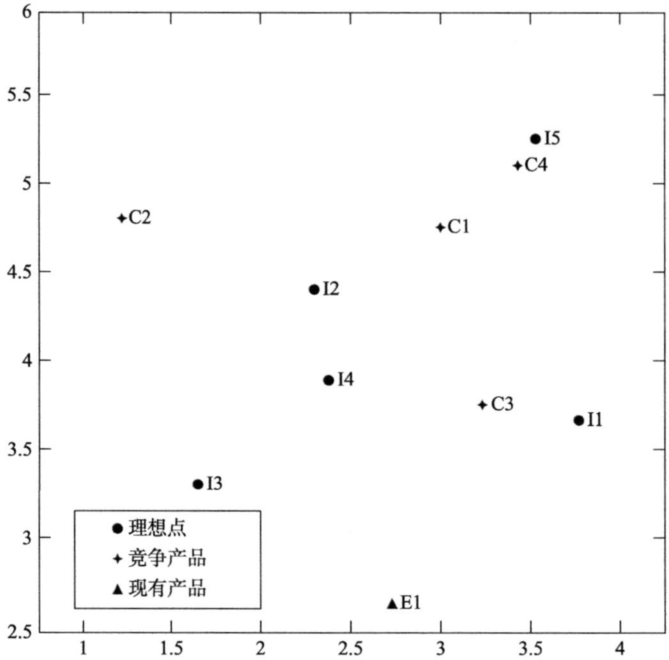

图 4.4　算法求得最优新产品的位置

表 4.11　新产品工程特性目标值的实现水平

项目	x_1	x_2	x_3	x_4	x_5	x_6	x_7
技术特性的实现水平值	0.290	0.364	0.870	0.365	0.951	0.572	0.497
技术特性的目标设定值	12.39	9.09	56.95	85.40	40.98	67.10	1.75

4.4　基于质量功能展开的新产品定位方法

4.4.1　优化问题描述

以往考虑质量的新产品定位方法只针对单个细分市场，即假设所有顾客对产品的需求程度都相同，通过设定最优的产品特性值，达到提高顾客满意度的目的，这些方法只能保证单个细分市场的顾客满意度最大，不能保证整个市场的顾客满意度最大，有很大的局限性。实际上，保证了每个细分市场中的顾客满意度最大，并不能保证该产品在整个市场中的总体满意度最大。本章考虑了各细分市场的顾客满意度与整个市场的顾客满意度的关系，建立了基于 QFD 的新产品定位优化模型，该模型能充分利用质量屋中各个组成部分的信息，权衡并优化各细分市场的关系，确定各个工程的特性目标值，使设计的产品在有限的资源约束下能最大限度地满足顾客需求，达到提高顾客总体满意度的目的。

假设某公司按照所有顾客对产品的产品特性改进的需求程度的不同，将整个市场细分为 p 个细分市场，通过综合考虑每个细分市场的顾客满意度，对原有的产品进行了改进，使整个市场总体的顾客满意度最大。其中，顾客按确定性选择行为对产品进行选择，即总是选择效用值（有用程度）最大的产品，假定本公司的产品在某个细分市场中的产品效用值大于其竞争产品，该细分市场中的顾客选择本公司的产品，否则选择其竞争公司的产品，由此建立模型，以达到总体顾客满意度最大的目的。

产品所面向的顾客群可能是庞大而复杂的。这些顾客群体处在不同的地理位置、拥有不同的资源条件、拥有不同的消费心理，从而产生不同的购买行为和能力。因此，可能会因为不同的偏好选择不同的产品属性或产品属性级别。而顾客的数量可能会很大，偏好也因此可能有很多种类，因此一种常用的方法是按照顾客的消费和需求对产品的市场用户进行分组，从而使得某些具有相似偏好的顾客归为一类，简化了评价计算等问题（Reinartz and Kumar，2003）。对顾客市场进行细分的第一步是对市场进行调研，收集顾客对此类产品最希望的属性等相关数据；然后在这些调研获得的数据的基础上运用聚类分析技术对市场进行分割，并估计得到每个细分市场的顾客数量。通过聚类分析后，可以得到 p 个细分市场和每个细分市场的潜在顾客数量 $q_k\ (k=1,2,\cdots,p)$。

顾客购买产品的决策是由产品的效用决定的。模拟顾客选择行为的方法是确定性选择规则和概率型选择规则。相对而言，确定性选择规则简单易行，而概率型选择规则更加真实可靠。

产品效用值的确定方法是：首先，在质量屋中让顾客对各个产品的各项工程特性进行打分，结果记录在质量屋中的右墙（评价矩阵）中；其次，将该评价打分值与该产品对应的顾客需求的权重做乘积并进行加权，该加权和越大，表示其效用值越大。

本章在考虑新产品定位时采用确定性选择规则，即假设顾客按确定性选择行为对产品进行选择，总是选择效用值（有用程度）最大的产品，若本公司的产品在某个细分市场中的产品效用值大于其竞争产品，该细分市场中的顾客选择本公司的产品，否则选择其竞争公司的产品。

顾客满意度是指顾客对其明示的、通常隐含的或必须履行的需求或期望已被满足的程度的感受（南健飞，2004）。满意度是顾客满足情况的反馈，是对产品或服务性及产品或者服务本身的评价；给出了（或者正在给出）一个与消费的满足感有关的快乐水平，包括低于或者超过满足感的水平，是一种心理体验。

顾客满意度是一个变动的目标，能够使一个顾客满意的产品，未必会使另外一个顾客满意；能使得顾客在一种情况下满意的产品，在另一种情况下未必能使其满意。只有对不同的顾客群体的满意度因素非常了解，才有可能实现 100%的顾客满意。本章以 0-1 及其之间的百分数来表示顾客对产品的满意度，0 表示满意度最低，即最不满意，1 表示满意度最高，即最满意。

优化问题的目的是在考虑一定资金约束的情况下确定产品的工程特性改进率，优化的目标是使得顾客满意度最大。优化涉及的决策变量定义如下。

S^{imp}——一个大于 0 小于 1 的变量，表示产品改进后 OCS 的提高值；

S^{old}——一个大于 0 小于 1 的变量，表示产品改进之前的满意度；

$S_k\ (k=1,2,\cdots,p)$——一个大于 0 小于 1 的变量，表示产品在第 k 个细分市场中的满意度，其中 p 表示细分市场的个数；

$y_{ki}\ (k=1,2,\cdots,p;i=1,2,\cdots,m)$——一个大于 1 小于 5 的变量，表示产品在第 k 个细分市场中第 i 个 CR（顾客需求）的顾客感知的满意程度打分值，其范围选取参考了以往 QFD 设计中的打分值，其中 m 表示顾客需求的个数；

$x_j\ (j=1,2,\cdots,n)$——一个大于 0 小于 1 的变量，表示产品的第 j 个产品工程特性的改进率，其中 n 表示产品工程特性的个数；

$\delta_k (k=1,2,\cdots,p)$——一个 0-1 变量，$S_k > S_k^c$ 时，$\delta_k = 1$，否则 $\delta_k = 0$，其中 S_k^c 表示 S_k 对应的最强的竞争产品的满意度。

4.4.2　优化模型的建立

质量屋方法实际上是多目标优化设计的直观形式（郑联语等，2001），故质量规划可在形式上转化为一个多目标优化设计问题。

质量优化规划问题可表达为：求 $(x_1, x_2, \cdots, x_n)$ 使 $(y_{11}, y_{12}, \cdots, y_{pm})$ 最大化，从而使 S^{imp} 最大化。

将多目标矢量 $(y_{11}, y_{12}, \cdots, y_{pm})$ 最大化转化成单目标矢量 S 最大化，即 $\max S = \max(y_{11}, y_{12}, \cdots, y_{pm})$，$t$ 为多目标统一化函数，有加权和与加权积两种形式，这里采用加权和的形式，即在第 k 个细分市场中，顾客对产品的满意度可表示为顾客需求改进率与其相应权重的乘积之和。

$$S_k = \sum_{i=1}^{m} w_{ki} \frac{y_{ki} - y_{ki}^{\min}}{y_{ki}^{\max} - y_{ki}^{\min}}, \quad k = 1,2,\cdots,p \tag{4.56}$$

其中，$0 < w_{ki} < 1$，$\sum_{i=1}^{m} w_{ki} = 1$，$w_{ki}$ 可由 AHP 法求出。S_k 是一个独立函数。对于每个顾客需求，$y_{ki} (k=1,2,\cdots,p; i=1,2,\cdots,m)$ 可以设定一个数值范围，表示相对于竞争产品而言，顾客对本公司产品的满意程度。这个数值一般可以设定一个正区间范围，如 1～5。在本章的案例中，设定 $y_{ki}^{\min} = 1, y_{ki}^{\max} = 5$，所以 S_k 必然位于 0～1，其中，0 表示满意度最低，即最不满意；1 表示满意度最高，即最满意。

根据各细分市场使用者人数的不同，整个市场中顾客对产品的总体满意度可表示为

$$S^{\text{old}} = \frac{\sum_{k=1}^{p} q_k S_k^{\text{old}}}{\sum_{k=1}^{p} q_k} \tag{4.57}$$

其中，q_k 表示第 k 个细分市场中使用该产品的人数；S_k^{old} 表示本公司产品在第 k 个细分市场中改进前的满意度。

同理，改进后整个市场中顾客对产品的总体满意度可表示为

$$S^{\text{new}} = \frac{\sum_{k=1}^{p} q_k \delta_k S_k}{\sum_{k=1}^{p} q_k} \tag{4.58}$$

其中，δ_k 表示 0-1 函数，当第 k 个细分市场中的顾客选择本公司产品时，$\delta_k = 1$，否则 $\delta_k = 0$。

则目标函数即改进后提高的整个市场中顾客对产品的总体满意度可表示为

$$S^{\text{imp}} = S^{\text{new}} - S^{\text{old}} \tag{4.59}$$

顾客需求的改进是通过与之相关的工程特性目标值的改进来获得的，即工程特性目标值的改进导致了顾客需求的改进。所以有

$$y_{ki} = f(x_1, x_2, \cdots, x_n), \quad i = 1, 2, \cdots, m; \quad k = 1, 2, \cdots, p \tag{4.60}$$

考虑各工程特性间的相互影响，EC_j 的改进率 x_j 与其他工程特性的改进率的自相关关系为

$$x_j = g_j(x_1, x_2, \cdots, x_{j-1}, x_{j+1}, \cdots, x_n), \quad j = 1, 2, \cdots, n \tag{4.61}$$

其中，工程特性值与顾客需求改进率的关系函数和自相关关系函数均可看成线性函数，并可通过 Excel 软件等提供的线性回归方法分别求得函数的关系系数。在进行先行回归之前，应对各公司产品的产品工程特性值进行规范化处理，工程特性分为两种情况：①目标值越小越好；②目标值越大越好。对于这两种情况，工程特性规范化分别由式（4.62）和式（4.63）求出，其中，$\left|\bar{x}_j\right|$ 表示产品工程特性的规范化结果，$\bar{x}_{j,\max}$、$\bar{x}_{j,\min}$ 和 $\bar{x}_j$ 分别表示产品工程特性的最大值、最小值和当前值。

目标值越小越好，即

$$\left|\bar{x}_j\right| = \frac{\bar{x}_{j,\max} - \bar{x}_j}{\bar{x}_{j,\max} - \bar{x}_{j,\min}} \tag{4.62}$$

目标值越大越好，即

$$\left|\bar{x}_j\right| = \frac{\bar{x}_j - \bar{x}_{j,\min}}{\bar{x}_{j,\max} - \bar{x}_{j,\min}} \tag{4.63}$$

将规范化结果和顾客需求的顾客感知的满意度输入线性回归模型即可求得各函数的关系系数。

工程特性目标值的改进是在一定的资金约束下完成的。当现有的技术特征发生变化后，就存在相应费用的变化，不管是改进旧产品，还是设计新产品都是如此。开发成本约束函数可通过式（4.64）求得。

$$\sum_{j=1}^{n} c_j x_j \leqslant B \tag{4.64}$$

其中，c_j 表示改进第 j 个工程特性（EC_j）所需的费用；B 表示新产品改进的总的资金预算。

公司对产品进行改进时，工程特性的改进率通常都有一定的范围，不能无限制的改进，于是，有如下约束：

$$x_{Lj} \leqslant x_j \leqslant x_{Mj}, \quad j = 1,2,\cdots,n \tag{4.65}$$

其中，x_{Lj} 和 x_{Mj} 分别表示产品工程特性改进率的下界和上界。

产品工程特性目标值和其改进率之间存在如下关系：

$$\bar{x}_j = \bar{x}_{j0} + x_j(\bar{x}_{j,\max} - \bar{x}_{j,\min}) \tag{4.66}$$

将工程特性改变范围的最大值和最小值分别代入式（4.66），得

$$\bar{x}_{j,\min} = \bar{x}_{j0} + x_{Lj}(\bar{x}_{j,\max} - \bar{x}_{j,\min}) \tag{4.67}$$

$$\bar{x}_{j,\min} = \bar{x}_{j0} + x_{Mj}(\bar{x}_{j,\max} - \bar{x}_{j,\min}) \tag{4.68}$$

联立式（4.67）和式（4.68），可解得：

$$x_{Lj} = \frac{\bar{x}_{j,\min} - \bar{x}_{j0}}{\bar{x}_{j,\max} - \bar{x}_{j,\min}} \tag{4.69}$$

$$x_{Mj} = \frac{\bar{x}_{j,\max} - \bar{x}_{j0}}{\bar{x}_{j,\max} - \bar{x}_{j,\min}} \tag{4.70}$$

对于每个顾客需求，$y_{ki}(k = 1,2,\cdots,p; i = 1,2,\cdots,m)$ 可以设定一个数值范围，表示相对于竞争产品而言，顾客对本公司产品的满意程度。其中，$y_{ki}^{\min}$ 表示满意度最低，即最不满意，$y_{ki}^{\max}$ 表示满意度最高，即最满意。可表示为

$$y_{ki}^{\min} \leqslant y_{ki} \leqslant y_{ki}^{\max}, \quad k = 1,2,\cdots,p, \quad i = 1,2,\cdots,m \tag{4.71}$$

顾客按确定性选择规则对产品进行选择，即总是选择效用值（有用程度）最大的产品，假定本公司的产品在某个细分市场中的产品效用值大于其竞争产品，该细分市场中的顾客选择本公司的产品，否则选择其竞争公司的产品，由此，建立如下约束：

$$-\delta_k H \leqslant S_k^c - S_k \leqslant (1 - \delta_k)H \tag{4.72}$$

其中，δ_k 表示 0-1 变量；H 表示任意大数；S_k^c 表示 S_k 对应的最强的竞争产品的满意度。通过该约束可以看出，若 $S_k^c < S_k$，$\delta_k = 1$，若 $S_k^c > S_k$，$\delta_k = 0$。

4.4.3 优化模型的线性化

可以看出，该模型是一个非线性整数规划模型，小规模问题能用 ILOG 和 LINGO 等优化软件进行求解，但是大规模问题求解的时间过长。为了提高上述优化模型的求解效率，本书提出一种将非线性整数规划等价转化为线性整数规划的简单方法，使转化后的模型易于求解。

该等价转化方法适用于目标函数中含有两决策变量乘积形式的模型，且其

中有一决策变量为 0-1 变量。为了避免这种非线性的形式，可采用下述方法进行转化。

假定非线性整数规划模型的目标函数为

$$\max S = XY \tag{4.73}$$

其中，X 是 0-1 变量，Y 为另一决策变量，任意设定一个大 M 值，并引入变量 K，添加如下约束：

$$0 \leqslant K \leqslant Y \tag{4.74}$$

$$Y + (X - 1)M \leqslant K \leqslant XM \tag{4.75}$$

则目标函数转化为

$$S = K \tag{4.76}$$

4.4.4　离散型技术特性的情形

基于确定性选择规则的连续技术参数 QFD 优化模型虽然能直接给出技术特征的目标值，但在建立模型的过程中没有考虑离散型技术特征，而是把离散型技术特征和连续型技术特征等同考虑，不能获得离散的技术特征目标值，从而使规划结果不能很好地反映实际情况。基于此，需要提出考虑连续型技术特征和离散型技术特征的质量屋优化混合整数规划模型。

产品的技术特征应该分为两类。一类是离散型技术特征，难以用连续的数值进行量化描述，如齿轮传动系统的输出转速、润滑状况、部件的标准化程度等。实际情况中，通常对这些特征进行分等级处理。例如，把齿轮的润滑状况分为很差、差、一般、好和良好等五个级别。在技术特征的确定过程中，分别用 1-5 的数字标度来划分这五个等级。另一类则是连续型技术特征，如力矩等。

在对产品进行改进时，为了更好地反映实际情况并对产品规划做出有效决策，应该区别对待这两类技术特征。例如，对于一个离散型的技术特征，若按照连续型技术特征的方法来确定技术特征值，所得的结果介于两个离散值之间，无法确切地描述它的含义，也不能以简单的四舍五入方法或其他直观的途径对其进行取舍。在开发与实施中，连续型的技术特征通常以单位改善对应的成本来计算其代价，而离散型的技术特征在考虑资源约束时，不同的离散项对应不同的资源需求，因此应区别以待。

假设某公司将整个市场细分为 p 个细分市场，顾客按确定性选择行为对产品进行选择，根据 m 个顾客需求确定了 n 个产品的工程特性，其中，在这 n 个工程特性中，前 l 个为连续型的工程特性，第 $l+1$ 个到第 n 个为离散型技术特征，由此，建立模型，以实现总体顾客满意度最大的目的。

该优化问题的目的是在考虑连续和离散的混合型技术特性的情况下确定产品的工程特性值，优化的目标仍然是顾客满意度最大化。该优化所涉及的决策变量定义如下。

S^{imp}——一个大于 0 小于 1 的变量，表示产品改进后 OCS 的提高值；

$S_k(k=1,2,\cdots,p)$——一个大于 0 小于 1 的变量，表示产品在第 k 个细分市场中的满意度，其中 p 表示细分市场的个数；

$y_{ki}(k=1,2,\cdots,p;i=1,2,\cdots,m)$——一个大于 1 小于 5 的变量，表示产品在第 k 个细分市场中第 i 个顾客需求的顾客感知的满意度，其中 m 表示顾客需求的个数；

$x_j(j=1,2,\cdots,n)$——一个大于 0 小于 1 的变量，表示产品的第 j 个产品工程特性的改进率，其中 n 表示产品工程特性的个数；

$\bar{x}_j(j=1,2,\cdots,n)$——产品的第 j 个工程特性目标值；

$\bar{x}_{jr}(j=1,2,\cdots,n;r=1,2,\cdots,J_j)$——第 j 项离散型技术特征取第 r 个离散值时对应的工程特性值；

$z_{jr}(j=1,2,\cdots,n;r=1,2,\cdots,J_j)$——一个 0-1 变量，当第 j 项离散型技术特征取第 r 个值时，该值为 1，否则为 0，其中 J_j 表示第 $j=l+1,\cdots,n$ 项离散型技术特征离散选项的个数；

$\delta_k(k=1,2,\cdots,p)$——一个 0-1 变量，$S_k > S_k^c$ 时，$\delta_k=1$，否则 $\delta_k=0$。

优化模型的建立和前面的模型类似。

4.4.5　案例分析

本章应用某汽车公司对其生产的某型号汽车进行改进的实例进行案例分析。假设公司将所有顾客按其对产品的产品特性改进的需求程度的不同，将整个市场细分为两个细分市场，顾客按确定性选择行为对产品进行选择，即在这两个细分市场中，总是选择效用值最大的产品，并且，该汽车的技术特征是既包含连续型又包含离散型的混合技术特征。

该汽车公司在改进某型号汽车时，应用了 QFD 方法进行产品规划。

在市场调查和收集用户反馈意见的基础上，确定了产品规划质量屋中最主要的五个顾客需求：①汽车噪声小（CR_1）；②加速性良好（CR_2）；③节省汽油（CR_3）；④座位舒适（CR_4）；⑤安全性好（CR_5）。根据以上顾客需求确定了五个工程特性：①减少排气系统噪声（EC_1）；②增大发动机马力（EC_2）；③减少发动机每公里耗油量（EC_3）；④加大座位空间（EC_4）；⑤提高刹车装置控制力（EC_5）。其中，技术特征中的提高刹车装置控制力是以等级（1-5）来衡量的，是一个离散型的技术特征，其他技术特征均为连续型。

根据市场竞争情况，确定以竞争对手公司的产品为比较标准，进行技术基准评价。根据以上顾客需求、工程特性及有关信息建立了两个细分市场的汽车改进的质量屋，如图 4.5 和图 4.6 所示。

EC_s	− EC_1	− EC_2	+ EC_3	+ EC_4	+ EC_5	自相关关系
EC_1			●			
EC_2		●				
EC_3						
EC_4						
EC_5						

CR_s	权重	关系					基准数据						
							本公司	Cp_1	Cp_2	Cp_3	Cp_4	最小	最大
CR_1	0.3	●	●				3.8	4.5	3	3	4.3	1	5
CR_2	0.26		●	●			3	4.2	3.8	3.1	2.5	1	5
CR_3	0.21		●	●		●	3.5	3	3.6	2.8	3	1	5
CR_4	0.09				●	●	3.8	4.2	3.2	3	3.8	1	5
CR_5	0.13					●	4	4.2	4	3.8	3.8	1	5
	单位	分贝	马力	加仑	立方米	等级	60.5	73.9	62.5	53.9	60	满意度/%	

工程特性信息	EC_1	EC_2	EC_3	EC_4	EC_5
本公司	85	70	0.038	0.16	3
Cp_1	70	75	0.04	0.18	4
Cp_2	90	70	0.03	0.15	3
Cp_3	90	72	0.041	0.14	2
Cp_4	75	65	0.04	0.16	2
最小	60	60	0.027	0.14	1
最大	95	90	0.042	0.21	5

图 4.5　细分市场 1 的质量屋

模型中，工程特性值与顾客需求改进率的关系函数和自相关关系函数均可看成线性函数，函数的系数可以通过统计软件提供的数据分析中的回归方法获得。

相关系数的计算结果如表 4.12 所示。

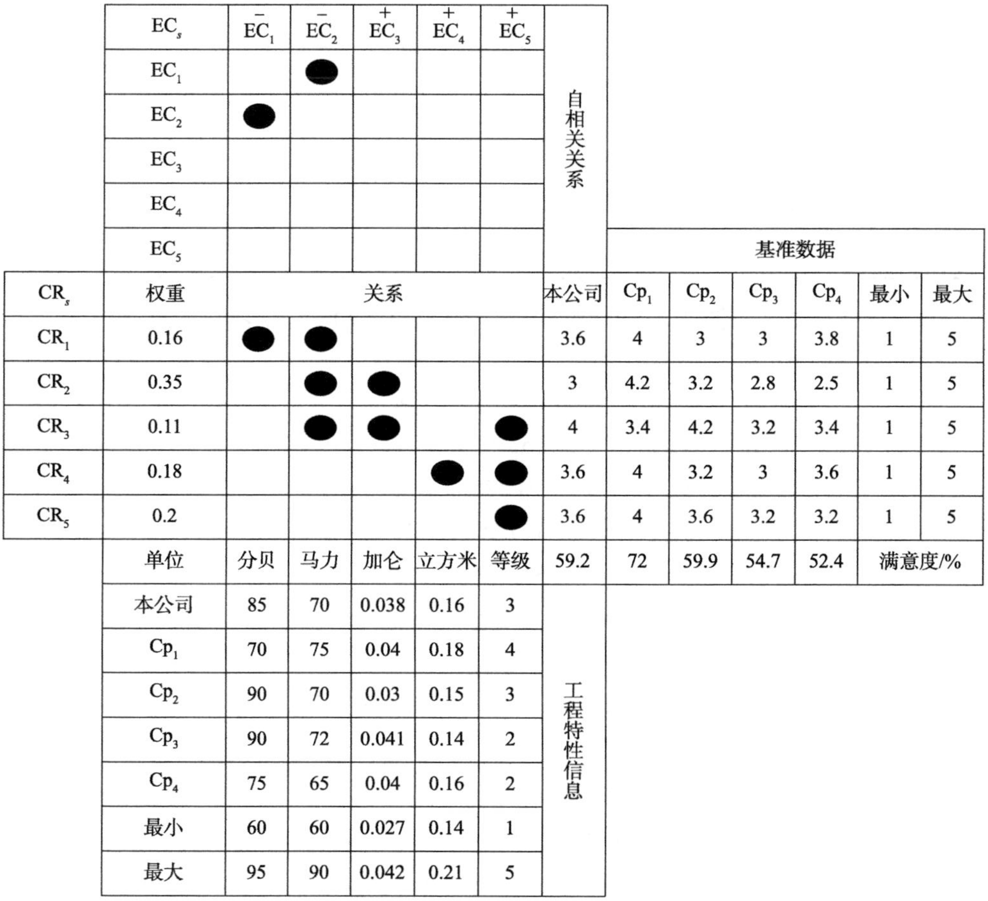

图 4.6　细分市场 2 的质量屋

表 4.12　相关系数计算结果

工程特性	截距	x_1	x_2	x_3	x_4	x_5
x_2	0.36			−0.04		
x_3	0.36		−0.24			
y_{11}	2.96	2.64	−0.63			
y_{12}	1.38		4.79	1		
y_{13}	3		−1.1	0.82		0.74
y_{14}	3.21				2.77	−0.72
y_{15}	3.6					0.8
y_{21}	2.93	1.68	−0.22			

续表

工程特性	截距	x_1	x_2	x_3	x_4	x_5
y_{22}	1.5		4.48	0.3		
y_{23}	3.38		−1.1	1.1		0.75
y_{24}	3.11				2.09	−0.36
y_{25}	2.8					1.6

由表4.12可以分别得出两个细分市场中工程特性值与顾客需求改进率的关系函数，如下所示：

$$y_{11} = 2.64x_1 - 0.63x_2 + 2.96$$
$$y_{12} = 4.79x_2 + x_3 + 1.38$$
$$y_{13} = -1.1x_2 + 0.82x_3 + 0.74x_5 + 3$$
$$y_{14} = 2.77x_4 - 0.72x_5 + 3.21$$
$$y_{15} = 0.8x_5 + 3.6$$
$$y_{21} = 1.68x_1 - 0.22x_2 + 2.93$$
$$y_{22} = 4.48x_2 + 0.3x_3 + 1.5$$
$$y_{23} = -1.1x_2 + 1.1x_3 + 0.75x_5 + 3.38$$
$$y_{24} = 2.09x_4 - 0.36x_5 + 3.11$$
$$y_{25} = 1.6x_5 + 2.8$$

同理可求得工程特性间的自相关函数，如下式所示：

$$x_3 = -0.24x_2 + 0.36$$

由于 EC_1、EC_4 与 EC_5 与其他 EC_s 没有关系，故其自相关系数为 0。

假设整个市场中，使用该型号汽车的顾客按其需求程度不同分为两个细分市场，其人数分别为 1000 人和 20 000 人，汽车改进的总预算为 2.8 万元，各连续型技术特征改善和单位成本系数如表 4.13 所示，离散型技术特征 EC_5 的离散值取值和对应的费用如表 4.14 所示。

表 4.13　连续型技术特征改善和单位总成本项　　单位：万元

技术特征序号	1	2	3	4
对应费用	0.8	0.45	0.55	0.6

表 4.14　离散技术特征 EC_5 各离散值与对应费用　　单位：万元

EC_5 离散值	1	2	3	4	5
对应费用	1.4	1.5	1.6	1.7	1.9

根据质量屋的信息及前文提出的模型，建立总体满意度的数学模型如下：

$$\text{Max} \quad S = 0.048 \times \delta_1 \times S_1 + 0.952 \times \delta_2 \times S_2 - 0.59$$

s.t.

$$S_1 = 0.075 y_{11} + 0.065 y_{12} + 0.0525 y_{13} + 0.0225 y_{14} + 0.0325 y_{15} - 0.25$$
$$S_2 = 0.04 y_{21} + 0.0875 y_{22} + 0.0275 y_{23} + 0.045 y_{24} + 0.05 y_{25} - 0.25$$
$$-\delta_1 \times H \leqslant 0.739 - S_1 \leqslant (1 - \delta_1) \times H$$
$$-\delta_2 \times H \leqslant 0.72 - S_2 \leqslant (1 - \delta_2) \times H$$
$$y_{11} = 2.64 x_1 - 0.63 x_2 + 2.96$$
$$y_{12} = 4.79 x_2 + x_3 + 1.38$$
$$y_{13} = -1.1 x_2 + 0.82 x_3 + 0.74 x_5 + 3$$
$$y_{14} = 2.77 x_4 - 0.72 x_5 + 3.21$$
$$y_{15} = 0.8 x_5 + 3.6$$
$$y_{21} = 1.68 x_1 - 0.22 x_2 + 2.93$$
$$y_{22} = 4.48 x_2 + 0.3 x_3 + 1.5$$
$$y_{23} = -1.1 x_2 + 1.1 x_3 + 0.75 x_5 + 3.38$$
$$y_{24} = 2.09 x_4 - 0.36 x_5 + 3.11$$
$$y_{25} = 1.6 x_5 + 2.8$$
$$x_3 = -0.24 x_2 + 0.36$$
$$\overline{x}_1 = 85 + (95 - 60) x_1$$
$$\overline{x}_2 = 70 + (90 - 60) x_2$$
$$\overline{x}_3 = 0.038 + (0.042 - 0.027) x_3$$
$$\overline{x}_4 = 0.16 + (0.21 - 0.14) x_4$$
$$\overline{x}_5 = 3 + (5 - 1) x_5$$
$$\overline{x}_5 = z_{51} + 2 z_{52} + 3 z_{53} + 4 z_{54} + 5 z_{55}$$
$$-0.71 \leqslant x_1 \leqslant 0.29$$
$$-0.33 \leqslant x_2 \leqslant 0.67$$
$$-0.73 \leqslant x_3 \leqslant 0.27$$
$$-0.29 \leqslant x_4 \leqslant 0.71$$
$$-0.5 \leqslant x_5 \leqslant 0.5$$
$$1.4 z_{51} + 1.5 z_{52} + 1.6 z_{53} + 1.7 z_{54} + 1.9 z_{55} + 0.8 x_1 + 0.45 x_2 + 0.55 x_3 + 0.6 x_4 \leqslant 4$$
$$z_{51} + z_{52} + z_{53} + z_{54} + z_{55} = 1$$
$$z_{51}, \cdots, z_{55} \in \{0,1\}$$
$$\delta_1, \delta_2 \in \{0,1\}$$
$$1 \leqslant y_{11}, y_{12}, y_{13}, y_{14}, y_{15}, y_{21}, y_{22}, y_{23}, y_{24}, y_{25} \leqslant 5$$
$$H = 99\,999$$

使用 LINGO 软件对其进行求解，所得结果如表 4.15 所示。

表 4.15　模型求解结果

S^{imp}	S_1	S_2	x_1	x_2	x_3	x_4	x_5	$\overline{x_1}$	$\overline{x_2}$	$\overline{x_3}$	$\overline{x_4}$	$\overline{x_5}$
0.122	0.694	0.747	0.29	0.67	0.20	0.71	0.50	95.15	90.1	0.04	0.2	5

4.5　本章小结

本章针对考虑效用、质量和工程约束等的三类新产品定位问题进行了研究，具体包括：①建立一个考虑顾客选择行为中负效用问题的新产品定位模型，讨论了小规模问题的精确求解方法。证明了在无细分市场环境下，该模型的目标是一个单峰函数，因此可以采用标准的非线性优化方法进行求解。在细分市场环境下，可以采用本章设计的基于二分搜索的区间分析算法进行有效的求解。②提出了一种考虑工程约束的新产品定位方法。建立了顾客感知空间、产品属性空间和工程特性空间之间的映射关系，建立了最大化总市场份额的优化模型，并在目标函数中将顾客满意度引入了顾客概率选择函数。通过采用智能算法进行模型求解，可以得到新产品的最优工程特性目标水平值。③针对不同顾客需求的细分市场环境下的产品改进的产品定位问题，建立了以最大化顾客总体满意度为目标的 QFD 设计优化模型，采用确定性选择规则来模拟顾客的选择行为，将模型转换为线性模型，在传统的产品定位方法上进行了改进，实现了顾客总体满意度的最大化。

第 5 章　顾客需求驱动的产品平台设计优化

5.1 问题背景

近年来，用户对产品的需求呈现多样化和个性化的趋势。面对这种市场趋势，制造企业开始在产品设计过程中考虑需求的多样性，开发一系列的相似产品，以满足不同偏好的顾客需求。作为一种实现产品多样化的使能技术，产品平台技术得到了广泛的关注和应用。产品平台技术在分析产品属性特点的基础上，建立了一个产品可共用的共享平台，在此基础上可以开发出针对各种类型用户的产品族，因此可在降低产品开发和生产费用的基础上，满足多种用户的需求。实际上，产品平台技术的优点有很多，如增加弹性和响应能力、减少产品开发时间和系统复杂度、缩减产品开发和生产费用、提高升级产品的能力等（Jiao et al.，2007）。

产品族设计和管理是产品开发管理的核心功能之一，而产品平台是实现产品族的基础，产品族一般是在产品平台上进行开发的。因此，如何建立产品平台并合理确定产品平台的结构和参数，对产品开发管理过程具有重要的意义。

产品平台的开发是一个创新过程，涉及了各类信息，包括顾客的需求信息、产品信息及产品设计相关领域的知识。在产品平台开发的过程中，为了更好地满足顾客需求，采用市场驱动产品开发的策略，已经得到了越来越多企业的重视（Tang et al.，2002）。在现今激烈的市场竞争环境下，只有顾客驱动产品设计的策略才可以帮助公司获得竞争优势，而产品设计人员则有责任开发出顾客需求驱动的产品，以最大化顾客满意度（Wasserman，1993）。

顾客需求驱动的设计方法有很多种，其中应用最广泛的方法之一是 QFD。QFD 是一种系统化的技术，可以帮助产品开发团队将顾客需求和产品设计要求联系起来，因此可以在产品设计的早期就以顾客需求和顾客满意为中心（Wasserman，

1993）。

许多学者已经针对基于比例产品平台（scalable product platform）技术提出了一些理论和方法，第 1 章给出了这些方法的相关文献综述。这些方法的优化目标涉及最大化产品族的性能、平衡产品平台的特殊性（distinctiveness）和通用性（commonality）、最小化总工程费用、最大化市场总利润、最大化市场收入等。本章考虑的优化目标与这些文献有所不同，是应用 QFD 技术最大化产品族的总顾客满意度（Luo et al.，2010）。应用 QFD 技术的目的是在产品族设计开发的早期引入顾客满意度，通过市场调研和分析使得设计的产品能达到顾客需要的质量水平。

5.2 基于质量屋的产品平台构建方法

本节介绍一种五个步骤的基于质量功能展开的产品平台构建方法，具体如下。

步骤 1：为每一个产品变体建立一个质量屋。该过程主要包括收集顾客需求、选取主要顾客需求、进行顾客需求排序、确定工程属性、确定顾客需求和工程属性的关系及工程属性的子相关关系、调研竞争产品的基准数据等。一个产品族中的不同产品变体有相同的质量屋结构、屋顶（自相关矩阵）、顾客需求和工程特性间的二值关系（即是否有关联），但产品变体的基准数据不同（表示顾客对竞争产品和公司现有产品的感知不同），顾客需求和工程特性的关系矩阵也不同（表示其定量的强度关系）。

步骤 2：为每一个产品变体确定最优的工程特性值。在步骤 1 的基础上，可以应用基于质量功能展开的优化方法，为产品族中的每个产品变体来确定最优工程特性值，具体方法在 5.3.2 小节介绍。

步骤 3：针对每个工程特性进行敏感性分析。首先采用 5.3.3 小节中介绍的敏感性分析方法来计算工程特性的全局敏感性指标（sensitivity index，SI）。所有工程特性的全局敏感性指标计算完毕后，按照全局敏感性指标升序的规则将工程特性排列成一个队列。队列中前面的工程特性意味着通用性导致的质量损失较小，因此比较适合设定为产品平台工程特性。将平台工程特性的个数当作一个变量，留待后面的步骤确定。将队列的第一个元素置入集合 U。

步骤 4：优化平台工程特性和非平台工程特性。应用 5.3.4 小节所述的基于质量功能展开的优化模型，对于一个给定的平台工程特性的集合 U，可以同时得到平台工程特性和非平台工程特性的最优取值。

步骤 5：将队列中的下一个元素置入 U 并再次执行步骤 4，重复此过程，直到所有的工程特性都被追加到 U。比较平台工程特性的数量不同时的最优解，交互选择合理的平台工程特性的数量以避开大量的顾客满意度损失。5.4 节给出了一个确定产品平台工程特性数量的例子。

5.3　优化问题的建模及敏感性指标

5.3.1　每个产品变体的工程特性最优值

对于每个产品变体，可以应用基于质量功能展开的优化方法确定最优的工程特性值。考虑某个产品有 m 个顾客需求，表示为 $\mathrm{CR}_i(i=1,2,\cdots,m)$；$n$ 个工程特性，表示为 $\mathrm{EC}_j(j=1,2,\cdots,n)$。$m$ 个顾客需求可以通过公司的市场调研来确定，具体的方法有焦点小组法（focus group）、个别访谈法（individual interviews）、听看法（listening and watching）等方法（Cohen，1995）。另外，n 个工程特性由公司的技术人员和产品设计工程师共同选定。通常工程特性由两种方法产生：一是直接由当前产品标准产生，另一个是通过因果分析找出引起顾客需求变化的一级工程特性（Akao，1990）。

令 x_j 为结果归一化的 EC_j 的目标值、y_i 为质量屋中顾客对满足或达到 CR_i 所感知的程度，y_i 和工程特性之间的函数关系可以表达为

$$y_i = f_i\left(x_1, x_2, \cdots, x_n\right) \tag{5.1}$$

另外，工程特性之间存在自相关关系，x_j 和其他工程特性之间的函数关系可以表达为

$$x_j = g_j\left(x_1, \cdots, x_{j-1}, x_{j+1}, \cdots, x_n\right) \tag{5.2}$$

令 S 为产品的顾客满意度，基于质量功能展开的最优 $x_j\left(j=1,2,\cdots,n\right)$ 确定过程可以表述为以下的优化问题：

$$\max S = h\left(y_1, y_1, \cdots, y_m\right) \tag{5.3}$$

s.t.

$$y_i = f_i\left(x_1, x_2, \cdots, x_n\right),\quad i=1,2,\cdots,m \tag{5.4}$$

$$x_j = g_j\left(x_1, \cdots, x_{j-1}, x_{j+1}, \cdots, x_n\right),\quad j=1,2,\cdots,n \tag{5.5}$$

其中，h 表示一个函数，功能是映射 $y_i\ (i=1,2,\cdots,m)$ 至 S。因为下面的章节也有类似的表达，确定 f_i，g_i 和 h 的具体方法请参见后面的章节。在实际中，模型中的函数可能是非线性和极其复杂的形式。但从以往的研究文献上看，都对模型进行了简化，即考虑函数为线性形式。为简单起见，本章也假设函数关系为线性

函数。

通过应用上述优化模型，可以确定每个产品变体的工程特性最优值。

5.3.2 敏感性分析和产品平台工程特性的选定

得到工程特性的最优值后，就可以以顾客满意度为对象，对产品的每个工程特性进行敏感性分析。敏感性分析一般采用敏感性指标进行度量。敏感性指标用来表示顾客满意度的变化对工程特性值的影响程度。在 Dai 和 Scott（2007）提供的敏感性指标公式的基础上，对一个选定产品变体的 EC_j 的敏感性指标（这里称为个体敏感性指标）可以用下面的公式进行计算：

$$\mathrm{SI}_{x_j}=\frac{\left(S^*-S^*_{x_j^*+\Delta x_j}\right)+\left(S^*-S^*_{x_j^*-\Delta x_j}\right)}{2\Delta x_j} \tag{5.6}$$

其中，x_j^* 表示获得的 x_j 的最优值；Δx_j 表示一个极小的数，这样就可以用一阶泰勒展开来近似表示曲线的一阶导数；S^* 表示最优解对应的目标函数值，即当前选定的产品变体的最大顾客满意度；$S^*_{x_j^*+\Delta x_j}$ 和 $S^*_{x_j^*-\Delta x_j}$ 分别表示当 x_j^* 变成 $x_j^*+\Delta x_j$ 和 $x_j^*-\Delta x_j$ 时对应的新的顾客满意度。注意当 x_j^* 改变时，其他工程特性 $x_j\left(j'=1,2,\cdots,j-1,j+1,\cdots,n\right)$ 的值可能发生变化。

当所有产品变体的个体敏感性指标按照式（5.6）计算完毕后，进行加权求和就可以得到总体敏感性指标。实际上，总体敏感性指标反映了对于一个特定的 x_j，顾客满意度对其的敏感性如何。换句话说，如果 EC_j 的总体敏感性指标较低，那么就意味着，如果 x_j 的值被调整为一个多个产品变体共用的公共值，只会损失相对较少的顾客满意度。因此，总体敏感性指标比较小的工程特性适合作为产品平台工程特性的候选。

总体敏感性指标计算完毕后，可以进一步利用聚类分析或其他启发式方法得到产品平台变量。聚类分析可以选择层次聚类分析法或 k-means 聚类，很多统计软件如 SPSS 都提供这些现成的聚类分析功能。在聚类分析的过程中，所有总体敏感性指标较小的工程特性被聚为一类并被确定为平台工程特性，其余工程特性被确定为非平台工程特性。启发式方法则采用不同的策略确定平台工程特性的总体敏感性指标阀值，即低于这个阀值的工程特性可以认定为平台工程特性、高于阀值则为非平台工程特性。简单的启发式方法是计算所有工程特性的总体敏感性指标值的平均或者某种加权和。但是，要注意确定产品平台工程特性的过程是一个反复试验的过程，人工的交互选择在这个过程中起到很关键的作用。本节提出将产品平台工程特性的个数当作一个变量，具体请参见 5.2 节的步骤 3、步骤 4 和步骤 5。

对于每一个已经确定的产品平台工程特性，产品变体在这个工程特性上的取值通常被分成一个或多个组。作为产品平台通用性的结果，每一个组使用一个共用的、相同的工程特性值。这个共用的工程特性值可以用层次聚类分析方法求得。产品变体的最优工程特性值在特性值取值区间内分布密度不一定相同，在聚类分析的过程中，特性值比较接近的工程特性值被聚类到一组，这样导致的顾客满意度损失就比较小。聚类的数量可以通过观察聚类分析的凝聚结果而确定，这个过程同样也是一个反复试验的过程。

5.3.3　产品平台工程特性和非平台工程特性的优化

下一步是确定产品平台工程特性的合理取值，并确定每个产品变体的非平台工程特性的最优值。下面通过建立一个基于质量功能展开的统一模型，将这两个优化过程集成在一起。

1. 问题描述和优化模型

假设某公司现有 K 个产品变体，表示为 $(k=1,2,\cdots,K)$，产品变体的个数 K 是已知的常量。这些产品变体相互之间从功能和结构上都比较相似，因此其对应的顾客需求 $\mathrm{CR}_i(i=1,2,\cdots,m)$ 和工程特性 $\mathrm{EC}_j(j=1,2,\cdots,n)$ 也都相同。

该公司现在想在现有这些产品变体的基础上开发一个产品平台。假设前面描述的市场调研、敏感性分析和聚类分析等工作已经完成，平台工程特性已经确定，且每个平台工程特性的工程特性分组也已经确定完毕。令 U 为一个包含所有平台工程特性的索引值的集合，对于每个 $\mathrm{EC}_{j'}(j'\in U)$，有 $n_{j'}$ 组 $\mathrm{EC}_{j'}$ 的目标值（即对应 K 个产品变体，有 K 个 $\mathrm{EC}_{j'}$ 目标值，它们被分成了 $n_{j'}$ 个组）。其中，对于第 $l\left(l=1,2,\cdots,n_{j'}\right)$ 个组，其中包含的产品变体的索引集合表示为 $V_{j'l}$（$V_{j'1}\cup V_{j'2}\cup\cdots\cup V_{j'n_{j'}}=\{1,2,\cdots,K\}$）。在第 $l\left(l=1,2,\cdots,n_{j'}\right)$ 个组中，需要确定一个共用的 $\mathrm{EC}_{j'}$（表示为 $\hat{x}_{j'l}$）来替代第 l 个组中的所有 $\mathrm{EC}_{j'}$ 值。

例如，有一个产品族，包括五个产品变体（K=5）和四个工程特性（EC_1，EC_2，EC_3，EC_4）。聚类分析后，EC_3 和 EC_4 被选择为平台工程特性（$U=\{3,4\}$）。五个产品变体的 EC_3 的最优值非常接近，聚类成一个组（$n_3=1$，$V_{31}=\{1,2,3,4,5\}$）。EC_4 的最优值被聚类为两个组：前两个产品变体形成一个组，其他的三个形成另一个组（$n_4=2$，$V_{41}=\{1,2\}$，$V_{42}=\{3,4,5\}$）。因此，需要确定三个公共工程特性的值（$\hat{x}_{31}$，$\hat{x}_{41}$，$\hat{x}_{42}$）。

令 x_j^k 为结果归一化的产品变体 pv_k 的 EC_j 的目标值，x_i^k 为质量屋中顾客对满足产品变体 pv_k 的 CR_i 所感知的程度，f_i^k 为 y_i^k 和 pv_k 的工程特性之间的函数关系，g_j^k 为产品变体 pv_k 的工程特性 EC_j 和其他工程特性之间的函数关系，本章的优化问题可以描述为：给定产品变体的个数 K 和 K 个产品变体的质量屋，在敏感性分析和聚类分析后，如何确定 $x_j^k\left(j=1,2,\cdots,n;k=1,2,\cdots,K\right)$ 和 $\hat{x}_{j'l}\left(l=1,2,\cdots,n_{j'},j'\in U\right)$，以达到最大化所有产品变体的平均顾客满意度。

该问题的优化模型可以表示为

$$\max S'=\sum_{k=1}^{k}h(y_1^k,y_2^k,\cdots,y_m^k)/K \tag{5.7}$$

s.t.

$$y_i^k=f_i^k\left(x_1^k,x_2^k,\cdots,x_n^k\right),\quad i=1,2,\cdots,m;k=1,2,\cdots,K \tag{5.8}$$

$$x_j^k=g_j^k\left(x_1^k,\cdots,x_{j-1}^k,x_{j+1}^k,\cdots,x_n^k\right),\quad j=1,2,\cdots,n;k=1,2,\cdots,K \tag{5.9}$$

$$x_{j'}^{k'}=\hat{x}_{j'l},\quad \forall k'\in V_{j'l},\quad l=1,2,\cdots,n_{j'},j'\in U \tag{5.10}$$

$$\hat{x}_{j'l}^L\leqslant\hat{x}_{j'l}\leqslant\hat{x}_{j'l}^U,\quad \forall k'\in V_{j'l},\quad l=1,2,\cdots,n_{j'},j'\in U \tag{5.11}$$

其中，$\hat{x}_{j'l}^L$ 和 $\hat{x}_{j'l}^U$ 分别表示 $\hat{x}_{j'l}$ 的下界和上界。该模型可以根据需要增加其他的工程约束。

2. 目标函数

上述模型的目标函数表示一个产品族中所有产品变体的顾客满意度的平均值。另外，对于特定的产品变体 pv_k，$h\left(y_1^k,y_2^k,\cdots,y_m^k\right)$ 可以通过累加顾客对单项顾客需求的顾客满意度来求得。

$$h\left(y_1^k,y_2^k,\cdots,y_m^k\right)=\sum_{i=1}^{m}w_i^kS_i\left(y_i^k\right) \tag{5.12}$$

其中，w_i^k 表示归一化后的产品变体 pv_k 的 CR_i 的重要性权重（$0\leqslant w_i^k\leqslant1,\sum_{i=1}^{m}w_i^k=1$）；$S_i$ 表示一个 CR_i 的独立函数。对于 $pv_k\ (k=1,2,\cdots,K)$ 的每个顾客需求，$y_i^k\ (i=1,2,\cdots,m)$ 可以设定一个数值范围，表示相对于竞争产品而言，顾客对 CR_i 的满意程度。这个数值一般可以设定一个正区间范围，例如 1～5。因此，相关文献中都是将 $S_i\left(y_i^k\right)$ 假设为线性函数，由 $S_i\left(y_i^{\min}\right)=0$ 和 $S_i\left(y_i^{\max}\right)=1$ 可以得到：

$$S_i\left(y_i^k\right)=\left(y_i^k-y_i^{\min}\right)\Big/\left(y_i^{\max}-y_i^{\min}\right) \tag{5.13}$$

因此，$h\left(y_1^k,y_2^k,\cdots,y_m^k\right)$ 可以重新表达为

$$h\left(y_1^k, y_2^k, \cdots, y_m^k\right)=\sum_{i=1}^{m} w_i^k\left(y_i^k - y_i^{\min}\right)/\left(y_i^{\max} - y_i^{\min}\right) \tag{5.14}$$

所以 $h\left(y_1^k, y_2^k, \cdots, y_m^k\right)$ 也必然位于区间[0, 1]，其中 0 表示最坏，1 表示最好。则模型的目标函数可以简化表示为以下形式：

$$S'=\sum_{k=1}^{k}\sum_{i=1}^{m} w_i^k\left(y_i^k - y_i^{\min}\right)/\left(y_i^{\max} - y_i^{\min}\right)/K \tag{5.15}$$

3. 约束

在上述模型中，约束（5.10）保证对于产品工程特性的每一个组，所有的工程特性都是相同的（即等于一个共享工程值）。约束（5.11）将每个组的共享工程特性值限定到一个给定的区间。约束（5.8）表达了 y_i^k 和 pv_k 的工程特性之间的函数关系。为了描述这种函数关系，一种常用的方法是采用回归方法来估计函数表达式中的参数。通常为了简单起见，y_i^k 和 pv_k 的工程特性之间的函数关系可以表示成如下的线性函数形式：

$$y_i^k = a_{i,0} + a_{i,1}x_1^k + a_{i,2}x_2^k + \cdots + a_{i,n}x_n^k \tag{5.16}$$

其中，$A_i=\left(a_{i,0}, a_{i,1}, a_{i,2}, \cdots, a_{i,n}\right)$ 表示一个待估计的系数向量。有些文献甚至一度将这些系数定义为模糊参数，来表示质量功能展开中的一些模糊特性。

因为质量屋中提供了有效的数据信息，如顾客需求和工程特性的关系数据、工程特性的自相关关系数据、基准测试数据等。这些信息可以作为回归的原始信息。例如，根据质量屋中的关系矩阵，如果一个顾客需求和一个工程特性根本没有任何关系，那么根据式（5.16）该工程特性的对应系数可以直接设定为零。假设在质量屋中有 H 个竞争产品，且 $X_h^k=\left(x_{1,h}^k, x_{2,h}^k, \cdots, x_{n,h}^k\right)^{\mathrm{T}}$ $(h=1,2,\cdots,H)$ 为第 h 个竞争产品的工程特性目标值的输入向量，则回归所用的数据点可以定义为

$$P=\left\{\left(x_h^k, y_{i,h}^k\right) \middle| h=1,2,\cdots,H\right\} \tag{5.17}$$

其中，$y_{i,h}^k$ 表示顾客对第 h 个竞争产品在 CR_i 上的顾客满意度。通过使用这些数据点，等式中的系数可以通过最小二乘回归方法估计出来。

类似地，约束（5.9）描述了工程特性 EC_j 和其他工程特性之间的函数关系，这个函数也可以通过基于回归的方法进行近似。

本节建立的优化模型是一个标准的线性规划模型，可以应用许多线性规划软件包来进行求解，如 ILOG CPLEX，LINGO 和 MATLAB 等。由于单纯形算法求解线性规划的效率很好，即使是大规模问题本模型也能很快地求解。但是，如果产品变体的数量很多，构建优化模型的各种参数（如为每个产品变体建立质量屋，

运行回归算法，进行敏感性分析等）可能就比较费时。因此，对于大规模的问题，应该开发相应的软件包来自动建立产品变体的质量屋，执行回归计算，并自动生成个体敏感性指标和总敏感性指标。

5.4　平台设计的案例分析和实验

5.4.1　计算实例

本节通过某石油设备公司的一个工业卡钳实例来验证本章提出的模型和方法。该工业钳是一个设计尺寸可以伸缩的非标产品，即可以通过修改现有卡钳产品的一个或多个工程特性值来设计出新的相似卡钳。新的卡钳和原卡钳功能和结构都很相似，但其尺寸和性能有所不同，可以满足不同用户群体的需要。公司目前有五个系列不同尺寸的卡钳产品，分别是卡钳 A、B、C、D 和 E。为了减少设计和生产费用，该公司计划对卡钳产品进行一定程度的标准化并建立卡钳产品平台。

根据市场调研的结果，总结了顾客最为关心的四个顾客需求，分别是“夹紧力强”（CR_1）、“耐用性好”（CR_2）、“重量轻”（CR_3）和“价格低”（CR_4）。根据产品设计工程师的经验，确定了与顾客需求相关的四个工程特性，分别是“卡钳头尺寸”（EC_1）、“手柄长度”（EC_2）、“枢轴直径”（EC_3）和“防腐层厚度”（EC_4）。市场中存在四个主要的竞争产品，分别是 Cp_1、Cp_2、Cp_3 和 Cp_4。图 5.1 给出了卡钳 A 的质量屋信息，包括顾客需求和工程特性之间的二值关系（即是否有关系）、工程特性之间的自相关关系和其他相关信息。卡钳 B、C、D、E 的工程特性信息和基准数据信息如图 5.2 所示。

5.4.2　计算结果

顾客需求和工程特性的关系函数及工程特性的自相关函数的系数由 Excel 软件包中的回归函数求得。计算结果如表 5.1 所示。在这些质量屋和系数的基础上，针对卡钳 A、B、C、D 和 E，分别建立五个基于质量功能展开的优化模型，并应用 ILOG CPLEX 求解这些线性规划模型。求得的工程特性最优值如表 5.2 所示。

EC_s	EC_1	EC_2	EC_3	EC_4	自相关关系
EC_1		●			
EC_2	●				
EC_3					
EC_4					

						基准数据					
CR_s	权重	关系				本公司	Cp_1	Cp_2	Cp_3	Cp_4	最小	最大
CR_1	0.35	●	●			2.7	4.5	4.2	3.6	3.1	1	5
CR_2	0.3	●		●	●	3.5	2.6	3.1	4.6	2.5	1	5
CR_3	0.15	●	●			4.1	3.4	3.5	3.7	3.9	1	5
CR_4	0.2	●	●		●	2.1	2.5	2.0	0.2	3.2	1	5
	单位	mm	mm	mm	μm	50.6	58.8	57.4	56.4	51.4	满意度/%	

单位	mm	mm	mm	μm	工程特性信息
本公司	185	860	24	40	
Cp_1	198	890	28	20	
Cp_2	195	885	27	30	
Cp_3	192	875	26	60	
Cp_4	188	865	25	20	
最小	180	850	20	20	
最大	220	950	40	60	

图 5.1　卡钳 A 的质量屋

质量屋工程特性信息

	EC_s	EC_1	EC_2	EC_3	EC_4
	Units	mm	mm	mm	μm
卡钳 B	本公司	225	960	24	40
	Cp_1	238	990	28	20
	Cp_2	235	985	27	30
	Cp_3	232	975	26	60
	Cp_4	228	965	25	20
	最小	220	950	20	20
	最大	260	1050	40	60
卡钳 C	本公司	305	1060	24	40
	Cp_1	318	1090	28	20
	Cp_2	315	1085	27	30
	Cp_3	312	1075	26	60
	Cp_4	308	1065	25	20
	最小	300	1050	20	20
	最大	340	1150	40	60
卡钳 D	本公司	345	1160	36	40
	Cp_1	358	1190	32	20
	Cp_2	355	1185	33	30
	Cp_3	352	1175	34	60
	Cp_4	348	1165	35	20
	最小	340	1150	20	20
	最大	380	1250	40	60
卡钳 E	本公司	385	1260	24	40
	Cp_1	398	1290	28	20
	Cp_2	395	1285	27	30
	Cp_3	392	1275	26	60
	Cp_4	388	1265	25	20
	最小	380	1250	20	20
	最大	420	1350	40	60

质量屋基准数据

	CR_s	本公司	Cp_1	Cp_2	Cp_3	Cp_4
卡钳 B	CR_1	2.8	4.6	4.2	3.8	3.2
	CR_2	3.5	2.6	3.1	4.6	2.5
	CR_3	4.1	3.4	3.5	3.7	3.9
	CR_4	2.5	2.5	2.2	1.1	3.2
	满意度/%	54.3	59.4	59.3	62.2	52.6
卡钳 C	CR_1	2.3	4.3	3.9	3.4	2.7
	CR_2	3.5	2.6	3.1	4.7	2.5
	CR_3	4.1	3.4	3.5	3.7	3.9
	CR_4	3	3	2.7	1.6	3.7
	满意度/%	52.4	59.5	59.1	61.5	51.1
卡钳 D	CR_1	2.7	4.7	4.3	3.8	3.1
	CR_2	3.6	2.7	3.1	4.3	2.8
	CR_3	3.9	3.2	3.3	3.5	3.7
	CR_4	2.8	2.9	2.6	1.5	3.6
	满意度/%	54.2	62.5	61.1	60.4	55
卡钳 E	CR_1	2.8	4.5	4.2	3.7	3.1
	CR_2	3.1	2.6	2.8	3.7	2.5
	CR_3	4.1	3.4	3.5	3.7	3.9
	CR_4	3.4	3.1	3	2.3	3.8
	满意度/%	54.4	61.8	60.8	60.6	54.6

图 5.2　卡钳 B、C、D、E 质量屋的工程特性信息和基准数据

表 5.1　卡钳实例的回归系数

产品	工程特性	截距	x_1	x_2	x_3	x_4
卡钳（A～E）	x_1	0.04		1.02		
	x_2	−0.03	0.98			
卡钳 A	y_1	2.02	2.67	3.25		
	y_2	2.37	−0.08		0.56	2.13
	y_3	4.32	−0.9	−1.3		
	y_4	3.84	−1.1	−1.85	−0.38	−2.78
卡钳 B	y_1	2.22	2.37	3.25		
	y_2	2.37	−0.08		0.56	2.13
	y_3	4.32	−0.9	−1.3		
	y_4	3.84	−1.1	−1.85	−0.38	−1.82
卡钳 C	y_1	1.62	2.67	3.75		
	y_2	2.37	−0.08		0.56	2.16
	y_3	4.32	−0.9	−1.3		
	y_4	4.34	−1.1	−1.85	−0.38	−1.82
卡钳 D	y_1	2.05	2.37	3.93		
	y_2	2.37	−0.08		0.56	1.53
	y_3	4.12	−0.9	−1.3		
	y_4	4.34	−1.1	−1.85	−0.38	−1.82
卡钳 E	y_1	2.12	2.87	2.75		
	y_2	2.37	−0.08		0.56	1.23
	y_3	4.32	−0.9	−1.3		
	y_4	4.34	−1.1	−1.55	−0.38	−1.22

表 5.2　产品变体的最优工程特性值

产品	EC_1	EC_2	EC_3	EC_4	满意度/%
卡钳 A	201.10	898.29	40.00	34.29	63.2
卡钳 B	240.91	997.34	40.00	42.27	66.4
卡钳 C	322.12	1100.81	40.00	51.10	69.8
卡钳 D	359.84	1195.20	40.00	54.75	67.0
卡钳 E	401.35	1298.93	40.00	60.00	68.6
均值					67.0

在每个工程特性的最优值附近进行敏感性分析，求得的个体敏感性指标和总体敏感性指标如表 5.3 所示。

表 5.3　工程特性的敏感性指标

敏感性指标（SI）		EC_1	EC_2	EC_3	EC_4
个体敏感性	卡钳 A	0.139	0.143	0.023	0.021
	卡钳 B	0.112	0.143	0.023	0.069
	卡钳 C	0.139	0.187	0.023	0.071
	卡钳 D	0.112	0.203	0.023	0.024
	卡钳 E	0.156	0.115	0.023	0.031
总体敏感性		0.132	0.158	0.023	0.043

根据 5.2 节和 5.3 节所述的步骤和方法，对四个工程特性按照总体敏感性指标进行排序，排序结果为$\{EC_3, EC_4, EC_1, EC_2\}$。分别设定平台工程特性的个数为 0、1、2、3 和 4，建立对应的以最大化平均顾客满意度为目标的优化模型，并再次用 ILOG CPLEX 软件求解模型。图 5.3 显示了当平台工程特性的个数变化时，总体顾客满意度损失的情况。可以看到，为了避免顾客满意度损失过大，平台工程特性的个数设定为 2 比较合理，因此，EC_3 和 EC_4 被设定为平台工程特性。

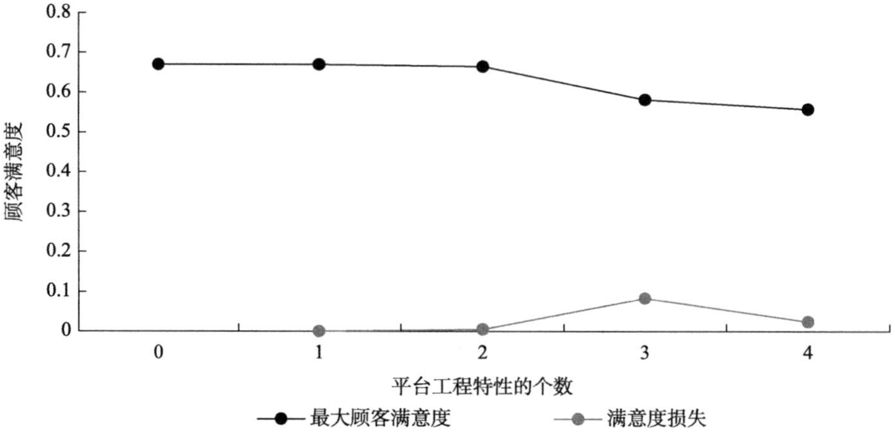

图 5.3　最大顾客满意度和满意度损失情况

从图 5.3 可以观察到，EC_3 和 EC_4 的总体敏感性指标比较小，如果设定 EC_3 和 EC_4 为平台工程特性，则产品平台的通用性只导致 0.005 的顾客满意度损失。相反，EC_1 和 EC_2 的总体敏感性指标相对较大，如果设定 EC_1 和 EC_2 为平台工程特性，则产品平台的通用性将会导致 0.107 的顾客满意度损失，这显然比设定 EC_3 和 EC_4

的代价要大得多。这个结果也从一定程度上反映了敏感性分析的必要性。

如表 5.4 所示，卡钳 A、B、C、D 和 E 的 EC_3 的最优值是相同的，它们显然可以形成一个组。另外，卡钳 A、B、C、D 和 E 的 EC_4 的值相差较大，聚类分析的结果是，EC_4 的值聚类成两个组：一个组包括了卡钳 A 和 B，另一个组包括卡钳 C、D、E。通过建立并求解建立的优化模型，可以求得平台工程特性的最优值和产品变体的非平台工程特性最优值，如表 5.4 所示。

表 5.4　本章方法求得的最优解

产品	EC_1	EC_2	EC_3	EC_4	满意度/%
卡钳 A	201.10	898.29	40.00	34.29	63.2
卡钳 B	240.91	997.34	40.00	34.29	65.0
卡钳 C	322.12	1100.81	40.00	51.10	69.8
卡钳 D	359.84	1195.20	40.00	51.10	66.7
卡钳 E	401.35	1298.93	40.00	51.10	67.9
均值					66.5

从表 5.2 还可以看到，如果没有产品平台，对每个产品变体单独求得最优解，则平均顾客满意度为 67.0%。采用了产品平台后，平均顾客满意度降低到了 66.5%（表 5.4）。这说明产品平台的通用性导致了 0.5%的顾客满意度损失。图 5.4 进一步显示了三种不同的模式下卡钳的顾客满意度变化情况。可以看到，顾客满意度损失主要由卡钳 B、D 和 E 造成，因为它们的工程特性值被迫调整到平台工程特性值。

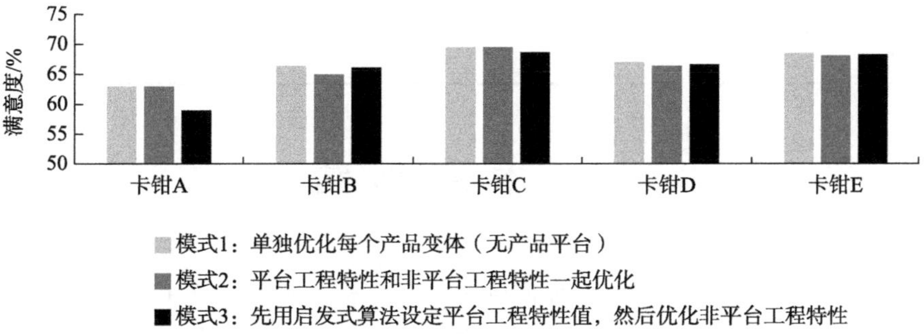

图 5.4　模式 1、模式 2 和模式 3 的比较

5.4.3　与两阶段方法的比较

有些产品平台设计方法采用两阶段优化。例如，在第 1 阶段先用启发式方法

确定平台工程特性的值，然后再求出每个产品变体的最优非平台工程特性值。但因为优化过程被划分成两个或多个阶段，两阶段方法可能达不到产品族总体性能的全局最优（Messac et al.，2002）。为了便于比较，式（5.18）列出了 Dai 和 Scott（2007）在第 1 阶段确定平台工程特性的值所使用的启发式方法。

$$\hat{x}_{j'l}=\left(\sum_{k'\in V_{j'l}}X_{j'}^{k'}\times \mathrm{SI}_{j'}^{k'}\right)\Big/\sum_{k'\in V_{j'l}}\mathrm{SI}_{j'}^{k'},\quad l=1,2,\cdots,n_{j'},\ j'\in U \qquad (5.18)$$

其中，$\mathrm{SI}_{j'}^{k'}$ 表示第 k' 个产品变体的第 j' 个工程特性的个体敏感性指标。通过应用表 5.2 中的工程特性最优值和表 5.3 中的个体敏感性指标，可以根据式（5.18）求得 EC_3 的值为 40.0，EC_4 在第 1 个组和第 2 个组的值分别为 40.43 和 53.98。然后，用这些平台工程特性值作为给定的模型常数求解模型，求得的各产品变体的非平台工程特性值如表 5.5 所示。可以看到，这种方法的最优顾客满意度为 65.9%，比本章提出方法得到的最优顾客满意度低 0.6 个百分点。每个产品变体在两种方法下的详细顾客满意度对比如图 5.4 所示。因此，将产品平台工程特性和非平台工程特性置入一个统一的优化模型，可以获得更好的优化结果。

表 5.5　用两阶段方法获得的最优解

产品	EC_1	EC_2	EC_3	EC_4	满意度/%
卡钳 A	195.23	883.91	40.00	40.43	59.4
卡钳 B	240.91	997.34	40.00	40.43	66.1
卡钳 C	320.32	1096.38	40.00	53.98	68.9
卡钳 D	359.84	1195.20	40.00	53.98	66.9
卡钳 E	401.35	1298.93	40.00	53.98	68.1
均值					65.9

5.5　本 章 小 结

在产品平台的设计过程中，如何确定产品平台工程特性和非平台工程特性的最优值，是一个重要的决策过程。本章提出了一种五个步骤的基于质量功能展开的优化方法，目的是获得更好的顾客满意度。通过应用本章的模型和方法，可以获得问题的最优解，使得所有产品变体的平均顾客满意度最大，因此可以将由于采用产品平台而导致的产品质量损失降到最低。另外，本章的方法可以归类为一种单阶段的优化方法。这种方法可以对产品平台及产品族中的产品变体同时进行优化，可以得到更好的优化结果。与两阶段方法相比，单阶段可以更好地改善产品族的整体性能，本章的方法可以得到更高的顾客满意度。虽然其缺点是模型的决策变量多、复杂度稍高，但因为模型是线性规划，因此在求解时间上没有过大的负担。大规模问题存在大量的产品变体，为每个产品变体建立质量屋和进行回归计算等的工作比较烦琐，可开发一个交互的软件模块，为大规模问题自动建立质量屋、进行参数的回归计算及敏感性指标计算。

第6章 基于细分市场的产品族多目标优化

6.1 问题背景

产品开发管理的一项重要内容是产品族的设计和管理。产品族是实现大规模定制的一种重要使能技术，在产品设计的早期阶段，通过合理规划系列产品来实现产品的多样化（Balakrishnan et al.，2004）。产品族是一组从产品平台上衍生出的产品（或称为产品变体），这些产品在结构上比较相似但功能有所不同，可以满足不同的细分市场的顾客需求。开发产品族的目的是利用产品族中产品的相似性降低产品生产过程中的费用，并使得产品族中的系列产品能满足细分市场中不同顾客群体的多样化需求。产品族技术的优点很多，如增加弹性和响应能力、减少开发时间和系统复杂度、缩减产品开发和生产费用、提高升级产品的能力等。

产品族优化设计要解决的问题是，如何在已知顾客对产品的偏好和市场中已有竞争产品的基础上，确定产品族中系列产品的工程特性的值或者级别水平。该问题的目标通常包括最大化总利润、最大化市场份额、最小化产品设计相关费用、最小化产品开发周期等。

针对产品族设计优化问题的研究虽然比较多（具体请参见第1章中的文献综述部分），但存在以下局限：第一，建模中没有考虑产品族中系列产品的资源共享导致的费用缩减效果。实际上，产品族为企业带来的效益不只源于通用化模块接口和零部件的相似性，多个产品之间的资源共享也是因规模效应而产生的成本消减的重要来源之一。第二，尚未考虑多目标优化问题。以往研究的优化模型虽然涉及了多种优化目标，如最大化顾客效用、最大化选择了新产品的顾客数量、最大化市场总利润、最大化市场份额、最小化产品设计相关费用、最小化产品开发周期等。然而，在实际的工程应用中，产品开发团队在确定产品族时一般都综合考虑多种目标。例如，产品开发团队可能会考虑市场部门提出的要求，如增加市场收入和市场份额等，而产品开发团队也需要考虑产品设计和生产方面的需求，如产品开发费用和产品开发周期等。这些目标有时候可能互相冲突，需要在这些目标之间寻求平衡。因此，有必要得到产品族设计优化问题的 Pareto 解集，然后考虑产品开发团队的偏好，从 Pareto 解集中交互选择一个满意解。

本章提出一种产品族设计的多目标优化方法，利用多目标遗传算法得到非支配前沿（non-dominated front）（Luo et al.，2016）。有了非支配解前沿后，新产品开发团队就可以从中进行交互选择，综合考虑三种产品族优化设计中最常使用的目标（最小化产品开发费用、最小化产品开发周期、最大化公司所有产品的总市场份额），并结合决策者的偏好进行决策。另外，本章应用了曲面拟合方法来处理成分效用模型（part-worth utility model），可以使基于级别和基于连续值的产品属性能够集成到一个统一的产品族优化模型中（Kwong et al.，2011）。

6.2　产品族设计的多目标优化建模

本节首先建立一个成分效用模型来表示产品属性级别与值和产品效用之间的关系，并采用概率型选择规则来模拟顾客的选择行为。本节描述了产品族优化的问题，并建立对应的多目标优化模型。

6.2.1　产品属性

本节考虑两种类型的产品属性：一类是可以用连续值来表示的产品属性（后面用 CPA 表示），如专业理发剪的刀锋长度、咖啡机的容量等；另一类是用级别来表示的产品属性（后面用 LPA 表示），这些级别可能是一组可选择的特征，如数码相机的电池类型和咖啡机口味的类型等；也可能是用离散值表示的产品特征，如计算机的内存大小（512 MB①，1 GB②，2 GB 或 4 GB）。因此，产品族设计优化的目的之一就是确定产品族中所有系列产品的产品属性值（对于 CPA）和产品属性级别（对于 LPA）。

6.2.2　市场分割方法

市场中的顾客对于产品常常有不同类型的偏好，不同顾客可能会选择不同的

① MB 表示兆字节。
② GB 表示吉字节。

产品属性值或者产品属性级别。由于顾客的数量可能很大，而偏好也可能有许多种类，常用的方法是将产品的市场进行分割，这样对于一个分割后的细分市场（market segment），可以假定其中的顾客都具有非常相似或相同的购买偏好（Urban and Hauser，1993）。具体做法是，首先，需要进行市场调研，以收集顾客针对产品最希望的 CPA 值和 LPA 的级别；其次，在这些市场调研数据的基础上，可以应用聚类分析技术（Hsu et al.，2000）进行市场分割，并估计每个细分市场中的顾客数量。

6.2.3 产品族优化的问题描述

考虑一个公司计划开发一个产品族。对于产品族中的一个待开发的系列产品或产品轮廓，假设其含有 K^C 个 CPA 和 K^L 个 LPA。第 k 个 CPA 的范围是从 z_k^{Low} 到 z_k^{Upp} $\left(k=1,2,\cdots,K^C\right)$；第 k 个 LPA 拥有 L_k 个级别 $\left(k=1,2,\cdots,K^L\right)$。假设产品属性之间级别和值的组合都是有效的，那么可以通过组合产品属性之间级别和值来形成一个产品轮廓，同时考虑最大化市场份额、最小化费用、最大化利润等目标。

假设在市场分割结束后，形成了 I 个细分市场，其中第 i 个细分市场中有 Q_i 个顾客 $(i=1,2,\cdots,I)$。同时，市场中有 N^C 个竞争产品，表示为 P_j^C $\left(j=1,2,\cdots,N^C\right)$；还有 N^e 个本公司已经存在的产品，表示为 P_j^e $\left(j=1,2,\cdots,N^e\right)$。

本章的目的是在考虑多种目标的前提下，找到产品族中的一组最优的产品轮廓。如前所述，产品族设计优化的相关文献中考虑了一些常用的优化目标，包括最大化总体效用、最大化总利润、最大化市场份额、最小化产品开发费用、最小化产品开发周期等。本章考虑其中的三个优化目标，即最大化市场份额、最小化产品开发费用、最小化产品开发周期。因为本章建立的市场份额模型采用了多项式分对数选择规则；在该规则中，一个新产品的效用值越大，对应的市场份额越大，故而最大化总效用和最大化市场份额有类似的效果。另外，最大化总利润需要确定产品族中系列产品的价格，而产品价格往往由市场人员确定，需要考虑诸多因素及竞争产品的价格，这样会导致优化模型极其复杂而无法求解，因此本章也暂不考虑这一目标。

一般来说，一个产品族中如果选中的产品轮廓越多，市场份额越大。因此，需要给定一个选定的产品轮廓的数量 J。不同的优化目标有时候会同时改进，也可能此消彼长，因此本章建立一个多目标优化模型。

优化问题的决策变量涉及如下的问题。

（1）产品族中包括多少个产品轮廓？

（2）对于产品族中的每一个产品轮廓，其 LPAs 的级别是什么？其 CPAs 的值是多少？

为了方便建模，定义如下决策变量。

（1）$y_j\left(j=1,2,\cdots,J\right)$：这是一个 0-1 变量，如果产品族中第 j 个产品轮廓被选中，则 y_j =1，否则 y_j =0。

（2）$x_{jkl}\left(j=1,2,\cdots,J;k=1,2,\cdots,K^L;l=1,2,\cdots,L_k\right)$：这是一个 0-1 变量，如果产品族中第 j 个产品轮廓的第 k 个 LPA 的第 l 个级别被选中，则 x_{jkl} =1，否则 x_{jkl} =0。

（3）$z_{jk}\left(j=1,2,\cdots,J;k=1,2,\cdots,K^C\right)$：这是一个连续变量，代表产品族中第 j 个产品轮廓的第 k 个 CPA 的值。

6.2.4　顾客偏好的表示

在顾客偏好建模的文献中，联合分析是最常使用的方法之一（Kohli and Sukumar，1990）。联合分析应用统计技术来推测累加联合偏好结构（additive conjoint preference structure）。在联合分析的应用系统中，典型的做法是让客户通过打分来评估不同属性级别组合的各种虚构的产品轮廓，然后在整体判断信息的基础上，通过回归、层次贝叶斯模型或线性规划模型来估计单个属性级别的效用值（Butler et al.，2008）。

根据联合分析中常用的成分效用模型，如果所有的产品属性都是基于级别的 LPA，一个产品轮廓的效用可以认为是产品的属性级别的线性函数叠加，即

$$U_{ij}=\sum_{k=1}^{K^L}\sum_{l=1}^{L_k}u_{ikl}x_{jkl} \tag{6.1}$$

其中，U_{ij} 表示第 i 个细分市场中第 j 个产品轮廓的效用；u_{ikl} 表示第 k 个属性的第 l 个级别在第 i 个细分市场中的成分效用。很多方法可以用来估计属性级别的成分效用，如全轮廓联合分析（full-profile CA）、适应联合分析（adaptive CA）、混合联合分析（hybrid CA）、实验选择分析（experimental choice analysis）、基于选择的联合分析（choice-based CA）（Zhang，2005）。

如果产品含有连续值的产品属性，则等式（6.1）可以扩展成为

$$U_{ij}=\sum_{k=1}^{K^L}\sum_{l=1}^{L_k}u_{ikl}x_{jkl}+\sum_{k=1}^{K^C}f_{ik}^{\text{Util}}\left(z_{jk}\right) \tag{6.2}$$

其中，f_{ik}^{Util} 表示一个用来表示 z_{jk} 在第 i 个细分市场的效用的函数。这个偏好模型可以用来表达产品对顾客的效用和产品属性值之间的函数关系。

为了估计函数 f^{Util}，我们采用一种简单方便的办法，即曲线拟合方法。尽管属性值是连续的，但可以在属性值范围内采集一些关键点，表示为 $A=\left\{z_{jk}^1,z_{jk}^2,\cdots,z_{jk}^m\right\}$。

通过这种方法，一个 CPA 可以表示成 LPA，且 A 对应的成分效用 $B=\left\{u_{jk}^{1},u_{jk}^{2},\cdots,u_{jk}^{m}\right\}$ 可以通过上述的联合分析方法求得。这样，通过使用曲线拟合方法，可以求得一个连续属性值 z_{jk} 对应的效用值。例如，f^{Util} 可以用三次多项式的形式表示为

$$f_{ik}^{\mathrm{Util}}(z_{jk})=a_{i0}+a_{i1}z_{jk}+a_{i2}z_{jk}^{2}+a_{i3}z_{jk}^{3} \tag{6.3}$$

其中，a_{i0}，a_{i1}，a_{i2} 和 a_{i3} 表示针对第 i 个细分市场的三次多项式的对应系数。如果给定一组数据点 A 和 B，式（6.3）中的多项式函数的系数可以用最小二乘曲线拟合方法得到。案例分析部分提供了详细的曲线拟合方法的具体应用步骤。

6.2.5　顾客购买选择和市场份额

顾客针对一个产品的购买决定主要取决于所感知的产品效用。模拟顾客购买行为一般有两种规则：一种是确定性规则，另一种是概率型规则。传统的确定性规则假设一个顾客是极其理性的，总是只选择对自己效用值最好的产品，其他产品一概不予考虑。然而，一些文献认为，确定性规则的假设对于许多类型的产品过于理想化，毕竟影响顾客选择行为的因素可能有很多，使用确定性规则所求得的市场份额可能被过分估计。

近年来，概率型选择规则的应用逐渐增多，被认为在表示顾客购买行为决策时更加真实可靠。同时，一些概率型选择规则的弹性也比较大，可以通过设置其参数使之等效于确定性规则。概率型选择规则中，最常用的是多项式分对数规则（Ben-Akiva and Lerman，1985），这种规则可以用下面的公式表示

$$P_{ij}=\frac{\mathrm{e}^{\mu}U_{ij}}{\sum_{n=1}^{N}\mathrm{e}^{\mu}U_{in}} \tag{6.4}$$

其中，P_{ij} 表示选择概率，表示第 i 个细分市场的顾客有多大的可能选择第 j 个产品；U_{ij} 表示第 j 个产品在第 i 个细分市场中的效用；N 表示市场中的所有产品的数量；μ 表示一个比例参数。如果 μ 非常大，这个模型就近似于确定性规则；如果 μ 接近于零，则其近似于均匀分布。μ 的取值可以通过对实际市场份额的调研数据进行反推和标度。

根据问题描述，市场中的产品包括竞争公司的产品、本公司已经投放市场的现有产品、产品族中即将投放市场的产品，可以得到

$$N=N^{C}+N^{e}+\sum_{j=1}^{J}y_{j} \tag{6.5}$$

公司在开发一个产品族时，不但要考虑产品族中系列产品对市场份额的影响，

也要考虑产品族投放市场后，对公司现有产品的影响。如果产品族设计不当，一方面不能改善市场份额，另一方面也可能和公司现有产品形成恶性竞争，最终导致公司的总体利益受损。

根据问题描述，一个细分市场中的所有顾客可以认为是偏好相同的。因此，公司总的期望能购买本公司产品的顾客数量为

$$D=\sum_{i=1}^{I}Q_i\frac{\sum_{j=1}^{J}y_j\mathrm{e}^{\mu U_{ij}}+\sum_{j=1}^{N_e}\mathrm{e}^{\mu U_{ij}^e}}{\sum_{j=1}^{J}y_j\mathrm{e}^{\mu U_{ij}}+\sum_{j=1}^{N_e}\mathrm{e}^{\mu U_{ij}^e}+\sum_{j=1}^{N_c}\mathrm{e}^{\mu U_{ij}^c}}\tag{6.6}$$

其中，U_{ij}、U_{ij}^e和U_{ij}^c分别表示产品族中产品、公司现有产品、竞争产品的估计效用值。在此基础上，可以求得市场份额为

$$S=\frac{D}{\sum_{i=1}^{I}Q_i}\tag{6.7}$$

6.2.6　产品开发费用

产品族设计中一个重要的因素是产品开发费用。产品族中产品的数量及每个产品的配置都会影响产品族的总开发费用。目前有很多产品开发费用估算方法，如作业成本分析法、神经网络成本分析法、学习曲线成本分析法等。这些方法可以从产品说明和过程需求中获得开发资源、与费用相关的作业、产品特征及加工参数等信息，并在此基础上分析成本结构，估算产品开发过程的成本函数。本章优化问题的决策变量涉及了基于级别的产品属性，其成本函数从结构上与上述方法不同。而仿真与优化模型（simulation and optimization model，SIMOPT）（Green and Krieger，1992）使用一个基于成分结构的线性函数来估计产品开发费用，其中的成分成本表示一个产品属性级别对成本的贡献程度。因此，本章采用 SIMOPT 模型，其成本函数可以表示为

$$C_j=\sum_{k=1}^{K^L}\sum_{l=1}^{L_k}c_{kl}^{\mathrm{var}}x_{jkl}+C^{\mathrm{fix}}\tag{6.8}$$

其中，C_j表示第 j 个产品轮廓的产品开发费用；c_{kl}^{var}表示第 k 个产品属性的第 l 个级别的可变单元费用；C^{fix} 表示固定费用。c_{kl}^{var} 可以通过成本调查和联合分析的方法获得。这个模型只能用于基于级别的属性。

本章中，产品开发的可变费用被定义为产品属性级别所能影响的成本。例如，数码相机产品的重量是一个有若干级别的属性，产品开发团队希望通过引进新技

术、更换新的部件或材料来减轻数码相机的重量，但这同时会增加产品开发的费用。因此，与数码相机重量级别相关的开发费用属于可变费用。产品开发的固定费用被定义为与产品族中产品轮廓配置不相关的费用。例如，项目启动费用和管理费用都属于固定费用。

与 6.2.4 小节中的效用模型类似，式（6.8）可以扩展成 CPAs 和 LPAs 都能适用的形式，如式（6.9）所示：

$$C_j = \sum_{k=1}^{K^L}\sum_{l=1}^{L_k} c_{kl}^{\text{var}} x_{jkl} + \sum_{k=1}^{K^C} f_k^{\text{cost}}\left(z_{jk}\right) + C^{\text{fix}} \tag{6.9}$$

其中，f_k^{cost} 表示一个用来表示可变单元费用 z_{jk} 的函数，可以通过 6.2.4 小节中所述的曲线拟合方法得到。

当一个公司开发一个产品族时，因为产品族中产品轮廓的结构和功能相似，所以总开发费用因设计和加工资源的共享而得到缩减（Park et al.，2008）。因此，产品族开发总费用不能只是将每个产品轮廓的开发费用简单相加，而应该随着产品轮廓数量的增加而变化，产品开发费用函数可以表示如下：

$$C = \lambda(J')\sum_{j=1}^{J} y_j \left(\sum_{k=1}^{K^L}\sum_{l=1}^{L_k} c_{kl}^{\text{var}} x_{jkl} + \sum_{k=1}^{K^C} f_k^{\text{cost}}\left(z_{jk}\right)\right) + C^{\text{fix}} \tag{6.10}$$

其中，C 表示产品族的总开发费用；J' 表示产品族中的产品轮廓的数量；$\lambda(J')$ 表示由产品开发团队估计的费用缩减系数。例如，$\lambda(2)=0.85$ 表示如果产品族中包含两个产品轮廓，则能相应节省 15%的费用。

6.2.7 产品开发周期

产品开发周期可能被多种因素影响，包括项目策略（如产品复杂度、战略内容、创新水平、技术难度等）、产品开发过程特性（如程序、过程结构、包含的步骤等）、组织特性（如研发团队、指派水平等）、公司特性（如领导水平、公司规模、创新水平等）。假设这些因素在新产品开发过程中都保持不变，则一个产品族的总开发周期可以用式（6.11）表示：

$$T = \sum_{j=1}^{J} y_j f_j\left(X_j, Z_j\right) \tag{6.11}$$

其中，T 表示总开发时间；X_j 和 Z_j 表示包含决策变量 $x_{jkl}\left(k=1,2,\cdots,K^L; l=1,2,\cdots,L_k\right)$ 和 $z_{jk}\left(k=1,2,\cdots,K^C\right)$ 的向量；f_j 表示表达第 j 个产品的开发时间和 $\left(X_j, Z_j\right)$ 之间关系的函数。实际中，f_j 可能是复杂的非线性形式。Bashir 和 Gaul（1998）提出了一种简化方法，将其简化为线性形式，并利用最小二乘回归方法求解近似线性函数的系数。

6.2.8　优化模型

结合式（6.2）、式（6.6）和式（6.10），本节所描述的优化问题可以表示为如下的混合整数规划模型：

$$\text{Obj1：Max}\quad S=\frac{\displaystyle\sum_{i=1}^{I}Q_i\frac{\displaystyle\sum_{j=1}^{J}y_j\mathrm{e}^{\mu U_{ij}}+\sum_{j=1}^{N_e}\mathrm{e}^{\mu U_{ij}^e}}{\displaystyle\sum_{j=1}^{J}y_j\mathrm{e}^{\mu U_{ij}}+\sum_{j=1}^{N_e}\mathrm{e}^{\mu U_{ij}^e}+\sum_{j=1}^{N_c}\mathrm{e}^{\mu U_{ij}^c}}}{\displaystyle\sum_{i=1}^{I}Q_i} \tag{6.12}$$

$$\text{Obj2：Min}\quad C=\lambda(J')\sum_{j=1}^{J}y_j\left(\sum_{k=1}^{K^L}\sum_{l=1}^{L_k}c_{kl}^{\text{var}}x_{jkl}+\sum_{k=1}^{K^C}f_k^{\text{cost}}\left(z_{jk}\right)\right)+C^{\text{fix}} \tag{6.13}$$

$$\text{Obj3：Min}\quad T=\sum_{j=1}^{J}y_jf_j\left(X_j,Z_j\right) \tag{6.14}$$

s.t.

$$\sum_{l=1}^{L_k}x_{jkl}=1\,,\quad j=1,2,\cdots,J\,,\quad k=1,2,\cdots,K^L \tag{6.15}$$

$$J'=\sum_{j=1}^{J}y_j\,,\quad j=1,2,\cdots,J \tag{6.16}$$

$$U_{ij}=\sum_{k=1}^{K^L}\sum_{l=1}^{L_k}u_{ikl}x_{jkl}+\sum_{k=1}^{K^C}f_{ik}^{\text{Util}}\left(z_{jk}\right),\quad i=1,2,\cdots,I\,,\quad j=1,2,\cdots,J \tag{6.17}$$

$$\sum_{k=1}^{K^L}\sum_{l}^{L_k}\left|x_{jkl}-x_{j'kl}\right|+\sum_{k=1}^{K^C}\left|z_{jk}-z_{j'k}\right|\neq 0\,,\quad \forall j,j'\in\{1,2,\cdots,J\},j\neq j' \tag{6.18}$$

$$z_k^{\text{Low}}\leqslant z_{jk}\leqslant z_k^{\text{Upp}} \tag{6.19}$$

优化模型的目标函数由式（6.12）、式（6.13）、式（6.14）表示，分别代表最大化市场份额、最小化产品开发费用、最小化产品开发周期。约束（6.15）确保一个产品轮廓的每个 LPA 只有一个级别被选中。式（6.16）和式（6.17）分别计算产品族中产品轮廓的总数量和产品轮廓的效用。式（6.18）保证产品族中的两个产品轮廓不能完全相同。约束（6.19）将 CPA 的取值限制到一个给定的范围。

6.3 求解模型的 NSGA Ⅱ算法

上述模型含有多个目标，且目标函数是非线性的。与单目标优化寻找一个全局最优解不同，多目标优化致力于寻找一个与 Pareto 解集非常接近的非支配解集。近年来，进化计算在求解多目标优化问题中有越来越多的成功应用，被认为是一种求解多目标优化问题的有效解法。

目前学者已经提出了许多求解多目标优化问题的进化算法，如多目标遗传算法（multi-objective genetic algorithm，MOGA）、小生境 Pareto 遗传算法（niched Pareto genetic algorithm 2，NPGA2）、NSGA Ⅱ、加强 Pareto 进化算法（strength Pareto evolutionary algorithm 2，SPEA2）、Pareto 归档进化策略（Pareto-archived evolution strategy，PAES）、微遗传算法（micro-genetic algorithm，MICROGA）等。感兴趣的读者可以参阅多目标优化的综述论文（Coello，2000）。

本章采用 NSGA Ⅱ算法来求解建立的优化模型。原因是 NSGA Ⅱ编程容易实现，并且和其他方法相比，对复杂优化问题有很好的求解结果。用 NSGA Ⅱ算法计算非支配个体的拥挤距离（crowding distance），其计算复杂度只有 $O(MN\log N)$。遗传算法的染色体结构采用变长度结构，以便表达产品族中的多个产品轮廓。编码方式采用混合编码，即对于 LPA 采用整数编码，对于 CPA 采用实数编码。在考虑这种染色体编码特点的基础上，遗传算法的杂交过程可以划分成两种操作：①产品轮廓间杂交，可以产生产品族之间的产品轮廓的新组合；②产品轮廓内部杂交，通过基因的交互，产生新的产品轮廓。遗传算法的变异操作通过采用个体邻域移动实现，选择过程采用比赛选择（tournament selection）方法来实现。具体的 NSGA Ⅱ实现流程说明如下。

6.3.1 NSGA Ⅱ实现流程

图 6.1 显示了 NSGA Ⅱ的主要实现流程。NSGA Ⅱ和传统遗传算法的区别主要在于非支配前线的处理及拥挤比较机制。

在 NSGA Ⅱ的一个种群分类循环中，未经分类的个体首先计算目标函数值，然后筛选非支配个体，并按照当前解到非支配前线的深度，计算一个哑目标值作为后续评估的依据。当非支配个体的拥挤距离计算完毕后，它们就可以标记为已分类，种群分类进入下一次循环。这里的拥挤距离是一个重要的概念，它是一种度量解密度的指标，指能包络一个解的最邻近解所形成的超立方体（cuboid）的周长。

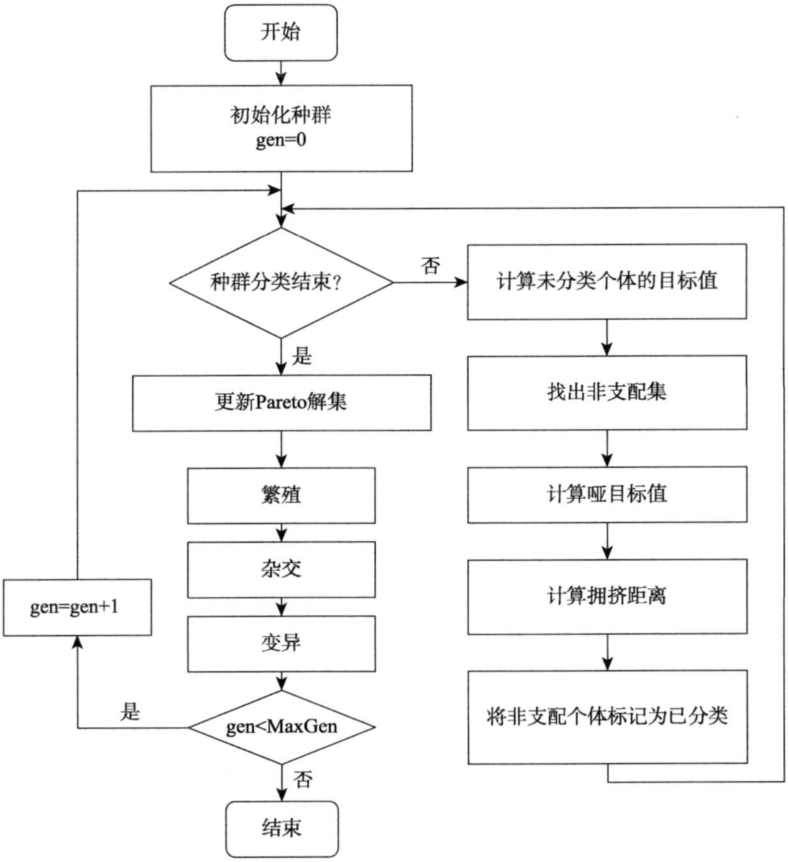

图 6.1　NSGA Ⅱ实现流程

6.3.2　染色体编码解码方法

算法的染色体结构为变长度和混合编码。首先，染色体由几个部分组成。每个部分表示一个产品轮廓的配置。其次，每个部分又进一步分为两节，第一节包含 LPA 的基因，第二节包含 CPA 的基因。图 6.2 显示了一个基于上述编码规则的个体实例。这个例子中包括了两个产品轮廓，其中第 1 个产品轮廓的配置情况是：第 1 个 LPA 选择第 2 个级别；第 2 个 LPA 选择第 1 个级别；第 3 个 LPA 选择第 3 个级别；第 1 个 CPA 值为 3.5；第 2 个 CPA 值为 12.8。第 2 个产品轮廓的编码规则与此类似。注意染色体两个部分（对应两个产品轮廓）的次序对目标函数值没有影响。

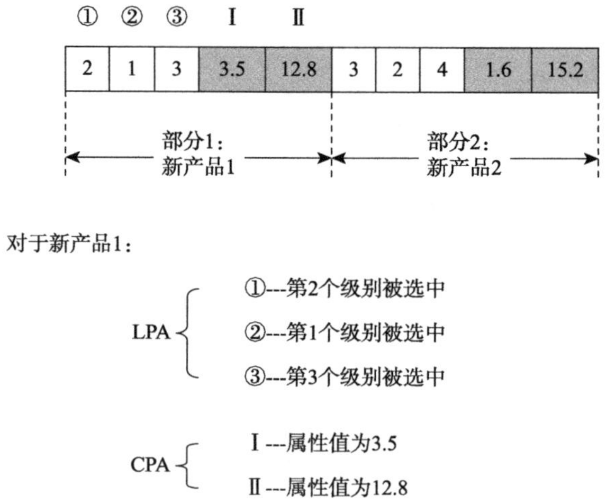

图 6.2　染色体编码举例

6.3.3　种群初始化

种群中的个体按照以下随机方式生成：①产品轮廓的数量按照均匀分布从 $\{1,2,\cdots,J\}$ 中随机生成；②对应第 k 个 LPA 的基因按照均匀分布从 $\{1,2,\cdots,L_k\}$ $(k=1,2,\cdots,K^C)$ 中随机生成；③对应第 k 个 CPA 的基因按照均匀分布从 $\{z_k^{\text{Low}}, z_k^{\text{Low}}+1, z_k^{\text{Low}}+2,\cdots,z_k^{\text{Upp}}\}$ $(k=1,2,\cdots,K^C)$ 中随机生成。

6.3.4　停止准则

当种群的进化代数达到给定的最大值 MaxGen 时算法停止。

6.3.5　杂交

杂交是遗传算法中最重要的遗传算子之一。如果染色体结构设计合理，杂交操作可以将一个个体中的优良特性和其他个体的优良特性相结合，从而在下一代中产生更优良的新个体。因为本章中的染色体采用了变长度结构，杂交过程相对比较复杂。假设父个体（P1）和母个体（P2）的染色体长度分别是 $L1$ 和 $L2$。杂交操作包括以下两种杂交操作。

（1）产品轮廓间的杂交。首先随机生成一个位置 $pos=U(1,2,\cdots,\min(L1,L2))$，其中 $\min(L1,L2)$ 表示 $L1$ 和 $L2$ 的最小值，$U(\cdots)$ 表示一个均匀分布的随机整数。

P1 的前 *pos* 个基因和 P2 的对应位置基因交换，生成两个新的子个体。在图 6.3 中，S1 和 S2 是经过产品轮廓间杂交后的子个体。如果父个体和母个体完全相同，则产品轮廓间的杂交过程省略。

（2）产品轮廓内的杂交：P1 和 P2 至少有 $\min(L1, L2)$ 个部分。不失一般性，假设 $L1<L2$，从 P2 中随机选择 $L1$ 个部分，执行如下操作：

For i=1 to $L1$ do

　从 P1 选择第 i 个部分，从 P2 已选择的部分中选择第 i 个；

　随机生成一个杂交位置 $pos_i = U\left(1,2,\cdots,K^C + K^L\right)$；

　交换两个部分的前 pos_i 个基因。

图 6.3 的例子中，pos_1 和 pos_2 是生成的杂交位置，S3 和 S4 是经过产品轮廓内杂交操作后生成的子个体。

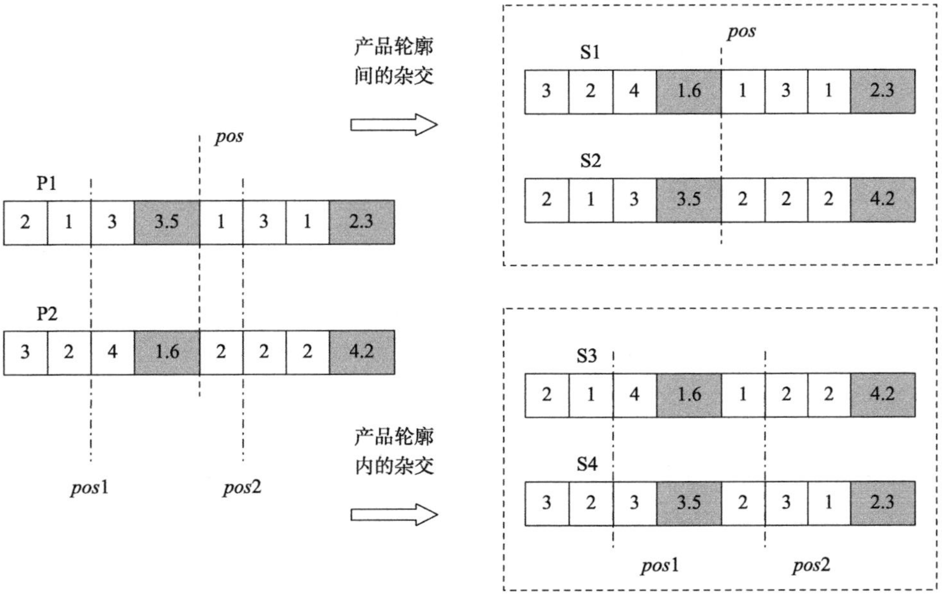

图 6.3　杂交操作举例

6.3.6　变异

变异的目的是保持种群中个体的多样性，并且可能因为个体基因的“移动”得到一个很好的个体（对应一个好解）。本章中的变异采用了邻域的概念。如果一个产品属性是 LPA，那么其邻域就是其级别索引增加 1 和减少 1；如果一个产品属性是 CPA，则其邻域就是其对应的属性值增加或减少 Δz 个单位。变异的过程从个体的第一个基因开始，在给定的变异率下，依次处理每个基因：如果随机数小于变异率，则该基因向邻域移动，邻域移动的方向随机产生。

6.3.7 繁殖

遗传算法的繁殖操作是一个自然过程，目的是淘汰劣解和保留好解。本节采用比赛选择方法（Srinivas and Deb，1994）进行 NSGA Ⅱ 中的选择过程。其主要思想是评估一个个体的两个属性：哑目标值和拥挤距离。在选择过程中，首先随机选择两个个体，然后按照下面的规则选择一个二者比赛的“胜利者”。

如果两个个体的目标值不同，即二者位于不同的非支配前线，则目标值较大的个体被选中；否则选择拥挤距离较大的个体。

上述选择过程持续进行，直到新种群的个数达到预定的数量。通过这种选择方法，选择过程可以使得非支配解前线上的解集逐步趋于均匀分布（Srinivas and Deb，1994）。

6.4 产品族多目标优化的案例分析和实验

本节采用香港某公司的数码相机产品族设计案例来说明上述模型和多目标遗传算法的具体应用。该数码相机产品的主要属性如表 6.1 所示，其中前 7 个是 LPA，最后一个是 CPA。

表 6.1 数码相机的产品属性和属性级别

序号	类型	属性名称	属性级别或值
1	LPA	像素数量/百万	7；10
2	LPA	防抖功能	No；Yes
3	LPA	显示屏尺寸/厘米	2.5；3
4	LPA	电池	AA 电池；锂电池
5	LPA	面部识别	否；是
6	LPA	拍摄模式的数量	12；18
7	LPA	重量/克	100～120；120～140；140～160；160～180
8	CPA	光学变焦	3～9

为了估计最后一个属性（光学变焦）的效用函数，在其范围内均匀选择了属

性的四个关键值 $A=\{3,5,7,9\}$，这样所有的产品属性都可以看作 LPA，以便应用联合分析方法求得产品属性每个级别的成分效用值。

可以看到，所有可能的产品轮廓的数量是 1024（$2^6 \times 4^2$）个。为了减轻市场调研的难度，应用修正的 L16 正交矩阵方法（Jiao et al.，2007）来定义相应的 16 个产品轮廓，如表 6.2 所示。其中，表中单元格为“1”表示对应的属性级别被选中，“0”表示没有被选中。

表 6.2　数码相机的正交产品轮廓

产品轮廓	像素		防抖		屏幕		电池		面部识别		模式		重量				变焦倍数			
	7	10	N	Y	2.5	3.0	AA	Lith	N	Y	12	18	100～120	120～140	140～160	160～180	3	5	7	9
1	1	0	1	0	1	0	1	0	1	0	1	0	1	0	0	0	1	0	0	0
2	0	1	0	1	1	0	0	1	1	0	0	1	0	0	1	0	0	0	1	0
3	1	0	0	1	0	1	0	1	0	1	1	0	1	0	0	0	0	0	1	0
4	0	1	1	0	0	1	1	0	0	1	0	1	0	0	1	0	1	0	0	0
5	1	0	1	0	0	1	0	1	0	1	0	1	0	0	0	1	0	0	0	1
6	0	1	0	1	0	1	1	0	0	1	1	0	0	1	0	0	0	1	0	0
7	1	0	0	1	1	0	1	0	1	0	0	1	0	0	0	1	0	1	0	0
8	0	1	1	0	1	0	0	1	1	0	1	0	0	1	0	0	0	0	0	1
9	0	1	0	1	1	0	1	0	0	1	0	1	1	0	0	0	0	0	0	1
10	1	0	1	0	1	0	0	1	0	1	1	0	0	0	1	0	0	1	0	0
11	0	1	1	0	0	1	0	1	1	0	0	1	1	0	0	0	0	1	0	0
12	1	0	0	1	0	1	1	0	1	0	1	0	0	0	1	0	0	0	0	1
13	0	1	0	1	0	1	0	1	1	0	1	0	0	0	0	1	1	0	0	0
14	1	0	1	0	0	1	1	0	1	0	0	1	0	1	0	0	0	0	1	0
15	0	1	1	0	1	0	1	0	0	1	1	0	0	0	0	1	0	0	1	0
16	1	0	0	1	1	0	0	1	0	1	0	1	0	1	0	0	1	0	0	0

市场调研则针对已经定义的 16 个产品轮廓开展，以收集顾客对这些产品轮廓的偏好信息。顾客被邀请为每个产品轮廓打分，打分的标准采用 9 分制，其中“9”表示最满意，“1”表示最不满意。35 位数码相机用户参与了这个市场调研，结果录入了 SPSS 软件（www.spss.com），以进一步处理分析这些数据。通过 SPSS 中的聚类分析功能，得到每个产品轮廓的顾客聚类中心如表 6.3 所示。产品轮廓的费用指标由产品开发项目组估计，而三个细分市场的顾客数量由公司的销售部门

分别估计为 60 万人、30 万人和 40 万人。

表 6.3　聚类后的产品轮廓聚类中心和费用指标

产品轮廓	细分市场的聚类中心			费用指标
	1	2	3	
1	3.86	1.88	6.20	0.49
2	6.00	7.50	7.40	0.72
3	5.71	6.88	7.60	0.73
4	5.14	3.25	6.40	0.60
5	6.43	5.75	6.60	0.87
6	6.14	6.25	6.20	0.65
7	5.71	4.13	6.20	0.52
8	5.86	4.75	6.80	0.88
9	7.86	5.63	7.20	0.97
10	4.00	4.13	6.20	0.55
11	5.43	5.00	6.20	0.72
12	6.14	4.50	6.20	0.80
13	4.14	5.50	6.80	0.55
14	4.71	3.13	6.00	0.66
15	4.00	3.50	6.00	0.61
16	5.00	6.63	6.20	0.60

基于表 6.1 和表 6.2 的信息，采用最小二乘线性回归方法计算产品属性每个级别在三个细分市场中的成分效用，计算结果如表 6.4 所示。

基于上述信息和表 6.4 中“变焦倍数”列的数据，可以采用曲线拟合方法求得多项式函数的系数，最终求得的函数如下：

$$f_{11}^{\text{Util}}\left(z_{j1}\right)=0.06-0.97z_{j1}+5.40z_{j1}^{2}-8.98z_{j1}^{3} \tag{6.20}$$

$$f_{21}^{\text{Util}}\left(z_{j1}\right)=-0.01+0.07z_{j1}+0.02z_{j1}^{2}-0.52z_{j1}^{3} \tag{6.21}$$

$$f_{31}^{\text{Util}}\left(z_{j1}\right)=-0.03+0.52z_{j1}-2.85z_{j1}^{2}+4.66z_{j1}^{3} \tag{6.22}$$

数码相机产品的 16 个产品轮廓对应的开发费用由公司的产品开发团队给出。为了方便估计和比较，采用了一种范围为 0～1 的费用指标来表示费用，其值越大表示费用越高，如表 6.3 所示。产品属性级别的可变单元费用最小二乘线性回归估算，结果如表 6.5 所示。

表 6.4　属性级别的成分效用

细分市场	像素		防抖		屏幕		电池		面部识别		模式		重量				变焦倍数				回归常数
	7	10	N	Y	2.5	3.0	AA	Lith	N	Y	12	18	100～120	120～140	140～160	160～180	3	5	7	9	
1	0	0.38	0	0.91	0	0.19	0	−0.12	0	0.30	0	0.80	0	−0.29	−0.40	−0.65	0	0.79	0.57	2.04	3.64
2	0	0.54	0	1.95	0	0.26	0	1.73	0	0.70	0	0.45	0	0.34	0.00	−0.13	0	0.56	0.94	0.84	1.44
3	0	0.23	0	0.43	0	−0.03	0	0.43	0	0.08	0	0.03	0	−0.50	−0.25	−0.40	0	−0.20	0.35	0.30	6.11

表 6.5　数码相机的级别的可变单元费用

属性	像素		防抖		屏幕		电池		面部识别		模式		重量				变焦倍数			
	7	10	N	Y	2.5	3.0	AA	Lith	N	Y	12	18	100～120	120～140	140～160	160～180	3	5	7	9
可变单元费用/港元	0	0.059	0	0.019	0	0.029	0	0.039	0	0.029	0	0.049	0	−0.033	−0.063	−0.093	0	0.048	0.118	0.318

与成分效用中采用的曲线拟合类似，属性“变焦倍数”对应的可变单元费用函数可以描述为

$$f_1^{\text{cost}}\left(z_{j1}\right)=2.24-30.78z_{j1}+160.26z_{j1}^2-264.22z_{j1}^3 \qquad (6.23)$$

公司计划开发一组数码相机产品(产品族)，产品族中最多包含三个产品轮廓。公司在设计过程中只考虑两个目标：最大化市场份额和最小化产品开发费用。目前，市场中主要的竞争产品有两个，另外还有一个公司以前投放的数码相机产品，其具体配置信息如表 6.6 所示。根据产品开发团队的经验，对应 $J'=1,2,3$ 的费用缩减因子分别估计为 1.0、0.92 和 0.75。

表 6.6　竞争产品和公司现有产品对应的产品轮廓

产品轮廓	像素		防抖		屏幕		电池		面部识别		模式		重量				变焦倍数
	7	10	N	Y	2.5	3.0	AA	Lith	N	Y	12	18	100～120	120～140	140～160	160～180	3～9
Cp1	0	1	1	0	1	0	0	1	1	0	1	0	0	0	1	0	5.5
Cp2	1	0	0	1	0	1	1	0	0	1	1	0	0	0	0	1	8.5
公司现有产品	0	1	1	0	1	0	1	0	0	1	1	0	0	0	1	0	3.0

根据式（6.2）和式（6.20）及表 6.6 中的数据，第 1 个竞争产品在第 1 个细分市场中的效用可以按照下式确定：

$$U_{1j}=\sum_{k=1}^{K^L}\sum_{l=1}^{L_k}u_{1kl}x_{jkl}+0.06-0.97\times5.5+5.40\times5.5^2-8.98\times5.5^3=4.01\text{，}j=\text{Cp1}$$

另一个竞争产品和公司现有产品在三个细分市场中的效用计算方法与此类似，结果如表 6.7 所示。

表 6.7　竞争产品和公司现有产品的效用

产品轮廓	细分市场 1	细分市场 2	细分市场 3
Cp1	4.01	4.42	6.55
Cp2	6.03	5.11	6.49
公司现有产品	4.06	2.66	6.10

本例中的公司没有产品开发周期方面的具体需求，所以没有考虑最小化产品开发周期的目标。NSGA Ⅱ被用于求解数码相机产品的产品族优化设计多目标模型。算法的杂交率和变异率分别设为 0.8 和 0.05。因为本问题的解空间很大，因此种群大小设为 100，以保持初始解的多样性。程序运行 30 代后的非支配解前线如图 6.4 所示。该前线由 24 个非支配解组成，分布在如下的矩形区域：市场份额在 8%～30%，费用指标为 0.4～1.8。

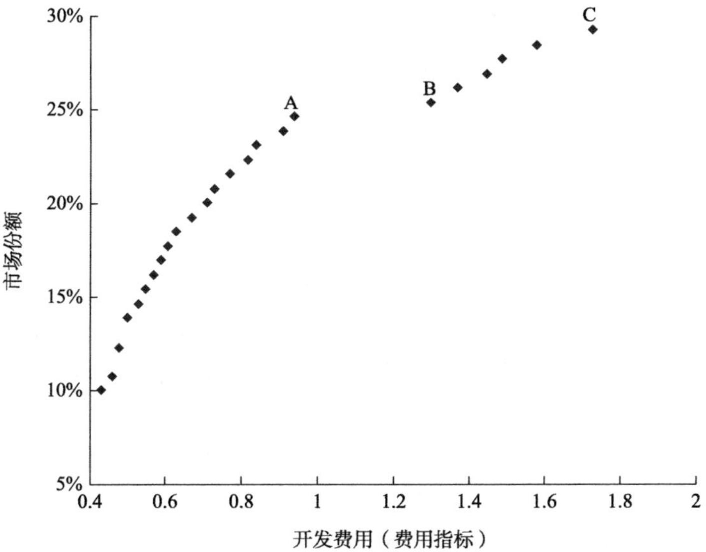

图 6.4　遗传算法运行 30 代后获得的非支配解前线

从图 6.4 中可以看到，前沿的非支配解并没有均匀分布，这是因为优化模型是一个混合整数规划，图形中的有些区域并不是有效的。另外，图中有些区域没有包括任何非支配解。例如，解 A 和解 B 之间有一个很大的缝隙，说明 A 有很好的市场份额目标值，导致附近许多成本指标值在 1.0 至 1.3 之间的解“被支配”了。解 A、解 B、解 C 的详细信息如表 6.8 所示，可以看到解 A、解 B、解 C 分别包括 1，2，3 个产品轮廓。产品开发团队可以综合考虑公司的市场策略和产品开发预算，从图中的非支配前线中交互选择一个满意解。

表 6.8　解 A、B、C 的详细信息

解	目标值		属性级别																	
	目标 1	目标 2	像素		防抖		屏幕		电池		面部识别		模式		重量				变焦倍数
			7	10	N	Y	2.5	3.0	AA	Lith	N	Y	12	18	100～120	120～140	140～160	160～180	3～9
A	24.6%	0.94	0	1	0	1	1	0	0	1	0	1	0	1	1	0	0	0	8.07
B	25.4%	1.30	1	0	0	1	1	0	1	0	1	0	1	0	0	0	0	1	5.50
			0	1	0	1	1	0	0	1	0	1	0	1	1	0	0	0	8.07
C	29.2%	1.73	1	0	0	1	0	1	0	1	1	0	0	1	0	0	0	1	3.67
			0	1	0	1	1	0	0	1	0	1	0	1	1	0	0	0	8.07
			0	1	0	1	0	1	0	1	0	1	0	1	1	0	0	0	6.86

在算法运行过程中，当种群不断进化时，种群中的解逐步向多目标模型的Pareto前沿靠近，显示出算法有比较好的收敛特性。

6.5 本章小结

本章提出了一个产品族设计优化的多目标模型，模型的优化目标包括最大化市场份额、最小化产品开发费用和最小化产品开发周期。当算法运行后，产品开发团队可以从算法得到的一组非支配解集中交互选择最满意的方案。本章采用了曲线拟合方法，使得成分效用模型能适用于基于级别的产品属性和基于数值的产品属性。同时，采用多目标遗传算法 NSGA Ⅱ，设计了变长度染色体结构和相应的遗传算子来求解建立的模型。最后，采用一个数码相机的案例来验证所提出的模型和算法，案例分析的结果表明 NSGA Ⅱ算法有较好的收敛能力。本章的方法不需要确定模型各优化目标之间的权重，因此不会导致传统的多目标加权求和方法的丢失最优解问题。需要指出，本章的费用模型采用线性形式，且假设两个产品属性的单元费用是彼此独立的。但是，实际中两个级别的单元费用之差可能被其他产品属性的级别所影响。因此，未来的研究可能采用更复杂的非线性费用模型来提高费用估计的准确性。另外，在这个研究问题上，未来可能考虑市场的不确定性和动态市场因素。例如，本章中每个细分市场中的估计顾客数量是一个常数，如果将其考虑成一个模糊数可能更适合，但会大大增加模型的求解难度。

第 7 章 考虑供应商选择的产品族集成优化

7.1 问 题 背 景

尽管产品族技术有诸多优点，但由于产品平台的通用性，从产品平台上衍生出的产品变体与单独设计相比可能存在性能上的损失。因此，引入产品族有可能导致顾客满意度的下降和市场销售收入的降低。产品族设计的挑战主要来自两个方面：①如何确定产品平台，使得最大化产品平台通用性和最小化个体性能偏差这两个目标之间得到合理均衡；②如何确定产品族中产品变体的最优产品属性设置，使其能达到最小化产品变体的性能损失、最大化期望市场利润、最小化生产费用等目标。同时考虑这两个方面会导致优化问题的解空间很大，从目前的文献情况来看，大部分研究都集中在第二个方面，即在产品族优化问题中假设产品平台已经确定。

另外，随着市场的全球化，产品的设计和生产已经不只局限于企业自身，越来越多的企业开始将产品设计和生产中的非核心业务外包给其他供应商，产品成本的很大部分都来自原材料的购置和零部件的外包。因此，供应商的选择在现代制造企业中是一个重要的决策问题。据统计，一个典型的制造企业在原材料、零件、部件与子装配的购置和外包上大约花费 60%的费用；对于高科技企业，这个费用比例大约会提高到 80%（Cohen，1995）。选择适当的供应商，可对削减购置和外包费用、提升产品在市场中的竞争力和增加顾客对产品的满意度起到积极的作用。

传统的制造业生产流程中，产品族设计和供应商选择是两个有先后次序的独立过程。产品开发团队先确定产品族中每个产品变体的部件特性值，在设计过程结束后，供应部门寻找符合资质要求的供应商并与之谈判，选择价格最为合理的供应商作为合作伙伴（Zhang et al.，2008）。产品族设计的目标是提高产品变体的性能或增加市场收入，而供应商选择的目标则是在确保购置零部件质量的基础上，最小化购置和外包费用。但是，从制造企业总体的角度来看，其开发和生产产品的终极目的是增加市场利润，如果把上述两个过程割裂开来，可能导致这两个决策过程的最终方案是不可行的或者并不是最优方案（Gupta and Krishnan，2009）。例如，产品族设计结束后，如果针对某些零部件的要求，找不到符合要求的供应商或者找到的供应商价格过高，那么则需要进行设计更改，将这些零部件替换成其他相似零部件，这些零部件虽然对于产品族中产品变体的性能有少许影响，但从总体上来看仍然是合理的，解决了供应商选择的问题。

近年来，已经有一些学者认识到了将供应商选择集成到产品族设计过程的必要性，但相关研究大都是定性分析和案例分析，只有少量论文涉及了定量的建模和优化（Huang et al.，2005）。下面对这几篇论文做简要介绍。Goldberg（1989）建立了一个优化模型，将产品族模块中的零件选择和零件的供应商选择集成在了一起，模型的目标是最小化总费用，其中包括选择供应商的固定费用和购买零件的费用。然而，该模型的假设之一是技术需求实现与零部件数量的关系是线性可叠加的；这个假设只能适用于某些特定的电子产品，对于大部分一般类型的产品而言，这种关系可能是非线性的。Gupta 和 Krishnan（2009）提出了一个整数规划模型，将产品族的部件选择和供应商选择集成在了一起。该模型假设部件可以按照性能进行排序，并具有单向的可替换性，即低端的部件总可以被高端部件替代，但反之不成立。但是，市场中的顾客可能对产品有不同的偏好，对于一个产品变体来说，顾客的效用可能是完全不同的。换句话说，一个部件的性能不能简单标识为高或者低，它的好坏和效用大小取决于一个特定的顾客。该模型的另一个假设是供应商对一个部件的报价是相同的。这个假设在实际中显然是不成立的，因为供应商总是试图通过不同报价来赢得订单。Balakrishnan 和 Chakravarty（2008）提出了一个由利润驱动的、将产品变体选择和供应商选择集成在一起的决策问题，建立了数学模型，并证明了如果将产品变体和供应商限定到一个小规模参考集，则总可以得到最优解。但是，该研究提出的模型实际上是一种两阶段方法，优化模型求解的前提是首先要将参考集缩减到足够小（Dobson and Kalish，1993）。对于部件数量较多的大规模问题，穷举参考集中的产品变体可能产生组合爆炸问题，导致第二阶段的算法效率低下。如果采用启发式方法生成参考集中的产品变体，则又可能丢失问题的最优解，因为最优解可能根本就不在参考集中。

本章采用单阶段方法综合考虑基于产品平台的产品族部件选择和供应商选择的联合优化问题（Luo et al.，2011；Cao et al.，2012；Cao et al.，2014）。产品族部件基于产品平台的公共接口，具有不同的功能和特征，能满足顾客的多样化需求，目标是得到产品族中每个产品变体的最优配置方案，同时考虑产品族在细分市场中的收入及购置和外包相关的费用。基于此，本章建立了一个混合整数非线性规划模型，其目标函数是最大化产品族的总利润，并开发了一种嵌入了单纯形过程的遗传算法来求解建立的模型。

7.2　联合决策问题的建模

本节定义了集成供应商选择的产品族设计优化问题，并在确定性顾客选择规则和效用理论的基础上，逐步建立了问题的优化模型。

7.2.1　优化问题的描述

假设一个公司准备开发一组新产品来满足顾客的不同需求，且产品平台已经建立。产品平台中包含了若干内部接口；对于每个接口，都可以配置一些产品部件。这些部件在功能和结构上类似，但性能和特点都有所不同，可以实现针对接口的完全互换。在此基础上，可以通过在每个接口中选择一个部件，形成一个具体的产品变体。

与 Gupta 和 Krishnan（2009）研究中的符号相同，这里定义一个接口中的可互换部件为可互换部件集合（replaceable components set，RCS）。假设产品有 K 个 RCS，且第 k 个 RCS 包含 L_k 个产品部件。与 Gupta 和 Krishnan（2009）的假设不同（部件可以按照性能等级排序），本章中 RCS 的部件可以在很多方面不同（如尺寸、颜色、样式、形状等），可以对应顾客的多样化需求。产品族中产品变体的个数上限是 J。

结合市场调研和顾客需求分析，假设市场中产品的顾客可以聚类为 I 个细分市场，其中每个细分市场包含 n_i $(i=1,2,\cdots,I)$ 个偏好相同的顾客。顾客对产品的偏好用基于货币值的感知效用来表示，其值代表顾客愿意购买该产品所花费的货币量；顾客针对一个产品变体的购买决策由效用剩余所决定，即顾客感知效用减去产品变体的价格（Messac et al.，2002）。因此，在面向利润的优化模型中，价格是一个决策变量。价格升高导致产品边际收入的增加，但同时也因为效用剩余的减少而损失一部分可能购买产品的顾客。

产品部件的生产外包给一些供应商。共有 V 个供应商供应产品部件，注意这些供应商已经经过了质量和技术等资质要求的筛选。第 v 个供应商对第 k 个 RCS $(k=1,2,\cdots,K; l=1,2,\cdots,L_k; v=1,2,\cdots,V)$ 的第 l 个部件的报价为 e_{klv}。特别地，如果第 v 个供应商并不提供第 k 个 RCS 的第 l 个部件，则 e_{klv} 被预设为一个很大的正数。

优化问题的目的是确定产品族的产品变体的配置和部件供应商清单，优化的目标函数是最大化产品族的总利润。优化涉及的决策问题主要包括以下几点。

（1）产品族中应该包括多少个产品变体？

（2）对于每个产品变体，其每个 RCS 中选择哪个产品部件？

（3）每个产品变体的价格应该是多少？

（4）产品部件的供应商应该如何选择？

为了方便建模，定义如下的决策变量。

（1）x_{ij} $(i=1,2,\cdots,I; j=1,2,\cdots,J)$：一个 0-1 变量。如果第 i 个细分市场的顾客选择第 j 个产品变体，则 $x_{ij}=1$；否则 $x_{ij}=0$。

（2）y_{jkl} $\left(j=1,2,\cdots,J; k=1,2,\cdots,K; l=1,2,\cdots,L_k\right)$：一个 0-1 变量。如果第 k 个 RCS 的第 l 个产品部件被指派到第 j 个产品变体，则 $y_{jkl}=1$；否则 $y_{jkl}=0$。

（3）z_{klv} $\left(k=1,2,\cdots,K; l=1,2,\cdots,L_k; v=1,2,\cdots,V\right)$：一个 0-1 变量。如果第 k 个 RCS 的第 l 个产品部件由第 v 个供应商提供，则 $z_{klv}=1$；否则 $z_{klv}=0$。

（4）ξ_v $\left(v=1,2,\cdots,V\right)$：一个 0-1 变量。如果第 v 个供应商被选中，则 $\xi_v=1$；否则 $\xi_v=0$。

（5）p_j $(j=1,2,\cdots,J)$：一个实数变量，表示第 j 个产品变体的价格。

7.2.2 顾客偏好的表示

采用联合分析来进行顾客选择偏好的建模。联合分析应用统计技术来推测累加联合偏好结构。在联合分析的应用系统中，典型的做法是让客户通过打分来评估不同属性级别组合的各种虚构的产品轮廓，然后在整体判断信息的基础上，通过回归、层次贝叶斯模型或线性规划模型来估计单个属性级别的效用值（Butler et al., 2008）。

根据联合分析中常用的成分效用模型，一个产品轮廓的效用可以认为是产品的属性级别的线性函数叠加，即

$$U_{ij}=\sum_{k=1}^{K}\sum_{l=1}^{L_k} w_{jk}u_{ikl}y_{jkl} \tag{7.1}$$

其中，U_{ij} 表示第 j 个产品变体在第 i 个细分市场中的效用（用货币表示）；w_{jk} 表示 RCS 之间的重要性权重；u_{ikl} 表示第 k 个 RCS 的第 l 个产品部件在第 i 个细分市场中的成分效用。

7.2.3 顾客购买选择行为和市场收入

通常情况下，市场中可能已经存在若干产品，如竞争公司的产品和本公司以

前投放市场的产品。用户面对一个产品时的购买决策不但被这个产品的效用剩余所影响，同时也被市场中竞争产品的效用剩余所影响。

以往的研究文献中，许多产品族设计模型都采用确定性选择规则来模拟用户的购买行为（Kohli and Sukumar，1990），本章也采用这一选择规则。确定性选择规则假设顾客只选择效用剩余最高的产品。因此，$\sum_{j=1}^{J} x_{ij}$ 要么等于 1（当前产品族中有一个产品变体被选中），要么等于 0（顾客选中的是竞争产品）。这种关系可以用式（7.2）表达：

$$\sum_{j=1}^{J} x_{ij} \leqslant 1, \quad i=1,2,\cdots,I \tag{7.2}$$

一个顾客只选择产品族中效用剩余最大的那个产品变体，上述关系可以表示为

$$\sum_{j=1}^{J} x_{ij}\left(U_{ij}-U_{ij'}-p_j+p_{j'}\right) \geqslant 0, \quad i=1,2,\cdots,I, \quad j'=1,2,\cdots,J \tag{7.3}$$

式（7.3）可以解释如下：①当 $\sum_{j=1}^{J} x_{ij}=0$（当前产品族中没有产品变体被选中），则式（7.3）没有效果；②当 $\sum_{j=1}^{J} x_{ij}=1$（当前产品族中有一个产品变体被选中），式（7.3）可以被重写为（假设第 $\bar{j}$ 个产品变体被选中）

$$U_{i\bar{j}}-p_{\bar{j}} \geqslant U_{ij'}-p_{j'}, \quad i=1,2,\cdots,I, \quad j'=1,2,\cdots,J \tag{7.4}$$

式（7.4）确保当前产品族中第 $\bar{j}$ 个产品变体的效用剩余在第 i 个细分市场中最大。

同时，被选中的产品变体的剩余效用应该比任何竞争产品的剩余效用大，这种关系可以表示为

$$\sum_{j=1}^{f} x_{ij}\left(U_{ij}-p_j-r_i\right) \geqslant 0, \quad i=1,2,\cdots,I \tag{7.5}$$

其中，r_i 表示所有竞争产品的最大剩余效用。式（7.5）的表达含义与式（7.4）类似。

另外，如果顾客选中了一个竞争产品，式（7.4）和式（7.5）应该没有效果。因此，需要增加一个约束来保证在这种情况下，其效用剩余比当前产品族中的任何产品变体的效用剩余都大。这种关系可以用式（7.6）表达。

$$\sum_{j=1}^{J} x_{ij}\left(U_{ij'}-p_{j'}-r_i\right) \geqslant U_{ij'}-p_{j'}-r_i, \quad i=1,2,\cdots,I, j'=1,2,\cdots,J \tag{7.6}$$

等式可以解释如下：①如果 $\sum_{j=1}^{J} x_{ij} = 1$，式（7.6）没有效果；②如果 $\sum_{j=1}^{J} x_{ij} = 0$，式（7.6）可以被重写为

$$r_i \geqslant U_{ij'} - p_{j'},\quad i = 1,2,\cdots,I,\quad j' = 1,2,\cdots,J \tag{7.7}$$

这样就保证 r_i 是最大的效用剩余。

因为公司只从那些有希望购买一个产品变体的顾客中获利，产品族总的市场收入可以表示成

$$R = \sum_{i=1}^{I}\sum_{j=1}^{J} n_i p_j x_{ij} \tag{7.8}$$

7.2.4　产品族的费用

影响产品变体配置的一个重要因素是产品族的费用。产品的生产是一个复杂的过程，有许多的影响因素，因此，费用估计是一项比较困难的工作。本章采用可变成本和固定成本的方法来对产品族费用进行建模。这种方法比较成熟，在许多产品设计相关的文献中都有应用。首先，我们将产品族费用 C 划分为以下两个部分：

$$C = C^{\text{inr}} + C^{\text{src}} \tag{7.9}$$

其中，C^{inr} 表示公司内部费用（即产品个体在公司内部生产过程中发生的费用）；C^{src} 表示外包相关费用（即公司为购买产品变体中的部件发生的相关费用）。

公司内部费用可以进一步分为固定费用部分 $C^{\text{inr(fix)}}$ 和可变费用部分 $C^{\text{inr(var)}}$。其中 $C^{\text{inr(fix)}}$ 包括项目启动费用、基建费用和管理费用等；$C^{\text{inr(var)}}$ 包括在公司内生产产品所发生的费用，如装配费用、包装费用、存贮费用、送货费用等。根据线性费用累加模型，第 j 个产品变体的公司内部可变费用 $C_j^{\text{inr(var)}}$ 可以进一步表示为

$$C_j^{\text{inr(var)}} = \sum_{k=1}^{K}\sum_{l=1}^{L_k} c_{kl}^{\text{inr(var)}} y_{jkl} \tag{7.10}$$

其中，$c_{kl}^{\text{inr(var)}}$ 表示第 k 个 RCS 的第 l 个部件的可变单元生产费用。如果公司的运营成本会计系统有足够的数据，该可变单元生产费用可以通过产品专家直接给出或者通过回归方法用历史数据进行估计（Steiner and Hruschka，2002）。

考虑顾客选择的所有产品变体，C^{inr} 可以重写为

$$C^{\text{inr}} = \sum_{i=1}^{I}\sum_{j=1}^{J}\sum_{k=1}^{K}\sum_{l=1}^{L_k} n_i x_{ij} c_{kl}^{\text{inr(var)}} y_{jkl} + C^{\text{inr(fix)}} \tag{7.11}$$

另外，外包相关费用也可以分为可变外包费用 $C^{\text{src(var)}}$ 和固定外包费用 $C^{\text{src(fix)}}$。

实际上，$C^{\mathrm{src(var)}}$ 就是公司给供应商支付的部件购买费用。一般来说，供应商选择是一个复杂的过程，涉及供应商在多种指标上的评估，如报价、质量体系、技术能力、生产能力和物流能力等。本章假设供应商已经经过了评估和预选过程，即不考虑所有的候选供应商在质量、交货期和其他因素上的表现，只考虑他们的部件报价。因此，第 j 个产品变体的可变外包费用 $C_j^{\mathrm{src(var)}}$ 就是所有购买的产品部件的价格之和，可表示为

$$C_j^{\mathrm{src(var)}} = \sum_{k=1}^{K}\sum_{l=1}^{L_k}\sum_{v=1}^{V} y_{jkl} e_{klv} z_{klv} \tag{7.12}$$

其中，e_{klv} 表示第 v 个供应商对第 k 个 RCS 的第 l 个部件的报价。

固定外包费用定义为选择供应商所发生的相关费用，包括公司与被选择供应商的谈判、通信、签约和质量监督等过程的费用，表示为

$$C^{\mathrm{src(fix)}} = \sum_{v=1}^{V} g_v \xi_v \tag{7.13}$$

其中，g_v 表示采用第 v 个供应商发生的费用。如果与太多供应商保持合作关系，也会给公司带来一些负担，因此公司一般会鼓励供应商同时对多个物品进行组合报价。

因为部件外包费用依赖于产品族中产品变体的配置，C^{src} 可以被重写为

$$C^{\mathrm{src}} = \sum_{i=1}^{I}\sum_{j=1}^{J}\sum_{k=1}^{K}\sum_{l=1}^{L_k}\sum_{v=1}^{V} n_i x_{ij} y_{jkl} e_{klv} z_{klv} + \sum_{v=1}^{V} g_v \xi_v \tag{7.14}$$

7.2.5 目标函数

优化问题的目标函数为最大化产品族的总利润，即市场利润减去产品族的费用，可以表示为

$$\mathrm{Max}\,\Pi = R - C \tag{7.15}$$

由前面的等式，式（7.15）可以重写为

$$\begin{aligned}\mathrm{Max}\Pi' =& \sum_{i=1}^{I}\sum_{j=1}^{J} n_i p_j x_{ij} - \sum_{i=1}^{I}\sum_{j=1}^{J}\sum_{k=1}^{K}\sum_{l=1}^{L_k} n_i x_{ij} c_{kl}^{\mathrm{inr(var)}} y_{jkl} \\ &- \sum_{i=1}^{I}\sum_{j=1}^{J}\sum_{k=1}^{K}\sum_{l=1}^{L_k}\sum_{v=1}^{V} n_i x_{ij} y_{jkl} e_{klv} z_{klv} - \sum_{v=1}^{V} g_v \xi_v - C^{\mathrm{inr(fix)}}\end{aligned} \tag{7.16}$$

因为 $C^{\mathrm{inr(fix)}}$ 与任何决策变量无关，对优化结果没有影响，所以式（7.16）可以被重写为

$$\text{Max }\Pi' = \sum_{i=1}^{I}\sum_{j=1}^{J} n_i p_j x_{ij} - \sum_{i=1}^{I}\sum_{j=1}^{J}\sum_{k=1}^{K}\sum_{l=1}^{L_k} n_i x_{ij} c_{kl}^{\text{inr(var)}} y_{jkl} - \sum_{i=1}^{I}\sum_{j=1}^{J}\sum_{k=1}^{K}\sum_{l=1}^{L_k}\sum_{v=1}^{V} n_i x_{ij} y_{jkl} e_{klv} z_{klv} - \sum_{v=1}^{V} g_v \xi_v \tag{7.17}$$

7.2.6　其他必要的约束

为了准确表达优化问题，需要增加以下决策变量关系的相关约束。

（1）对于产品变体的每个 RCS，只有一个产品部件被选中，这种关系可以表示为

$$\sum_{l=1}^{L_k} y_{jkl} = 1, \quad j = 1,2,\cdots,J, \quad k = 1,2,\cdots,K \tag{7.18}$$

（2）产品变体的每个部件必须有且只有一个供应商，这种关系可以表示为

$$\sum_{v=1}^{V} z_{klv} = 1, \quad k = 1,2,\cdots,K, \quad l = 1,2,\cdots,L_k \tag{7.19}$$

（3）决策变量 z_{klv} 和 ξ_v 互相之间有内在的联系。如果一个供应商被选中，则其必须提供一个或多个产品部件；如果一个供应商提供了多个产品部件，则其必然是被选中的。这种关系可以表示为

$$\sum_{k=1}^{K}\sum_{l=1}^{L_k} z_{klv} \leqslant N\xi_v, \quad v = 1,2,\cdots,V \tag{7.20}$$

其中，N 表示一个大的正数，实际上 N 可以取 $\sum_{k=1}^{K} L_k$ 。

7.2.7　优化模型

基于上述的目标函数和约束，可以建立下面的优化模型（模型 I ）：

$$\text{Max }\Pi' = \sum_{i=1}^{I}\sum_{j=1}^{J} n_i p_j x_{ij} - \sum_{i=1}^{I}\sum_{j=1}^{J}\sum_{k=1}^{K}\sum_{l=1}^{L_k} n_i x_{ij} c_{kl}^{\text{inr(var)}} y_{jkl} - \sum_{i=1}^{I}\sum_{j=1}^{J}\sum_{k=1}^{K}\sum_{l=1}^{L_k}\sum_{v=1}^{V} n_i x_{ij} y_{jkl} e_{klv} z_{klv} - \sum_{v=1}^{V} g_v \xi_v$$

s.t.

$$\sum_{j=1}^{J} x_{ij} \leqslant 1, \quad i = 1,2,\cdots,I \tag{7.21}$$

$$\sum_{l=1}^{L_k} y_{jkl} = 1, \quad j = 1,2,\cdots,J, \quad k = 1,2,\cdots,K \tag{7.22}$$

$$\sum_{v=1}^{V} z_{klv} = 1, \quad k = 1,2,\cdots,K, \quad l = 1,2,\cdots,L_k \tag{7.23}$$

$$\sum_{k=1}^{K}\sum_{l=1}^{L_k} z_{klv} \leqslant N\xi_v, \quad v = 1,2,\cdots,V \tag{7.24}$$

$$\sum_{j=1}^{J} x_{ij}\left(\sum_{k=1}^{K}\sum_{l=1}^{L_k} w_{jk}u_{ikl}y_{jkl} - \sum_{k=1}^{K}\sum_{l=1}^{L_k} w_{j'k}u_{ikl}y_{j'kl} - p_j - p_{j'}\right) \geqslant 0, \quad i = 1,2,\cdots,I, \quad j' = 1,2,\cdots,J \tag{7.25}$$

$$\sum_{j=1}^{J} x_{ij}\left(\sum_{k=1}^{K}\sum_{l=1}^{L_k} w_{jk}u_{ikl}y_{jkl} - p_j - r_i\right) \geqslant 0, \quad i = 1,2,\cdots,I \tag{7.26}$$

$$\sum_{j=1}^{J} x_{ij}\left(\sum_{k=1}^{K}\sum_{l=1}^{L_k} w_{jk}u_{ikl}y_{jkl} - p_j - r_i\right) \geqslant \sum_{k=1}^{K}\sum_{l=1}^{L_k} w_{j'k}u_{ikl}y_{j'kl} - p_{j'} - r_i, \quad i = 1,2,\cdots,I \tag{7.27}$$

$$x_{ij}, y_{jkl}, z_{klv}, \xi_v \in \{0,1\} \text{ and } p_j \geqslant 0 \tag{7.28}$$

7.3　优化模型的求解算法

上述建立的模型是一个混合整数规划模型。当问题规模较小时，可以直接用 LINGO 软件进行求解。当 RCS 和供应商的数量较大时，如果试图用规划软件求解，会导致解空间过大而无法求解。采用启发式算法或智能优化获得近似最优解是一个可行的方案。遗传算法是一种有效的智能优化算法，计算过程简单，且对于复杂优化问题有很好的鲁棒搜索性能，近年来已经在众多研究领域被成功应用于无数的实际问题。本章开发了一种嵌入线性规划的遗传算法（linear programming embedded genetic algorithm，LPEGA）来求解建立的优化模型。本章的 LPEGA 的主要思路和特点如下所示。

7.3.1　LPEGA 的基本思路

优化模型中涉及的决策变量包括连续变量（价格）和 0-1 变量。尽管可以通过设计复合染色体结构来同时表示连续变量和离散变量，但这种方式下，通过遗传算法很难得到连续变量的最优值。本章的 LPEGA 基本思想和嵌入线性规划的模拟退火算法（Teghem et al.，1995）的思路相同。因为连续变量的数量相对较少，且其值严重依赖于离散变量的取值，所以可以在启发式算法中嵌入一个线性规划过程来计算对于给定一组离散变量值的前提下，连续变量的最优值。

本章的模型中，离散变量为 x_{ij}、y_{jkl}、z_{klv} 和 ξ_v。因为 z_{klv} 和 ξ_v 相互关联，所以 LPEGA 的染色体编码仅与 x_{ij}、y_{jkl} 和 z_{klv} 相关。对于编码的给定个体，所有的 0-1 决策变量可以用解码过程解码，以满足模型 I 中的约束。这样，模型 I 中的 0-1 决策变量可以看作给定的常量，模型 I 可以被重新表示成如下模型（模型 II）：

$$\text{Max} \sum_{i=1}^{I}\sum_{j=1}^{J} n_i p_j x_{ij} \tag{7.29}$$

s.t.

$$\sum_{j=1}^{J} x_{ij}\left(\sum_{k=1}^{K}\sum_{l=1}^{L_k} w_{jk}u_{ikl}y_{jkl} - \sum_{k=1}^{K}\sum_{l=1}^{L_k} w_{j'k}u_{ikl}y_{j'kl} - p_j - p_{j'}\right) \geqslant 0\,,\quad i=1,2,\cdots,I\,,\quad j'=1,2,\cdots,J$$

$$\sum_{j=1}^{J} x_{ij}\left(\sum_{k=1}^{K}\sum_{l=1}^{L_k} w_{jk}u_{ikl}y_{jkl} - p_j - r_i\right) \geqslant 0\,,\quad i=1,2,\cdots,I$$

$$\sum_{j=1}^{J} x_{ij}\left(\sum_{k=1}^{K}\sum_{l=1}^{L_k} w_{j'k}u_{ikl}y_{j'kl} - p_{j'} - r_i\right) \geqslant \sum_{k=1}^{K}\sum_{l=1}^{L_k} w_{j'k}u_{ikl}y_{j'kl} - p_{j'} - r_i\,,$$
$$i=1,2,\cdots,I\,,\quad j'=1,2,\cdots,J$$
$$p_j \geqslant 0$$

其中，只有 $p_j\ (j'=1,2,\cdots,J)$ 是决策变量。

模型 II 表示一个如下子问题的优化模型：对于一个给定的合法个体，如何确定产品变体的最优价格。这是一个标准的线性规划模型，可以用成熟的单纯形法求解。注意模型 II 也可能无解，表示对于当前的 0-1 变量，找不到合理的价格使得其能满足模型的约束。

7.3.2　染色体结构

本节应用整数编码的染色体结构。染色体由两部分组成：顾客选择部分和产品配置部分。顾客选择部分有 I 个基因，第 i 个基因的整数值 j 表示第 i 个细分市场中的顾客选择了第 j 个产品变体。特别地，j=0 表示没有产品变体被选中（或者选中的是一个竞争产品）。产品配置部分由 J 个子分区组成，其中第 j 个子分区包含与第 j 个产品变体相关的信息。一个子分区包含 K 个单元，其中第 k 个单元包含与第 k 个 RCS 相关的信息。一个单元中的第一个整数 l 表示当前 RCS 选择第 l 个部件，第二个整数 v 表示本单元对应的部件由第 v 个供应商提供。总之，个体可以由以下整数表示

$$\bar{x}_i\left(i=1,2,\cdots,I\right);\bar{y}_{jk},\bar{z}_{jk}\left(j=1,2,\cdots,J;k=1,2,\cdots,K\right) \tag{7.30}$$

其中，$\bar{x}_i,\bar{y}_{jk},\bar{z}_{jk}$ 均表示正整数，且 $\bar{x}_i\in[1,J],\bar{y}_{jk}\in[1,L_k],\bar{z}_{jk}\in[1,V]$。

图 7.1 显示了一个染色体编码的例子。该例子中有 4 个细分市场、2 个产品变体和 3 个 RCS。根据顾客选择部分的编码规则，第 1 个细分市场的顾客选择第 1 个产品变体，第 2 个细分市场的顾客选择了竞争产品，第 3 个细分市场的顾客选择第 2 个产品变体，第 4 个细分市场的顾客选择第 1 个产品变体。根据子分区 1 的编码，第一个产品变体的配置如下：第 1 个 RCS 选择第 1 个部件，该部件由第 3 个供应商提供；第 2 个 RCS 选择第 3 个部件，该部件由第 6 个供应商提供；第 3 个 RCS 选择第 3 个部件，该部件由第 1 个供应商提供。子分区 2 的编码与此类似，不再赘述。

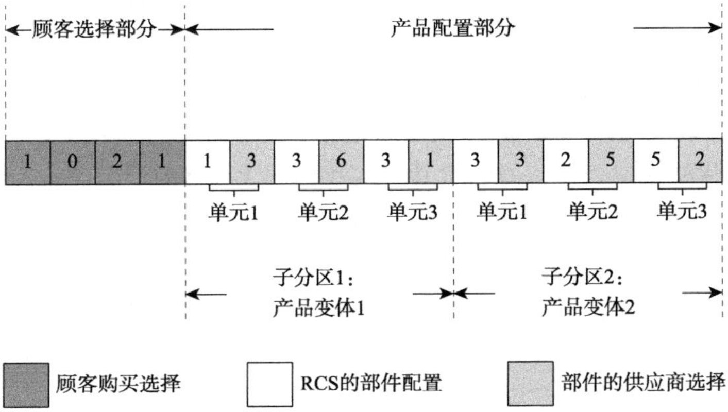

图 7.1　染色体编码的例子

7.3.3　种群初始化

初始种群中的个体由随机函数生成，以保持种群的多样性。产品变体、产品部件和供应商的索引值在基因中用整数编码，随机函数生成的范围分别是$[1,J]$，$[1,L_k]$和$[1,V]$。

7.3.4　适值函数

对于一个已经编码的个体，其适值按照如下过程进行计算。

（1）根据染色体结构表示规则，对个体的基因进行解码，设置 $\bar{x}_{ij},\bar{y}_{jk},\bar{z}_{jk}$，和 β_v 的正确取值。

（2）构建模型Ⅱ，计算标准线性规划的系数向量、常量向量和矩阵向量。

（3）应用单纯形算法求解模型Ⅱ，获得最优解 p_j 。

（4）计算模型Ⅰ的目标函数值，按照式（7.31）计算个体的适值。

$$F = \frac{f - f^{\min}}{f^{\max} - f^{\min}} \tag{7.31}$$

其中，f 表示给定个体的目标函数值；$f^{\min}$ 和 $f^{\max}$ 分别表示当前种群的最小和最大目标函数值。

7.3.5　杂交

杂交是遗传算法中最重要的遗传算子之一。如果染色体结构设计得当，杂交操作可以将一个个体中的优良特性和其他个体的优良特性相结合，从而在下一代中产生更优良的新个体。这里采用均匀杂交方法。图 7.2 显示了一个均匀杂交的例子。首先生成一组用 0-1 值表示的杂交掩码，用于染色体基因的杂交操作。本例的杂交掩码为 1001，001，101，其中前 4 位用于顾客选择部分，后 6 位用于产品配置部分。如果杂交掩码对应的值为 0，则父个体和母个体中顾客选择部分的基因和产品配置部分的单元进行交换。本例中，父个体中对应第 2 个和第 3 个细分市场的基因，产品变体 1 中的 RCS_1 单元和 RCS_2 单元，产品变体 2 中的 RCS_2 单元，进行了交换。杂交操作交换后生成的两个子个体如图 7.2 所示。

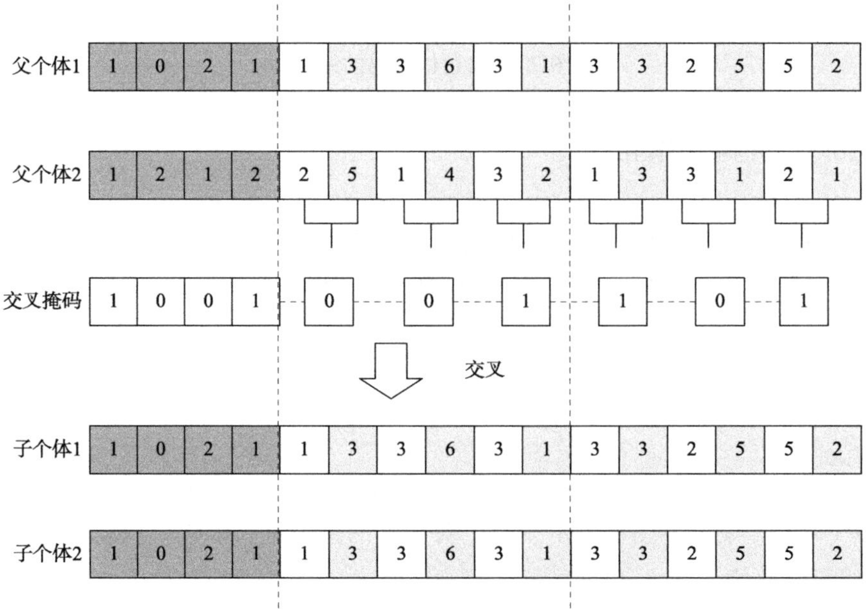

图 7.2　杂交操作的例子

杂交操作后生成的个体可能无法通过模型Ⅱ求得最优解。如果是这种情况，则触发染色体修补过程，在现有不可行个体的基础上对其进行修补，使之成为一个合法的个体。

7.3.6　染色体修补方法

本章中染色体修补的基本思路是在现有不可行个体的基础上，搜索其邻域的个体，从中找到一个适值最高的个体，然后将其作为修补后的个体。

染色体基因的邻域定义为这个基因中包含的整数值增加 1 或者减少 1。例如，对于一个两个产品变体的产品族，其顾客选择部分基因中的整数可能是 0（选择了一个竞争产品），1（选择了第一个产品变体）或者 2（选择了第二个产品变体）。如果一个基因中的整数是 1，则其邻域为包含整数 0 的基因和包含整数 2 的基因；如果一个基因中的整数是 2，则其邻域只有一个包含整数 1 的基因，因为包含整数 3 的基因是非法的。

一个染色体的邻域定义为其所有基因的邻域。例如，图 7.3 的染色体涉及了两个细分市场和一个产品变体。每个基因的邻域和染色体的邻域如图 7.3 所示。染色体的邻域个体中，改动的基因加了下划线，以便于和原始的染色体进行比较。该染色体的邻域染色体一共有 9 个。

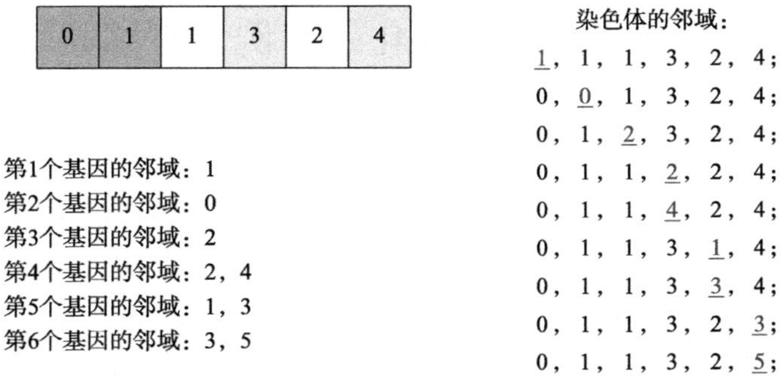

图 7.3　染色体邻域的例子

当染色体修补程序启动后，首先遍历原始非法染色体的所有邻域染色体，计算它们的适值，从中找到适值最大的染色体，并将其设定为修复后的染色体。在某些特殊情况下，如果所有邻域染色体均为非法，则随机生成一个新的染色体并将其设定为修复后的染色体。

7.3.7 变异

变异的目的是保持种群中染色体的多样性，并可能因为染色体基因的“移动”得到一个很好的染色体（对应一个好解）。本章中的变异采用了邻域的概念。如果当前种群的某个染色体在给定变异率下需要变异，变异程序遍历染色体的所有基因，选定一些基因并将这些基因移动到其某个邻域。选定基因和邻域移动的方向随机产生。

7.3.8 选择

遗传算法的繁殖操作是一个自然过程，目的是根据染色体对应的目标函数值淘汰劣解和保留好解。本章中繁殖所用的选择操作采用了遗传算法中最常用的轮盘赌方法。这种方法的基本思想是染色体被选中的概率和其适值密切相关：适值函数越大，则被选中至下一代种群的可能性也就越大。一旦某个染色体被选中，它将被复制并进入杂交池准备进行杂交操作。选择过程将持续进行，直至杂交池的染色体个数达到上限值。

7.4 产品族集成优化的案例分析和实验

本节首先给出一个简单的例子来说明在产品族设计中集成供应商选择的必要性。该例子是一个小规模优化问题，可以在不考虑集成供应商选择和考虑集成供应商选择两种模式下，采用精确方法获得全局最优解。其次，通过一个打印计算器的应用案例来验证本章所提模型和算法的有效性。该产品有较多的部件和供应商，因为解空间组合爆炸问题，无法用精确解获得全局最优解。应用本章提出的遗传算法来求解问题，可以获得问题的近似最优解。

7.4.1 小规模例子

考虑下面的产品例子：一个产品有两个 RCS，分别表示为 RCS_1 和 RCS_2，其中 RCS_1 的可替换部件为 $\{C_{11},C_{12}\}$，RCS_2 的可替换部件为 $\{C_{21},C_{22}\}$。该产品的细分市场有两个，表示为 $\{S_1,S_2\}$，其中 S_1 和 S_2 中的顾客数量分别是 1000 和 1500。可替换部件在每个细分市场中的成分效用（用货币表示）如表 7.1 所示。表 7.2 列出了 4 个候选的产品变体的配置和效用情况。采用供应商的费用及供应商的部件报价如表 7.3 所示。为了简化问题，我们假设市场中没有竞争产品，顾客只购买效用剩余为非负的产品（即 $r_1 = r_2 = 0$），且忽略公司内的生产费用。问题的目标是选择两个产品变体，使得总利润最大。

表 7.1　部件的成分效用

细分市场	C_{11}	C_{12}	C_{21}	C_{22}
S_1	52	25	26	18
S_2	40	38	23	31

表 7.2　产品变体的配置和效用

产品变体	配置	S_1 的效用	S_2 的效用
Conf. 1	$\{C_{11}，C_{21}\}$	78	63
Conf. 2	$\{C_{11}，C_{22}\}$	70	71
Conf. 3	$\{C_{12}，C_{21}\}$	51	61
Conf. 4	$\{C_{12}，C_{22}\}$	43	69

表 7.3　采用供应商的费用和供应商的部件报价

供应商名称	采用供应商的费用/元	供应商的部件报价/元			
		C_{11}	C_{12}	C_{21}	C_{22}
SP_1	1200	16	14	*	*
SP_2	1200	*	*	15	12
SP_3	1200	17	12	16	13

下面针对两种不同的模式进行比较。

模式 1：产品开发团队确定最佳的产品变体（阶段 1），然后供应部门为选定的产品变体的部件确定供应商（阶段 2）。

模式 2：产品变体和供应商的选择同时进行考虑。

1. 模式 1

在阶段 1，产品开发团队的最佳选择显然是选择 Conf.1 和 Conf.2，因为 Conf.1 在 S_1 上具有最大的效用值 78，Conf.2 在 S_2 上具有最大的效用值 71。因此，总的收入为 184 500 元（$1000 \times 78 + 1500 \times 71$），需要购买的部件为 C_{11}（1000+1500=2500），C_{21}（1000）和 C_{22}（1500）。

在阶段 2，C_{11}、C_{21} 和 C_{22} 的可能供应商组合如表 7.4 所示。供应部门最佳的

决策是选择组合 SP_1 和 SP_2，对应的总外购费用为 75 400 元。因此，本模式的总利润为 109 100 元（184 500−75 400）。

表 7.4　C_{11}、C_{21} 和 C_{22} 的可能供应商组合

供应商组合	采用供应商的费用/元	部件费用/元	总购买费用/元
{SP_1，SP_2}	2400	73 000	75 400
{SP_1，SP_3}	2400	75 500	77 900
{SP_2，SP_3}	2400	75 500	77 900

2. 模式 2

将上述模式 1 中的两个阶段结合在一起，建立本章所提的优化模型。因为本例的规模很小，可以使用精确算法找到全局最优解。本章采用了 LINGO 软件的全局求解器进行求解。最优结果是：产品变体选择 Conf.1（S_1）和 Conf.4（S_2），部件供应商选择 SP_2 和 SP_3。产品部件所需的部件是 C_{11}（1000），C_{12}（1500），C_{21}（1000），C_{22}（1500）。总收入为 181 500 元（78 × 1000+69 × 1500），部件外购总费用为 68 000 元（17 × 1000 +12 × 1500 +15 × 1000 +12 × 1500），采用供应商的费用为 2400 元。因此，本模式下的最优利润为 111 100 元（181 500 −68 000 −2400）。

尽管模式 2 的总收入比模式 1 的总收入少 3000 元（184 500−181 500），但模式 2 的部件外购费用比模式 1 的部件外购费用少 5000 元（75 400−70 400）。这样，模式 2 的总利润仍然比模式 1 的总利润高 2000 元（5000−3000）。从本例可以看到，在产品设计的早期将供应商选择问题集成到产品族设计过程中，可以为决策提供更好的解决方案。

7.4.2　应用案例

本章采用一个香港某电子设备生产公司的打印计算器产品来说明所提出的模型和算法。该产品已经设计为模块化结构，产品部件的设计和加工外包给内地的合作企业。该公司计划开发一组包括两个打印计算器产品的产品族。

顾客需求通过公司的销售部门进行需求采集。通过市场调研，收集了顾客对产品最为关心的 12 个需求：①产品尺寸；②数码显示位数；③显示背光强度；④显示颜色数量；⑤税率计算功能；⑥标记功能；⑦键盘手感；⑧打印颜色的数量；⑨打印速度；⑩打印噪声；⑪滑竿开关质量；⑫电源类型。每一个顾客需求设定了一些级别，如数码显示位数有 3 个级别：10、12 和 14。产品的模块化结构中可以分离出 6 个 RCS，分别是产品底座（RCS_1）、显示系统（RCS_2）、键盘（RCS_3）、功能开关（RCS_4）、打印系统（RCS_5）、电子系统（RCS_6）。每个 RCS 都有若干可互换的相似部件，用来满足不同层次顾客的需求。这些 RCS 的可互换部件的数量分别是 4、4、3、3、3 和 3。因此，产品变体的可能个数为 $4^2 \times 3^4 = 1296$。为了降低市场调研的难度，采用 SPSS 软件生成一个 L25 正交矩阵，用来表示产品联合分析所用的 25 个产品变体，如表 7.5 所示。

表 7.5　生成的 L25 正交矩阵

项目	RCS_1	RCS_2	RCS_3	RCS_4	RCS_5	RCS_6
产品变体 01	4	4	2	1	3	1
产品变体 02	3	3	2	1	1	3
产品变体 03	1	3	3	1	3	1
产品变体 04	3	1	1	1	2	1
产品变体 05	1	1	1	1	1	1
产品变体 06	1	3	2	3	2	2
产品变体 07	1	1	1	1	2	2
产品变体 08	2	3	1	2	2	1
产品变体 09	4	2	1	1	1	2
产品变体 10	2	1	2	2	3	2
产品变体 11	3	4	3	2	1	2
产品变体 12	4	1	2	2	2	1
产品变体 13	1	2	2	3	1	1
产品变体 14	1	4	2	1	2	2
产品变体 15	3	2	2	2	2	1
产品变体 16	2	1	2	1	1	3
产品变体 17	2	4	1	3	1	1
产品变体 18	3	1	1	3	3	2
产品变体 19	1	1	2	2	1	2
产品变体 20	4	3	1	2	1	2
产品变体 21	1	1	3	2	1	1
产品变体 22	1	4	1	2	2	3
产品变体 23	1	2	1	2	3	3
产品变体 24	4	1	3	3	2	3
产品变体 25	2	2	3	1	2	2

公司的市场部门邀请了一些打印计算器产品的用户，经过市场调研收集产品的顾客偏好。每个用户通过打分来评估 L25 正交设计的产品变体和市场中竞争产品的效用（货币表示），然后在 Xie 和 Beni（1991）所提的密度和分离有效性函数（compactness and separation validity function）的基础上，用模糊 C 均值聚类分析模型对用户进行分组。模糊聚类的优点在于数据对类的隶属不是确定的，而是一个模糊隶属度，因此在主观评估中可以进行更有效的分析。密度和分离有效性函数是一种评估聚类密度和分离度的指标，可以用来确定聚类中类的个数。本例中，采用了 MATLAB 来完成模糊 C 均值聚类分析，最终得到了 3 个类，代表产品的 3 个细分市场。应用最小二乘线性回归方法估计 3 个细分市场中每个 RCS 的每个部件的成分效用，结果如表 7.6 所示。每个细分市场中，最具竞争产品的效用剩余为其估计效用值和销售价格之差，结果如表 7.7 所示。L25 正交产品变体的可变产品内部生产费用由公司的生产部门估计后，通过线性回归方法可以得到每个部件的可变单元费用，结果如表 7.6 的最后一列所示。三个细分市场中的估计顾客数量由公司的市场人员估计，结果如表 7.7 的第 2 行所示。

表 7.6　部件的成分效用和可变单元费用　　单位：美元

RCS	部件	细分市场 1 的成分效用	细分市场 2 的成分效用	细分市场 3 的成分效用	可变单元费用
RCS_1	C_{11}	6.1	4.7	4.5	0.3
	C_{12}	6.3	4.9	4.5	0.3
	C_{13}	6.5	5.3	5.3	0.5
	C_{14}	6.5	6.0	4.2	0.5
RCS_2	C_{21}	16.5	16.9	16.2	0.2
	C_{22}	16.6	18.2	16.2	0.3
	C_{23}	16.6	16.8	16.6	0.3
	C_{24}	16.6	16.8	18.0	0.4
RCS_3	C_{31}	2.6	4.3	3.2	0.2
	C_{32}	2.7	4.5	3.6	0.2
	C_{33}	2.6	4.1	4.3	0.3
RCS_4	C_{41}	0.6	0.6	0.4	0.1
	C_{42}	0.6	0.8	0.4	0.1
	C_{43}	0.8	0.8	0.8	0.3
RCS_5	C_{51}	12.2	11.7	8.8	0.2
	C_{52}	12.3	12.1	10.2	0.3
	C_{53}	12.4	11.8	10.7	0.3

续表

RCS	部件	细分市场 1 的成分效用	细分市场 2 的成分效用	细分市场 3 的成分效用	可变单元费用
	C_{61}	8.5	6.5	6.5	0.1
RCS_6	C_{62}	8.6	6.5	6.5	0.1
	C_{63}	8.6	6.5	6.6	0.1

表 7.7　最具竞争产品的产品需求和效用剩余

市场信息	细分市场 1	细分市场 2	细分市场 3
估计的顾客数量/人	210 000	300 000	70 000
最具竞争产品的效用剩余	11.6	18.3	9.1

部件的候选供应商由公司根据它们在产品开发能力、管理水平、生产能力、物流能力、质量控制和环境等方面的综合评估来进行挑选。供应商进行预选后，均可以满足各方面的资质要求。在公司进行部件购置招标后，公司收到的供应商报价信息如表 7.8 所示。根据会计系统的历史费用记录，采用一个供应商的费用大约为 15 000 美元。

表 7.8　供应商的部件报价

供应商	部件价格/美元
S_1	$C_{11}(3.2)$，$C_{12}(3.2)$，$C_{13}(3.2)$，$C_{14}(3.2)$，$C_{31}(1.7)$，$C_{32}(1.7)$，$C_{33}(1.7)$，$C_{41}(0.2)$，$C_{42}(0.3)$，$C_{43}(0.3)$
S_2	$C_{21}(6.5)$，$C_{22}(6.8)$，$C_{23}(7.1)$，$C_{24}(7.5)$，$C_{61}(4.6)$，$C_{62}(4.7)$，$C_{63}(4.7)$
S_3	$C_{11}(3.3)$，$C_{12}(3.3)$，$C_{13}(3.3)$，$C_{14}(3.3)$，$C_{31}(1.5)$，$C_{32}(1.6)$，$C_{33}(1.6)$，$C_{51}(6.5)$，$C_{52}(6.8)$，$C_{53}(6.8)$
S_4	$C_{21}(6.6)$，$C_{22}(6.9)$，$C_{23}(7.2)$，$C_{24}(7.5)$，$C_{41}(0.3)$，$C_{42}(0.3)$，$C_{43}(0.4)$，$C_{61}(4.8)$，$C_{62}(4.9)$，$C_{63}(4.9)$
S_5	$C_{11}(3.4)$，$C_{12}(3.4)$，$C_{13}(3.4)$，$C_{14}(3.4)$，$C_{31}(1.7)$，$C_{32}(1.8)$，$C_{33}(1.9)$，$C_{51}(6.6)$，$C_{52}(6.7)$，$C_{53}(6.8)$
S_6	$C_{21}(6.8)$，$C_{22}(6.9)$，$C_{23}(7.1)$，$C_{24}(7.3)$，$C_{51}(6.4)$，$C_{52}(6.5)$，$C_{53}(6.7)$
S_7	$C_{21}(7.3)$，$C_{22}(7.3)$，$C_{23}(7.5)$，$C_{24}(7.5)$，$C_{31}(1.7)$，$C_{32}(1.7)$，$C_{33}(1.8)$
S_8	$C_{11}(3.5)$，$C_{12}(3.5)$，$C_{13}(3.5)$，$C_{14}(3.5)$，$C_{31}(1.6)$，$C_{32}(1.6)$，$C_{33}(1.6)$，$C_{51}(5.9)$，$C_{52}(6.2)$，$C_{53}(6.5)$，$C_{61}(4.9)$，$C_{62}(4.9)$，$C_{63}(4.9)$
S_9	$C_{41}(0.4)$，$C_{42}(0.5)$，$C_{43}(0.6)$，$C_{51}(6.7)$，$C_{52}(6.7)$，$C_{53}(6.8)$
S_{10}	$C_{11}(3.4)$，$C_{12}(3.4)$，$C_{13}(3.4)$，$C_{14}(3.4)$，$C_{31}(1.8)$，$C_{32}(1.8)$，$C_{33}(1.9)$，$C_{61}(5.0)$，$C_{62}(5.1)$，$C_{63}(5.1)$
S_{11}	$C_{21}(6.7)$，$C_{22}(6.9)$，$C_{23}(6.9)$，$C_{24}(7.5)$，$C_{41}(0.5)$，$C_{42}(0.5)$，$C_{43}(0.5)$，$C_{51}(6.5)$，$C_{52}(6.6)$，$C_{53}(6.6)$
S_{12}	$C_{11}(3.5)$，$C_{12}(3.5)$，$C_{13}(3.5)$，$C_{14}(3.5)$，$C_{21}(6.5)$，$C_{22}(6.8)$，$C_{23}(7.3)$，$C_{24}(7.3)$，$C_{31}(1.8)$，$C_{32}(1.8)$，$C_{33}(1.8)$，$C_{41}(0.3)$，$C_{42}(0.3)$，$C_{43}(0.3)$，$C_{51}(6.7)$，$C_{52}(6.8)$，$C_{53}(6.9)$
S_{13}	$C_{21}(7.0)$，$C_{22}(7.1)$，$C_{23}(7.2)$，$C_{24}(7.3)$，$C_{51}(6.8)$，$C_{52}(6.8)$，$C_{53}(6.8)$，$C_{61}(4.9)$，$C_{62}(5.0)$，$C_{63}(5.0)$

应用本章所提的 LPEGA 算法，用 MATLAB 编程求解本问题。遗传算法的参数中，种群的大小设置为 20，交叉率设置为 0.8，变异率设置为 0.2。进化刚刚开始时，种群的平均适值随着进化过程逐步改善，LPEGA 在 20 代左右到达一个高点，然后在后续代中小幅波动。最优解在第 12 代时获得，其配置信息和供应商选择信息如表 7.9 所示。LPEGA 的 50 代运行时间为 153 秒，所用计算机的配置为 DELL INSPIRON 6400（内存 2G）。

表 7.9　用不同方法求得的最优解比较

			RCS_1	RCS_2	RCS_3	RCS_4	RCS_5	RCS_6
用 LINGO 求得的局部最优解	产品变体 1	部件	3	2	3	3	3	3
		供应商	1	2	8	1	8	2
		产品价格：34.8 美元						
	产品变体 2	部件	4	4	3	3	3	3
		供应商	1	8	8	1	8	2
		产品价格：35.5 美元						
	细分市场选择：[1 0 1]							
	目标函数值：2 727 000 美元							
	市场收入：9 744 000 美元							
	可变公司内部生产费用：504 000 美元							
	部件购买费用：6 513 000 美元							
用本章 LPEGA 求得的最优解	产品变体 1	部件	3	4	3	3	3	3
		供应商	1	2	8	1	8	2
		产品价格：35.4 美元						
	产品变体 2	部件	4	2	2	2	1	1
		供应商	1	2	8	1	8	2
		产品价格：29.4 美元						
	细分市场选择：[2 2 1]							
	目标函数值：3 490 000 美元							
	市场收入：17 472 000 美元							
	可变公司内部生产费用：847 000 美元							
	部件购买费用：13 135 000 美元							

续表

			RCS_1	RCS_2	RCS_3	RCS_4	RCS_5	RCS_6
将产品族设计和供应商选择分为两个阶段的最优解	产品变体 1	部件	3	4	3	3	3	3
		供应商	1	2	8	1	8	2
		产品价格：34.4 美元						
	产品变体 2	部件	4	2	2	2	2	1
		供应商	1	2	8	1	8	2
		产品价格：29.8 美元						
	细分市场选择：[2 2 1]							
	目标函数值：3 420 000 美元							
	市场收入：17 606 000 美元							
	可变公司内部生产费用：898 000 美元							
	部件购买费用：13 288 000 美元							

为了进一步评估 LPEGA 寻优的有效性，本章也尝试应用 LINGO 软件求解本例的问题。本例的问题规模不算很大，但利用 LINGO 的 B&B（branch and bound，分支定界）全局求解器进行求解，运行超过 115 小时仍然不能得到全局最优解。不过，LINGO 也能在 8 秒的时间内得到一个局部最优解，其信息如表 7.9 的上部分所示；这个解的目标函数值只有 2 727 000，还有改进的空间。

为了将本章的方法和传统的两阶段方法（将产品族设计和供应商选择分为两个阶段）进行比较，本例的优化问题可以按照以下两个阶段分别求解。

（1）去掉模型 I 中的供应商选择部分，确定产品族的最优配置（阶段 1），对应的优化模型在 LINGO 环境中的求解时间小于 1 秒，全局最优解如下（只列出非零决策变量）。

$X(1, 2)=1$；$X(2, 2)=1$；$X(3, 1)=1$；$Y(1, 1, 3)=1$；$Y(1, 2, 4)=1$；

$Y(1, 3, 3)=1$；$Y(1, 4, 3)=1$；$Y(1, 5, 3)=1$；$Y(1, 6, 3)=1$；

$Y(2, 1, 4)=1$；$Y(2, 2, 2)=1$；$Y(2, 3, 2)=1$；$Y(2, 4, 2)=1$；

$Y(2, 5, 2)=1$；$Y(2, 6, 1)=1$；$P(1)=34.4$；$P(2)=29.8$；

（2）将阶段 1 中的最优解作为常量代入优化模型，然后再次求解模型 I，获得最优的供应商选择方案（阶段 2）。因为对应的模型中 X、Y、P 已经被给定了初值，所以求解很快，全局最优解可以在 1 秒内得到，其详细信息如表 7.9 下部所示。

从表 7.9 可以看到，两种方法得到的最优解的产品变体配置情况很相似，唯一不同的是产品变体 2 在 RCS_5 中使用了一个不同的部件。这就导致了不同的产品价格、市场收入和部件外购费用，最终导致了不同的总利润。尽管本章所提方法的最优解可能不是全局最优解，与两阶段方法的全局最优解相比，它仍然能够多获得 70 000 美元（3 490 000−3 420 000）的利润。

7.5 本章小结

本章在确定性选择规则、联合分析和效用理论的基础上，建立了集成供应商选择问题的产品族部件选择优化模型。小规模案例的结果说明，在产品设计早期的产品族设计阶段，集成考虑供应商选择问题能为决策者获得更好的解决方案。为了求解建立的优化模型，针对模型特点设计了一种内嵌单纯形的遗传算法。通过小规模案例的对比分析说明了集成考虑供应商选择的必要性。通过打印计算器的应用案例表明，该算法在搜索近似最优解方面是有效的。未来的研究可能在优化模型中考虑价格折扣的影响。因为在实际中，供应商可能为了赢得订单，针对部件的大订单或者几个部件的组合订单提供价格折扣，研究价格折扣对产品部件选择决策和供应商选择决策有何影响，将是一个有趣的问题。

第 8 章　面向多样化顾客需求的产品配置推荐

8.1　问 题 背 景

根据定制深度的不同，大规模定制的模式又可以分为按订单装配（assemble to order，ATO）、按订单制造（make to order，MTO）、按订单设计（engineer to order，ETO）和按订单研发（research to order，RTO）等（祁国宁等，2004）。产品结构与配置技术是产品开发管理的一项核心功能，在建立了产品平台并支持产品族技术的前提下，它可以建立通用的核心零部件的系列产品聚集，是一种有效解决产品多样化的方法和实现大规模定制的途径，能有效地提高设计的重用性和效率、方便系列产品的管理，并大幅度缩短产品的设计和生产周期。利用产品结构与配置技术，用户可以通过交互界面选择最适合自己的配置方案并生成订单，最终由产品平台创建相应产品的物料清单，从而为用户提供满足需求的产品。随着电子商务的迅速发展，用户可以通过互联网在网上选择、定购和配置产品（Slater，1999）。这使得产品配置过程成为一种以用户为中心的商务模式，可以使企业快速响应用户需求并为用户提供优良的定制服务。但是，从目前的应用情况来看，多数产品开发管理系统在产品结构配置方面功能相对较弱。

产品配置问题的求解方法分为基于规则的推理、基于模型的推理和基于案例的推理等，具体请参见 1.3.9 小节的综述部分。这些求解方法通过建立不同的模型，利用约束、规则、推理和其他一些人工智能方法来寻找符合用户输入配置条件的配置解。其中，采用最多的是 CSP 模型（Kumar，1992）。该模型由变量集、变量域和约束集描述，有比较成熟的求解算法，主要包括三种途径：一致性技术（consistency techniques）、搜索算法（search algorithms）和约束传播（constraint propagation）（Tsang，1993）。

对于一些规模不是很大的产品配置问题，这些方法完全可以满足企业的要求。

但是对于一些大规模的配置问题（如一些按订单装配模式的问题），配置项较多且配置项之间又存在约束关系，有效配置解的数量巨大，导致求解时间过长。例如，摩托罗拉公司的传呼机个性化定制产品品种曾达到了 2900 万种（Xie et al.，2004）。同时，用户输入的配置条件，通常体现了其对产品某个功能和特征的喜好，应该按照某种规则从有效配置解中筛选出最符合用户输入的配置解。例如，在符合基本性能需求的基础上找出性价比最好的配置等。

目前的产品配置问题求解方法均没有考虑上述问题。实际上，这些求解方法的实质是采取不同形式和改进方法的穷举方法。因此，有必要研究针对上述问题的优化模型和算法，在工程允许的时间内得到最符合用户需求的产品配置解。本章针对按订单装配模式的特点，建立了产品开发管理中考虑复杂配置约束条件下产品配置问题的数学模型（雒兴刚等，2006），在分析该问题特性的基础上，设计了改进的禁忌搜索算法求解模型，并用实例计算验证了算法的有效性。

另外，产品配置技术的相关研究和应用在配置条件的输入方面，一般都直接使用产品或零部件的工程特性，如“CPU 主频大于 800；显示卡显存大于 64”“发动机排量大于 1.6”等。许多工程特性的取值对于设计人员来说很熟悉，但对于产品最终用户来说可能比较陌生。一些普通用户参与配置时，更倾向一些从产品使用角度出发的描述，如“计算机运算速度快、三维显示效果好”“启动快、加速性能好”。因此，本章将质量功能展开引入产品配置过程，利用四级质量屋中 HoQ 1 和 HoQ 2 的矩阵变换构造顾客需求、工程特性和零部件属性的对应关系，并考虑了质量屋中自相关矩阵对工程特性、零部件属性的相互影响。在此基础上建立了一个面向用户需求的产品配置最优化模型，针对不同类型、不同层次用户的顾客需求，从可行的配置方案中求得最符合该需求的方案（Luo et al.，2008）。这种方法可以使产品配置过程更加面向用户，更好地体现配置过程的用户驱动特点。

最后，当前大多数 B2C 的电子商务应用软件使用树形或向导方法引导客户在线配置可定制产品。通过使用这些应用软件，客户可以很方便地从可用选项列表中一步一步选择可配置产品的组成部分，并最终获得定制的产品。例如，戴尔使用一个向导式的 B2C 的应用软件在网站上出售可配置的个人计算机。但这种方式面临的一个重要问题就是：客户可能不熟悉一个产品的技术参数和它们的具体含义。例如，从网上订购一台计算机，客户可能会对一些技术名词感到困惑。此外，在预先确定资金预算和其他功能要求时，客户可能不知道如何选择均衡的产品零部件。为了解决这些问题，一些电子商务网站使用了推荐系统（recommendation system）技术，为客户推荐配置产品，其中最流行的推荐方法是基于内容过滤和协同过滤的方法（Srivastava and Cooley，2000）。基于内容的过滤是推荐与客户历史兴趣相类似的产品；而协同过滤则是在用户群中找到与指定用户拥有相似兴趣的用户。然而，这两种方法也有一些局限性，如新用户问题（Chien and George，1999）。本章提出了一种新的方法来帮助客户从一个产品族中找到理想的产品。通过使用质量屋的 CR-TA 映射矩阵把客户的需求映射到技术特征，并应用联合分析法构造部件性能矩阵。然后建立一个带有总体预算约束、以最大化产品配置的整体性能为目标的优化模型（Luo et al.，2008）。通过应用基于这种方法的软件系统，客户只需输入购买总预算和需求偏好，系统就可以自动生成一系列产品配置（模型最优解或次优解）并推荐给客户。

8.2　考虑复杂配置约束规则的产品配置推荐

8.2.1　问题表示

产品结构与配置技术的基础是产品族。所谓产品族是这样一组产品：具有若干相同的内部接口，这些接口在设计的各个领域（功能域、技术域、物理域）中必须为标准接口，以使产品的部件能够完全互换（Xie et al.，2004）。由产品族派生出的具体产品具有相似的产品结构，可以用通用产品结构进行表达。

定义 8.1　产品族中接口相同、功能相似的零部件组成的集合称为类零部件。

类零部件使产品族模型具有很强的灵活性。类零部件越多，产品族的可配置性越好，可以扩展和衍生更多的最终产品。

定义 8.2　类零部件中所有零部件所具有的属性称为类零部件属性。

定义 8.3　产品族中所有零部件均具有的属性称为公共属性。

例如，对于类零部件“CPU”，主频和缓存大小可以作为类零部件属性，价格和重量可以作为公共属性。

不同的类零部件的零部件进行组合，可以形成产品族中的一个具体的产品。但是，不是所有的组合都是合法的，组合必须还要满足一定的约束规则，如选择约束、可选约束、排斥约束和依赖约束等（吴健等，2004）。这些约束一部分来自配置约束规则，它们在产品族的设计过程中已经形成。例如，如果选择了排量 1.8 升以上的汽车发动机，则要选择大号蓄电池。另一部分来自用户约束规则，这些规则往往是根据用户的习惯和爱好决定，如车体的颜色和座椅的颜色不能相同。

可配置的类零部件间的配置约束可以转化成约束变量之间的约束集合。本章将配置约束转化为组合约束集合和排斥约束集合。

定义 8.4　不同的类零部件的零部件之间的组合如果满足配置约束条件，则这些组合称为组合约束。

定义 8.5　不同的类零部件的零部件之间的组合如果违反配置约束条件，则这些组合称为排斥约束。

配置约束规则可以转化为组合约束集合，也可以转化为排斥约束集合，可以根据实际配置问题的复杂程度进行具体处理。

对于某些具有很多配置项和约束规则的问题，在配置过程中需要按照某些指标之和（如总价格最小、总重量最轻、性价比最高、总利润最高等）进行寻优，得到最优的解。

这个配置问题可以描述为：对一个包含 K 个类零部件的产品族 P 进行配置，其中 P 中有 M 个组合约束、N 个排斥约束和 L 个类零部件属性的约束。如何进行配置，使公共属性 Z 的总和最小（或最大）。

定义如下符号。

a——一个具体的零部件；

$[a]^C$——零部件 a 所在类零部件的序号；

A_i——第 i 个组合约束，其中，$A_i=\left\{a_1,a_2,\cdots,a_{n_i}\right\},i=1,2,\cdots,M$；

W——所有组合约束的集合；$W=\left\{A_1,A_2,\cdots,A_M\right\}$；

B_j——第 j 个排斥约束；

$[A]^C$——约束 A 中所有相关类零部件的序号的集合；

Q——序号 1, 2, …, K 的集合；

Φ——空集；

S——所有满足条件 $C1$、$C2$ 和 $C3$ 的 A_i 组合，$S=\{s\mid s\subseteq W\wedge C1\wedge C2\wedge C3\}$ 其中，条件 $C1$ 为

$$\bigcup_{A\in s}[A]^C=\Omega \tag{8.1}$$

条件 $C2$ 为

$$\forall A,\exists A\in s-\{A\}\Rightarrow A\cap A'\neq\Phi \tag{8.2}$$

条件 $C3$ 为

$$\forall A,A'\in s\Rightarrow[A\cap A']^c=\left([A]^c\cap[A']^c\right) \tag{8.3}$$

其中，式（8.1）表示 S 中的零部件构成是完整的；式（8.2）表示 S 中的组合约束是连通的；式（8.3）表示连通部分的零部件是唯一的。

G——问题的优化目标，即按照产品族零部件的何种指标进行寻优，$G(X[i])$ 表示 X 中第 i 个零部件的该指标值（公共属性值之一）；

$F^i(X)$——X 中第 i 个类零部件属性约束；

$U^i_{\min}$、$U^i_{\max}$——第 i 个类零部件属性的上下限；

复杂配置约束条件下产品配置问题可以用下面的优化模型来描述：

$$\min_S\sum_{i=1}^{K}G(X[i])$$

s.t.

$$X = \bigcup_{A \in S} A \tag{8.4}$$

$$B_j \notin X, \quad j = 1, 2, \cdots, N \tag{8.5}$$

$$U_{\min}^i \leqslant F^i(X) \leqslant U_{\max}^i, \quad i = 1, 2, \cdots, L \tag{8.6}$$

例如，对于如图 8.1 所示的类零部件和组合约束，$\{A_2, A_6\}$ 和 $\{A_1, A_3, A_7\}$ 均满足式（8.1）、式（8.2）和式（8.3）；$\{A_4, A_5\}$ 满足式（8.1）和式（8.2），但不满足式（8.3）。

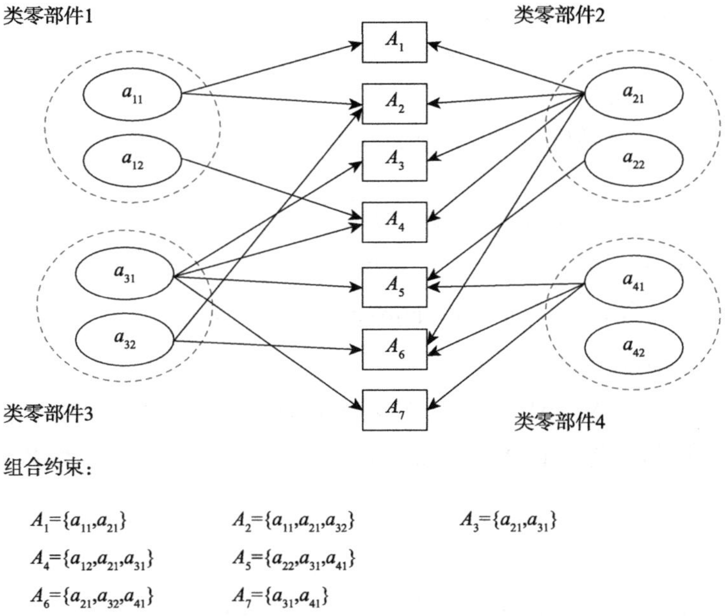

图 8.1　组合约束举例

8.2.2　求解

上述优化模型理论上可以采用穷举遍历的方法求解。但配置项较多时，求解的效率很差；这里在求解模型时采用了禁忌搜索算法，并针对模型的特点进行了一些改进，取得了比较好的效果。

算法中使用的符号含义如下。

T——禁忌表；

T_B——长期表；

NM——最大搜索次数；

NP——算法的阶段数量；

L——T 表的长度；

α——频数表的惩罚因子；

NI——T_B 表的长度；

x^*——最优解；

$Z(x^*)$——目标函数的最优值；

$S(x)$——x 的邻域解集；

$N(s(x))$——$S(x)$ 的移动次数；

$A(s,x)$——渴望水平函数值。

算法开始前，首先设置最大搜索次数 NM，阶段个数 NP，禁忌表长度 L，频数表惩罚因子 α，长期表初始解个数 NI。

步骤 1：产生一个随机初始解 x；令最优解 $x^* = x$，最优目标函数值 $Z(x^*) = Z(x)$；k=0。

步骤 2：清空禁忌表 T；将 x 加入长期表 T_B 中。

步骤 3：k=k+1，若 k>NG，计算结束。

步骤 4：进行邻域选优，令 $x = \min\left\{Z(x)+\alpha N(s(x)), s(x)\in S(x)-T\right\}$，并更新当前最优目标函数值 $Z(x)$。

步骤 5：若有 $Z(S_L(x)) < A(s,x)$ 且 $Z(S_L(x)) < Z(x), S_L(x)\in T$，则 $S_L(x)$ 可以忽略 T 表的限制而进行破禁，即 $x = S_L(x)$，并更新渴望水平函数值 $A(s,x) = Z(S_L(x))$。

步骤 6：若 $Z(x) < Z(x^*)$，则令 $x^* = x, Z(x^*) = Z(x)$；累加频数表中对应移动方向的次数；若没有破禁过程，则将移动方向加入禁忌表 T 中。

步骤 7：若 k（mod（NM/NP））等于 0，随机产生 NI 个初始解，从中选择一个离 T_B 解集距离最远的作为新的初始解 x，转步骤 2；否则转步骤 3。

在上述算法中，几个主要的实现过程如下。

1）动态惩罚

产品族配置问题的模型含有约束条件，求解时需要对约束条件进行处理。本章采用罚函数法，将约束问题转换为无约束问题。

$$Z'(x) = Z(x) + \sum_{i=1}^{m} f_i(x) \tag{8.7}$$

$$f_i(x) = \begin{cases} 0, & x\text{满足约束} \\ \mathrm{NC}/\mathrm{NM}\times g_i(x)\times M, & \text{其他} \end{cases}$$

其中，NC 表示当前搜索次数；NM 表示总搜索次数；$g_i(x)$ 表示当前解和最近一个满足约束配置解的距离；M 表示一个较大的数。

搜索开始时，给予不可行解较小惩罚，使搜索可以跨过可行区域进行；随着搜索次数的增加，给予不可行解的惩罚逐渐增大，使搜索收敛到可行区域。

2）频数表

利用频数表记录不同方向的邻域移动次数，用惩罚项提高搜索的分散性和多样性，避免向某些特定方向过度搜索。本章中的频数表用动态数组实现。考虑了频数表的邻域选优公式为

$$Opt\{s(x), s(x) \in S(x) - T\} = \min\{Z'(x) + \alpha N(s(x)), s(x) \in S(x) - T\} \quad (8.8)$$

3）多阶段搜索

为了增加解的多样性、使搜索尽可能覆盖较多的有效区域，本章采用了多阶段搜索，即将搜索分为 NP 个阶段，每个阶段进行（NM/NP）次邻域搜索。每个阶段确定初始解时，先随机生成 NI 个初始解，然后利用下面的公式从中选择一个解，使之与现有的初始解集有比较远的距离。

$$G^* = AugMax\left\{D(g) \mid D(g) = \sum_{L \in T}\sum_{i=1}^{K}(x_i^g - x_i^l)^2\right\} \quad (8.9)$$

其中，G 表示随机产生的 NI 个初始解；G^*表示根据式（8.9）选择的最好的一个解；g 表示 G 中的一个解。

4）优化配置池

实际求解过程中，考虑到用户交互选择的需要，在算法中可将“更新最优解的过程”更改为“加入优化配置池”，设池的长度为 PL，则每次将一个配置结果投入池中时，对 PL+1 个配置结果进行排序，将最坏的配置结果淘汰出池。这样，算法的结果提供了 PL 个过程最优解和过程次优解，供用户进行比较选择。如果 PL 的长度为 1，则相当于只求过程最优解。

8.2.3　仿真结果和分析

复合热载体发生器是某公司的主要产品，是一种包含较多配套零部件的三次采油设备。本章建立了该产品的产品配置系统，并用上述配置模型和算法对该产品的配置过程进行了仿真计算。算法采用 Visual C++ .NET 实现，配置系统在输入产品族零部件信息后，根据产品设计时已经形成的配置约束规则，由用户录入相应的选择约束、排斥约束和可选约束等，系统遍历约束相关的所有类零部件元素，按照这些约束产生组合约束集合和排斥约束集合，并将这些集合数据保存在数据库中。系统的用户配置过程分为三个阶段：首先对每个类零部件的若干属性和公共属性进行参数范围的设定，去除不符合客户需求的零部件；其次设定总体目标

约束，即不同类零部件间的 if_then 用户配置规则；最后选择优化目标。配置过程用向导方式逐页进行选择和设定，最后运行配置算法进行求解并显示最优配置结果。用户配置过程结束后，配置信息可以作为一个配置方案保存在配置方案库中，以便后续的查询、修改或为其他用户提供参考。

发生器的产品族模型包括空压机、三柱塞泵和燃烧气化室等共 42 个可配置的类零部件，每个类零部件有 2～48 个可配置零部件。有 26 个类零部件中存在约束关系。例如，如果选择了供气流量大于 800 米 ^{3}/小时、供气压力大于 18MPa 的空压机，就必须选择气孔内径大于 5mm 的旋风器、承压大于 25MPa 的截止阀；如果三柱塞泵的重量大于 1 吨，要选用带加强筋底板的工作舱。表 8.1 列出了模型的部分组合约束集。变量个数和变量可选域值都比较多，导致算法搜索空间很大；实际上，遍历所有配置的次数为 26 个类零部件中零部件个数的乘积。如果采用穷举搜索法，因求解时间过长而不能实际使用。

表 8.1　模型的部分组合约束集

组合约束集的表达式
$\{x,y \mid x\in D_{\text{Comp}}, y\in D_{\text{Rota}}, F_{\text{AirFlow}}(x)\geqslant 800.0, F_{\text{AirBore}}(y)\geqslant 5.0\}$
$\{x,y \mid x\in D_{\text{Comp}}, y\in D_{\text{val12}}, F_{\text{AirPres}}(x)\geqslant 18.0, F_{\text{RatePres}}(y)\geqslant 25.0\}$
$\{x,y \mid x\in D_{\text{Pump}}, y\in D_{\text{Carb}}, F_{\text{Weight}}(x)\geqslant 1.0, F_{\text{FlooType}}(y)=2\}$
$\{x,y,z \mid x\in D_{\text{FlowMete}}, y\in D_{\text{TurbMete}}, z\in D_{\text{MassMete}}, F_{\text{Range}}(x)=F_{\text{Range}}(y)=F_{\text{Range}}(z)\}$
$\{x,y \mid x\in D_{\text{CombHead}}, y\in D_{\text{Ligh}}, F_{\text{ExteDiam}}(x)\geqslant 55.0, F_{\text{Coun}}(y)\geqslant 2\}$
……

仿真过程中，取 20 个最优配置问题进行了计算验证。表 8.2 列出了其中一个最优配置问题。算法的输入参数设定参见表 8.3，结果是获得最优解时的平均搜索次数为 957，达优率为 100%。最大搜索次数为 3000 时禁忌搜索算法的运行时间约为 8 秒。程序运行的硬件环境：主机 CPU 为 P4 2.6G，内存大小为 512M。

表 8.2　最优配置问题举例

目标和规则	表达式	说明
优化目标	$\min\sum_{i=1}^{26} ManuCost(X[i])$	零部件生产成本最低的配置方案
用户约束 1	$10.0\leqslant F_{\text{AirPres}}^{2}(X)\leqslant 25.0$	压力范围 10～25MPa
用户约束 2	$F_{\text{AirFlow}}^{2}(X)\geqslant 600.0$	供气流量大于 600m^3/h
用户约束 3	$F_{\text{OxygCoef}}^{9}(X)\leqslant 1.05$	余氧系数小于 1.05
用户约束 4	$F_{\text{CarTemp}}^{13}(X)\geqslant 300.0$	热载体温度大于 300℃
用户约束 5	$F_{\text{Weigt}}^{i}(X)\leqslant 2.0, i=1,2,\cdots,26$	单体重量小于 2 t

表 8.3　算法的输入参数设定

算法的参数	取值
每个问题的运行次数	10
最大搜索次数 NM	3000
禁忌表长度 L	5
阶段数量 NP	30
长期表的长度 NI	20
频数表的惩罚因子 α	0.01

算法中参数 NP、NI 和 α 的变化对算法性能的影响参见图 8.2、图 8.3 和图 8.4。

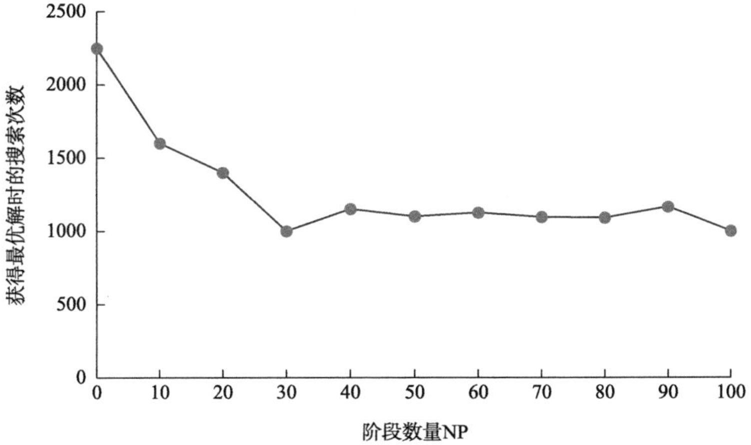

（a）

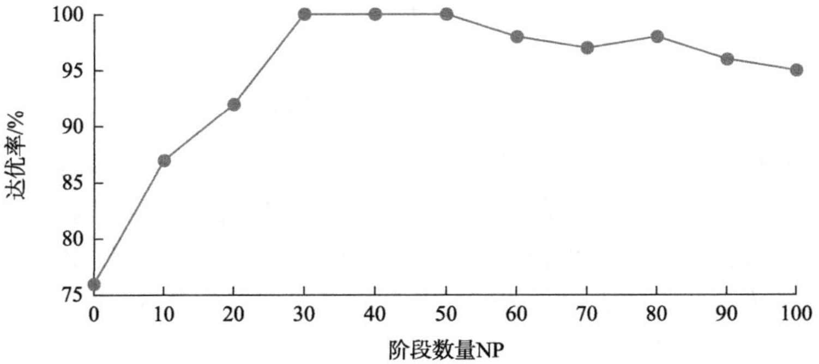

（b）

图 8.2　NP 的变化对算法的影响

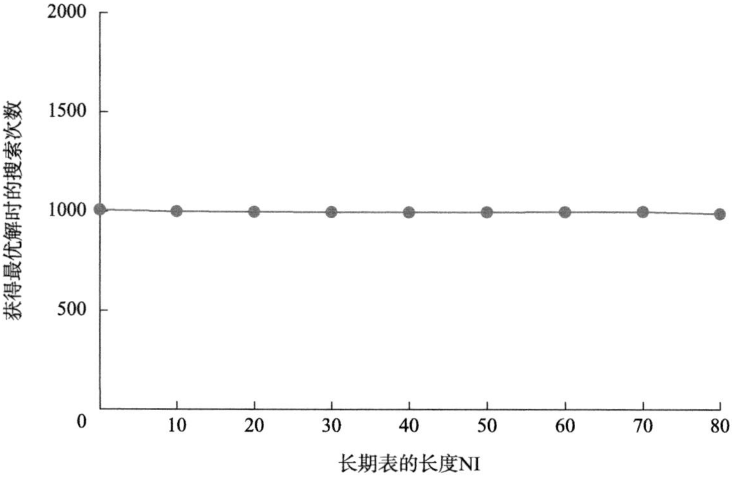

（a）

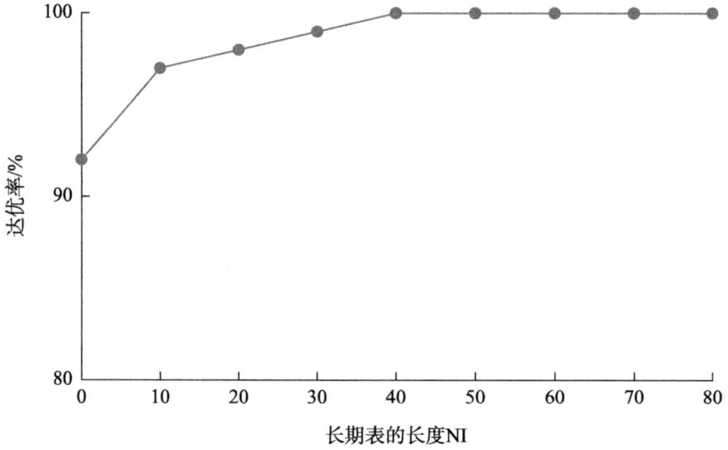

（b）

图 8.3　NI 的变化对算法的影响

由图 8.2 可以看到，如果取消算法的多阶段特性（NP=1），算法的达优率不好，获得最优解时的搜索次数也比较大，原因是解的分散性不好，搜索的广域能力不强，只能在部分区域进行；但阶段次数过多也会降低算法的达优率。原因是减少了每次邻域搜索的长度，禁忌搜索带有较多的随机搜索的特征。本例中 NP 取 NM 的 1%～2%时效果较好。

图 8.3（b）显示了 NI 对达优率的影响。NI 较小时，算法的达优率略低，原因是 NI 较大时，随机产生的初始解较多，可以使下一个阶段的初始解具有较好的分散性，从而改善搜索达优的可能性。不过 NI 过大也会使算法耗费过多的时间用于随机产生初始解。

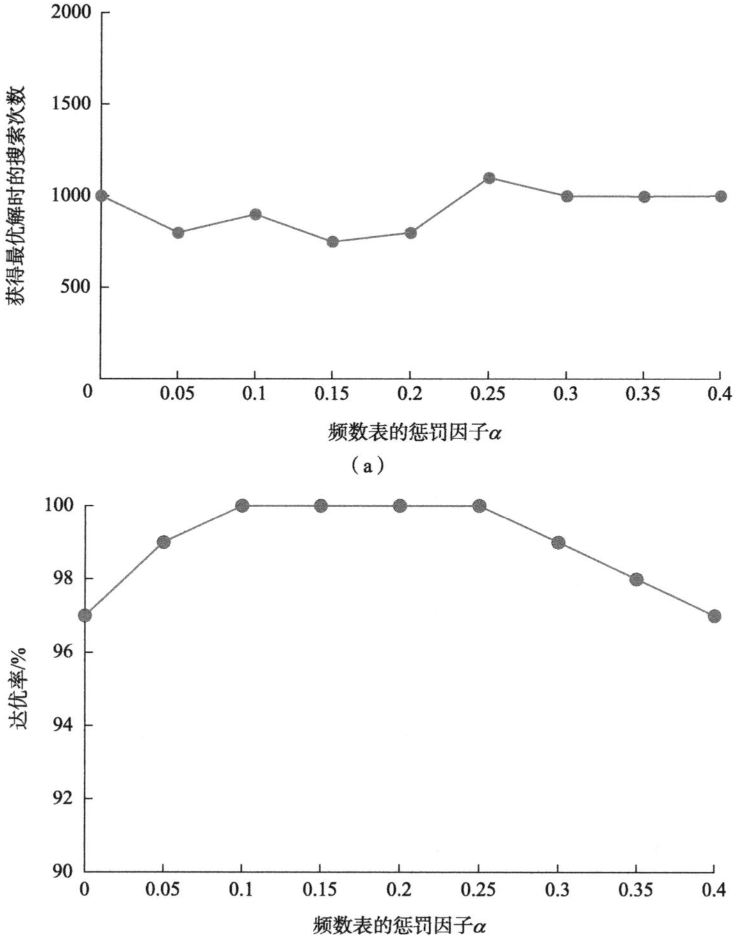

图 8.4　α 的变化对算法的影响

图 8.4 显示了使用频数表后对算法达优率的改进。α 在 0.01～0.25 时，达优率比取消频数表的情况（ α =0 ）有较好的改善。但 α 继续增大后，达优率又开始变坏。这说明过强的频数惩罚会干扰禁忌搜索邻域选优的过程，反而使算法的性能下降。

算法中同时实现了“优化配置池”，可以显示其他若干次优解，由用户进行交互选择。试验表明，当“优化配置池”的长度加大后，禁忌搜索算法和正确的解集逐渐出现差异，参见图 8.5。池的长度较大时，算法结果解集的准确性不高，只能提供参考。但作为一种智能算法，它能快速求得问题的有效解集，很多情况下可以满足工程上的需要。

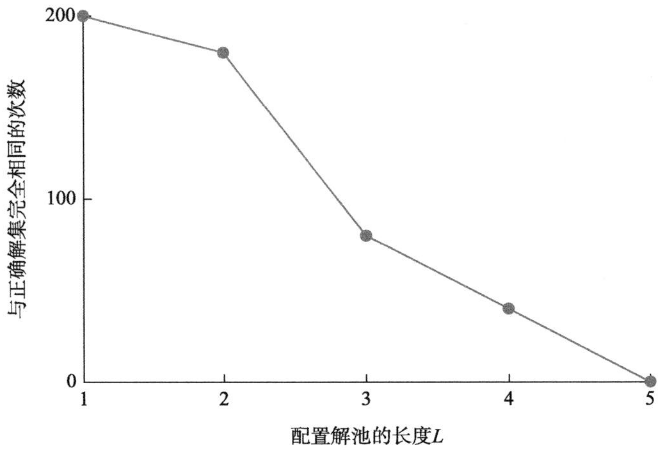

图 8.5　配置池长度 L 改变后的解集情况

从仿真结果可知，选择适当的禁忌搜索算法的参数，可以较快地求解模型并保持较好的达优率。与穷举算法相比，禁忌搜索算法具有求解快的特点，但在指定搜索次数内不能保证一定可以找到最优解。

8.3　基于质量功能展开的产品配置推荐

8.3.1　问题描述

为了便于模型说明和推导，引入以下符号。

CR_i——第 i 种顾客需求；

R, r_i——顾客需求的绝对权重向量和 CR_i 的绝对权重；

R', r_i''——顾客需求的相对权重向量和 CR_i 的相对权重；

EC_j——第 j 个工程特性；

a_{ij}——第 j 个工程特性与第 i 个顾客需求的关联系数；

A——工程特性与顾客需求之间的关联系数矩阵；

t_{jl}——第 j 个工程特性与第 l 个工程特性的自相关系数；

T——工程特性的自相关系数矩阵；

U, u_j——工程特性的绝对权重向量和 EC_j 的绝对权重；

U', u_i'——经过自相关矩阵计算修正后，工程特性的绝对权重向量和 EC_j 的绝对权重；

b_{jk} ——第 k 个部件属性与第 j 个工程特性的关联系数；

B ——部件属性和工程特性之间的关联系数矩阵；

p_{ks} ——部件属性 k 和部件属性 s 的自相关系数；

P ——部件属性的自相关系数矩阵；

Q,q_{ik} ——顾客需求与部件属性的关联矩阵，Q=$ATBP$；q_{ik} 为 Q 中的第 i 行第 k 列元素；

ca_k ——第 k 个部件属性；

V,v_k ——部件属性的绝对权重向量和 ca_k 的绝对权重；

V',v_k' ——经过自相关矩阵计算修正后，部件属性的绝对权重向量和 ca_k 的绝对权重；

$V^v,{v^v}_k$ ——通过配置方案推算的工程特性绝对权重向量和向量的第 k 个元素。

基于质量功能展开的产品配置问题可描述为以下几点。

（1）设某产品采用 QFD 进行产品开发，该产品有 m 个顾客需求，与之相关的工程特性有 n 个；与工程特性相关的产品部件有 h 个，每个产品部件有 d_f 个部件属性 $(f=1,2,\cdots,h)$。

（2）向量 R 已知；矩阵 A、T、B 和 P 均为已知。

（3）部件 $f(f=1,2,\cdots,h)$ 有 e_f 个候选部件设计方案，这些方案所对应的部件属性值均已知；部件的候选设计方案之间进行组合，可以配置得到满足不同顾客需求的总体产品设计方案（假设组合后的方案均是可行的）。

（4）问题的目标是：根据不同顾客需求的绝对权重向量，如何配置候选部件设计方案，使总体产品设计方案最符合输入的顾客需求。

8.3.2　数学模型

1）部件属性绝对权重的确定

首先对关联关系矩阵 A 和 B、自相关矩阵 T 和 P 进行规范化处理。关联关系矩阵采用标度法表示关联的强弱程度（唐加福等，2003），即 0-1-3-9，数字 0、1、3、9 分别代表无关联、弱关联、中关联和强关联。自相关矩阵与之类似，使用 0-1-3-5-9 作为标度，数字 0、1、3、5、9 分别代表无相关、弱相关、中相关、强相关和自身相关。非零的标度值可以取正值或负值，当标度值为正时，表示特性之间是正相关关系；当标度值为负时，表示特性之间是负相关关系。标度后的自相关矩阵 T 和 P 可以进一步进行归一化处理，处理后矩阵的对角线元素均为 1、其余元素为绝对值小于 1 的小数；自相关矩阵 T 和 P 同时也是对称矩阵，体现了质量屋的屋顶。

根据 HoQ1 的性质可求得工程特性的绝对权重为

$$u_j = \sum_{i=1}^{m} r_i a_{ij}, \quad j = 1, 2, \cdots, n \tag{8.10}$$

矩阵形式为

$$U = A^{\mathrm{T}} R \tag{8.11}$$

考虑工程特性之间的自相关性，修正后工程特性的绝对权重向量为

$$u'_j = \sum_{j=1}^{n} u_j t_{jl}, \quad l = 1, 2, \cdots, n \tag{8.12}$$

矩阵形式为

$$U' = T^{\mathrm{T}} U \tag{8.13}$$

HoQ2 的输入为 HoQ1 的输出，即修正后工程特性的权重信息。为了使顾客需求的绝对权重信息能传递到 HoQ2 的输出，以便根据顾客需求进行部件配置，本章没有用归一化方法计算修正后的工程特性相对权重，直接将修正后的工程特性绝对权重向量作为 HoQ2 的输入信息。

类似可求得部件属性的绝对权重向量为

$$v_k = \sum_{j=1}^{n} u_j^i b_{jk}, \quad k = 1, 2, \cdots, \mathrm{CC} \tag{8.14}$$

矩阵形式为

$$V = B^{\mathrm{T}} U' \tag{8.15}$$

其中，$\mathrm{CC} = \sum_{f=1}^{h} d_f$，表示产品的部件属性个数之和。

修正后部件属性的绝对权重向量为

$$v'_k = \sum_{k=1}^{\mathrm{CC}} v_k p_{ks}, \quad s = 1, 2, \cdots, \mathrm{CC} \tag{8.16}$$

矩阵形式为

$$V' = P^{\mathrm{T}} V \tag{8.17}$$

综合式（8.10）～式（8.17）可得

$$V' = P^{\mathrm{T}} \left(B^{\mathrm{T}} U' \right) = P^{\mathrm{T}} B^{\mathrm{T}} \left(T^{\mathrm{T}} U \right) = P^{\mathrm{T}} B^{\mathrm{T}} T^{\mathrm{T}} A^{\mathrm{T}} R = (ATBP)^{\mathrm{T}} R \tag{8.18}$$

令 Q=$ATBP$，式（8.18）可简化为

$$V' = Q^{\mathrm{T}} R \tag{8.19}$$

2）模型的建立

用户设定顾客需求绝对权重时，反映了两个方面的偏好信息。一方面是顾客需求的相对重要性，这可以通过对顾客需求的绝对权重进行归一化，得到相对权重向量（唐加福等，2003）；另一方面，绝对权重也反映了用户对该顾客需求的重

视程度。例如，顾客需求绝对权重向量 $R1=(5, 5, 5, 5)$，$R2=(1, 1, 1, 1)$，二者进行归一化后的相对权重向量是相同的，但 $R1$ 意味着用户对四个顾客需求的要求都比较高，对产品部件的对应属性要求也偏高，在选择部件候选设计方案时，倾向于较高部件配置的方案；而 $R2$ 对四个顾客需求的要求均较弱，倾向于较低配置的部件候选设计方案。

顾客需求的权重信息经过式（8.18）的转换后传递到 HoQ2 的输出，最终反映在产品部件的属性权重上。例如，对于某计算机产品的设计，用户选择对于顾客需求“3D 效果好”有较大的绝对权重，那么经过质量屋转换后，部件“显卡”和“内存”的一些属性的绝对权重值可能也比较大，只有选择高性能“显卡”和“内存”才能较好地满足用户的需求。

顾客需求的绝对权重向量确定后，可选择每个部件的候选设计方案，使之与顾客需求最为接近。也就是说，一个产品配置方案和顾客需求的绝对权重向量之间存在对应关系，被选择部件的属性值 PA 和部件属性的绝对权重存在函数关系。

$$v_k^v = \xi\left(PA_k\right) \quad k = 1,2,\cdots,\mathrm{CC} \tag{8.20}$$

一般来说，高性能的部件对应较高的部件属性值，配置中选择这些部件意味着较高的部件属性的绝对权重，也对应了用户在该方面有较强的顾客需求。

为了便于处理问题，将部件候选设计方案按照部件各属性值从高到低进行排序，假设部件属性绝对权重和部件属性值的排序索引 I 呈线性关系，可按照式（8.21）推算权重：

$$v_k^v = \frac{v_k'^{\min} - v_k'^{\max}}{I_k^{\max} - I_k^{\min}} I_k + v_k'^{\max} - I_k^{\min} \frac{v_k'^{\min} - v_k'^{\max}}{I_k^{\max} - I_k^{\min}} \tag{8.21}$$

其中，$v_k'^{\max}$ 和 $v_k'^{\min}$ 分别表示第 k 个部件属性绝对权重的最大值和最小值；$I_k^{\max}$ 和 $I_k^{\min}$ 分别表示对于第 k 个部件属性值的最大排序索引值和最小排序索引值。令 $\alpha_k = (v_k'^{\min} - v_k'^{\max}) / (I_k^{\max} - I_k^{\min})$，$\beta_k = v_k'^{\max} - I_k^{\min}\alpha_k$，式（8.21）可以写成：

$$v_k^v = \alpha_k I_k + \beta_k, \quad k = 1,2,\cdots,\mathrm{CC} \tag{8.22}$$

对于一个配置方案，可由被选择部件的属性值按照式（8.22）求得实际的部件属性绝对权重向量 V^v，并由式（8.18）得到转换的部件属性绝对权重向量 V'；所有的配置方案中，使向量 V' 和 V^v 偏差最小的方案为最符合顾客要求的配置方案，问题的数学模型可以表示为（模型Ⅰ）：

$$\min_{1 \leqslant f \leqslant h, 1 \leqslant w \leqslant e_f} \sum_{f=1}^{h} \sum_{g=1}^{d_f} \left| v_k' - \alpha_k \left(\sum_{w=1}^{e_f} I_{f,w,g} x_{f,w} \right) - \beta_k \right| \tag{8.23}$$

s.t.

$$\sum_{w=1}^{e_f} x_{f,w} = 1, \quad f = 1,2,\cdots,h \tag{8.24}$$

$$x_{f,w}=0 \text{ or1},\quad f=1,2,\cdots,h;w=1,2,\cdots,e_f$$

其中，$k=\sum_{i=1}^{f-1}d_i+g$，表示第f个部件的第g个属性在HoQ2矩阵P中的序号；式（8.23）表示对于所有部件的所有候选设计方案，求向量V'和V^v偏差之和最小的配置方案；$x_{f,w}$表示决策变量，如果等于1表示选择第f个部件的第w个候选设计方案，等于0表示不选择。

3）模型的转换

模型Ⅰ是一个组合优化模型，但目标函数含有绝对值，不能利用成熟的线性规划方法求解。因此，需要将模型进行转换，去掉模型中的绝对值项。

通过引入辅助变量，模型Ⅰ可转换为下面的线性规划模型（模型Ⅱ）：

$$\min_{1\leqslant f\leqslant h,1\leqslant w\leqslant e_f}\sum_{f=1}^{h}\sum_{g=1}^{d_f}y_{f,g}\tag{8.25}$$

s.t.

$$y_{f,g}+v'_k-\alpha_k\left(\sum_{w=1}^{e_f}I_{f,w,g}x_{f,w}\right)-\beta_k\geqslant 0,\quad f=1,2,\cdots,h;g=1,2,\cdots,d_f\tag{8.26}$$

$$y_{f,g}-v'_k+\alpha_k\left(\sum_{w=1}^{e_f}I_{f,w,g}x_{f,w}\right)+\beta_k\geqslant 0,\quad f=1,2,\cdots,h;g=1,2,\cdots,d_f\tag{8.27}$$

$$\sum_{w=1}^{e_f}x_{f,w}=1,\quad f=1,2,\cdots,h\tag{8.28}$$

$$x_{f,w}=0 \text{ or } 1,\quad f=1,2,\cdots,h;w=1,2,\cdots,e_f$$

定理 8.1　设$(x^*_{1,1},\cdots,x^*_{h,e_h};y^*_{1,1},\cdots,y^*_{h,d_h})$是模型Ⅱ的最优解，那么$(x^*_{1,1},\cdots,x^*_{h,e_h})$是模型Ⅰ的最优解。

证明：显然$(x^*_{1,1},\cdots,x^*_{h,e_h})$是模型Ⅰ的可行解。下面用反证法证明$(x^*_{1,1},\cdots,x^*_{h,e_h})$同时是模型Ⅰ的最优解。

假设$(x^*_{1,1},\cdots,x^*_{h,e_h})$不是模型Ⅰ的最优解。则一定存在一个可行解$(x_{1,1},\cdots,x_{h,e_h})$，使得

$$\sum_{f=1}^{h}\sum_{g=1}^{d_f}\left|v'_k-\alpha_k\left(\sum_{v=1}^{e_f}I_{f,w,g}x_{f,w}\right)-\beta_k\right|<\sum_{f=1}^{h}\sum_{g=1}^{d_f}\left|v'_k-\alpha_k\left(\sum_{w=1}^{e_f}I_{f,w_s}x^*_{f,w}\right)-\beta_k\right|$$

$$f=1,2,\cdots,h,\ g=1,2,\cdots,d_f$$

成立，令

$$y_{f,g}=\left|v'_k-\alpha_k\left(\sum_{w=1}^{e_f}I_{f,w,g}x_{f,w}\right)-\beta_k\right|,\quad f=1,2,\cdots,h;g=1,2,\cdots,d_f$$

则$\left(x_{11},\cdots,x_{h,e_h},y_{1,1},\cdots,y_{h,d_k}\right)$满足模型Ⅱ的所有约束，是模型Ⅱ的一个可行解，且有

$$\sum_{f=1}^{h}\sum_{g=1}^{d_f}y_{f,g}<\sum_{f=1}^{h}\sum_{g=1}^{d_f}\left|v_k'-\alpha_k\left(\sum_{w=1}^{e_f}I_{f,w,g}x_{f,w}^*\right)-\beta_k\right|,\quad f=1,2,\cdots,h;g=1,2,\cdots,d_f$$

由式（8.26）和式（8.27）可知

$$y_{f,g}\geqslant\left|v_k'-\alpha_k\left(\sum_{w=1}^{e_f}I_{f,w,g}x_{f,w}\right)-\beta_k\right|$$

因此有

$$\sum_{f=1}^{h}\sum_{g=1}^{d_f}y_{f,g}<\sum_{f=1}^{h}\sum_{g=1}^{d_f}y_{f,g}^*,\quad f=1,2,\cdots,h;g=1,2,\cdots,d_f$$

说明$\left(x_{1,1},\cdots,x_{h,e_h};y_{1,1},\cdots,y_{h,d_h}\right)$的目标值更优，即$\left(x_{1,1}^*,\cdots,x_{h,e_h}^*;y_{1,1}^*,\cdots,y_{h,d_h}^*\right)$不是模型Ⅱ的最优解，这与假设矛盾。证毕。

4）模糊顾客需求的处理

顾客需求绝对权重是由用户主观设定的，往往具有一定的模糊性。例如，可能对某项需求要求“一般”、权重在“0.5 左右”等。为了更好地表达这些非精确的需求，可采用三角模糊数$\tilde{r}_i=\left(r_i^M,\gamma_i,\delta_i\right)$表示顾客需求的绝对权重，其中$r_i^M$为最可能的值，$r_i^M-\gamma_i$和$r_i^M+\delta_i$为最小值和最大值。根据三角模糊数的加法规则可知，由式（8.18）得到的部件属性绝对权重向量也是三角模糊数$\tilde{v}_k'=\left(v_k^M,\gamma_k',\delta_k'\right)$，其中

$$v_k^M=\sum_{i=1}^{m}r_i^M q_{ik};\gamma_k'=\sum_{i=1}^{m}\gamma_k q_{ik};\delta_k'=\sum_{i=1}^{m}\delta_k q_{ik};k=1,2,\cdots,\mathrm{CC}\tag{8.29}$$

将模型Ⅱ式（8.26）和式（8.27）中的v_k'替换成$\tilde{v}_k'$，即为考虑模糊顾客需求绝对权重的约束表达式。模型Ⅱ可以写成如下形式（模型Ⅲ）：

$$\min_{1\leqslant f\leqslant h,1\leqslant w\leqslant e_f}\sum_{f=1}^{h}\sum_{g=1}^{d_f}y_{f,g}\tag{8.30}$$

s.t.

$$y_{f,g}+\tilde{v}_k'-\alpha_k\left(\sum_{w=1}^{e_f}I_{f,w,g}x_{f,w}\right)-\beta_k\geqslant 0,\quad f=1,2,\cdots,h;g=1,2,\cdots,d_f\tag{8.31}$$

$$y_{f,g}-\tilde{v}_k'+\alpha_k\left(\sum_{w=1}^{e_f}I_{f,w,g}x_{f,w}\right)+\beta_k\geqslant 0,\quad f=1,2,\cdots,h;g=1,2,\cdots,d_f\tag{8.32}$$

$$\sum_{w=1}^{e_f}x_{f,w}=1,\quad f=1,2,\cdots,h\tag{8.33}$$

$$x_{f,w}=0\text{ or }1,\quad f=1,2,\cdots,h;w=1,2,\cdots,e_f$$

可以针对约束集的α截集求模型的最优解，给定隶属度α后，模糊模型可以转化成下面的清晰规划模型（模型Ⅳ）：

$$\min_{1\leqslant f\leqslant h,1\leqslant w\leqslant e_f}\sum_{f=1}^{h}\sum_{g=1}^{d_f}y_{f,g} \tag{8.34}$$

s.t.

$$y_{f,g}+v_k^M+(1-\alpha)v_k^{\mathrm{RB}}-\alpha_k\left(\sum_{w=1}^{e_f}I_{f,w,g}x_{f,w}\right)-\beta_k\geqslant 0,\quad f=1,2,\cdots,h;g=1,2,\cdots,d_f \tag{8.35}$$

$$y_{f,g}-v_k^M+(1-\alpha)v_k^{\mathrm{LB}}+\alpha_k\left(\sum_{w=1}^{e_f}I_{f,w,g}x_{f,w}\right)+\beta_k\geqslant 0,\quad f=1,2,\cdots,h;g=1,2,\cdots,d_f \tag{8.36}$$

$$\sum_{w=1}^{e_f}x_{f,w}=1,\quad f=1,2,\cdots,h \tag{8.37}$$

$$y_{f,g}\geqslant 0\quad x_{f,w}=0\text{ or }1,\quad f=1,2,\cdots,h;w=1,2,\cdots,e_f \tag{8.38}$$

定理 8.2　对于给定的α，模型Ⅳ的最优解也是模型Ⅲ的最优解。

证明：对于给定的隶属度α，$\tilde{v}_k'$的下界和上界分别为[$v_k^M-(1-\alpha)v_k^{\mathrm{LB}}$，$v_k^M+(1-\alpha)v_k^{\mathrm{RB}}$]，如图 8.6 所示。

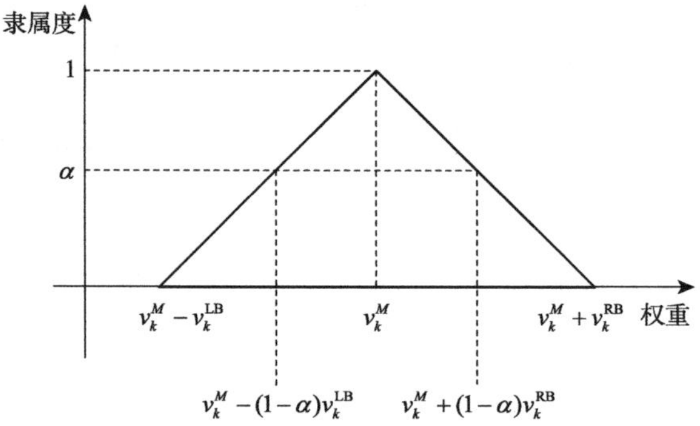

图 8.6　$\tilde{v}_k'$的可能性表示

从式（8.31）和式（8.32）可以推知，模型Ⅲ中$y_{f,g}\geqslant 0$，即$y_{f,g}$的最小值是0。对于模型Ⅳ来说，为了最小化目标函数，每个$y_{f,g}$在满足式（8.35）和式（8.36）的前提下应越小越好。

下面证明模型Ⅲ中的约束（8.31）和约束（8.32）与模型Ⅳ中的约束（8.35）、约束（8.36）和约束（8.38）等价。根据$\alpha_k\left(\sum_{w=1}^{e_f}I_{f,w,g}x_{f,w}\right)+\beta_k$可能的取值，分三

种情况进行分析。

如果 $\alpha_k\left(\sum_{w=1}^{e_f} I_{f,w,g}x_{f,w}\right)+\beta_k \leqslant v_k^M+(1-\alpha)v_k^{\mathrm{RB}}$ 且 $\alpha_k\left(\sum_{w=1}^{e_f} I_{f,w,g}x_{f,w}\right)+\beta_k \geqslant v_k^M-(1-\alpha)v_k^{\mathrm{LB}}$，模型Ⅲ约束(8.31)和约束(8.32)中的 $\tilde{v}_k'$ 可以等于 $\alpha_k\left(\sum_{w=1}^{e_f} I_{f,w,g}x_{f,w}\right)+\beta_k$，此时 $y_{f,g}=0$，即 $y_{f,g}$ 得到了最小值；当 $y_{f,g}=0$ 时，模型Ⅳ中的约束（8.35）、约束（8.36）和约束（8.38）也同样满足。因此，在这种情况下，模型Ⅲ和模型Ⅳ对应的 $y_{f,g}$ 是相同的，也就是说，模型Ⅲ中的约束（8.31）和约束（8.32）与模型Ⅳ中的约束（8.35）、约束（8.36）和约束（8.38）是等效的。

如果 $\alpha_k\left(\sum_{w=1}^{e_f} I_{f,w,g}x_{f,w}\right)+\beta_k > v_k^M+(1-\alpha)v_k^{\mathrm{RB}}$，那么模型Ⅲ的约束（8.32）和模型Ⅳ的约束（8.36）都没有效果，因为对于任意的 $y_{f,g}$，二者均可以满足。为了最小化 $y_{f,g}$，模型Ⅲ中约束（8.31）的 $\tilde{v}_k'$ 的最大值只能取 $v_k^M+(1-\alpha)v_k^{\mathrm{RB}}$，在这种情况下，模型Ⅲ的约束（8.31）变成了模型Ⅳ的约束（8.35）。

否则 $\alpha_k\left(\sum_{w=1}^{e_f} I_{f,w,g}x_{f,w}\right)+\beta_k < v_k^M-(1-\alpha)v_k^{\mathrm{LB}}$，那么模型Ⅲ的约束（8.31）和模型Ⅳ的约束（8.35）都没有效果，因为对于任意的 $y_{f,g}$，二者均可以满足。为了最小化 $y_{f,g}$，模型Ⅲ中约束（8.32）的 $\tilde{v}_k'$ 的最小值只能取 $v_k^M-(1-\alpha)v_k^{\mathrm{LB}}$，在这种情况下，模型Ⅲ的约束（8.32）变成了模型Ⅳ的约束（8.36）。

因此，不论在哪种情况下，模型Ⅲ中的约束（8.31）和约束（8.32）与模型Ⅳ中的约束（8.35）、约束（8.36）和约束（8.38）具有相同的效果。因此，对于给定的 α，模型Ⅳ的最优解也是模型Ⅲ的最优解。证毕。

模型Ⅳ的最优解集可以表示为

$$S^*=\left\{\left(X^*,\alpha\right)\mid \alpha=[0,1]\right\} \tag{8.39}$$

其中，X^* 表示模型Ⅳ的最优解。

8.3.3　案例分析

某公司在开发设计排气消声器产品时，根据市场调研确定了顾客对产品的需求，主要包括以下五个方面：①消声效果好（CR_1）；②运行时震动小（CR_2）；③产品重量轻（CR_3）；④抗环境腐蚀能力强（CR_4）；⑤耐用性能好（CR_5）。根据客户需求确定了如下五个相关工程特性：①加工精度（EC_1）；②设计重量（EC_2）；

③消声孔径尺寸（EC_3）；④耐腐蚀指数（EC_4）；⑤设计寿命（EC_5）。与工程特性相关的部件主要有三个，包括：①消声管（PA_1）；②芯架（PA_2）；③护罩（PA_3）。消声管的相关属性包括：①孔加工精度（PC_{11}）；②孔径尺寸（PC_{12}）；③设计重量（PC_{13}）；④设计寿命（PC_{14}）。芯架的相关属性包括：①设计重量（PC_{21}）；②设计寿命（PC_{22}）。护罩的相关属性包括：①设计重量（PC_{31}）；②耐腐蚀指数（PC_{32}）；③设计寿命（PC_{33}）。根据上述信息，建立产品规划质量屋（图 8.7）和部件规划质量屋（图 8.8）。

	工程特性	EC_1	EC_2	EC_3	EC_4	EC_5
	EC_1	1	0	0	0	0
	EC_2	0	1	0	0	0
	EC_3	0	0	1	0	0
	EC_4	0	0	0	1	0.11
	EC_5	0	0	0	0.11	1
客户需求	绝对权重	70	27	60	23	47
CR_1	5.0	9	0	3	0	0
CR_2	5.0	5	0	9	0	0
CR_3	3.0	0	9	0	0	0
CR_4	2.0	0	0	0	9	1
CR_5	5.0	0	0	0	1	9

图 8.7　产品规划质量屋

		PA_1				PA_2		PA_3		
	部件属性	PC_{11}	PC_{12}	PC_{13}	PC_{14}	PC_{21}	PC_{22}	PC_{31}	PC_{32}	PC_{33}
	PC_{11}	1	0	0	0	0	0	0	0	0
	PC_{12}	0	1	0	0	0	0	0	0	0
	PC_{13}	0	0	1	0	0.11	0	0.11	0	0
	PC_{14}	0	0	0	1	0	0.33	0	0	0.33
	PC_{21}	0	0	0.11	0	1	0	0.11	0	0
	PC_{22}	0	0	0	0.33	0	1	0	0	0.33
	PC_{31}	0	0	0.11	0	0.11	0	1	0	0
	PC_{32}	0	0	0	0	0	0	0	1	0.11
	PC_{33}	0	0	0	0.33	0	0.33	0	0.11	1
工程特性	绝对权重	630	540	243	445.77	243	445.77	243	303.06	473.94
EC_1	70	9	0	0	0	0	0	0	0	0
EC_2	27	0	0	9	0	9	0	9	0	0
EC_3	60	0	9	0	0	0	0	0	0	0
EC_4	28.17	0	0	0	0	0	0	0	9	1
EC_5	49.53	0	0	0	9	0	9	0	1	9

图 8.8　部件规划质量屋

设顾客需求绝对权重是模糊量：$\tilde{r}_1$=(5, 0.5, 0.5)，$\tilde{r}_2$=(5, 0.5, 0.5)，$\tilde{r}_3$=(3, 0.5, 0.5)，$\tilde{r}_4$=(2, 0.5, 0.5)，$\tilde{r}_5$=(5, 0.5, 0.5)；为了满足不同类型用户不同层次的需求，假设 PA_1 提供 4 种部件候选设计方案、PA_2 和 PA_3 各提供 3 种部件候选设计方案，每个方案的部件属性有所不同，按照属性值进行排序后，结果参见图 8.9。

	PC_{11}	PC_{12}	PC_{13}	PC_{14}
方案 1	1	1	3	1
方案 2	2	2	1	2
方案 3	3	3	2	4
方案 4	4	4	4	3

（a）部件 PA_1

	PC_{21}	PC_{22}
方案 1	1	3
方案 2	2	1
方案 3	3	2

（b）部件 PA_2

	PC_{31}	PC_{32}	PC_{33}
方案 1	1	1	2
方案 2	2	2	1
方案 3	3	3	3

（c）部件 PA_3

图 8.9　部件设计方案的属性值排序结果

本例中 m=5，n=5，h=3，d_1=4，d_2=2，d_3=3，e_1=4，e_2=3，e_3=3，经计算可得 $\tilde{v}_1'$=(630, 63, 63)，$\tilde{v}_2'$=(540, 54, 54)，$\tilde{v}_3'$=(296.46, 49.41, 49.41)，$\tilde{v}_4'$= (749.27, 84.75, 84.75)，$\tilde{v}_5'$=(296.46, 49.41, 49.41)，$\tilde{v}_6'$=(749.27, 84.75, 84.75)，$\tilde{v}_7'$=(296.46, 49.41, 49.41)，$\tilde{v}_8'$=(355.19, 61.61, 61.61)，$\tilde{v}_9'$=(801.48, 94.57, 94.57)；设 $R\in[1,5]$，可以根据式（8.21）和式（8.22）计算得到 $\alpha_{1\sim9}$=(−168, −144, −131.76, −226, −197.64, −338.99, −197.64, −246.42, −378.29)；$\beta_{1\sim9}$=(798, 684, 625.86, 1073.48, 691.74, 1186.48, 691.74, 862.47,1324.01)。将计算结果代入优化模型，可得到如下的 LINGO 代码：

$$\min = y_{11}+y_{12}+y_{13}+y_{14}+y_{21}+y_{22}+y_{31}+y_{32}+y_{33};$$

$$y_{11}+630+(1-\alpha)\times 63+168\times(x_{11}+2\times x_{12}+3\times x_{13}+4\times x_{14})-798\geqslant 0;$$

$$y_{12}+540+(1-\alpha)\times 54+144\times(x_{11}+2\times x_{12}+3\times x_{13}+4\times x_{14})-684\geqslant 0;$$

$$y_{13}+296.46+(1-\alpha)\times 49.41+131.76\times(3\times x_{11}+x_{12}+2\times x_{13}+4\times x_{14})-625.86\geqslant 0;$$

$$y_{14}+749.27+(1-\alpha)\times 84.75+226\times(x_{11}+2\times x_{12}+4\times x_{13}+3\times x_{14})-1073.48\geqslant 0;$$

$$y_{21}+296.46+(1-\alpha)\times 49.41+197.64\times(x_{21}+2\times x_{22}+3\times x_{23})-691.74\geqslant 0;$$

$$y_{22}+749.27+(1-\alpha)\times 84.75+338.99\times(3\times x_{21}+x_{22}+2\times x_{23})-1186.48\geqslant 0;$$

$$y_{31}+296.46+(1-\alpha)\times 49.41+197.64\times(x_{31}+2\times x_{32}+3\times x_{33})-691.74\geqslant 0;$$

$$y_{32}+355.19+(1-\alpha)\times 61.61+246.42\times(x_{31}+2\times x_{32}+3\times x_{33})-862.47\geqslant 0;$$

$$y_{33}+801.48+(1-\alpha)\times 94.57+378.29\times(2\times x_{31}+x_{32}+3\times x_{33})-1324.01\geqslant 0;$$

$$y_{11}-630+(1-\alpha)\times 63-168\times(x_{11}+2\times x_{12}+3\times x_{13}+4\times x_{14})+798\geqslant 0;$$

$$y_{12}-540+(1-\alpha)\times 54-144\times(x_{11}+2\times x_{12}+3\times x_{13}+4\times x_{14})+684\geqslant 0;$$
$$y_{13}-296.46+(1-\alpha)\times 49.41-131.76\times(3\times x_{11}+x_{12}+2\times x_{13}+4\times x_{14})+625.86\geqslant 0;$$
$$y_{14}-749.27+(1-\alpha)\times 84.75-226\times(x_{11}+2\times x_{12}+4\times x_{13}+3\times x_{14})+1073.48\geqslant 0;$$
$$y_{21}-296.46+(1-\alpha)\times 49.41-197.64\times(x_{21}+2\times x_{22}+3\times x_{23})+691.74\geqslant 0;$$
$$y_{22}-749.27+(1-\alpha)\times 84.75-338.99\times(3\times x_{21}+x_{22}+2\times x_{23})+1186.48\geqslant 0;$$
$$y_{31}-296.46+(1-\alpha)\times 49.41-197.64\times(x_{31}+2\times x_{32}+3\times x_{33})+691.74\geqslant 0;$$
$$y_{32}-355.19+(1-\alpha)\times 61.61-246.42\times(x_{31}+2\times x_{32}+3\times x_{33})+862.47\geqslant 0;$$
$$y_{33}-801.48+(1-\alpha)\times 94.57-378.29\times(2\times x_{31}+x_{32}+3\times x_{33})+1324.01\geqslant 0;$$
$$x_{11}+x_{12}+x_{13}+x_{14}=1;$$
$$x_{21}+x_{22}+x_{23}=1;$$
$$x_{31}+x_{32}+x_{33}=1;$$
@bin(x_{11});@bin(x_{12});@bin(x_{13});@bin(x_{14});
@bin(x_{21});@bin(x_{22});@bin(x_{23});
@bin(x_{31});@bin(x_{32});@bin(x_{33});

应用 LINGO 软件可以得到全局最优解。当隶属度 α =1 时（相当于确定的顾客需求绝对权重），结果为 $x_{1,1}=x_{2,2}=x_{3,2}=1$，其余决策变量为 0，表示最优的配置方案是选择部件 PA_1 的第一个方案、部件 PA_2 的第二个方案和部件 PA_3 的第二个方案，最优目标值为 420.99。从用户的顾客需求权重来看，用户对产品在消声效果、运行时震动和耐用性方面有很高的要求，在产品重量和抗腐蚀能力方面要求一般；从求得的最优的配置方案来看，消声器设计方案 1 的孔加工精度、孔径尺寸和设计寿命属性值排序第 1，设计重量属性值排序第 3；芯架设计方案 2 的设计寿命属性值排序第 1，设计重量属性值排序第 2；护罩设计方案 2 的设计寿命属性值排序第 1，设计重量和耐腐蚀指数排序第 2，配置结果和用户需求基本相符。

当 α =0.7 时，重新求解模型，配置结果仍为 $x_{1,1}=x_{2,2}=x_{3,2}=1$，但最优目标值为 312.51，说明降低隶属度可以得到更好的目标值。本例中总配置方案较少，总共只有 $e_1\times e_2\times e_3=4\times 3\times 3=36$ 个；如果部件个数很多或部件配置方案很多，改变隶属度时配置方案则可能发生变化。

8.4　面向电子商务的产品配置推荐

8.4.1　优化问题建模

本节介绍对于一个特定的客户，如何从产品族中找到一个最优的产品配置并将其描述成一个优化问题，然后建立一个数学模型来表示这个问题。建模过程中主要涉及把客户需求映射为技术特征、处理产品部件的效用、部件的相容性、确定产品的价格限制等。优化模型详细的建模过程和表达式如后所示。

首先，一个重要的问题是如何采集产品中客户的偏好，并且把客户的需求映射到部件选择过程。目前有很多方法可以用于建立客户的需求和产品的技术参数之间的关系。本章应用质量屋的 CR-TA 映射矩阵将客户的要求（CRs）映射到产品的技术特征（TAs）。

1）客户需求映射到技术特征

CR-TA 映射矩阵中，行表示技术特征，列表示客户需求，矩阵中的元素表示它们之间的关系。技术特征和客户需求之间的关系被表示为 0-1-3-5-9，其中 0、1、3、5、9 代表表无、弱、中等、强、很强的依赖关系（Fung et al.，1998）。矩阵元素的值可以通过评估技术特征和客户需求之间的关系来确定。

假设在一个产品族中，考虑用 $\mathrm{CR}_i\left(i=1,2,\cdots,m\right)$ 表示 m 个客户需求，用 TA_j $\left(j=1,2,\cdots,n\right)$ 表示 n 个技术特征。设 A 是客户需求和技术特征之间的关系矩阵，其中元素 $a_{ij}\left(i=1,2,\cdots,m,\ j=1,2,\cdots,n\right)$ 表示 TA_j 对 CR_i 满意度的影响程度。给定客户需求重要性的权值并用 $w_i\left(i=1,2,\cdots,m\right)$ 表示，则由 u_j $\left(j=1,2,\cdots,n\right)$ 表示的 TA_j 重要性的权值可以用下面的公式给出（Fung et al.，1998）：

$$u_j=\sum_{i=1}^{m}w_i a_{ij},\ \ j=1,2,\cdots,n \tag{8.40}$$

2）产品部件的效用

假设该产品族中有 h 个接口，用 $I_f\left(f=1,2,\cdots,h\right)$ 表示，并且对每个接口 I_f 都有 e_f 个可供选择的部件。这些部件具有相同的接口，并且功能类似，但它们彼此间的特征和性能可以不同。对于每一个接口，必须准确地选中一个部件。因此，一个特定客户的定制产品可以被定义为所有接口已选定的部件集合。

一个定制产品的性能取决于产品族中接口所有已选部件的综合性能。换句话说，每个部件都影响定制产品的性能。个别部件的性能通常被表示为一些关键技术特征。例如，如果一个专家为客户手动选择一个部件，他/她可能会检查和比较可互换部件的技术属性，通过分析这些技术特征估计性能，然后再决定考虑其他相关因素（如价格）。在本章中，我们用部件性能矩阵来表示产品部件对产品技术属性的效用。

在一个部件性能矩阵中，行头是产品的技术特征清单，列头是所有部件的列表，矩阵中的元素被定义为贡献指数（contribution index，CI），表示某一特定部件对相应的技术属性的效用。在部分效用模型中，假设某一接口第 i 个部件的性能 P_i 为部分效用值的线性函数或者是对技术特征的效用，则

$$P_i = \sum_{k=1}^{K}\sum_{l=1}^{L_k} x_{ikl}\mathrm{CI}_{ikl} + \varepsilon_i \tag{8.41}$$

其中，CI_{ikl} 表示第 i 个部件的第 k 个技术特征的第 l 水平上的部分效用值；ε_i 表示每个部件的误差项，并且 x_{ikl} 是一个二元变量，满足如下条件：

$$x_{ikj} = \begin{cases} 1, & \text{如果第}k\text{个TA的第}l\text{个水平被第}i\text{个部件选中} \\ 0, & \text{其他} \end{cases}$$

正如 Jiao 等（2007）所指出的那样，有许多方法可用来估计回归部分效用值，如全联合分析、适应性联合分析、混合联合分析、实验性选择分析，和基于选择的联合分析等。在本章的案例分析中，我们将以联合分析为例，估计 CPU 部件的贡献指数。

令 U 为部件性能矩阵，其中矩阵元素为 $u_{jk}\left(j=1,2,\cdots,n,\quad k=1,2,\cdots,N_T,\right.$ $\left. N_T=\sum_{f=1}^{h} e_f \right)$，并且

$$x_{fg} = \begin{cases} 1, & \text{选择接口}I_f\text{的第}g\text{个部件} \\ 0, & \text{其他} \end{cases},\quad f=1,2,\cdots,h,\quad g=1,2,\cdots,e_f$$

如果所有的技术特征是同等重要的，那么所选部件对技术特征的整体效用可以由 S_T 表示如下：

$$S_T = \sum_{j=1}^{n}\sum_{f=1}^{h}\sum_{g=1}^{e_f} u_{jk} x_{fg} \tag{8.42}$$

其中，$k=\sum_{i=1}^{f-1} e_i + g$ 表示第 f 个接口中第 g 个部件矩阵索引号。

对于定制产品，客户在需求上会有不同的偏好，根据式（8.40）计算出的技术特征重要性的权值是不同的。因此，通过采用 CR-TA 映射矩阵，对应客户需求所选部件的整体效用可以由 S_R 表示为

$$S_R = \sum_{j=1}^{n}\left(\sum_{i=1}^{m} w_i a_{ij} \sum_{f=1}^{h}\sum_{g=1}^{e_f} u_{jk} x_{fg} \right) \tag{8.43}$$

3）部件兼容性

一个定制的产品可以通过在产品族的每个接口中选择一个部件配置获得。但是部件的组合并不总是可行的，有些部件之间不是相互兼容的。例如，如果选中一个 Intel P965LT 主板，那么只可以选择英特尔的 CPU，因为它使用的是 LGA（land grid array，触点阵列封装）775 插口。此外，根据产品的一般知识，部件的选择常常是相互关联的。例如，同时选择高性能声卡和低性能的扬声器是不合理的。

本章使用部件兼容性矩阵来描述部件的兼容性。该矩阵是一个对称的方阵，其中元素 $v_{ij}\left(i=1,2,\cdots,N_T,\ j=1,2,\cdots,N_T\right)$ 定义为

$$v_{ij}=\begin{cases}0, & \text{部件}i\text{和}j\text{位于相同的接口}\\ -D, & \text{部件}i\text{和}j\text{不在相同的接口，但不能同时选择}\\ (0,1], & \text{其他}\end{cases}$$

其中，D 表示一个很大的整数。

如果部件 i 和 j 同时被选择，则 v_{ij} 的值在 $(0,1]$ 之间并由组合的平衡度确定。当部件 i 和 j 分别属于两个完全不相关的接口时，v_{ij} 为 1。v_{ij} 的值可以根据专家意见和知识获得。图 8.10 是一个部件兼容性矩阵的例子。

		接口 1		接口 2			接口 3	
		PA_{11}	PA_{12}	PA_{21}	PA_{22}	PA_{23}	PA_{31}	PA_{32}
接口 1	PA_{11}	0	0	1	1	1	1	0.3
	PA_{12}	0	0	1	1	$-D$	0.3	1
接口 2	PA_{21}	1	1	0	0	0	1	1
	PA_{22}	1	1	0	0	0	1	1
	PA_{23}	1	$-D$	0	0	0	$-D$	1
接口 3	PA_{31}	1	0.3	1	1	1	0	0
	PA_{32}	0.3	1	1	1	1	0	0

图 8.10　部件兼容性矩阵的例子

如图 8.10 所示，如果选择了 PA_{12} 和 PA_{23}，则相应的 v_{ij} 等于$-D$，那么任何包含此选择的产品都将被优化算法淘汰。PA_{11} 和 PA_{32} 的组合是一个不平衡的选择（$v_{ij}=0.3$），它会使下文提到的优化模型的目标函数值降低。

通过考虑部件的兼容性，方程（8.43）可改写为

$$S_R=\sum_{j=1}^{n}\left(\sum_{i=1}^{m}w_i a_{ij}\sum_{f=1}^{h}\sum_{g=1}^{e_f}u_{jk}x_{fg}\sum_{f'=1}^{h}\sum_{g'=1}^{e_f}v_{k'k}x_{f'g'}\right) \tag{8.44}$$

其中，$k'=\sum_{i=1}^{f'-1}e_i+g'$ 表示第 f' 个接口中第 g' 个部件的矩阵索引号。

4）产品价格

一个定制产品的价格通常是所有选定部件价格的总和。然而，也有很多产品族包含固定（不可配置）的部件。通常的解决办法是找到接口中部件的最低价格，然后从所有其他部件的价格中减去这个最低价格。也就是说，我们使用相对价格代替绝对价格，则所选产品的配置价格可以表示为

$$p_T = p_{\text{base}} + \sum_{f=1}^{h}\sum_{g=1}^{e_f} x_{fg} p_{fg} \tag{8.45}$$

其中，p_{base} 表示产品族中最便宜产品的基本价格；p_{fg} 表示第 $f\left(f=1,2,\cdots,h\right)$ 个接口中第 $g\left(g=1,2,\cdots,e_f\right)$ 个部件的相对价格。

5）优化模型

B2C 电子商务应用中可配置产品的客户选择问题可以描述为：给定 w_i $(i=1,2,\cdots,m)$ 和预期产品的总体价格，如何从产品族（即如何从每个接口中选择一个部件）中配置一个定制产品，使得在不违反总体价格约束的情况下，最大限度地满足顾客需求。

数学模型可以表示为

$$\max \sum_{j=1}^{n}\sum_{i=1}^{m} w_i a_{ij} \sum_{f=1}^{h}\sum_{g=1}^{e_f} u_{jk} x_{fg} \sum_{f'=1}^{h}\sum_{g'=1}^{e_f} v_{k'k} x_{f'g} \tag{8.46}$$

s.t.

$$p_{\text{base}} + \sum_{f=1}^{h}\sum_{g=1}^{e_f} x_{fg} p_{fg} \leqslant p \tag{8.47}$$

$$\sum_{g=1}^{e_f} x_{fg} = 1, \quad f = 1,2,\cdots,h \tag{8.48}$$

上述模型中可以根据需要适当增加其他约束。

式（8.46）为这个优化问题的目标函数。在式（8.46）中，选定部件的贡献指数首先通过兼容性检查确定，然后再转化为客户的需求。约束（8.47）保证定制产品的总价格不高于总预算。约束（8.48）限制产品的每个接口只能选择一个部件。

该模型是一个标准的整数规划模型，它可以被许多现有的编程软件求解，如 LINGO 或者 CPLEX 等。在实际中，客户可能希望从一个推荐集中选择一个比较满意的定制产品。在这种情况下，我们可以提供最优解和一些临近最优解形成一个解池供客户选择。我们用一种简单的方法来得到一个次优解：在得到最优解后，我们可以针对这个最优解构建一个约束，将其追加到原始的模型上以获得一个修正模型（即在解空间中禁用刚刚获得的最优解），然后重写求解这个模型，得到一个新的最优解。这个新解不是原模型的最优解而是一个次优解。例如，对于一个模型（$h=3$，$e_1=3$，$e_2=2$，$e_3=3$），如果找到了它的最优解 $X^*=[x_{11}=0$，$x_{12}=1$，$x_{13}=0$，$x_{21}=1$，$x_{22}=0$，$x_{31}=0$，$x_{32}=1$，$x_{33}=0]$，这时可以把下面的约束追加到该模型上：

$$x_{12} + x_{21} + x_{32} < h \tag{8.49}$$

因此，X^*就变成了该模型的一个可行解，同时可以通过重新求解这个修正模型得到次优解。

通过使用这种方法，可以获得近似最优解的一个集合以备客户进一步选择。在实际应用中，可以开发软件系统自动建立上述约束，更新优化模型并且重新求解新模型。此外，也可以应用智能优化算法（如遗传算法）或启发式方法得到该问题的最优解和邻近最优解。

8.4.2　案例分析及讨论

本节以个人计算机（personal computer，PC）为例验证上述模型的有效性。个人计算机是一个典型的基于部件的可配置产品，本例演示了如何在客户要求和总预算情况下，在线选择配置个人计算机。从戴尔公司的网站上收集了所有数据（型号：Dimension E521），如表 8.4 所示，该类型的计算机有 7 个标准接口。

表 8.4　PC 产品的接口和部件

部件接口	表示	部件名称	价格/美元
CPU	PA_{11}	AMD Athlon 64 X2 Dual-Core 3800+处理器	0
	PA_{12}	AMD Athlon 64 X2 Dual-Core 4200+处理器	50
	PA_{13}	AMD Athlon 64 X2 Dual-Core 4600+处理器	110
	PA_{14}	AMD Athlon 64 X2 Dual-Core 5000+处理器	180
内存	PA_{21}	PA21 512MB 单通道 DDR2 内存	0
	PA_{22}	1GB Dual Channel DDR2 内存	50
	PA_{23}	2GB Dual Channel DDR2 内存	200
	PA_{24}	2GB Dual Channel DDR2 4DIMMs 内存	180
	PA_{25}	4GB Dual Channel DDR2 4DIMMs 内存	450
硬盘	PA_{31}	160GB Serial ATA 硬盘（7200 转）	0
	PA_{32}	250GB Serial ATA 硬盘（7200 转）	50
	PA_{33}	320GB Serial ATA 硬盘（7200 转）	100
显示器	PA_{41}	19 寸 E197FP 液晶显示器	0
	PA_{42}	19 寸 Ultrasharp 1907FP 液晶显示器	80
	PA_{43}	20 寸 Ultrasharp 2007FP 液晶显示器	250
	PA_{44}	20 寸 Ultrasharp 2007WFP 液晶显示器	300
	PA_{45}	24 寸 UltraSharp 2407FPW 液晶显示器	700

续表

部件接口	表示	部件名称	价格/美元
显卡	PA_{51}	NVIDIA GeForce 6150 LE 集成显卡	0
	PA_{52}	256MB NVIDIA Geforce 7300LE TurboCache 显卡	60
	PA_{53}	256MB ATI Radeon X1300 Pro 显卡	120
声卡	PA_{61}	7.1 Channel Audio 集成声卡	0
	PA_{62}	Sound Blaster Audigy HD 集成声卡	50
	PA_{63}	Sound Blaster X-Fi XtremeMusic（D）声卡	100
音箱	PA_{71}	集成扬声器	0
	PA_{72}	Dell A225 音箱	10
	PA_{73}	Dell A525 30 Watt 2.1 立体声音箱	50
	PA_{74}	Dell AS501PA 10W Flat Panel 音箱	50
	PA_{75}	Dell AS501 10W Flat Panel 音箱	50
	PA_{76}	Dell 56505.1 100 音箱	100

表 8.4 中，PC 部件的价格是最低配置基础上的相对价格。E521 的基本（最低）配置价格是$ 829，其中对应的部件为 PA_{11}、PA_{21}、PA_{31}、PA_{41}、PA_{51}、PA_{61} 和 PA_{71}。

通过分析台式计算机的特点，考虑了 PC 部件的 21 个主要技术属性，如表 8.5 所示。

表 8.5 PC 部件的主要技术特性

部件	标识	技术特性
CPU	TA_{11}	主频
	TA_{12}	缓存
	TA_{13}	类型
内存	TA_{21}	容量
	TA_{22}	主频
	TA_{23}	类型
硬盘	TA_{31}	容量
	TA_{32}	转速
	TA_{33}	类型
显示器	TA_{41}	尺寸

续表

部件	标识	技术特性
显示器	TA_{42}	分辨率和刷新频率
	TA_{43}	类型
显卡	TA_{51}	内存容量
	TA_{52}	主频
	TA_{53}	类型
声卡	TA_{61}	采样频率
	TA_{62}	采样位数
	TA_{63}	类型
音箱	TA_{71}	灵敏度
	TA_{72}	信噪比
	TA_{73}	类型

购买一台个人计算机时，客户通常会考虑以下五个主要需求：数据处理性能（CR_1）、图形显示速度和质量（CR_2）、显示器的规模（CR_3）、存储速度和容量（CR_4）和音频质量（CR_5）。因此，表 8.6 所示的 CR-TA 映射矩阵可以通过分析客户需求和技术属性之间的关系来实现。例如，数据处理性能（CR_1）与 CPU 的技术属性是密切相关的，计算机硬件专家建议主频（TA_{11}）、缓存（TA_{12}）和类型（TA_{13}）分别与 CR_1 有很强、强和中等关系，因此，表 8.6 中分别给出了 CR_1 与 TA_{11}、TA_{12}、TA_{13} 的系数为 9、5、3。

表 8.6　产品的 CR-TA 关系矩阵

需求	TA_{11}	TA_{12}	TA_{13}	TA_{21}	TA_{22}	TA_{23}	TA_{31}	TA_{32}	TA_{33}	TA_{41}	TA_{42}	TA_{43}	TA_{51}	TA_{52}	TA_{53}	TA_{61}	TA_{62}	TA_{63}	TA_{71}	TA_{72}	TA_{73}
CR_1	9	5	3	5	9	5	1	5	3	0	0	0	1	1	1	1	1	1	0	0	0
CR_2	5	3	3	5	5	5	1	3	3	9	9	5	9	5	5	0	0	0	0	0	0
CR_3	0	0	0	0	0	0	0	0	0	9	9	5	0	0	0	0	0	0	0	0	0
CR_4	3	3	1	1	3	1	9	9	3	0	0	0	0	0	0	0	0	0	0	0	0
CR_5	0	0	0	0	0	0	0	0	0	0	0	0	0	0	0	9	5	3	3	9	1

贡献指数和部件性能矩阵可以通过联合分析来确定。表 8.7 显示了选择不同技术属性水平下 CPU 的性能。在表 8.7 中，CPU 的（第 1 列）性能由 0 到 10 之间的一个数字表示，并且单元格中的数字“1”代表该 CPU 选择相应的技术特征水平。

表 8.7　CPU 在不同技术特性下的性能指标

性能	CPU 主频				缓存		类型	
	3800	4200	4600	5000	500K	1M	AMD	Intel
6	1	0	0	0	1	0	1	0
6.5	0	1	0	0	1	0	1	0
7	0	0	1	0	1	0	1	0
7.5	0	0	0	1	1	0	1	0
6.5	1	0	0	0	0	1	1	0
7	0	1	0	0	0	1	1	0
7.5	0	0	1	0	0	1	1	0
8	0	0	0	1	0	1	1	0
6.2	1	0	0	0	1	0	0	1
6.7	0	1	0	0	1	0	0	1
7.2	0	0	1	0	1	0	0	1
7.7	0	0	0	1	1	0	0	1
6.7	1	0	0	0	0	1	0	1
7.2	0	1	0	0	0	1	0	1
7.7	0	0	1	0	0	1	0	1
8.2	0	0	0	1	0	1	0	1

利用方程（5.2），通过使用最小二乘回归，可以估算出技术属性的贡献指数。表 8.7 中列出这些技术属性的计算结果为 0、0.5、1、1.5、−0.5、0、−0.2 和 0。因此，可以构建如图 8.11（a）所示的 CPU 的部件性能矩阵。使用同样的方法可以得到图 8.11 中的其他贡献指数。

部件	TA_{11}	TA_{12}	TA_{13}
PA_{11}	0	−0.5	−0.2
PA_{12}	0.5	−0.5	−0.2
PA_{13}	1	−0.5	−0.2
PA_{14}	1.5	−0.5	−0.2

（a）CPU 的部件性能矩阵

部件	TA_{21}	TA_{22}	TA_{23}
PA_{21}	0	−0.5	−0.2
PA_{22}	0.5	−0.5	−0.2
PA_{23}	1	−0.5	−0.2
PA_{24}	1	−0.5	0
PA_{25}	2	−0.5	0

（b）内存的部件性能矩阵

部件	TA_{31}	TA_{32}	TA_{33}
PA_{31}	0	0	−0.2
PA_{32}	1	0	−0.2
PA_{33}	1.5	0	−0.2

（c）硬盘的部件性能矩阵

部件	TA_{41}	TA_{42}	TA_{43}
PA_{41}	0	−1	−1.5
PA_{42}	0	−0.7	−0.7
PA_{43}	1	−0.5	−0.5
PA_{44}	1	−0.2	−0.5
PA_{45}	2.5	0	0

（d）显示器的部件性能矩阵

部件	TA_{51}	TA_{52}	TA_{53}
PA_{51}	0	−1	−1.5
PA_{52}	1.5	−0.5	−0.5
PA_{53}	1.5	0	0

（e）显卡的部件性能矩阵

部件	TA_{61}	TA_{62}	TA_{63}
PA_{61}	0	−1	−1.5
PA_{62}	1	0	−1
PA_{63}	1	0	0

（f）声卡的部件性能矩阵

部件	TA_{71}	TA_{72}	TA_{73}
PA_{71}	0	−1.5	−1.5
PA_{72}	0.5	−0.5	−0.5
PA_{73}	0.5	−0.5	−0.4
PA_{74}	0.5	−0.5	−0.3
PA_{75}	0.5	−0.5	−0.2
PA_{76}	1.5	0	0

（g）音箱的部件性能矩阵

图 8.11　PC 产品的部件性能矩阵中的主要元素

PC 是一个高度模块化的产品。在同一接口的部件可以完全互换。因此，不存在不兼容的部件组。然而，一些部件的选择有些是相互关联的。例如，客户选择一个高性能声卡和一个低性能扬声器是不合理的。表 8.8 给出了该部件的部分兼容性矩阵（扬声器和声卡之间只列出系数）。

表 8.8　PC 产品的部件兼容矩阵（部分）

部件	PA_{71}	PA_{72}	PA_{73}	PA_{74}	PA_{75}	PA_{76}
PA_{61}	1	0.8	0.6	0.4	0.2	0.1
PA_{62}	0.6	0.8	1	0.8	0.6	0.4
PA_{63}	0.1	0.2	0.4	0.6	0.8	1

我们使用四个级别来描述一个顾客要求的重要性：很好、良好、一般和差。每个级别都对应介于 0 和 1 之间的一个数值：很好= 1.0、良好= 0.7、一般= 0.4、差= 0.1。优化模型通过 LINGO 软件包进行求解。表 8.9 列出了不同级别客户需求下的计算结果，其中总价格≤1329 美元（829 +500）。例如，对于第一个配置，给定客户需求重要性的权值如下：w_1=1.0、w_2= w_3= w_4= w_5= 0.4 时，产生最优的产品配置文件是选择 PA_{14}、PA_{24}、PA_{32}、PA_{41}、PA_{52}、PA_{62}、PA_{72}，并且该计算机的总相对价格是 500 美元。

表 8.9　案例计算结果

配置	需求权重					选择的部件							总价格/美元
	w_1	w_2	w_3	w_4	w_5	I_1	I_2	I_3	I_4	I_5	I_6	I_7	
配置 1	1	0.4	0.4	0.4	0.4	PA_{14}	PA_{24}	PA_{32}	PA_{41}	PA_{52}	PA_{62}	PA_{72}	500
配置 2	0.4	0.4	1	0.4	0.4	PA_{11}	PA_{21}	PA_{32}	PA_{44}	PA_{52}	PA_{62}	PA_{72}	480
配置 3	0.4	0.4	0.4	0.4	1	PA_{12}	PA_{22}	PA_{32}	PA_{42}	PA_{52}	PA_{63}	PA_{76}	500

续表

配置	需求权重					选择的部件							总价格/美元
	w_1	w_2	w_3	w_4	w_5	I_1	I_2	I_3	I_4	I_5	I_6	I_7	
配置 4	0.4	1	0.4	0.4	0.4	PA_{11}	PA_{22}	PA_{31}	PA_{43}	PA_{53}	PA_{62}	PA_{72}	480
配置 5	0.4	0.4	0.4	1	0.4	PA_{13}	PA_{22}	PA_{33}	PA_{42}	PA_{52}	PA_{62}	PA_{72}	480

从不同的接口选择部件事实上是一种考虑约束基础上的折中。例如，在配置 1 中，给定客户需求的权重表明了客户对 PC 机偏重的是数据处理性能（w_1= 1.0），因此，选择了高端 CPU（PA_{14}）和高端内存（PA_{24}）。配置 2 强调显示器的大小，因此在预算范围内选择了一个更好的监视器（PA_{44}）和较低质量的 CPU（PA_{11}）及较小的内存（PA_{21}）。

表 8.10 显示了表 8.9 中配置 1 通过使用 8.4.1 小节所述方法得到的解池（大小=5）。虽然次优解的目标函数值与最优解相比逐渐减小，但是如果客户愿意人工调整配置，这些次优解仍然是好解。

表 8.10　不同 w_i 下的最优解和近优解（$w_1 = 1.0$； $w_2 = w_3 = w_4 = w_5 = 0.4$）

解	选择的部件							总价格/美元	目标值
	I_1	I_2	I_3	I_4	I_5	I_6	I_7		
最优解	PA_{14}	PA_{24}	PA_{32}	PA_{41}	PA_{52}	PA_{62}	PA_{72}	500	63.4
次优解 1	PA_{13}	PA_{24}	PA_{32}	PA_{42}	PA_{52}	PA_{62}	PA_{72}	500	58.96
次优解 2	PA_{14}	PA_{23}	PA_{31}	PA_{42}	PA_{52}	PA_{62}	PA_{72}	500	56.68
次优解 3	PA_{14}	PA_{23}	PA_{32}	PA_{41}	PA_{52}	PA_{62}	PA_{72}	480	54.52
次优解 4	PA_{14}	PA_{24}	PA_{31}	PA_{41}	PA_{53}	PA_{62}	PA_{72}	500	51.4

在 B2C 的电子商务软件应用中，产品族的接口、每个接口部件、主要技术特征、CR-TA 映射矩阵、部件性能矩阵、部件兼容性矩阵和其他相关产品信息可以存储在数据库系统中。

与推荐系统相比，本章提出的方法更适用于中小型企业。推荐系统与上述方法之间的比较如表 8.11 所示。

表 8.11　推荐系统和本章所提方法的比较

特征	推荐系统	所提方法
应用领域	网售商品、书、艺术品、电影、音像制品等	含有可更换零部件的产品
方法	基于内容的过滤、协同过滤等	整数规划、遗传算法和启发式方法
用户轮廓	需要用户记录	不需要用户记录

续表

特征	推荐系统	所提方法
目标	从所有的预估评分中选择最高的评分	考虑预算和交货时间约束选择最优方案
使用的方法	聚类，人工神经网络，决策树等数据挖掘方法	联合分析

这种方法的一个局限是，如果一个产品族非常复杂并有大量接口，那么构造并使用模型中用到的矩阵可能是一项很复杂的工作。因此，建议使用一个交互的软件系统，以方便相关数据的准备和维护。在本章的模型的基础上，还可以在部件组合中考虑价格折扣。例如，某些产品的促销过程中常常使用价格折扣。也可以在现有的数学模型中考虑关于产品更多的约束，如产品部件的质量和耐用性等。

8.5　本 章 小 结

本章研究了多样化顾客需求环境下的产品配置优化问题，提出了三种不同的产品配置方法：①建立了复杂配置约束条件下的产品配置优化模型，并设计了多阶段禁忌搜索算法求解模型，算法实现简单并可以求得工程上较满意的解；②利用 QFD 的质量屋转换矩阵将产品配置过程扩展到用户需求层次，建立了一个以最符合用户需求为目标的产品配置优化模型，并将其转化成等效的线性整数规划模型，可以用成熟的全局优化算法求解；③提出了一种在 B2C 的电子商务环境下从产品族中自动和优化配置产品的新方法，可为不熟悉产品技术细节的客户推荐满意的配置产品，同时为分析部件性能之间的关系提供了一种有效的方法。

第 9 章　基于最大化最小收益的产品鲁棒定价

9.1 问 题 背 景

在产品与服务开发过程中，产品定价是其中一项重要的决策活动。合理的产品定价对于产品的市场定位和销售有重要影响。在产品定价的相关文献中，通常假设顾客选择模型的参数都是已知的。公司准确地知道顾客选择模型的每个参数，如顾客对产品的效用。但是，在实际中，由于不完全信息、小样本数据或者顾客自身的因素，一些参数的值可能是不确定的。这种情况下，基于确定参数设计的产品线模型可能得到与真实利润差别很大的理论利润值。考虑到制造成本和时间等因素，公司不可能频繁地进行设计变更。因此，在产品与服务设计过程中，顾客选择模型的参数不确定性是一个需要被考虑的重要因素。

本章研究了考虑顾客选择模型参数不确定性的产品定价优化问题。不同于一般产品设计模型中最大化收益的目标，本章提出了最大化最小收益的鲁棒产品定价优化模型。这个模型受文献 Handel 和 Misra（2013）启发，但是本章的模型和该文献的模型主要有两点差异：第一，当设计鲁棒的产品定价优化模型时，本章重点研究顾客的选择行为。在考虑 MNL 模型的参数不确定性基础上，本章研究了鲁棒产品定价问题，而该文献没有考虑顾客的选择行为。第二，本章和该文献有不同的优化目标。该文献提出了一个鲁棒的新产品定价模型，旨在获得最小化最大后悔（minimax regret）的目标，而本章建立了一个鲁棒的产品定价优化模型，旨在获得最大化最小收益（maximin revenue）。

具体来说，本章考虑了产品定价的一类特殊情况，即开发单个产品的鲁棒优化问题，分别研究静态的产品定价和动态的鲁棒定价，并分别针对同质和异质顾客进行了分析和讨论（Qi et al.，2019a；Qi et al.，2019b；齐微，2019）。

9.2 静态的产品鲁棒定价模型

本节主要研究基于 MNL 模型的静态的新产品定价问题。静态模型意味着新产品的价格在整个销售阶段是不变的。在考虑同质顾客偏好和异质顾客偏好的基础上，分别建立了精确模型和鲁棒模型以获得最优收益。

9.2.1 精确模型

在精确模型中，假设垄断厂商开发一种新的产品以使收益最大化。新产品的边际成本假设为 0（Du et al.，2016；Handel and Misra，2015）。公司面临着许多对产品有不同偏好的顾客。在这部分中，下标 n 表示精确模型。假设顾客 $i(i=1,2,\cdots,m)$ 对新产品的评估为 a_i，并且公司能准确地知道这个评估值。$p_n(p_n>0)$ 表示产品的价格。顾客通过购买这个新产品获得的效用为 $V_{ni}=a_i-p_n$（Song and Xue，2007；Li and Huh，2011）。当顾客获得的效用非负时，即 $V_{ni}=a_i-p_n\geqslant 0$，顾客可能购买这个产品。相反，如果顾客获得的效用是负的，即 $V_{ni}=a_i-p_n<0$，将不会购买这个产品。假设顾客至多购买一个产品。顾客 i 购买这个新产品的概率 q_{ni} 为

$$q_{ni}=\frac{\mathrm{e}^{V_{ni}}}{1+\mathrm{e}^{V_{ni}}}=\frac{\mathrm{e}^{a_i-p_n}}{1+\mathrm{e}^{a_i-p_n}} \tag{9.1}$$

那么 $1-q_{ni}$ 表示顾客 i 不购买这个新产品的概率。

对于非垄断市场，假设有 n_1 个竞争产品。顾客 $i(i=1,2,\cdots,m)$ 购买新产品的概率为

$$q_i=\frac{\mathrm{e}^{V_i}}{\mathrm{e}^{V_i}+\sum_{j=1}^{n_1}\mathrm{e}^{V_{ij}}} \tag{9.2}$$

其中，V_{ij} 的值公司已知。非垄断市场能获得类似于垄断市场的结果，因此本节将主要研究垄断市场的结果。

1. 考虑同质偏好的收益最大化问题

本部分假设所有顾客都是同质的，即顾客对新产品有相同的偏好。在这个假设下，市场可以等价地考虑只有一个代表性的顾客，即 $m=1$。用下标 o 表示带有同质偏好的参数，在 MNL 模型下的顾客选择概率为

$$q_{no}\left(P_{no}\right)=\frac{\mathrm{e}^{V_{no}}}{1+\mathrm{e}^{V_{no}}}=\frac{\mathrm{e}^{a-P_{no}}}{1+\mathrm{e}^{a-P_{no}}} \tag{9.3}$$

当效用$V_{no}=a-p_{no}\geqslant 0$时，顾客以概率$q_{no}$购买这个产品。定义函数

$$t_{no}=\begin{cases}1, & a\geqslant p_{no}\\ 0, & a<p_{no}\end{cases} \tag{9.4}$$

公司获得的期望收益可表示为

$$f_{no}(p_{no})=p_{no}q_{no}(p_{no})t_{no} \tag{9.5}$$

精确的产品优化问题可表示为

$$Z_{no}^{*}=\max f_{no}(p_{no}) \tag{9.6}$$

Hanson 和 Martin（1996）已经指出收益函数关于价格变量是非凹的，所以在收益函数中，自变量被转化为购买概率。根据 MNL 模型可得

$$p_{no}(q_{no})=a-\log q_{no}+\log(1-q_{no}) \tag{9.7}$$

收益函数可转化为

$$f_{no}(q_{no},a)=[a-\log q_{no}+\log(1-q_{no})]q_{no}t_{no} \tag{9.8}$$

同时，产品优化问题可表示为

$$Z_{no}^{*}=\max_{q_{no}} f_{no}(p_{no},a) \tag{9.9}$$

在基于 MNL 模型的产品优化问题中，最优解可以用朗伯 W 函数表示成解析表达式（Li and Huh，2011；Corless et al.，1996）。$W(x)$ 是 w 的解，且满足

$$x=w\mathrm{e}^{w} \tag{9.10}$$

当 $x\geqslant 0$ 时，朗伯 W 函数是正的、单调增加的且凹的，如图 9.1 所示。

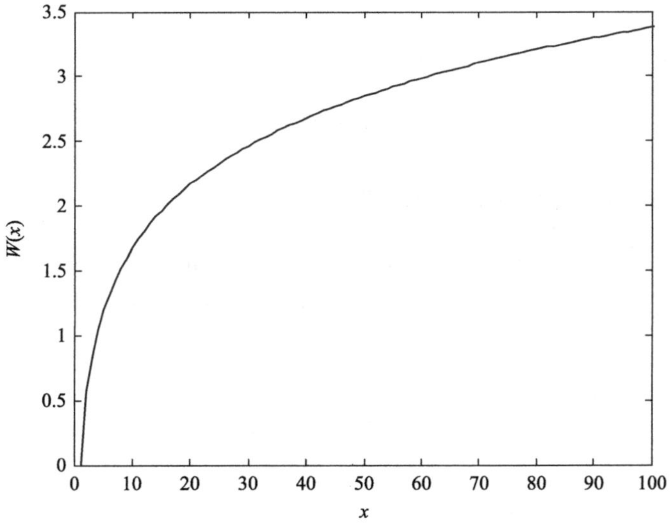

图 9.1　朗伯 W 函数

下面的定理给出了考虑同质偏好的产品优化问题的最优价格。

定理 9.1　对于精确模型中具有同质偏好的公司最大收益问题，最优定价是

$$p_{no}^{*} = \min\{W(\mathrm{e}^{\alpha-1})+1,\alpha\} \tag{9.11}$$

证明： 对于收益函数 $f_{no}(p_{no},a)$，因为

$$\frac{\partial f_{no}(q_{no},a)}{\partial q_{no}} = \left(-\frac{1}{q_{no}}-\frac{1}{1-q_{no}}\right)q_{no}t_{no}+[a-\log q_{no}+\log(1-q_{no})]t_{no}$$

$$= \left[-1-\frac{q_{no}}{1-q_{no}}+a-\log q_{no}+\log(1-q_{no})\right]t_{no}$$

$$\frac{\partial^2 f_{no}(q_{no,a})}{\partial q_{no}^2} = \left\{-\frac{1-q_{no}+q_{no}}{(1-q_{no})^2}-\frac{1}{q_{no}}+\frac{-1}{1-q_{no}}\right\}t_{no} \leqslant 0,$$

所以 $f_{no}(q_{no},a)$ 关于 q_{no} 是凹函数，且 $f_{no}(q_{no},a)$ 有最大值。

令

$$\frac{\partial f_{no}(q_{no},a)}{\partial q_{no}} = [-1-\frac{q_{no}}{1-q_{no}}+a-\log q_{no}+\log(1-q_{no})]t_{no}=0,$$

则

$$a-1-\frac{q_{no}}{1-q_{no}}-\log\frac{q_{no}}{1-q_{no}}=0。$$

定义 $\frac{q_{no}}{1-q_{no}}=t$，然后 $a-1-t-\log t=0$。因此 $t=\exp(a-1-t)=\mathrm{e}^{a-1}\times \mathrm{e}^{-t}$，$t\times \mathrm{e}^{t}=\mathrm{e}^{a-1}$。通过朗伯 W 函数，$t=W(\mathrm{e}^{a-4})$。所以 $\frac{q_{no}}{1-q_{no}}=W(\mathrm{e}^{a-1})$，则 $q_{no}^{*}=\frac{W(\mathrm{e}^{a-1})}{W(\mathrm{e}^{a-1})+1}$，$p_{no}^{*}=W(\mathrm{e}^{a-1})+1$。

因为当 $a<p_{no}^{*}$ 时顾客不会购买这个产品，所以 $p_{no}^{*}=\min\left\{W(\mathrm{e}^{a-1})+1,a\right\}$。

2. 考虑异质偏好的收益最大化问题

当市场上各种各样的顾客对新产品有不同的偏好时，垄断公司通过开发新产品以获得最大收益。用下标 e 表示带有异质顾客的参数。如果效用 $V_{nei}=a_i-p_{ne}\geqslant 0$，顾客 i 可能根据 MNL 模型中的概率 q_{nei} 购买这个新产品。定义 $q_{ne}=(q_{ne1},q_{ne2},\cdots,q_{nem})$ 是购买概率向量，定义 $a=(a_1,a_2,\cdots,a_m)$ 为评估向量。定义 t_{nei} 为

$$t_{nei}=\begin{cases}1, & a_i\geqslant p_{ne}\\ 0, & a_i<p_{ne}\end{cases} \tag{9.12}$$

公司获得的期望收益表示为

$$f_{ne}(p_{ne})=\sum_{i-1}^{m}p_{ne}q_{nei}(p_{ne})t_{nei} \tag{9.13}$$

根据 MNL 模型，有

$$p_{ne}(q_{ne})=a_i-\log q_{nei}+\log(1-q_{nei}) \tag{9.14}$$

收益函数变为

$$f_{ne}(q_{ne},a)=\sum_{i=1}^{m}[a_i-\log q_{nei}+\log(1-q_{nei})]\times q_{nei}t_{nei} \tag{9.15}$$

产品优化问题是

$$Z_{ne}^*=\max_{q_{ne}}f_{ne}(q_{ne},a) \tag{9.16}$$

定理 9.2 给出了精确模型中考虑异质偏好的产品优化问题的最优解。

定理 9.2　在考虑异质偏好的精确模型中，对于每个细分市场 $i(i=1,2,\cdots,m)$，最优定价是

$$p_{ne}^*=\min\left\{W(\mathrm{e}^{a_i-1})+1,a_i\right\} \tag{9.17}$$

证明：因为

$$\begin{aligned}\frac{\partial f_{ne}(q_{ne},a)}{\partial q_{nei}}&=\left(-\frac{1}{q_{nei}}+\frac{-1}{1-q_{nei}}\right)q_{nei}t_{nei}+[a_i-\log q_{nei}+\log(1-q_{nei})]t_{nei}\\&=\left\{-1-\frac{q_{nei}}{1-q_{nei}}+[a_i-\log q_{nei}+\log(1-q_{nei})]\right\}t_{nei}\ ,\end{aligned}$$

$$\frac{\partial^2 f_{ne}(q_{ne},a)}{\partial q_{nei}^2}=\left\{-\frac{1-q_{nei}+q_{nei}}{(1-q_{nei})^2}-\frac{1}{q_{nei}}+\frac{-1}{1-q_{nei}}\right\}t_{nei}\leqslant 0\ ,$$

对于 $f_{ne}(q_{ne},a)$ 的黑塞矩阵，对角线元素是负的，所有其他元素都为 0。所以 $f_{ne}(q_{ne},a)$ 的黑塞矩阵是半负定的，则 $f_{ne}(q_{ne},a)$ 关于 q_{ne} 是凹函数，$f_{ne}(q_{ne},a)$ 有最大值。

令

$$\frac{\partial f_{ne}(q_{ne},a)}{\partial q_{nei}}=\left\{-1-\frac{q_{nei}}{1-q_{nei}}+[a_i-\log q_{nei}+\log(1-q_{nei})]\right\}t_{nei}=0\ ,$$

则

$$a_i-1-\frac{q_{nei}}{1-q_{nei}}-\log\frac{q_{nei}}{1-q_{nei}}=0\ 。$$

定义 $\frac{q_{nei}}{1-q_{nei}}=t$，则 $a_i-1-t-\log t=0$，$t=\exp(a_i-1-t)=\mathrm{e}^{a_i-1}\times\mathrm{e}^{-t}$，$t\times\mathrm{e}^t=\mathrm{e}^{a_i-1}$。通过朗伯 W 函数，可得 $t=W(\mathrm{e}^{a_i-1})$。所以 $q_{nei}^*=\frac{W(\mathrm{e}^{a_i-1})}{1+W(\mathrm{e}^{a_i-1})}$，且 $p_{ne}=a_i-$

$\log W(\mathrm{e}^{a_i-1})=W(\mathrm{e}^{a_i-1})+1$。

因为假设公司知道每个细分市场的精确评估，当价格对应每个细分市场分别设置时，公司可以获得最大收益。因此对于每个细分市场，最优定价为 $p_{ne}^{*}=\min\{W(\mathrm{e}^{a_i-1})+1,a_i\}$。

9.2.2 鲁棒定价

在精确模型中，假设公司精确地知道细分市场 $i(i=1,2,\cdots,m)$ 对于新产品的评估 a_i。也就是说，顾客购买产品的选择模型的参数和结构都是一定的。但是，在实际中，公司不能精确地知道选择模型的结构或者每个参数，它们只是一个估计。如果估计的参数有较大的误差，真正获得的收益与精确模型中的预期值可能有较大差异。

本节提出了一个解决产品定价问题中顾客评估不确定性的鲁棒优化方法。假设顾客对产品的评估 a_i $(i=1,2,\cdots,m)$ 只有顾客本人知道，公司不能精确地获得顾客的评估值。但是，公司对评估值有部分信息，知道评估值 a_i 位于 a_{iL} 和 a_{iH} 之间，即公司仅知道 $a_i\in[a_{iL},a_{iH}]$，但是公司不知道在这个范围内评估值的具体分布情况这与 Handel 等（2013）及 Handel 和 Misra（2015）的研究假设是一致的。

与精确模型不同，本节求解了考虑不确定评估 $a_i\in[a_{iL},a_{iH}]$ 的最大化最小收益的鲁棒优化问题。如果评估值不低于价格，$a_i\geqslant p_r$，顾客根据 MNL 模型的概率 q_{ri} 购买产品，其中下标 r 表示鲁棒模型。则购买概率被定义为

$$q_{ri}=\frac{\mathrm{e}^{V_{ri}}}{1+\mathrm{e}^{V_{ri}}}=\frac{\mathrm{e}^{a_i-p_r}}{1+\mathrm{e}^{a_i-p_r}} \tag{9.18}$$

下面首先求解考虑同质偏好的鲁棒的最大化最小收益问题，然后提出一个考虑异质偏好的鲁棒产品优化模型。静态的鲁棒解是研究动态鲁棒定价模型的重要基础。

1）考虑同质偏好的静态鲁棒收益问题

本节假设所有的顾客对新产品有同质的偏好。像精确模型一样，在鲁棒的最大最小收益模型中仅考虑一个代表性的顾客。这部分用下标 o 表示带有同质顾客的参数。公司仅知道顾客的评估 $a_i\in[a_{iL},a_{iH}]$，但是评估的具体分布是未知的。只有当 $a\geqslant p_{ro}$ 时顾客才可能购买这个产品。

根据 MNL 模型，有

$$p_{ro}(q_{ro})=a-\log q_{ro}+\log(1-q_{ro}) \tag{9.19}$$

则收益函数为

$$f_{ro}(q_{ro},a)=p_{ro}(q_{ro})\times q_{ro}t_{ro}=[a-\log q_{ro}+\log(1-q_{ro})]\times q_{ro}t_{ro} \tag{9.20}$$

其中，t_{ro} 被定义为

$$t_{ro}=\begin{cases}1, & a\geqslant p_{ro}\\ 0, & a<p_{ro}\end{cases} \tag{9.21}$$

鲁棒的最大最小收益模型被描述为

$$Z_{ro}^{*}=\max_{q_{re}}\{\min_{a} f_{ro}(p_{ro},a)\} \tag{9.22}$$

在鲁棒模型中，首先对于任意的价格 p_{ro}，在范围 $a\in[a_L,a_H]$ 内找到最坏情况（最小）的收益。获得最小收益后，通过调整价格 p_{ro} 来最大化这个最小收益。通过定理 9.3 发现，当顾客有同质偏好时，最优的静态鲁棒价格仅与评估集合的下界有关。

定理 9.3　对于静态的鲁棒最大最小收益模型，如果所有顾客都是同质的，最优定价是

$$p_{ro}^{*}=\min\{W(\mathrm{e}^{a_L-1})+1,a_H\} \tag{9.23}$$

证明： 因为 $\partial f_{ro}(q_{ro},a)/\partial a=q_{ro}t_{ro}\geqslant 0$，$f_{ro}(q_{ro},a)$ 对于 a 是递增函数，所以 $a_L=\arg\min\limits_{a\in[a_L,a_H]} f_{ro}(q_{ro},a)$。

则目标函数被转化为

$$Z_{ro}^{*}=\max_{q_{re}} f_{ro}(q_{ro},a_L)=\max_{q_{re}}[a_L-\log q_{ro}+\log(1-q_{ro})]\times q_{ro}t_{ro}$$

因为

$$\frac{\partial f_{ro}(q_{ro},a_L)}{\partial q_{ro}}=[-1-\frac{q_{ro}}{1-q_{ro}}+a_L-\log q_{ro}+\log(1-q_{ro})]\times t_{ro}$$

$$\frac{\partial^2 f_{ro}(q_{ro},a_L)}{\partial q_{ro}^2}=\left[-\frac{1-q_{ro}+q_{ro}}{(1-q_{ro})^2}-\frac{1}{q_{ro}}+\frac{-1}{1-q_{ro}}\right]t_{ro}\leqslant 0$$

所以 $f_{ro}(q_{ro},a_L)$ 是关于 q_{ro} 的凹函数。

令

$\partial f_{ro}(q_{ro},a_L)/\partial q_{ro}=[a_L-1-q_{ro}/(1-q_{ro})-\log q_{ro}+\log(1-q_{ro})]t_{ro}=0$，

则

$a_L-1-q_{ro}/(1-q_{ro})-\log[q_{ro}/(1-q_{ro})]=0$。

定义 $q_{ro}/(1-q_{ro})=t$，则 $a_L-1-t-\log t=0$，$t\times e^{t}=\mathrm{e}^{a_L-1}$。通过朗伯 W 函数，可得 $t=W(\mathrm{e}^{a_L-1})$。因此，最优概率为

$$q_{ro}^{*}=W(\mathrm{e}^{a_L-1})/[1+W(\mathrm{e}^{a_L-1})]$$

同时，最优定价为

$$q_{ro}^{*}=a_L-\log W(\mathrm{e}^{a_L-1})=W(\mathrm{e}^{a_L-1})+1$$

因为当 $a<p_{ro}^{*}$ 时顾客不会购买这个产品，所以 $p_{ro}^{*}=\min\{W(\mathrm{e}^{a_L-1})+1,a_H\}$。

2）考虑异质偏好的静态鲁棒收益问题

在鲁棒的最大最小收益模型中，垄断公司决定产品优化问题中新产品的定价。市场中的顾客带有异质的偏好，且 $a_i \in [a_{iL}, a_{iH}]$ $(i=1,2,\cdots,m)$。定义 $a_{L-}=\min(a_{aL})$ 是所有评估集合的最小下界，定义 $a_{L+}=\max(a_{iL})$ 是所有评估集合的最大下界。类似地，定义 $a_{H-}=\min(a_{iH})$，$a_{H+}=\max(a_{iH})$。同前面一样，用下标 e 表示带有异质顾客的参数。定义 $q_{re}=(q_{re1},q_{re2},\cdots,q_{rem})$ 为市场份额向量，定义 $a=(a_1,a_2,\cdots,a_m)$ 为评估向量。同时，定义 t_{rei} 为

$$t_{rei}=\begin{cases}1, & a_i \geqslant p_{re}\\ 0, & a_i < p_{re}\end{cases} \tag{9.24}$$

收益函数被陈述为

$$f_{re}(p_{re},a)=\sum_{i=1}^{m} p_{re}q_{rei}t_{rei} \tag{9.25}$$

根据 MNL 模型，价格被转化为

$$p_{re}(q_{re})=a_i-\log q_{rei}+\log(1-q_{rei}) \tag{9.26}$$

则收益函数为

$$f_{re}(q_{re},a)=\sum_{i=1}^{m}[a_i-\log q_{rei}+\log(1-q_{rei})]q_{rei}t_{rei} \tag{9.27}$$

鲁棒的最大最小收益模型为

$$Z_{re}^{*}=\max_{q_{re}}\{\min_{a} f_{re}(q_{re},a)\} \tag{9.28}$$

在鲁棒的产品优化模型中，公司在考虑不确定的评估情况下，决定价格 p_{re}（或q_{re}）以最大化最小收益。对于任意价格 p_{re}（或q_{re}），考虑以顾客评估为变量时，公司在 $a_i \in [a_{iL}, a_{iH}]$ 范围内的最小化收益。根据最小收益，公司设置价格以最大化这个最小收益。下面的定理给出了鲁棒的最大最小收益模型的最优价格。

定理 9.4　考虑异质的顾客时，对于鲁棒的产品优化问题中的静态最大最小收益模型，垄断公司设置的最优价格为

$$p_{re}^{*}=\min\{W(\mathrm{e}^{a_{L-}-1})+1, a_{H+}\} \tag{9.29}$$

证明： 因为

$\dfrac{\partial f_{re}(q_{re},a)}{\partial a_i}=q_{rei}t_{rei}\geqslant 0$，

则 $f_{re}(q_{re},a)$ 关于 a_i 是递增函数，所以

$a_{iL}=\underset{a_i\in[a_{iL},a_{iH}]}{\arg}\ \min f_{re}(q_{re},a)$。

因此收益函数被转化为

$$f_{re}(q_{re},a_{iL})=\sum_{i=1}^{m}[a_{iL}-\log q_{rei}+\log(1-q_{rei})]q_{rei}t_{rei} ,$$

且优化目标为 $Z_{re}^*=\max_{q_{re}} f_{re}(q_{re},a_{iL})$ 。

因为

$$\begin{aligned}\frac{\partial f_{re}(q_{re},a_{iL})}{\partial q_{rei}}&=\left(-\frac{1}{q_{rei}}+\frac{-1}{1-q_{rei}}\right)q_{re}t_{re}+[a_{iL}-\log q_{rei}+\log(1-q_{rei})]t_{rei}\\&=\{-1-\frac{q_{rei}}{1-q_{rei}}+[a_{iL}-\log q_{rei}+\log(1-q_{rei})]\}t_{rei}\end{aligned}$$

且

$$\frac{\partial^2 f_{re}(q_{re},a_{iL})}{\partial q_{rei}^2}=\left[-\frac{1-q_{rei}+q_{rei}}{(1-q_{rei})^2}-\frac{1}{q_{rei}}+\frac{-1}{1-q_{rei}}\right]t_{rei}\leqslant 0 ,$$

类似于定理 9.2，$f_{re}(q_{re},a_{iL})$ 是关于 q_{re} 的凹函数，且 $f_{re}(q_{re},a_{iL})$ 有最大值。

令

$$\frac{\partial f_{re}(q_{re},a_{iL})}{\partial q_{rei}}=\{-1-\frac{q_{rei}}{1-q_{rei}}+[a_{iL}-\log q_{rei}+\log(1-q_{rei})]\}t_{rei}=0 ,$$

则

$$a_{iL}-1-\frac{q_{rei}}{1-q_{rei}}-\log\frac{q_{rei}}{1-q_{rei}}=0 。$$

定义 $\frac{q_{rei}}{1-q_{rei}}=t$ ，则 $a_{iL}-1-t-\log t=0$ ，$t\cdot e^t=e^{a_{iL}-1}$ 。通过朗伯 W 函数，可得 $t=W(e^{a_{iL}-1})$ ，所以 $q_{rei}^*=\frac{W(e^{a_{iL}-1})}{1+W(e^{a_{iL}-1})}$ ，且 $q_{re}^*=a_{iL}-\log W(e^{a_{iL}-1})=W(e^{a_{iL}-1})+1$ ，

则

$$f_{re}^*\sum_{i=1}^{m}p_{re}^*q_{rei}t_{rei}=\sum_{i=1}^{m}W(e^{a_{iL}-1})\cdot t_{rei} 。$$

因为优化目标是 $\max_{p_{re}}\{\min_{a} f_{re}\}$ ，a_{iL} 被设置为 a_{L-} ，且当 $a_{H+}<p_{re}^*$ 时所有顾客都不会购买这个产品，所以

$$p_{re}^*=\min\{W(e^{a_{L-}-1})+1,a_{H+}\} 。$$

定理 9.4 表明在考虑异质顾客的最大最小收益模型中，最优的鲁棒价格仅取决于评估集合的最小下界。下面的推论分别比较了考虑同质偏好和异质偏好时，精确模型和鲁棒模型的最优价格。

推论 9.1　比较精确模型和鲁棒模型，如果所有顾客的评估都不低于 2，则 $p_{no}^*\geqslant p_{ro}^*$ ，$p_{ne}^*\geqslant p_{re}^*$ 。

证明：在考虑同质偏好的收益模型下，评估值位于 $a \in [a_L, a_H]$，且 $a \geqslant a_L$。同时，朗伯 W 函数是递增函数。当 $a \geqslant 2$ 时，$a \geqslant W(\mathrm{e}^{a-1})+1 \geqslant W(\mathrm{e}^{a_L-1})+1$。因此，$p_{no}^* \geqslant p_{ro}^*$。类似地，在异质偏好模型下，对于每个顾客 $i(i=1,2,\cdots,m)$，由于 $a_i \geqslant a_{L-}$，则 $W(\mathrm{e}^{a_i-1})+1 \geqslant W(\mathrm{e}^{a_{L-}-1})+1$，所以 $p_{ne}^* \geqslant p_{re}^*$。

推论 9.1 表明，一般情况下，精确模型的最优价格高于鲁棒模型的最优价格。如果顾客评估参数的不确定性被忽略，即选择模型的不确定性不被考虑，公司期望设置一个更高的价格。但是，在实际中，公司不能精确地获得所有类型顾客的每个评估参数，获得的评估参数一定会有一些误差。如果参数误差不被考虑，期望收益可能是高的。但是实际获得的收益将有较大的误差。如果这时产品的价格根据精确模型设置，相比鲁棒模型，获得的收益将有更大的偏差，实际的精确模型的收益将低于鲁棒模型的收益。因此，当考虑参数不确定性时，公司应该采取鲁棒的产品定价以获得稳定的收益，同时，鲁棒的产品优化模型与实际是一致的。

9.3　多阶段产品鲁棒定价模型

为了研究多阶段的产品定价优化问题，本节用一个动态的鲁棒模型说明学习的价值（Handel and Misra，2015）。动态的最大最小收益模型是静态鲁棒模型的一个扩展。在每个阶段，公司根据一个给定的价格、当前的市场份额和一个未来的定价来评估收益。根据给定的价格和当前的市场份额，公司能进一步缩小顾客评估的范围，从而设置下一阶段的最优产品价格。对于每个评估集合在计算多阶段的最小收益后，公司设置价格以最大化最小收益。在多阶段的动态模型中，最后一个阶段能被简化为静态的鲁棒问题。

假设在整个营销周期内有两个定价阶段。在第二个阶段，公司根据静态的最大最小收益模型设置价格。在第一阶段，公司通过整合第二阶段的信息求解鲁棒的最大最小收益模型。假设在两个阶段内产品价格没有折扣。

在下面的部分中，首先研究带有同质顾客的动态鲁棒模型的产品定价优化问题，然后研究带有异质顾客的动态的最大最小鲁棒收益模型。

9.3.1　考虑同质偏好的动态鲁棒模型

在两阶段模型中，求解考虑同质顾客的动态最大最小产品定价优化问题。同样地，考虑公司把新产品卖给一个代表性的顾客。在第一阶段，公司首先设置一个价格。根据顾客的购买信息，公司设置第二阶段的价格以获得最大化的最小收益。类似于静态的鲁棒模型，公司仅知道顾客的评估 $a \in [a_L, a_H]$。为了便于分析，假设 $a_H \geqslant 2$。定义第一阶段的评估集合为 δ_1，第二阶段的评估集合为 δ_2，并定义 p_{do}^1 为第一阶段的价格，p_{do}^2 为第二阶段的价格，其中，下标 d 表示动态模型，下标 o 表示同质偏好。如果顾客在第一阶段购买该产品，评估集合 δ_2 的下界被更新为 p_{do}^1。相反，如果顾客在第一阶段没有购买该产品，δ_2 的上界是 p_{do}^1 或者是 a_H。评估集合具体如下：

$$\delta_1 = [a_L, a_H]$$

$$\delta_2 = \begin{cases} [p_{do}^1, a_H] & if \quad a \geqslant p_{do}^1 \cdots\cdots \text{顾客购买产品} \\ \left.\begin{cases} [p_{do}^1, a_H] & if \quad a \geqslant p_{do}^1 \cdots \alpha \\ [a_L, p_{do}^1] & if \quad a < p_{do}^1 \cdots 1-\alpha \end{cases}\right\} \text{顾客没有购买产品} \end{cases}$$

当顾客的评估不低于产品的价格，即 $a \geqslant p_{do}^i (i = 1,2, \text{其中} i \text{表示第} i \text{个阶段})$，$a \geqslant p_{do}^1, 1 - p_{do}^1$，$\delta_2 = [p_{do}^1, a_H], \delta_2 = [a_L, p_{do}^1], 1-\alpha, \alpha \in \{0,1\}$，顾客以 MNL 模型的概率 $q_{do}^i (i = 1,2)$ 购买该产品。在第一阶段，如果 $a \geqslant p_{do}^1$，顾客可能以概率 p_{do}^1 购买该产品，也可能以概率 $1 - p_{do}^1$ 不买该产品。因此，当公司观察到顾客购买新产品时，评估集合被更新为 $\delta_2 = [p_{do}^1, a_H]$。

当顾客没有购买新产品时，顾客的评估包括两种情况：评估不低于价格，或者评估低于价格。对应的评估集合也有两种情况：$\delta_2 = [p_{do}^1, a_H]$ 或 $\delta_2 = [a_L, p_{do}^1]$。对于顾客不买产品的情况，假设 δ_2 等于 $[p_{do}^1, a_H]$ 的概率是 α，δ_2 等于 $[a_L, p_{do}^1]$ 的概率是 $1-\alpha$，其中 $\alpha \in \{0,1\}$。在更新评估集合 δ_2 后，类似于上一节中的静态鲁棒模型，公司设置价格 p_{do}^2 以最大化最小收益。

获得的收益是两个阶段收益的总和，即

$$f_{do} = p_{do}^1 q_{do}^1 T_{do}^1 + p_{do}^2 q_{do}^2 T_{do}^2 \tag{9.30}$$

其中，

$$T_{do}^1 = \begin{cases} 1, & a \geqslant p_{do}^1 \\ 0, & a < p_{do}^1 \end{cases}, \quad T_{do}^2 = \begin{cases} 1, & a \geqslant p_{do}^2 \\ 0, & a < p_{do}^2 \end{cases} \tag{9.31}$$

最大最小收益模型可以定义为

$$Z_{ro}^* = \max_{q_{do}^1} \{\min_a f_{do}\} \tag{9.32}$$

在上述最大最小收益模型中，定理 9.5 给出了动态鲁棒模型中两个阶段的最优价格。

定理 9.5　在动态的鲁棒产品设计中，当顾客有同质偏好时，两个阶段的最优定价分别被设置为

$$q_{do}^{1*}=a_H \tag{9.33}$$

$$p_{do}^{2*}=\begin{cases}a_H, & \text{如果顾客在第一阶段购买产品}\\ W(\mathrm{e}^{a_L-1})+1, & \text{如果顾客在第一阶段没有购买产品}\end{cases} \tag{9.34}$$

证明：在下面的证明中，上标 b 表示顾客在第一阶段购买产品，上标 Nb 表示顾客在第一阶段没有购买产品。

如果顾客在第一阶段购买产品，则 $f_{do}^{b}=p_{do}^{1}+p_{do}^{2b}q_{do}^{2b}T_{do}^{2b}$。因为 $\delta_2=[p_{do}^{1},a_H]$，通过定理 9.3，$q_{do}^{2b}=W(\mathrm{e}^{p_{do}^{2b}-1})+1$，则 $q_{do}^{2b^*}=\max\{W(\mathrm{e}^{p_{do}^{1}-1})+1,p_{do}^{1}\}$。

如果顾客在第一阶段没有购买产品，则 $f_{do}^{\mathrm{Nb}}=p_{do}^{2\mathrm{Nb}}\cdot q_{do}^{2\mathrm{Nb}}T_{do}^{2\mathrm{Nb}}$。$\delta_2=\alpha[p_{do}^{1},a_H]+(1-\alpha)[a_L,p_{do}^{1}](\alpha\in\{0,1\})$。

如果 $\alpha=0$，$q_{do}^{2\mathrm{Nb}}=\min\{W(\mathrm{e}^{a_L-1})+1,p_{do}^{1}\}$，$f_{do}^{\mathrm{Nb}}=p_{do}^{2\mathrm{Nb}}\cdot q_{do}^{2\mathrm{Nb}}T_{do}^{2\mathrm{Nb}}$。当 $p_{do}^{1}\geqslant 2$ 时，$p_{do}^{1}\geqslant W(\mathrm{e}^{p_{do}^{1}-1})+1\geqslant W(\mathrm{e}^{a_L-1})+1$。$p_{do}^{2b}=p_{do}^{1}$，$f_{do}^{b}=p_{do}^{1}+p_{do}^{1}\cdot q_{do}^{2b}T_{do}^{2b}\geqslant p_{do}^{1}$。$p_{do}^{2\mathrm{Nb}}=W(\mathrm{e}^{a_L-1})+1$，$f_{do}^{\mathrm{Nb}}=p_{do}^{2\mathrm{Nb}}\cdot q_{do}^{2\mathrm{Nb}}T_{do}^{2\mathrm{Nb}}\leqslant W(\mathrm{e}^{a_L-1})+1$。所以 $f_{do}^{b}\geqslant f_{do}^{\mathrm{Nb}}$。当 $p_{do}^{1}<2$ 时，$p_{do}^{1}<W(\mathrm{e}^{p_{do}^{1}-1})+1$。$q_{do}^{2b}=W(\mathrm{e}^{p_{do}^{1}-1})+1$，$f_{do}^{b}=p_{do}^{1}+p_{do}^{2b}\cdot q_{do}^{2b}T_{do}^{2b}\geqslant p_{do}^{1}$。如果 $p_{do}^{2\mathrm{Nb}}=p_{do}^{1}$，$f_{do}^{\mathrm{Nb}}=p_{do}^{1}\cdot q_{do}^{2\mathrm{Nb}}T_{do}^{2\mathrm{Nb}}\leqslant p_{do}^{1}\leqslant f_{do}^{b}$。如果 $p_{do}^{2\mathrm{Nb}}=W(\mathrm{e}^{a_L-1})+1$，则 $f_{do}^{\mathrm{Nb}}=p_{do}^{2\mathrm{Nb}}\cdot q_{do}^{2\mathrm{Nb}}T_{do}^{2\mathrm{Nb}}\leqslant W(\mathrm{e}^{a_L-1})+1$。所以 $f_{do}^{b}\geqslant f_{do}^{\mathrm{Nb}}$。

如果 $\alpha=1$，$q_{do}^{2\mathrm{Nb}}=\min\{W(\mathrm{e}^{a_{do}^{1}-1})+1\}$。当 $p_{do}^{1}\geqslant 2$ 时，$p_{do}^{1}\geqslant W(\mathrm{e}^{p_{do}^{1}-1})+1$，$f_{do}^{b}\geqslant f_{do}^{\mathrm{Nb}}$。当 $p_{do}^{1}<2$ 时，$p_{do}^{1}<W(\mathrm{e}^{p_{do}^{1}-1})+1$。所以 $p_{do}^{2b}=p_{do}^{1}$，$f_{do}^{\mathrm{Nb}}\leqslant f_{do}^{b}$。

所以 $Z_{do}^{*}=\max\limits_{q_{do}^{1}}\{\min\limits_{a}f_{do}\}=\max\limits_{q_{do}^{1}}f_{do}^{\mathrm{Nb}}$，且 $p_{do}^{1}=a_H$。如果第一阶段顾客购买新产品，则 $p_{do}^{2}=a_H$；如果第一阶段顾客没有购买该产品，因为 α 是未知的，所以选择较小的第二阶段定价以获得收益，即 $p_{do}^{2}=W(\mathrm{e}^{a_L-1})+1$。

考虑顾客的评估，公司应该采取让顾客在第一阶段不买产品的策略以使两个阶段的收益最小。因此，为了最大化最小收益，第一阶段的价格应该设置为等于评估集合的上界。如果顾客在第一阶段购买产品，表明顾客的实际评估就是上界 a_H，所以第二阶段的价格也设置为 a_H 以获得最大化的最小收益。如果第一阶段产品没有被购买，第二阶段的价格降低到 $W(\mathrm{e}^{a_L-1})+1$ 以最大化收益。在下面的推论中，当考虑同质偏好时，比较了动态定价和静态定价。

推论 9.2　在考虑同质偏好的鲁棒最大最小收益模型中，当 $a_L\geqslant 2$ 时，动态模型的第一阶段价格不低于静态价格；如果第一阶段顾客没有购买产品，在第二阶段的价格等于静态价格，即 $p_{do}^{1*}\geqslant p_{do}^{2*}=p_{do}^{*}$。

证明：在考虑同质偏好的动态模型中，第一阶段的价格是 $p_{do}^{1*}=a_H$。在考虑同质偏好的静态模型中，最优价格是 $p_{ro}^{*}=a_L-\log W(\mathrm{e}^{a_L-1})=W(\mathrm{e}^{a_L-1})+1$。

当 $\log W(\mathrm{e}^{a_L-1})\geqslant 0$，即 $W(\mathrm{e}^{a_L-1})\geqslant 1$，$a_L\geqslant 2$，则 $a_H\geqslant a_L-\log W(\mathrm{e}^{a_L-1})$；当

$\log W(e^{a_L-1})<0$，即 $W(e^{a_L-1})<1$，$a_L<2$，且在 a_H 和 a_L 之间的差异较小时，$a_H<a_L-\log W(e^{a_L-1})$。因此，在大多数情况下，$p_{do}^{1*}\geqslant p_{ro}^{*}$。当顾客在第一阶段没有购买产品时，第二阶段价格是 $p_{ro}^{2}=W(e^{a_L-1})+1$。因此，$p_{do}^{1*}\geqslant p_{do}^{2*}=p_{ro}^{*}$。

在静态模型中，公司根据顾客的评估集合仅设置一次价格，以使整个营销周期内达到最大化最小收益。但是，在动态模型中，公司首先在第一阶段设置一个初始价格。然后根据第一阶段的购买信息，公司缩小评估集合，并决定第二阶段的价格。推论 9.2 表明在考虑同质顾客的最大最小收益模型中，动态的初始价格一般不低于静态价格。如果顾客在第一阶段没有购买产品，第二阶段的价格将被降低，直到等于静态价格。这表明在动态模型中评估信息的学习是有价值的，学习能给公司带来更优的定价决策。

9.3.2　考虑异质偏好的动态鲁棒模型

本节扩展了前面的最大最小收益问题，本节将在动态模型中考虑异质顾客的偏好。类似于上一节，公司首先在第一阶段设置价格以最大化最小收益。根据顾客的购买信息，公司将调整第二阶段的价格。在第一阶段，公司仅知道顾客 $i(i=1,2,\cdots,m)$ 的评估值 $a_i\in[a_{iL},a_{iH}]$，定义 $\delta_{i1}=[a_{iL},a_{iH}]$。为了便于分析，假设 $a_{H+}=\max\limits_{i}(a_{iH})\geqslant 2$。如果顾客 i 在第一阶段购买产品，在第二阶段顾客 i 的评估集合被缩小到 $\delta_{i2}=[p_{de}^{1},a_{iH}]$（在这部分，用下标 de 表示考虑异质偏好的动态最大最小收益模型）。如果顾客 i 不买这个产品，在第二阶段顾客 i 的评估集合是 $\delta_{i2}=[p_{de}^{1},a_{iH}]$ 或者 $\delta_{i2}=[a_{iL},p_{de}^{1}]$。对于不买该产品的所有顾客，评估集合是 $[p_{de}^{1},a_{iH}]$ 的概率是 α，评估集合是 $[a_{iL},p_{de}^{1}]$ 的概率是 $1-\alpha$，其中 $0\leqslant\alpha\leqslant 1$。定义 $\beta(0\leqslant\beta\leqslant 1)$ 为在第一阶段购买产品的所有顾客的比例。顾客 i 在两个阶段的评估集合分别被表示如下：

$$\delta_{i1}=[a_{iL},a_{iH}]$$

$$\delta_{i2}=\begin{cases}\left[p_{de}^{1},a_{iH}\right] & if\ a_i\geqslant p_{de}^{1}\cdots\cdots\beta\\ \left.\begin{cases}\left[p_{de}^{1},a_{iH}\right] & if\ a_i\geqslant p_{de}^{1}\cdots\cdots\alpha\\ \left[a_{iL},p_{de}^{1}\right] & if\ a_i< p_{de}^{1}\cdots\cdots 1-\alpha\end{cases}\right\}1-\beta\end{cases}$$

考虑异质偏好的动态最大最小收益模型不同于静态模型。下面首先设置第二阶段的最优价格，然后根据第二阶段的结果求解第一阶段的产品定价问题。

1. 第二阶段的定价

第二阶段的定价问题与 9.2.1 小节的静态定价问题一致。基于第一阶段的购买信息，公司能进一步缩小顾客的评估集合。评估的学习有助于第二阶段的定价。

研究第二阶段的最大最小收益问题时需考虑两种情况，$p_{de}^2 > p_{de}^1$ 或 $p_{de}^2 \leqslant p_{de}^1$。对于两种定价情况，分别求解第二阶段的最优定价以最大化最小收益。为了便于陈述，定义 $M_1 = m\beta p_{de}^1$，$M_2 = \sum_{j=1}^{m} p_{de}^2 q_{dej}^2 T_{dej}^2$，其中 $p_{de}^2 = W(e^{a_{L^-}-1})+1$。对于 $\forall j$ $(j=1,2,\cdots,m)$，如果 $a_j \geqslant p_{de}^2$，则 $T_{dej}^2 = 1$；如果 $a_j < p_{de}^2$，则 $T_{dej}^2 = 0$。

定理 9.6　在考虑异质偏好的动态鲁棒模型中，如果 $p_{de}^2 > p_{de}^1$，则最优的第二阶段定价是

$$p_{de}^{2*} = \max\{W(e^{p_{de}^{1*}-1})+1, p_{de}^{1*}\} \tag{9.35}$$

如果 $p_{de}^2 \leqslant p_{de}^1$，则最优的第二阶段定价如下：

$$p_{de}^{2*} = \begin{cases} p_{de}^{1*}, & M_1 > M_2 \\ \min\{W(e^{a_{L^-}-1})+1, p_{de}^{1*}\}, & M_1 < M_2 \\ \in \{W(e^{a_{L^-}-1})+1, p_{de}^{1*}\}, & M_1 = M_2 \end{cases} \tag{9.36}$$

证明： 如果 $p_{de}^2 > p_{de}^1$，则第二阶段的收益为

$$f_{de}^{2U} = \sum_{i=1}^{[\beta+(1-\beta)\alpha]m} p_{de}^{2U} q_{dei}^{2U} T_{dei}^{2U}, \quad T_{dei}^{2U} = \begin{cases} 1, & a_i \geqslant p_{de}^{2U} \\ 0, & a_i < p_{de}^{2U} \end{cases}$$

其中，上标 U 表示第二阶段的定价高于第一阶段的定价。根据定理 9.4，$q_{de}^{2U} = W(e^{p_{de}^1-1})+1$，所以 $q_{de}^{2*} = \max\{W(e^{a_{de}^1-1})+1, p_{de}^1\}$。

如果 $p_{de}^2 \leqslant p_{de}^1$，第二阶段的收益为

$$f_{de}^{2D} = \sum_{i=1}^{m} p_{de}^{2D} q_{dei}^{2D} T_{dei}^{2D}, \quad T_{dei}^{2D} = \begin{cases} 1, & a_i \geqslant p_{de}^{2D} \\ 0, & a_i < p_{de}^{2D} \end{cases}$$

其中，上标 D 表示第二阶段的定价低于第一阶段的定价。根据定理 9.4，$q_{de}^{2D} = W(e^{a_{L^-}-1})+1$。

定义 $M_1 = m\beta p_{de}^1$，$M_2 = \sum_{i=1}^{m} p_{de}^{2D} q_{dei}^{2D} T_{dei}^{2D}$。如果 $M_1 > M_2$，第二阶段的价格仍是 p_{de}^1，公司能获得最大收益。如果 $M_1 < M_2$，公司应该采取更低的定价策略，即 $q_{de}^{2*} = \min\{W(e^{a_{L^-}-1})+1, p_{de}^{1*}\}$。如果 $M_1 = M_2$，定价 $W(e^{a_{L^-}-1})+1$ 或者 p_{de}^{1*}，公司能获得相同的收益。

为了获得最大的第二阶段收益，最优的第二阶段价格被设置如下：

$$p_{de}^{2*} = \begin{cases} p_{de}^{1*}, & M_1 > M_2 \\ \min\{W(e^{a_{L^-}-1})+1, p_{de}^{1*}\}, & M_1 < M_2 \\ \in \{W(e^{a_{L^-}-1})+1, p_{de}^{1*}\}, & M_1 = M_2 \end{cases}$$

2. 第一阶段的定价

本节主要在动态的产品优化问题中，研究第一阶段的定价以最大化最小收益。第二阶段的价格和收益是研究第一阶段定价问题的基础。

动态的鲁棒最大最小收益问题被描述为

$$Z_{de}^{*}=\max_{p_{de}^{1}}\{\min_{a} f_{de}\} \tag{9.37}$$

其中，收益函数被定义为

$$f_{de}=f_{de}^{1}+f_{de}^{2} \tag{9.38}$$

其中，f_{de}^{1}表示第一阶段的收益；f_{de}^{2}表示第二阶段的收益。第一阶段的收益取决于产品的价格p_{de}^{1}和真实的需求，第二阶段的收益取决于定理 9.6 中的定价和真实的购买需求。下面的定理描述了两个阶段最优定价之间的关系。

定理 9.7　在考虑异质偏好的动态鲁棒模型中，如果第一阶段获得了最坏情况的收益，第二阶段的价格将不低于第一阶段的价格，即$p_{de}^{2*}\geqslant p_{de}^{1*}$。如果在第一阶段没有顾客购买新产品并且$W(\mathrm{e}^{a_L-1})+1\leqslant p_{de}^{1*}$，则$p_{de}^{1*}\geqslant p_{de}^{2*}=p_{re}^{*}$。

证明：证明包括五个步骤。

步骤 1：决定最小收益。

如果$p_{de}^{2}>p_{de}^{1}$，根据定理 9.6，第二阶段的价格为$p_{de}^{2U^*}=\max\{p_{de}^{2U},p_{de}^{1}\}$，其中$p_{de}^{2U}=W(\mathrm{e}^{p_{de}^{1}-1})+1$。所以总收益为

$$f_{de}^{U}=f_{de}^{1}+f_{de}^{2}=m\beta p_{de}^{1}+\sum_{i=1}^{[\beta+(1-\beta)\alpha]m}p_{de}^{2U}q_{dei}^{2U}T_{dei}^{2U}$$

或者是$f_{de}^{U}=2m\beta p_{de}^{1}$。

如果$p_{de}^{2}\leqslant p_{de}^{1}$，第二阶段的价格是$p_{de}^{2D}=W(\mathrm{e}^{a_L-1})+1$，或者是$p_{de}^{2D}=p_{de}^{1}$。则

$$\begin{aligned}f_{de}^{D}&=f_{de}^{1}+f_{de}^{2}\\&=m\beta p_{de}^{1}+\sum_{i=1}^{m}p_{de}^{2D}q_{dei}^{2D}T_{dei}^{2D}\\&=m\beta p_{de}^{1}+\sum_{i=1}^{[\beta+(1-\beta)\alpha]m}p_{de}^{2D}q_{dei}^{2D}+\sum_{j=1}^{(1-\beta)(1-\alpha)m}p_{de}^{2D}q_{dej}^{2D}T_{dej}^{2D}\end{aligned}$$

其中第二阶段的收益被分为两部分，包括高评估顾客（在第一阶段购买产品的顾客）的收益和低评估顾客（在第一阶段没有购买产品的顾客）的收益。

步骤 2：基于β和p_1研究定价方向。

当$p_{de}^{2U*}=W(\mathrm{e}^{p_{de}^{1}-1})+1$时，

$$f_{de}^{U}-f_{de}^{D}=\sum_{i=1}^{[\beta+(1-\beta)\alpha]m}p_{de}^{2U}q_{dei}^{2U}T_{dei}^{2U}-\sum_{i=1}^{[\beta+(1-\beta)\alpha]m}p_{de}^{2D}q_{dei}^{2D}-\sum_{j=1}^{(1-\beta)(1-\alpha)m}p_{de}^{2D}q_{dej}^{2D}T_{dej}^{2D}$$

当 $p_{de}^{2U*}=p_{de}^{1}$ 时，

$$f_{de}^{U}-f_{de}^{D}=m\beta p_{de}^{1}-\sum_{i=1}^{[\beta+(1-\beta)\alpha]m}p_{de}^{2D}q_{dei}^{2D}-\sum_{j=1}^{(1-\beta)(1-\alpha)m}p_{de}^{2D}q_{dej}^{2D}T_{dej}^{2D}$$

定义

$$N_1=\sum_{i=1}^{[\beta+(1-\beta)\alpha]m}p_{de}^{2U}q_{dei}^{2U}T_{dei}^{2U}\text{ 或 }N_1=m\beta p_{de}^{1}$$

$$N_2=\sum_{i=1}^{[\beta+(1-\beta)\alpha]m}p_{de}^{2D}q_{dei}^{2D}$$

$$N_3=\sum_{j=1}^{(1-\beta)(1-\alpha)m}p_{de}^{2D}q_{dej}^{2D}T_{dej}^{2D}$$

则

$$\begin{aligned}N_1-N_2&=\sum_{i=1}^{[\beta+(1-\beta)\alpha]m}p_{de}^{2U}q_{dei}^{2U}T_{dei}^{2U}-\sum_{i=1}^{[\beta+(1-\beta)\alpha]m}p_{de}^{2D}q_{dei}^{2D}\\&=\sum_{i=1}^{[\beta+(1-\beta)\alpha]m}(p_{de}^{2U}q_{dei}^{2U}T_{dei}^{2U}-p_{de}^{2D}q_{dei}^{2D})\end{aligned}$$

或者

$$N_1-N_2=m\beta p_{de}^{1}-\sum_{i=1}^{[\beta+(1-\beta)\alpha]m}p_{de}^{2D}q_{dei}^{2D}=\sum_{i=1}^{[\beta+(1-\beta)\alpha]m}(p_{de}^{1}q_{dei}^{1}T_{dei}^{1}-p_{de}^{2D}q_{dei}^{2D})$$

其中，当 $a_i\geqslant p_{de}^{1}[i=1,2,\cdots,(\beta+(1-\beta)\alpha)m]$ 时，$T_{dei}^{1}=1$；当 $a_i<p_{de}^{1}$ $[i=1,2,\cdots,(\beta+(1-\beta)\alpha)m]$ 时，$T_{dei}^{1}=0$。对于高评估顾客，p_{de}^{2U*} 是最优的第二阶段定价。所以对于高评估顾客，N_1 是最大收益，然后 $N_1-N_2\geqslant 0$。又 $p_{de}^{2U}q_{dei}^{2U}T_{dei}^{2U}-p_{de}^{2D}q_{dei}^{2D}$ 或 $p_{de}^{1}q_{dei}^{1}T_{dei}^{1}-p_{de}^{2D}q_{dei}^{2D}$ 与 β 无关，$[\beta+(1-\beta)\alpha]m$ 关于 β 递增，所以 $\partial(N_1-N_2)/\partial\beta>0$。类似地，$\partial N_3/\partial\beta<0$。则

$$\frac{\partial(f_{de}^{U}-f_{de}^{D})}{\partial\beta}=\frac{\partial(N_1-N_2)}{\partial\beta}-\frac{\partial N_3}{\partial\beta}>0$$

假设当 $f_{de}^{U}-f_{de}^{D}=0$ 时，$\beta=\beta^*$。当 $\beta>\beta^*$ 时，$f_{de}^{U}-f_{de}^{D}>0$，$f_{de}^{U}>f_{de}^{D}$。为了最大化最小收益，第二阶段应该选择提高价格。当 $\beta<\beta^*$ 时，$f_{de}^{U}-f_{de}^{D}<0$，$f_{de}^{U}<f_{de}^{D}$。为了最大化最小收益，第二阶段应该选择降低价格。

步骤 3：f_{de}^{D} 在范围 $[0,\beta^*]$ 内关于 β 总体是递增函数。

因为 $\dfrac{\partial f_{de}^{D}}{\partial\beta}=mp_{de}^{1}+\dfrac{\partial N_2}{\partial\beta}+\dfrac{\partial N_3}{\partial\beta}$，且 $\dfrac{\partial N_2}{\partial\beta}>0$，$\dfrac{\partial N_3}{\partial\beta}<0$。当 m 较大时，$\dfrac{\partial f_{de}^{D}}{\partial\beta}>0$。所以 f_{de}^{D} 在范围 $[0,\beta^*]$ 内关于 β 总体是递增函数。当 $\beta<\beta^*$ 时，$f_{de}^{D}(\beta)<f_{de}^{D}(\beta^*)$。

步骤 4：f_{de}^{U} 在范围 $[\beta^*,1]$ 内是关于 β 的递增函数，表明 $p_{de}^{1*}\leqslant p_{de}^{2*}$。

因为

$$\frac{\partial f_{de}^{U}}{\partial \beta} = mp_{de}^{1} + \frac{\partial N_1}{\partial \beta} > 0 \text{，或} \frac{\partial f_{de}^{U}}{\partial \beta} = 2mp_{de}^{1} > 0 \text{。}$$

在范围$[\beta^*,1]$内，f_{de}^U关于β是递增函数。当$\beta > \beta^*$，$f_{de}^U(\beta) > f_{de}^U(\beta^*) = f_{de}^D(\beta^*)$，所以$p_{de}^{1*} \leqslant p_{de}^{2*}$，即在动态的最大最小收益定价模型中，当第一阶段获得最坏情况的收益时，卖家将总是在下一阶段提高价格。

步骤 5：当$\beta = 0$时，$p_{de}^{1*} \geqslant p_{de}^{2*} = p_{re}^*$。

当在第一阶段没有顾客购买新产品时，即$\beta = 0$，且$\alpha = 0$，$\delta_{i2} = [a_{iL}, p_{de}^1]$。如果$p_{de}^2 > p_{de}^1$，则$f_{de}^U = 0$。如果$p_{de}^2 \leqslant p_{de}^1$，则$f_{de}^D = \sum_{i=1}^{m} p_{de}^{2D} q_{dei}^{2D} T_{dei}^{2D}$，$p_{de}^{2*} = \min\{W(\mathrm{e}^{a_{L-}-1}) + 1, p_{de}^{1*}\}$。如果$W(\mathrm{e}^{a_{L-}-1}) + 1 \leqslant p_{de}^{1*}$，则$p_{de}^{2*} = W(\mathrm{e}^{a_{L-}-1}) + 1$。所以$p_{de}^{2*} = p_{de}^*$。因为$f_{de}^D \geqslant f_{de}^U$，所以$p_{de}^{1*} \geqslant p_{de}^{2*} = p_{re}^*$。

定理 9.7 陈述了考虑异质偏好的动态最大最小收益模型中的一个重要结果。如果在第一阶段一部分顾客购买新产品并且最坏情况的收益被获得，公司将在下一阶段提升新产品的价格。在第一阶段，公司通过估计顾客对产品的评估，决定最优定价以获得最大的最小收益。根据第一阶段的购买信息，公司进一步学习顾客的评估值。如果最坏情况的收益被获得，公司将提高第二阶段的价格。特殊地，当在第一阶段没有顾客购买新产品时，第二阶段的价格通常被降低，直到与静态的鲁棒价格相等。

3. *考虑均匀的异质分布的动态定价*

定理 9.7 陈述了当在第一阶段公司获得最坏情况的收益时两个阶段的价格关系。在本节中，假设顾客评估服从一个特殊分布，则能精确得到第一阶段的价格。

假设公司知道顾客的评估$a_i (i = 1, 2, \cdots, m)$位于$[a_{iL}, a_{iH}]$。垄断者知道$a_i$的分布是$G(a)$，其中$G(a)$是一个均匀分布，即$a \sim U[a_{L-}, a_{H+}]$。当$a_i \geqslant p$时，顾客将以 MNL 模型中的概率$q_i$购买新产品。在第一阶段购买产品的高评估顾客的比例能被转化为一个关于分布的函数，即$\beta + (1-\beta)\alpha = P(a \geqslant p_1) = 1 - G(p_1)$。定义$Q$为第一阶段的平均购买概率，且$Q = \frac{\mathrm{e}^{a-p_1}}{1+\mathrm{e}^{a-p_1}}$，其中$a = \frac{a_{L-} + a_{H+}}{2}$。为了便于分析，假设$\beta = P(a \geqslant p_1), Q = [1 - G(p_1)]\frac{\mathrm{e}^{a-p_1}}{1+\mathrm{e}^{a-p_1}}$。根据定理 9.7，当第一阶段最坏情况的收益被获得时，公司将在下一阶段提升价格。根据定理 9.6 和定理 9.7，收益函数被定义为

$$f_{de}^{U} = m\beta p_{de}^{1} + \sum_{i=1}^{[\beta+(1-\beta)\alpha]m} p_{de}^{2} q_{dei}^{2} T_{dei}^{2} \tag{9.39}$$

其中，$p_{de}^{2} = \max\{W(\mathrm{e}^{p_{de}^{1}-1})+1, p_{de}^{1}\}$。动态的最大最小收益优化问题被描述为

$$\max_{p_{de}^{1}} f_{de}^{U} \tag{9.40}$$

其中，价格 p_{de}^{1*} 可以根据 $\dfrac{\partial f_{de}^{U}}{\partial p_{de}^{1}} = 0$ 求解。

推论 9.3　在考虑异质顾客的动态鲁棒最大最小收益问题中，垄断者了解到 $a \sim U[a_{L-}, a_{H+}]$。当 $W(\mathrm{e}^{p_{de}^{1}-1})+1 \leqslant p_{de}^{1}$ 时，第一阶段的产品价格可以根据下面的隐式方程求解：

$$(a_{H+} - 2p_{de}^{1})(1+\mathrm{e}^{a-p_{de}^{1}}) - p_{de}^{1}(a_{H+} - p_{de}^{1}) = 0 \tag{9.41}$$

当 $W(\mathrm{e}^{p_{de}^{1}-1})+1 > p_{de}^{1}$ 时，第一阶段价格可以根据下面方程求得：

$$\begin{aligned}&(a_{H^{+}} - a_{L-})(1+W)\mathrm{e}^{a-p_{de}^{1}}[(a_{H+} - 2p_{de}^{1})(1+\mathrm{e}^{a-p_{de}^{1}}) - p_{de}^{1}(a_{H+} - p_{de}^{1})] + (1+\mathrm{e}^{a-p_{de}^{1}})^{2}\\&[W\cdot(a_{H+} - p_{de}^{1})(a_{H+} - W - 1) - W\cdot(W+1)(a_{H+} - W - 1) - W^{2}\cdot(a_{H+} - p_{de}^{1})] = 0\end{aligned} \tag{9.42}$$

其中，$W = W(\mathrm{e}^{p_{de}^{1}-1})$。

证明： 当 $W(\mathrm{e}^{p_{de}^{1}-1})+1 \leqslant p_{de}^{1}$ 时，$p_{de}^{2U} = p_{de}^{1}$，且

$$\begin{aligned}f_{de}^{U} &= 2m\beta p_{de}^{1} = 2mp_{de}^{1}[1-G(p_{de}^{1})]\frac{\mathrm{e}^{a-p_{de}^{1}}}{1+\mathrm{e}^{a-p_{de}^{1}}}\\&= 2mp_{de}^{1}\frac{a_{H+} - p_{de}^{1}}{a_{H+} - a_{L-}}\frac{\mathrm{e}^{a-p_{de}^{1}}}{1+\mathrm{e}^{a-p_{de}^{1}}}\end{aligned}$$

所以

$$\frac{\partial f_{de}^{U}}{\partial p_{de}^{1}} = \frac{2m}{a_{H+} - a_{L-}}\left\{[(a_{H+} - p_{de}^{1}) - p_{de}^{1}]\frac{\mathrm{e}^{a-p_{de}^{1}}}{1+\mathrm{e}^{a-p_{de}^{1}}} + p_{de}^{1}(a_{H+} - p_{de}^{1})\frac{-\mathrm{e}^{a-p_{de}^{1}}}{(1+\mathrm{e}^{a-p_{de}^{1}})^{2}}\right\} = 0$$

上式被简化为

$$(a_{H+} - 2p_{de}^{1})(1+\mathrm{e}^{a-p_{de}^{1}}) - p_{de}^{1}\cdot(a_{H+} - p_{de}^{1}) = 0$$

当 $W(\mathrm{e}^{p_{de}^{1}-1})+1 > p_{de}^{1}$ 时，$p_{de}^{2U} = W(\mathrm{e}^{p_{de}^{1}-1})+1$，且

$$\begin{aligned}f_{de}^{U} &= mp_{de}^{1}[1-G(p_{de}^{1})]\frac{\mathrm{e}^{a-p_{de}^{1}}}{1+\mathrm{e}^{a-p_{de}^{1}}} + W(\mathrm{e}^{p_{de}^{1}-1})[1-G(p_{de}^{1})][1-G(p_{de}^{2})]m\\&= mp_{de}^{1}\frac{a_{H+} - p_{de}^{1}}{a_{H+} - a_{L-}}\frac{\mathrm{e}^{a-p_{de}^{1}}}{1+\mathrm{e}^{a-p_{de}^{1}}} + W(\mathrm{e}^{p_{de}^{1}-1})\frac{a_{H+} - p_{de}^{1}}{a_{H+} - a_{L-}}\cdot\frac{a_{H+} - W - 1}{a_{H+} - a_{L-}}m\end{aligned}$$

$$\frac{\partial f_{de}^U}{\partial p_{de}^1}=\left[m\frac{a_{H+}-p_{de}^1}{a_{H+}-a_{L-}}+mp_{de}^1\frac{-1}{a_{H+}-a_{L-}}\right]\frac{\mathrm{e}^{a-p_{de}^1}}{1+\mathrm{e}^{a-p_{de}^1}}+mp_{de}^1\frac{a_{H+}-p_{de}^1}{a_{H+}-a_{L-}}\cdot\frac{-\mathrm{e}^{a-p_{de}^1}}{(1+\mathrm{e}^{a-p_{de}^1})^2}$$
$$+\frac{m}{(a_{H+}-a_{L-})^2}\left\{\left[\frac{\partial W}{\partial p_{de}^1}(a_{H+}-p_{de}^1)-W\right](a_{H+}-W-1)+W\cdot(a_{H+}-p_{de}^1)(-\frac{\partial W}{\partial p_{de}^1})\right\}$$
$$=\frac{m}{a_{H+}-a_{L-}}\left[(a_{H+}-2p_{de}^1)\frac{\mathrm{e}^{a-p_{de}^1}}{1+\mathrm{e}^{a-p_{de}^1}}+p_{de}^1(a_{H+}-p_{de}^1)\frac{-\mathrm{e}^{a-p_{de}^1}}{(1+\mathrm{e}^{a-p_{de}^1})^2}\right]+\frac{m}{(a_{H+}-a_{L-})^2}$$
$$\cdot\left\{\left[\frac{W}{1+W}(a_{H+}-p_{de}^1)-W\right](a_{H+}-W-1)-W\cdot(a_{H+}-p_{de}^1)\frac{W}{1+W}\right\}=0$$

上式被简化为

$$(a_{H+}-a_{L-})(1+W)\mathrm{e}^{a-p_{de}^1}[(a_{H+}-2p_{de}^1)(1+\mathrm{e}^{a-p_{de}^1})-p_{de}^1\cdot(a_{H+}-p_{de}^1)]+(1+\mathrm{e}^{a-p_{de}^1})^2$$
$$[W\cdot(a_{H+}-p_{de}^1)(a_{H+}-W-1)-W(W+1)(a_{H+}-W-1)-W^2(a_{H+}-p_{de}^1)]=0,$$

其中，$W=W(\mathrm{e}^{p_{de}^1-1})$。

9.4　鲁棒定价的数值实验及分析

本节通过数值实验说明：①在产品优化问题中考虑参数不确定性的重要性；②公司对于不确定参数学习的价值。不同的实验描述具体如下。

首先，通过一个数值实验比较精确模型和鲁棒模型，说明考虑参数不确定性的必要性。通过实验发现，当评估非常不准确时，精确模型的收益有较大的偏差。随着评估集合的间距变大，精确模型和鲁棒模型的收益也相差越多。相比精确模型，鲁棒模型能获得更稳定的收益。

其次，通过一个数值实验比较静态鲁棒模型和动态鲁棒模型的最优解。在动态的鲁棒模型中，第二阶段的价格根据第一阶段的价格和购买信息决定。通过实验发现，相比静态的鲁棒模型，动态的鲁棒模型能获得更高的收益。

9.4.1　比较精确模型和鲁棒模型

在产品优化问题中，本节通过数值实验比较精确模型和鲁棒模型的结果，说明考虑参数不确定性的必要性。不失一般性，在下面实验中仅考虑同质的顾客。考虑同质顾客的结论很容易推广到考虑异质顾客的结论中。

在下面的实验中，考虑两个指标以研究鲁棒模型和精确模型的差异性。第一个指标是最坏情况的损失（worst-case loss，WCL，这与 Bertsimas 和 Mišić（2017）

的研究一致），它被定义为

$$\mathrm{WCL}=100\%\times\frac{f_{no}(q_{no},a)-f_{no}(q_{no},\delta)}{f_{no}(q_{no},a)} \tag{9.43}$$

其中，$f_{no}(q_{no},a)$ 由定理 9.1 中的最优价格和真实的购买需求决定，且 $f_{no}(q_{no},\delta)=\min\limits_{a\in\delta} f_{no}(q_{no},a)$。WCL 衡量当估计参数相当不准确时精确模型中收入恶化的程度，即精确模型中最坏情况的收益比期望收益少多少。

第二个指标是相对误差（relative deviation，RD），它被定义为

$$\mathrm{RD}=100\%\times\frac{f_{no}(q_{no},a)-f_{ro}(q_{ro},a)}{f_{ro}(q_{ro},a)} \tag{9.44}$$

其中，$f_{no}(q_{no},a)$ 表示考虑同质偏好的精确模型的收益；$f_{ro}(q_{ro},a)$ 表示考虑同质顾客的鲁棒收益。RD 衡量精确模型的收益偏离鲁棒收益的程度。偏离的程度越大，期望的精确模型收益相对于鲁棒收益越不稳定。

在下面的实验中，假设共有七组评估集合 $\delta=[a_L,a_H]$，即[1, 15], [2, 12], [3, 10], [4, 8], [5, 8], [6, 7.5], [7, 7.5]。精确模型的评估参数被假设为 $a=(a_L,a_H)/2$。表 9.1 给出了不同评估集合的 WCL 和 RD 的值。

表 9.1　对于不同评估集合的 WCL 和 RD 的值

评估集合	$f_{no}(q_{no},a)$	$f_{ro}(q_{ro},a)$	WCL/%	RD/%
[1, 15]	5.3272	0.5671	100.00	839.30
[2, 12]	4.4967	1	77.76	349.67
[3, 10]	4.0912	1.5571	61.94	162.74
[4, 8]	3.6934	2.2079	40.22	67.28
[5, 8]	4.0912	2.9263	28.47	39.81
[6, 7.5]	4.2930	3.6934	13.97	16.23
[7, 7.5]	4.7020	4.4967	4.37	4.57

从表 9.1 中可以观察到不同评估集合所对应的 WCL 和 RD 的变化情况。随着评估集合的间距变小，WCL 和 RD 的值也变小。当评估集合是[7，7.5]时，WCL 是 4.37%，RD 是 4.57%。但是当集合的间距变得相当大时，WCL 和 RD 也变大。例如，当评估集合是[1，15]时，WCL 上升到 100.00%，RD 也显著增大到 839.30%. 从图 9.2 也能清晰地观察到，评估集合的间距越大，WCL 和 RD 也越大。这表明当顾客的评估参数能被精确地估计时，公司采取精确的产品优化模型将得到类似于预期值的利润。但是，当公司不能精确地估计顾客的评估值时，精确模型的最

坏情况损失将变大，精确模型相对鲁棒模型收益的偏差也变大。这时，如果精确的产品优化模型被采用，公司可能遭受较大的损失。因此，为了获得更稳定的收益，公司应该采用鲁棒的产品优化模型。

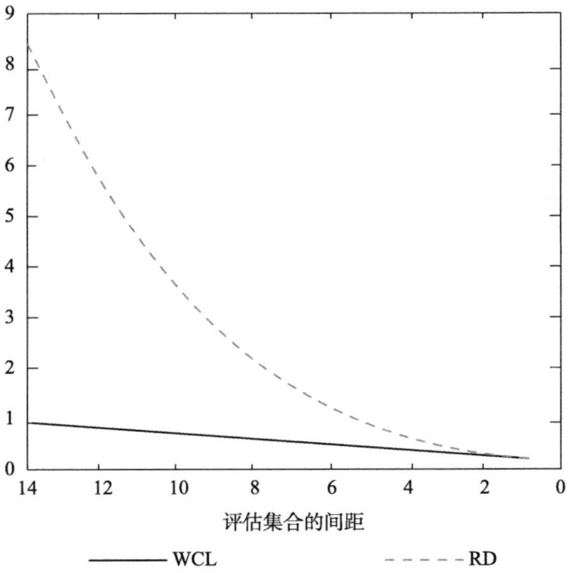

图 9.2　对于不同评估集合间距时 WCL 和 RD 的变化曲线

9.4.2　比较静态模型和动态模型

本节主要针对鲁棒的产品优化问题中静态模型和动态模型进行比较。这部分将本章的最优解与 Handel 和 Misra（2015）的研究中的最优解进行比较，文献以最小化最大遗憾为目标研究了鲁棒的新产品定价问题。垄断者计划开发一个新产品，假设垄断者只知道顾客对产品的评估 $a_i \in [a_{iL}, a_{iH}]$。这里考虑两种评估集合，$a_L \in [1,4]$ 且 $a_H \in [10,18]$，或 $a_L \in [0.1, 0.5]$ 且 $a_H \in [2,4]$。为了便于分析，同 Handel 和 Misra（2015）的研究一样，假设顾客的真正评估 a_i 服从于 a_{iL} 和 a_{iH} 之间的 Beta 分布。通过模拟三组参数（α_1 和 β_1）观察不同顾客的评估对于价格和收益的影响。同时比较了最大最小收益模型的最优解和最小最大遗憾模型的最优解，包括静态价格和两个阶段的动态价格，以及对应的收益。对于每组评估，生成了 100 个顾客的评估集合。

对于高评估产品，$a_L \in [1,4]$ 和 $a_H \in [10,18]$，静态的最大最小收益定价（p^*）、第一阶段的动态最大最小收益定价（p_1）、静态的最小最大遗憾定价[p_L^*，下标 L 表示 Handel 和 Misra（2015）中的解，下面是类似的]和第一阶段动态的最小最大遗憾定价（ p_{L1} ）分别如下所示：

$$p^{*}=W(\mathrm{e}^{a_{L-}-1})+1=1.58$$

$$p_{1}=6.85$$

$$p_{L}^{*}=\frac{a_{H+}+a_{H-}}{4}=7$$

$$p_{L1}=\frac{23a_{H+}+49a_{H-}}{144}=6.28$$

这些解都是根据实际的模拟数据计算获得的。第二阶段的价格根据第一阶段的价格和真实的购买概率获得。表 9.2 给出了第一阶段顾客的购买概率。

表 9.2　对于不同评估集合的购买概率

实验	$a_L\in[1,4]$， $a_H\in[10,18]$			$a_L\in[0.1,0.5]$， $a_H\in[2,4]$		
	β	α	$P(a_i\geqslant p_{de}^{1})$	β	α	$P(a_i\geqslant p_{de}^{1})$
A(2, 9)	0.056 65	0.024 75	0.08	0.056 8	0.045 8	0.1
B(2, 2)	0.676 5	0.103 5	0.71	0.463 2	0.422 5	0.69
C(9, 2)	0.991 2	1.0	1.0	0.790 6	1.0	1.0

图 9.3 描绘了高评估集合的仿真结果。第一列表示的是真实的顾客的评估曲线，来自具有不同参数（ α_1， β_1 ）的 Beta 分布，第二列表示对应顾客评估的静态和动态鲁棒模型的价格，第三列表示边际收益。

在实验 A（ $\alpha_1=2$， $\beta_1=9$ ）中，真实的评估值通常是比较低的。静态的最大最小收益定价（ $p^{*}=1.58$ ）低于静态的最小最大遗憾定价（ $p_L^{*}=7$ ），静态的最大最小收益高于最小最大遗憾的收益。在动态模型中，最大最小收益模型的第一阶段购买概率只有 5.67%. 通过定理 9.6 可知，第二阶段的价格将降低到 1.58，边际收益从 0.39 上升到了 1.38。和最小最大遗憾模型比较，最大最小收益模型中两个阶段的边际收益都更低。

在实验 B（ $\alpha_1=2$， $\beta_1=2$ ）中，真实的评估在评估集合内是对称的。静态的最大最小收益低于最小最大遗憾的收益。在最大最小收益的动态模型中，第一阶段有 67.65%的顾客购买了产品。根据定理 9.6，第二阶段的价格等于第一阶段的价格。在最大最小收益模型中两个阶段的价格都高于最小最大遗憾模型的价格。同时，公司在最大最小收益模型中也获得了更高的边际收益。

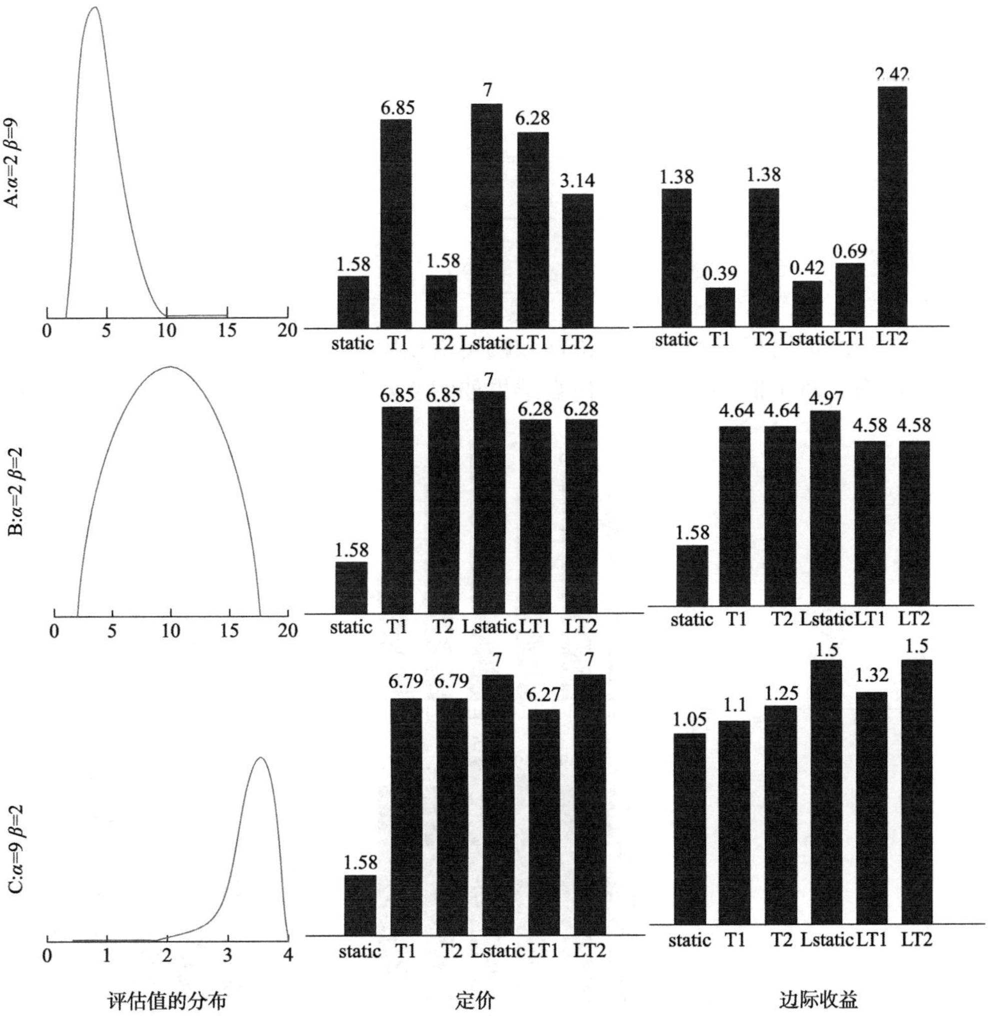

图 9.3　评估集合是 $a_L \in [1,4]$ 和 $a_H \in [10,18]$ 时的仿真结果

“static”、“T1”、“T2” 表示最大最小收益模型中静态的、第一阶段和第二阶段的解，“Lstatic”、“LT1”、“LT2” 表示文献中最小最大遗憾模型中静态的、第一阶段和第二阶段的解，下同

在实验 C（$\alpha_1 = 9$，$\beta_1 = 2$）中，真实的评估值通常是较高的。最大最小收益模型中静态的边际收益也是低于最小最大遗憾模型的边际收益。在最大最小收益的动态模型中，几乎所有的顾客都购买了新产品。根据定理 9.6，第二阶段的价格被设置为与第一阶段的价格相同。和最小最大遗憾模型相比，公司在最大最小收益模型中，第一阶段能获得更高的边际收益，但是第二阶段获得的边际收益降低了。

对于低评估产品，$a_L \in [0.1, 0.5]$ 和 $a_H \in [2,4]$，最大最小收益模型中静态价格

（ p^* ）和第一阶段动态价格（ p_1 ），最小最大遗憾模型的静态价格（ p_L^* ）和第一阶段动态价格（ p_{L1} ）分别如下所示：

$$p^* = W(\mathrm{e}^{a_{L-}-1}) + 1 = 1.3$$

$$p_1 = 1.39$$

$$p_L^* = \frac{a_{H+} + a_{H-}}{4} = 1.5$$

$$p_{L1} = \frac{23a_{H+} + 49a_{H-}}{144} = 1.32$$

第二阶段价格根据第一阶段价格和购买信息决定。表 9.2 给出了低评估顾客的购买概率。对于低评估顾客的仿真结果如图 9.4 所示。

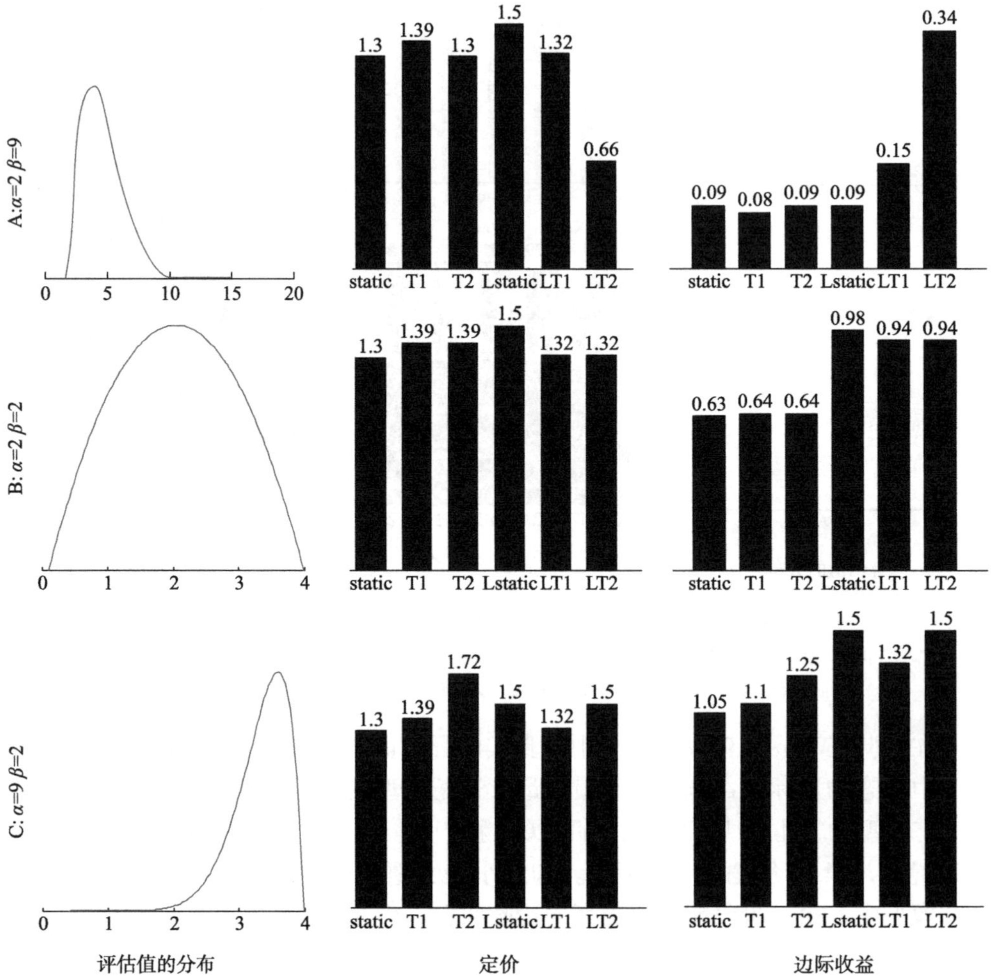

图 9.4　对于评估集合 $a_L \in [0.1, 0.5]$ 和 $a_H \in [2, 4]$ 的仿真结果

在实验 A（$\alpha_1=2$，$\beta_1=9$）中，比较的结果类似于高评估顾客的情况。静态的最大最小收益定价（$p^*=1.3$）低于静态的最小最大遗憾定价（$p_L^*=1.5$）。但是两个鲁棒模型的静态边际收益几乎是一致的。在最大最小收益的动态模型中，第一阶段的价格被设置为 1.39，仅有 5.68%的顾客购买新产品。根据定理 9.6，第二阶段的价格被降低到 1.3. 因此，相对于第一阶段的收益，第二阶段的边际收益增加了。但是，在最大最小收益模型中两个阶段的边际收益都低于最小最大遗憾模型的边际收益。

在实验 B（$\alpha_1=2$，$\beta_1=2$）中，在最大最小收益模型中静态价格和静态的边际收益都低于最小最大遗憾模型的值。在最大最小收益的动态模型中，46.32%的顾客在第一阶段购买新产品。因此第二阶段的定价等于第一阶段的定价。与最小最大遗憾模型的两个动态阶段相比，最大最小收益模型的定价更高，但是获得的边际收益更低。

在实验 C（$\alpha_1=9$，$\beta_1=2$）中，最大最小收益的静态模型价格和边际收益都低于最小最大遗憾模型。在最大最小收益的动态模型中，较多的顾客在第一阶段购买新产品。根据定理 9.6，第二阶段的价格提升到 1.72. 同时，第二阶段的边际收益也高于静态收益和第一阶段的边际收益。但是，在动态模型的两个阶段中，最大最小收益模型的定价高于最小最大遗憾模型的定价，但是边际收益低于最小最大遗憾模型的边际收益。

在最大最小收益模型和最小最大遗憾模型中，发现有时最大最小收益模型的收益更高，有时最小最大遗憾模型的收益更高。在文献的最小最大遗憾模型中，当产品效用不低于产品的价格时，假设顾客一定会购买新产品。但是，在本章的最大最小收益模型中，考虑了顾客的选择行为。当顾客的评估不低于产品的价格时，顾客以 MNL 模型的概率购买新产品。从数值实验中发现，当在产品优化模型中考虑顾客的选择行为时，评估不低于价格的概率明显高于顾客的真正购买概率。因此，最大最小收益模型的边际收益有时低于最小最大遗憾模型的边际收益。但是，在最大最小收益的产品优化模型中，对顾客选择行为的研究更加符合现实，结果更加符合实际。

9.5　本 章 小 结

本章将传统的产品定价优化问题扩展为考虑消费者选择模型中参数不确定性的问题。假设公司仅知道顾客评估的参数集合，不能精确地获得真实的评估参数值，本章建立了基于 MNL 的产品鲁棒定价模型，并分别研究了考虑同质顾客和异质顾客的静态鲁棒定价问题和动态鲁棒问题。通过数值实验比较了精确模型和鲁棒模型，以及比较了静态的鲁棒优化结果和动态的鲁棒优化结果，主要结论如下：第一，最优的精确模型价格不低于最优的鲁棒模型价格。但是，期望的精确模型利润容易受到模型参数的影响。当评估参数不精确时，最坏情况的利润将低于期望的精确模型利润。通过比较精确模型和鲁棒模型，当评估参数相当不精确时，鲁棒的产品优化模型优于精确模型。当获得最坏情况的收益时，精确模型的收益和实际收益间的差异很大。随着不确定参数集合的间距变大，鲁棒利润相对于最坏情况精确模型利润的改进也增大。为了获得稳定的收益，当评估参数不精确时，公司应该采取鲁棒定价策略。第二，通常，对于同质顾客，动态的初始定价不低于静态定价。对于异质顾客，当获得最坏情况的收益时，第二阶段的价格不低于第一阶段的价格；当在第一阶段没有顾客购买新产品时，第二阶段的价格通常被降低到等于静态价格。公司采取动态的鲁棒模型可以较好地了解顾客对新产品的评估情况，也能较好地制定定价策略以获得最优利润。

第 10 章　考虑服务质量易变性的产品与服务捆绑定价

10.1　问 题 背 景

近年来，很多以产品销售为主的企业开始采取以服务为导向的策略，争取从服务中攫取更多的利润。例如，汽车销售商的利润很大比例来源于汽车销售后的车辆保养和保险等服务，亚马逊公司在销售 Kindle 阅读器的同时还销售电子书等相关服务。在这种情形下，企业不但拥有产品的定价权，而且同时拥有服务的定价权。为了争取更多的顾客，企业在进行产品与服务开发的过程中，需要考虑产品与服务的捆绑定价问题。

捆绑策略对于电商公司来说是一种常见的营销策略。捆绑不仅仅局限在有形产品，在电子商务的环境下，越来越多的服务通过捆绑产品来创造更多的价值，如售后服务（Kurata and Nam，2010，2013）和通信服务（Ferrer et al.，2010；Chen and Wang，2015）等，这类捆绑通常被称作产品和服务捆绑。不同于产品和产品捆绑，产品和服务捆绑中的服务质量会对顾客的选择行为产生较大的影响，因为服务中可能存在次序特性（Dixon and Verma，2013）和转移特性（Ferrer et al.，2010；Chang and Tayi，2009）。因此，电子商务环境下的服务质量水平对于顾客来说是更加不确定的，而电商公司应当意识到这种服务质量易变性在市场细分过程中的重要作用。在传统的市场营销或学术研究中，很多公司或者学者只考虑通过固定的高水平服务或者低水平服务来细分市场（Moorthy and Png，1992；Desai，2001）。然而随着捆绑策略的引入，服务质量易变性变得更加复杂，值得深入研究，因为捆绑折扣可能会影响顾客在固定水平的服务和易变水平的服务之间的选择。为了应对难以避免的服务质量易变性，公司通常采用三种易变水平的服务，即通过给出服务质量的下界，上界和范围来吸引异质的顾客。相关实例来自以下现实场景。

（1）当顾客选择从淘宝网购买产品的时候，一些卖家将产品绑定默认的、承诺最早发货时间的送货服务（如两天之后发货），而有的卖家则承诺固定的发货时间（如第四天发货）。

（2）AT&T 公司（American Telephone and Telegraph Company）在网上商城中出售一种电视盒子，并搭配保证最少频道数量的电视节目包（如多于 145 个频道），而不是承诺节目包中频道的准确数量（如 156 个频道）。

（3）在 Verizion 的网上商店，顾客购买路由器和高速网络服务，其中网络服务通常保证网速在一个范围内变化（如 0.5～1 Mbps），因为固定的网络速度很难维持（如 0.7 Mbps）。

上述例子说明，在电商环境下服务质量很难固定在某一确定的水平，所以电商公司选择只保证服务水平的上界、下界或者范围。传统文献假设产品或服务的质量分布在固定的水平，以此来区分产品线中的异质型顾客。然而，随着电子商务中越来越多的不确定因素出现，服务质量变得易变而且很难固定在某一个水平。为了描述捆绑策略中的服务质量易变性，假设如果服务质量在某一范围内变化，这种服务被定义为易变水平的服务，并通过两个维度来衡量这种服务质量易变性，即服务质量的上界和下界。如果公司只设定服务质量的上界，它保证了最优服务质量，而这种最优服务质量暗示了顾客购买易变水平的服务时可能收到的最高服务质量。如果公司设定服务质量的下界，它保证了最差服务质量，而这种最差服务质量暗示了顾客购买易变水平的服务时可能收到的最差服务质量。如果公司同时设定了服务质量的上界和下界，它确保了服务质量在某一范围内变化，而这个范围的长度能够反映服务质量的易变性程度。这种易变水平的服务可以通过概率型销售的理论进行解释。概率型销售是指顾客购买的不是具体的某个产品，而是所有产品中某个产品的机会，即概率型产品。例如，顾客从航空公司网站购买一种不透明机票，只有在成交之后才能知道机票的具体细节，而在成交之前顾客对于机票的相关信息，如哪个航空公司，几点钟起飞，几点钟到达等，都是不确定的。概率型销售的本质是把不确定性作为产品的特征，利用顾客在产品偏好上的差异，达到扩大市场、细分市场、弱化市场不确定性等目的。不同于固定水平的服务针对具有明确偏好的顾客，这种具有易变水平的服务主要面向对于服务质量不敏感或者不清楚自身偏好的顾客，市场中的这种分配能帮助电商公司扩大市场范围至之前没有购买固定水平的服务的顾客。当固定水平的服务和易变水平的服务在电商市场中呈现质量差异化的时候，公司可以利用服务质量易变性来解决顾客的异质性问题，并将顾客划分为偏好敏感型和偏好不敏感型。为了激发顾客的自我选择，公司对于购买产品和服务捆绑的顾客提供一个捆绑折扣，而当服务质量易变性引入到电商市场之后，价格歧视的作用也会随之增强。而且，捆绑折扣对于顾客盈余转移的影响会视捆绑中产品的品质而定，并在产品和服务的捆绑和单售之间激发一种更强烈的蚕食效应，以至于服务质量易变性最终会将其中一种销售完全地驱逐出市场，也就是说混合捆绑市场会变成一种纯捆绑市场或者单售市场。

对于市场中存在易变性的问题，一些研究关注了如何利用买方不确定性来解决顾客的异质性问题，如预售策略（Shugan and Xie，2000；Alexandrov and Bedre-Defolie，2014），概率型销售（Fay and Xie，2008，2010）和优惠券策略（Narasimhan，1984）。然而它们主要从顾客个人因素的角度对易变性进行分析，而本章考虑的服务质量易变性来源于外部的电商市场环境而不是顾客自身，所以每个顾客都面临着相同的易变环境，服务质量易变性的影响力对于每个顾客而言是平等的。根据这个原理，在捆绑销售中公司能够利用外部的易变性来影响异质型顾客，因为内生的价格竞争和外生的服务质量差异化与顾客的盈余榨取之间会存在着相互影响。

考虑到外生的质量易变性对于异质型顾客的影响，本章建立了一个关于捆绑和单售之间的品质差异化和价格竞争的解析模型（Zhang et al.，2018，2019；张子辰，2018），并尝试解决了下列问题：什么情况下公司应该保证服务质量的下界，上界和范围？如果顾客是异质的，如何设定捆绑价格和单售价格来最大化公司的利润？其他的市场因素，如成本敏感性，产品品质和服务质量易变性，如何共同地对公司的决策产生影响？

10.2　捆绑的数学描述与模型假设

考虑一个以利润最大化为目标的公司，同时进行产品和服务的单售及捆绑。异质型顾客 θ 连续地分布在一个线性市场之中，其中 $0 \leqslant \theta \leqslant 1$ 表示顾客对于质量的敏感性（Kuksov and Lin，2010；Choudhary et al.，2005；Liu and Zhang，2013）。市场的总体大小设为 1，顾客对于捆绑销售和单售的需求依赖于 θ 。

产品或服务的保留价格是 θq_p 或 θq_s ，其中产品品质 q_p 和服务品质 q_s 是一种顾客都偏好高水平胜于低水平的属性（Moorthy，1988），满足 $q_p > 0, 0 \leqslant q_s \leqslant 1$ 。产品和服务捆绑的保留价格等于单售的保留价格之和（Guiltinan，1987）。在模型中，二次项的成本假设为 cq_p^2 或 cq_s^2（Moorthy and Png，1992；Desai，2001；Mussa and Rosen，1978），其中 $0 < c < 1$ 。

服务质量易变性是指公司和顾客对于服务质量在外部环境下的表现是不确定的。本章比较了两种不同类型的服务质量 $q_s = \left\{q_f^H, q_f^L, q_u\right\}$：①固定水平的服务，是指服务的质量水平是固定的，如高水平 q_f^H 和低水平 q_f^L；②易变水平的服务 q_u 是指服务质量水平在给定的上界、下界或者范围内变化。与涉及估值不确定性的文献（Fay and Xie，2008；Bing，2011；Su，2010）和需求不确定性的文献（Zhao et al.，2014；Li and Zhang，2015；Zhang et al.，2015）类似，利用二项分布来描述易变水平的服务的期望质量。假设 β（$0<\beta<1$）是易变水平的服务质量等于固定低水平的概率，期望质量是

$$q_u=(1-\beta)q_f^H+\beta q_f^L \tag{10.1}$$

其中，易变性因子 β 确保 q_u 不高于 q_f^H 和不低于 q_f^L。当 β 越高时，易变水平的服务质量越低。不失一般性，服务质量 q_p 为正，而 $q_f^H=1, q_f^L=0$。

捆绑价格低于单售价格的总和，并在产品和服务捆绑中引入捆绑折扣因子 γ，$0<\gamma<1$。产品和服务捆绑价格 p_b 是

$$p_b=p_p+\gamma p_s \tag{10.2}$$

其中，p_p 表示产品单售价格；p_s 表示服务单售价格。

表 10.1 列出了模型的基本符号及定义。为了便于表达，本章给出如下定义。

（1）"FH" 和 "FL" 代表固定的高水平服务和低水平服务；"U" 代表易变水平的服务。

（2）"P+FH" 代表产品和固定的高水平服务的单售，而 "PFL" 代表产品和固定的低水平服务的捆绑销售。"P+U" 和 "PU" 同理。

表 10.1　模型中的基本符号

符号	定义
θ	顾客对于质量的敏感性
q_p	产品质量
q_s	服务质量：（a）固定水平的服务，如高水平和低水平 q_f^H，q_f^L；（b）易变水平的服务 q_u
β	易变性因子，其中 $\overline{\beta}$ 表示 β 的上界，$\underline{\beta}$ 表示 β 的下界
p_p	产品单售价格
p_s	服务单售价格
p_b	产品和服务的捆绑价格
c	成本对于质量的敏感性
γ	捆绑折扣因子
π	公司的总利润

顾客的盈余等于保留价格和价格的差值，而每个顾客只能选择单售或者捆绑中的一种来最大化期望盈余（Hitt and Chen，2005；Prasad et al.，2010；Mcafee et al.，

1989）。本章主要研究了两类场景：PU 和 P+FH、PFL 和 P+U。因为在其他两类场景中，所有的顾客显然都会去购买捆绑，因为产品和服务捆绑中含有较高的质量和较低的价格。限于篇幅，后面章节中省略了定理的证明部分。

10.3　产品捆绑中存在易变服务质量的情形

在场景 PU 和 P+FH 中，本节研究了当易变水平的服务质量低于固定水平的服务质量时的价格竞争。

异质型顾客均匀地分布在线性市场，θ_1、θ_2 分别为购买 PU 和 P+FH 时盈余为非负的边际顾客。θ_3 是认为 PU 和 P+FH 的盈余相等的边际顾客。根据 θ_1、θ_2、θ_3 的位置，垄断市场可以划分为纯捆绑市场，混合捆绑市场和单售市场这三类市场。考虑 $0 \leqslant \theta \leqslant 1$，顾客对于 PU 和 P+FH 的需求可以从图 10.1 中获得，具体的细节解释如下。

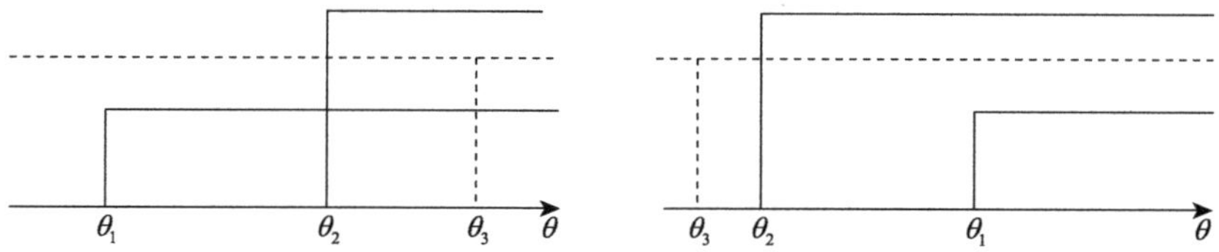

图 10.1　垄断市场中的顾客需求

顾客选择购买产品和服务的捆绑或者单售是由个体理性约束和激励相容约束决定的。

个体理性约束是：

$$\theta\left(q_p+q_u\right)-p_b \geqslant 0,\quad \theta \geqslant p_b/\left(q_p+q_u\right)=\theta_1 \tag{10.3}$$

$$\theta\left(q_p+q_f^H\right)-\left(p_p+p_s\right) \geqslant 0,\quad \theta \geqslant \left(p_p+p_s\right)/\left(q_p+q_f^H\right) \geqslant \theta_2 \tag{10.4}$$

其中，个体理性约束保证了顾客购买产品和服务捆绑或者单售时具有非负的盈余。

激励相容约束是：

$$\theta\left(q_p+q_u\right)-p_b=\theta\left(q_p+q_f^H\right)-\left(p_p+p_s\right)$$

$$\theta_3=\left(p_b-\left(p_p+p_s\right)\right)/\left(q_u-q_f^H\right) \tag{10.5}$$

其中，激励相容约束保证一些满足 $\theta \leqslant \theta_3$ 的顾客购买产品和服务捆绑，另一些满足 $\theta > \theta_3$ 的顾客购买单售。

θ_1、θ_2、θ_3 的相对位置如图 10.2 所示。

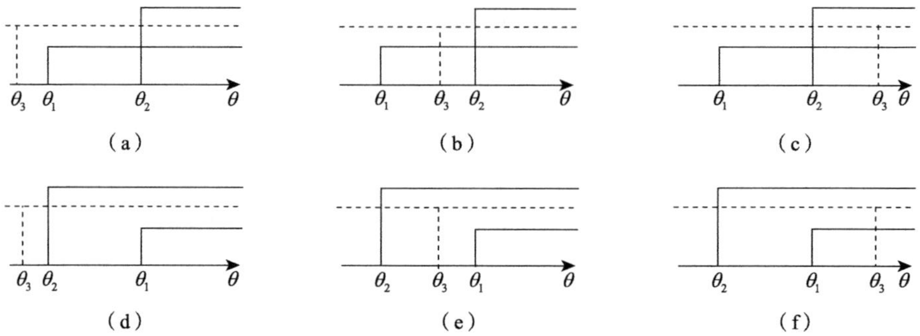

图 10.2　θ_1、θ_2、θ_3 的相对位置

在图 10.2 中，只有（c）和（d）是有效的。以图 10.2（a）为例进行解释：根据个体理性约束，$[\theta_1,\theta_2]$ 中的顾客只愿意购买捆绑销售。然而，这与激励相容约束要求的满足 $\theta>\theta_3$ 的顾客愿意购买单售而不购买捆绑销售相矛盾。因此图 10.2（a）是无效的，其他情况也可以按照同理进行解释。在此基础上，图 10.3 解释了当顾客品质敏感程度 θ 在[0,1]范围内，θ_1、θ_2、θ_3 的相对位置情况。

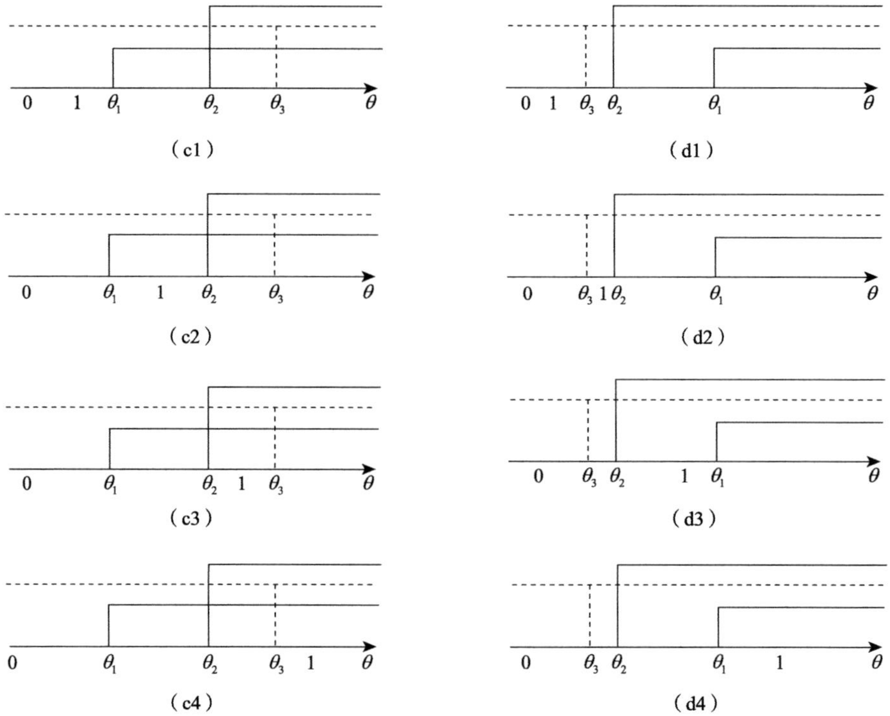

图 10.3　当 $0\leqslant\theta\leqslant1$ 时，θ_1、θ_2、θ_3 的相对位置

通过图 10.3，对 θ_1、θ_2、θ_3 是否会大于等于 1 进行了讨论，并据此在模型中建立了三种捆绑市场。

表 10.2 说明了三种捆绑市场下捆绑销售和单售的需求。

表 10.2　三种市场下捆绑销售和单售的需求

需求	捆绑销售的需求	单售的需求
情况 c1	0	0
情况 c2	$1-\theta_1$	0
情况 c3	$1-\theta_1$	0
情况 c4	$\theta_3-\theta_1$	$1-\theta_3$
情况 d1	0	0
情况 d2	0	0
情况 d3	0	$1-\theta_2$
情况 d4	0	$1-\theta_2$

在图 10.1（a）中，垄断市场是纯捆绑市场或混合捆绑市场。在此种情况下，公司的利润可以表示为

$$\pi\begin{cases}0, & 0\leqslant 1\leqslant\theta_1\leqslant\theta_2\leqslant\theta_3\\ \left(p_b-cq_p^2-cq_u^2\right)\left(1-\theta_1\right), & 0\leqslant\theta_1\leqslant 1\leqslant\theta_2\leqslant\theta_3\text{或}0\leqslant\theta_1\leqslant\theta_2\leqslant 1\leqslant\theta_3\\ \left(p_b-cq_p^2-cq_u^2\right)\left(\theta_3-\theta_1\right)+\left(p_p+p_s-cq_p^2-cq_f^{H2}\right)\left(1-\theta_3\right), & 0\leqslant\theta_1\leqslant\theta_2\leqslant\theta_3\leqslant 1\end{cases}\tag{10.6}$$

在图 10.1（b）中，垄断市场是单售市场。在此种情况下，公司的利润可以表示为

$$\pi=\begin{cases}0, & 0\leqslant 1\leqslant\theta_3\leqslant\theta_2\leqslant\theta_1\text{或}0\leqslant\theta_3\leqslant 1\leqslant\theta_2\leqslant\theta_1\\ \left(p_p+p_s-cq_p^2-cq_f^{H2}\right)\left(1-\theta_2\right), & 0\leqslant\theta_3\leqslant\theta_2\leqslant 1\leqslant\theta_1\text{或}0\leqslant\theta_3\leqslant\theta_2\leqslant\theta_1\leqslant 1\end{cases}\tag{10.7}$$

产品和服务的质量范围和最优价格如表 10.3 所示。在纯捆绑市场，混合捆绑市场和单售市场中，分别讨论了不同的市场因素对于最优价格和质量范围的影响。

表 10.3　PU 和 P+FH 下的最优价格和质量范围

市场类型	最优价格	产品质量和服务质量易变性
纯捆绑市场	$P_b^* = c/2 - \beta/2 + q_p/2$ $-\beta c + c\beta^2/2 + cq_p^2/2 + 1/2$	当 $0 < c \leqslant 1/2$ 时， 如果 $0 < q_p \leqslant 1/c$，$0 < \beta < 1$ 如果 $1/c < q_p < \left(1+\sqrt{-4c^2+4c+1}\right)/2c$， $0 < \beta \leqslant 1 - 1/2c + \sqrt{-4c^2q_p^2+4cq_p+1}/2c$ 当 $1/2 < c < 1$ 时， 如果 $0 < q_p \leqslant 1/c$，$0 < \beta < 1$ 如果 $1/c < q_p \leqslant \left(1+\sqrt{-4c^2+4c+1}\right)/2c$， $0 < \beta \leqslant 1 - 1/2c + \sqrt{-4c^2q_p^2+4cq_p+1}/2c$ 如果 $\left(1+\sqrt{-4c^2+4c+1}\right)/2c < q_p \leqslant \left(1+\sqrt{2}\right)/2c$， $1 - 1/2c - \sqrt{-4c^2q_p^2+4cq_p+1}/2c \leqslant \beta$ $\leqslant 1 - 1/2c + \sqrt{-4c^2q_p^2+4cq_p+1}/2c$
混合捆绑市场	$P_p^* = (\beta - c + \gamma - q_p + 2\beta c + c\gamma + \gamma q_p$ $-\beta^2 c - cq_p^2 + c\gamma q_p^2 - 1)/2(\gamma - 1)$ $P_s^* = -\beta(2c - \beta c + 1)/2(\gamma - 1)$	当 $0 < c \leqslant 1/2$ 时， 如果 $0 < q_p \leqslant 1$，$0 < \beta < 1$ 如果 $1 < q_p < 1+\sqrt{2}$，$0 < \beta \leqslant \left(2q_p - q_p^2 + 1\right)/\left(1+q_p\right)$ 当 $1/2 < c < 1$ 时， 如果 $0 < q_p \leqslant 1$，$(2c-1)/c \leqslant \beta < 1$ 如果 $1 < q_p \leqslant \left(1+\sqrt{-4c^2+4c+1}\right)/2c$， $(2c-1)/c \leqslant \beta \leqslant \left(2q_p - q_p^2 + 1\right)/\left(1+q_p\right)$
单售市场	$P_p^* + P_s^* = cq_p^2/2 + q_p/2 + c/2 + 1/2$	如果 $0 < q_p \leqslant \left(1+\sqrt{-4c^2+4c+1}\right)/2c$，$\beta$ 不存在

10.3.1　纯捆绑市场

在式（10.6）的第二行中，只有一部分顾客愿意购买产品和服务捆绑，此时称作纯捆绑市场。

将连续的产品质量由高到低划分为三个区间，分别称为高区间、中区间和低区间。例如，在纯捆绑市场中，当 $1/2 < c < 1$ 时，低区间是 $\left(0, 1/c\right]$，中区间是 $\left(1/c, \left(1+\sqrt{-4c^2+4c+1}\right)/2c\right]$，高区间是 $\left(\left(1+\sqrt{-4c^2+4c+1}\right)/2c, \left(1+\sqrt{2}\right)/2c\right]$。当成本敏感性增加时，每个区间的上界都在降低。然而，每个区间的长度减少量不同。定理 10.1 说明了成本敏感性对于各产品质量区间的影响。

定理 10.1　在纯捆绑市场中，当 $0 < c < 1$ 时，低区间、中区间、高区间随 c 变窄。

当成本对于质量变得敏感时，公司应当降低产品质量来抵消增长的边际成本。图 10.4 说明当 c 在纯捆绑市场中增加时，各个区间的变化情况。当成本敏感性由 0 增加到 1/2 时，两个区间会同时变窄，这意味着较高的区间的上界会下降得更多。例如，中区间变窄是因为其下界（也就是低区间的上界）的下降量小于中区间的上界。当$1/2<c<1$时，中区间分割为高区间和中区间。但是在三个区间中，中区间的上界显然最易受到成本敏感性的影响。随着成本敏感性增至 1，中区间逐渐变窄，三个区间变成低区间和高区间。

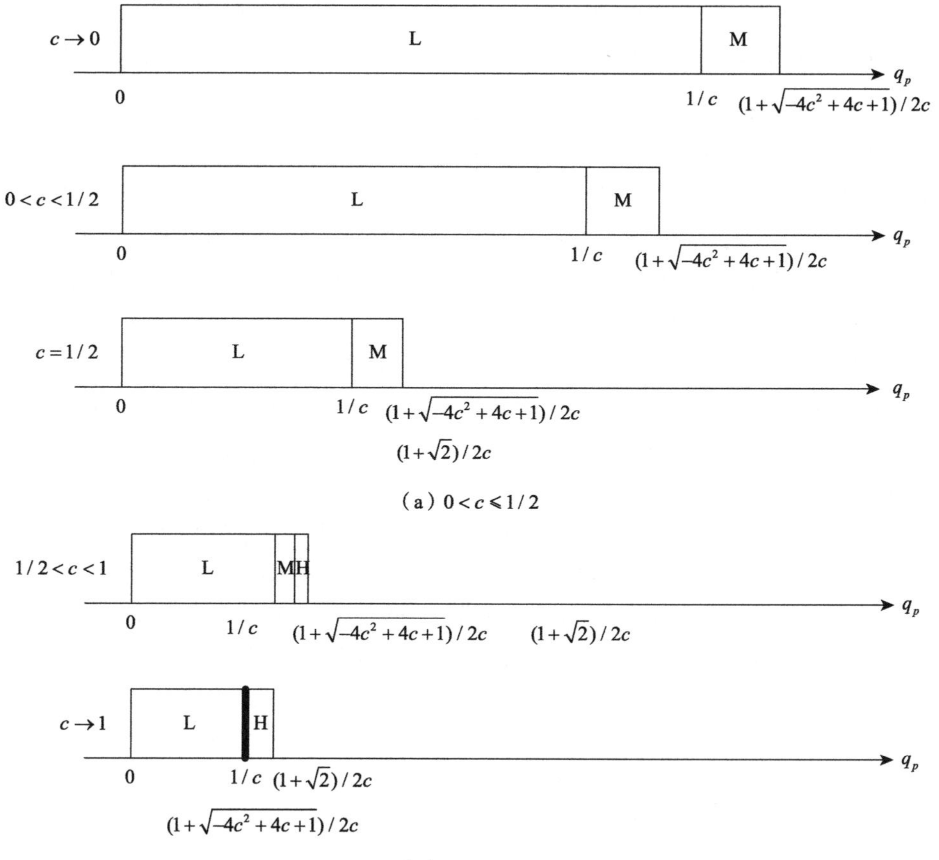

图 10.4　在纯捆绑市场中，当 c 增加时 q_p 区间的变化

定理 10.2　在纯捆绑市场中，当$0<c\leqslant 1/2$时，有：①在低区间，$\overline{\beta}$ 和 $\underline{\beta}$ 与 c 和 q_p 无关；②在中区间，只有 $\overline{\beta}$ 与 q_p 和 c 负相关。在纯捆绑市场中，当$1/2<c<1$时，有：①在低区间，$\overline{\beta}$ 和 $\underline{\beta}$ 与 c 和 q_p 无关；②在中区间，只有 $\overline{\beta}$ 与 q_p 和 c 负相

关；③在高区间，$\overline{\beta}$ 与 q_p 和 c 负相关，$\underline{\beta}$ 与 q_p 和 c 正相关。

定理 10.2 研究了成本敏感性和产品质量对于易变水平的服务的影响。通过比较固定水平的服务和易变水平的服务，对捆绑策略中的服务质量易变性从两个角度进行描述，即 β 的上界 $\overline{\beta}$ 和 β 的下界 $\underline{\beta}$。如果 $\underline{\beta}$=0,$0<\overline{\beta}<1$，易变水平的服务质量保证了下界。如果 $\overline{\beta}$=1,$0<\underline{\beta}<1$，易变水平的服务质量保证了上界。如果 $0<\underline{\beta}<1$ 和 $0<\overline{\beta}<1$，易变水平的服务质量保证了范围。特别地，如果 $\underline{\beta}$=0,$\overline{\beta}$=1，易变水平的服务质量从固定的低水平覆盖到固定的高水平，此时易变水平的服务质量对于吸引弱偏好的顾客是最有效的。此外，$\overline{\beta}$ 和 $\underline{\beta}$ 在易变水平的服务中具有潜在的管理性含义。$\overline{\beta}$ 反映了顾客收到的最差服务质量。如果公司想要节省成本，他可以把易变水平的服务质量降低至最差服务质量。$\underline{\beta}$ 反映了顾客收到的最优服务质量。如果公司想要提升顾客估值来吸引更多的顾客，他应该把易变水平的服务质量提升至最优服务质量。

定理 10.2 表明在纯捆绑市场中，当成本敏感性和产品质量变化时，易变水平的服务的变化情况。如果 $1/2<c<1$，当产品质量在低区间时，最差服务质量是固定的低水平，而最优服务质量是固定的高水平。当产品质量在中区间时，最差服务质量增加，而最优服务质量不变，所以服务成本的影响降低。当产品质量在高区间时，最优服务质量开始随着产品质量而下降，公司不再保持高的服务估值来吸引顾客。通过利用最优服务质量和最差服务质量来量化易变水平的服务，公司可以利用 PU 灵活地控制服务成本和增强对异质型顾客的吸引力。如果 $0<c\leqslant 1/2$，最差服务质量只在中区间增加，最优服务质量保持不变。这说明当成本敏感性不强时，公司只会利用 PU 中存在的服务成本的优势。

下列数值实验说明成本敏感性和产品质量对于易变水平的服务的影响。令 $c=0.05,0.1,\cdots,0.95$，图 10.5 给出实验结果，其中黑线表示上界，灰色表示下界。

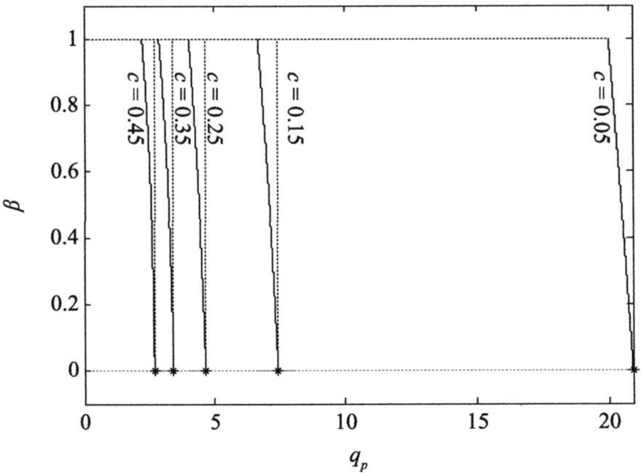

（a）$0<c\leqslant 1/2$

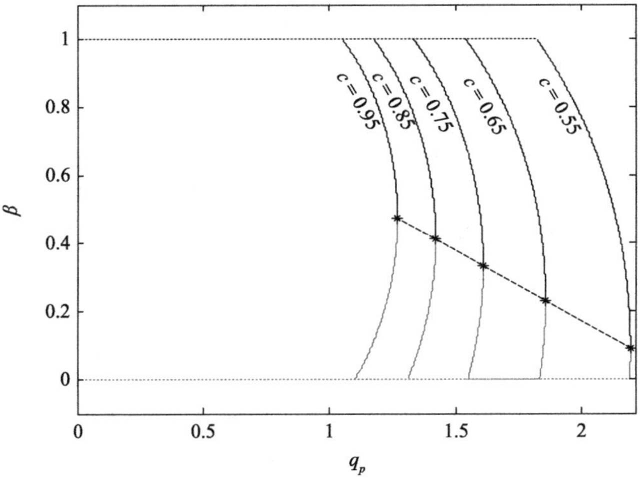

（b）$1/2<c<1$

图 10.5　当成本敏感性和产品质量变化时，纯捆绑市场下的易变水平的服务

引入 $\Delta\beta=\overline{\beta}-\underline{\beta}$ 来描述服务质量易变性程度。$\Delta\beta$ 越高，最优服务质量和最差服务质量的差越大，服务质量易变性程度越高，更多弱偏好的异质型顾客被诱使去购买 PU，服务质量易变性对于吸引异质型顾客的影响会变强。如图 10.5（b）所示，当产品质量是低区间时，服务质量易变性程度达到最大。随着产品质量增至中区间，$\Delta\beta$ 降低，易变水平的服务质量脱离了固定的低水平。在产品质量的高区间，$\Delta\beta$ 降低得更多，因为易变水平的服务质量也开始脱离固定的高水平。购买易变水平的服务的顾客最终会在 PU 中获得一种近似于中等的服务质量。

此外，图 10.5 中暗示着服务质量易变性的上下界会汇聚到一点 β_0。β_0 的位置反映了成本敏感性和产品质量对于上下界的影响。在图 10.5（b）中，当成本敏感性降低而产品质量升高时，易变水平的服务质量接近固定的高水平，因为 β_0 形成的虚线向下倾斜，说明最差服务质量比最优服务质量对于这两种市场因素更为敏感。然而，在图 10.5（a）中，最优服务质量没有受到这两种市场因素影响，所以 β_0 形成的虚线是一条水平线。

定理 3 比较了最优服务质量和最差服务质量随着成本敏感性的变化，界定了最优服务质量与最差服务质量的范围。

定理 10.3　在纯捆绑市场中，当 $0<c\leqslant 1/2$ 时，有：①在低区间，$\overline{\beta}=1$，$\underline{\beta}=0$；②在中区间，$0<\overline{\beta}<1$，$\underline{\beta}=0$。在纯捆绑市场中，当 $1/2<c<1$ 时，有：①在低区间，$\overline{\beta}=1$，$\underline{\beta}=0$；②在中区间，$2-1/c\leqslant\overline{\beta}<1$，$\underline{\beta}=0$；③在高区间，$1-1/2c\leqslant\overline{\beta}<2-1/c$，$0<\underline{\beta}\leqslant 1-1/2c$。

图 10.6 表明最优服务质量和最差服务质量在纯捆绑市场中的变化情况，其中的参数是$0<c\leqslant 1/2$和$1/2<c<1$。在图 10.6（b）中，低区间中最优服务质量和最差服务质量是固定的。随着产品质量增至中区间，服务质量易变性来源于最差服务质量。在高区间，服务质量易变性同时来自最差服务质量和最优服务质量，最优服务质量的下界等于最差服务质量的上界。在图 10.6（a）中，虽然在中区间时服务质量易变性只来源于最差服务品质，服务质量易变性程度是最大的。

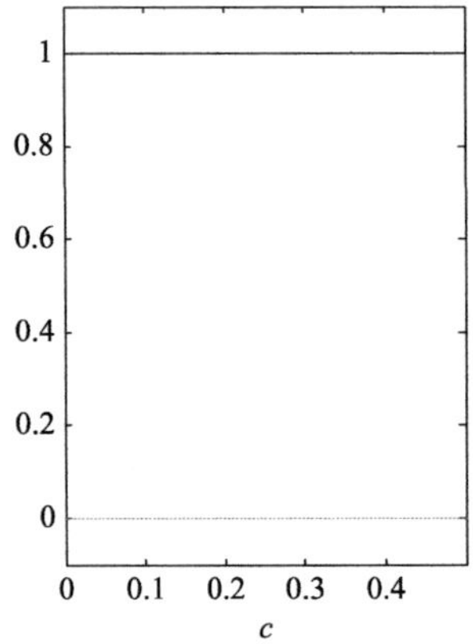

（a1）$0<q_p\leqslant 1/c$

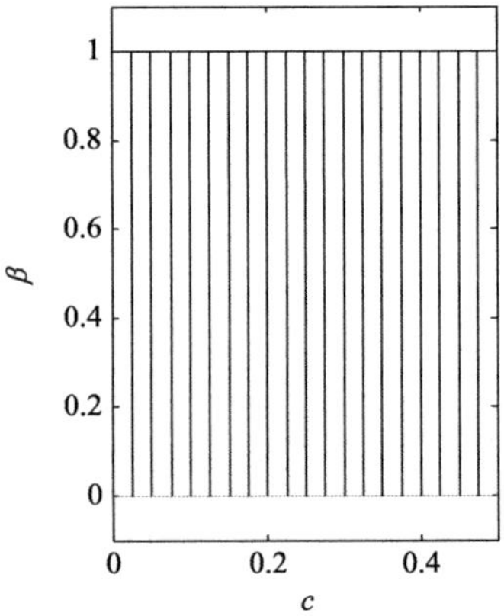

（a2）$1/c<q_p<(1+(-4c^2+4c+1)^{1/2})/2c$

（a）当$0<c\leqslant 1/2$时

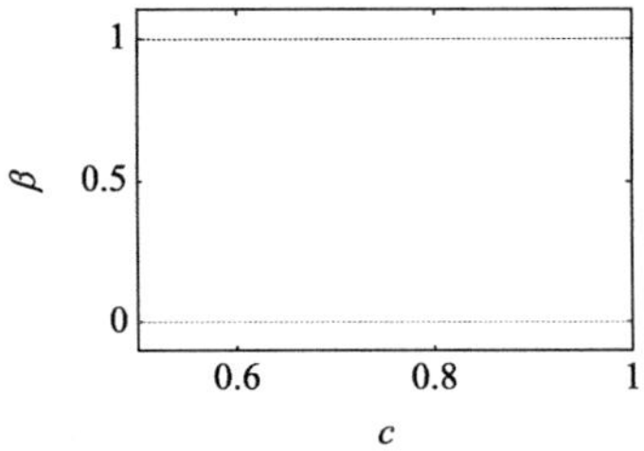

（b1）$0<q_p\leqslant 1/c$

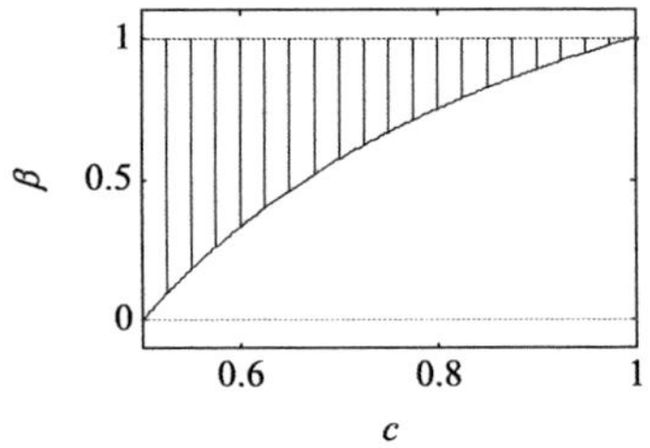

（b2）$1/c<q_p\leqslant(1+(-4c^2+4c+1)^{1/2})/2c$

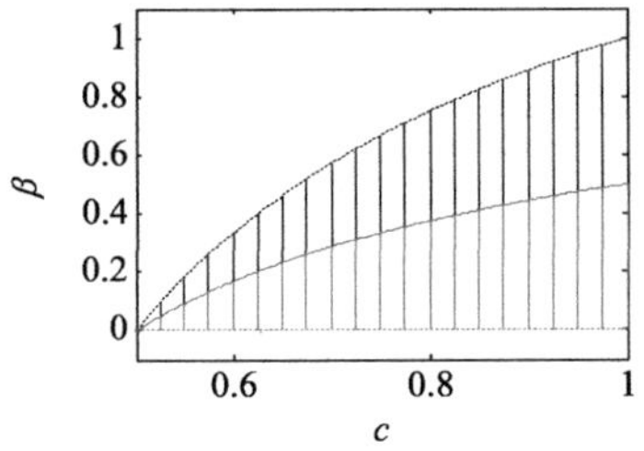

（b3）$(1+(-4c^2+4c+1)^{1/2})/2c<q_p\leqslant(1+2^{1/2})/2c$

（b）当$1/2<c\leqslant 1$时

图 10.6　当成本敏感性变化时，纯捆绑市场下的最优服务质量和最差服务质量

10.3.2　混合捆绑市场

在式（10.6）的第三行中，一些顾客愿意购买捆绑的产品和服务，一些顾客愿意购买单售的产品和服务，此时称作混合捆绑市场。

定理 10.4　在混合捆绑市场中，当$1/2<c<1$时，只有中区间随着c变窄。

如图 10.7 所示，在混合捆绑市场中，当$0<c\leqslant 1/2$时，低区间和中区间的上界都不会随着成本敏感性减少。当成本敏感性增至 1 时，产品和服务的捆绑或单售的总成本都会变得更高，所以中区间会消失，两个区间在最后只剩下低区间。

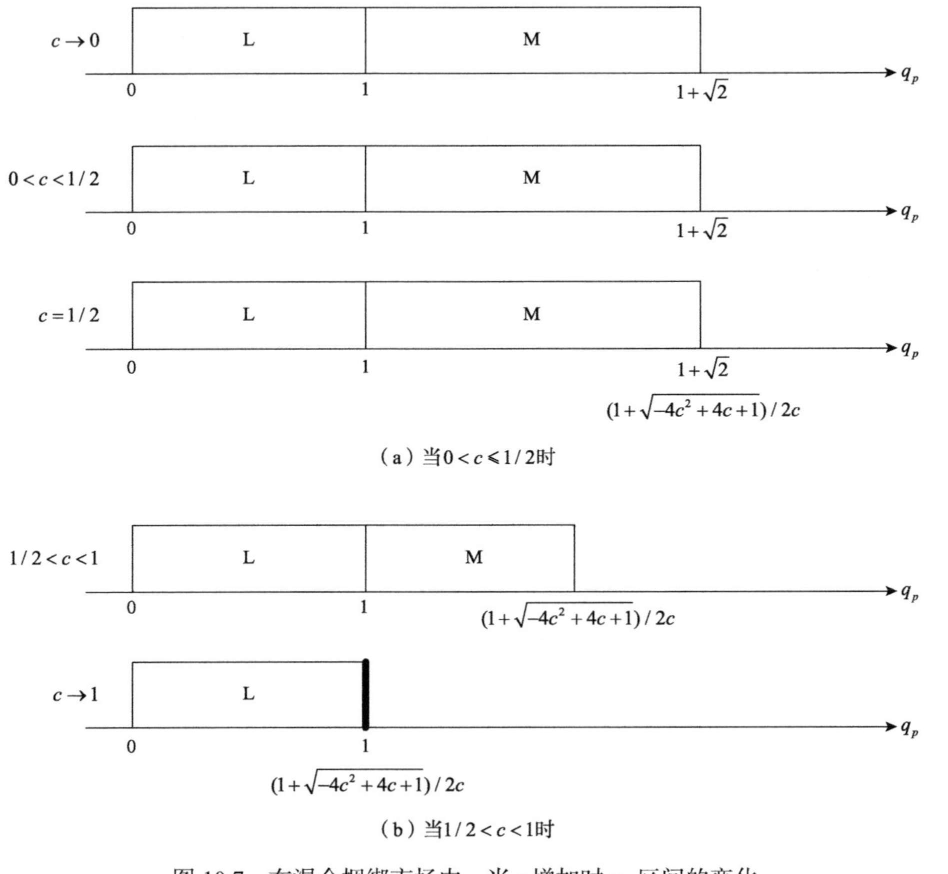

图 10.7　在混合捆绑市场中，当c增加时q_p区间的变化

定理 10.5　在混合捆绑市场中，当$0<c\leqslant 1/2$时，有：①在低区间，$\overline{\beta}$和$\underline{\beta}$与c和q_p无关；②在中区间，只有$\overline{\beta}$与q_p负相关。在混合捆绑市场中，当$1/2<c<1$

时，有：①在低区间，只有 $\underline{\beta}$ 与 c 正相关；②在中区间，$\underline{\beta}$ 与 c 正相关，$\overline{\beta}$ 与 q_p 负相关。

定理 10.5 解释了混合捆绑市场中服务质量易变性的下界的管理性意义。下界 $\underline{\beta}$ 直接反映 PU 和 P+FH 之间的品质差异化情况。因为 P+FH 中的服务质量是固定的高水平，所以混合捆绑市场中的顾客往往需要比较 PU 中的最优服务质量和 P+FH 中固定的高水平服务质量，而 PU 中的最差服务质量对于 PU 和 P+FH 之间的质量差异化则没有影响。假设数值算例中 $c = 0.05, 0.1, \cdots, 0.95$，图 10.8 描述了混合捆绑市场中的成本敏感性和产品质量对于易变水平的服务的影响。

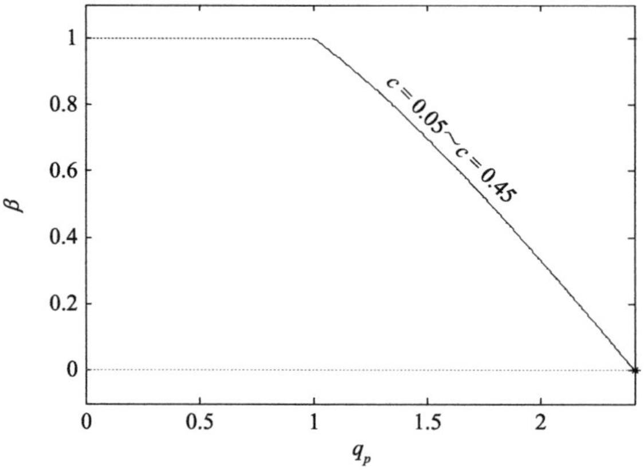

（a）$0 < c \leqslant 1/2$

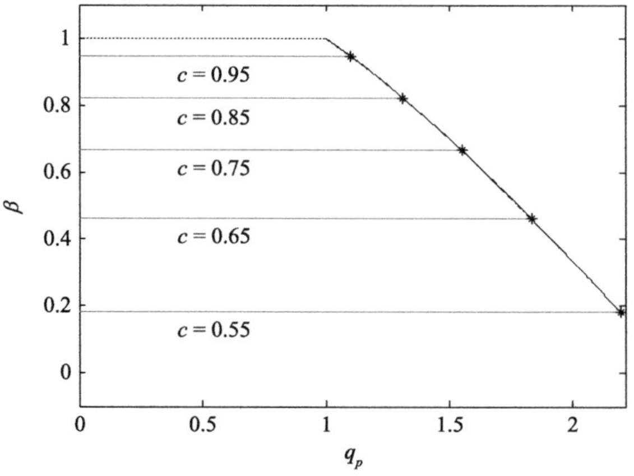

（b）$1/2 < c < 1$

图 10.8　当成本敏感性和产品质量变化时，混合捆绑市场下的易变水平的服务

在纯捆绑市场中，当成本对于质量不敏感的时候，低质量产品对于顾客的吸引力较差，服务质量从固定低水平覆盖到固定高水平，能够吸引较多的弱偏好顾

客。随着产品质量增加，服务质量易变性程度降低，因为顾客可能会因为捆绑中的产品变得具有更高估值，而忽视相对低的易变水平的服务质量。当产品质量较高时，如果成本敏感性高，易变水平的服务质量是中等的，因为易变水平的服务中的最优服务质量的潜在成本会变得足够高。与纯捆绑市场相比，混合捆绑市场中的情况与纯捆绑市场类似。但是当成本对于质量敏感时，混合捆绑市场中的价格歧视发挥着更重要的作用。因为单售中的固定高水平服务能够给顾客带来较高的价值，较低的服务质量易变性将失去占据市场的作用，所以易变水平的服务为了达到品质差异化而处于较低的水平。因此，服务质量易变性不仅依赖于产品品质，也与捆绑市场类型有关。

定理 10.6　在混合捆绑市场中，当$0<c\leqslant 1/2$时，有：①在低区间，$\overline{\beta}=1$，$\underline{\beta}=0$；②在中区间，$0<\overline{\beta}<1$，$\underline{\beta}=0$。在混合捆绑市场中，当$1/2<c<1$时，有：①在低区间，$\overline{\beta}=1$，$\underline{\beta}=(2c-1)/c$；②在中区间，$(2c-1)/c\leqslant\overline{\beta}<1$，$\underline{\beta}=(2c-1)/c$。

定理 10.6 说明混合捆绑市场中的最差服务质量会引发服务质量易变性。在图 10.9 中，混合捆绑市场中最优服务质量和最差服务质量都会发生变化，在数值实验中考虑$0<c\leqslant 1/2$和$1/2<c<1$。图 10.9（b）表明最优服务质量随着服务敏感性而降低，这意味着只有当成本对于品质不敏感的时候，公司应当利用 PU 提升估值来吸引更多的顾客，因为此时成本敏感性对 PU 中服务成本的影响并不强。

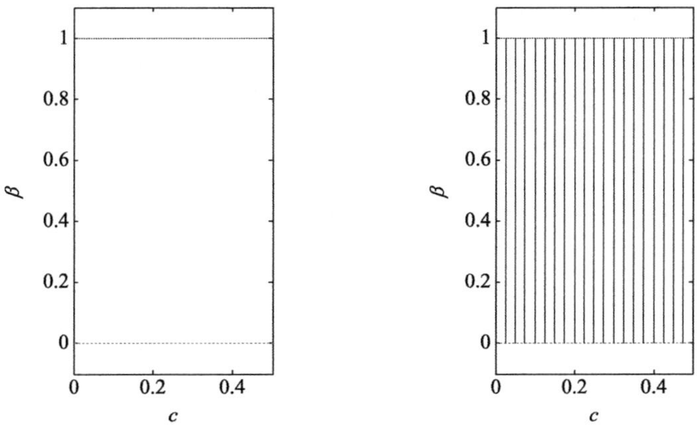

（a1）$0<q_p\leqslant 1$　　（a2）$1<q_p<1+2^{1/2}$

（a）当$0<c\leqslant 1/2$时

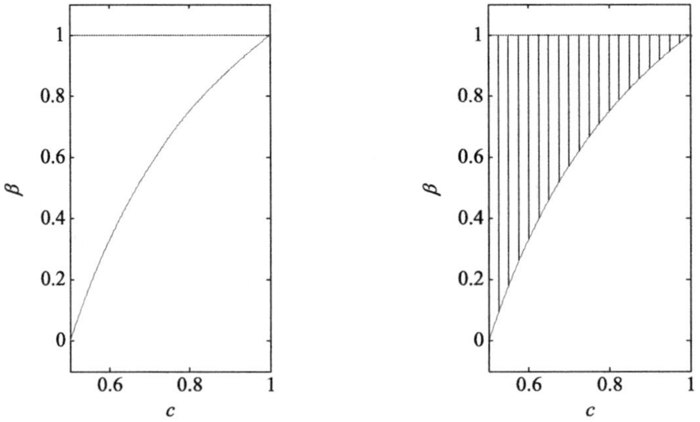

（b1）$0 < q_p \leqslant 1$　　（b2）$1 < q_p \leqslant (1+(-4c^2+4c+1)^{1/2})/2c$

（b）当$1/2 < c \leqslant 1$时

图 10.9　当成本敏感性变化时，混合捆绑市场下的最优服务质量和最差服务质量

10.3.3　单售市场

在式（10.7）的第二行中，只有一部分顾客选择购买单售的产品和服务，此时称为单售市场。

定理 10.7　在单售市场中，当$0 < c < 1$时，只有一个区间，该区间随着c变窄。

在图 10.10 中，产品的连续质量区间并没有被分割成其他区间，此时的服务质量易变性是无效的，因为单售市场中只存在 P+FH 而不存在服务质量易变性，单售抵消了服务质量易变性对于异质型顾客的影响。

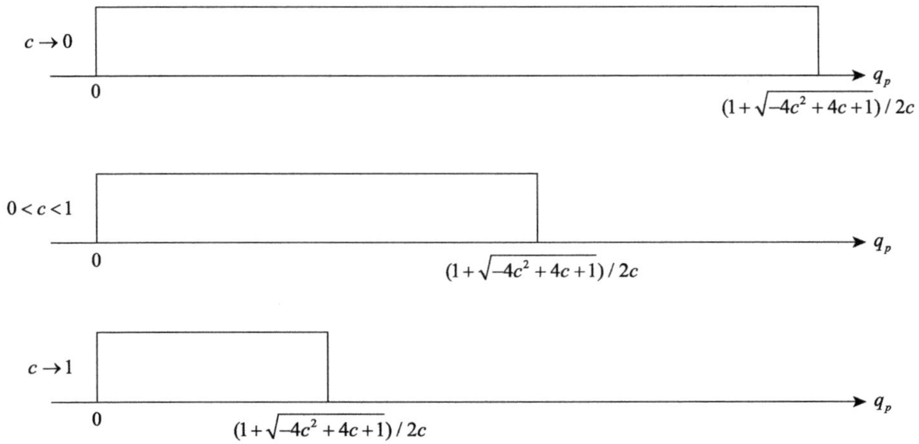

图 10.10　在单售市场中，当c增加时q_p区间的变化

10.4　单售中存在易变服务质量的情形

在场景 PFL 和 P+U 中，本节研究了当易变水平的服务质量高于固定水平的服务质量时的价格竞争。

在垄断市场中，θ_1、θ_2 分别为购买 PFL 和 P+U 时盈余为非负的顾客。θ_3 是认为 PFL 和 P+U 的盈余相等的顾客。顾客对于 PFL 和 P+U 的需求与图 10.1 相同。

在图 10.1（a）中，垄断市场是纯捆绑市场或混合捆绑市场。公司的利润为

$$\pi\begin{cases}0, & 0\leqslant 1\leqslant \theta_1\leqslant \theta_2\leqslant \theta_3\\ \left(p_b-cq_p^2-cq_f^{L2}\right)\left(1-\theta_1\right), & 0\leqslant \theta_1\leqslant 1\leqslant \theta_2\leqslant \theta_3\text{或}0\leqslant \theta_1\leqslant \theta_2\leqslant 1\leqslant \theta_3\\ \left(p_b-cq_p^2-cq_f^{L2}\right)\left(\theta_3-\theta_1\right)+\left(p_p+p_s-cq_p^2-cq_u^2\right)\left(1-\theta_3\right), & 0\leqslant \theta_1\leqslant \theta_2\leqslant \theta_3\leqslant 1\end{cases} \tag{10.8}$$

在图 10.1（b）中，此时的垄断市场是单售市场。公司的利润为

$$\pi=\begin{cases}0, & 0\leqslant 1\leqslant \theta_3\leqslant \theta_2\leqslant \theta_1\text{或}0\leqslant \theta_3\leqslant 1\leqslant \theta_2\leqslant \theta_1\\ \left(p_p+p_s-cq_p^2-cq_u^2\right)\left(1-\theta_2\right), & 0\leqslant \theta_3\leqslant \theta_2\leqslant 1\leqslant \theta_1\text{或}0\leqslant \theta_3\leqslant \theta_2\leqslant \theta_1\leqslant 1\end{cases} \tag{10.9}$$

产品和服务的质量范围和最优价格如表 10.4 所示。通过与场景 PU 和 P+FH 进行比较，分析场景 PFL 和 P+U 中三种市场的不同之处。

表 10.4　PFL 和 P+U 下的最优价格和质量范围

市场类型	最优价格	产品质量和服务质量易变性
纯捆绑市场	$P_b^*=q_p\left(cq_p+1\right)/2$	如果 $0<q_p\leqslant 1/c$，β 不存在
混合捆绑市场	$P_p^*=\left[\left(c-\beta+q_p+2\beta c+\beta^2 c+cq_p^2+1\right)\gamma-cq_p^2-q_p\right]\big/\left(2\gamma-2\right)$ $P_s^*=\left(\beta-1\right)\left(c-\beta c+1\right)/2\left(\lambda-1\right)$	如果 $0<q_p\leqslant 1-\beta$，$0<\beta<1$
单售市场	$P_p^*+P_s^*=c/2-\beta/2+q_p/2-\beta c+c\beta^2/2+cq_p^2/2+1/2$	当 $0<c\leqslant 1/2$ 时， 如果 $0<q_p\leqslant 1/c$，$0<\beta<1$ 如果 $1/c<q_p<\left(1+\sqrt{-4c^2+4c+1}\right)\big/2c$， $0<\beta\leqslant 1-1/2c+\sqrt{-4c^2q_p^2+4cq_p+1}\big/2c$

续表

市场类型	最优价格	产品质量和服务质量易变性
单售市场		当 $1/2<c<1$ 时， 如果 $0<q_p\leqslant 1/c$ ， $0<\beta<1$ 如果 $1/c<q_p<\left(1+\sqrt{-4c^2+4c+1}\right)/2c$ ， $0<\beta\leqslant 1-1/2c+\sqrt{-4c^2q_p^2+4cq_p+1}/2c$ 如果 $\left(1+\sqrt{-4c^2+4c+1}\right)/2c<q_p\leqslant\left(1+\sqrt{2}\right)/2c$ ， $1-1/2c-\sqrt{-4c^2q_p^2+4cq_p+1}/2c\leqslant\beta$ $\leqslant 1-1/2c+\sqrt{-4c^2q_p^2+4cq_p+1}/2c$

（1）在纯捆绑市场中，产品质量的连续区间与场景 PU 和 P+FH 的单售市场中产品质量的连续区间相似，因为此时单售完全地退出市场，P+U 中的服务质量易变性也不存在。场景 PFL 和 P+U 与场景 PU 和 P+FH 的不同之处在于，产品质量的连续区间会变窄，因为 $\lim\limits_{c\to 0^+}1/c<\lim\limits_{c\to 0^+}\left(1+\sqrt{-4c^2+4c+1}\right)/2c$ 和 $\lim\limits_{c\to 1^-}1/c<\lim\limits_{c\to 1^-}\left(1+\sqrt{-4c^2+4c+1}\right)/2c$ 。

（2）在混合捆绑市场中，不同于 $\underline{\beta}$ 能够反映场景 PU 和 P+FH 中的质量差异化，在场景 PFL 和 P+U 中 $\overline{\beta}$ 反映了质量差异化的情况。因为 PFL 的服务质量固定在低水平，顾客需要比较 P+U 中的最差服务质量和 PFL 中固定的低水平服务质量。

（3）在单售市场中，产品和服务的质量范围与场景 PU 和 P+FH 的纯捆绑市场基本相同。不同之处在于，P+U 对于异质型顾客的影响会弱于 PU，因为缺少了捆绑折扣的影响。

在定理 10.8 中，比较了公司在三种市场下的利润情况。

定理 10.8　在场景 PU 和 P+FH 与场景 PFL 和 P+U 中，混合捆绑市场比纯捆绑市场和单售市场会获得更多的利润。

混合捆绑能够激发异质型顾客通过价格歧视进行自我选择。顾客会被划分成两类，一类重视打折的捆绑销售，另一类选择单售。服务质量易变性的引进，将顾客按照自身偏好重新进行划分。弱偏好顾客被刺激去购买易变水平的服务，而强偏好顾客会选择固定水平的服务。这两种分离效应会共同协作来帮助公司降低顾客的异质性。相反，纯捆绑对引诱异质型顾客去购买产品和服务捆绑会具有一种聚集效应，否则顾客也就无法购买任何商品。这可能会抵消固定水平服务和易变水平服务对于顾客偏好的分离效应，因此顾客会选择购买含有价格折扣的捆绑中的低质量或者较低质量的服务。虽然纯捆绑中的服务质量易变性的影响会弱于混合捆绑，但是仍可能会强于单售，因为单售中不存在价格折扣的影响。关于纯捆绑和单售的比较在图 10.11 显示，其中的参数 $c = 0.1, 0.2, \cdots, 0.95$ 。

图 10.11 表明纯捆绑和单售的获利情况取决于成本对于服务质量的敏感性。如果成本对于质量不敏感，服务的高成本劣势不明显，单售凭借较高的服务质量会更为有利。相反，随着成本敏感性增加，纯捆绑变得更为有利。除此之外，纯捆绑在 PFL 中占优的范围远远小于 PU。这是因为 PU 中易变水平的服务是与固定的高水平服务进行竞争，公司通过给出一个捆绑折扣来抵消易变水平的服务的不足之处。然而，PFL 中的捆绑折扣只针对固定低水平的服务，缺乏服务质量易变性的影响。因此，在场景 PU 和 P+FH 中，纯捆绑会更有优势。

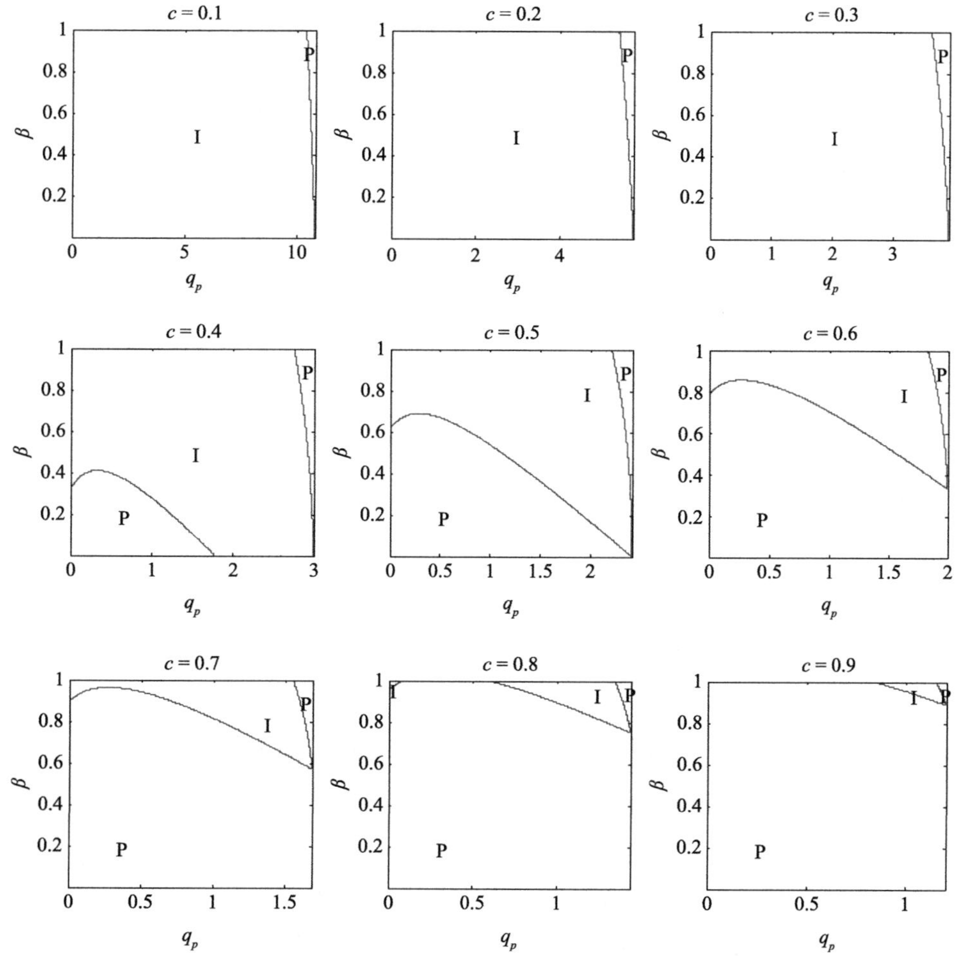

（a）PU 和 P+FH

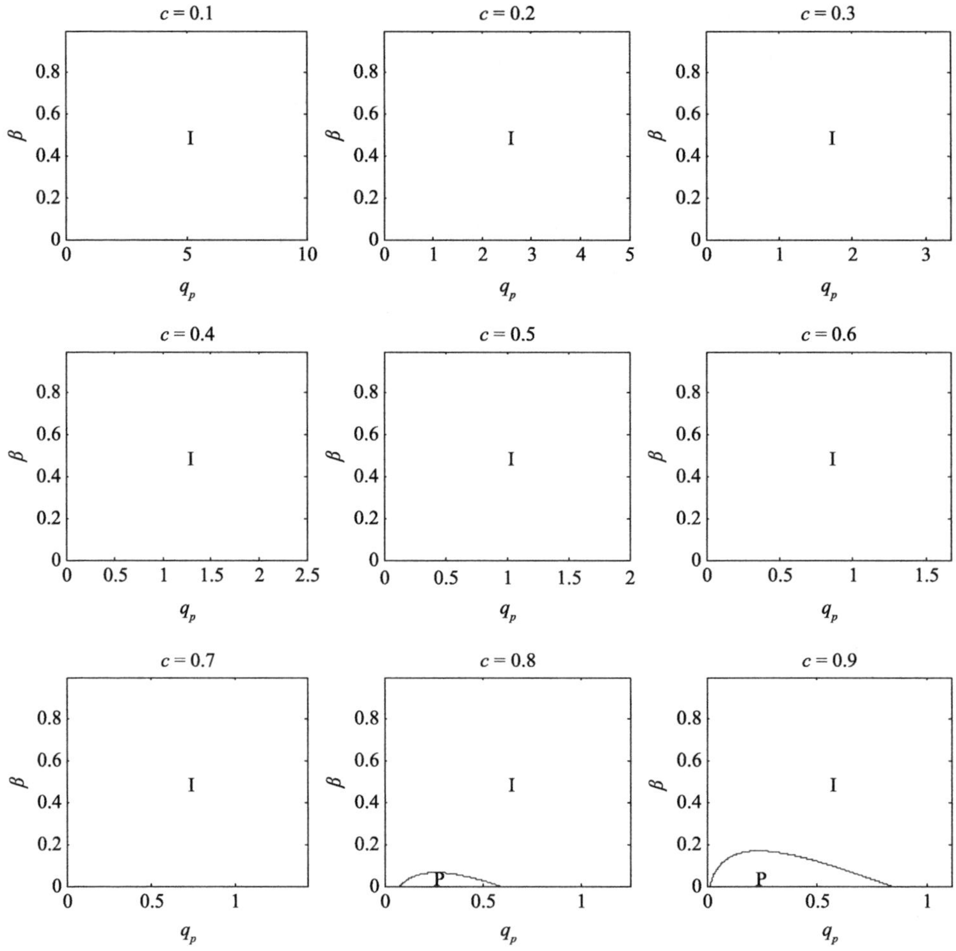

（b）PFL 和 PU

图 10.11　当 c 变化时，纯捆绑（P）和单售（I）的利润比较

10.5　捆绑定价的数值实验及分析

在数值实验中，本节以国内电商平台京东商城为例来验证模型的有效性。首先，利用仿真数据进行实验，求解最优价格，配送服务时间和最优利润。其次，利用京东商城上不同电商的现实价格数据，求解配送服务时间和最优利润。最后，对仿真数据的结果和现实数据的结果进行比较，给出了管理性启示。

在京东商城中，购买 iPhone 的顾客会选择自营电商或者是第三方电商。在 2017 年 12 月，我们采集线上平台中三个销售 iPhone 的电商的现实价格数据进行数值实验。在京东商城中，一旦顾客对某款 iPhone 进行下单，电商会提供自营的配送服务（即高水平的服务能够保证在当天送到）或第三方的配送服务（易变水平的服务保证在一个大致时间内送到）。顾客从第三方电商处购买的 iPhone 会捆绑第三方的配送服务，同时相比于自营电商会得到一个价格折扣。

顾客总数量为 1000 人。本节主要研究了两种电商市场环境，即当线上平台的成本敏感性高时（$c=0.8$）和当线上平台的成本敏感性低时（$c=0.4$）。三种 iPhone（iPhone 6、iPhone 7 和 iPhone 8）分别代表苹果公司产品线中的低端产品、中端产品和高端产品，三种产品质量分别是 $q_p=1,1.35,1.5$。为了描述服务质量易变性，假设如果配送服务时间是当天到达，$q_f^H=1$ 或 $\beta=0$。如果配送服务时间是很晚到达（配送服务的最晚时间是第 10 天），$q_f^L=0$ 或 $\beta=1$。为了简便起见，选取 $\beta=0.05,0.1,\cdots,1$，通过数值实验对最优利润进行分析。

10.5.1　仿真数据的实验及分析

在仿真数据的实验中，假设 $\gamma=0.5$，在不同的配送服务时间下求解最优价格和最优利润，结果如表 10.5～表 10.7 所示。

表 10.5　仿真数据实验中的最优价格和最优利润（纯捆绑市场）

c	区间	产品	配送服务时间	捆绑价格（标准化）	利润（标准化）
2/5	$0<q_p\leqslant 2.5$	iPhone 6	0.5～10 天 $0<\beta<1$	[0.700，1.356]	Max=182.152 Min=90
		iPhone 7		[1.040，1.695]	Max=159.201 Min=71.415
		iPhone 8		[1.200，1.856]	Max=144.257 Min=60
4/5	$0<q_p\leqslant 1.25$	iPhone 6	0.5～10 天 $0<\beta<1$	[0.900，1.736]	Max=41.667 Min=10
	$1.25<q_p\leqslant 1.425$	iPhone 7	9 天之内 $0<\beta\leqslant 0.9$	[1.458，2.240]	Max=5.335 Min=0.044
	$1.425<q_p\leqslant 1.509$	iPhone 8	2.5～5 天 $0.25\leqslant\beta\leqslant 0.5$	[2.000，2.250]	Max=0.017 Min=0

表 10.6　仿真数据实验中的最优价格和最优利润（混合捆绑市场）

c	区间	产品	配送服务时间	产品单售价格（标准化）	服务单售价格（标准化）	单售总价格（标准化）	捆绑价格（标准化）	利润（标准化）
2/5	$0<q_p\leqslant 1$	iPhone 6	0.5～10 天 $0<\beta<1$	[0，1.311]	[0.089，1.400]	1.400	[0.700，1.356]	Max=187.200 Min=180
	$1<q_p<2.414$	iPhone 7	8 天之内 $0<\beta\leqslant 0.8$	[0.556，1.651]	[0.089，1.184]	1.740	[1.148，1.695]	Max=162.025 Min=158.600
		iPhone 8	7 天之内 $0<\beta\leqslant 0.7$	[0.836，1.811]	[0.089，1.064]	1.900	[1.368，1.856]	Max=146.250 Min=144
4/5	$0<q_p\leqslant 1$	iPhone 6	7.5 天之后 $0.75\leqslant\beta<1$	[0，0.300]	[1.500，1.800]	1.800	[0.900，1.050]	Max=32 Min=20
	$1<q_p\leqslant 1.425$	iPhone 7	7.5～8 天 $0.75\leqslant\beta\leqslant 0.8$	[0.736，0.804]	[1.500，1.568]	2.304	[1.520，1.554]	Max=1.323 Min=0.901

表 10.7　仿真数据实验中的最优价格和最优利润（单售市场）

c	区间	产品	配送服务时间	单售总价格（标准化）	利润（标准化）
2/5	$0<q_p\leqslant 3$	iPhone 6	当天	1.400	180.000
		iPhone 7		1.740	158.600
		iPhone 8		1.900	144.000
4/5	$0<q_p\leqslant 1.425$	iPhone 6	当天	1.800	20.000
		iPhone 7		2.304	0.900

表 10.5～表 10.7 说明在三种市场中，最优价格受到配送服务时间的影响。捆绑价格随着 β 降低，因为随着易变性升高，易变水平的服务质量降低，捆绑中的成本降低。然而，单售总价格与 β 无关，因为单售中的服务始终固定在高水平。在混合捆绑市场中，服务单售价格随着 β 增加。这说明如果易变水平的服务质量降低，电商能够从捆绑销售中获得更多的边际利润，因为捆绑价格增加的同时成本反而会降低。单售中固定水平的服务质量不变，所以单售服务增加的边际来自服务单售价格。另外，产品单售价格随着 β 降低，会导致捆绑中的产品边际与单售中的产品边际等量地下降。

10.5.2　现实数据的实验及分析

在现实数据的实验中，首先从京东商城上采集三个电商的价格数据，然后对价格进行归一化处理，求解三种市场下配送服务时间和最优利润，如表 10.8～表 10.9 所示。

表 10.8　现实数据实验中的最优利润（自营电商）

店铺名称	产品	单售总价格/元	配送服务时间
京东 Apple 产品专营店	iPhone 6	2399	当天到，$\beta=0$
	iPhone 7	4299	
	iPhone 8	5888	

表 10.9　现实数据实验中的最优利润（第三方电商）

店铺名称	产品	捆绑价格（标准化）	配送服务时间	利润（标准化）
佳沪手机旗舰店	iPhone 6	2238	当 $c=0.4$ 时，纯捆绑市场 0.5 天之内，$0<\beta\leqslant 0.05$	179.992
			当 $c=0.4$ 时，混合捆绑市场 0.5～1 天，$0.05<\beta\leqslant 0.1$	183.037
			当 $c=0.4$ 时，单售市场 1 天之后，$0.1<\beta\leqslant 1$	180.0
			当 $c=0.8$ 时，纯捆绑市场 1 天之内，$0<\beta\leqslant 0.1$	Max=26.870 Min=21.831
			当 $c=0.8$ 时，单售市场 1 天之后，$0.1<\beta<1$	20.0
	iPhone 7	4258	当 $c=0.4$ 时，单售市场 0.5～10 天，$0<\beta<1$	158.600
			当 $c=0.8$ 时，单售市场 0.5～10 天，$0<\beta<1$	0.900
	iPhone 8	5298	当 $c=0.4$ 时，纯捆绑市场 1.5 天之内，$0<\beta\leqslant 0.15$	Max=141.870 Min=135.570
			当 $c=0.4$ 时，混合捆绑市场 1.5～2.5 天，$0.15<\beta\leqslant 0.25$	Max=144.337 Min=144.077
			当 $c=0.4$ 时，单售市场 2.5 天之后，$0.25<\beta<1$	144.0

续表

店铺名称	产品	捆绑价格（标准化）	配送服务时间	利润（标准化）
聚捷联盛手机旗舰店	iPhone 6	2248	当 $c=0.4$ 时，单售市场 2～4 天，$0.2\leqslant\beta\leqslant0.4$	180.0
			当 $c=0.8$ 时，单售市场 2～4 天，$0.2\leqslant\beta\leqslant0.4$	20.0
	iPhone 7	4288	当 $c=0.4$ 时，单售市场 2～4 天，$0.2\leqslant\beta\leqslant0.4$	158.600
			当 $c=0.8$ 时，单售市场 2～4 天，$0.2\leqslant\beta\leqslant0.4$	0.900
	iPhone 8	5388	当 $c=0.4$ 时，混合捆绑市场 第 2 天到，$\beta=0.2$	145.556
			当 $c=0.4$ 时，单售市场 2～4 天，$0.2<\beta\leqslant0.4$	144.0

在表 10.8～表 10.9 中，最优利润依赖于易变水平的服务质量和成本敏感性。以 iPhone 6 为例，京东通过其自营电商销售 iPhone 6 和提供“当日达”配送服务，总价格是 2399 元。另外，第三方电商佳沪手机旗舰店将 iPhone 6 与第三方的配送服务进行捆绑销售，能够保证一个大致的配送时间，给出的捆绑价格是 2238 元。当成本对于质量不敏感时，如果第三方电商保证最差服务质量而且配送服务质量相对较高，顾客只从第三方电商处购买，含有折扣的易变水平的服务会比全价的固定水平的服务更具有吸引力。如果第三方电商保证最优服务质量而且配送服务质量相对较低，顾客只从自营电商处购买固定高水平的服务。另一个第三方电商聚捷联盛手机旗舰店将配送服务时间设置在一个范围之内，但是顾客只从自营电商处购买。当成本对质量更敏感的时候，利润会大幅度下降，因为产品和配送服务的总成本变高。

通过比较表 10.5～表 10.7 和表 10.8～表 10.9，发现京东商城上电商的最高利润不高于表 10.5～表 10.7 中的最高利润。例如，当 $c=0.4$ 时，佳沪手机旗舰店给 iPhone 8 绑定了 1.5 天之内送达的配送服务，纯捆绑市场的利润为[135.570,141.870]。在仿真数据实验中，如果电商将配送服务设定在 0.5～10 天，纯捆绑市场的利润可达到[60,144.257]。这是因为在给出的易变水平的配送服务时间下，京东商城中各个电商的出价显然并不是最优的。管理性启示说明，根据顾客偏好的敏感性，电商可以利用服务质量易变性来分离异质型顾客。具有弱偏好的顾客被引诱去购买包含易变水平的服务的捆绑，因为捆绑折扣能够使顾客对于易变水平的服务仍然保持较高的吸引力。或者说，即使固定水平的服务质量很高，其价格对于顾客来说也是十分昂贵的。同时，京东商城上电商的最低利润不高于表 10.5～表 10.7 的最低利润，这意味着即使对于想要利用服务质量易变性的电商而言，服务质量易变性仍可能对利润产生负面影响。服务质量易变性是通过固定水平的服务与易变水平的服务的品质差异化来灵活调整服务成本和服务估值。电商设置一个较窄范围的服务质量比设置较宽范围的服务质量会面临着较少风险，因为利润并不随着服务质量易变性而单调变化。

10.5.3　管理性启示

引入服务质量易变性对于同时销售产品和服务的电商公司具有现实意义。虽然服务质量易变性在电商环境下是难以避免的，选择合适的捆绑策略能够帮助电商公司利用服务质量易变性的优势来解决顾客异质性的问题。结合现实事例对理论模型和数值实验进一步解释，为电子商务市场中运用捆绑策略的管理者和从业者提供了指导性建议。

第一种选择是混合捆绑，公司同时销售产品和服务的捆绑和单件。对于中端质量产品捆绑易变水平的服务，当成本敏感性高时，公司应当保证易变水平的服务的范围。例如，苹果公司通过京东官方商店销售 iPhone 7 和当天到达的配送服务。然而，对于第三方的电商，顾客购买 iPhone 7 将绑定一个保证大致期限的配送服务（如 2～4 天到达）。混合捆绑始终是有利的，因为它能够通过价格歧视分离异质型顾客。偏好不敏感的顾客被引诱去购买绑定着保证配送时间范围的易变水平的服务。这种配送时间的高灵活性能够避免像“准时达”服务那样产生较高的物流成本，降低短期内供需不平衡的风险。只要能够确保顾客在承诺的配送服务时间内收到手机，公司可以根据实际库存调整配送时间。对于低质量产品捆绑着易变水平的服务，当成本敏感性高时，公司应当保证易变水平的服务质量的上界。确保最优服务质量有助于公司利用潜在的最大估值来吸引顾客。例如，对于在预售阶段购买红米手机的顾客，小米公司在 30 天之后才会开始对这种低端手机发货。延迟配送时间缓解了上游供应商对于原材料的压力，为下游的零售商和顾客预留了足够的库存。通过承诺最早的配送时间同时提升了低端手机在顾客心中的形象，这些不关注配送时间的顾客更愿意购买预售的手机。对于捆绑着易变水平服务的中端质量产品，当成本敏感性低时，公司应当保证易变水平的服务质量的下界。确保最差服务质量有助于公司通过潜在的最低成本来灵活地控制边际利润。即使公司提前配送服务时间，服务成本的增加量对于公司的影响也比较小，因为成本敏感性是较低的。虽然固定的高水平配送服务对顾客有较高的吸引力，但是其昂贵的成本导致这种配送服务是难以实施的，公司可以诱使顾客去购买相对高水平的服务而不是高水平服务，因为通过设定一个较低的价格，公司仍可从灵活的配送时间中获利。

第二种选择是纯捆绑。产品和服务质量易变性之间的相互关系与混合捆绑市场相似。然而对于捆绑着易变水平服务的中端质量产品，当成本敏感性高时，公司应当保证易变水平的服务质量的下界。例如，Verizon 公司将电视盒子与节目包进行绑定，该节目包中包含不少于 330 个节目，并且该电视盒子不允许第三方的节目进行接入。纯捆绑对于喜欢 Verizon 在线节目但是不一定喜欢电视盒子的顾客具有很强的聚集效应。然而，服务质量易变性对于市场细分的影响会被抵消，因为顾客不能根据偏好的敏感性进行自我选择。纯捆绑中“不买就离开”的规则消除了顾客对于高质量服务和较高质量服务的权衡。即使服务成本会随着成本敏感性而增加，纯捆绑能够通过捆绑折扣有效地榨取顾客的盈余。

10.6 本章小结

本章考虑当产品和服务进行捆绑或者单售时，存在三种易变水平的服务质量。在服务质量易变性的情况下，外部不确定性对于所有的顾客是相同的，而且是难以避免的。考虑质量恒定的产品和质量差异化的服务，将捆绑折扣引入到三种市场之中，建立了不同情形下的定价问题数学模型，分析了电商环境下成本敏感性，产品品质和服务质量易变性的影响，得到了一系列相关管理启示。

第11章　卷烟[①]产品的叶组配方智能辅助设计

11.1　卷烟叶组配方问题简介

我国作为全球重要的卷烟生产与消费国，其卷烟生产和消费总量一直维持在全球前列。随着我国国民生活水平的提高，市场对卷烟产品的需求持续增加。但是，国外卷烟产品的流入，造成国内卷烟市场竞争日益激烈。为了应对这种趋势并降低生产成本，烟草企业需要不断提高自身的核心技术，推进产品的研发水平，提升产品的市场竞争力，加大对烟叶基础设施投入和建设力度，积极树立国内外各中高档次香烟品牌，争取在全球领域处于前列。

在卷烟新产品开发的过程中，卷烟叶组配方的设计与维护是其中的核心环节。卷烟叶组配方是指基于各单料烟的基本化学成分、物理属性特征及吸味特点，按照产品设计需求以最佳的投放比例组合成具有一定吸味特征和产品特色的卷烟配方技术（王晓辉等，2013）。卷烟配方设计是卷烟产品开发的关键，而卷烟产品的感官质量是卷烟配方设计的基础和核心。配方中按照单料烟的产地、年份、等级、品种、部位、档次进行划分，相近的配方组合会产生相似的感官口味，进一步会引导顾客的感官评吸趋向。因此，综合使用系统工程方法与数据挖掘技术对配方构建工作进行指导起着至关重要的作用（王强等，2007）。

在烟草制品和新产品开发过程中，配方人员按照产品的设计要求，首先对可能用到的单料烟进行单独评吸，其次按照多年的产品设计经验及单料烟配伍性知识，将多种单料烟进行组合。最后再对单料烟组合进行人为评吸，通过不同人员对感官评吸指标进行打分，调节各单料烟的投放比例。在配方维护过程中，由于受到单料烟价格及库存的影响，会在一段时间内更改配方的单料烟构成。这势必会造成成品烟感官指标的波动，影响香烟口感。目前为止，单料烟的替代工作都

① 吸烟有害人体健康，应远离烟草。

是评吸人员依靠专家知识来主观替换。可见，传统的配方设计及维护基本靠人工评吸和专家知识来进行，效率低下且耗力耗时，无法满足快速生产的要求。

基于和某烟草企业的项目合作，本章研究了具有实用性的卷烟配方设计及维护方法，将专家抽象的配方知识通过历史数据提取出来，辅助卷烟配方的设计维护（赵亮，2016；Zhang et al.，2017a；Zhang et al.，2017b；雒兴刚等，2018），对于我国烟草行业日后的进一步发展具有一定的意义。

11.2　卷烟产品的相关概念

卷烟产品是一种特殊的嗜好品。对于长期嗜烟的烟民来说，同一品牌香烟的口感需要维持在一定范围内，不能出现较大的波动。因此，烟叶质量是卷烟产品开发的重要环节，卷烟配方的稳定与维护更是关系到卷烟企业的生存与发展。

11.2.1　烟叶分类与分级

在植物学中，烟草属于茄科的烟草属。我国卷烟按照原料主要划分为 4 种（谢焰等，2008）：烤烟型、混合型、香料型、晒烟型。烤烟型香烟以烤烟为原料，主要流行于中国、英国、印度、加拿大等国；混合型香烟，以烤、晒、晾烟为原料，现风靡于世界；香料型香烟以香料烟为原料，多流行于东方国家；晒烟型香烟以深色晒烟为原料，流行于非洲。

作为卷烟最主要的组成部分，烟草的优劣直接影响卷烟的质量，这些都主要体现在烟草的理化特性上。故国家引入了烟叶分级标准。所谓分级即是将同一组内的烟叶按照质量的优劣进行划分。

依照烤烟叶片在烟株上生长的位置划分为：脚叶、下二棚、腰叶、上二棚、顶叶，其中脚叶和下二棚可组合为下部烟叶，顶叶和上二棚可组合为上部烟叶。依照烟叶颜色不同划分为：柠檬黄、橘黄、深橘黄、红棕、烤红、杂色、微青、黄青；依烤烟叶片的厚度不同分为：薄叶、厚叶；依烤烟叶片成熟度分为：未熟、欠熟、尚熟、成熟、完熟、过熟。

烟叶的分级是根据烟叶的成熟度、叶片结构、身份、油分、色度、长度、残伤等七个外观品质因素区分级别（雒兴刚等，2018）。烟叶分级的目的是合理区分烟叶，使得每个等级烟叶具有最大的相似性，有利于科学利用烟叶，满足企业生产需要。

11.2.2　卷烟配方的概念和名词

1. 单料烟

单料烟是指将单等级烟叶在适当的条件下（切丝宽度、水分、盘纸及滤材）按照现行工艺过程加工而成的卷烟。

2. 成品烟

成品烟是指卷烟烟丝由多种单料烟按照一定比例混合构成的烟支。

3. 烟叶特征属性

烟叶特征属性是指烟叶生长采摘本身具有可识别性的属性，包括颜色、部位、档次、等级、产地、年份、品种等。

4. 叶组配方

叶组配方是指基于各单料烟的主要化学成分、物理特性和吸味特点等品质因素，按最佳比例巧妙地组合成具有一定吸味特征和品质要求的卷烟产品的工艺技术。

5. 烟叶的亲和性

烟叶的亲和性是指某些烟叶与其他烟叶在卷烟配方中的融合能力。

6. 烟叶的平衡性

烟叶的平衡性是指某些烟叶在投放到配方中后，平衡配方内不同单料烟的品质特征、吸味特点、化学成分的能力。

7. 烟叶的凸显性

烟叶的凸显性是指在卷烟配方设计完成后，配方中的某些单料烟使配方品质特征凸显出来，凸显品牌特色的能力。

8. 烟叶的遮盖性

烟叶的遮盖性是指卷烟配方中，某些单料烟组合对配方整体可能存在的品质缺陷具有一定的掩盖能力。

9. 烟叶的配伍性

烟叶的配伍性是指配方中单料烟之间相互配合、相互衬托、相辅相成使得配方整体感官评吸指标达到最佳。

10. 感官评吸指标

感官评吸指标是指抽吸卷烟过程中，烟气由口腔喉头进入肺部，最后由鼻腔呼出这一过程对人体感官的刺激过程，包括香气质、香气量、杂气、刺激性、余味、劲头、纯净度等指标。

11.2.3 卷烟配方的设计原则

单料烟烟叶是卷烟产品的重要原料，根据每一种烟叶的吸味特征可以构成不同感官特点的成品烟。但是烟叶品种存在区别且生长环境多样，造成烟叶内在化学成分的含量不一且协调性不同，最终导致烟叶吸味特征参差不齐。卷烟配方的首要任务就是合理配伍现存单料烟，使之产生理想的感官评吸指标。但是，卷烟生产的实际状况是不可能将库存有限的单料烟直接放入到配方当中，因此需要配方人员在设计配方前将大多烟叶进行混配，形成若干个初始配方单元。

通常每一个配方单元包含 3～5 个等级烟叶，每一个卷烟产品由 10 个左右配方单元构成，根据产品的设计要求和各配方单元的吸味特征、理化特性进行一定比例的搭配。

卷烟配方的基本设计原则如下。

（1）相同产地、相同品种、相同部位、不同等级烟叶搭配形成配方单元。

（2）相同产地、不同品种、相同部位、适配性较高的烟叶可以进行混配形成配方单元。

（3）当配方单元中用到进口烟叶时，以国家为单元进行混配形成配方单元。

（4）不同类型的单料烟之间不能构成配方单元。

（5）在配方单元中，每一等级烟叶的用量最多不应超过总用量的 50%，原则上处于 30%以内最佳。

（6）为了充分利用库存及减少年份之间口感质量差异，可以对陈叶和新叶进行混配，混配比例一般保持在陈叶：新叶=6：4。

（7）每一个配方单元中的单等级烟叶不能少于两个。

（8）配方单元的化学成分，如总糖、总氮、总烟碱及感官评吸指标如刺激性、劲头、香味，需要满足产品设计要求。

（9）所有混配的配方单元需要在一段时间内用完，禁止在生产过程中替换单料烟类别。

（10）具有特殊功能的配方单元可以不受上述原则限制。

配方单元的出现在一定程度上缓解了因年份和批次不同带来的单料烟烟叶差异，可以充分利用库存的每一种烟叶。在满足配方单元香味特征的前提下应尽可能增加配方单元中烟叶等级数量，提高配方单元的适用性与可拓展性。

在进行烟叶的混配过程中，要注意烟叶之间的配合。第一，不同类型烟叶之间的搭配。不同类型烟叶具有不同的香味特点，要合理搭配烟叶，得到香气适宜，均匀谐调的混合香气。第二，要合理搭配各个地区的烟叶。各地区气候条件不一、水土不同造成烟叶内部化学成分含量不同，烟叶品质特征存在较大区别。将不同品质特征与香气类型的烟叶合理搭配可以得到更为满意的配方组合。例如，清香型烟叶可以使产品香味飘逸，中间香型可以使香味持久，浓香型可以增加掩盖能力，弥补配方单元中香气不足、杂气过重的缺陷。第三，要合理搭配不同部位烟叶。着生部位不同会造成化学成分含量和烟叶品质存在差异，不同部位烟叶所含焦油、烟碱含量也不同，为了弥补不同部位品质和口味缺陷，以及充分利用库存，多部位烟叶混配已成为中式香烟发展趋势。第四，不同等级烟叶混配。不同等级烟叶的价格与品质存在差异，多等级烟叶混配有利于降低成本，弥补烟叶差距。第五，不同类型，不同产地，不同等级烟叶的化学成分含量存在巨大差异，即使是同产地同类型同等级烟叶也会存在差异，化学成分的种类很多，不可能一一测量得到，所以企业一般只考虑几种对产品特性影响较大的化学成分，如总糖、还原糖、总氮、总烟碱、氯、钾、蛋白质、施木克值。对卷烟配方最重要的是满足糖与烟碱、烟碱与总氮、钾与氯、焦油与烟碱的平衡。

在配方单元的设计过程中，需要依次考虑烟叶配伍性、品种、产地、部位，使配方单元呈现最优的品性特点。不同单料烟可以进行多样组合，不同组合得到的效果也不尽相同，组合主要依据烟叶来源和品种特性确定。两种单料烟组合可能得到更好的感官效果，也可能变差。所以对烟叶的配伍性进行检验也是必不可少的。

在获取各单料烟吸味信息后，为了呈现更好的整体效果，需要对各组分烟叶进行相互试验，试验遵从一定规则，如图 11.1，称为 β 法则。

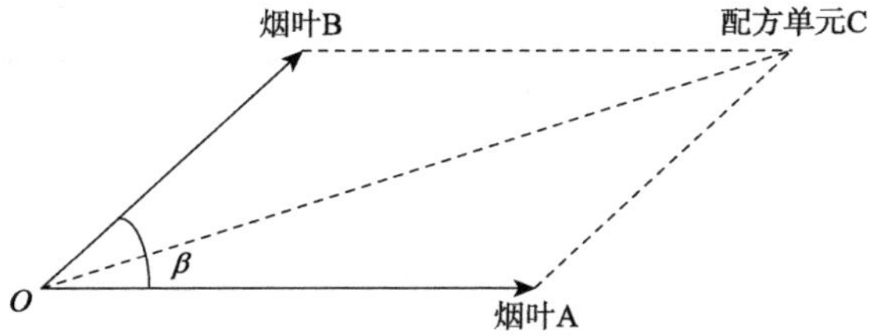

图 11.1　β 法则示意图

其中，假定 OA 为配方单元中单料烟 A 的香气属性（杂气），OB 为配方单元中单料烟 B 的香气属性（杂气），β 为烟叶 A 与烟叶 B 在特征属性香气（杂气）上的背离程度。

如果想要得到最为浓重的香气属性，则应该要求相配合的单料烟香气属性间的差异度 β 越小越好，同样的道理，若希望两者配合后的杂气属性变小，则应使得两者间的 β 值变大。

决定烟叶配伍性的两个主要因素是烟叶品种和烟叶产地。一般来说，同一品种烟叶在不同地区种植所表现出来的特征基本一致。因此，需要以品种作为首要因素。其次，烟叶种植的产地受到气候、土壤等自然环境的影响，其内在的化学成分会受到一定影响。因此，烟叶配方的设计需要大量的专家经验。

11.2.4　卷烟产品的配方结构

卷烟配方是确定卷烟产品质量与风格的重要环节，在确定配方前，需要考虑到单料烟的库存、波动、损耗量、成品烟感官指标的稳定等因素，这些因素直接关系到消费者对于卷烟产品的喜好。

根据某企业的实际情况，卷烟配方中原料组可以划分为以下七部分。

（1）主料烟：一般来说，主料烟品质最好，具有明显的优势特征、突出的香气品质，是决定产品风格的主要成分。

（2）辅料烟：具有相对较突出的香味特征，但是与主料烟存在质的区分，用来辅助决定产品的风格和香气特点。

（3）填料烟：烟叶品质比较中性，香味特征不突出，且烟叶品质没有较大缺陷。填料烟的主要作用是使烟支饱满，降低生产成本。

（4）调味烟：调味烟的主要作用是调节配方香味强度、烟味浓度及吸入后人体感官强度。一般来说，调味烟的投放比例较小。

（5）膨胀烟丝：膨胀烟丝一般使用中下等烟叶，烟叶经过膨胀处理后，叶片面积增加，可以有效减少成本，降低焦油含量。

（6）膨胀梗丝：膨胀梗丝的内在化学成分与叶片相差较大，在膨化处理前杂气较重，膨化处理后，杂气有所缓解。膨胀烟丝和膨胀梗丝一般属于卷烟配方的外加成分，膨胀梗丝的作用主要是提升烟支的填充性，增加膨胀率，降低成本，减少焦油含量。

（7）烟草薄片：具有密度小、机械性能好、焦油释放率低、可塑造性高的优良特点，逐步成为卷烟生产的热点。烟草薄片使得企业可以按照要求生产不同类型的薄片，进行有针对性的加料加香，而且在加料加香过程中，料液分布更均匀，烟叶质量更有保证。

11.2.5 卷烟配方的维护经验

卷烟企业由于受到单料烟烟叶价格及库存的影响，配方中的单料烟会进行一定的替换，替换的过程中既要考虑到烟支感官指标的稳定，又要考虑到经济效益问题。卷烟配方维护一般建立在卷烟配方人员多年的评吸经验基础上，形成单料烟替换的简单规则，替换后再进行成品烟评吸，进行微调，直至与原配方成品烟感官指标相近。

卷烟配方人工替换经验主要包括以下几点。

（1）默认不同年限、相同产地、相同部位、相同等级烟叶香气品质近似相等，可以作为替换。

（2）某种烟叶存储量不足，优先使用不同地区、相同品种、相同等级的烟叶。最好是相近地区。如果缺少相同品种烟叶，则尝试使用同一产地、同一等级、不同品种烟叶。如果等级不满足，则使用同一产地、同一品种、等级高一些的烟叶。

（3）多存多用原则。依据储丝柜的存储量，适当调节烟叶的投放量。存量多则侧重多使用一些。

（4）如果库存总是不足的话，同种烟叶的相近几个等级视为接近，可以尝试进行替换。

（5）国外进口烟叶，最多可以考虑批次不一致的烟叶，其他不可变动。

（6）替换单料烟的比例不能过高，应维持在一定范围内，以保证成品烟感官品质不发生较大变化。

（7）烟叶替换以感官指标没有太大波动为主，尽量保持一致。前期不需要考虑烟气指标问题。烟气指标可以后期通过辅材进行调节。

11.3 数据的预处理和统计分析

本节首先对从企业所得数据存在缺失值的问题进行处理，针对不同的缺失情况选择相应的最近邻填充（k nearest neighbor imputation，KNNI）或 SVM 方法。然后采用 SPSS 和 Minitab 数据分析软件对配方数据进行分析，挖掘配方中化学成分及特征属性间存在的相互关系，对配方数据产生初步的了解，进而对后续配方规则提取和维护提供思路。

11.3.1 数据预处理

已知某企业的烟草配方数据包含从2010～2012年共35个品牌，1773个配方，涉及单料烟共3485种。单料烟数据中包含年份、产地、品种、档次、颜色、部位，化学成分指标（总糖、总烟碱、还原糖、总氮、钾、氯，蛋白质、施木克值），烟气指标（焦油、CO、烟气烟碱），感官评吸指标（香韵、香气量、香气质、浓度、刺激性、劲头、杂气、纯净度、回味、余味）信息，但是由于实际生产或是人为因素造成信息数据缺失，为避免对后期数据分析处理产生影响，首先需要对原始数据进行预处理，补充缺失值。

其次，针对任意一个牌号，每一个配方大致由20～30种单料烟按照一定投放比例进行搭配。为了维护品牌的感官口味恒定及烟气指数的达标，卷烟配方人员需要在一定范围内保持配方或是化学成分的稳定。同时，配方中各种元素之间具有一定的相关性，特别是总糖与烟碱，烟碱与总氮，钾与氯之间的相关性。另外，配方化学成分含量与特征属性（档次、颜色、部位）比例相关，可通过建立配方化学成分的多元回归模型进行定量分析。

最后，根据配方数据分析配方化学成分的理论分布，以及检验不同时间段同一牌号配方数据是否分布一致。

11.3.2 数据统计分析

观察已得到的配方数据，通过VBA（Visual Basic for application）语言将多表整合为三个表，分别为配方投放时间及投放量表、配方基本信息表，单料烟具体信息表。数据缺失主要存在于单料烟具体信息表中，单料烟信息数据共3485条，缺失数据情况主要为：单料烟化学成分数据缺失、单料烟烟气指标缺失、感官评吸指标缺失、单料烟特征属性数据（颜色、部位、档次）缺失、仅含单料烟物料描述其他数据皆缺失五种情况，缺失数据统计情况如表11.1～表11.5所示。

表11.1　化学成分缺失情况

统计项	总糖	总烟碱	还原糖	总氮	钾	氯	蛋白质	施木克值
缺失个数	292	232	298	248	391	229	2489	2360

表 11.2　烟气指标缺失情况

统计项	CO	焦油	烟气烟碱
缺失个数	2523	2500	2500

表 11.3　感官评吸指标缺失情况

统计项	香韵	香气量	香气质	浓度	刺激性	劲头	杂气	纯净度	回味	余味
缺失个数	1215	1214	1215	1214	1214	1261	1215	1216	1671	2182

表 11.4　特征属性缺失情况

统计项	部位	档次	颜色
缺失个数	838	894	1260

表 11.5　仅含有物料描述的单料烟缺失情况

统计项	仅含有物料描述，其他数据都缺失
缺失个数	715

单料烟数据来自 H 烟草公司技术中心，采集时间跨度为 2001～2013 年，涉及地区包括云南、福建、广东等省份，或者津巴布韦等国，存在大量数据缺失，故首先需要对数据进行处理。

1. 单料烟化学成分数据的补充

数据缺失一般补充的方法可以分为两种，一是统计学方法，如最大期望法（expectation maximization，EM），多重填充法（multiple imputation，MI），回归法等；二是数据挖掘的方法，如神经网络，贝叶斯网络等。其中最近邻方法使用最为简单且快速有效，最近邻方法填充数据的原理是通过计算已有数据与目标数据的距离，认为距离越小则关系越近，可以通过距离最小数据进行一对一填充。

通过观察配方数据，可以认为卷烟配方数据中单料烟化学成分值随机缺失。为了减少最近邻补充数据的误差，使用 k 近邻法对缺失数据进行补充。k 近邻法作为最近邻法的扩展，其基本思路为在所有样本数据中搜索与目标数据最近的 k 个样本，通常使用欧氏距离或是马氏距离表示样本间的亲近程度。例如，使用欧式距离来表示 p 维空间中 x_0 与两个事例间的距离，即

$$Dist(x_0,x_1)=\left(\left|x_{01}-x_{i1}\right|^2+\left|x_{02}-x_{i2}\right|^2+\cdots+\left|x_{0p}-x_{ip}\right|^2\right)^{\frac{1}{2}} \tag{11.1}$$

通常，目标数据取最近 k 数据属性值的平均值或者中位数作为填充值，为了

体现距离大小与相近度的关系，对填充处理操作进行改进，以距离的反比作为权值，以 k 近邻对应属性数据值权值的乘积作为目标值填充缺失值。

KNNI 算法（Kuok et al.，1998）具体步骤如下：

输入参数：T——含有缺失值的数据集，k——近邻数，S——填补完整数据集，I——数据属性集，ω_i——k 近邻数据点权值

初始化 $S \leftarrow \varnothing$

For　T 中每一个样本数据 x_i　do

　　If　x_i 中含有缺失属性值 I_j　then

用式（11.1）计算除属性值 I_j 外其他数据与 x_i 之间的距离

　　　对距离按从小到大进行排序，取前 k 个数据点（$(x_1, x_2, \cdots, x_k)$）

　　　权值 ω_i 为 $(1/d_i)/(1/d_1 + 1/d_2 + \cdots + 1/d_k)$

　　　则 $I_j(x_i) = \omega_1 I_j(x_1) + \omega_2 I_j(x_2) + \cdots + \omega_k I_j(x_k)$

　　End if

　　$S \leftarrow x_i$

End for

return　S

通过算法介绍可知，参数 k 对于权值计算及近邻数据的选取至关重要，对填充数据后的结果及挖掘效果也影响重大，故需要对参数 k 值进行最优选取。为了评价填充效果，本书引入四种评价参数，即

（1）平均最大偏差，定义为多次测量中实际值与预测值的最大偏差的平均值，即

$$\frac{1}{n}\sum_{i=1}^{n}\max(y_i - \tilde{y}_i) \tag{11.2}$$

（2）平均绝对误差，定义为多次测量中最大误差的绝对值，即

$$\max|y_i - \tilde{y}_i| \tag{11.3}$$

（3）平均相对误差，定义为实际值与预测值的差值占实际值的百分比的算术平均数，即

$$\frac{1}{n}\sum_{i=1}^{n}\left|y_i - \hat{y}_i\right| / y_i \times 100\% \tag{11.4}$$

（4）平均调整误差，定义为实际值与预测值之差与实际值中最大值与最小值之差的比值的算数平均数，即

$$\frac{1}{n}\sum_{i=1}^{n}\frac{\left|y_i-\hat{y}_i\right|}{y_{\max}-y_{\min}}\times 100\% \qquad (11.5)$$

其中，y_i 表示指标实际值；$\hat{y}_i$ 表示指标预测值；n 表示预测次数。平均最大偏差反映多次预测实际值与预测值的平均偏离程度；平均绝对误差由于离差被绝对值化，所以正负值不会相互抵消，能很好地反映实际预测误差的真实情况；平均相对误差对于衡量模型无偏性具有较大优势；当预测对象变化较小，即使全部取平均数得到的数值与实际值偏差也不会很大，针对这样的情况，使用平均调整误差来衡量，可以进行有效评价。

为了观察 k 值对于数据填充结果的影响，使用十次十折交叉验证的方法进行实验，结果如图 11.2 所示。

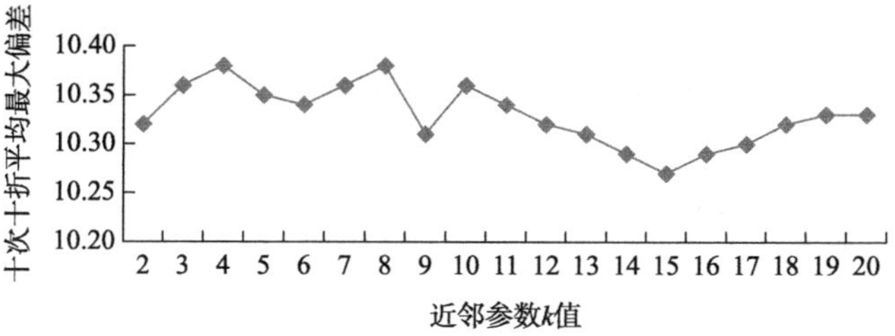

（a）

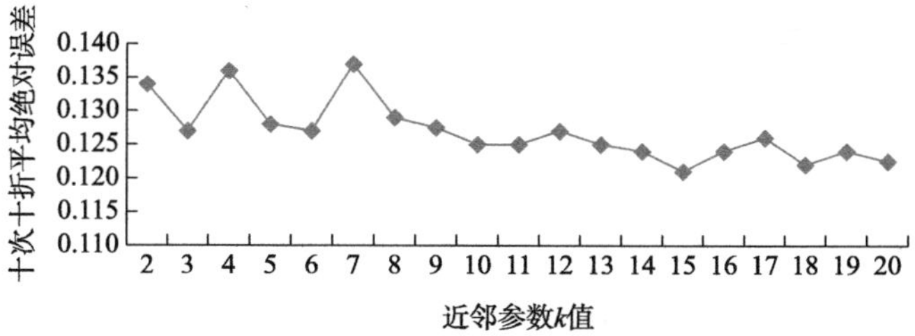

（b）

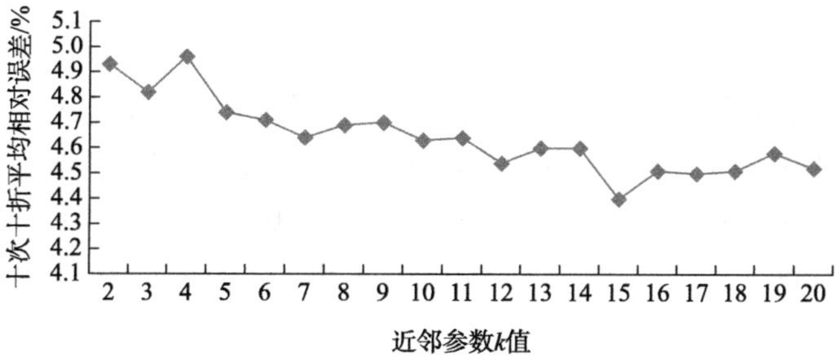

（c）

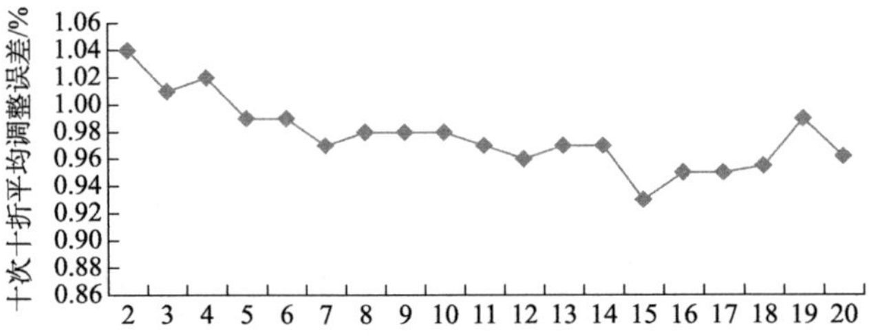

（d）

图 11.2　指标变化结果图

通过图 11.2 中（a）、（b）、（c）、（d）四幅图可知，当 k 值太小时，考虑的近邻较少，填充效果不佳。k 值过大，则对数据要求较高且程序运行较复杂。当 k =15 时最佳，4 项误差值基本都是最小值，填充准确率最高，达到 95.6%。故对实际数据填充时取 k 为 15。

KNNI 算法使用实例如下：假设已知数据如表 11.6 所示，为了简化计算此处取 k =5 进行缺失数据填充。

表 11.6　KNNI 算法仿真数据

数据编号	总糖	总烟碱	还原糖	总氮	钾	氯	蛋白质	施木克值
x_1	22.8	3.98	18.78	2.58	2.09	0.41	35.07	0.65
x_2	26.97	2.48	25.3	2.08	1.55	0.29	38.2	0.84
x_3	26.02	1.86	23.66	1.9	2.21	0.44	25.5	1.02
x_4	30.46	2.02	22.74	1.92	1.88	0.29	32.06	0.95
x_5	22.04	3.69	20.18	2.71	1.58	0.42	30.2	0.73
x_6	27.86	2.95	x_{63}	2.26	1.69	0.08	36.2	0.77
x_7	32.95	2.47	23.72	1.75	1.71	0.43	46.4	0.71

已知数据存在缺失值 x_{63}，属性 3 除外，计算其他数据与数据 x_6 之间的距离，距离 d 分别为 5.3223，2.2614，10.9387，4.9993，8.4114，11.4265，选取 k =5 近邻数据 x_1, x_2, x_3, x_4, x_5，则数据权值分别为 0.1806，0.425，0.0879，0.1923，0.1143。故数据 $x_{63} = 18.78 \times 0.1806 + 25.3 \times 0.425 + 23.66 \times 0.0879 + 22.74 \times 0.1923 + 20.18 \times 0.1143 = 22.9034$。

通过 KNNI 算法可将单料烟化学成分值补齐，以便进行下一步操作。但是该算法补值准确度受到参数 k 值影响。如何确定最佳 k 值的取值和数据缺失程度对于后期挖掘准确率的影响还需不断探索。

2. 单料烟烟气指标与感官评吸指标的补充

单料烟数据具有维数高，非线性强，关联度低的特点。将化学成分中的总糖、总烟碱、还原糖、总氮、钾、氯、蛋白质、施木克值作为数据输入，完成对单料烟烟气和感官评吸指标的预测。

单料烟化学成分指标数据的波动情况如表 11.7 所示。

表 11.7　单料烟化学成分波动表

化学成分	波动范围
总糖	0.44%～38.86%
总烟碱	0.72%～5.64%
还原糖	0.16%～32.28%
总氮	0.8667%～5.1%
钾	0.191%～6.98%
氯	0.01%～2.16%
蛋白质	0.213%～60.33%
施木克值	0.003 64%～13.36%

为了避免数据量纲差异问题和加快模型收敛，对原始数据进行归一化处理。归一化方法主要有四种，分别为最小最大标准化（min-max normalization）法，对数（Log(x)）法，正态分布（Z-score）法，反三角函数（arctan(x)）法。

本书使用最小最大标准化法进行归一化处理，消除量纲对结果的影响，归一化公式如式（11.6）所示。

$$\hat{x} = \frac{x - x_{\min}}{x_{\max} - x_{\min}} \tag{11.6}$$

其中，$\hat{x}$ 表示归一化后的属性值；x 表示归一化前的属性值；$x_{\max}$ 表示全部数据对应属性值的最大值；$x_{\min}$ 表示全部数据对应属性值的最小值。通过归一化处理后，属性值处于[0,1]区间。

通过观察已知单料烟烟气指标，可以看出烟气数据都是连续数据，故使用 SVM 来建立模型进行拟合预测。以总糖、总烟碱、还原糖、总氮、钾、氯、蛋白质、施木克值作为输入属性，以 CO、烟气烟碱、焦油三项作为烟气预测输出属性。

首先以含有烟气指标的数据进行模型训练，针对线性不可分的单料烟数据，SVM 参数选取径向基核函数（radial basis function，RBF），模型损失函数的惩罚

参数 c 取 2，函数中 *gamma* 参数 g 取 1。模型训练完毕后，以测试数据化学成分作为输入，便可得到所需的烟气指标值。通过 SVM 算法得到烟气指标预测值的误差情况如表 11.8 所示。

表 11.8　单料烟烟气指标预测误差情况（单料烟烟气指标补充）

统计项	CO	焦油	烟气烟碱
平均最大偏差	6.63	2.91	7.19
平均绝对误差	0.16	0.11	0.14
平均相对误差/%	10	0.82	3.85
平均调整误差/%	1.04	1	0.97

针对感官评吸指标，已知感官评吸指标值是通过专家以 0.5 为分段进行打分后求得平均值作为最终的感官数据，即专家给出的值是离散值，所以需要使用分类预测。此处同样使用 SVM 构建分类预测模型，以总糖、总烟碱、还原糖、总氮、钾、氯、蛋白质、施木克值作为输入属性，以香韵、香气量、香气质、浓度、刺激性、劲头、杂气、纯净度、回味 9 项作为感官评吸指标预测输出属性。以含有感官评吸指标的数据进行模型训练，SVM 参数选取同上。

以测试数据化学成分作为输入，分别对同一感官评吸指标多次预测后取平均值作为最终的感官评吸指标值。感官评吸指标数据的预测结果如表 11.9 所示。

表 11.9　单料烟感官评吸指标预测误差情况（单料烟感官指标补充）

统计项	香韵	香气量	香气质	浓度	刺激性	劲头	杂气	纯净度	回味	余味
平均最大偏差	2.03	2.03	2.27	2.1	2.48	1.57	1.15	1.74	0.79	0.81
平均绝对误差	0.34	0.29	0.31	0.24	0.23	0.19	0.29	0.23	0.21	0.2
平均相对误差/%	4.41	2.41	2.51	3.02	1.88	4.12	3.89	3.77	5.79	5.55
平均调整误差/%	4.89	3.59	5.21	3.91	2.73	4.29	11.10	3.56	10.70	13.30

3. 单料烟特征属性的补充

单料烟的各项化学成分与特征属性（颜色、部位、档次）紧密相关，故可以建立化学成分与特征属性间的预测模型。以化学成分作为测试数据输入属性，用分类算法分别预测特征属性。特征属性与类别号对照如表 11.10 所示。

表 11.10　特征属性与类别号对照表

特征属性	属性类别	类别号
部位	上部位	1
	中部位	2
	下部位	3
档次	上档次	1
	中档次	2
	下档次	3
颜色	橘黄色	1
	柠檬黄色	2
	深橘黄色	3
	微青色	4
	杂色	5

同样使用 SVM 进行分类预测，参数选取同上。数据填充后，特征属性的准确率在 70% 左右，虽然没有达到 100%，但是对于数据缺失情况还是在一定程度上进行了完善，保障了数据挖掘的进行。

4. 仅含物料描述的单料烟属性数据的补充

物料描述是单料烟产地、年份、品种、等级、类型具体信息的详细表述。如 2003 年楚雄州烤片 K326 C4L 即表示类型为烤片，2003 年采摘于云南楚雄，品种为 K326，等级为 C4L。由等级信息和烟草知识可知，该烟叶为下档次、中部位、柠檬黄色烟叶。

单料烟数据表中有较大部分数据仅含有物料描述信息，缺少化学成分、烟气指标、感官评吸指标数据，很难进行下一步操作。因此，首先需要根据物料描述对化学成分值进行补充。由卷烟知识可知，不同年份气候条件不同造成单料烟烟叶化学成分含量不同；不同部位档次烟叶化学成分含量存在差异；不同颜色烟叶代表成熟度不同，会影响化学成分含量。因此，在对化学成分进行填充前，需要对烟叶的年份、产地、部位、颜色、品种进行初步聚类，在同一类的单料烟数据集中进行缺失值填充。

对年份、产地、部位、颜色的影响程度进行排序，得到年份>产地>部位>颜色，仍采用 KNNI 方法进行补充缺失值。补充规则如下。

（1）首先按照年份相同，产地（市县）一致，部位一致，利用 KNNI 算法，查找近邻数据后，以 k 个数据对应各属性的平均值来填充缺失值。

（2）若单料烟较为特殊，同一产地条件不满足，则保持年份相同，产地扩大到省来查找相近单料烟。进口单料烟以相同国家作为同一产地。

对于 k 值的选取需要进行实验验证筛选，实验结果如图 11.3 所示。

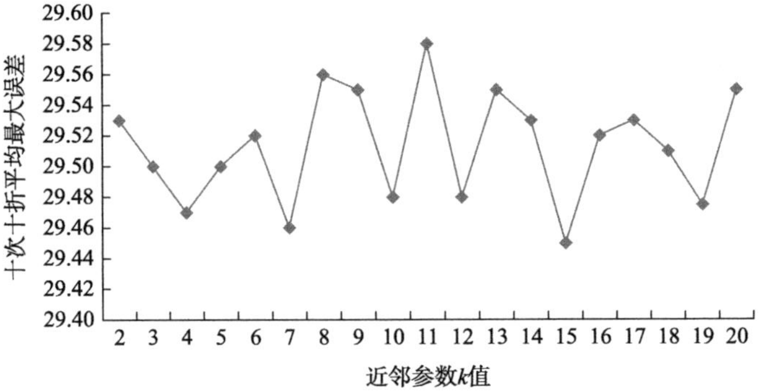

（a）

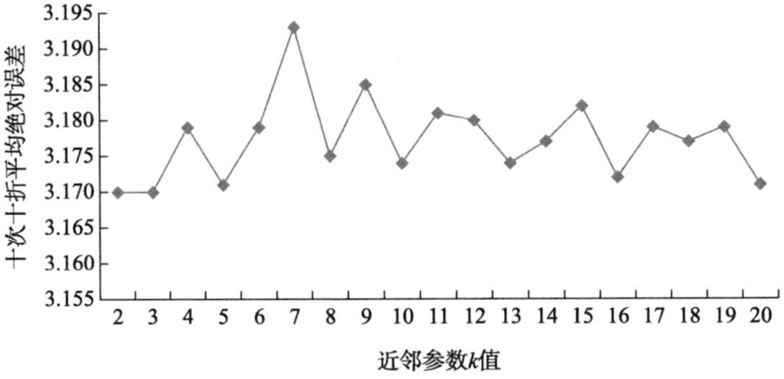

（b）

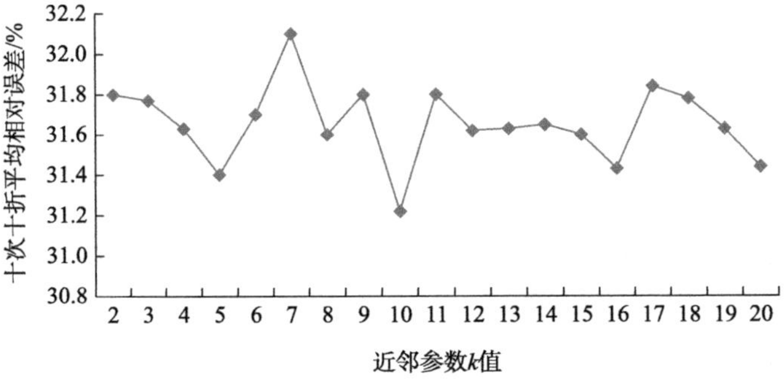

（c）

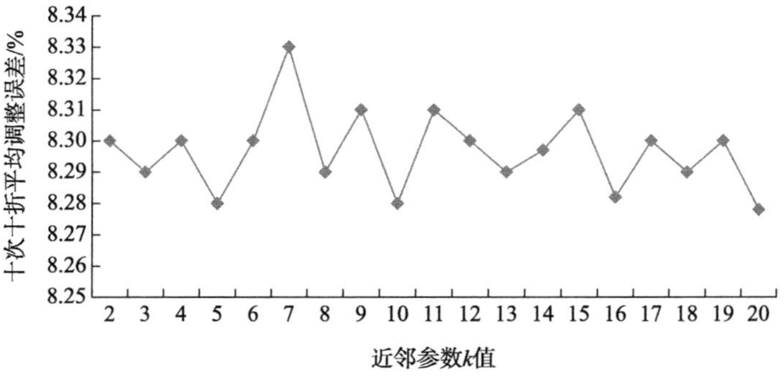

（d）

图 11.3　指标变化结果图

由图 11.3 可知当 k =10 时，填充数据效果最佳，由平均相对误差可得准确率基本达到 70%。但是填补数据的准确率相对于前面 3 种情况较低，因为此方法仅根据人工经验所确立规则进行数据填充，且仍受到 KNNI 算法中近邻个数 k 值影响。化学成分缺失值填充完毕后，即可利用 SVM 算法预测烟气指标和感官评吸指标值，预测结果如表 11.11 和表 11.12 所示。

表 11.11　烟气指标误差值

统计项	CO	焦油	烟气烟碱
平均最大偏差	5.56	6.59	1.96
平均绝对误差	0.94	1.33	0.447
平均相对误差/%	8.46	8.69	31.56
平均调整误差/%	9.83	13.3	16.49

表 11.12　单料烟感官评吸指标预测误差情况（仅含物料描述的单料烟属性数据的补充）

统计项	香韵	香气量	香气质	浓度	刺激性	劲头	杂气	纯净度	回味	余味
平均最大偏差	2.02	9.16	2.04	1.59	1.46	1.21	1.83	7.01	1.003	1.263
平均绝对误差	0.42	0.415	0.39	0.34	0.28	0.22	0.37	0.336	0.21	0.261
平均相对误差/%	0.06	0.03	3.11	4.25	2.22	4.79	4.96	5.68	5.57	7.29
平均调整误差/%	0.16	0.06	13.16	15.4	13.84	11.37	14.04	5.02	14.02	17.40

5. 配方数据整合

前面对数据缺失情况进行了处理，通过对数据清洗、填充等基本处理，得到了单料烟的详细数据。这样的话，在已知配方构成和配方单料烟数据的情况下，可得到每种牌号成品烟配方的 8 种基本化学成分含量值。配方化学成分计算公式如式（11.7）所示。

$$A_j = \frac{\sum_{i=1}^{n} w_i x_{ij}}{\sum_{i=1}^{n} w_i} \tag{11.7}$$

其中，n 表示配方中单料烟个数；$(w_1, w_2, \cdots, w_n)$ 表示每个单料烟在配方中的投放量；x_{ij} 表示第 i 个单料烟的第 j 个属性值，单料烟属性值共 m 个，$1 \leqslant j \leqslant m$；$A_j$ 表示配方属性 j 的值。

通过式（11.7）可计算配方中的全部属性值。本书中属性个数为 8，计算配方属性值后即可进行下一步统计分析。

6. 配方化学成分波动情况及相关性分析

为了维护每个牌号香烟口感恒定，需要维持牌号香烟所含化学成分在一定范围内波动，避免出现较大的波动差异。一般来讲，统计配方化学成分的指标共有 8 个，分别为总糖、总烟碱、还原糖、总氮、钾、氯、蛋白质、施木克值。现随机选择 6 种牌号数据进行统计分析。

由 SPSS 对 6 种牌号所得配方各化学成分数据进行初步描述性分析，总糖所得结果如表 11.13 所示。

表 11.13　总糖分布情况

牌号	均值	中值	标准差	方差	百分位数		
					25%	50%	75%
A	27.48	27.36	1.13	1.29	26.80	27.36	28.36
B	27.29	27.31	0.64	0.41	27.02	27.31	27.84
C	27.20	27.27	0.87	0.75	26.68	27.27	27.94
D	26.66	26.79	1.18	1.39	25.98	26.79	27.44
E	28.86	29.08	0.93	0.86	28.71	29.08	29.28
F	25.71	26.18	1.75	3.07	24.08	26.18	27.26

由表 11.13 可知，各牌号总糖数值维持在一定范围内，牌号 A 维持在 27.48 左右，牌号 B 维持在 27.29 左右，牌号 C 维持在 27.20 左右，牌号 D 维持在 26.66 左右，牌号 E 维持在 28.86 左右，仅牌号 F 总糖波动较大。

总烟碱所得结果如表 11.14 所示。

表 11.14　总烟碱分布情况

牌号	均值	中值	标准差	方差	百分位数		
					25%	50%	75%
A	2.69	2.75	0.16	0.03	2.57	2.75	2.75
B	2.68	2.73	0.14	0.02	2.58	2.73	2.79
C	2.67	2.74	0.14	0.02	2.59	2.74	2.78
D	2.71	2.75	0.14	0.02	2.62	2.75	2.82
E	2.40	2.40	0.04	0.00	2.36	2.40	2.44
F	2.81	2.88	0.22	0.05	2.57	2.88	2.88

由表 11.14 可知，各牌号总烟碱数值差异较小，且波动情况较小（方差≤0.05），总烟碱基本维持在 2.66 左右。

还原糖所得结果如表 11.15 所示。

表 11.15　还原糖分布情况

牌号	均值	中值	标准差	方差	百分位数		
					25%	50%	75%
A	23.54	23.13	1.25	1.56	22.74	23.13	23.94
B	23.24	23.06	0.75	0.56	22.78	23.06	23.65
C	23.27	23.20	0.84	0.70	22.73	23.20	23.54
D	22.98	22.88	1.12	1.25	22.53	22.88	23.54
E	24.57	24.82	0.74	0.55	24.42	24.82	24.95
F	22.08	22.09	1.49	2.23	21.03	22.09	23.33

由表 11.15 可知，牌号 A、B、C、D 还原糖含量相近，数值为 23 附近，牌号 E 还原糖含量在 24.57 左右，牌号 F 在 22.08 左右。且由方差较大可知还原糖波动范围较大。

总氮所得结果如表 11.16 所示。由表 11.16 可知，牌号 A、B、C、D、E 总氮含量较为相近，牌号 F 总氮含量为 2.27 左右，各牌号总氮变化较小，含量较为稳定。

表 11.16　总氮分布情况

牌号	均值	中值	标准差	方差	百分位数		
					25%	50%	75%
A	2.06	1.99	0.16	0.02	1.95	1.99	2.17
B	2.06	2.01	0.13	0.02	1.98	2.01	2.19

续表

牌号	均值	中值	标准差	方差	百分位数		
					25%	50%	75%
C	2.10	2.07	0.10	0.01	2.02	2.07	2.15
D	2.09	2.02	0.16	0.03	1.97	2.02	2.25
E	2.03	2.02	0.07	0.01	2.00	2.02	2.04
F	2.27	2.25	0.11	0.01	2.22	2.25	2.32

钾所得结果如表 11.17 所示。

表 11.17　钾分布情况

牌号	均值	中值	标准差	方差	百分位数		
					25%	50%	75%
A	2.15	2.09	0.20	0.04	1.96	2.09	2.33
B	2.16	2.17	0.19	0.04	1.98	2.17	2.36
C	2.12	2.09	0.17	0.03	1.98	2.09	2.27
D	2.17	2.16	0.21	0.04	1.96	2.16	2.37
E	1.97	1.95	0.08	0.01	1.92	1.95	1.99
F	1.92	1.93	0.07	0.00	1.89	1.93	1.96

钾元素有利于提高烟叶外观质量和内在品质，钾含量越高，烟叶油分越足。由表 11.17 可知各牌号钾含量较为稳定，牌号 A、B、C、D 钾含量较高且较为相近，为 2.15 左右，牌号 E、F 含量分别为 1.97 和 1.92。

氯所得结果如表 11.18 所示。

表 11.18　氯分布情况

牌号	均值	中值	标准差	方差	百分位数		
					25%	50%	75%
A	0.38	0.37	0.05	0.00	0.34	0.37	0.38
B	0.40	0.38	0.06	0.00	0.36	0.38	0.42
C	0.40	0.39	0.05	0.00	0.36	0.39	0.42
D	0.39	0.36	0.07	0.00	0.35	0.36	0.41
E	0.42	0.42	0.02	0.00	0.41	0.42	0.43
F	0.37	0.36	0.04	0.00	0.35	0.36	0.39

由表 11.18 所得结果可知,各牌号氯元素含量基本维持在 0.4 左右,变化较小。

蛋白质所得结果如表 11.19 所示。由表 11.19 所得结果可知，6 个牌号的蛋白质含量处于[8.25, 10.8]区间，波动较小。

表 11.19　蛋白质分布情况

牌号	均值	中值	标准差	方差	百分位数		
					25%	50%	75%
A	9.98	10.0	0.64	0.42	9.67	10.0	10.4
B	10.6	10.6	0.67	0.45	10.0	10.6	11.1
C	10.8	10.9	0.64	0.41	10.3	10.9	11.5
D	9.32	9.52	0.99	0.99	8.25	9.52	10.2
E	8.25	8.25	0.33	0.11	8.07	8.25	8.46
F	9.18	9.53	1.15	1.32	8.28	9.53	9.97

施木克值所得结果如表 11.20 所示。

表 11.20　施木克值分布情况

牌号	均值	中值	标准差	方差	百分位数		
					25%	50%	75%
A	2.15	2.44	0.72	0.52	1.44	2.44	2.72
B	2.27	2.43	2.43	0.25	1.73	2.43	2.62
C	2.06	2.33	0.60	0.36	1.79	2.33	2.33
D	2.06	2.46	0.74	0.55	1.07	2.46	2.62
E	1.66	1.66	0.25	0.06	1.43	1.66	1.87
F	1.59	1.53	0.27	0.07	1.42	1.53	1.59

施木克值作为评价烟叶质量的主要指标，其数值等于水溶性总糖与蛋白质含量的比值。其含量越高代表烟叶品质越高。由表 11.20 所得结果可知，牌号 A、B、C、D 施木克值较高，其余相对较低。牌号 E 的施木克值波动最小。

为了保证由配方生产的成品烟保持优良的评吸口感，故需将配方中各化学成分含量进行合理搭配。配方中各化学成分具有一定的正负相关性，下面将利用 SPSS 进行分析。

SPSS 中显著性检验的尾部分布在不清楚数据大致分布情况下选择双尾检验。实验选取牌号 F 共 64 组配方数据对化学成分进行相关性分析，输出结果如表 11.21 所示。

表 11.21　SPSS 配方化学成分相关性结果

化学指标	统计指标	总糖	总烟碱	还原糖	总氮	钾	氯	蛋白质	施木克值
总糖	相关性	1	−0.865	0.974	−0.895	0.461	0.039	−0.576	0.692
	显著性		0.000	0.000	0.000	0.000	0.757	0.000	0.000
总烟碱	相关性	−0.865	1	−0.904	0.731	−0.119	−0.198	0.686	−0.630
	显著性	0.000		0.000	0.000	0.348	0.117	0.000	0.000
还原糖	相关性	0.974	−0.904	1	−0.931	0.370	−0.038	−0.642	0.773
	显著性	0.000	0.000		0.000	0.003	0.763	0.000	0.000
总氮	相关性	−0.895	0.731	−0.931	1	−0.524	0.281	0.511	−0.803
	显著性	0.000	0.000	0.000		0.000	0.025	0.000	0.000
钾	相关性	0.461	−0.119	0.370	−0.524	1	−0.149	−0.233	0.424
	显著性	0.000	0.348	0.003	0.000		0.240	0.064	0.000
氯	相关性	0.039	−0.198	−0.038	0.281	−0.149	1	−0.292	−0.386
	显著性	0.757	0.117	0.763	0.025	0.240		0.019	0.002
蛋白质	相关性	−0.576	0.686	−0.642	0.511	−0.233	−0.292	1	−0.701
	显著性	0.000	0.000	0.000	0.000	0.064	0.019		0.000
施木克值	相关性	0.692	−0.630	0.773	−0.803	0.424	−0.386	−0.701	1
	显著性	0.000	0.000	0.000	0.000	0.000	0.002	0.000	

从结果可得，与总糖呈正相关且相关性从大到小为还原糖、施木克值、钾，呈负相关且绝对值从大到小为总氮、总烟碱、蛋白质（考虑显著性水平为 0.05，下同）。与总烟碱呈正相关且相关性从大到小为总氮、蛋白质，呈负相关且绝对值从大到小为还原糖、总糖、施木克值。与还原糖呈正相关且相关性从大到小为总糖、施木克值、钾，呈负相关且绝对值从大到小为总氮、总烟碱、蛋白质。与总氮呈正相关且相关性从大到小为总烟碱、蛋白质、氯，呈负相关且绝对值从大到小为还原糖、总糖、施木克值、钾。与钾呈正相关且相关性从大到小为总糖、施木克值、还原糖，呈负相关为总氮。与氯呈正相关为总氮，呈负相关且绝对值从大到小为施木克值、蛋白质。与蛋白质呈正相关且相关性从大到小为总烟碱、总氮，呈负相关且绝对值从大到小为施木克值、还原糖、总糖、钾。

相关系数大于 0.5 表示两项之间为强相关关系，相关系数处于[0.3, 0.5]表示两项之间为一般相关，处于[0, 0.3]表示两项之间为弱相关。从相关性分析结果可知牌号 F 各配方化学成分之间的相互关联，可以对含量趋势进行初步了解。

7. 配方特征属性与化学成分相关性分析

卷烟配方通常由20～30种单料烟按照一定的吸味特征以最佳的比例搭配而成。其中投放的每一个单料烟都具有自身的特征属性，如部位、档次、颜色属性。配方中是多种单料烟的搭配，因此可以从构成配方的特征属性所占比例角度考虑，研究特征属性所占比例与化学成分之间的相关性。

同样以牌号 F 共 64 组配方数据作为输入，以相关系数为输出，输出结果如表 11.22 所示。

表 11.22　SPSS 配方特征属性与化学成分相关性结果

物理指标	统计指标	总糖	总烟碱	还原糖	总氮	钾	氯	蛋白质	施木克值
上部位	相关性	−0.784	0.894	−0.799	0.586	−0.230	−0.400	0.832	−0.597
	显著性	0.000	0.000	0.000	0.000	0.067	0.001	0.000	0.000
中部位	相关性	0.829	−0.910	0.829	−0.61	0.218	0.417	−0.793	0.563
	显著性	0.000	0.000	0.000	0.000	0.084	0.001	0.000	0.000
下部位	相关性	0.020	−0.215	0.103	−0.054	0.147	0.039	−0.495	0.392
	显著性	0.874	0.089	0.420	0.674	0.245	0.760	0.000	0.001
上档次	相关性	−0.413	0.356	−0.392	0.306	−0.354	−0.330	0.684	−0.404
	显著性	0.001	0.004	0.001	0.014	0.004	0.008	0.000	0.001
中档次	相关性	0.734	−0.590	0.677	−0.571	0.332	0.173	−0.584	0.520
	显著性	0.000	0.000	0.000	0.000	0.007	0.173	0.000	0.000
下档次	相关性	−0.670	0.509	−0.602	0.534	−0.126	0.083	0.157	−0.355
	显著性	0.000	0.000	0.000	0.000	0.321	0.513	0.215	0.004
橘黄色	相关性	−0.19	0.389	−0.342	0.392	0.232	0.259	0.287	−0.432
	显著性	0.135	0.002	0.006	0.001	0.065	0.039	0.021	0.000
柠檬黄色	相关性	0.651	−0.853	0.742	−0.611	0.108	0.194	−0.869	0.711
	显著性	0.000	0.000	0.000	0.000	0.394	0.124	0.000	0.000
深橘黄色	相关性	−0.06	0.421	−0.148	−0.05	0.175	−0.45	0.577	−0.18
	显著性	0.623	0.001	0.243	0.708	0.167	0.000	0.000	0.167
微青色	相关性	−0.19	0.075	−0.108	0.053	−0.578	−0.27	0.525	−0.26
	显著性	0.133	0.558	0.397	0.675	0.000	0.030	0.000	0.037
杂色	相关性	−0.89	0.677	−0.833	0.788	−0.44	0.015	0.455	−0.59
	显著性	0.000	0.000	0.000	0.000	0.000	0.906	0.000	0.000

由 SPSS 所得结果可知，与上部位烟叶所占比例呈正相关（考虑显著性水平为 0.05，下同）且相关性由大到小为总烟碱、蛋白质、总氮，呈负相关且绝对值由大到小为还原糖、总糖、施木克值、氯。与中部位烟叶所占比例呈正相关且相关性由大到小为总糖、还原糖、施木克值、氯，呈负相关且绝对值由大到小为总烟碱、蛋白质、总氮。与下部位烟叶所占比例呈正相关的为施木克值，呈负相关的为蛋白质。

与上档次烟叶所占比例呈正相关且相关性由大到小为蛋白质、总烟碱、总氮，呈负相关且绝对值由大到小为总糖、施木克值、还原糖、钾、氯。与中档次烟叶所占比例呈正相关且相关性由大到小为总糖、还原糖、施木克值、钾，呈负相关且绝对值由大到小为总烟碱、蛋白质、总氮。与下档次烟叶所占比例呈正相关且相关性由大到小为总氮、总烟碱，呈负相关且绝对值由大到小为总糖、还原糖、施木克值。

在颜色特征属性中，与橘黄色烟叶比例呈正相关且由大到小为总氮、总烟碱、蛋白质、氯，呈负相关且绝对值由大到小为施木克值、还原糖。与柠檬黄色烟叶比例呈正相关且相关性由大到小为还原糖、施木克值、总糖，呈负相关且绝对值由大到小为蛋白质、总烟碱、总氮。与深橘黄色烟叶比例呈正相关且相关性由大到小为蛋白质、总烟碱，呈负相关为氯。与微青色烟叶比例呈正相关的为蛋白质，呈负相关且绝对值由大到小为钾、氯、施木克值。与杂色烟叶比例呈正相关且相关性由大到小为总氮、总烟碱、蛋白质，呈负相关且绝对值由大到小为总糖、还原糖、施木克值、钾。

多变量分析更为复杂。配方中两种化学成分间存在一定的相互关系，但是还有其他化学成分变量同时制约着这一关系。但是之前验证的特征属性与化学成分之间的相关关系没有考虑这一问题的影响。如分析上部位所占比例与化学成分之间相关性的同时，忽略了化学成分还受到中部位、下部位所占比例的影响，所以这里引入偏相关分析，在相关变量固定不变的基础上研究其他两变量间的关系。

偏相关反映两个变量间的净相关，如在探究变量 x_1 与变量 x_2 之间净相关关系时，当控制了变量 x_3 的线性作用后，x_1 与 x_2 的一阶偏相关系数如式（11.8）所示：

$$r_{12(3)} = \frac{r_{12} - r_{13}r_{23}}{\sqrt{1-r_{13}^2}\sqrt{1-r_{23}^2}} \tag{11.8}$$

其中，r_{12} 表示变量之间相关系数；$r_{12(3)}$ 表示所需偏相关系数。

同样以牌号 F 共 64 组配方数据的特征属性所占比例作为输入，以偏相关系数为输出，考虑到并非每一个配方所用单料烟的颜色都涵盖橘黄色、深橘黄色、柠檬黄色、微青、杂色，故颜色项的乘积大部分会出现零项，所以此处偏相关操作考虑的特征属性仅为部位、档次因素。输出结果如表 11.23 所示。

表 11.23　特征属性与化学成分偏相关结果

变量	控制量	统计指标	总糖	总烟碱	还原糖	总氮	钾	氯	蛋白质	施木克值
上部	中部位*下部位	相关性	−0.610	0.613	−0.470	0.202	−0.080	−0.540	0.079	0.320
		显著性	0	0	0	0.113	0.520	0	0.536	0.010
中部	上部位*下部位	相关性	0.636	−0.820	0.650	−0.340	0.243	0.380	−0.790	0.480
		显著性	0	0	0	0.006	0.056	0	0	0
下部	上部位*中部位	相关性	0.160	−0.340	0.234	−0.170	0.320	0.06	−0.570	0.460
		显著性	0.211	0.007	0.065	0.190	0.010	0.650	0	0
上档	中档次*下档次	相关性	−0.610	0.461	−0.540	0.413	−0.370	−0.310	0.689	−0.450
		显著性	0	0	0	0.001	0	0.01	0	0
中档	上档次*下档次	相关性	0.415	−0.320	0.370	−0.240	0.311	0.360	−0.670	0.360
		显著性	0.001	0.010	0.003	0.054	0.013	0	0	0
下档	上档次*中档次	相关性	0.134	−0.030	0.066	−0.040	0.523	0.290	−0.540	0.240
		显著性	0.293	0.808	0.607	0.768	0	0.02	0	0.06

观察表 11.23 结果可知，在控制变量情况下，与总糖、还原糖呈正相关且相关性由大到小为中部位比例与中档次比例（考虑显著水平为 0.05，下同），与总糖、还原糖呈负相关且绝对值由大到小为上档次比例与上部位比例，与总烟碱呈负相关且相关性由大到小为中部位、下部位、中档次比例。与总氮呈正相关的为上档次比例，呈负相关的为中部位比例。与钾呈正相关且由大到小为下档次、下部位、中档次比例，呈负相关的为上档次比例。与氯呈现出正相关且相关性由大到小为中部位、中档次、下档次比例，呈负相关的为上部位比例与上档次比例。与蛋白质呈正相关的为上档次比例，呈负相关且绝对值由大到小为中部位、中档次、下部位、下档次比例。与施木克值呈正相关由大到小为中部位、下部位、中档次、上部位比例，呈负相关的为上档次比例。

在控制变量后，可以发现特征属性与化学成分的相关系数发生了变化，若偏相关系数大于简单相关系数，则说明两变量之间存在线性关系。

8. 配方化学成分多元回归分析

多元回归模型是数理统计中根据多个自变量的最优组合建立回归方程来预测因变量的回归分析方法。

假设因变量Y和自变量$X_1, X_2, \cdots, X_n$呈线性相关关系，则构建回归方程模型为

$$Y = b_1 X_1 + b_1 2 X_2 + \cdots + b_n X_n + b_0 \tag{11.9}$$

其中，Y表示被解释变量，即因变量；$X_1, X_2, \cdots, X_n$表示解释变量，即自变量；$b_1, b_2, \cdots, b_n$表示变量的相关系数；b_0表示常数项。

考虑到部位、档次、颜色属性在一定程度上影响单料烟的化学指标值，所以在配方中颜色、部位、档次比例的改变会造成配方化学成分值的波动。因此，本书尝试使用一般多元回归分析和逐步回归分析建立各种化学成分指标值与部位、档次、颜色比例之间的定量表达式。

传统的一般多元回归分析考虑所有的自变量，而逐步回归分析作为一种自变量筛选方法，其基本思想是让计算机进行自变量筛选工作。常用的筛选方法主要有以下三种。

（1）向前选择法：将变量逐个引入，首先引入显著度p最小的变量，然后再从其余变量当中选取p次小的变量，直至没有p值小于给定“选入α值”可被引入为止。

（2）向后消除法：引入所有变量，然后仅保留p值小于等于指定的“删除α值”，其他变量逐步删掉。

（3）逐步（向前和向后）法：将变量逐个引入，在引入的同时计算已经引入自变量中最大的p值是否已大于指定的“删除α值”，若大于，则删掉该项，重复之前的过程。反之，引入新变量，重复之前过程，直至无法引入也无法删除原有自变量为止。

回归方程的优劣主要体现在三个指标值上，即$R-sq$，$R-sq$（调整），以及s。其中$R-sq$称为拟合总效果多元全相关系数，$R-sq$（调整）为修正的多元相关系数，s为误差值。

下面说明为何引入$R-sq$，$R-sq$（调整）这两个指标值。由回归方程的平方和分解公式（11.10）可知

$$\text{SSTotal} = \text{SSModel} + \text{SSError} \tag{11.10}$$

考虑到SSError在SSTotal中的比例，故定义$R-sq$（即R^2）如式（11.11）所示。

$$R^2 = \text{SSModel} / \text{SSError} \tag{11.11}$$

显然，该比值趋近于1为最佳，代表着SSError越小。若将自变量的这种可控变量数据称为随机变量，则可以求出两者的相关系数，而$R-sq$正是相关系数的平方。对于多个自变量，保持定义不变，推广为“多元决定系数”，定义为SSModel在SSTotal中所占比例。但是，当自变量个数增多，不论加入的自变量是否显著，$R-sq$都会增加，所以仅有$R-sq$参数是不够的，故引入$R-sq$（调整），该参数

定义如式（11.12）所示。

$$R-sq(\text{调整})=1-\frac{\text{SSError}/(n-p)}{\text{SSTotal}/(n-1)} \tag{11.12}$$

其中，n 表示观测值（自变量）的总个数；p 表示回归方程中的总项数（包括常数项在内）；$R-sq(\text{调整})$ 表示去掉包含项数影响的回归方程的相关系数，因此模型描述更加准确。同样，$R-sq(\text{调整})$ 越趋近 1 越好，而且实际中，回归方程项数一般大于 1，使得 $R-sq(\text{调整})$ 比 $R-sq$ 略小。

所以从三个角度判断模型优劣，误差值 s 越小越好，$R-sq$（调整）与 $R-sq$ 越大越好且越接近于 1 越好。

考虑到方差非齐的情况，如残差对拟合值 $\hat{y}$ 的图形中数据点分布出现"喇叭形""弯曲"等散点图形，此时说明对于 y 的线性模型与数据拟合不好，故对 y 值取一定转换，一般操作为取平方根，取对数，取倒数。

实验中分别以 6 个牌号的所有配方数据做回归分析，以特征属性的部位比率（上部位、中部位、下部位）、档次比率（上档次、中档次、下档次）、颜色比例（杂色、微青色、柠檬黄色、橘黄色、深橘黄色、青黄色）为自变量，以 8 种化学成分值作为因变量，分为如下情况：①考虑所有自变量的简单多元回归；②对因变量 y 进行逐步回归；③对因变量平方根 $\sqrt{y}$ 进行逐步回归；④对因变量对数 $\log(y)$ 进行逐步回归；⑤对因变量倒数 $1/y$ 进行逐步回归。各牌号实验结果如表 11.24～表 11.29 所示。

表 11.24　牌号 A 配方数据回归结果

化学成分	统计指标	全部回归 y	逐步回归 y	平方根	对数	倒数
总糖	误差值	0.335 45	0.318 91	0.318 914	0.004 818	0.000 386
	R-sq	0.911	0.899	0.899	0.910	0.921
	R-sq（调整）	0.869	0.881	0.881	0.895	0.907
总烟碱	误差值	0.030 378	0.032 703	0.010 539	0.005 900	0.005 644
	R-sq	0.681	0.502	0.503	0.504	0.506
	R-sq（调整）	0.529	0.454	0.455	0.456	0.459
还原糖	误差值	0.320 242	0.343 758	0.034 753	0.006 104	0.000 575
	R-sq	0.873	0.796	0.806	0.816	0.835
	R-sq（调整）	0.812	0.784	0.794	0.804	0.824
总氮	误差值	0.033 173	0.031 740	0.011 160	0.006 823	0.007 803
	R-sq	0.854	0.82	0.813	0.805	0.788
	R-sq（调整）	0.785	0.803	0.794	0.786	0.767

续表

化学成分	统计指标	全部回归 y	逐步回归 y	平方根	对数	倒数
钾	误差值	0.023 010	0.022 506	0.008 012	0.004 956	0.005 791
	R-sq	0.939	0.926	0.922	0.918	0.910
	R-sq（调整）	0.909	0.913	0.909	0.904	0.895
氯	误差值	0.010 418	0.010 333	0.008 123	0.011 106	0.063 589
	R-sq	0.827	0.786	0.782	0.778	0.769
	R-sq（调整）	0.745	0.749	0.744	0.740	0.730
蛋白质	误差值	0.653 591	0.659 198	0.089 594	0.020 519	0.003 399
	R-sq	0.925	0.900	0.880	0.858	0.813
	R-sq（调整）	0.889	0.887	0.859	0.839	0.788
施木克值	误差值	0.047 617	0.047 968	0.019 218	0.028 527	0.027 871
	R-sq	0.975	0.973	0.971	0.833	0.928
	R-sq（调整）	0.964	0.963	0.961	0.816	0.916

表 11.25 牌号 B 配方数据回归结果

化学成分	统计指标	全部回归 y	逐步回归 y	平方根	对数	倒数
总糖	误差值	0.606 189	0.604 041	0.058 794	0.009 952	0.000 877
	R-sq	0.750	0.748	0.749	0.751	0.748
	R-sq（调整）	0.737	0.738	0.740	0.741	0.742
总烟碱	误差值	0.095 219	0.095 107	0.029 463	0.015 95	0.014 829
	R-sq	0.567	0.564	0.559	0.545	0.479
	R-sq（调整）	0.543	0.544	0.539	0.528	0.47
还原糖	误差值	0.659 508	0.659 411	0.068 098	0.012 169	0.001 202
	R-sq	0.671	0.665	0.671	0.682	0.692
	R-sq（调整）	0.653	0.653	0.659	0.668	0.678
总氮	误差值	0.035 547	0.035 329	0.012 267	0.007 427	0.008 389
	R-sq	0.955	0.954	0.952	0.950	0.944
	R-sq（调整）	0.952	0.953	0.951	0.948	0.943
钾	误差值	0.106 152	0.105 853	0.035 715	0.020 968	0.022 169
	R-sq	0.758	0.757	0.758	0.759	0.761
	R-sq（调整）	0.745	0.746	0.747	0.748	0.750

续表

化学成分	统计指标	全部回归 y	逐步回归 y	平方根	对数	倒数
氯	误差值	0.022 738	0.022 606	0.017 016	0.022 411	0.125 261
	R-sq	0.893	0.892	0.896	0.899	0.898
	R-sq（调整）	0.887	0.888	0.892	0.895	0.893
蛋白质	误差值	2.824 980	2.800 980	0.319 206	0.065 251	0.009 032
	R-sq	0.837	0.836	0.844	0.847	0.844
	R-sq（调整）	0.827	0.830	0.839	0.842	0.837
施木克值	误差值	0.295 028	0.294 548	0.112 717	0.078 014	0.130 395
	R-sq	0.849	0.848	0.847	0.842	0.807
	R-sq（调整）	0.841	0.841	0.840	0.833	0.796

表 11.26　牌号 C 配方数据回归结果

化学成分	统计指标	全部回归 y	逐步回归 y	平方根	对数	倒数
总糖	误差值	0.441 642	0.440 750	0.042 061	0.006 976	0.000 586
	R-sq	0.762	0.753	0.756	0.760	0.766
	R-sq（调整）	0.741	0.742	0.746	0.749	0.756
总烟碱	误差值	0.072 603	0.072 268	0.022 409	0.012 082	0.010 748
	R-sq	0.765	0.760	0.760	0.760	0.759
	R-sq（调整）	0.744	0.746	0.746	0.746	0.745
还原糖	误差值	0.429 453	0.426 728	0.043 700	0.007 779	0.000 754
	R-sq	0.760	0.756	0.759	0.762	0.768
	R-sq（调整）	0.738	0.742	0.745	0.748	0.754
总氮	误差值	0.036 523	0.036 606	0.012 632	0.007 579	0.008 348
	R-sq	0.882	0.878	0.875	0.872	0.866
	R-sq（调整）	0.871	0.871	0.868	0.865	0.859
钾	误差值	0.071 550	0.071 433	0.024 481	0.014 601	0.016 837
	R-sq	0.845	0.841	0.84	0.839	0.815
	R-sq（调整）	0.831	0.832	0.831	0.830	0.807
氯	误差值	0.019 360	0.019 502	0.015 002	0.020 226	0.115 118
	R-sq	0.838	0.831	0.832	0.831	0.824
	R-sq（调整）	0.824	0.821	0.822	0.821	0.814

续表

化学成分	统计指标	全部回归 y	逐步回归 y	平方根	对数	倒数
蛋白质	误差值	2.505 000	2.527 690	0.281 571	0.056 625	0.007 754
	R-sq	0.861	0.855	0.859	0.858	0.841
	R-sq（调整）	0.849	0.846	0.851	0.850	0.832
施木克值	误差值	0.270 772	0.270 903	0.105 545	0.075 004	0.125 311
	R-sq	0.812	0.803	0.797	0.776	0.729
	R-sq（调整）	0.795	0.795	0.788	0.77	0.722

表 11.27　牌号 D 配方数据回归结果

化学成分	统计指标	全部回归 y	逐步回归 y	平方根	对数	倒数
总糖	误差值	0.300 969	0.298 490	0.028 583	0.004 756	0.000 402
	R-sq	0.799	0.796	0.797	0.798	0.801
	R-sq（调整）	0.779	0.783	0.784	0.785	0.788
总烟碱	误差值	0.072 320	0.071 681	0.022 157	0.011 908	0.010 511
	R-sq	0.741	0.733	0.732	0.731	0.729
	R-sq（调整）	0.716	0.721	0.720	0.719	0.716
还原糖	误差值	0.328 342	0.325 814	0.033 468	0.005 974	0.000 581
	R-sq	0.825	0.825	0.827	0.829	0.832
	R-sq（调整）	0.808	0.811	0.813	0.815	0.819
总氮	误差值	0.046 537	0.046 537	0.016 193	0.009 883	0.011 063
	R-sq	0.885	0.885	0.882	0.875	0.868
	R-sq（调整）	0.873	0.873	0.870	0.864	0.858
钾	误差值	0.110 613	0.109 767	0.037 204	0.021 946	0.023 436
	R-sq	0.691	0.680	0.682	0.684	0.685
	R-sq（调整）	0.660	0.665	0.667	0.669	0.671
氯	误差值	0.026 005	0.025 528	0.019 212	0.025 381	0.139 482
	R-sq	0.832	0.827	0.829	0.828	0.821
	R-sq（调整）	0.815	0.822	0.824	0.823	0.815
蛋白质	误差值	1.924 240	1.919 170	0.225 189	0.047 123	0.006 783
	R-sq	0.867	0.861	0.866	0.867	0.860
	R-sq（调整）	0.854	0.855	0.860	0.861	0.854

续表

化学成分	统计指标	全部回归 y	逐步回归 y	平方根	对数	倒数
施木克值	误差值	0.187 97	0.188 262	0.063 749	0.038 105	0.044 290
	R-sq	0.872	0.865	0.875	0.884	0.894
	R-sq（调整）	0.859	0.859	0.870	0.879	0.888

表 11.28　牌号 E 配方数据回归结果

化学成分	统计指标	全部回归 y	逐步回归 y	平方根	对数	倒数
总糖	误差值	0.580 566	0.582 811	0.055 134	0.009 064	0.000 748
	R-sq	0.756	0.749	0.754	0.759	0.769
	R-sq（调整）	0.738	0.736	0.741	0.747	0.757
总烟碱	误差值	0.067 012	0.072 364	0.022 422	0.012 081	0.010 731
	R-sq	0.834	0.800	0.799	0.798	0.795
	R-sq（调整）	0.822	0.792	0.791	0.789	0.787
还原糖	误差值	0.617 146	0.615 433	0.062 433	0.011 008	0.001 045
	R-sq	0.773	0.770	0.772	0.774	0.780
	R-sq（调整）	0.756	0.758	0.760	0.763	0.768
总氮	误差值	0.037 113	0.036 921	0.013 119	0.008 109	0.009 489
	R-sq	0.948	0.948	0.944	0.941	0.933
	R-sq（调整）	0.944	0.944	0.941	0.937	0.929
钾	误差值	0.088 883	0.089 162	0.029 954	0.017 397	0.018 179
	R-sq	0.824	0.821	0.823	0.829	0.834
	R-sq（调整）	0.811	0.809	0.812	0.816	0.822
氯	误差值	0.017 436	0.017 302	0.013 734	0.019 135	0.115 828
	R-sq	0.882	0.879	0.874	0.868	0.854
	R-sq（调整）	0.873	0.875	0.870	0.864	0.848
蛋白质	误差值	3.127 910	3.117 010	0.373 757	0.075 319	0.009 484
	R-sq	0.787	0.784	0.764	0.765	0.790
	R-sq（调整）	0.772	0.773	0.752	0.755	0.779
施木克值	误差值	0.348 019	0.344 693	0.130 724	0.089 809	0.146 897
	R-sq	0.783	0.783	0.778	0.768	0.722
	R-sq（调整）	0.767	0.771	0.767	0.756	0.710

表 11.29　牌号 F 配方数据回归结果

化学成分	统计指标	全部回归 y	逐步回归 y	平方根	对数	倒数
总糖	误差值	0.508 303	0.496 977	0.050 727	0.009 009	0.000 898
	R-sq	0.927	0.926	0.923	0.919	0.904
	R-sq（调整）	0.916	0.920	0.916	0.912	0.897
总烟碱	误差值	0.059 823	0.059 301	0.017 417	0.008 825	0.007 149
	R-sq	0.936	0.934	0.936	0.939	0.942
	R-sq（调整）	0.927	0.928	0.931	0.934	0.937
还原糖	误差值	0.460 994	0.456 305	0.049 672	0.009 323	0.001 012
	R-sq	0.917	0.914	0.910	0.908	0.905
	R-sq（调整）	0.905	0.907	0.904	0.902	0.898
总氮	误差值	0.048 088	0.048 750	0.016 103	0.009 269	0.009 561
	R-sq	0.830	0.815	0.816	0.816	0.801
	R-sq（调整）	0.805	0.800	0.800	0.800	0.791
钾	误差值	0.038 353	0.038 348	0.014 019	0.008 907	0.010 988
	R-sq	0.709	0.699	0.698	0.697	0.696
	R-sq（调整）	0.667	0.667	0.666	0.665	0.664
氯	误差值	0.023 096	0.024 284	0.019 578	0.025 478	0.165 406
	R-sq	0.623	0.552	0.551	0.619	0.548
	R-sq（调整）	0.568	0.522	0.520	0.586	0.518
蛋白质	误差值	0.740 779	0.777 775	0.090 544	0.018 520	0.002 362
	R-sq	0.917	0.902	0.902	0.898	0.898
	R-sq（调整）	0.905	0.896	0.895	0.893	0.893
施木克值	误差值	0.140 504	0.138 991	0.052 624	0.034 841	0.047 613
	R-sq	0.769	0.758	0.761	0.764	0.769
	R-sq（调整）	0.736	0.741	0.745	0.748	0.753

根据回归结果的三个指标值，综合挑选误差值 s ，$R-sq$（调整）与 $R-sq$ 都较好地回归决策属性值。以牌号 F 为例，分别对八项化学成分进行数据回归，并得到相关的多元回归方程。

对于总糖，图 11.4 为通过对化学成分 y 进行平方根转换且进行逐步回归得到的最优结果。

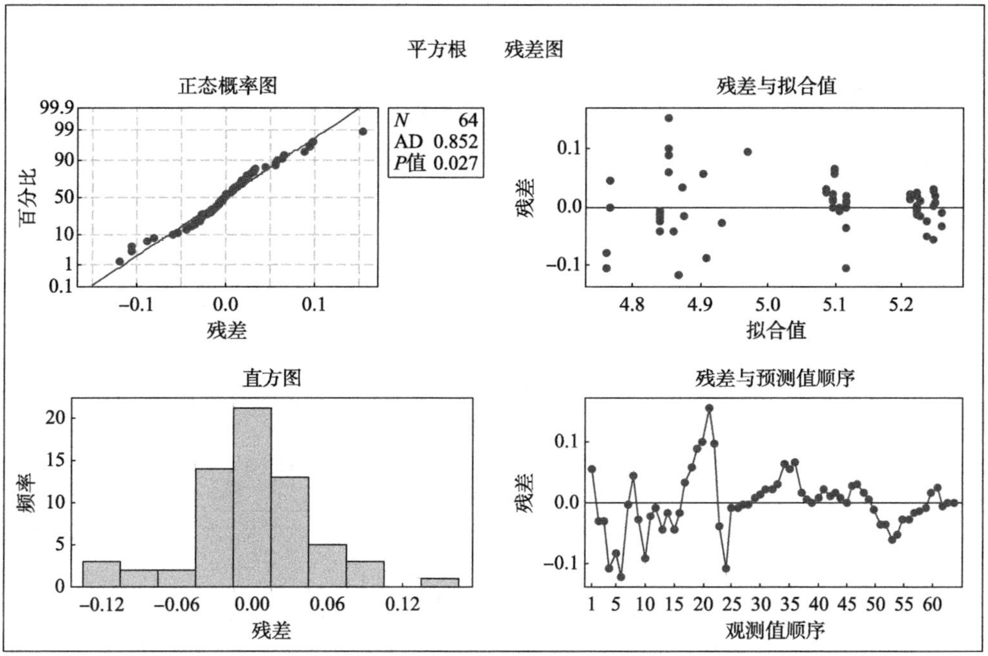

图 11.4 总糖回归结果

由图 11.4 知残差值符合正态分布；“残差与拟合值”结果显示出数据维持等方差性，没有显示出不合理形状。由“残差与预测值顺序”结果可知，残差的散点无规则散落在以观测值顺序为横轴的上下界，且之间保持相互独立。因此，可得如下回归方程：

平方根=6.48−3.64 × 杂色−1.65 × 上部位+2.07 × 微青−0.337 × 柠檬黄色−1.17 × 中部位

误差值 s 为 0.050 726 5，决定系数 $R-sq$ 为 92.3%，说明自变量可以解释响应变量 y（此处为因变量 $\sqrt{y}$ ）中 92.3%的变异，与 $R-sq$（调整）数值 91.6%相近。

对于总烟碱，图 11.5 为通过对化学成分 y 进行倒数转换且逐步回归所得的结果。

由图 11.5 左上角“正态概率图”可知残差图符合正态分布，右上角“残差与拟合值”基本保持等方差，图形处于可接受范围。由右下角“残差与预测值顺序”图可知残差的散点无规则散落在以观测值顺序为横轴的上下界，且之间保持相互独立。因此，可得回归方程为

倒数=0.206+0.0773 × 中部位+0.129 × 橘黄色−0.122 × 下档次+0.486 × 微青+0.259 × 柠檬黄色

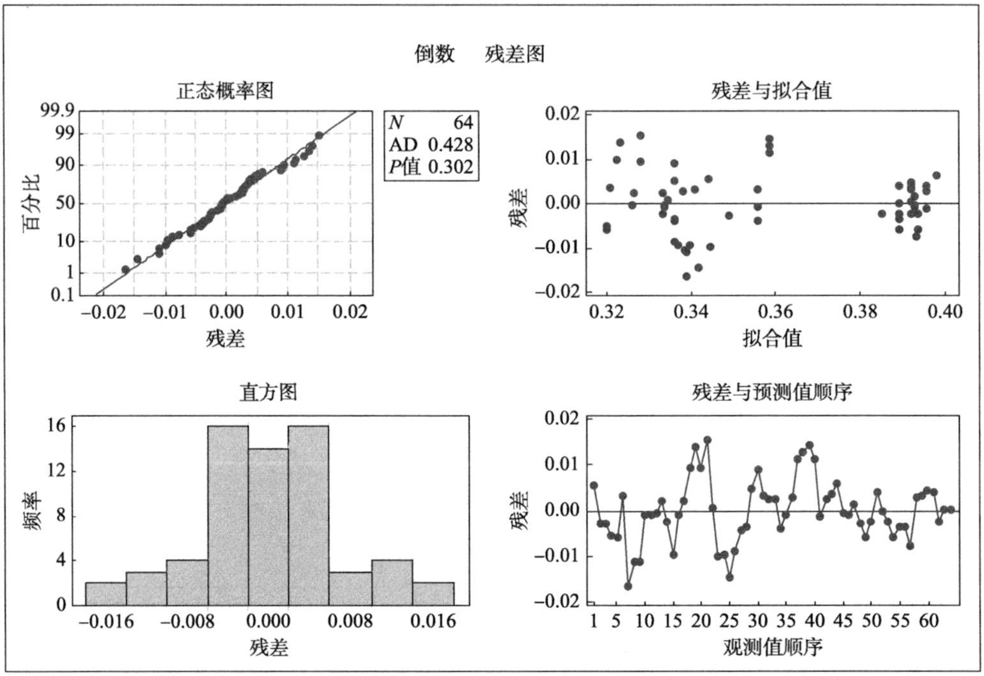

图 11.5 总烟碱回归结果

误差值 s 为 0.007 149 09，决定系数 $R-sq$ 为 94.2%，自变量可以解释响应变量（此处为因变量 $1/y$）中 94.2%的变异，与 $R-sq$（调整）数值 93.7%相近。

对于还原糖，图 11.6 为通过对化学成分 y 进行平方根转换且进行逐步回归得到的最优结果。

由图 11.6 可知残差值符合正态分布，且散点图保持等方差性，无漏斗形等不合格形状，且在横轴上下无规则波动，残差间相互独立。因此，可得回归方程为

平方根=6.24−3.19 × 杂色+2.93 × 微青−1.79 × 上部位−1.43 × 中部位

误差值 s 为 0.049 671 5，决定系数 $R-sq$ 为 91.0%，可解释因变量（此处为 $\sqrt{y}$）91%的变异，与 $R-sq$（调整）值 90.4%相近。

对于总氮，图 11.7 为通过对化学成分 y 进行对数转换且进行逐步回归得到的最优结果。

从图 11.7 可知数据满足正态分布，由“残差与拟合值”可知散点图基本保持等方差性，图形符合要求。由“残差与预测值顺序”可知散点在横轴上下随机波动。可知回归方程为

对数=0.264+0.694 × 杂色+0.153 × 橘黄色−0.221 × 下档次−0.0672 × 上档次−0.114 × 下部位

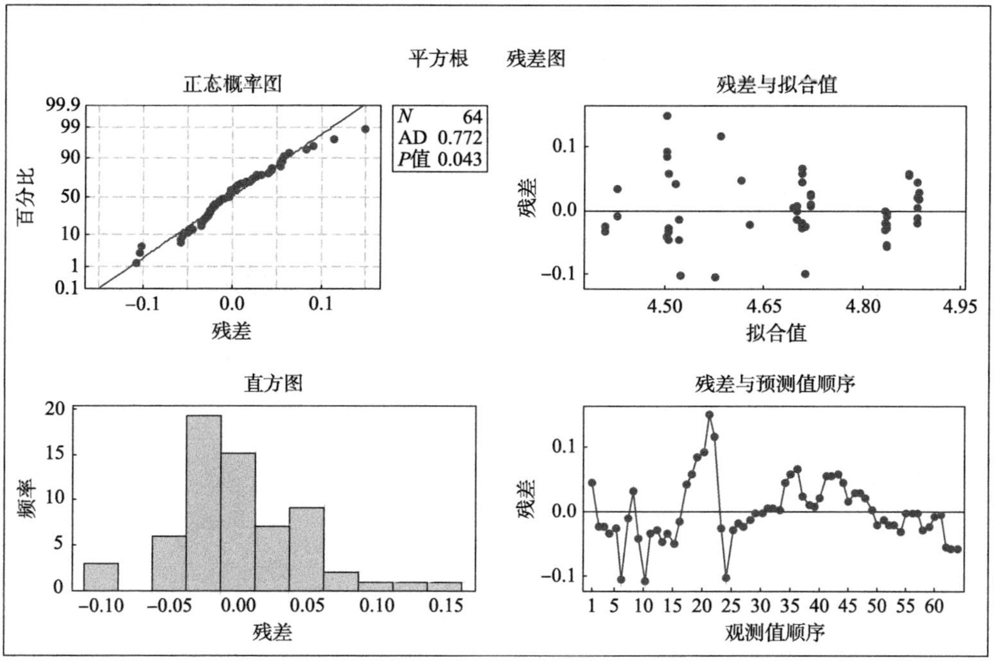

图 11.6　还原糖回归结果

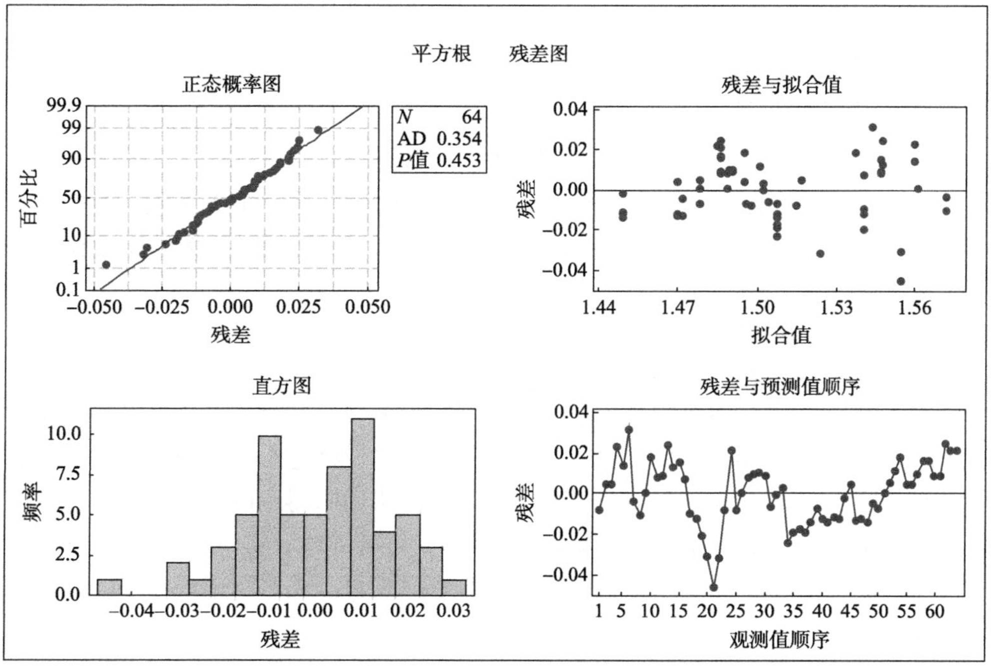

图 11.7　总氮回归结果

误差值 s 为 0.009 268 76，决定系数 $R-sq$ 为 81.6%，自变量解释因变量（此处为 $\log(y)$）81.6%的变异，与 $R-sq$（调整）数值 80.0%相近。

对于钾，图 11.8 为通过对化学成分 y 进行对数转换且进行逐步回归得到的最优结果。

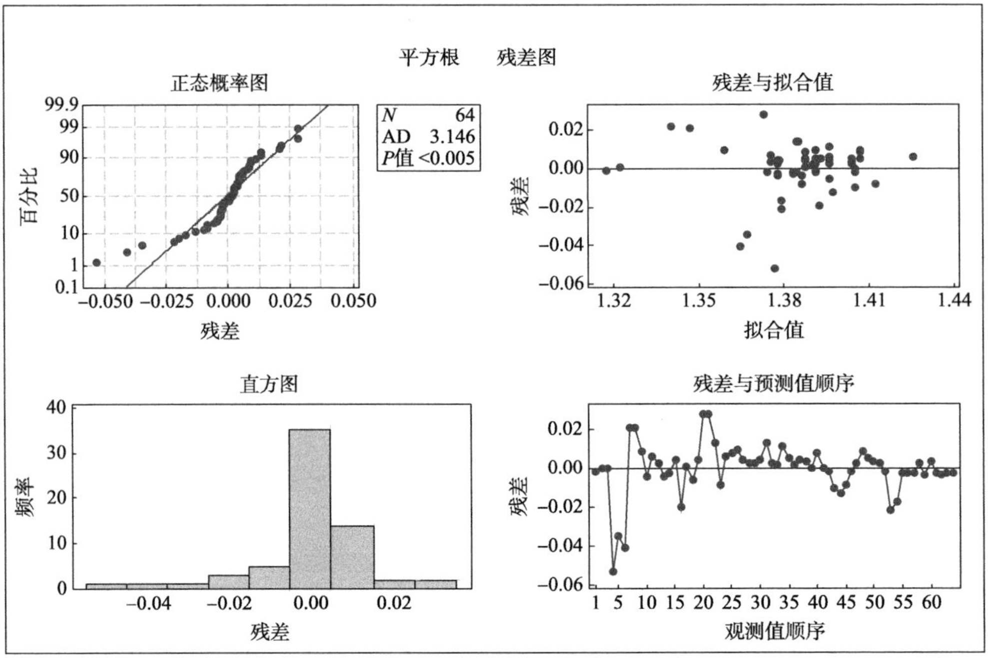

图 11.8 钾回归结果

从图 11.8 可知图形符合正态分布，“残差与拟合值”基本满足要求，图像可以接受。由“残差与预测值顺序”图可知散点无规则上下波动，残差间相互独立。可得回归方程：

对数=0.347−0.571×微青−0.638×杂色+0.304×下档次−0.156×中部位+0.0957×上档次−0.104×上部位

误差值 s 为 0.008 907 07，决定系数 $R-sq$ 为 69.7%，说明自变量可解释响应变量（此处为 $\log(y)$）69.7%的变异，与 $R-sq$（调整）数值 66.5%相近，符合要求。

对于氯，图 11.9 为通过对化学成分 y 进行逐步回归得到的最优结果。

从图 11.9 可知，图像符合正态分布，且保持等方差性，散点随机分布。由“残差与预测值顺序”图可知，散点在横轴上下随机波动，残差间相互独立。可得回归方程：

氯=0.449−0.675×深橘黄色−0.915×下部位−0.252×上档次+0.200×橘黄色

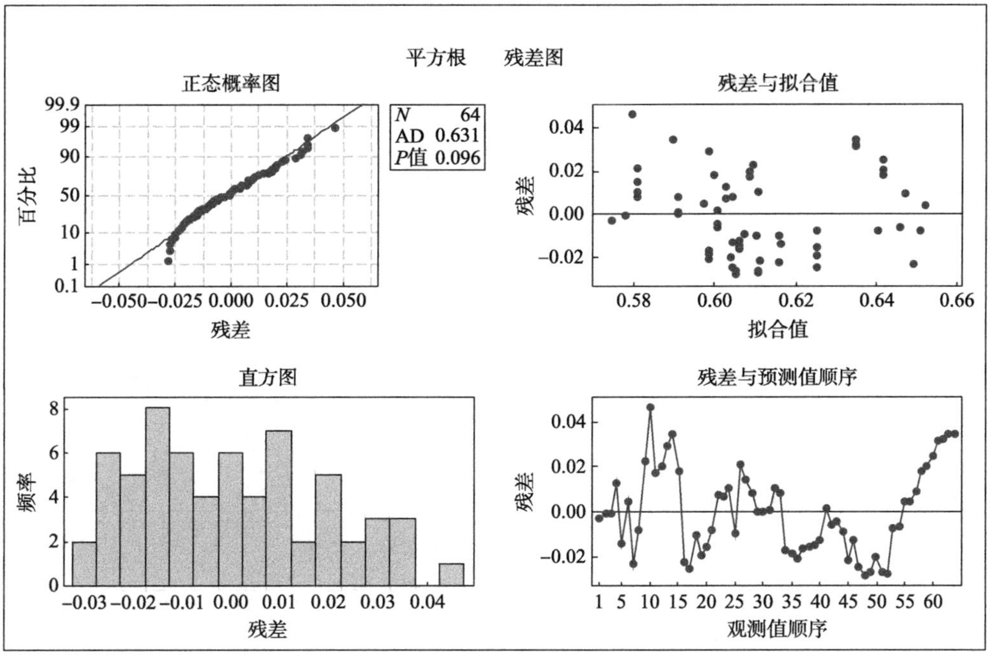

图 11.9　氯回归结果

误差值 s 为 0.024 283 5，决定系数 $R-sq$ 为 55.2%，自变量可以解释响应变量 y 中 55.2%的变异，与 $R-sq$（调整）数值 52.2%相近，基本符合要求。

对于蛋白质，图 11.10 为通过对化学成分 y 进行倒数转换且进行逐步回归得到的最优结果。

由图 11.10 左上角可知残差值符合正态分布，“残差与拟合值”反映残差基本保持等方差性，数据点随机均匀分布，由“残差与预测值顺序”图可知，散点在横轴上下无规则随机波动，残差间保持相互独立，所得回归方程为

$$倒数=0.0626+0.0793\times 柠檬黄色-0.0625\times 微青-0.0266\times 上档次$$

可得误差值 s 为 0.002 361 84，决定系数 $R-sq$ 为 89.8%，反映自变量可以解释响应变量（此处为$1/y$）89.8%的变异，与 $R-sq$（调整）数值 89.3%相近，结果相对较好。

对于施木克值，图 11.11 为通过对化学成分 y 进行对数转换且进行逐步回归得到的最优结果。

由图 11.11 可知，残差值数据符合正态分布且保持等方差性，当以观测值顺序为横轴时，散点上下无规则分布，具有残差独立性。所得回归方程为

$$对数=-0.0803+0.435\times 柠檬黄色+1.57\times 下部位-1.63\times 杂色+0.248\times 上部位$$

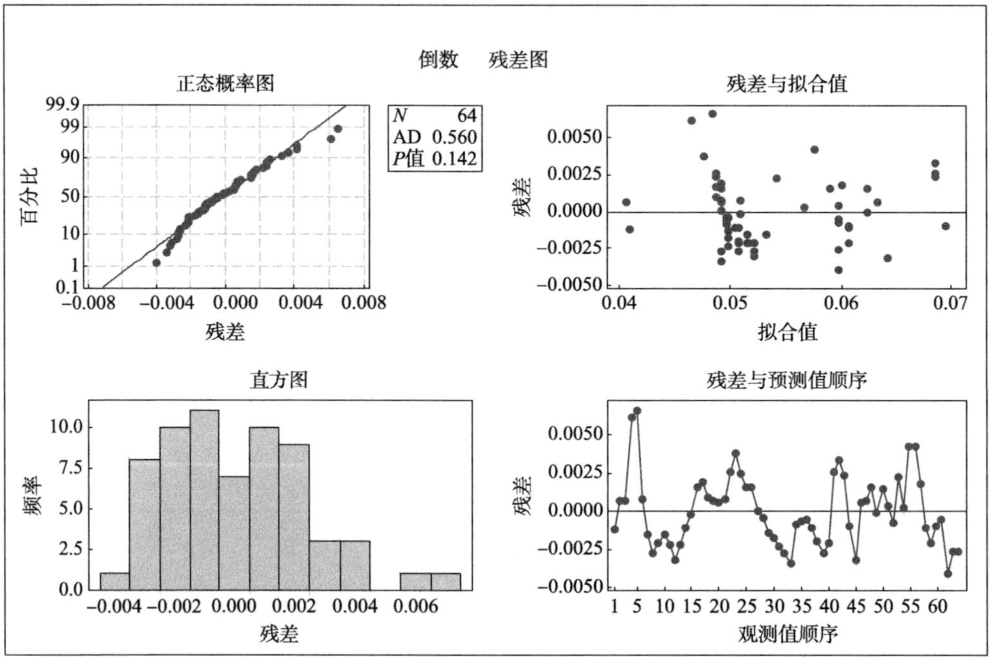

图 11.10　蛋白质回归结果

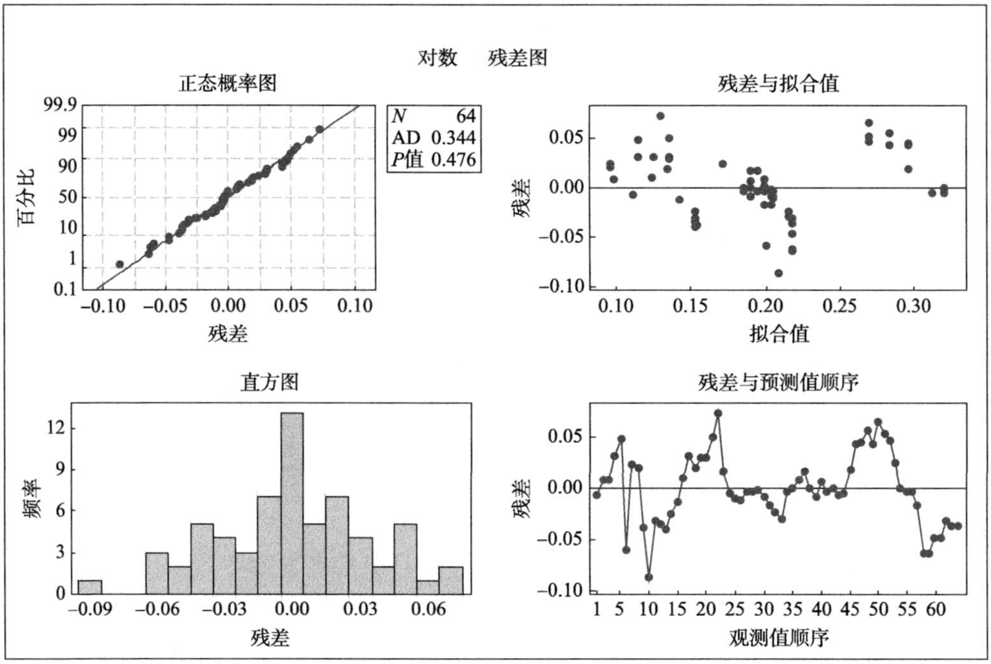

图 11.11　施木克值回归结果

可得误差值 s 为 0.034 840 9，决定系数 $R-sq$ 为 76.4%，自变量解释响应变量（此处为 $\log(y)$）76.4%的变化，与 $R-sq$（调整）数值 74.8%相近，符合要求。

11.4　卷烟配方数据的关联规则提取

卷烟配方维护是维持企业可持续化生产的重要保障。配方质量的恒定是维系产品口感等品质的关键因素（Franceschini et al.，2015；Li et al.，2009）。实际生产中每一个配方都是卷烟配方人员根据国家标准和人工经验进行单料烟选择，通过不同产地、不同部位烟叶的搭配来满足一定的感官需求。但是，受到库存、价格等因素的影响，不同时间段的配方不可能做到完全一致。因此，配方人员会根据多年的人工经验，用一些品质相近的单料烟替换原有烟叶，使配制后香烟的吸味等感官指标维持在可接受范围内，并基本保持恒定。一般来说，国内成品烟的一个配方涉及 20～30 种数目不等的单料烟。因此，从企业的卷烟配方数据中如何提取蕴含的关联规则用于配方设计和维护，是一个需要考虑的问题。

11.4.1　数据来源与数据预处理

从某烟草集团获得某牌号成品烟的配方数据。为真实反映单料烟的变动及搭配情况，保证挖掘结果的有效性，本书选择 3 年（即 2010 年 1 月～2012 年 12 月）共 35 组配方数据进行研究。

叶组配方根据库存量进行多次微调，35 组配方中的任意配方基本保持由 20～30 份单料烟经过一定的比例配制而成。单料烟涉及从 2001 年起至 2012 年共 72 份，包括 2 种等级烤烟薄片、2 种出口烤片及 66 种国内烤片。其中，朱砂烟 2 份，白肋烟 3 份，晒烟 2 份，烤烟云南省内 52 份，云南省外 7 份，包括 K326，NC82，NC297，云 85、云 87 混合 4 个品种，55 个不同等级。

某品牌三年的配方数据共涉及 35 种配方，72 种单料烟，不同时期的配方组合中包含多种单料烟，将各单料烟“是否”在配方中出现看成典型的布尔类型。故在进行实验前需要将不同时段的配方数据表转换为 0-1 的二进制表。

对原始数据进行整理后，获得如表 11.30 所示叶组配方矩阵。共 35 行，72 列，每一行代表一个叶组配方，每一列代表一种单料烟，数字为不掺入膨胀烟丝和梗丝的单料烟在叶组配重中的百分含量。

表 11.30　某牌号原始叶组配方数据

配方单号	单料烟 1	单料烟 2	…	单料烟 13	单料烟 14	单料烟 15	…	单料烟 72
1	13.3	23.3		0	0	0		0
2	0	23.3		6.7	10	6.7		0
3	0	23.3		6.7	10	6.7		0
4	0	17		6.7	10	10		0
5	0	7.7		2.6	7.7	7.7		0
6	0	7.7		2.6	7.7	7.7		0
7	0	7.7		2.6	7.7	7.7		0
8	0	7.7		2.6	7.7	7.7		0
9	0	0		2.6	7.7	7.7		0
10	0	0		2.6	7.7	7.7		0
11	0	0		2.6	7.7	7.7		0
12	0	0		2.6	7.7	7.7		0
13	0	0		2.6	7.7	7.7		0
14	0	0		2.6	5.1	2.6		0
15	0	0		2.6	5.1	2.6		0
16	0	0		2.6	5.1	2.6		0
17	0	0		2.5	5.1	2.5		0
18	0	0	…	2.5	5.1	2.5	…	0
19	0	0		2.5	5.1	2.5		0
20	0	0		2.5	5.1	2.5		0
21	0	0		2.5	5.1	2.5		0
22	0	0		2.5	5.1	2.5		0
23	0	0		2.5	5.1	2.5		0
24	0	0		2.5	5.1	2.5		0
25	0	0		2.5	5.1	2.5		0
26	0	0		2.5	5.1	2.5		0
27	0	0		2.5	5.1	2.5		0
28	0	0		2.5	5.1	2.5		0
29	0	0		2.5	5.1	2.5		0
30	0	0		2.5	5.1	2.5		0
31	0	0		2.5	5.1	2.5		0
32	0	0		2.5	5.1	2.5		0
33	0	0		2.5	5.1	2.5		0
34	0	0		2.5	5.1	2.5		0
35	0	0		2.5	5.1	2.5		2.5

将表 11.30 的原始叶组配方数据矩阵做 0-1 规范化处理，当表 11.30 中第 i 行第 j 列数据 $d_{ij} \neq 0$，则将 d_{ij} 置为 1，若其为 0，则保持不变。

将转化后的数据作为输入，以关联规则模型进行规则挖掘，即可得到由 0/1 数据矩阵代表的单料烟共存规则。

11.4.2　关联规则挖掘模型及规则约简

Apriori 算法利用规则项集的反单调性，对数据库进行多次扫描，逐项集连接，生成最终的 k-频繁项集来挖掘关联规则，并同时计算相应的支持度与置信度指标值。

经典 Apriori 关联规则算法由两阶段构成：①根据项集支持度与阈值比较，获取频繁项集；②由频繁项集，给定前后项，计算置信度并与阈值比较，生成所需规则。

输入：交易数据库、支持度阈值 α、置信度阈值 β。

输出：关联规则集合。

第一步：挖掘频繁项集 L_k。

步骤 1.1：将初始全部交易事务 T 转换为 0-1 矩阵，行代表一次交易事务，列代表一个产品项目，若对应第 i 次交易中含有第 j 个项目，则矩阵点 (i, j) 置 1，否则为 0。

步骤 1.2：统计数据库中每个单独 1-项集的支持度，生成候选频繁项集。与已知的支持度阈值比较，大于阈值 α 的项保留为 1-频繁项集。

步骤 1.3：生成 2-频繁项集。利用步骤 1.2 得到的 1-频繁项集，通过交叉组合生成 2-候选项集。与阈值 α 比较得到 2-频繁项集。

步骤 1.4：项集中的项按照字典序进行前后排列。在 k-频繁项集（k>2）生成（$k+1$）-候选频繁项集时采用 Apriori 的 join 步，对每两个有前 $k-1$ 个共同项目的长度为 k 的项集进行连接，得到候选频繁项集 C_k'。

对于 k-项集，有 $I_j[1] \prec I_j[2] \prec I_j[3] \prec \cdots \prec I_j[K]$，若 $I_j[1] = I_i[1], I_j[2] = I_i[2], \cdots, I_j[K-1] = I_i[K-1], I_j[K] \neq I_i[K]$，则认为两个项集可以连接，产生（$k+1$）-项集结果为 $\{I_j[1] I_j[2] \cdots I_j[k] I_i[k]\}$。例如，2-频繁项集为 ab,ad,ac,de 则通过 join 步生成的 3-候选频繁项目集仅为 abd, abc, adc。紧接着根据 Apriori 算法的反单调性，对 C_3' 进行剪枝，得到频繁项集 L_3。

步骤 1.5：重复步骤 1.4，直到频繁项集 $L_{k+1} = \phi$，此时生成最大 k-频繁项集，算法停止。

第二步：由频繁项集 L_k 和置信度阈值 β 生成关联规则。

步骤 2.1：对每个频繁项目集 L 生成其所有非空子集。

步骤 2.2：对于 L 的非空子集，扫描数据库，计算每个子集的置信度，若满足 $Confidence(A \Rightarrow L-A) \geqslant \beta$ ，则产生规则 $A \Rightarrow L-A$ 。

此时得到的规则数量对于卷烟配方维护指导来说规模巨大，难以产生有效的直观推荐，使用价值降低，所以需要对产生的规则进行约简。

对于规则约简问题，首先需要验证 $A \Rightarrow BCD$ 与 $A \Rightarrow BC$ 和 $AD \Rightarrow BC$ 之间存在的相互关系。

假设 $Support(A \Rightarrow BCD) \geqslant \alpha$ ，且 $Confidence(A \Rightarrow BCD) \geqslant \beta$ ，规则 $A \Rightarrow BCD$ 成立，那么 $Support(A \Rightarrow BC) \geqslant Support(A \Rightarrow BCD) = Support(AD \Rightarrow BC)$ 。

同时满足：

$$\frac{Support(A \Rightarrow BC)}{Support(A)} \geqslant \frac{Support(A \Rightarrow BCD)}{Support(A)} \tag{11.13}$$

$$\frac{Support(AD \Rightarrow BC)}{Support(AD)} \geqslant \frac{Support(A \Rightarrow BCD)}{Support(A)} \tag{11.14}$$

故可以得出：规则 $A \Rightarrow BC$ 与规则 $AD \Rightarrow BC$ 同时满足要求成立。

所以同理，当挖掘出规则 $A \Rightarrow BCD$ 时，同长度其他规则 $AB \Rightarrow CD$, $AC \Rightarrow BD$, $AD \Rightarrow BC, ABC \Rightarrow D, ABD \Rightarrow C, ACD \Rightarrow B$ 都将成立。

然后，由于关联规则产生的 k -频繁项集数量多，再由频繁项集产生的规则数量更加巨大。因此，再来验证频繁项集 $ABCD$ 与 AB 和 ABC 间的关系。

假设 $Support(ABCD) \geqslant \alpha$ ，则必然 $Support(AB) \geqslant \alpha$ ， $Support(ABC) \geqslant \alpha$ 。

同样，假如最长频繁项集 $Confidence(A \Rightarrow BCD) \geqslant \beta$ ，则必然有

$$Confidence(A \Rightarrow B) \geqslant Confidence(A \Rightarrow BCD) \geqslant \beta \tag{11.15}$$

$$Confidence(A \Rightarrow BC) \geqslant Confidence(A \Rightarrow BCD) \geqslant \beta \tag{11.16}$$

所以可得，若最长频繁项集满足支持度和置信度要求，则其所含项集且长度小于最大频繁项集的短频繁项集的规则必然成立，这样进行约简后可删减短频繁项集产生的规则。

所以规则约简步骤为：①生成最长频繁项目集合。②令规则集合 $\Omega = \varnothing$ ，由最长频繁 k -项集生成前项个数小于 $k/2$ 的对应规则，与置信度阈值 β 比较，得到置信度大于阈值的初始规则。放入候选规则集合 Ψ 中。对 Ψ 中的规则按前件长度由小到大进行排序，仅将前项包含指定个数项目组合的规则放入集合 Ω 中，集合 Ω 便包含约简后的最简规则。

11.4.3　实验设计及结果分析

实验流程如图 11.12 所示。

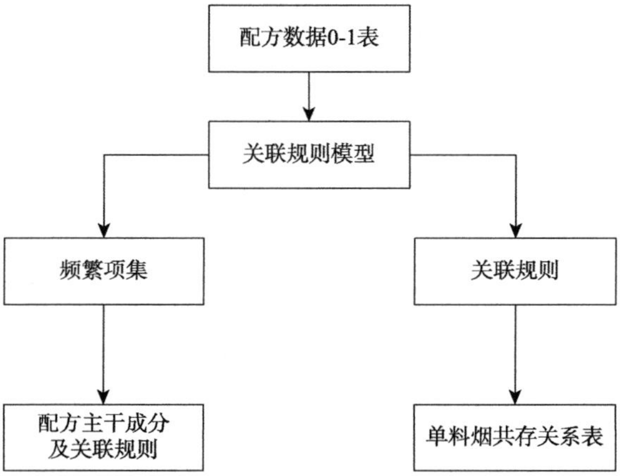

图 11.12　关联规则流程图

以叶组配方 0-1 矩阵作为算法的输入条件属性。针对实际卷烟配方的特征，这里仅考虑由最长频繁项目集挖掘所产生的关联规则集合。

已知数据共 35 条，为了检测支持度与置信度对规则数的影响，则支持数阈值考虑取在 35/2=17.5 附近，因此分别将支持数阈值取为 15、17、19、21，以 2 为步长，则支持度分别为 0.43、0.49、0.54、0.6。同时将置信度阈值取为 0.5、0.6、0.7、0.8，以 0.1 为步长，规则数结果如表 11.31 所示。根据不同支持度的变化，仅挖掘频繁项集中最长频繁项目集所产生的平均规则数分别为 20 797 条、7423 条、3519 条、3261 条。

表 11.31　不同置信度和支持度下的规则总数

支持度阈值	置信度阈值			
	0.5	0.6	0.7	0.8
0.43	24 060	21 501	19 453	18 173
0.49	8190	7167	7167	7167
0.54	4094	3839	3071	3071
0.6	4092	4092	2814	2046

为了减少规则数，使挖掘的规则可以简单使用，本书利用 Zhu 和 Liu（2010）所述思想，即仅获取规则前项较少的规则来达到个性化推荐的效果，以此实现规则约简。具体约简规则总数如表 11.32 所示。R_1 表示规则前项为单一项目集（某种单料烟）的规则集合，R_2 表示规则前项为两个项目集的规则集合，R_3 表示规则前项为三个项目集的规则集合，R_{la} 表示规则后项为单一项目集的规则集合。

表 11.32　不同置信度和支持度下的约简规则总数

支持度阈值	规则集合	置信度阈值			
		0.5	0.6	0.7	0.8
0.43	R_1	23	9	7	5
	R_2	178	99	79	61
	R_3	746	498	448	335
	R_{la}	39	39	39	39
0.49	R_1	13	3	3	3
	R_2	78	33	33	33
	R_3	286	166	166	166
	R_{la}	13	13	13	13
0.54	R_1	12	4	2	2
	R_2	66	38	21	21
	R_3	220	164	100	100
	R_{la}	12	12	12	12
0.6	R_1	11	11	1	1
	R_2	110	110	37	10
	R_3	330	330	154	45
	R_{la}	22	22	21	10

当支持度为 0.43，置信度为 0.5 时，可以获取最多的最长频繁项集，而且当规则没有进行约简时，规则较为全面，涵盖范围较大，规则数较多，仍处于接受范围内；另外，进行规则约简后，由表 11.32 可知，R_1 规则数为 23，R_2 规则数为 178，数目较少且配方规则信息保留相对完整。对于推荐卷烟配方构成及维护具有重要意义。

表 11.33 表示通过关联规则挖掘方法得到的结果，其中表中每位数字对应一种特定单料烟。

表 11.33　关联规则算法对某牌号配方的实验结果统计

关联规则	支持度	置信度
25=>13　14　15　16　18　20　21　26　30　35　40　44	0.457 14	0.761 900
40=>13　14　15　16　18　20　21　25　26　30　35　44	0.457 14	0.761 900
44=>13　14　15　16　18　20　21　25　26　30　35　40	0.457 14	0.695 65

续表

关联规则	支持度	置信度
13　25=>14　15　16　18　20　21　26　30　35　40　44	0.457 14	0.761 900
13　40=>14　15　16　18　20　21　25　26　30　35　44	0.457 14	0.761 900
13　44=>14　15　16　18　20　21　25　26　30　35　40	0.457 14	0.695 65
…	…	…
38=>13　14　15　16　18　20　21　26　30　35　39　40	0.485 71	0.944 44
39=>13　14　15　16　18　20　21　26　30　35　38　40	0.485 71	0.944 44
40=>13　14　15　16　18　20　21　26　30　35　38　39	0.485 71	0.809 52
13　38=>14　15　16　18　20　21　26　30　35　39　40	0.485 71	0.944 44
13　39=>14　15　16　18　20　21　26　30　35　38　40	0.485 71	0.944 44
13　40=>14　15　16　18　20　21　26　30　35　38　39	0.485 71	0.809 52
…	…	…
44=>13　14　15　16　18　20　21　26　30　35　50　54	0.457 14	0.695 65
50=>13　14　15　16　18　20　21　26　30　35　44　54	0.457 14	0.842 11
54=>13　14　15　16　18　20　21　26　30　35　44　50	0.457 14	1
13　44=>14　15　16　18　20　21　26　30　35　50　54	0.457 14	0.695 65
13　50=>14　15　16　18　20　21　26　30　35　44　54	0.457 14	0.842 11
13　54=>14　15　16　18　20　21　26　30　35　44　50	0.457 14	1
………		

本书采用关联规则方法进行挖掘后可以建立对应牌号成品烟的主干单料烟构成、得到配方中某些单料烟组合出现前提下其他单料烟出现的概率及配方中主干单料烟间的替换关系。

如表 11.33 所示，根据表中以省略号进行分隔的三部分规则可知，同部分规则内部所包含的项集是相同的，由此根据每部分项集集合可以得到该牌号的不同种主要配方构成。所得主要配方构成分别为

a.13，14，15，16，18，20，21，25，26，30，35，40，44；

b.13，14，15，16，18，20，21，26，30，35，38，39，40；

c.13，14，15，16，18，20，21，26，30，35，44，50，54；

通过对支持度与置信度的计算，关联规则方法可以得出“⇒”左右两端单料烟组在配方数据库中出现的频率，及在“⇒”左端某些单料烟组合存在的前提下，“⇒”右端另一些组合存在的条件概率。置信度为 1 则反映出后件在前件存在的

条件下 100%搭配存在。这样，对于成品烟的配制具有参考价值。

通过 a、b、c 三种配方主要构成成分，对 a、b、c 三组进行求“交集”运算，获取其交集部分，则可知交集部分为三组配方的公共部分，即该牌号的配方主干成分。该配方的主干成分为 13、14、15、16、18、20、21、26、30、35。所以在对配方维护和设计的过程中，需要尽量保证主干成分没有缺失，然后再添加辅料烟，这样有利于卷烟感官口味的稳定。

然后，分别将 a、b、c 三组主要配方构成与交集部分求差，获取三组中的非公共部分，具体配方结果如表 11.34 所示。

表 11.34　某牌号配方的主干单料烟与单料烟替换

组别	主干成分（公共部分）	非公共部分
a		25，40，44
b	13，14，15，16，18，20，21，26，30，35	38，39，40
c		44，50，54

针对非公共部分单料烟的相互替换情况，表 11.35 给出了该部分单料烟的特征信息及感官评吸指标值。

表 11.35　单料烟特征属性及感官评吸指标数据表

单料烟	产地	年份	部位	香韵	香气量	香气质	浓度	刺激性	劲头	杂气	纯净度	回味	余味
25	楚雄	2009	中部	7.81	12.93	12.86	8.14	12.96	4.77	7.67	7.59	3.99	3.77
38	楚雄	2008	上部	7.83	12.85	12.64	8.13	12.72	4.70	7.62	7.6	3.97	3.63
39	云南	2007	中部	7.85	12.89	12.72	8.13	12.89	4.69	7.60	7.59	3.94	3.67
40	大理	2008	上部	7.98	12.95	12.75	8.23	12.62	4.67	7.68	7.66	3.98	3.79
44	楚雄	2005	中部	7.30	12.10	12.30	7.50	12.00	4.60	7.30	7.40	3.50	3.50
50	玉溪	2004	上部	7.79	12.92	12.38	8.17	12.33	4.42	7.63	7.58	3.88	3.67
54	楚雄	2005	中部	7.36	11.93	12.00	7.57	12.43	4.79	7.07	7.43	3.86	3.71

通过观察表 11.35 的单料烟数据，可知三组非公共部分单料烟组合之间皆为产地、部位、年份相近且感官指标基本一致的单料烟组合。因此，可以考虑在非公共单料烟组合中寻找可进行替换的单料烟。

例如，当 25 号单料烟缺失时，由表 11.34 可知，25 和 44 号单料烟与 40 号单料烟搭配使用，同时 38、39 号单料烟与 40 号单料烟搭配使用，且 25、44 组合与 38、39 组合产地都在同一省份内，年份相近，部位相近，烟叶之间化学成分含量相差较小，感官指标较近，符合单料烟替换的人工经验，因此，为了避免生产停止可使用单料烟 38、39 组合来替换含有缺失单料烟 25 的 25、44 组合。同理，当 40 号单料烟缺失时，因为 25、40 组合和 50、54 组合都可以与单料烟 44 进行搭配，所以可以利用 50、54 的单料烟组合来替代含有缺失单料烟 40 的 25、40 组合。

另外，当缺失 44 号单料烟时，无法通过上述方法进行替换，则需要利用 38、39、40 组合替换含有缺失 44 号单料烟的非公共部分，然后与表 11.34 中的主干成分进行搭配生产。

11.4.4　倾斜关联规则与配方维护

在一般关联规则算法执行中，每个项默认为随机出现。但是在实际卷烟生产过程中，由于配方中存在主料烟组，主料烟组在一段时间内出现的频率很高，而辅料烟及其他单料烟由于零星出现频率较低，造成在配方中某些单料烟相对其他单料烟的出现呈现“倾斜”的趋势。

这样选择合适的支持度阈值就很困难。如果提高阈值，则很可能因为项集支持度小被认作是非频繁的。如果降低阈值，首当其冲会产生大量冗余规则，超出接受范围，增加计算内存。而且规则中混杂着一种由高频率项和低频率项组成的伪关联规则，也称为“交叉支持模式”。伪关联规则所包含的项集间相关性太低，因此规则多半是没有用的。

考虑从置信度的角度进行改进，由于交叉支持模式在某些情况下置信度很高，置信度裁剪也于事无补。交叉支持模式是项集 $X=\{i_1,i_1,\cdots,i_k\}$ 的支持度比率

$$r(X)=\frac{\min[\sup(i_1),\sup(i_2),\cdots,\sup(i_k)]}{\max[\sup(i_1),\sup(i_2),\cdots,\sup(i_k)]} \tag{11.17}$$

小于用户指定的阈值 h_c。

目前已有的支持度和置信度两种阈值无法解决交叉支持模式。如表 11.36 所示数据集。

表 11.36　包含 3 项数据集

A	B	C
0	1	1
1	1	1
1	1	1
1	1	1
1	1	1
1	0	0

续表

A	B	C
1	0	0
1	0	0
1	0	0
1	0	0
1	0	0
1	0	0
1	0	0
1	0	0
1	0	0
1	0	0
1	0	0
1	0	0
1	0	0
1	0	0
1	0	0
1	0	0
1	0	0
1	0	0
1	0	0
1	0	0
0	0	0
0	0	0
0	0	0
0	0	0

注：A 是高支持度项，B 和 C 为低支持度项

假定 h_c=0.3，通过计算可得项集 $\{A,B\}\{A,C\}\{A,B,C\}$ 的支持度比率为 0.2，小于阈值，故都是交叉支持模式。虽然可以采用较高的支持度阈值来消除交叉模式，但是却损失了或许有用的规则 $\{B,C\}$，该项集的支持度为 16.7%。因此，需要增加原有的参数阈值来消除该问题。

置信度具有如下反单调性：

$$conf(\{i_1,i_2\} \to \{i_3,i_4,\cdots,i_k\}) \leqslant conf(\{i_1,i_2,i_3\} \to \{i_4,i_5,\cdots,i_k\}) \tag{11.18}$$

由式（11.18）可以得到，将规则左侧的项集转移到右侧，规则置信度不会有所增加，所以可以推出当规则左边仅含有一个项集时，规则为最低置信度规则。从频繁项集 $\{i_1,i_2,\cdots,i_k\}$ 中推导最低置信度为

$$\frac{\sup(\{i_1,i_2,\cdots,i_k\})}{\max[\sup(i_1),\sup(i_2),\cdots,\sup(i_k)]} \tag{11.19}$$

式(11.19)命名为 h 置信度($h-confidence$),由于支持度的反单调性, $h-confidence$ 计算式的分子受限于频繁项目集所有项中最小的支持度，所以可以得出：

$$h-confidence(X) \leqslant \frac{\min[\sup(i_1),\sup(i_2),\cdots,\sup(i_k)]}{\max[\sup(i_1),\sup(i_2),\cdots,\sup(i_k)]} \leqslant h_c \tag{11.20}$$

通过设定所求频繁项目集合所得规则的 h 置信度大于用户定义阈值 h_c 就可以消除掉交叉支持模式。由此，可以确定 h 置信度可以确保频繁项目集合之间的项是强关联的，得到的规则在一定程度上回避了倾斜问题影响。

将 h 置信度加入到关联规则挖掘算法当中， $h-confidence$ 表达式同时融合了支持度和置信度的计算，但是考虑到历史配方数据中存在某种单料烟仅出现一两次的情况，为了消除这种情况对挖掘结果的负面影响，所以在处理较多配方数据时候，保留支持度阈值和置信度阈值，首先由支持度阈值进行初步的数据集筛选，但是阈值应该根据数据集大小合理选择，以免过低后续产生大量规则或过高删掉有用的项集。其次，由 h 置信度阈值筛选出强关联的项集，最后，由置信度阈值来筛选出理想的有用规则。

配方数据同样以通过数据预处理后的 0/1 配方数据作为输入，根据配方数据特点，选定支持度阈值以 0.05 为步长增加变化，下限为 0.10，上限为 0.60 作为配方数据项集的初步筛选，h 置信度阈值分别取值为 0.65、0.70、0.75、0.80；最后规则的筛选阈值置信度取值为 0.80。由配方数据提取出的规则数量如表 11.37 所示。

表 11.37　倾斜关联规则个数

支持度阈值	h 置信度阈值			
	0.65	0.70	0.75	0.80
0.10	115 870	57 592	57 201	57 158
0.15	115 867	57 590	57 199	57 156
0.20	115 833	57 580	57 189	57 146
0.25	115 594	57 414	57 160	57 144
0.30	115 290	57 113	57 057	57 042

续表

支持度阈值	h 置信度阈值			
	0.65	0.70	0.75	0.80
0.35	115 121	57 062	57 045	57 038
0.40	115 098	57 044	57 032	57 026
0.45	115 060	57 026	57 021	57 020
0.50	115 037	57 012	57 007	57 006
0.55	115 032	57 007	57 002	57 002
0.60	115 027	57 007	57 002	57 002

通过表 11.37 可知，当 h 置信度不变时，随着支持度阈值的增加，规则的数量在不断减少，直至达到临界情况，此时规则数量保持不变，如 h 置信度取值为 0.70，支持度取值 0.55 与 0.60 时规则数量都是 57 007，说明支持度阈值对单一项集的筛选已达到上限，通过支持度阈值筛选的 1-项集都满足频繁要求。

当支持度保持不变时，随着 h 置信度阈值的增加，规则的数量不断减少，直至达到临界情况，则提取规则数量保持不变。例如，支持度取值为 0.60，h 置信度取值为 0.75 与 0.80 时规则数量都为 57 002 条，说明此时得到的规则都是已经完全回避了“倾斜性”问题的规则，而且规则都是满足最后置信度 0.8 筛选后的强关联规则。规则结构类似表 11.33 中的规则，为项集间排列组合的推导关系。

针对所有项集挖掘得到的规则进行约简，通过比较同一支持度、置信度阈值与不同的 h 置信度阈值筛选后得到的规则数量可以发现，h 置信度阈值有效地减少了所有频繁项集所产生的规则数，一定程度上解决了数据“倾斜性”问题。

11.5　基于关联规则与相似度的卷烟配方设计与维护

配方维护是指由于客观原因如库存、价格等，造成原来的配方缺少某种或某几种单料烟，这时需要从库存中选取相近的单料烟进行替换，既要维持原品牌的感官口感不变，又要保证烟支的成本符合要求。传统的卷烟配方维护都是基于人工经验搭配评吸后确立的，具有很大的人为影响因素，而且人工评吸会耗费大量的时间，对我国卷烟行业的发展产生了一定的阻碍。

根据 11.4 节的关联规则挖掘，可以得到大量的频繁项集，频繁项集的出现不光可以体现出配方中经常搭配的单料烟组合，而且也在一定程度上体现出单料烟的配伍性规则。两种单料烟经常搭配另外一种单料烟情况的出现会产生两种不同的可能，其一，两种单料烟品性质量相近，这正是我们挖掘所期待出现的情况，这样我们就可将其中一单料烟作为配方维护中缺失单料烟的一种补充。其二，这两种单料烟没有什么相互关系，仅仅是搭配同一种单料烟。

另外，根据人工经验，单料烟缺失时，一般采用同一产地、同一部位、相近档次、年份的单料烟进行替换，单料烟的化学指标受到部位、产地等自然环境因素影响巨大，所以特征属性相近必然会造成化学成分指标的接近。这样，配方维护问题就可以引申到从库存当中寻求备选相似单料烟，由于相似单料烟的化学成分、感官评吸、烟气指标都相近，仅需要对单料烟的用量进行调整，维持成品烟感官评吸指标稳定。

11.5.1　相似度计算法

每一条单料烟数据包含感官评吸指标（10 个）、化学成分（8 个）、烟气指标（3 个），所以将计算不同单料烟之间的可替换性转换为计算不同单料烟之间的相似度。

常用的计算相似性度量的方法主要有以下几种。

1. 欧氏距离

欧氏距离较为简单，来源于空间中的两点距离，当数据为二维数据 (x_1, y_1) 与 (x_2, y_2)，则欧氏距离即为

$$d_{12} = \sqrt{(x_1 - x_2)^2 + (y_1 - y_2)^2} \tag{11.21}$$

当数据为多维数据 $(x_{11}, x_{12}, \cdots, x_{1n})$ 与 $(x_{21}, x_{22}, \cdots, x_{2n})$，则欧氏距离为

$$d_{12} = \sqrt{\sum_1^n (x_{1k} - x_{2k})^2} \tag{11.22}$$

2. 曼哈顿距离

从名字由来就可以发现该距离即为街区距离，在实际中，两点间虽然直线距离最短，但是很难实现，因此需要找到其他最短距离的和值作为最短距离。当数据为二维数据 (x_1, y_1) 与 (x_2, y_2)，则曼哈顿距离为

$$d_{12} = |x_1 - x_2| + |y_1 - y_2| \tag{11.23}$$

当数据为多维数据 $(x_{11}, x_{12}, \cdots, x_{1n})$ 与 $(x_{21}, x_{22}, \cdots, x_{2n})$，则曼哈顿距离为

$$d_{12} = \sum_1^n |x_{1k} - x_{2k}| \tag{11.24}$$

3. 切比雪夫距离

该距离计算的是两个点间的坐标数差值的最大值。假设二维平面上的两点 (x_1, y_1) 与 (x_2, y_2)，则切比雪夫距离为

$$d_{12} = \max\left(|x_1 - x_2|, |y_1 - y_2|\right) \tag{11.25}$$

当数据为两个 n 维数据 $(x_{11}, x_{12}, \cdots, x_{1n})$ 与 $(x_{21}, x_{22}, \cdots, x_{2n})$，则切比雪夫距离为

$$d_{12} = \max(|x_{11} - x_{21}|, |x_{12} - x_{22}|, \cdots, |x_{1k} - x_{2k}|, \cdots, |x_{1n} - x_{2n}|) \tag{11.26}$$

该公式可以进行转换，转换后为

$$d_{12} = \lim_{k \to \infty}\left(\sum_{i=1}^{n} |x_{1i} - x_{2i}|^k\right)^{1/k} \tag{11.27}$$

4. 标准化欧氏距离

标准欧氏距离考虑到原数据每一维度上分布不同，对每维数据求得均值与方差，然后进行标准化处理。标准化欧氏距离也称为加权欧氏距离。

5. 马氏距离

马氏距离相较欧氏距离有较大改进，马氏距离引入了不同属性间的相互关系；例如，人体数据中知道身高的信息，侧面也会一定程度上掌握体重的信息。而且马氏距离与测量尺度无关。

若数据含有 n 个向量 $(x_1, x_2, \cdots, x_n)$，计算协方差矩阵为 S，则向量 x_1 到 x_2 的马氏距离可定义为

$$d_{12} = \sqrt{(x_1 - x_2)^{\mathrm{T}} S^{-1} (x_1 - x_2)} \tag{11.28}$$

6. 夹角余弦

该距离计算公式是利用空间两个向量夹角的余弦值来体现个体间的差异度；余弦值趋近于 1，则代表夹角小，相似程度高，反之差异度大。

7. 杰卡德相似系数

杰卡德相似系数为两个数据集合 A、B 的交集占数据集 A、B 的并集的百分比，该系数体现数据集 A、B 的相似度。

本书利用传统的欧氏距离作为衡量缺失单料烟和替换单料烟相似度的标准，以单料烟烟叶的化学成分（总糖、还原糖、总烟碱、总氮、钾、氯、蛋白质、施木克值），感官指标（香韵、香气量、香气质、浓度、刺激性、劲头、杂气、纯净度、回味、余味），烟气指标（烟气烟碱、一氧化碳、焦油）三类指标作为输入，

计算欧氏距离，距离值越小则意味着相似度越高。

11.5.2　算法框架设计

本节在前面关联规则挖掘的基础上，构建符合人为配方经验的启发式配方维护方法。首先基于启发式规则进行卷烟配方替换候选集的搜索，具体流程如图 11.13 所示。

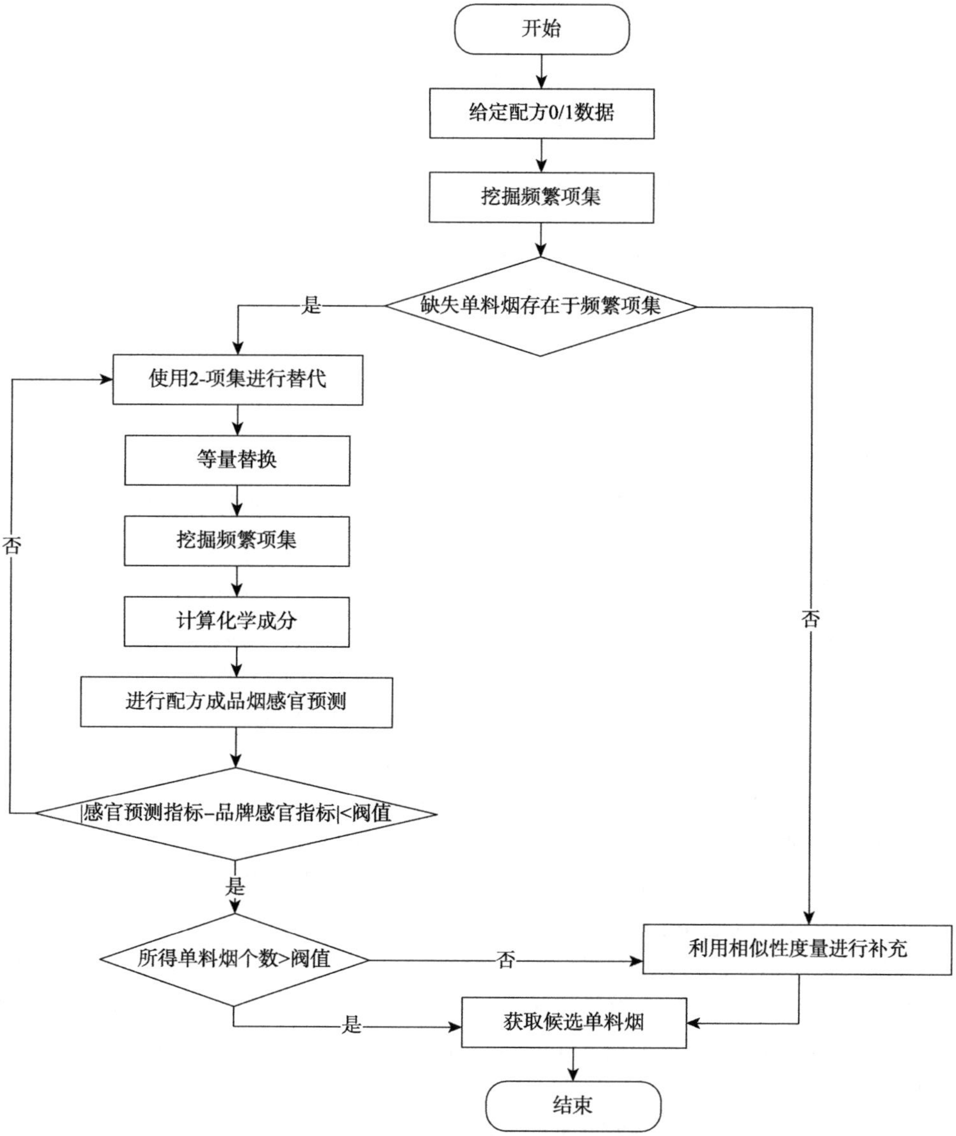

图 11.13　启发式卷烟配方替换候选集

输入数据：配方数据、单料烟数据、成品烟化学成分感官数据，推荐个数 m。

根据图 11.13 的框架结构确定算法步骤如下。

首先针对输入的配方数据进行关联规则挖掘，得到频繁项集；一般理论上来说，利用频繁项集进行一对一或者二对一替换是较为合理的。因此，利用关联规则挖掘频繁 2-项集，进行单料烟一对一替换。

如果频繁项集中含有缺失单料烟，说明该牌号配方中缺失单料烟经常出现，可以考虑利用频繁项集来推荐单料烟。

步骤 1：将得到的 2-频繁项集中的一个替换单料烟等量替换缺失单料烟。

步骤 2：计算整体配方的总用量，计算出 n 种单料烟烟叶中每种单料烟在总配方中所占比例 $(m_1, m_2, \cdots, m_n)$。假定第 p 种单料烟化学成分值分别为 $(x_{p1}, x_{p2}, \cdots, x_{p8})$，则配方的第 k 个化学成分属性值为 $\sum_{i=1}^{n} m_k x_{ik}$。

步骤 3：利用已有的成品烟感官数据进行预测模型训练，采用 SVM 算法对计算出来的替换后配方化学成分数据进行预测，得到 6 项感官评吸指标值 $(p_1, p_2, p_3, p_4, p_5, p_6)$。将预测感官指标和品牌感官指标 $(g_1, g_2, g_3, g_4, g_5, g_6)$ 进行比较。若满足任意第 k 项感官指标 $|g_k - p_k| \leqslant \beta$，其中 β 为设定阈值，则放入候选单料烟集合中；否则，该单料烟无效，不放入其中。然后继续跳转至步骤 1，直至遍历所有备选替换单料烟。

步骤 4：判断候选单料烟中替换单料烟的个数与 m 的关系，若大于 m 则输出候选单料烟集合，算法停止；若小于 m，则需要利用相似度方法补充替换单料烟。

但是，如果频繁项集中不包含缺失单料烟，说明缺失单料烟是配方中的辅料烟或者其他重复性不高、重要程度不高的单料烟，则此时频繁项集推荐不成立，需要利用相似度进行单料烟推荐，从库存的所有单料烟中找到 m 个推荐单料烟。此时该 m 个单料烟为与缺失单料烟最相似的前 m 个单料烟。

这样，通过图 11.13 即可获取候选替换单料烟。然后需要对候选单料烟进行用量的选择，以便投放最佳用量保障感官指标稳定。

替换单料烟用量选择的具体流程如图 11.14 所示。

针对候选集合中的单料烟对用量进行遍历，获取最佳用量。

步骤 1：给出候选单料烟集合。

步骤 2：给定用量集合。用量集合共含有 n 种用量，令计数参数 $m=0$。为了提高替换用量的准确性，将用量候选集合用两部分组成，其一，原缺失单料烟用量的一定范围内的波动用量，以 50kg 为步长；其二为配方中所有单料烟的历史投放用量。

步骤 3：对计数参数 m 进行加 1 操作，选取第 m 个用量。

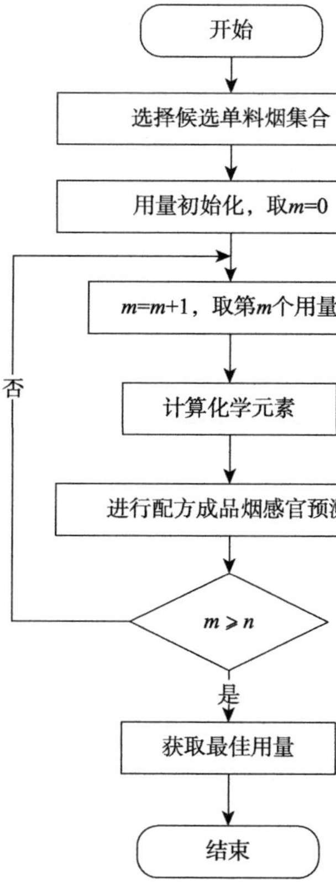

图 11.14　替换单料烟用量选择

步骤 4：计算替换后配方化学成分。

步骤 5：利用已有的成品烟感官历史数据和 SVM 算法训练感官预测模型，并对替换后的新配方进行感官指标预测，得到感官评吸指标值 $(p_1, p_2, p_3, p_4, p_5, p_6)$。已知品牌感官指标 $(g_1, g_2, g_3, g_4, g_5, g_6)$，计算距离 $d=\sum_{i=1}^{6}|p_i-g_i|$。

步骤 6：判断计数参数 m 是否大于或等于 n，若成立，则选取 d 取值最小所对应的用量为最佳用量，并结束操作。反之，跳转至步骤 3，进行下一个用量选取。

通过图 11.14 的具体操作获得 m 个替换单料烟的物料编码和投放量，且过程中掺入人工配烟的经验，具有一定的可操作性。

11.5.3　配方维护结果分析

以某牌号配方数据作为输入，配方数据中包含单料烟物料编码及投放量。规定缺失单料烟的物料编码，按照图 11.13 所示流程进行单料烟替换查找，设定查找单料烟个数上限为 5，样例结果如表 11.38 所示。

表 11.38 缺失单料烟替换结果

缺失单料烟编码	缺失单料烟用量	替换单料烟编码	替换单料烟用量
FY1A0X2F1104	400	FL110XFL2305	600
		YLKFWP00AX2F0FC012	600
		YLKFWP00AX3F0UG012	600
		YLKFWP00AC4F0FC012	200
		GM110XF21005	600

对替换缺失单料烟后的 8 种配方化学成分值进行计算，结果如图 11.15 所示。

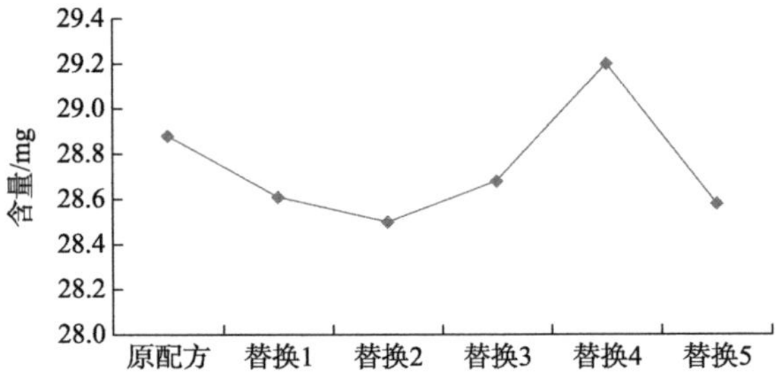

（a）总糖

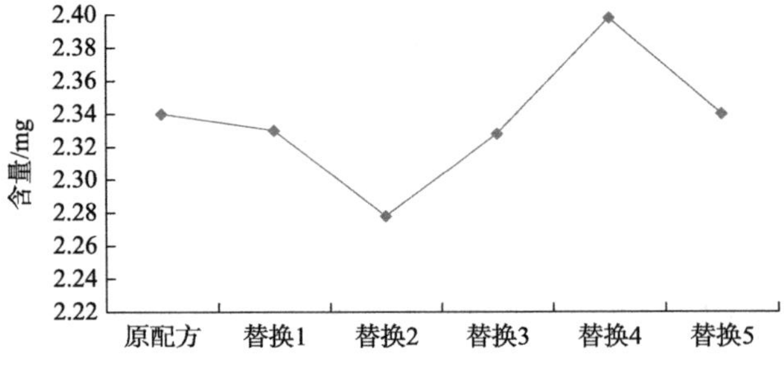

（b）总烟碱

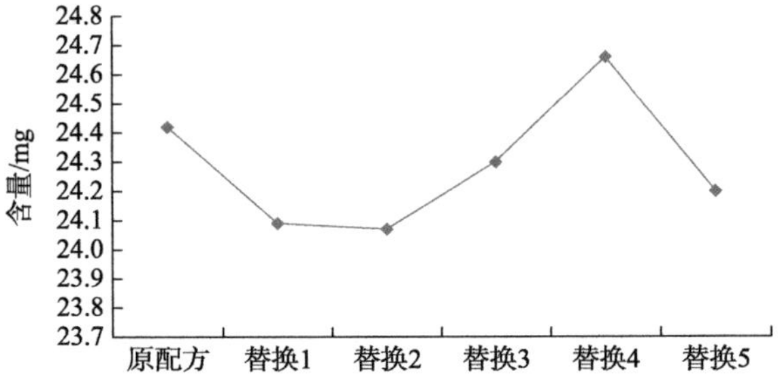

（c）还原糖

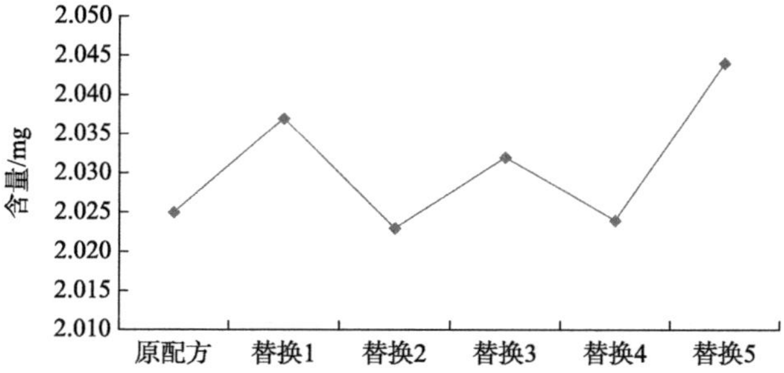

（d）总氮

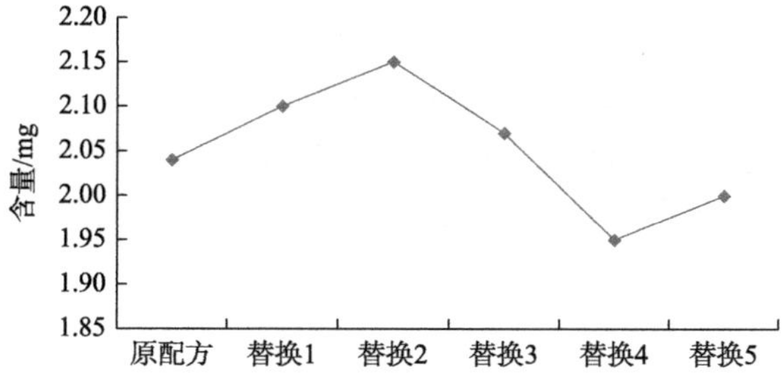

（e）钾

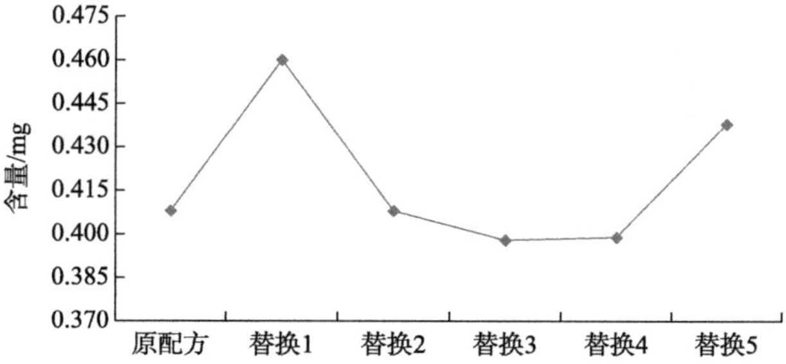

（f）氯

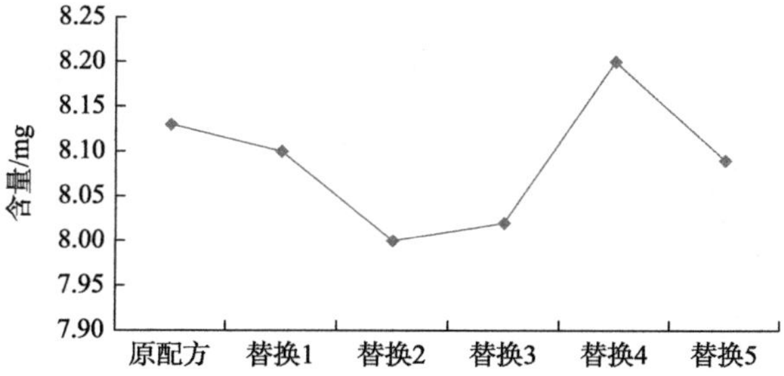

（g）蛋白质

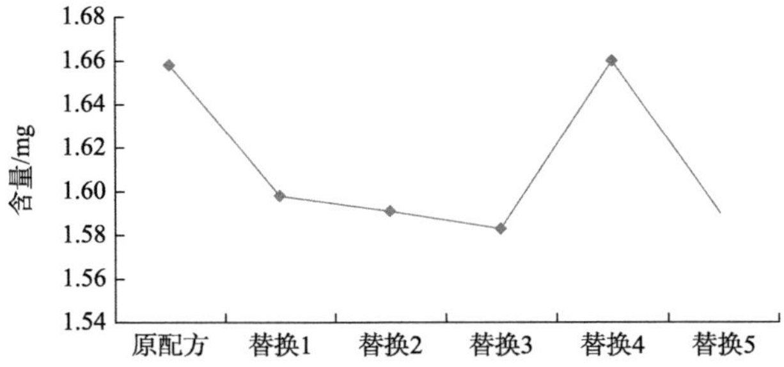

（h）施木克值

图 11.15　配方化学成分波动示意图

根据图 11.15 所示，可以发现替换后的配方化学成分与替换前配方化学成分相差不大，利用已有的成品烟化学成分和 SVM 算法训练配方感官指标预测模型，分别将五种单料烟替换后的配方化学成分作为输入属性，进行感官指标值预测，结果如图 11.16 所示。

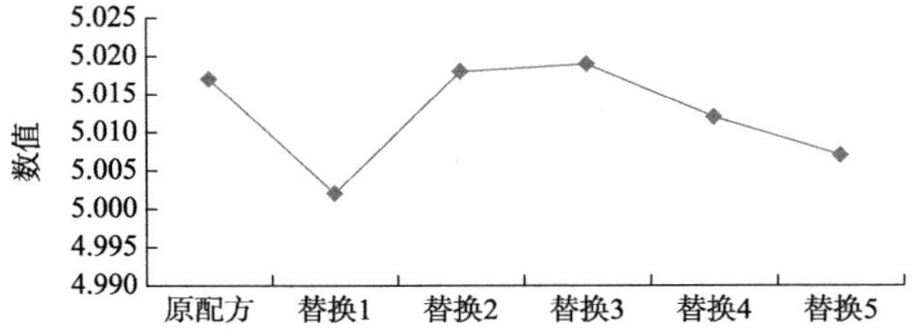

（a）光泽

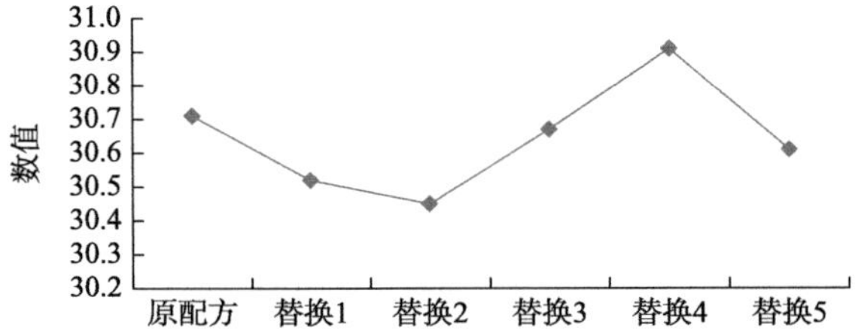

（b）香气

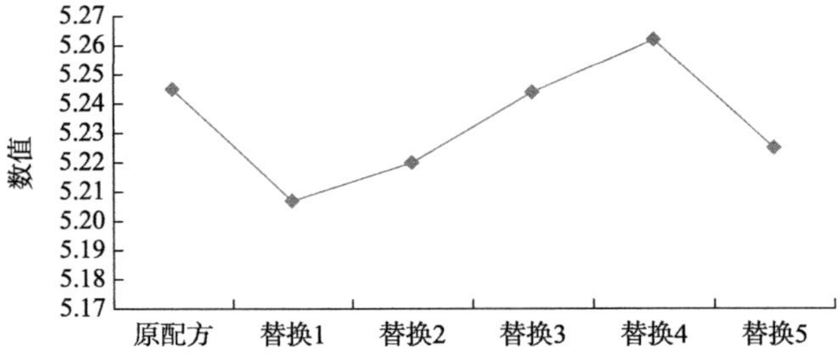

（c）谐调

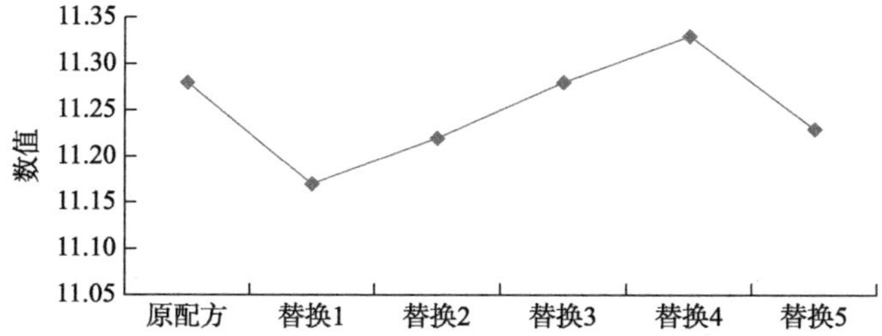

（d）杂气

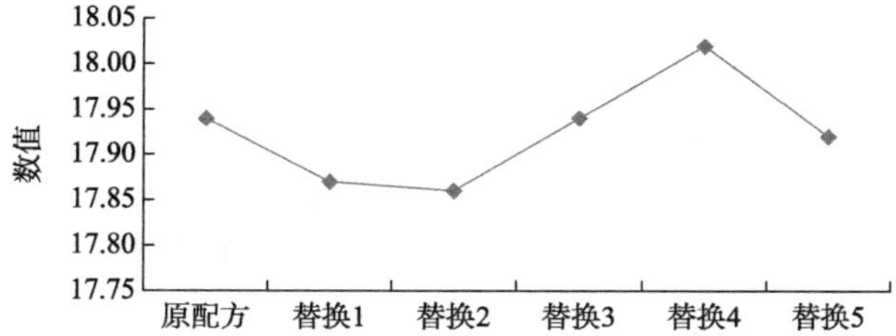

（e）刺激性

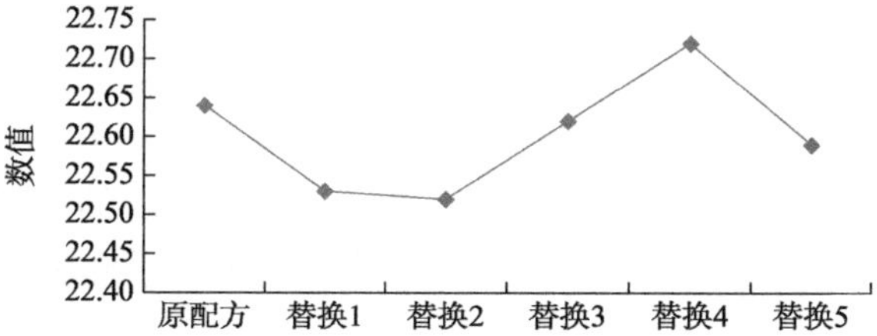

（f）余味

图 11.16　原配方与单料烟替换后配方感官变化示意图

通过图 11.16 可以发现，替换前后感官指标值变化较小，可以基本维持牌号感官口感的恒定，因此，该方法在一定程度上可以实现卷烟配方维护问题，给出较为合理的替换单料烟及其用量。

11.6　卷烟产品配方设计与维护的软件系统

为了提升研究利用价值，将理论融合到实际生产中，需要构建一个直接面向用户的可视化集成系统，辅助工作人员进行卷烟配方维护处理。因此，在前面研究成果的基础上，研究组完成了基于 MATLAB GUI（graphical user interface，图形用户界面）的辅助卷烟配方维护系统。首先基于企业的需求目标和理论研究成果，介绍决策系统的结构功能模块；其次根据相关需求设计功能界面；最后根据企业数据，呈现运行实例及结果。

11.6.1 系统功能需求

在对卷烟配方优化决策系统进行实践设计之前，首先需要进行用户需求性分析，这样才能保证设计的软件符合用户需求，具有实际利用价值。具体的功能需求如下。

（1）各牌号成品烟配方输出。卷烟配方形成过程中会掺杂大量的专家经验，以及单料烟的互相搭配规则。经常搭配在一起的单料烟，符合烟叶的配伍性规律。大量的专家经验可以通过数据挖掘中的关联规则方法得到，以规则的形式将抽象的专家知识具体化，既得到配伍性规则，又得到单料烟烟组。

（2）各品牌配方的启发式维护方法。在生产的过程中，由于成本、库存、烟叶产量等因素的影响，使得配方中某些单料烟缺失，为了保障生产的持续性，需要选定一种或几种单料烟替换缺失单料烟。因此，需要前期掌握卷烟配方经验，设定替换规则。在替换后，计算卷烟配方的感官评吸指标和烟气指标，并与原配方进行一定的比较。

（3）卷烟配方指标辅助预测系统。工作人员在主体配方确定后，会对配方进行一定程度上的微调，替换其中一种单料烟，加入一种新的单料烟。为了方便配方人员工作，减少工作量，所以设计相应应用界面辅助预测配方指标。

11.6.2 系统结构和模块设计

根据目标与企业需求分析，结合现阶段的研究成果，对卷烟配方系统结构进行设计，图 11.17 给出了该系统具体的系统模块化结构图。

通过图 11.17 所示，辅助系统共包含 3 个模块，用户在初始界面通过菜单选择自由跳转到其他功能界面。同样，功能模块间也可以相互跳转。数据选择后会跳出确认选择窗口，具体设计如下。

（1）模块 1：成品烟配方规则输出。模块 1 初步探究了卷烟配方中存在的抽象的专家知识，将人为的卷烟配伍规则以单料烟组合的形式输出，并且得到在某一种或几种单料烟出现的情况下其他单料烟出现的概率。通过该模块，可以帮助经验欠缺人员快速上手，掌握卷烟配方的基本构成。

（2）模块 2：成品烟启发式维护方法。模块 2 以单料烟的整体库存情况、某一品牌某个配方为输入，采用一定的方法对配方进行单料烟替换维护，而且单料烟缺失个数可以不唯一；然后利用原有历史成品烟感官评吸训练数据和烟气指标

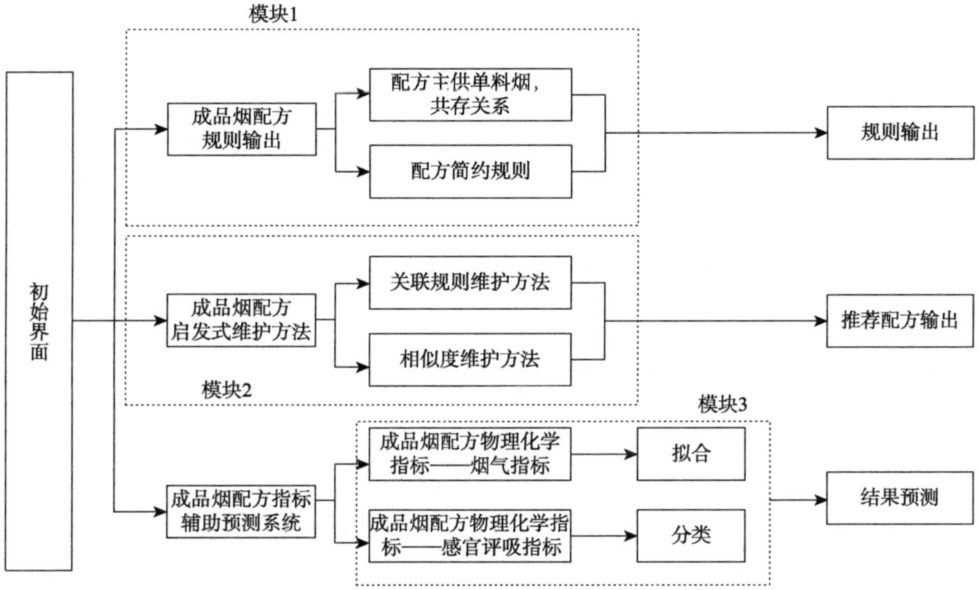

图 11.17 系统模块化结构图

训练数据进行模型建立，以新构成的配方 8 项化学指标数据为输入（总糖、还原糖、总烟碱、总氮、钾、氯、蛋白质、施木克值），得到新配方的感官评吸指标（光泽、谐调、杂气、余味、刺激、香气）和烟气指标（焦油、一氧化碳、烟气烟碱）作为输出。

（3）模块 3：成品烟配方指标辅助预测系统。模块 3 作为成品烟配方人工维护的辅助系统，与前两个模块的区别是：仅需要选定配方，在对配方中单料烟进行替换时，仅仅通过人工专家经验进行选择，给出需要替换的单料烟和替换单料烟，并将替换单料烟的用量作为输入，得到配方的烟气指标（烟气烟碱、一氧化碳、焦油）和感官评吸指标（光泽、谐调、杂气、余味、刺激、香气）。配方人员可以多次改变替换单料烟和用量来实现指标的测定，从而达到配方的最佳组合，避免了配方批量生产造成的浪费及配方指标机器测量的繁杂。

11.6.3 用户图形界面

与三大功能模块相呼应，本系统界面包含主界面、算法参数设置界面、成品烟配方规则输出界面、卷烟配方启发式维护界面、配方选择界面、单料烟数据库维护界面、配方推荐界面、成品烟配方指标辅助预测界面，算法参数选择界面；另外还包含附加使用方法的算法介绍帮助文档界面。

1. 主界面

主界面如图 11.18 所示，作为本系统的主界面，系统上方的菜单栏介绍了本系统可实现的功能，各个选项既可以鼠标点击选定，也可以通过快捷键选定。各个功能界面之间也可以相互跳转，“系统”选项包含参数输入和退出功能。“模块”选项加入了 3 个新的功能模块：①配方规则输出；②卷烟配方启发式维护；③配方指标辅助预测。“帮助”选项则包含帮助、关于、版本、制作人员等具体说明帮助信息。

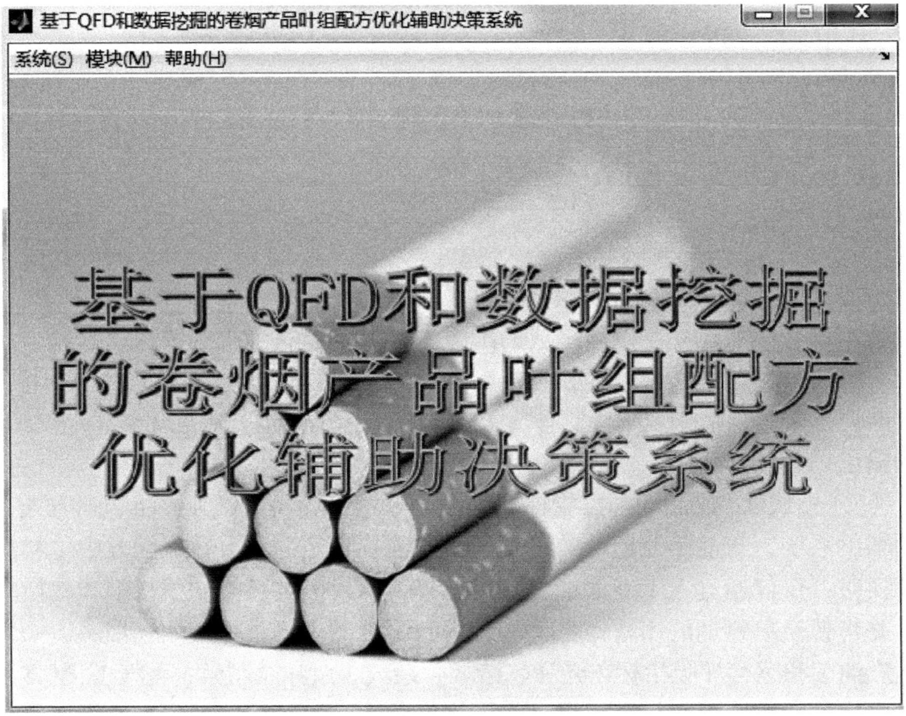

图 11.18　软件系统主界面

2. 参数设置界面

算法参数设置界面如图 11.19 所示。其中包括规则输出所需要的关联规则和倾斜关联规则的输入参数、成品烟配方辅助预测系统涉及的 BP 神经网络（back propagation neural network，BPNN）和 SVM 算法的输入参数。参数默认值如图 11.19 所示，通过参数输入界面均可将参数传入到具体算法中。

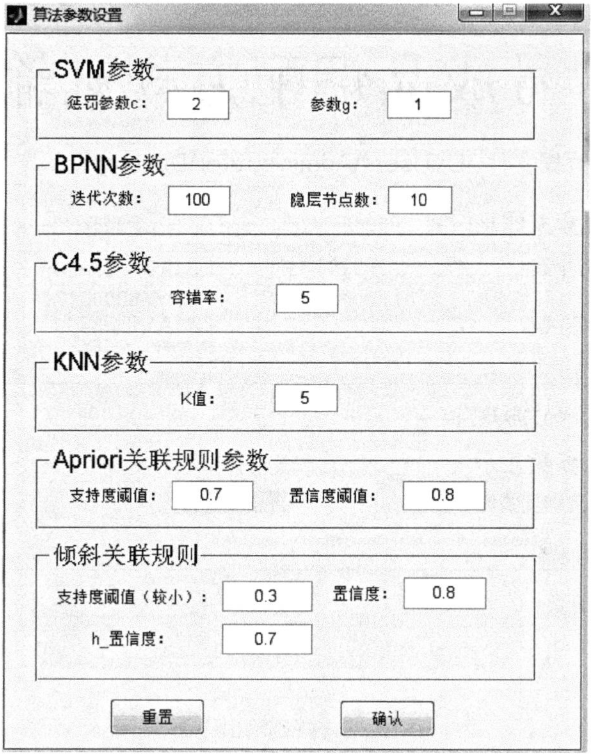

图 11.19　算法参数设置界面

3. 成品烟配方规则输出界面

成品烟配方规则输出设计界面如图 11.20 所示。首先需要用户选定关联规则数据，默认为 0/1 数据，数据选定后，界面会显示配方个数，单料烟个数及编号，方法共分为两种，一种为关联规则方法，另一种为规则约简关联规则方法。参数分别为图 11.19 返回的参数值,关联规则算法支持度阈值为 0.7,置信度阈值为 0.8;倾斜关联规则算法支持度阈值为 0.3，置信度为 0.8，*h* 置信度为 0.7。使用人员依照个人要求改变参数值。

4. 卷烟配方启发式维护界面

卷烟配方启发式维护界面如图 11.21 所示。界面共有四个可选功能控件：①用户选定数据库中某牌号配方（图 11.22）；②单料烟维护界面（图 11.23），在该界面可以进行单料烟数据库的维护操作；③方法选择菜单，进行方法调用及参数选择界面（图 11.24）；④计算生成推荐配方功能控件，可跳转至配方推荐界面（图 11.25）。根据操作用户便得到推荐配方。

图 11.20 规则输出界面

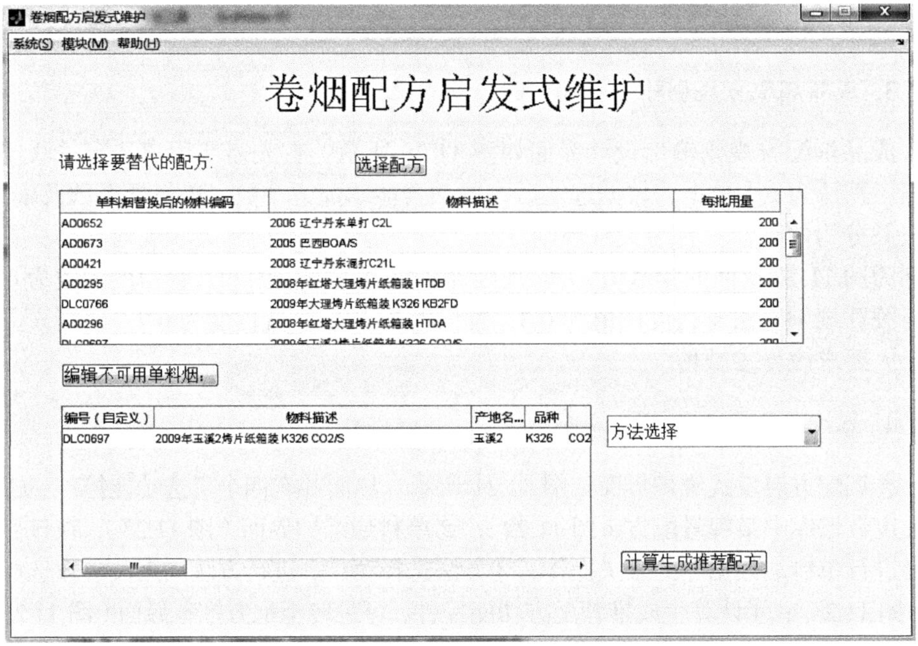

图 11.21 卷烟配方启发式维护界面

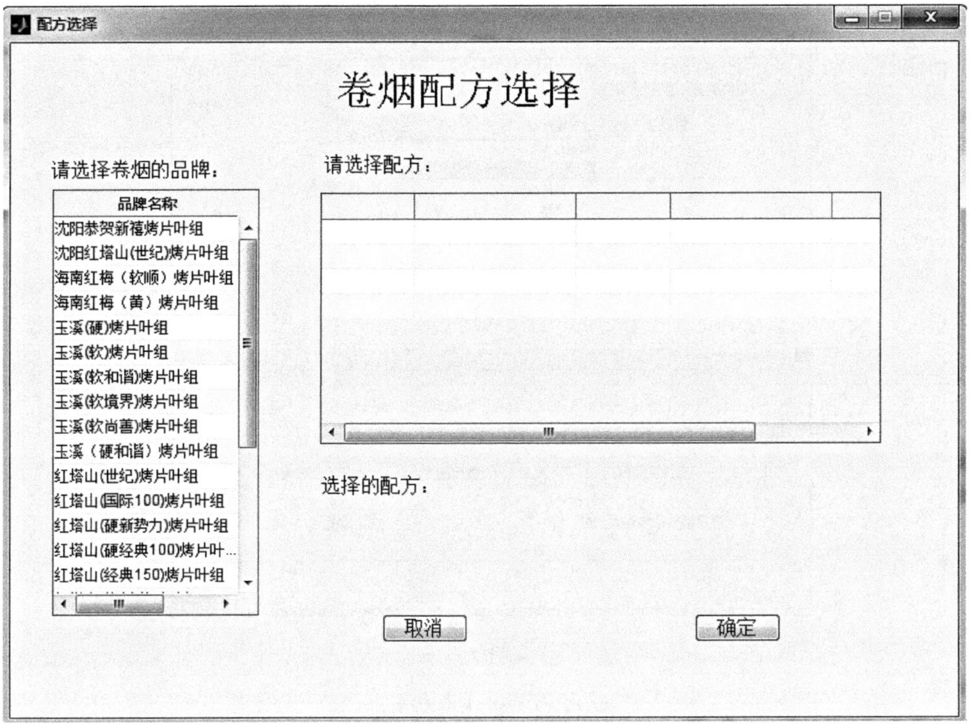

图 11.22　配方选择界面

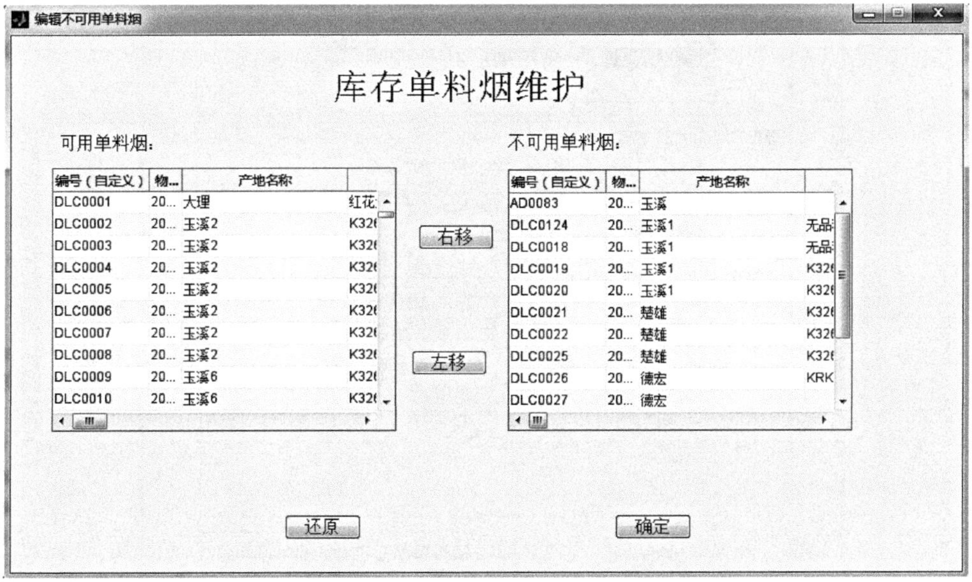

图 11.23　单料烟库存数据维护界面

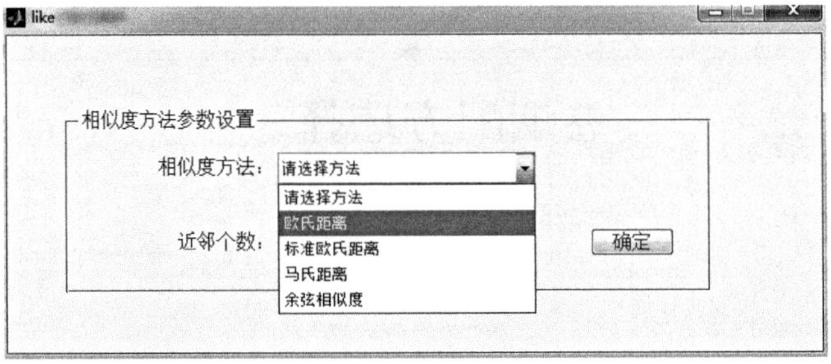

（a）

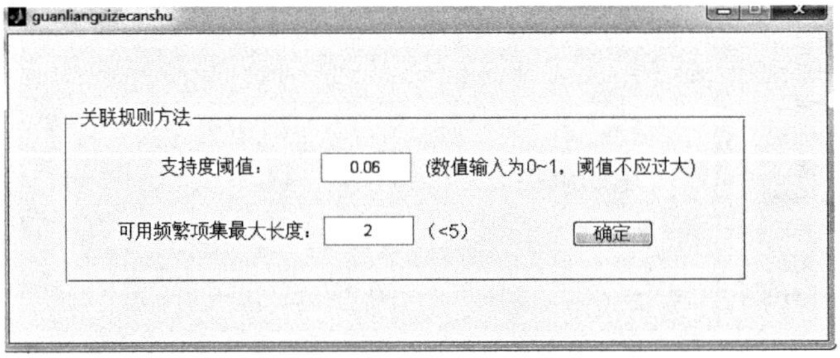

（b）

图 11.24　算法参数界面

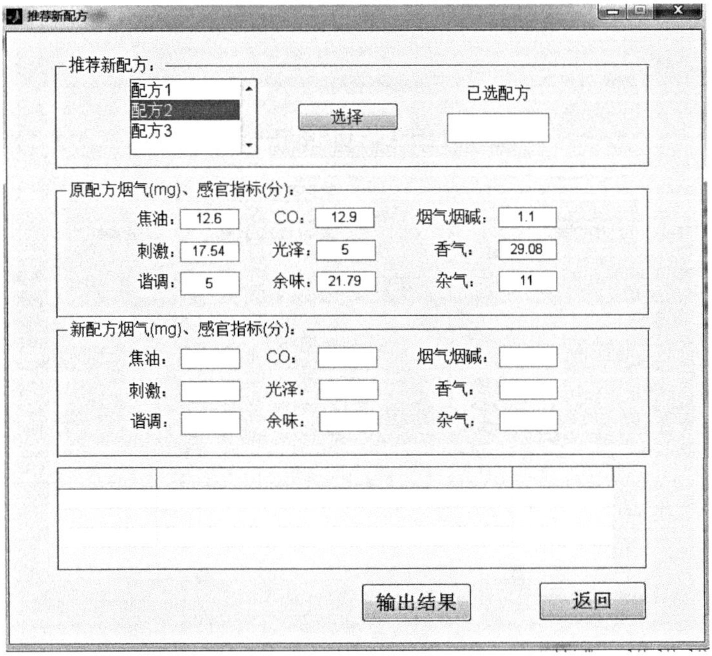

图 11.25　配方推荐界面

5. 配方选择界面

配方选择界面如图 11.22 所示。用户可根据实际情况进行成品烟牌号选择，左侧卷烟选择栏共含有 20 多种品牌，用户后期可以在后台的数据表中人工添加。

6. 单料烟数据库维护界面

在对配方进行启发式维护过程中，需要对库存中可进行替换的单料烟进行人工维护，如图 11.23 所示，单击左右候选框中的单料烟，点击“左移”或“右移”按钮，即可进行单料烟维护操作。

7. 配方维护算法参数设置界面

配方启发式维护需要用户选择相应方法，具体方法参数设置界面如图 11.24（a）和图 11.24（b）所示。根据界面的提示信息选择相应数值。

8. 配方推荐界面

通过前面的一系列操作，最终系统给出推荐的替换配方。配方推荐界面如图 11.25 所示。在“推荐新配方”窗口选择所需配方，即可预测得到该新配方烟气指标值、感官评吸指标值。这里预测过程中，默认使用 SVM 算法建立化学成分与指标间的预测模型，以新配方的化学成分作为输入，以烟气感官指标值作为输出。在同一界面中，既显示了原有配方的烟气感官指标值，又得到了替换维护后的指标值，有利于配方人员进行筛选；同时，在配方结果生成后，还可以将配方搭配结果以 Excel 形式输出，直观显示给卷烟配方人员，以便存档。

9. 成品烟配方指标辅助预测界面

成品烟配方指标辅助预测界面如图 11.26 所示。根据用户选择的配方及需要替换的单料烟编码，人工给定替换单料烟的编码和投放量，获取单料烟替换后新配方的感官烟气指标值，对于卷烟配方人工经验的验证起到一定辅助作用。

11.6.4　系统软件运行实例

11.6.3 小节已经对用户界面的具体设计进行了介绍，为了保障系统运行的可靠性，还需要对系统进行多次实验。本小节以卷烟配方规则输出和启发式维护模块为例，以图文形式说明系统运行过程，并对细节进行简单介绍。

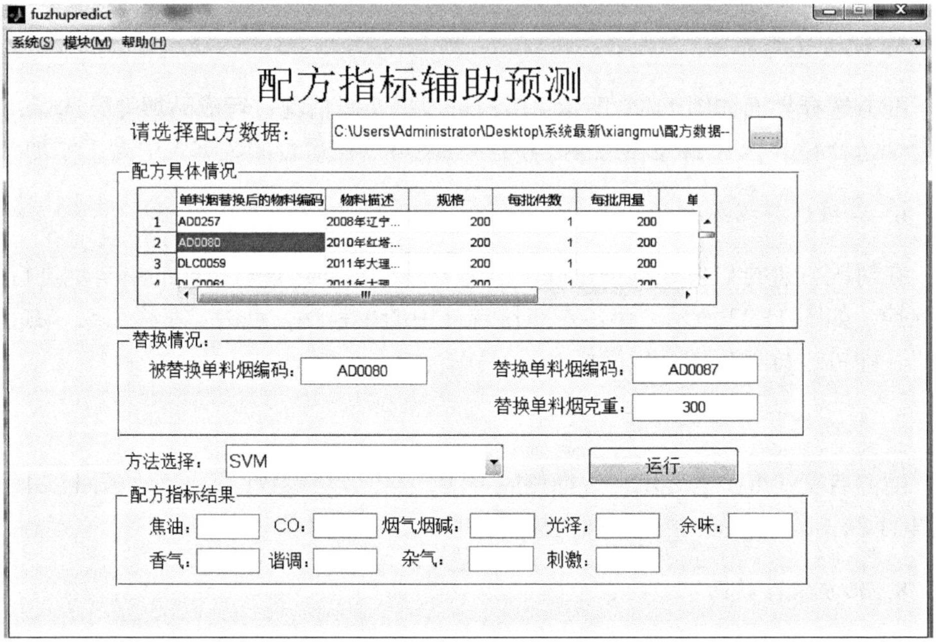

图 11.26　配方指标预测界面

1. 配方规则部分

在配方规则获取界面，用户选择配方数据进行读取，提示样本具体信息，如图 11.27 所示。运行结束后以 Excel 形式将规则结果输出保存，如图 11.28 所示。

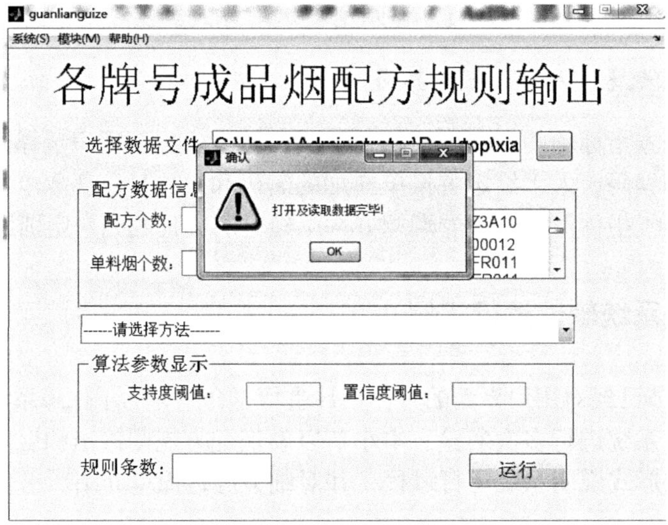

图 11.27　数据选择界面

	A	D
1	BC1ABC4L1101==>SX1A0SXB1005	置信度为1
2	SX1A0SXB1005==>BC1ABC4L1101	置信度为1
3	BC1ABC4L1101==>LC110LCXF005	置信度为1
4	LC110LCXF005==>BC1ABC4L1101	置信度为1
5	BC1ABC4L1101==>LC110LCBM005	置信度为1
6	LC110LCBM005==>BC1ABC4L1101	置信度为1
7	BC1ABC4L1101==>LC1A0ZLCHR03	置信度为1
8	LC1A0ZLCHR03==>BC1ABC4L1101	置信度为1
9	BC1ABC4L1101==>FY1A0X2F1104	置信度为1
10	FY1A0X2F1104==>BC1ABC4L1101	置信度为1
11	BC1ABC4L1101==>HK1A0C3L1104	置信度为1
12	HK1A0C3L1104==>BC1ABC4L1101	置信度为1
13	BC1ABC4L1101==>CZ111C4L1103	置信度为0.970 59
14	CZ111C4L1103==>BC1ABC4L1101	置信度为1
15	BC1ABC4L1101==>BS110B3F1105	置信度为0.911 76

图 11.28　规则结果文档

2. *配方启发式维护部分*

配方维护界面包含三种方法：相似度维护、关联规则维护及贝叶斯维护。在运行维护方法前需要对配方数据、单料烟库存数据进行选取，输入相应阈值参数，选择完毕后界面如图 11.29 所示。

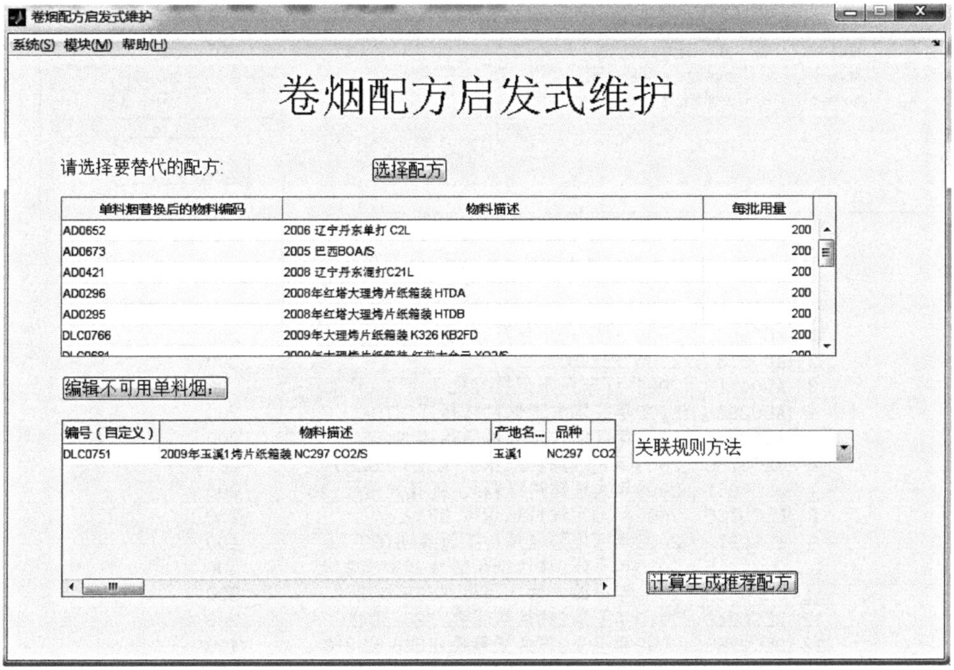

图 11.29　准备完毕界面

系统给出推荐方案，如图 11.30 所示。同样运行结束后结果将以 Excel 形式输出保存，如图 11.31 所示。

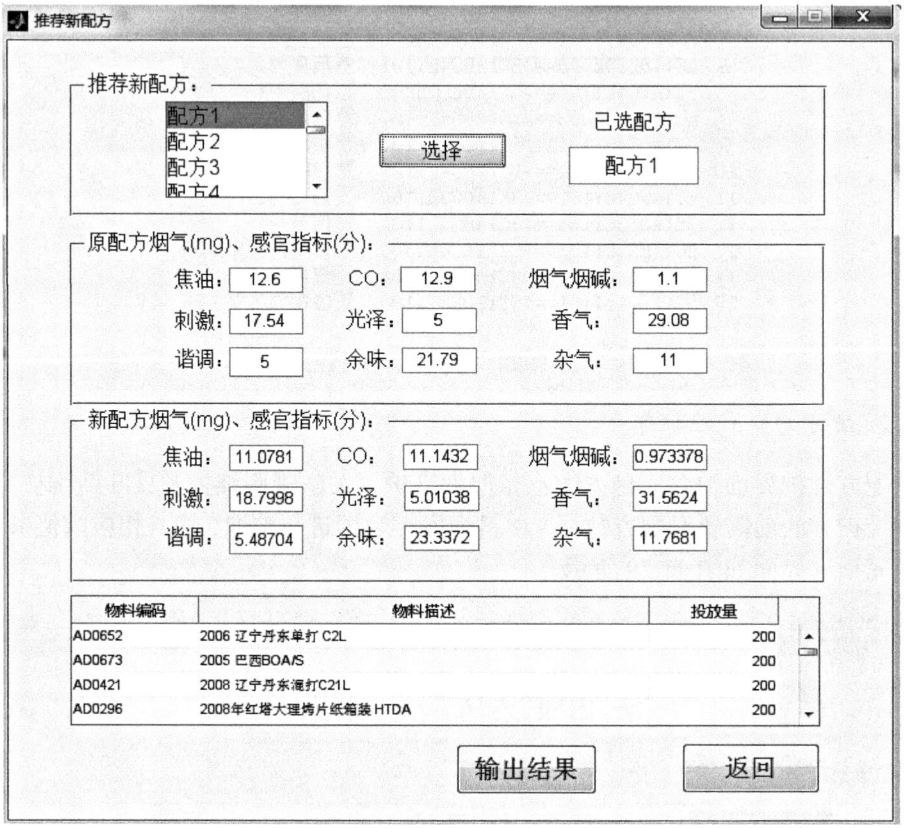

图 11.30　配方推荐界面

	A	B	C	D
1	AD0652	2006 辽宁丹东单打 C2L	200	
2	AD0673	2005 巴西BOA/S	200	
3	AD0421	2008 辽宁丹东混打C21L	200	
4	AD0296	2008年红塔大理烤片纸箱装 HTDA	200	
5	AD0295	2008年红塔大理烤片纸箱装 HTDB	200	
6	DLC0766	2009年大理烤片纸箱装 K326 KB2FD	200	
7	DLC0681	2009年大理烤片纸箱装 红花大金元 XO	200	
8	DLC0735	2009年师宗烤片纸箱装 BF-2	200	
9	AD0297	2008年红塔楚雄烤片纸箱装 HTCC	400	
10	DLC0275	2010年玉溪2烤片纸箱装 K326 C02/S3	200	
11	DLC0758	2009年楚雄烤片纸箱装 K326 C02/S	200	
12	DLC0246	2010年玉溪2烤片纸箱装K326 KC4FG	200	
13	DLC0588	2009年玉溪2烤片纸箱装 K326 KB3FG	400	
14	AD0286	2008年红塔玉溪烤片纸箱装 HTAP	200	

图 11.31　结果文档

11.7 本章小结

针对当前卷烟配方过程中库存单料烟不足的问题，烟草企业主要根据人工经验进行卷烟配方的维护工作，具有成本高、稳定性差、过程烦琐等缺点，使得配方维护工作具有很大的局限性。因此，基于 H 公司提供的卷烟配方数据、成品烟感官评吸历史数据、成品烟烟气历史数据，对数据进行处理、分析，发现配方中单料烟个数和化学成分间的相互关系，挖掘配方中单料烟的配伍关系；并利用人工经验提出了启发式卷烟配方设计与维护方法。最后基于 Matlab GUI 的软件环境构建了卷烟配方辅助系统。具体研究工作包括如下几个方面。

（1）根据数据特点及其构成原理，首先对获取的 H 公司数据进行删减、填充处理；其次基于处理后的数据样本，采用 SPSS 软件对配方进行分析，根据其构成的内在单料烟的物化特性，挖掘其化学成分间、投放比例等与特征属性间的相关性，建立化学成分与特征属性间的多元回归函数；结果表明，化学成分可以通过特征属性进行回归表达，为了解卷烟配方构成及其特性奠定了基础。

（2）针对卷烟配方人工经验表述性不明的问题，进行了关联规则方法的挖掘，在已知的大量配方数据的基础上，通过挖掘其内在经常共同出现的单料烟组，可以了解单料烟的配伍性规律，而且能够挖掘某一牌号的配方主体单料烟，便于保证牌号香烟口感的恒定；另外，挖掘其配方规则，可以获得在某些单料烟存在的情况下，其他单料烟投放的可能概率值，体现出投放的准确性。对于卷烟配方人员维护品牌起到辅助作用。

（3）针对前文对配方特性和共存单料烟组、规则的研究，以发现的人工经验作为启发式规则构建启发式配方设计与维护方法，利用关联规则方法挖掘到的频繁项集和人工经验中的相似度，给出初步的替换候选集；在此基础上，计算替换后新配方的化学成分，以 SVM 算法进行不断寻优，直至找到最佳的投放单料烟及其投放量。该方法将人工经验与配方规则相结合，可以有效减少人为工作量，提出有效的配方维护意见。

（4）根据数据挖掘的相关理论方法，使用 Matlab GUI 完善配方决策辅助系统的构建，通过三个模块的设计与开发，实现配方规则挖掘、配方主要单料烟组挖掘、配方启发式维护及配方指标辅助预测的功能。将理论与实践结合，在配方实验设计阶段有效配合工作人员，提升利用价值。

第 12 章　手机套餐服务产品的智能辅助设计

12.1　手机套餐服务设计问题简介

随着国内电信行业的快速发展，电信市场已成为高用户渗透率的成熟市场，市场竞争越来越激烈，电信企业的竞争理念和竞争方式也发生了深刻的转变。电信企业不再是一家独大，而是形成了中国电信集团有限公司（简称中国电信）、中国移动通信集团有限公司（简称中国移动）、中国联合网络通信集团有限公司（简称中国联通）三家全业务运营商全面竞争的市场格局，电信企业的经营工作也从技术和产品驱动型向市场和客户驱动转变，市场竞争也更加集中在价格、产品差异化与服务的竞争（俞科峰和刘智琼，2011）。而作为电信行业移动业务产品的组合销售模式，手机套餐服务承载了电信企业的产品、价格与客户服务体验，成为电信企业市场营销的核心工作之一。

因移动业务产品的种类多、移动业务客户的消费行为复杂，手机套餐服务也因此呈现一定的复杂性与专业性，经历了由混乱到规范、由面向产品到面向客户、由同质化向差异化的演变过程。虽然电信企业目前均已形成了一套相对系统的套餐管理体系，但是管理水平还相对粗放。一方面没有形成科学的全生命周期管理体系；同时，市场竞争日渐加剧，电信企业又不断推出新的套餐以增强市场竞争力，造成市场上存在大量复杂的、过时的、低效率的套餐，套餐价格管理混乱，推广效率低下，管理成本高昂；另一方面，套餐设计缺乏科学量化的方法，不能将目标客户群消费选择行为、消费能力、客户终身价值、市场竞争情况等因素根据市场调研及历史数据进行综合考虑及科学量化评估，缺乏有效的套餐评价方法，无法形成相对精确的套餐经营决策依据（潘宇曦等，2011）。

目前，电信企业在手机套餐设计过程中，主要是依赖市场经验丰富的人员，根据经验和一些定性分析来进行，存在设计不精确，依据不充分和决策不科学的问题，电信企业的手机套餐管理也往往陷于管理粗放、低效套餐泛滥的失控状态。因此，如何采用先进的系统工程技术、最优化理论和人工智能技术，对手机套餐进行科学合理的优化设计，是当前电信企业市场经营工作的一项重要问题，也是加强手机套餐科学规范化管理的一项重要工作。通过对电信企业全生命周期手机套餐管理体系和手机套餐设计优化框架流程与具体设计模型方法的研究，可以帮助电信企业提升套餐管理水平，采用量化手段制订最优套餐方案，避免手机套餐设计过程中单纯依赖经验性的定性分析，对辅助电信企业经营决策有实际的参考和借鉴意义。

因此，电信企业有必要实现套餐的专业化和系统化管理，围绕目标客户群的特征进行科学和系统化的套餐辅助设计。其中，如何有效利用电信客户历史消费数据进行分析，如何设计符合市场竞争实际及客户需求又兼顾企业效益的套餐产品，如何科学地进行量化及评价，如何建立一套行之有效的套餐优化设计模型，已成为电信企业套餐管理工作中的重点和难点问题。

通过查阅国内外研究文献可以发现，电信行业手机套餐设计方面的相关研究相对较少，关于手机套餐设计的研究文献一般采用的方法都是利用数据挖掘技术进行客户细分，然后再对细分客户制定具体的套餐及营销策略，没有采用量化方法研究电信顾客的购买行为，也没有考虑市场中竞争公司套餐产品的影响和本公司现有套餐产品的影响。

本章依据电信企业的经营实践，在某电信企业的实际数据的基础上，借鉴产品族设计的理论和方法，根据手机套餐的特点，结合顾客终生价值和顾客选择购买行为分析等概念和理论，提出了一套完整的方法来研究套餐设计问题，并设计了一套科学系统的套餐全生命周期管理流程（张铁军，2013；张铁军等，2014；Tang et al.，2011；Tang et al.，2013），具有一定的理论创新，对电信行业具有一定的现实指导意义。

12.2　手机套餐的管理体系

套餐出现在国内电信行业已有多年的历史，由于套餐的形式特点与销售模式非常适应电信行业多产品、差异化、组合化的市场经营需要，其已经成为电信企业市场销售的核心模式，电信企业间市场竞争往往体现在套餐之间的竞争，电信企业对套餐也基本形成了相对稳定的管理体系与制度流程。

目前，电信企业越来越重视套餐的品牌规划与设计，越来越重视套餐市场推广工作，但是电信企业的套餐管理还基本停留在相对粗放的管理水平，管理工作多聚焦于套餐的分级设计与审批环节，没有形成系统化专业化的全生命周期管理，导致电信企业的套餐管理经常处于无序开发推广状态，造成市场上大量低效套餐的存在，同时，电信企业也缺乏能够辅助其经营决策的套餐测算评价方法。

12.2.1　手机套餐的形式与特点

我国电信行业最初“两步制”资费结构非常简单，月租费是消费者每月必须缴纳的网络资源占用费，通信费则按照用户通信量计费。对于电信运营商，“两步制”模式简单高效，保证了运营商稳定的“月租费”收入。随着我国电信业的持续高速发展，市场竞争日趋激烈，“两步制”资费定价越来越不适应市场竞争的需求。因此，各运营商纷纷借鉴国外电信企业资费模式，推出差异化的定价方法即“套餐”。所谓套餐，是指电信企业对单个或多个产品进行资费差异化、组合捆绑后，以一个整体的形式提供给既定目标客户群的资费选择方案，它改变了产品的标准资费（计费项目、计费单元和计费标准），具有确定的使用期限，经常需以协议方式明确约定。通俗讲，套餐是以电信业务为支撑，根据不同用户的需求，组合通话月租费、免费通话时间、手机上网流量及增值业务等而设计的不同档次、不同内容的资费服务模式。其本质就是组合优惠与差异化定价。这种资费模式因其针对客户群的人性化设计及融合优惠特点，在全世界范围内都普遍流行，但是目前，我国手机套餐管理机制与设计水平还存在很多不足，有较大的提升空间。

随着电信产品的不断升级推新，随着电信企业规模与市场运营范围的逐渐扩大，手机套餐的种类越来越多，主要有以下几种形式：分档包月型、资费折扣型、单次封顶型、时段优惠型、亲情号码、集群优惠型、多打多送型。具体如表 12.1 所示。其中，分档包月型是最核心最主流的形式，是手机套餐的基础形式，也是本章研究的主体。

表 12.1　几种手机套餐的主要形式

套餐形式	描述
分档包月型	如 X 元包打 Y 元/分钟，指分档提供的（保底）限量包月套餐优化；如 X 元包 Y 元/分钟/小时，超出部分单价为 Z
资费折扣型	每月缴纳 X 元，某个业务资费打折或是直接执行优惠资费；如功能费 5 元，国内长途每分钟 0.2 元
单次封顶型	如（一定时长内的）单次通话 X 元封顶；指对特定通话实行按次计费的套餐优惠；如 IP 长途单次封顶套餐，60 分钟内的国内 IP 长途 2 元封顶
时段优惠型	如 M 点—N 点期间的通话执行特惠资费；指针对特定时段设计提供的通话资费优惠或包月；如夜间/节假日长话单价优惠至 0.2 元/分钟
亲情号码	如指定若干号码享受特惠资费；指针对客户指定的有限数量的电话号码（亲情号码）提供的单价优惠或包月；但相关号码互打免费的情况一般不在此类，应归为“集群优惠”
集群优惠型	如网内通话 X 元全包；指针对多个客户、多部终端组成的虚拟网内通话优惠的套餐；如军网集团、亲友网、校园网等

目前，各电信运营商市场推出的主流移动业务套餐是分档包月形式，表 12.2 给出了某手机套餐的示例。

表 12.2　中国移动 5G 智享套餐个人版示例

<table>
<tr><th>套餐月费/（元/月）</th><th>流量/GB</th><th>语音/分钟</th><th>网络权益</th><th>品牌权益</th><th>套内权益</th><th>5G Plus会员优惠</th><th>服务权益</th><th>业务权益</th><th>超出流量</th><th>超出语音</th></tr>
<tr><td>128</td><td>30</td><td>500</td><td rowspan="2">5G优享服务</td><td rowspan="2">全球通银卡</td><td rowspan="2">6 选 1</td><td>6 折</td><td rowspan="3">热线优先接入服务</td><td rowspan="3">咪咕 5G 畅玩包</td><td rowspan="5">超出后，5 元 1G，满 15 元后按照 3 元 1G 进行计费</td><td rowspan="5">0.15 元/分钟</td></tr>
<tr><td>198</td><td>60</td><td>1000</td><td>5 折</td></tr>
<tr><td>298</td><td>100</td><td>1500</td><td rowspan="3">5G极速服务</td><td>全球通金卡</td><td rowspan="3">6 选 2</td><td>2 折</td></tr>
<tr><td>398</td><td>150</td><td>2000</td><td>全球通白金卡</td><td>0 元购</td><td rowspan="2">延期停机服务</td><td rowspan="2">视频彩铃</td></tr>
<tr><td>598</td><td>300</td><td>3000</td><td>全球通钻卡</td><td>0 元购</td></tr>
</table>

套餐模式兴起于国外，是电信多产品定价的理想模式，是市场的选择，这也是由其特点和优点决定的。手机套餐很好地体现了组合定价理念，将基本通信服务设置为基本包，将其他新业务、增值业务设置为选购包，将企业业务优势和用户的个性需求有效地结合在一起。使用手机套餐，是由其内、外部因素一起决定的，是通信企业发展到一定阶段的必然选择，手机套餐在企业经营中的作用如图 12.1 所示。

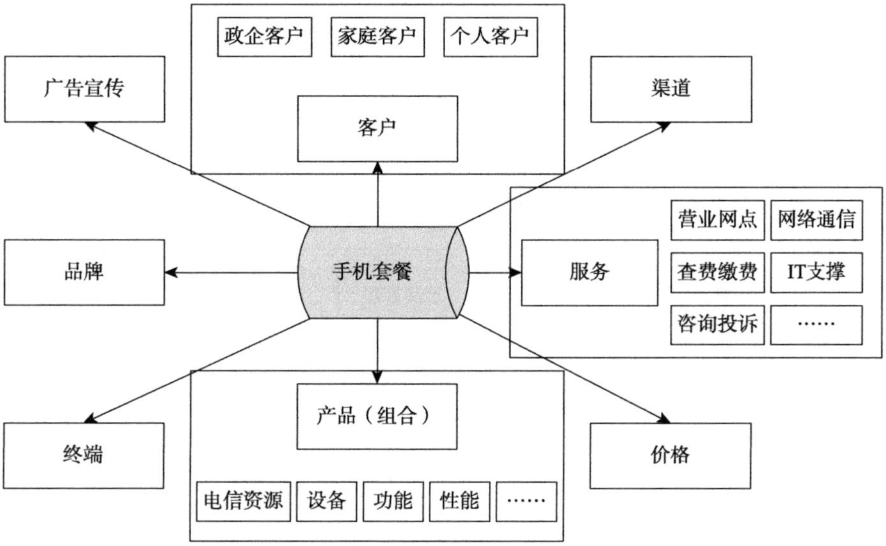

图 12.1　手机套餐在企业经营中的作用

套餐的出现，改变了以往包括“两步制”在内的单一资费简单营销模式，实现了业务捆绑优惠及差异化等灵活的促销手段。手机套餐具有以下特点：①品种多样；②提高了营销成本使用效率；③兼顾了价格竞争与价值保有；④实现了差异化竞争；⑤提高了网络资源利用率。

12.2.2　电信企业的套餐管理体系

手机套餐全生命周期管理是指套餐从策划直到退出的全过程管理。套餐管理体系可以分为三个层面，第一层是套餐的生命周期管理流程，表示手机套餐在企业运作的工作流程；第二层是套餐的管理机构，即各级电信企业，还可再细分为各相关部门，本章只涉及企业层面；第三层是 IT（Internet technology，互联网技术）支撑和基础网元，是支撑手机套餐及其组成产品运作的软硬件系统（图 12.2）。这三个层面整体构成了对手机套餐的运营支撑与管理。

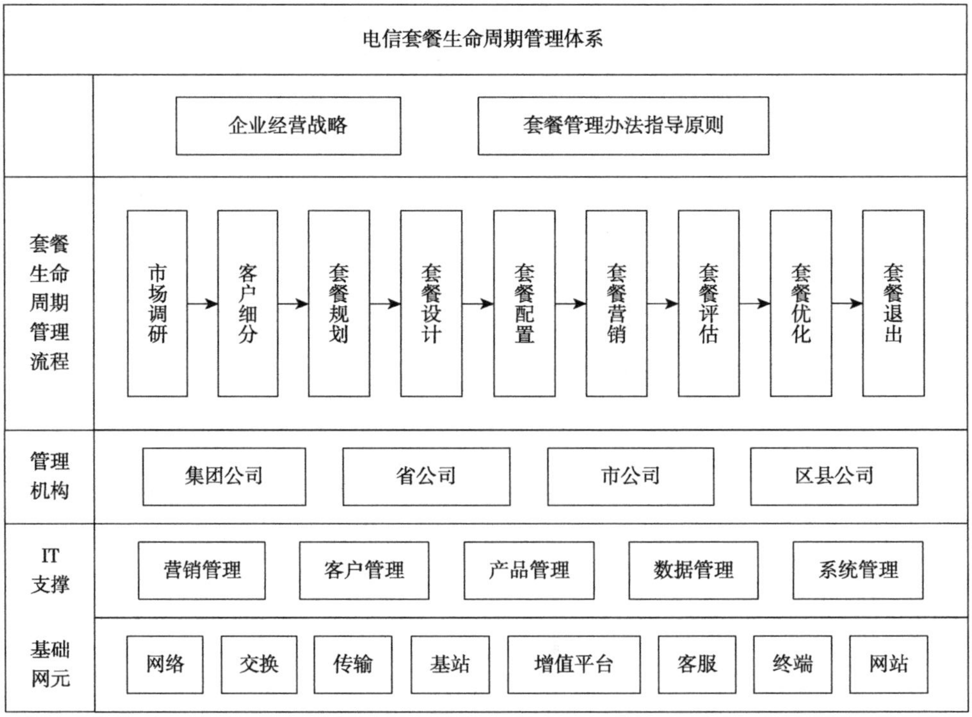

图 12.2　电信企业全生命周期手机套餐管理体系

12.2.3　手机套餐生命周期管理流程

手机套餐管理体系的每一阶段工作都包括若干具体细致的工作，图 12.3 以逻辑架构图的模式介绍了手机套餐全生命周期管理的工作内涵与流程关系，仅起到说明的作用，各级电信企业在实际工作中，因目标不同可能会有所不同，增加某些更精确的工作，比如市场调研、用户测试等工作，也可能简化其中的工作。

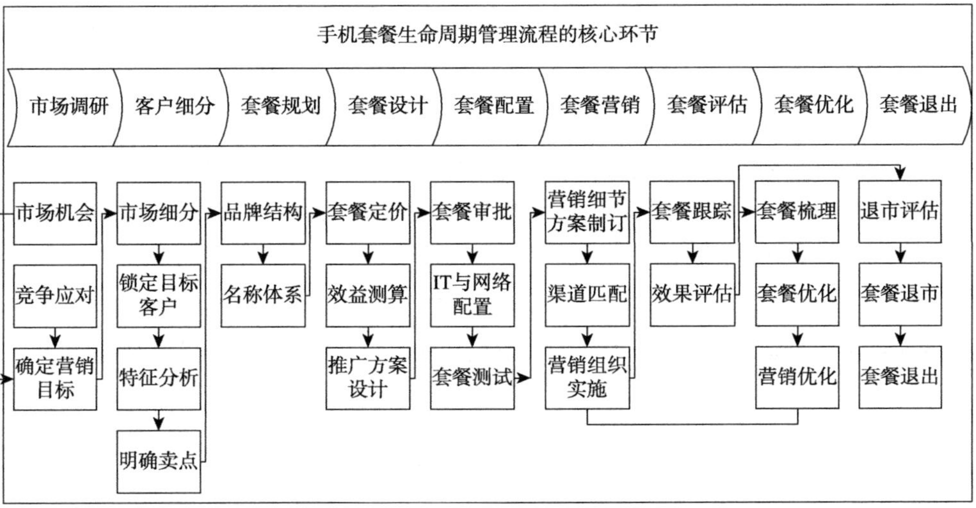

图 12.3　手机套餐生命周期管理体系核心流程

套餐的生命周期管理流程是套餐管理体系的核心，主要包括以下几个环节：市场调研、客户细分、套餐规划、套餐设计、套餐配置、套餐营销、套餐评估、套餐优化、套餐退出。下面简要介绍这些环节的工作内涵。

1. 市场调研

市场调研不仅是市场营销工作的基础，也是套餐管理工作的重要环节。电信企业与套餐管理相关的市场调研分两个层面。

第一个层面是规划层面，即以套餐规划为核心目标而做的市场调研，包括调研本企业与竞争对手的套餐体系架构、套餐品牌推广、套餐认知度、套餐市场销售、优劣势与存在问题、套餐目标市场与客户覆盖情况、新的细分市场机遇、客户套餐消费行为与偏好、套餐渗透率、客户保持率等。通过规划调研，使电信企业能够把握市场与客户的真实情况，科学规划套餐品牌架构，设计优化有竞争力的套餐品牌，提升套餐品牌推广效率，促进套餐宣传与销售。

第二个层面是具体套餐设计层面，即以某一类或具体套餐设计销售为目标做市场调研，包括目标市场情况、目标客户特点、市场现有套餐产品情况、顾客对套餐产品的需求偏好情况、套餐价格与产品成本、企业内外部相关数据、相关套餐情况、企业经营目标、套餐服务能力等。通过套餐设计调研，使电信企业能够对所设计套餐的目标市场、客户与竞争对手情况有更清晰的了解，能够对套餐推出效果进行预测，有利于设计出更有竞争力的套餐。

市场调研工作讲求精确性与科学性，具体的工作多数比较精细甚至复杂，需要辅以定性或定量的分析手段与工具，往往还要借助于历史数据。

2. 客户细分

电信运营商在套餐规划与套餐设计的过程中基本都采取了对客户进行细分的策略，并在对主要目标客户群体进行细分的基础上提供更多围绕产品功能的个性化选择。在细分中，还包括针对个人用户和企业用户的不同策略。图 12.4 对客户细分的作用进行了详细说明。

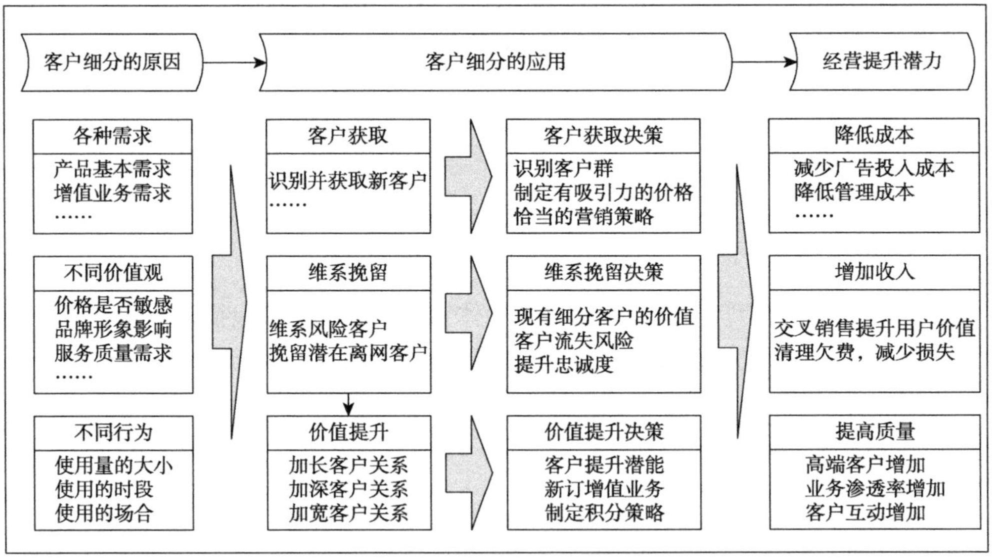

图 12.4 客户细分的作用

目前，客户细分研究主要有两个视角：一是消费者导向的细分，主要为理论者使用，重点对消费者的需求和行为特征进行分类，主要以客户总体特征为细分标准去对应消费群，运用分析解剖方法论，从个体心理（包括感知、认知、动机、个性等）、社会文化环境及行为决策过程三个不同侧面对消费者进行细分。二是产品导向的市场细分，主要为营销决策者采用，根据不同营销决策目标（产品定位、定价、广告定位等），围绕某产品或品牌的特定消费情境对消费者细分，细分变量包括产品/品牌使用率、消费态度、追求的利益等，目的是了解消费者对某产品或品牌的心理需求和消费行为差异，以选择最有效的目标客户群及恰当的营销策略。

随着计算机技术的发展，电信运营商均建立了庞大的业务支撑系统，用以支撑客户服务、客户业务办理、计费、查询、缴费、渠道管理、业务结算等工作；从电信客户入网开始，其消费行为与服务记录就均以数据的方式储存在电信企业的数据库中，电信企业同时建立了先进的数据仓储与分析系统，能够提取并分析客户的通信业务消费记录、消费行为记录，也意味着每个用户均具有多属性的数据记录，从而为客户群体分析创造了条件；近年来，随着数据挖掘技术的进步与电信企业市场经营中越来越重视精确化营销，聚类分析技术成为电信企业客户细分的重要工具，结合市场调研与用户行为分析，使电信企业套餐设计在客户细分环节能够做到精确化。12.4.2 小节着重介绍了聚类分析技术在手机套餐设计过程中的应用。

3. 套餐规划

套餐规划，主要指套餐品牌架构的设计，是指电信企业根据经营战略及市场调研情况，整体策划套餐的品牌架构，以建立有效的套餐部署。套餐规划是企业的宏观经营决策，是企业市场战略、市场调查、市场细分、客户行为分析、产品推广策略、渠道管理策略等市场工作共同的结果。目前我国电信市场三大运营商均为全业务运营商，其客户从战略分群角度基本都分为三大部分——集团客户、个人客户与家庭客户，企业的经营管理也会以这三大部分为主线进行，企业的套餐体系也是以这三大主线进行细分。图 12.5 是 2008 年某电信运营商的手机套餐品牌体系架构及客户定位。

4. 套餐设计

套餐设计指具体套餐的内容设计，包括品牌名称、产品组合、通信量设计、套餐定价、效益测算、推广方案设计、预测评估等，以完成针对更精确市场及客户群的套餐制定。以中国电信的飞 young -39 元套餐为例：套餐针对年轻群体市场，月消费最低 39 元，套餐品牌为“飞 young”，套餐内包含的产品为本地通话、短信、WiFi 上网、手机上网、增值业务，套餐产品之外用户可订购可选优惠包、促销优惠包，套餐月基本费 39 元，月基本费包括 240 分钟本地主叫通话、240 条短信、手机上网 20M 等通信量，在月基本费包括的通信量外，国内长途 0.2 元/分钟、短信 0.10 元/条、国内 WiFi 0.03 元/分钟等，其他产品按电信标准价格。该套餐同时具有手机上网阶梯资费的定价模式，流量越多价格越优惠，鼓励年轻群体畅快使用手机上网业务。套餐设计是套餐生命周期管理流程中最具复杂性、专业性的环节之一，需要考虑的因素非常多。套餐设计具体流程包括经营现状分析、用户需求分析及定位、套餐产品设计、套餐推广方案设计、套餐预评估。经营现状分析包括对竞争对手分析、现有产品分析、经营现状分析和财务分析等内容。用户需

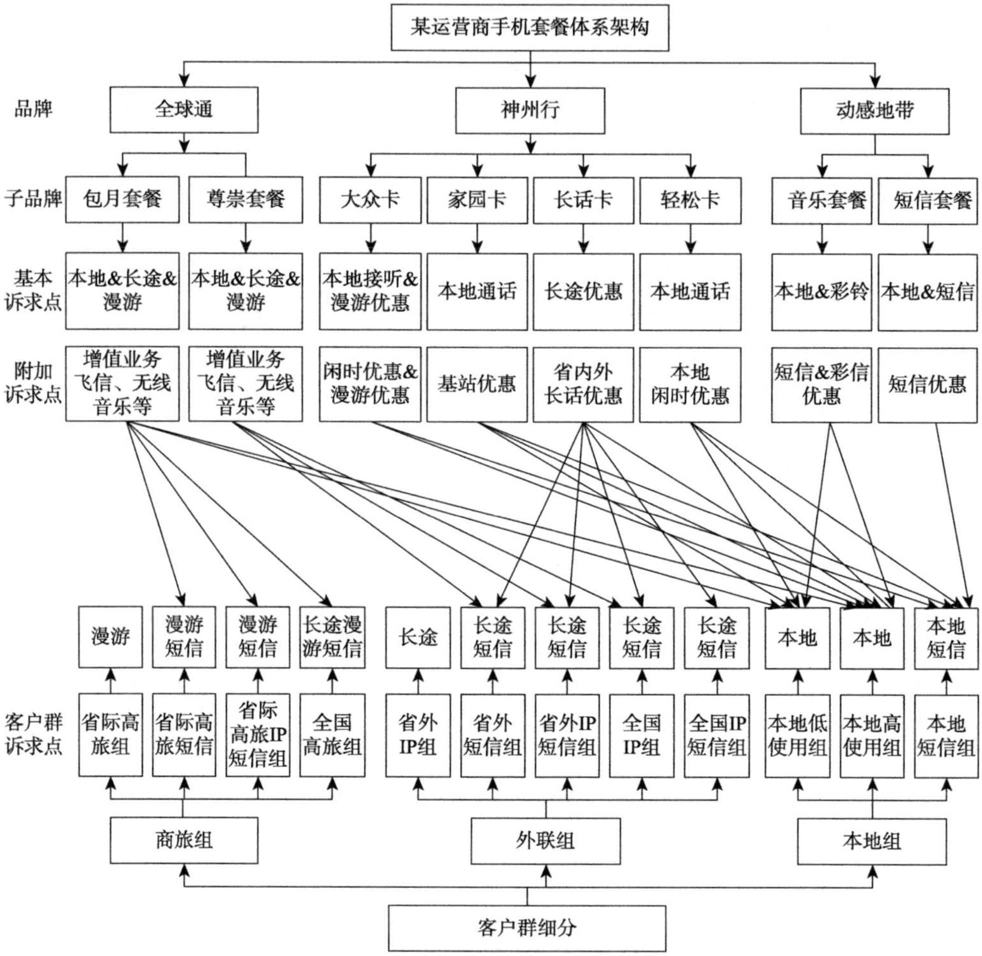

图 12.5　某电信运营商手机套餐品牌体系架构及客户定位

求分析及定位包括价格影响测试、用户业务量数据挖掘、用户行为分析等内容。套餐产品设计包括套餐概念创意、套餐形式设计、产品组合设计、分档设计、价格设计、套餐限制条件等。套餐推广方案设计包括营销计划设计、宣传方案等内容。套餐预评估即通过对用户的调查分析及效益测算，评估所设计套餐的优缺点、用户接受程度、渠道接受程度及成本效益情况，以进行套餐推广前的优化，减少套餐推广风险，保障套餐营销效果。

套餐定价是套餐设计的重要环节，套餐的定价具有一定的专业性与复杂性。套餐定价包括产品成本技术、产品价值测算、客户认可价值评估、市场竞争价格比对、政府指导价格参考、产品组合捆绑定价、第三方合作定价、套餐价格调整、定价方法、定价工具等内容。套餐定价是一个复杂的综合性思考、决策的过程，

图 12.6 对其中需要考虑的复杂因素进行了说明。

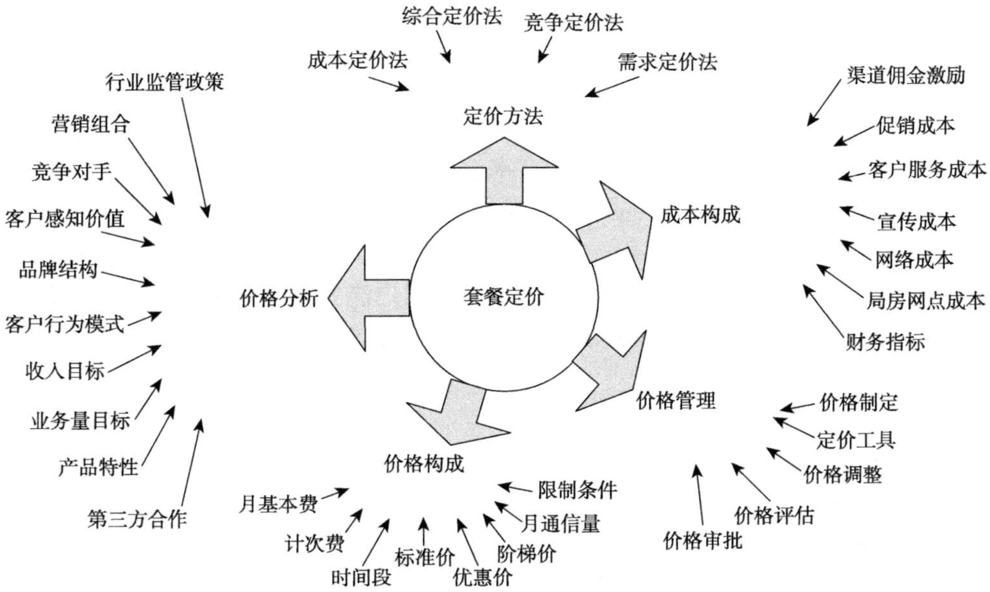

图 12.6　套餐定价相关因素分析

5. 套餐配置

套餐设计完成以后，就进入了套餐配置环节；在电信企业内部，套餐的配置可以分为三个阶段：第一阶段为套餐审批阶段，即套餐的设计部门将拟上线销售的套餐进行公司内部的审批；第二阶段为套餐配置阶段，一般由信息化部门将审批通过的套餐进行 IT 系统内的配置，保证套餐可以在电信企业的业务系统内向市场销售；第三阶段为套餐测试阶段，该阶段一般由套餐的设计部门组织进行套餐可用性、准确性的测试，以验证套餐符合设计要求并具备上市销售的条件。配置环节是手机套餐在上市销售前的一个重要准备环节。

6. 套餐营销

套餐在电信企业中的地位作用与其他制造型行业中产品的地位作用是一致的，其存在的核心价值首先是满足市场需要并通过营销为企业创造利润。产品的营销理论与市场实践对电信企业的套餐来讲，也是完全适用的。套餐营销主要指针对目标市场及客户进行套餐的销售工作。套餐营销包括营销细节方案制订、渠道匹配、营销组织实施等环节。

7. 套餐评估

套餐评估即通过一系列评估指标对套餐策划、推广全过程及其结果进行全面的衡量，找出问题进行改进的过程。手机套餐评估指标体系一般由三部分组成，即市场指标、财务指标与管理指标。市场指标包括套餐总用户占比、套餐新用户占比、套餐用户增长率、市场产品占有率、市场产品增长率等；财务指标包括套餐用户 MOU（minutes of usage value，指平均每个用户每月的通话时长）变化、套餐用户 ARPU（average revenue per user，每个用户平均收入）变化、产品总收入变化、产品利润变化等；管理指标包括套餐用户流失比例、用户平均使用套餐时间、套餐用户满意度、套餐知名度、套餐整体有效的比例等。

8. 套餐优化

套餐优化是对企业现有套餐的整理与提升，实质上也是一次套餐再设计的过程，需要对现有套餐有足够的了解，以及对客户消费行为的洞察力和套餐框架及参数的专业设计能力。另外，套餐优化结果是企业今后套餐设计的基础，除非推出新品牌套餐或套餐革新，否则套餐设计要尽量沿袭套餐梳理工作的界定和规范，继承和发展主流套餐框架设计的思想，只有这样，方可避免再出现套餐之间替代和冲突的问题，避免又一次大规模的套餐优化工作。

9. 套餐退出

套餐退出是指套餐在完成其市场营销使命后从电信市场与企业运营管理中退出的过程，是套餐全生命周期管理的最后一个环节，是企业基于发展战略、市场策略、投资收益、更新替代等考虑，有计划安排套餐退出市场的过程，包括套餐退市评估、套餐退市、套餐退出等工作。

12.3　手机套餐的设计流程及框架

在手机套餐管理体系中，套餐的设计优化是其中的核心部分。一方面由于市场竞争激烈，运营商不断推出新套餐以应对竞争对手，另一方面，市场中在售套餐泛滥，低效益的、过时的、自相矛盾的套餐需要不断的评估优化甚至取消。因此，套餐的设计与优化将是运营商日常的工作内容之一（漆晨曦等，2007）。与之相比，套餐品牌规划一般只在年度经营规划或业务模式出现重大变化时才进行，比如运营商新获发 5G 移动运营牌照时需要规划 5G 移动业务套餐品牌。

国内外对手机套餐设计方面的研究相对比较少。现有文献中，有一些提出采用数据挖掘技术对电信客户进行分类和特征提取，为套餐设计提供决策。但是，现有文献尚没有提出一套针对手机套餐设计优化工作的理论方法。另外，在现实工作中，电信企业套餐设计优化过程一般都是基于专家经验进行粗放估算及决策，套餐收益测算简单粗略，缺乏基于历史数据或根据市场调研对目标客户消费特点的定量分析，导致套餐设计过程不科学、不系统，影响市场推广效率，很难达到整体效益最佳，甚至经常出现与其他套餐内部竞争或自相矛盾的现象，无法产生良好的企业效益。

围绕电信企业套餐设计优化的核心工作，根据套餐管理实际需要，本书提出一套基于客户历史消费数据并量化客户选择行为的手机套餐设计框架模型，实现了套餐设计优化从市场调研、目标客户群分类、客户选择行为定量分析、客户终身价值测算、套餐方案评价到套餐优化方案选择等的一整套科学化、智能化的手机套餐设计优化综合解决方案，对电信企业的套餐设计优化工作有一定的现实指导与借鉴意义。

12.3.1　手机套餐设计的内涵和描述

在手机套餐的设计过程中，需要考虑市场中不同目标客户群的不同需求，以及适应该目标客户群的产品特点与资费水平，还要综合考虑竞争对手相关产品的情况。如果套餐设计不合理，不仅会在市场竞争中失败，甚至还会对公司现有其他产品产生恶性影响，带来不必要的损失。因此，合理细分目标市场，科学设计套餐的产品与价格体系，是电信企业相对重要的一项任务，也是一项复杂的管理决策问题。

下面首先需要对手机套餐中的一些名词和术语进行定义。每个手机套餐包含若干可选的电信资费产品，以满足不同客户的需求，本章定义手机套餐中的一个电信资费产品为手机套餐的一个分档。

同时，一个手机套餐中包含若干服务项目，如本地通话、长途通话、短信、上网等，本章中将这些服务项目定义为手机套餐的基本属性。一个手机套餐的每个基本属性，包括一个属性赠送量，表示电信公司在此赠送量之内不对顾客消费进行计费；属性单价表示当顾客对手机套餐某项属性的消费量超过属性赠送量后的单位价格。另外，手机套餐还包括基本资费，表示套餐的每个分档的启动消费额。

例如，对于表 12.3 中的手机套餐，一共包括 7 个分档，分别对应一个可供用户选择的电信资费套餐。

表 12.3 某品牌手机套餐

<table>
<tr><th rowspan="2">基本资费/元</th><th colspan="3">赠送部分</th><th colspan="3">超出赠送部分的单价</th></tr>
<tr><th>本地通话/分钟</th><th>上网流量/MB</th><th>短信/条</th><th>本地通话</th><th>上网流量</th><th>短信</th></tr>
<tr><td>46</td><td>50</td><td>150</td><td>5</td><td>0.25 元/分钟</td><td rowspan="2">0.5 元/MB</td><td rowspan="2">0.1 元/个</td></tr>
<tr><td>66</td><td>50</td><td>300</td><td>10</td><td>0.20 元/分钟</td></tr>
<tr><td>96</td><td>240</td><td>300</td><td>10</td><td></td><td></td><td></td></tr>
<tr><td>126</td><td>320</td><td>400</td><td>15</td><td></td><td></td><td></td></tr>
<tr><td>156</td><td>420</td><td>500</td><td>20</td><td>0.15 元/分钟</td><td>0.3 元/MB</td><td>0.05 元/个</td></tr>
<tr><td>186</td><td>510</td><td>650</td><td>20</td><td></td><td></td><td></td></tr>
<tr><td>226</td><td>700</td><td>750</td><td>25</td><td></td><td></td><td></td></tr>
</table>

电信市场中，一般会存在若干竞争对手公司推出的手机套餐，还有若干本公司推出的手机套餐。假设这些手机套餐的分档个数、基本属性的个数、每个分档的基本资费、属性赠送量和属性单价均已知。同时，可以通过市场调研和分析公司现有顾客消费记录的方式获得顾客对手机套餐的偏好情况及相关的市场信息。

手机套餐设计问题就是在上述顾客偏好和市场信息的基础上，以某种设计或优化准则（如总利润、市场份额、收入、顾客价值等）为目标，在给定手机套餐基本属性、可能的属性取值水平和分档个数的前提下，找出最优的手机套餐方案，即确定其每个分档中对应的最优属性设定值。

12.3.2 手机套餐设计问题的特点

电信产品属于一类服务类产品，和一般的制造类产品既有相似之处又有不同之处。不同点在于，其具有无形和无所有权转移等特征，且在消费后就不复存在；而相同点在于，二者都是为了满足顾客的某种需求。手机套餐的目的是满足多样化的顾客需求，而对于一般的制造类产品而言，也存在一种满足多样化需求的技术，即产品线技术。所谓产品线技术，就是一组功能和结构相似的同类产品，这些产品的产品属性有所不同，可以满足不同细分市场的需要。例如，汽车厂商提供商务型、家庭型、运动型、经济型等各系列轿车，每个系列中又提供各种可配置选项，就是产品线的一个典型例子。

实际上，产品线技术和手机套餐从市场目标和实现方法上都具有很大的相似性，只不过面向的对象分别是制造类和服务类两种不同的产品对象。国外有关产品线技术的相关研究比较多，具体可参见近期的综述论文。因此，在考虑手机套餐特点的基础上，采用产品线技术的相关理念、理论和方法并进行相应的深入和拓展，是实现手机套餐设计系统化和科学化的一种可行方案。

然而，手机套餐与制造类产品的产品线也有一些不同点，具体表现在以下几个方面。

（1）手机套餐的价格机制比制造类的产品线更加复杂。制造类的产品线一般只具有单一的产品价格，而手机套餐可能包含多重价格或价格组合。例如，移动套餐中，有基本资费，还有超出赠送部分的本地通话费、长途通话费、上网流量和短信费用。有些情况下，为了刺激顾客重复购买或吸引新顾客，电信公司还采用赠送话费和赠送礼品等措施。

（2）电信顾客的忠诚度在手机套餐选择中的影响相比制造类产品线更大。电信类产品的重要特点之一是购买和消费的重复性，忠诚度较高的顾客不会轻易更换服务，同时很容易影响到周围的顾客。如何从顾客价值的角度出发，提高顾客的保持率（retention rate），是套餐设计中需要重点考虑的问题之一。

（3）手机套餐的结构比制造类产品线更加灵活。对于制造类产品，产品的多样化对于设计和生产的要求较高，将带来生产设备扩容、排产难度加大、资金占用多等成本方面的压力和问题；但手机套餐一般只涉及有限的设备投资成本和一些管理成本，因此手机套餐可以进行灵活的产品组合，结构一般都相对较复杂、种类较多，且更新速度较快。

（4）手机套餐的收入结构与制造类产品线有所不同。用户在购买制造类产品时，一般都是按照产品价格一次性进行购买，然后产品的所有权转移到顾客；而电信产品一般是按月进行付费，而且对于同一个顾客而言，每个月的费用可能有所浮动。因此，在估算制造类产品线和手机套餐的期望收入和利润时，二者的计算方法截然不同。

12.3.3　基于顾客选择行为分析的手机套餐设计框架模型

手机套餐一般是按月进行收费。从投资的角度来看，从顾客方面获得的未来收益与当前获得的收益并不相同，需要考虑折现率的影响。本章在手机套餐设计中引入了顾客终身价值（custom lifetime value，CLV）的概念，可以更好地评估手机套餐的设计方案。

顾客终身价值指的是顾客因为持续的购买行为在未来可能为企业带来的收益现值总和。顾客终身价值的计算主要强调可衡量性和可数量化，取决于如下三个方面：①顾客购买所带来的边际收益；②顾客保留时间的长短；③折现率。一般来说，企业增加边际利润、减少顾客的流失率和延长平均顾客维持时间，都会使顾客终身价值增加。顾客终身价值强调的是企业应该提高顾客的保持率和顾客忠诚度，与顾客建立起长期的关系，以达到企业和顾客双赢的目的。

本章提出的手机套餐优化设计框架模型如图 12.7 所示。通过市场调查，可以获得电信市场中的潜在套餐顾客的需求偏好。这些顾客通过聚类分析技术，将相似顾客组成相应的聚类。将聚类的中心作为典型顾客，通过联合分析，可以获得套餐属性的成分效用值。另外，对已有套餐用户的消费记录经过数据除噪后进行数据挖掘，可以得到现有套餐客户的品牌忠诚度。这些信息结合市场调研数据、套餐成本结构、竞争对手套餐情况和公司现有套餐情况，可以对一个给定的套餐进行方案评价，而评价的指标是基于顾客终身价值的市场目标，如市场份额、期望收入和利润等。优化模型库在智能优化算法的支持下，可以实现以套餐方案评价为核心的手机套餐优化设计。

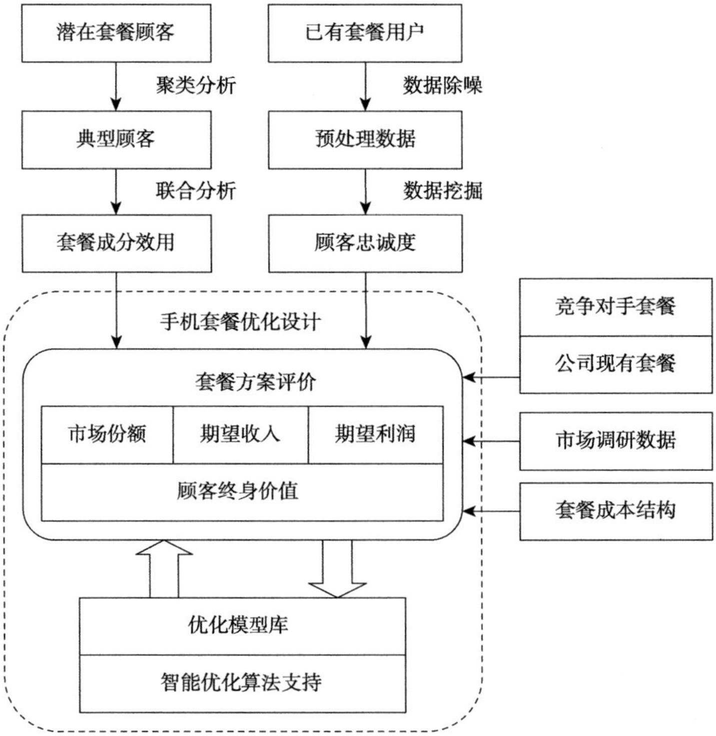

图 12.7　基于顾客终身价值的手机套餐优化设计框架模型

在基于顾客选择行为分析的手机套餐优化设计框架模型下，手机套餐设计过程主要结果分为市场调研、客户细分、套餐效用测算、客户购买选择行为分析、手机套餐方案的评价、手机套餐方案的设计优化几个阶段。

1. 市场调研

本部分所指的市场调研是指套餐设计层面的市场调研，主要包括如下几个部分。

（1）市场现有套餐产品的调研。了解市场中竞争对手公司的情况，这些竞争对手公司有哪些手机套餐产品，这些竞争套餐的具体属性和配置情况（例如一个电信公司的移动业务套餐中，一共分为几个档，每个分档的基本资费是多少，赠送多少本地话费和短信等），以及这些产品在市场中的市场占有率，优点和缺点；本公司现有的手机套餐有哪些，顾客对这些产品的反应和购买率。

（2）市场中顾客对套餐产品的需求偏好情况。例如，顾客对电信移动套餐产品中包括的各项服务（即本地通话时长、长途通话时长、上网时长、短信量等）月需求量大约是多少，对赠送服务、预存话费优惠、赠送礼品等活动的看法及偏好情况。一般来说，市场中的客户的偏好不尽相同。例如，商务类用户的月长途通话时长可能比较长、上网时长相对较少，而学术类用户的上网时长和短信量都比较大。值得注意的是，市场调研获得的客户对套餐产品的需求偏好中，某些调研数据可能含有不确定和不清晰的成分。例如，对于月本地通话长度，有的客户可能估计不出准确的时长，但可以给出一些比较模糊的描述，如“大约 100 分钟”和“50～80 分钟”等。

2. 客户细分

客户细分就是将手机套餐产品的客户进行分组，将具有相同或相似特征的客户划分到一类中。因为市场中客户的偏好不同，如果在数学建模和优化的时候将每个不同的客户都考虑进去，势必会造成模型过于复杂和庞大。实际上，市场中的某些同类客户可能具有相似性，如果按照客户的消费和需求偏好将市场中的客户进行分组，可以有效地解决这个问题。目前，比较成熟的方法是对客户进行聚类分析。

聚类分析是统计中常用的一种技术，可以将物理或抽象对象的集合分为由类似的对象组成的多个群组或簇。其基本思想是样本分组，寻找多维数据点中的差异之处。聚类分析有很多变种，如分裂方法、层次方法、基于密度的方法、基于网格的方法等。目前，有很多统计软件都提供比较完备的聚类分析功能，比较流行的如 SPSS 软件。在市场细分的过程中，可以通过聚类分析技术将手机套餐用户划分成若干特征相同或相似的簇，并通过簇的质心或重心来代表每个簇的典型客户。另外，由于市场调研过程中获取的客户偏好数据可能存在模糊特性，根据聚类数据的特点，可采用模糊聚类方法。

3. 套餐效用测算

在一般类型产品的客户偏好建模的文献中，最常使用的方法是联合分析。联合分析应用统计技术来推测累加联合偏好结构。在联合分析的应用系统中，典型的做法是让客户通过打分来评估不同属性级别组合的各种虚构的产品轮廓，然后在整体判断信息的基础上，通过回归、层次贝叶斯模型或线性规划模型来估计单个属性级别的效用值。然而，手机套餐产品不同于一般产品，客户对产品的偏好严重依赖于套餐的价格。首先，客户对套餐的基本属性如本地通话量、长途电话量、短信条数、上网流量等都可能有一定的消费量，这些消费量在购买套餐之前可以进行估计。对于手机套餐中的一个给定的分档，可以依据这些估计的消费量计算出一个估计的消费金额。如果一个细分市场的顾客针对套餐产品基本属性的估计消费量已知，那么根据手机套餐的特点，当一个顾客在某属性下的消费量大于对应的属性赠送量时，超出部分按照属性单价计算，这种关系可以用数学表达式进行有效的抽象和表达。同时，一个电信客户在购买手机套餐的某个分档之前都有一个基本的消费预算，套餐的客户效用值就可以用消费预算和预计消费金额的差值来进行表示，反映了顾客选择这个手机套餐分档的利得或价值。

4. 顾客购买选择行为分析

顾客对产品的购买选择决策是由产品的效用决定的。一般来说，模拟顾客的购买选择行为包括确定性规则和概率型选择规则，在新产品定位研究中二者都有比较广泛的应用。确定性规则假设顾客是绝对理性的，只购买效用值最大的产品；然而，这种确定性规则过于理想化，顾客的选择行为是很复杂的且受多种因素影响，采用这种规则常会高估市场份额。

近年来，概率型选择规则应用比较多，在表示顾客选择行为时具有更高的可靠性和真实性。因此，本章采用概率选择规则来模拟顾客的手机套餐分档的选择行为。概率选择规则中，最常用的是多项式分对数规则，该规则是指数函数形式，含有一个比例参数，通过调整该比例参数，可以改变选择的效果：当该比例参数的值较大时，该模型接近于确定性选择规则，当该比例参数的值较小时，则近似于均匀选择规则。因此，概率型选择规则具有良好的灵活性。

电信公司在设计一个新套餐时，不但要考虑套餐中各分档占据市场的份额，也要考虑新套餐投放市场后，对公司现有产品的影响。如果新套餐设计不当，一方面不能改善市场份额，另一方面也可能和公司现有产品产生恶性竞争，最终导致公司的总体利益受损。

5. 手机套餐方案的评价

在获得了市场信息和表达了顾客选择行为规则之后，就可以进行一个手机套餐产品的评价工作。评价指标可以是多种，如顾客满意度、顾客忠诚度、市场份额、套餐收入、套餐成本、套餐效益等。例如，对于一个手机套餐产品，在顾客终身价值表达公式的基础上，其套餐利润可以用细分市场个数、顾客效用、顾客保持率、期望顾客数量、边际费用、竞争产品信息等因素的函数来进行表示。

如果手机套餐的评价需要选用多种指标，可以采用两种方法：①多个指标加权相加，形成一个新的综合指标，指标之间的权值可以采用 AHP 法来确定；②采用多指标决策的方法进行方案选择。多指标决策的方法有许多种，具体可以参见决策理论相关的书籍。

手机套餐的评价非常重要，是手机套餐设计优化的基础和重要组成部分，其精确程度将直接影响到手机套餐设计优化的效果。

6. 手机套餐方案的设计优化

套餐设计优化模型可以分为两类，一类假设已经得到了若干个手机套餐的候选方案，然后建立数学模型，从中选择给定数量的套餐以达到某种优化目标。另一类是直接进行数学建模，得到一个或多个套餐的属性取值和配置方案。一般来说，第一类的数学模型相对比较简单，但缺点是优化结果依赖于原始候选方案的优劣。而第二类则模型相对复杂，求解起来比较困难。

建立手机套餐优化设计的数学模型后，可以根据模型的特点设计求解算法。近年来，智能优化算法的发展很快，结合了人工智能、群体智能和计算智能的最新进展，具有搜索效率高和实现简单等特点，在各类工程优化问题中都有广泛的应用。因此，智能优化算法是求解手机套餐优化设计数学模型的一种理想方法。

12.4　顾客消费行为分析及市场细分

随着市场竞争加剧，电信企业的市场经营工作越来越趋向专业化，逐步建立起大容量的客户数据库存储客户信息与历史消费数据，营销工作也更重视明确的目标市场与客户，重视对客户消费数据的管理与分析。但目前电信企业对细分客户群体的归类分析研究基本基于经验或简单的统计分析方法，没有建立起一套科学的客户细分方法，更没有将套餐要素设计与客户推广效果之间进行关联测算，无法满足业务发展的精确预测与复杂分析需求。因此，如何利用当前高度发展的信息技术和市场营销理论，对海量的电信客户进行深度的多维数据挖掘与细分，变得十分重要和紧迫。

本章从顾客消费行为分析的角度提出了客户细分的三维模型，采用了 Kohonen 聚类方法。根据用户历史消费数据对客户群体进行划分，将目标客户细分为几个具有相似消费特征的群体，根据不同群体消费特点有针对性地提出相应的营销建议，最后结合辽宁某地区电信企业的手机客户消费数据进行实例研究。本章提出的方案系统解决了电信企业对目标客户进行科学聚类分群的问题，实现了对用户消费特征的量化，有利于电信企业对手机套餐的设计优化进行量化测算分析，也有利于电信企业根据目标客户群特点制订合适的营销方案，辅助电信企业设计符合客户需求的手机套餐。

12.4.1 手机套餐客户的细分模型构建

1. 数据除噪

数据质量问题是影响数据挖掘结果的重要因素，因此客户数据的预处理过程在整个细分过程中相当重要。预处理过程是利用各类统计分析方法对数据进行探索性分析，删除可能影响分群效果的客户信息。针对除噪时删除的客户群体，在聚类结束后应单独进行分析。

本次聚类分析所采用的数据样本为辽宁某地区电信企业手机用户的消费数据，经过对数据的初步分析，去除的客户数据分为以下几个类别。

（1）停机客户数据。停机分为主动停机和欠费停机两种情况。欠费停机是因为客户没有及时缴纳话费而无法继续使用电信业务造成的停机；主动停机是由于客户的个人原因暂时不使用该号码，申请停机。欠费停机和主动停机的客户数据对聚类分析结果的准确性有一定的影响，故需要剔除这部分客户的数据。针对欠费停机的客户也应该进行细致分析，对故意透支话费的行为做出预防措施，减少损失。

（2）移动综合优惠后收入值为负的客户数据。移动综合优惠收入值为负值的原因是给客户补退费等情况，出现移动综合优惠收入为负值是事实，但这部分数据可能会对分群结果产生影响，因此需要在分群中剔除这些客户。

（3）超大月租收入客户数据。其原因是将部分数据业务月租费用包含在客户的普通电话月租中或者由于该客户所使用的号码为“靓号”存在最低消费问题，需要在分群中剔除这些客户。

（4）无线宽带数据卡和无线宽带语音卡客户数据。该类用户主要选用电信提供的套餐办理无线上网业务，业务目标比较明确，该类客户的数据对客户细分的工作没有直接帮助。

2. 相关性分析选取细分变量

相关性分析是研究变量之间密切程度的一种统计方法，应用较为广泛，是专业统计分析的基础。相关系数定量地描述了两个变量之间线性关系的强弱程度。在相关分析中，常用的相关系数主要有 Pearson 简单相关系数（Hughes，2012）、Spearman 等级相关系数和 Kendall 相关系数等，本章将采用 Pearson 简单相关系数。

Pearson 简单相关系数的计算公式为（漆晨曦等，2007）

$$\rho = \frac{Cov(X,Y)}{\sqrt{Var(X)}\sqrt{Var(Y)}} \tag{12.1}$$

其中，$Cov(X,Y)$ 表示随机变量 X 和 Y 的协方差；$Var(X)$ 和 $Var(Y)$ 分别表示变量 X 和 Y 的方差。

本章首先考察客户的消费数据与客户当月出账金额之间的相关程度，剔除与出账金额相关性较小的变量，如表 12.4 所示；其次在已经保留的与当月出账金额相关程度较大的变量中选取能表征客户发展潜力和客户当前价值的变量作为细分变量；最后选取客户在网月数这个变量来表征客户忠诚度。

表 12.4　客户消费数据与客户当月出账金额相关系数

消费项	统计指标	数值	消费项	统计指标	数值
月租费	Pearson	0.025	增值业务	Pearson	0.569
	Sig.	0.001		Sig.	0.000
本地话费	Pearson	0.843	短信费用	Pearson	0.407
	Sig.	0.000		Sig.	0.000
长途话费	Pearson	0.680	彩信费用	Pearson	0.062
	Sig.	0.000		Sig.	0.000
网费	Pearson	0.551	漫游费	Pearson	0.053
	Sig.	0.000		Sig.	0.000
折扣	Pearson	0.287	彩铃费用	Pearson	0.175
	Sig.	0.000		Sig.	0.000
其他	Pearson	0.001	超时费用	Pearson	0.405
	Sig.	0.910		Sig.	0.000

对变量的剔除将按照以下两个规则进行。

（1）剔除相关系数小于 0.3 的变量。一般认为，当相关系数的绝对值大于 0.8 时，两个变量间具有较强的线性关系；而相关系数的绝对值小于 0.3，两个变量之间的线性关系较弱。

（2）剔除 Sig.的数值大于 0.05 的变量。Sig.（significance）即为相关系数的显著性检验值，一般将 Sig.值与 0.05 比较，当相关系数α的 Sig.<0.05，说明相关系数在 95%的置信区间内是显著的；反之则为不显著的。因此，要删除与“当月出账金额”相关系数的 Sig.值大于 0.05 的变量。

故将保留以下变量留做下一步的细分工作，如表 12.5 所示。

表 12.5　保留变量

消费项	统计指标	数值	消费项	统计指标	数值
本地话费	Pearson	0.779	增值业务	Pearson	0.507
	Sig.	0.000		Sig.	0.000
长途话费	Pearson	0.667	短信费用	Pearson	0.377
	Sig.	0.000		Sig.	0.000
网费	Pearson	0.537	超时费用	Pearson	0.327
	Sig.	0.000		Sig.	0.000

根据以上的两个规则保留下来的变量，只能保证它们与“当月出账金额”之间是相关性显著，但这些变量之间如果存在严重的共线性将影响后续的分析结果，故需要对保留下来的 6 个变量做相关性分析，考察它们之间是否存在共线性，并将共线性较强的变量删除。它们之间的相关性如表 12.6 所示。

表 12.6　保留变量之间的相关系数

消费项	统计指标	1	2	3	4	5
1.本地话费	Pearson					
	Sig.					
2.长途话费	Pearson	0.366				
	Sig.	0.000				
3.网费	Pearson	0.220	0.325			
	Sig.	0.000	0.000			
4.增值业务	Pearson	0.346	0.266	0.198		
	Sig.	0.000	0.000	0.000		
5.短信费用	Pearson	0.244	0.165	0.175	0.659	
	Sig.	0.000	0.000	0.000	0.000	
6.超时费用	Pearson	0.244	0.297	0.140	0.529	0.120
	Sig.	0.000	0.000	0.000	0.000	0.000

通过观察表 12.6 发现，增值业务与短信费用的相关系数为 0.659，与超时费用的相关系数达到 0.529，都存在较强线性关系，故将“增值业务”变量删除不参与分析。

3. 电信业务经验模型

根据经验，将“客户当前价值”、“客户发展潜力”和“客户忠诚度”三个维度作为客户行为特征进行研究，选取合适的客户行为作为细分变量，再结合客户人口统计信息和客户价值作为描述变量，从而准确定位细分的客户群，组成客户细分的三维分析体系，电信客户三维细分经验模型如图 12.8 所示。

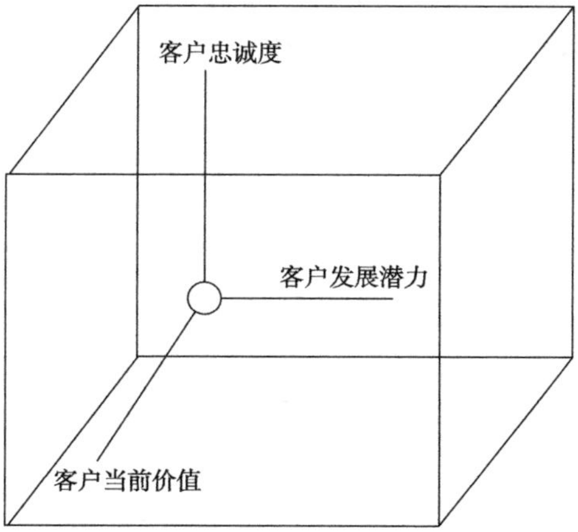

图 12.8　电信客户三维细分经验模型

基于以上的分析并结合经验模型，本章选取 “移动本地通话收入”“移动长途通话收入”“移动漫游通话收入”表征客户当前价值；选取“移动短信费”“1X 数据业务费”表征客户发展潜力；选取“在网月数”表征客户的忠诚度。并对各组数据相加生成三个新的变量，分别为“客户当前价值”“客户发展潜力”“客户忠诚度”。例如，客户当前价值=移动本地通话收入+移动长途通话收入+移动漫游通话收入。

4. 验证性因子分析

上面提出了三维细分的经验模型，为了验证模型合理性，故利用验证性因子对以上经验模型的拟合度予以分析。

目前因子分析包括探索性因子分析和验证性因子分析。利用因子分析来确定因子维数，此时称之为探索性因子分析。当研究人员根据某些理论或者其他的先验知识对因子的可能个数或者因子结构做出假设，此时就是验证性因子分析。

与探索性因子分析一样，我们的分析都是在原始数据的相关系数矩阵基础上进行的，因此首先要得到相关系数矩阵。本章先利用 SPSS 软件计算相关矩阵，并通过 LISREL 软件计算评价模型是否为恰当的拟合参数。通过 LISREL 软件计算得到的拟合参数如表 12.7 所示。

表 12.7　模型拟合参数

拟合指标	自由度	卡方	近似误差均方根	定额拟合指数	比较拟合指数
指标现值	6	1258.09	0.079	0.90	0.90
最优值趋向	—	越小越好	<0.08	>0.9	>0.9

12.4.2　手机套餐客户的聚类分析

Kohonen 神经网络是一个两层前馈神经网络，即输入层和输出层。输入层含有 m 个神经元，神经元的个数等于输入样本向量的维数，输出层神经元为竞争输出神经元。输入层各神经元通过权系数向量将外界信息汇集到输出层的各神经元，通过对输入模式的自组织学习，在输出层将分类结果表示出来。Kohonen 神经网络通过对输入模式的反复学习，使连接权矢量空间分布密度与输入模式的概率分布趋于一致，即连接权矢量空间分布能反映输入模式的统计特征。二维阵列自组织映射（self-organization map，SOM）模型如图 12.9 所示。

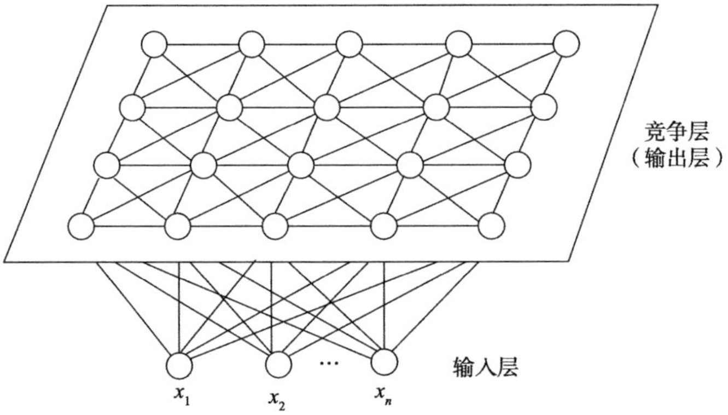

图 12.9　二维阵列 SOM 模型

利用 SPSS Clementine 对除噪后的数据进行 Kohonen 聚类分析，结果如图 12.10 所示。

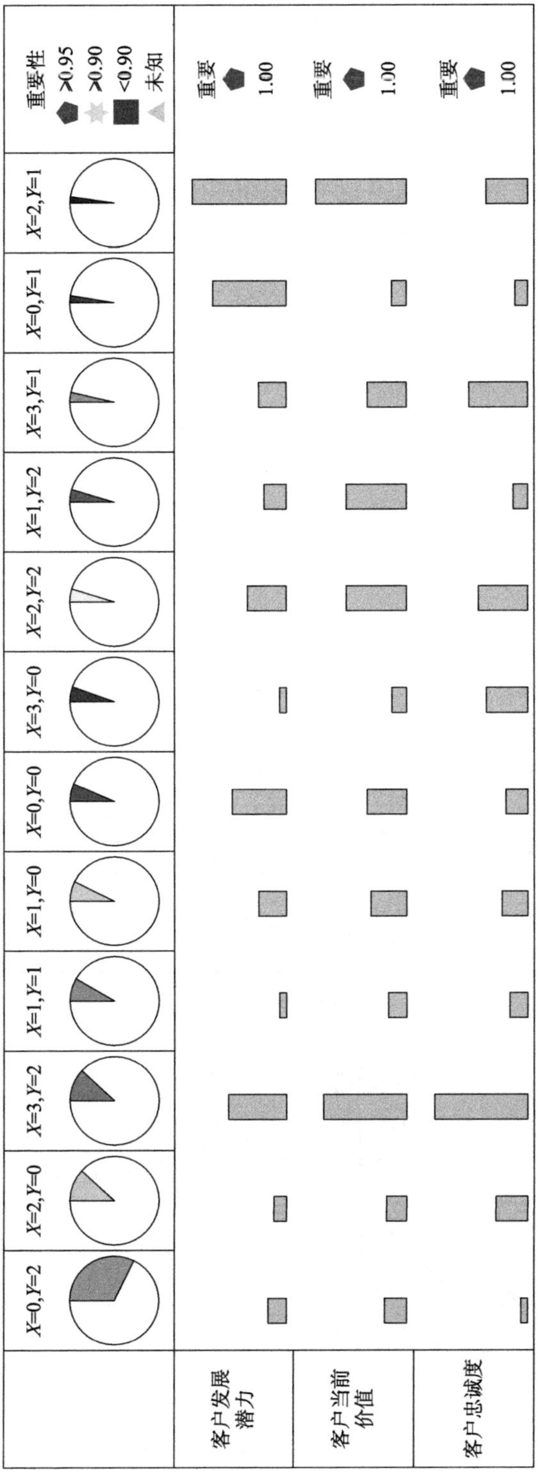

图12.10　Kohonen可视化聚类结果

聚类结果分析如表 12.8 所示，针对得到的聚类结果，分别对其各类别做统计分析，并定义高于平均水平的为 H，低于平均水平的为 L；并将各聚类组对应到三维细分模型的八个象限，如图 12.11 所示。

表 12.8　聚类结果分析表

项目	平均	1	2	3	4	5	6	7	8	9	10	11	12
客户当前价值	16.703	18.526	7.216	10.135	16.869	8.482	28.447	9.741	42.649	28.381	7.21	18.737	8.96
客户发展潜力	1.849	3.61	4.841	1.192	1.807	0.464	1.509	0.844	6.225	2.647	0.434	1.885	0.676
客户忠诚度	19.647	14.138	8.341	4.301	17.401	11.693	9.286	21.302	27.348	32.251	27.637	38.813	24.315
本地话费	12.561	12.847	5.394	7.775	12.577	6.88	16.272	8.35	31.673	21.216	6.534	15.138	7.905
长途话费	2.783	4.156	1.243	1.877	2.932	1.107	8.719	0.94	6.774	4.588	0.457	2.474	0.693
网费	1.358	1.523	0.579	0.482	1.36	0.495	3.456	0.451	4.202	2.577	0.219	1.125	0.362
短信费用	1.423	2.672	4.624	0.957	1.346	0.43	1.206	0.698	3.547	1.503	0.321	1.544	0.471
彩信费用	0.003	0.016	0	0.002	0.003	0	0.005	0.003	0	0	0	0	0
漫游费	1.909	1.944	1.641	1.821	1.991	2.009	1.528	2.002	1.954	1.98	2.001	1.984	2.007
彩铃费用	1.31	1.088	0.456	1.892	1.289	0.894	0.488	0.636	1.057	1.407	0.77	1.701	0.717
超时费用	0.426	0.938	0.218	0.235	0.461	0.034	0.303	0.146	2.678	1.144	0.113	0.341	0.205
在线费用	19.647	14.138	8.341	4.301	17.401	11.693	9.286	21.302	27.348	32.251	27.637	38.813	24.315
象限		HHL	LHL	LLL	HLL	LLL	HLL	LLH	HHH	HHH	LLH	HHH	LLH
用户数量	18 595	1161	463	5967	1355	1561	844	2200	371	870	1020	616	2167
特征描述		彩信偏好组	短信组	彩铃偏好组	普通语音组	普通低档组	长话组	高忠诚稳定组	商务组	均衡高消费组	高忠诚低档组	高忠诚中档消费组	高忠诚中低档组

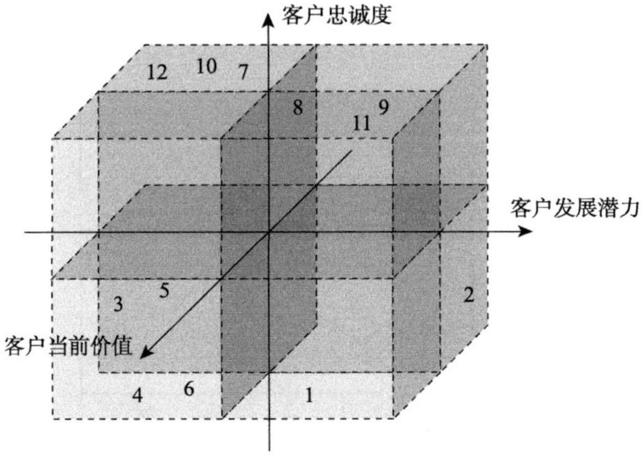

图 12.11　聚类结果与三维细分模型的对应

1. HHH 象限

该象限用户三个维度水平均高于平均水平，属于高价值用户。

聚类 8 的特点是本地通话、长途通话和数据业务均处于较高水平，不使用彩信业务，可以定义该组用户为商务组。

聚类 9 的特点是该项业务都高于平均水平，业务使用比较均衡，同样不使用彩信业务，可以定义该组用户为均衡高消费组。

聚类 11 的特点是忠诚度极高，在网月数处于样本最高水平，并且本地通话和短信等业务高于平均水平，长途通话、漫游和数据业务使用低于平均水平，不使用彩信业务，可以定义该组用户为高忠诚中档消费组。

2. HHL 象限

该象限用户当前价值和发展潜力较高，忠诚度较低。

聚类 1 的特点该组用户多数业务都高于平均水平，彩信业务处于样本最高水平，定义该组用户为彩信偏好组。

3. HLL 象限

该象限用户当前价值较高，发展潜力不足，忠诚度较低。

聚类 4 的特点是本地通话、长途通话、漫游均高于平均水平，短信和无线数据业务使用较少，以语音业务为主。定义该组用户为普通语音组。

聚类 6 的与聚类 4 特点相似，但长话使用水平处于样本最高水平，定义该组为长话组。

4. LHL 象限

该象限用户当前价值和忠诚度较低，但发展潜力较高。

聚类 2 的特点是短信业务使用较高，处于样本最高水平，其他业务使用较少，定义该组用户为短信组。

5. LLH 象限

该象限用户当前价值和发展潜力较低，但忠诚度较高。

聚类 7 的特点是除彩信、漫游费和在线费用外各项指标均低于平均水平，在网月数较高，消费水平一般。定义为高忠诚稳定组。

聚类 12 特点与聚类 7 指标相似，但整体消费水平低于聚类 7，定义为高忠诚中低档组。

聚类 10 特点是长话、短信和彩信业务均处于样本最低，定义为高忠诚低档组。

6. LLL 象限

该象限用户三个细分维度上均处于低水平。

聚类 5 特点是除漫游费外所有业务使用均低于平均水平，定义为普通低档组。

聚类 3 特点彩铃业务水平处于平均水平以上，其余业务均低于平均水平定义为彩铃偏好组。

另外在 HLH 和 LHH 两个象限暂时没有客户群体分布，这属于正常现象，因为客户群体是动态变化的，随着时间的推移，客户群体会在这八个象限中不断变化。

数据除噪过程中主要针对月租收入较高和欠费停机两个群体进行分析，他们的消费统计信息如表 12.9 所示。

表 12.9　数据除噪去除的群体

用户类别	平均	高月租组	欠费停机组
本地话费/元	12.561	41.604	5.268
长途话费/元	2.783	18.354	2.299
上网费用/元	1.358	15.427	0.821
短信费用/元	1.423	5.771	1.219
彩信费用/元	0.003	0	0.003
漫游费用/元	1.909	1.156	1.804
彩铃费用/元	1.31	0.781	1.48
超时费用/元	0.426	6.729	1.79
在线费用/元	19.647	41.792	16.695
用户数量/人	18 595	96	2 089

通过表 12.9 可以发现高月租群体，多数业务使用水平均高于平均水平，属于高价值群体。同时对该类群体的其他变量数据统计中发现，其综合优惠收入多为负值（说明有话费减免或优惠补偿），并且占较大比例，0～200 元的优惠占 82.29%，400 元以上的优惠占 15.62%。

欠费停机群体消费水平较低，并未发现个别群体的故意高消费情况发生。

12.4.3　基于数据的营销分析

1. HHH 象限

该类用户主要是城市商务精英，多为长期在网的中年经理和私营企业主。他们在业务量提升与交叉销售等方面有巨大的潜力可以挖掘，是企业利润的主要来源。针对该类客户，应加强精确维系与价值提升工作。对于彩信业务，可以采用免费试用、优惠减免等措施刺激其使用。

2. HHL 象限

该类用户主要是企业新发展的高价值用户。他们在为企业创造价值方面并不比 HHH 象限用户低。针对该类客户，应重点加强客户关怀与维系以减少离网，同时引导其使用流量及增值业务。

3. HLL 象限

这类用户主要以家庭月收入相对较高的公务员和产业工人为主，该类用户需要通过合约计划、加装优惠包等销售或服务政策稳定在网用户，为企业创造稳定的较高价值。

4. LHL 象限

该类用户主要以低收入学生群体为主，发展潜力较高，手机上网流量与短信使用率较高，是企业增量用户的重点来源，新业务及流量经营的核心人群，随着其年龄增长及毕业后收入提高，未来将发展为 HHL 或 HHH 用户。针对该类客户，应以流量经营和增值业务的促销活动为主提升在网黏性与客户价值，重视校园生活关怀与维系工作，提高其品牌认可度与忠诚度。

5. LLH 象限

该类用户处于稳定期，当前业务使用量不大，可以适当采取促销和优惠手段提升其消费量。

6. LLL 象限

该类客户以低文化程度的家庭主妇和低收入群体为主。业务使用少，话费敏感，离网率较高。针对该类用户，企业不宜投入过多精力，但也不要降低服务质量，应以便捷服务和阶段性促销活动吸引用户，增加其品牌的认同感。随着时间的推移，该类用户会逐渐转为高忠诚用户。

12.5 基于顾客行为分析的手机套餐评价

在套餐设计优化过程中，一个重要环节是评价套餐的优劣以作为套餐制定或优化的决策依据。目前，电信企业在套餐设计或梳理优化过程中，往往基于市场经验或套餐间简单的参数比较进行套餐设计，缺乏科学量化的评价工具，既无法进行精确预测又粗放进行决策，往往造成市场策略失误或套餐推广的失败。

本章提出了一个基于顾客选择行为分析的手机套餐定量化评价方法。该方法可以估算手机套餐各分档的市场占有份额和顾客终身价值，帮助电信企业对不同的套餐方案进行量化对比和选择，进行科学决策，避免手机套餐的设计单纯依赖人工经验和定性分析。同时，该评估模型中考虑了手机套餐的竞争套餐、公司现有套餐、收入长期性、未来收益和资金折现率等因素的影响，可以指导电信企业对套餐设计进行科学评价，提高套餐推广的成功率与效益。

12.5.1 手机套餐评价问题的描述

首先，本章定义手机套餐中的一个产品及价格组合就是一个套餐分档；从手机套餐表格来看，其中的一行就是一个分档。例如，一个套餐的分档可能是如下内容：月基本费 66 元，赠送 50 分钟本地通话费、300 兆上网流量、10 条短信，消费的超出部分的价格，本地通话为 0.25 元/分钟，上网流量为 0.5 元/兆，短信为 0.1 元/个。本章中一个手机套餐的分档个数用 J 来表示。

一个手机套餐中可能包含若干服务项目，如手机套餐中的本地通话、长途通话、短信、上网等，本章将这些服务项目定义为手机套餐的基本属性，一个手机套餐基本属性的总数为 K 。对于每一个手机套餐的基本属性而言，包括一个属性赠送量，表示电信公司在此赠送量之内不对顾客消费进行计费，本章以 L_{jk} 表示该手机套餐的第 j 个分档 $(j=1,2,\cdots,J)$ 的第 k 个属性赠送量 $(k=1,2,\cdots,K)$ ；另外，还包括一个属性单价，表示当顾客对手机套餐某项属性的消费量超过属性赠送量后的单位价格，本章用 p_{jk} 表示手机套餐的第 j 个分档 $(j=1,2,\cdots,J)$ 的第 k 个属性单价。另外，手机套餐还包括一个基本资费，表示套餐每个分档的最少启动费用，本章用 L_{j0} 表示手机套餐第 j 个分档的基本资费。

经过市场调研和顾客分析后，电信市场可以划分成 I 个细分客户市场，每个细分客户市场含有 Q_i $(i=1,2,\cdots,I)$ 个潜在顾客数量。电信市场中已经存在若干个手机套餐，包括竞争对手公司推出的产品和本公司以前推出的产品，这些手机套餐分档的总数为 J^E ，其中第 j 个分档针对第 i 个细分市场中的顾客效用为 U_{ij} $(i=1,2,\cdots,I; j=1,2,\cdots,J^E)$ 。

手机套餐是一种服务类产品，一般都是按月对顾客进行收费，其主要特点之一就是收入的长期性。因此，对于公司而言，推出新套餐产品的目标不应该局限于首次购买的收入，而应该考虑到未来长期的收入即顾客未来的价值。从投资的角度来看，从顾客方面获得的未来收益与当前获得的收益并不相同，需要考虑折现率的影响。因此，本章评价手机套餐方案的准则没有采用一般文献中的市场利润，而是采用了顾客终身价值的方法，这样可以更好地体现手机套餐的特点，强调从最大化顾客价值的角度来进行手机套餐方案的选择。在本章的评估过程中，考虑顾客消费时间为 T ，资金的折现率为 d 。

手机套餐的费用结构非常复杂，其中设备投资和网络建设对手机套餐的费用影响很大。本章对手机套餐的费用结构进行了简化，将手机套餐的费用分成两个部分，一个是手机套餐分档的可变费用，用 C_j 表示，另一个是手机套餐的固定费用，用 C^{fix} 来表示。

手机套餐方案评价问题就是在上述顾客偏好和市场信息的基础上，对一个给定的手机套餐方案（其分档个数、基本属性的个数、每个分档的基本资费、属性赠送量和属性单价均已知）以某种评价准则进行量化评价。具体而言，已知一个手机套餐的分档个数 J ，属性个数 K ，属性赠送量 L_{jk} ，属性单价 p_{jk} ，基本资费 L_{j0} ，细分市场个数 I ，潜在顾客数量 Q_i ，已存在手机套餐的分档数量 J'' ，已存在手机套餐的分档的顾客效用 U_{ij} ，顾客生命周期长度 T ，折现率 d ，手机套餐分档的可变费用 C_j^{var} 和套餐固定费用 C^{fix} ，如何计算和评价这个手机套餐的顾客终身价值，而这个评价结果可以作为手机套餐设计和优选的重要依据。也就是说，如果存在多个手机套餐的候选方案，可以通过对每个套餐方案进行量化评价，计算每个手机套餐的顾客终身价值，然后选择能够实现顾客终身价值最大化的手机套餐方案。

12.5.2　手机套餐评价量化流程和步骤

本章提出的手机套餐方案评价方法分为六个步骤，如图 12.12 所示。通过市场客户细分、手机套餐分档的效用计算、顾客对手机套餐分档的选择概率计算、顾客保留率估算、手机套餐方案的费用估算、手机套餐方案的顾客终身价值计算等步骤，建立手机套餐方案的量化评价模型。下面给出了这几个评价步骤的具体实现方法。

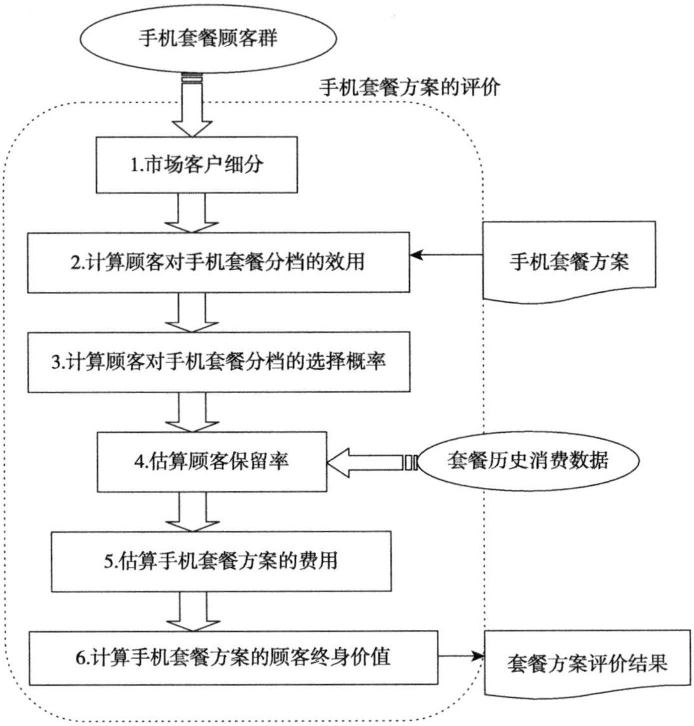

图 12.12　手机套餐方案的评价步骤

手机套餐产品不同于一般产品，顾客对产品的偏好依赖于价格。首先，顾客对于套餐的基本属性如本地通话量、长途电话量、短信条数、上网流量都可能有一定的消费量，这些消费量在购买套餐之前可以进行估计。对于手机套餐中的某个分档，可以依据这些估计的消费量计算出一个估计费用。对于一个有 K 个属性和 J 个分档的手机套餐，以 L_{jk} 表示该手机套餐的第 j 个分档 $(j=1,2,\cdots,J)$ 的第 k 个属性赠送量 $(k=1,2,\cdots,K)$，第 i 个细分市场顾客针对第 k 个属性的估计消费量为 q_{ik} $(i=1,2,\cdots,I;k=1,2,\cdots,K)$。那么根据手机套餐的特点，当 $q_{ik}\geqslant L_{jk}$ 即一个顾客在某属性下的消费量大于对应的属性赠送量时，超出部分按照属性单价计算。

顾客可以根据公司提供的产品各属性标准资费 p_{jk} 估算得到对于该产品的消费额，可表示为

$$R_{ij}=\sum_{k=1}^{K}|q_{ik}-L_{jk}|^{+}p_{jk}+L_{j0}\quad i=1,2,\cdots,I;j=1,2,\cdots,J \tag{12.2}$$

其中，R_{ij} 表示第 i 个细分市场中的顾客如果选择第 j 个手机套餐分档时的消费金额；p_{jk} 表示手机套餐的第 j 个分档 $(j=1,2,\cdots,J)$ 的第 k 个属性单价；L_{j0} 表示手机套餐第 j 个分档的基本资费；$|x|^{+}$ 表示如果 x 大于零则表达式结果为 x，否则表达式结果为零。

另外，对于一个第 i 个细分市场中的顾客而言，在购买手机套餐的某个分档之前都有一个基本的电信消费预算，这里用 B_i $(i=1,2,\cdots,I)$ 表示，B_i 和 R_{ij} 之间的差值反映了顾客选择第 j 个手机套餐分档的利益（benefits），这个差值越大，顾客购买的倾向就越强烈。本章中定义这个差值为效用值，即

$$U_{ij}=B_i-R_{ij} \quad i=1,2,\cdots,I; j=1,2,\cdots,J \tag{12.3}$$

其中，U_{ij} 表示手机套餐中第 j 个分档针对第 i 个细分市场中的顾客的效用。

手机套餐的评价过程中，如何表示顾客对产品的购买选择行为，是一个重要的问题。根据目前的文献，确定性选择规则和概率选择规则都有应用。在确定性规则的假设之下，顾客永远购买效用值最高的产品。但是，确定性规则对于一些产品和一些场合太过刚性，而且有时候顾客也会同时购买一种以上的产品。另一种规则是概率选择规则，其被认为能更真实地表示顾客的选择行为，所以近年来应用比较广泛。在概率选择规则假设下，效用被作为一个随机变量，顾客购买行为是一个随机过程。概率选择规则假设顾客对所有产品的选择概率都是非零的。换句话说，不论产品的效用值有多小，仍有顾客购买该产品，所以该产品仍然占有一定的市场份额。目前有学者提出了一些概率选择规则，如多项式分对数规则和效用比例规则，其中多项式分对数规则应用最为广泛。

近年来，概率型选择规则的应用比较多，因此本章采用了概率选择规则中的多项式分对数规则来模拟顾客对手机套餐分档的选择行为。手机套餐分档选择的多项式分对数规则可以用式（12.4）表示。

$$P_{ij}=\frac{\mathrm{e}^{\mu U_{ij}}}{\sum_{j'=1}^{J}\mathrm{e}^{\mu U_{ij'}}+\sum_{j'=1}^{J'}\mathrm{e}^{\mu U'_{ij'}}+\sum_{j'=1}^{J''}\mathrm{e}^{\mu U''_{ij'}}} \quad i=1,2,\cdots,I; j=1,2,\cdots,J \tag{12.4}$$

其中，P_{ij} 表示第 i 个市场的顾客选择第 j 个手机套餐分档的概率；J' 和 J'' 分别表示公司现有手机套餐分档的个数和市场上竞争公司的手机套餐分档的个数；U'_{ij} 和 U''_{ij} 分别表示本公司现有手机套餐的分档的顾客效用和市场中竞争公司的手机套餐分档的顾客效用。μ 是一个比例参数，μ 值越大，该模型越接近于确定性规则，μ 值越小，则近似于均匀分布。在实际应用中，μ 的取值可以通过对实际市场份额的调研数据进行反推和标度，然后可以用于具体的细分市场中。

类似地，依照上述多项式分对数规则，一个本公司现有产品的选择概率可以表示为

$$P'_{ij}=\frac{\mathrm{e}^{\mu U'_{ij}}}{\sum_{j'=1}^{J}\mathrm{e}^{\mu U_{ij'}}+\sum_{j'=1}^{J'}\mathrm{e}^{\mu U'_{ij'}}+\sum_{j'=1}^{J''}\mathrm{e}^{\mu U''_{ij'}}}\quad i=1,2,\cdots,I;\ j=1,2,\cdots,J' \tag{12.5}$$

顾客保持是指企业保持已建立的顾客关系，使顾客不断重复购买产品或服务的过程。顾客保持率表示企业继续保持与老顾客交易关系占总顾客的比例，是企业保持市场份额的关键。

现有文献大多假设顾客保持率为一个常量，这种方法引起的计算结果偏差比较大。在电信行业中，企业推出电信服务产品的时间周期相对较短，不论是竞争企业或本公司推出新的手机套餐产品，都会逐步流失一部分现有产品的顾客。因此，手机套餐的顾客保持率的表示是一个复杂的过程。为了简化问题，本章采用时间的函数来表示顾客保持率，并假设顾客保持率是关于顾客生命周期的函数，即

$$r_t=f^k(t)\quad t=1,2,\cdots,T \tag{12.6}$$

其中，r_t 表示市场中在 t 时刻的顾客保持率；t 表示顾客生命周期离散化的最小单位；T 表示顾客生命周期的长度；f^k 表示顾客保持率随时间变化的函数。

随着时间的推移和新竞争手机套餐产品的推出，部分顾客会逐渐流失，f^k 一般呈单调减的函数形态。在实际中，可以假设 f^k 为线性、二次或三次多项式的函数形式，然后根据历史数据对 f^k 进行回归分析，估算 f^k 的函数参数。对于电信企业来说，顾客流失的不确定性比一般行业更大更复杂，顾客生命周期长度可以根据企业的具体情况来设定。

手机套餐产品属于服务类产品，具有无形性的特点，其生产费用并不全部依赖于产品本身且构成复杂，生产成本的计算比较困难。本章采用固定成本和可变成本的方法来对电信产品费用进行建模，这种方法相对比较成熟，在许多产品设计的文献中都有应用。

本章将手机套餐产品的费用分为固定成本和可变成本。固定成本包括项目启动费用、固定运营费用、基建费用等，本章用 C^F 表示。固定成本与手机套餐的分档及属性水平的设置无关，属于电信公司针对手机套餐的固定投资费用。手机套餐产品的可变成本是指与手机套餐分档属性水平设置有关的费用，本章用 C_j^V 表示，即第 j 个手机套餐分档的可变费用，包括顾客选用分档对应的公司网络运营成本和设备使用费用等，这部分成本会随着顾客选用手机套餐分档情况变化而变化。另外，手机套餐还有与套餐分档相关的管理费用，本章用 C^M 表示，当手机套餐分档的个数是一个变量时，C^M 可以采用决策变量的函数进行表示。因此，

一个手机套餐分档的总费用可以估算为

$$C_j = \sum_{t=1}^{T}\sum_{i=1}^{I}\frac{Q_i C_j^V P_{ij} f^k(t)}{(1+d)^t} - C^M - C^F \tag{12.7}$$

其中，C_j 表示第 j 个手机套餐分档的总费用；T 表示所考虑的顾客生命周期长度；d 表示资金的折现率。有顾客选择了套餐分档并进行了消费，才会产生相应的可变费用。因此，可变费用的计算，需要估算顾客对套餐分档的选择概率，并对所有细分市场中的潜在顾客进行计算，得到最终的总费用。

手机套餐与一般的普通产品不同：普通产品通常都是一次性付费，而手机套餐的用户每个月都会有不同的消费，电信公司一般也是逐月进行扣费。从现金流和投资的角度来看，电信公司推出一个套餐产品，一个顾客在选用这个套餐产品的过程中，未来逐月获得的收益与当前获得的收益是不相同的，未来的收益需要考虑折现率的影响。本章在手机套餐评价中，引入了顾客终身价值的概念，即评估套餐产品在顾客使用过程中，现在和未来电信公司从顾客获得的价值总和。顾客终身价值是指顾客因为持续的购买行为在未来可能为企业带来的收益现值总和。顾客终身价值的计算主要强调可衡量性和可数量化，取决于顾客购买所带来的边际收益、顾客保留时间的长短和资金折现率的大小。一般来说，企业增加边际利润、减少顾客的流失率和延长平均顾客维持时间，都会使顾客终身价值增加。顾客终身价值强调的是企业应该通过各种手段来提高顾客的保持率，使得顾客对企业产生信任感和忠诚度，从而持续地为企业带来价值和收益。

手机套餐方案评价模型的目的是计算手机套餐方案的顾客终生价值，即本公司所有手机套餐分档，包括已有套餐分档和新套餐分档，在顾客生命周期内获得的总顾客终身价值。通过结合式（12.2）～式（12.7），可以得到：

$$\mathrm{CLV} = \sum_{t=1}^{T}\sum_{i=1}^{I}\frac{Q_i r_t}{(1+d)^t}\left(\sum_{j=1}^{J}(R_{ij} - C_j^V)P_{ij} + \sum_{j=1}^{J'}(R'_{ij} - C_j^{V'})P'_{ij}\right) - C^M - C^F \tag{12.8}$$

其中，J 表示新手机套餐的分档个数；J' 表示本公司已有套餐的分档个数；d 表示折现率；R'_{ij} 和 $C_j^{V'}$ 分别表示顾客对本公司现有套餐分档对应的消费金额和可变成本。

手机套餐方案的评价模型对于手机套餐方案的比较和优选有重要的意义。电信公司的决策部门可以根据市场情况，由销售人员和管理人员确定一些备选的手机套餐方案集合，然后依据手机套餐方案的评价模型对集合中的每个套餐方案进行计算，从中选择能使总顾客终身价值最大的方案。

12.5.3 手机套餐评价的案例分析

某电信公司计划面向本地的校园用户推出一个新手机套餐。针对本地的校园用户，其他竞争公司已经推出了两个手机套餐产品，该电信公司也已经有一个套餐产品，如表 12.10 所示。经过市场调研和需求分析，该公司得到了产品的两个主要的细分市场 S1 和 S2,每个细分市场的潜在顾客数量分别为 18 000 人和 12 000 人。各细分市场中典型顾客对本地通话、长途通话、短信和上网的消费情况和平均月消费预算如表 12.11 所示。

表 12.10 市场中的竞争套餐和公司现有套餐

	套餐分档	基本资费	本地主叫	赠送短信	长途	手机上网	流量超出单价
竞争套餐	PC1	10 元	0.1 元/分钟	200 条	0.3 元/分钟	30 兆	0.8 元/兆
	PC2	30 元	赠送 50 分钟,超出部分 0.1 元/分钟	600 条	0.3 元/分钟	100 兆	0.8 元/兆
公司现有套餐	PY	15 元	0.08 元/分钟	200 条	0.3 元/分钟	30 兆	0.5 元/兆

表 12.11 典型顾客的消费记录

细分市场	本地通话时长/分钟	长途通话时长/分钟	短信条数/条	手机上网流量/兆	月消费预算/元
S1 典型顾客	20	—	400	30	35
S2 典型顾客	200	100	200	50	65

公司针对市场调研和分析的结果，提出了两个备选的手机套餐方案 A 和方案 B，如表 12.12 所示。公司为推出新手机套餐而发生的运营固定成本经过估算为 20 万元，两个新套餐方案产品可变成本经过成本分摊计算，分别估算为$\{10,12\}$，$\{9,11\}$元。资金的月折现率为 0.003。公司希望对套餐方案 A 和方案 B 进行评价，从中选取在三年内能使总顾客终身价值最大的方案。

表 12.12 新手机套餐的两个备选方案

套餐	分档	基本资费	本地主叫	赠送短信	长途资费	手机上网	超出单价	额外赠送
方案 A	PA1	20 元	0.08 元/分钟	250 条	0.18 元/分钟	50 兆	流量超出 0.5 元/兆，短信超出 0.1 元/条	来电显示
	PA2	30 元	0.08 元/分钟	400 条	0.18 元/分钟	100 兆		
方案 B	PB1	18 元	赠 60 分钟，超出部分 0.08 元/分钟	220 条	0.18 元/分钟	30 兆		
	PB2	25 元	赠 100 分钟，超出部分 0.08 元/分钟	330 条	0.18 元/分钟	60 兆		

根据如前所述的手机套餐方案评价方法，因为已经有了第一个步骤即市场细分的数据，下面直接从套餐分档的效用开始计算。

第一个细分市场 S1 中顾客选择方案 A 的第一个分档 PA1 对应的消费额为

$$R_{11}=\sum_{k=1}^{K}|q_{1k}-L_{10}|^{+}\ p_{1k}+L_{10}=20\times 0.08+(400-250)\times 0.1+20=36.6$$

PA1 对 S1 的效用值为

$$U_{11}=B_1-R_{11}=35-36.6=-1.6$$

同理，可以计算得到各个手机套餐分档在不同细分市场的效用值，如表 12.13 所示。

表 12.13　手机套餐分档在各细分市场中的效用值

套餐分档	在 S1 中的效用值	在 S2 中的效用值
PA1	−1.6	11
PA2	3.4	1
PB1	−1	7.8
PB2	3	14
PC1	3	−11
PC2	5	−10
PY	−1.6	6

假设顾客保持率函数是线性的，利用公司现有顾客数据进行线性拟合，得到顾客保持率近似以 $r=1-0.002(t-1)$ 的速率在单位生命周期内下降，这里顾客生命周期为三年，最小生命周期单位为月。根据市场调研数据，校准 MNL 的比例参数 μ 为 0.4。根据式（12.4），对于方案 A，S1 中顾客对 PA1 的购买概率为

$$P_{11}=\frac{\mathrm{e}^{0.4\times(-1.6)}}{\mathrm{e}^{0.4\times(-1.6)}+\mathrm{e}^{0.4\times 3.4}+\mathrm{e}^{0.4\times 3}+\mathrm{e}^{0.4\times(-1.6)}}=0.0337$$

同理，可以计算其他套餐分档在不同细分市场中的购买概率，结果为 P_{12}=0.2488，P_{13}=0.0337，P_{21}=0.8665，P_{22}=0.0159，P_{23}=0.1173。其中，P_{12} 和 P_{13} 分别表示细分市场 S1 中顾客对 PA2 和 PY 的购买概率，P_{21}、P_{22} 和 P_{23} 分别表示细分市场 S2 中顾客对 PA1、PA2 和 PY 的购买概率。

在顾客生命周期内，PA1 在 S1 中获得的顾客终生价值为

$$\sum_{i=1}^{r}\frac{Q_1(R_{1t}-C_1)P_{11}r_{1t}}{(1+d)^t}=\sum_{t=1}^{36}\frac{1800\times(36.6-10)\times[1-0.002\times(t-1)]\times 0.0337}{(1+0.003)^t}$$

应用相同的方法计算 PA1 在 S2 中的顾客终生价值，并计算 PA2 和 PY 在 S1 和 S2 中的顾客终生价值，按照式（12.8）进行累加并考虑固定成本，可以得到公

司在选择方案 A 下的总顾客终生价值：

$$\begin{aligned}\text{CLV} = \sum_{i=1}^{36}\Bigg(&\frac{1800\times(36.6-10)\times[1-0.002\times(t-1)]\times P_{11}}{(1+0.003)^t}\\&+\frac{1800\times(31.6-12)\times[1-0.002\times(t-1)]\times P_{12}}{(1+0.003)^t}\\&+\frac{1200\times(54-10)\times[1-0.002\times(t-1)]\times P_{21}}{(1+0.003)^t}\\&+\frac{1200\times(64-12)\times[1-0.002\times(t-1)]\times P_{22}}{(1+0.003)^t}\\&+\frac{1800\times(36.6-8)\times[1-0.002\times(t-1)]\times P_{13}}{(1+0.003)^t}\\&+\frac{1200\times(59-8)\times[1-0.002\times(t-1)]\times P_{23}}{(1+0.003)^t}\Bigg)-200\,000\\=2.153\times10^7&\end{aligned}$$

上式中，前两项为方案 A 的两个产品 PA1 和 PA2 在 S1 的生命周期内的顾客终身价值，中间两项为 PA1 和 PA2 在 S2 的生命周期内的顾客终身价值，最后两项则是公司现有产品 PY 在 S1 和 S2 的顾客终身价值，最后可求得方案 A 情况下总顾客价值约为 2153 万元。

同理，可以求得方案 B 在两个市场的份额和总价值。最终计算得到的方案 A 和方案 B 的市场份额和总顾客终身价值对比情况如表 12.14 所示。

表 12.14　产品占市场份额和总价值

套餐方案	套餐分档	在 S1 的份额	在 S2 的份额	总价值/万元
A	PA1	3.37%	86.65%	2153
	PA2	24.88%	1.59%	
	PY	3.37%	11.73%	
B	PB1	4.40%	7.45%	1999
	PB2	21.80%	88.92%	
	PY	3.46%	3.62%	

从表 12.14 可以看到，方案 A 的分档 PA1 比较适合细分市场 2 的顾客，占据的市场份额比较大，分档 PA2 在 S1 的比例稍大点，现有产品则保持两个细分市场比较平衡的份额。方案 B 的分档 PB2 显然比分档 PB1 受顾客青睐，在两个市场的份额均比较大，PB1 和现有产品的市场份额比较小，两个方案的市场份额分布都比较合理。但是，从表 12.14 可以看出，方案 A 的顾客终生价值比方案 B 大，

即可以说在方案 A 的情况下，公司的收入预计比方案 B 高。综合来说，方案 A 比方案 B 要合理。因此，评价的结果是套餐方案 A 优于方案 B，建议公司选择方案 A。

12.6　手机套餐服务产品的智能优化设计

目前电信企业的主流套餐模式是分档包月制的多业务组合套餐，比较常见的表现形式是均匀属性水平下的分档包月套餐（以下称均匀属性套餐），即套餐的每个属性的分档水平之间的间隔是均匀的，因此有必要针对这种类型手机套餐的设计过程进行研究。

在电信企业手机套餐设计过程中，经常遇到均匀属性套餐的设计及优化问题，即需要设计出一定分档数量的套餐，这些分档的属性值是均匀的。以往电信企业的做法是通过经验及与竞争对手的套餐做简单比较后粗略设定手机套餐的分档及各属性值，对套餐的市场份额、细分市场客户消费行为、客户终身价值等问题都缺乏系统的考虑与科学的测算。

本章针对电信企业典型套餐——均匀属性套餐，提出了基于顾客选择行为分析的套餐设计优化模型，可以估算手机套餐各分档的市场占有份额和客户终身价值，考虑了手机套餐的竞争套餐、公司现有套餐、收入长期性、未来收益和资金折现率等因素的影响，同时利用智能算法中的遗传算法进行套餐方案求解，验证了遗传算法应用于套餐设计的合理性，能够快速收敛得到方案近似最优解。通过对均匀属性套餐设计优化模型的应用，能够帮助电信企业应用先进的智能算法得出接近最优的套餐方案，避免手机套餐的设计单纯依赖人工经验和定性分析，实现了手机套餐设计的科学化、系统化。

12.6.1　手机套餐设计优化问题的描述

手机套餐设计优化问题就是在已知顾客偏好和市场信息的基础上，以某种优化准则（如总利润、市场份额、收入、顾客价值等）为目标，在给定手机套餐基本属性、可能的属性取值水平和分档个数的前提下，找出最优的手机套餐方案，即确定其每个分档中对应的最优属性设定值。这样既可得出符合顾客选择行为同时兼顾竞争对手套餐及本企业现有套餐影响的方案，又能够使企业所获得的效益尽量最大化。

假设对于一个有 K 个属性的手机套餐，第 $k(k=1,2,\cdots,K)$ 个属性有 N_k 个属性赠送量的取值水平，这些取值水平从小到大排列，最小取值水平表示为 b_k，取值水平的增量为 Δ_k；同时，第 $k(k=1,2,\cdots,K)$ 个属性有 N_k^p 个属性单价的取值水平，这些单价水平从小到大排列，最小取值水平表示为 b_k^p，取值水平的增量为 Δ_k^p；对应的属性单价为 p_k。套餐基本资费的取值水平有 N_0 个，其值从小到大排列，最小取值水平表示为 b_0，取值水平的增量为 Δ_0。手机套餐优化的任务，就是在已知一个手机套餐的分档个数 J，属性单价 p_{jk}，细分市场个数 I，潜在顾客数量 Q_i，本公司现有手机套餐的分档数量 J'，本公司现有手机套餐的分档的顾客效用 U'_{ij}，顾客生命周期长度 T，折现率 d，手机套餐分档的可变费用 C_j^V 和套餐固定费用 C^F 等的前提下，确定一个含有 J 个分档的手机套餐的每个分档的基本资费、属性赠送量和属性单价究竟选取第几个给定的取值水平，才能达到某种决策目标的最优。本章中，套餐设计优化问题的目标是最大化顾客终身价值。

12.6.2 手机套餐设计的优化模型

为了建模方便，本章定义 $x_k\ (k=0,1,2,\cdots,K)$ 为整数型决策变量，其值表示手机套餐的第一个分档选择了基本资费 $(k=0)$ 或第 k 个属性赠送量中的第 x_k 个取值水平。那么第 $j(j=1,2,\cdots,J)$ 个分档的基本资费或第 k 个属性赠送量的取值水平 L_{jk} 可以表示为

$$L_{jk}=b_k+\Delta_k(x_k+j-2) \qquad j=1,2,\cdots,J;k=0,1,2,\cdots,K \tag{12.9}$$

同时，定义 $x_k^p\ (k=0,1,2,\cdots,K)$ 为整数型决策变量，表示手机套餐的第一个分档选择了第 k 个属性单价的第 x_k^p 个取值水平，第 $j(j=1,2,\cdots,J)$ 个分档的属性单价可表示为

$$L_{jk}^p=b_k^p+\Delta_k^p(x_k^p+j-2) \qquad j=1,2,\cdots,J;k=0,1,2,\cdots,K \tag{12.10}$$

结合上一小节中手机套餐评估的模型表达式，优化模型的目标可以表示为最大化顾客终身价值，即

$$\max \mathrm{CLV}=\sum_{t=1}^{T}\sum_{i=1}^{I}\frac{Q_i f^k(t)}{(1+d)^t}\left(\sum_{j=1}^{J}(R_{ij}-C_j^V)P_{ij}+\sum_{j=1}^{J'}(R'_{ij}-C_j^{V'})P'_{ij}\right)-C^M-C^F \tag{12.11}$$

其中，T 表示所考虑的顾客生命周期长度；I 表示细分市场的个数；J 和 J' 分别表示新手机套餐产品的分档个数和公司已有套餐的分档个数；Q_i 表示第 i 个细分市场中的潜在顾客数量，R_{ij} 和 R'_{ij} 分别表示第 i 个细分市场中的顾客如果选择第 j 个新手机套餐分档和第 j 个本公司现有手机套餐分档时的消费金额；C_j^V 和 $C_j^{V'}$ 分别表示与新手机套餐分档和公司现有套餐分档的属性水平设置有关的可变费用；

P_{ij} 和 P'_{ij} 分别为第 i 个市场的顾客选择第 j 个新手机套餐分档和公司现有手机套餐分档的概率；$f^k(t)$ 表示顾客保持率随时间变化的函数；d 表示资金的折现率；C^F 表示手机套餐产品的固定费用；C^M 表示与新手机套餐分档相关的管理费用，因为本章中手机套餐分档的个数假定为已知，因此 C^M 是一个常量。

式（12.11）中，R_{ij} 和 P_{ij} 都是决策变量 x_k 的函数，其关系在约束表达式中给出。

对应一个决策变量为 x_k 的手机套餐优化方案，细分市场中的顾客对该手机套餐的选择概率可以表示为

$$P_{ij}=\frac{e^{\mu U_{ij}}}{\sum_{j'=1}^{J}e^{\mu U_{ij'}}+\sum_{j'=1}^{J'}e^{\mu U'_{ij'}}+\sum_{j'=1}^{J''}e^{\mu U''_{ij'}}},\quad i=1,2,\cdots,I;j=1,2,\cdots,J$$

其中，因为公司现有套餐的配置情况和消费记录已知，因此 U''_{ij} 是已知参数。U_{ij} 与决策变量相关，它的值可以用下面的式子确定：

$$U_{ij}=B_i-R_{ij}\quad i=1,2,\cdots,I;j=1,2,\cdots,J$$

其中，R_{ij} 的值可以用式（12.12）进行计算：

$$R_{ij}=\sum_{k=1}^{K}|q_{jk}-L_{jk}|^{+}L_{jk}^{p}+L_{j0}\quad i=1,2,\cdots,I;j=1,2,\cdots,J \tag{12.12}$$

其中，$|x|^{+}$ 表示如果 x 大于零则表达式结果为 x，否则表达式结果为零；第 i 个细分市场顾客针对第 k 个属性的估计消费量；L_{jk} 与决策变量 x_k 的关系表达式如式（12.9）所示，L_{jk}^{p} 与决策变量 x_k^p 的关系表达式如式（12.10）所示。

同理，公司现有手机套餐分档的选择概率可以表示为

$$P'_{ij}=\frac{e^{\mu U'_{ij}}}{\sum_{j'=1}^{J}e^{\mu U_{ij'}}+\sum_{j'=1}^{J'}e^{\mu U'_{ij'}}+\sum_{j'=1}^{J''}e^{\mu U''_{ij'}}}\quad i=1,2,\cdots,I;j=1,2,\cdots,J'$$

另外，决策变量 x_k 和 x_k^p 为整型变量，这种变量约束可以表示为

$$1\leqslant x_k\leqslant N_k\text{，且 }x_k\text{ 为整数}(k=0,1,2,\cdots,K) \tag{12.13}$$

$$1\leqslant x_k^p\leqslant N_k^p\text{，且 }x_k^p\text{ 为整数}(k=1,2,\cdots,K) \tag{12.14}$$

考虑到 C^M 和 C^F 均与决策变量无关，目标函数可以整理成为式（12.16）。

$$\max \mathrm{CLV}=\sum_{t=1}^{T}\sum_{i=1}^{I}\frac{Q_i f^K(t)}{(1+d)^t}\left(\sum_{j=1}^{J}(R_{ij}-C_j^V)P_{ij}+\sum_{j=1}^{J'}(R'_{ij}-C_j^{V'})P'_{ij}\right) \tag{12.15}$$

上述模型中，除了决策变量的取值范围约束，其余的约束都是等式约束。实际上，这些等式约束也可以直接带入到目标函数中。但是，因为模型的表达式含有指数函数和特殊函数，求解起来十分困难，无法通过解析方法证明函数的凸性，因而采取标准的非线性优化算法如最速下降法等进行求解。另外，决策变量为整

数变量而非实数变量，这也增加了求解的难度。

12.6.3　手机套餐优化设计的案例分析

首先给出一个简单的例子来说明均匀属性水平下套餐设计优化模型的合理性。该例子是一个小规模优化问题，可以在不考虑多个单价属性水平的情况下采用精确方法获得全局最优解。

某电信公司计划面向本地的校园用户推出一个新移动套餐产品。该校园市场上已经存在竞争公司推出的套餐产品和本公司现有套餐产品，具体如表 12.15 所示。该移动套餐产品包括基本资费和本地通话、长途通话、短信和手机上网流量等四个套餐属性。套餐基本资费和属性赠送量的候选水平如表 12.16 所示，本地通话、长途通话、短信和手机上网流量超出赠送部分的单价分别是 0.12 元/分钟、0.25 元/分钟、0.1 元/条和 0.5 元/兆。通过市场调研和聚类分析，得到了两个主要的细分市场，每个细分市场的潜在客户数量分别为 18 000 人和 12 000 人。此外，还通过市场调研和分析得到了各细分市场中典型客户月平均消费情况，如表 12.17 所示。新套餐推出后，公司维持新旧套餐正常使用所投入的固定成本估计为 200 000 元，每个套餐分档产品的可变成本单元费用分别为 0、1.8、1.43、1.95 和 1.68 元。根据银行现行利率，估算月折现率为 0.003。

表 12.15　市场中的现有手机套餐

项目	套餐分档	基本资费	本地通话	长途通话	短信	手机上网
竞争套餐	PC1	12 元	无赠送，0.15 元/分钟	无赠送，0.3 元/分钟	赠送 200 条，超出部分 0.1 元/条	赠送 30 兆，超出 0.8 元/兆
	PC2	30 元	赠送 20 分钟，超出部分 0.15 元/分钟	无赠送，0.3 元/分钟	赠送 400 条，超出部分 0.1 元/条	赠送 60 兆，超出 0.8 元/兆
公司现有套餐	PCY	15 元	无赠送，0.12 元/分钟	无赠送，0.25 元/分钟	赠送 200 条，超出部分 0.1 元/条	赠送 30 兆，超出 0.5 元/兆

表 12.16　手机套餐基本资费和属性赠送量的候选水平

套餐属性	L1	L2	L3	L4	L5	L6	L7	L8	L9	L10	L11	L12
基本资费	10	15	20	25	30	35	40	45	50	55	60	65
本地通话	0	10	20	30	40	50	60	70	80	90		
长途通话	0	5	10	15	20	25	30	35	40	45	50	
短信	100	150	200	250	300	350	400	450	500	550		
手机上网	0	10	20	30	40	50	60	70	80	90		

表 12.17　典型顾客的消费记录

细分市场	本地通话时长/分钟	长途通话时长/分钟	短信条数/条	手机上网流量/兆	月消费预算/元
S1 典型顾客	20	100	100	30	25
S2 典型顾客	20	200	500	30	65

利用公司现有客户的数据进行分析，得到客户保持率近似以 $r = 1 - 0.002 \times (t - 1)$ 的速率在单位生命周期内下降，这里客户生命周期为三年，最小生命周期单位为月。根据客户市场调研数据，校准 MNL 的比例参数 u 为 0.4。然后，根据客户选择概率选择公式，可以求得一个给定套餐的某个分档在各个市场中的客户选择概率。

将上述数据代入 12.6.1 小节的优化模型，采用 IBM ILOG 软件进行精确计算求解，可以求得取得最大客户价值的最优套餐方案，其配置情况如表 12.18 所示，在各细分市场中的份额、收入和成本情况如表 12.19 所示。

表 12.18　手机套餐最优方案的配置（一）

名称	基本费用/元	本地通话	长途通话	短信/条	手机上网/兆
P1	10	无赠送	无赠送	100	30
P2	15	赠送 10 分钟	赠送 5 分钟	150	40
P3	20	赠送 20 分钟	赠送 10 分钟	200	50

表 12.19　最优套餐方案的预期市场份额、收入和成本情况（一）

名称	在 S1 的份额	在 S2 的份额	在 S1 的收入/万元	在 S2 的收入/万元	产品成本/元	总收入/万元
P1	59.74%	4.74%	902	169	11.9	4013
P2	21.54%	12.62%	270	404	18.76	
P3	7.77%	33.62%	78	954	25.62	
PY	8.08%	34.99%	127	113	15.8	

从表 12.19 可以看出，新套餐的三个分档 P1、P2 和 P3 在细分市场 S1 和 S2 的市场份额有所不同。在细分市场 S1 中，套餐分档 P1 占据多于一半的市场份额，分档 P2 占据约 1/4 的市场份额，分档 P3 和原有套餐选择的人数较少；在细分市场 S2 中，分档 P3 和原有套餐各占据 1/3 的市场份额，分档 P1 和 P2 总共占据将近 1/5 份额。根据新旧套餐各分档占据市场份额的大小可以知道，求解得到的套餐方案是合理的。实际上，新套餐产品的推出是为了赢得顾客和占据市场份额，而在推出套餐的过程中考虑了顾客的偏好，因此，不同偏好的细分市场中选择的套餐偏好就会不一样；同时，新套餐的推出可能会对原有套餐的份额有一定的影

响，因此，细分市场中对新旧套餐的选择概率就不一样，使得每个套餐分档的市场份额均不一样。通过量化分析和优化模型的求解计算，可以帮助电信企业快速求得最优的手机套餐方案，获得最大的客户价值。

本案例采用 IBM ILOG 软件包求解最优套餐方案的时间为 4.1 秒。所用的计算机配置情况为 Intel 双核 2.1GHZ 的 CPU 和 2G 内存，操作系统为 Windows 7。

本小节利用遗传算法对小规模案例进行求解，程序运行 10 次的数据结果如表 12.20 所示。遗传算法参数设置如下：种群为 200，迭代次数为 300，交叉率为 0.95，变异率为 0.1。

表 12.20　遗传算法运行 10 次结果数据

运行次数	遗传算法求得最优解	穷举法最优解
1	$4.012\,93\times10^7$	
2	$4.012\,93\times10^7$	
3	$3.980\,09\times10^7$	
4	$4.012\,93\times10^7$	
5	$4.012\,93\times10^7$	$4.012\,93\times10^7$
6	$4.012\,93\times10^7$	
7	$4.012\,93\times10^7$	
8	$4.012\,93\times10^7$	
9	$4.012\,93\times10^7$	
10	$4.012\,93\times10^7$	

从表 12.20 可以看出，遗传算法达优率为 90%，方差为 0.818%，程序运行一次时间约为 2.5s，可见遗传算法的设计较为合理，算法比较稳定。

下面给出一个扩充了属性单价的多个属性水平的大规模案例来验证本章所提模型和算法的有效性。该套餐的属性个数和水平个数比较多，因为解空间组合爆炸问题，无法用精确解获得全局最优解。应用遗传算法来求解问题，可以获得问题的近似最优解。

某电信公司计划面向本地的校园用户推出一个新移动套餐产品。该校园市场上已经存在竞争公司推出的套餐产品和本公司现有套餐产品，具体如表 12.15 所示。该移动套餐产品包括基本资费和本地通话、长途通话、短信和手机上网流量等四个套餐属性。套餐基本资费和属性赠送量的候选水平如表 12.21 所示，通过市场调研和聚类分析，得到了两个主要的细分市场，每个细分市场的潜在客户数量分别为 18 000 人和 12 000 人。此外，还通过市场调研和分析得到了各细分市场中典型客户月平均消费情况，如表 12.17 所示。新套餐推出后，公司维持新旧套餐正常使用所投入的固定成本估计为 200 000 元，每个套餐分档产品的可变成本单元费用分别为 0、1.8 元、1.43 元、1.95 元和 1.68 元。根据银行现行利率，估算月折现率为 0.003。

表 12.21　手机套餐基本资费和属性赠送量、属性单价的候选水平

套餐属性	L1	L2	L3	L4	L5	L6	L7	L8	L9	L10	L11	L12
基本资费/元	10	15	20	25	30	35	40	45	50	55	60	65
本地通话/分钟	0	10	20	30	40	50	60	70	80	90		
长途通话/分钟	0	5	10	15	20	25	30	35	40	45	50	
短信/条	100	150	200	250	300	350	400	450	500	550		
手机上网/（元/兆）	0	10	20	30	40	50	60	70	80	90		
本地单价/（元/分钟）	0.24	0.2	0.16	0.12	0.08							
长途单价/（元/分钟）	0.39	0.32	0.25	0.18								
短信单价/（元/条）	0.1											
流量单价/（元/兆）	0.5											

遗传算法参数种群大小为 200，迭代次数为 300，交叉率为 0.95，变异率为 0.1，求解得到的最优套餐方案的配置如表 12.22 所示，各个分档所占的市场份额和总顾客价值如表 12.23 所示。

表 12.22　手机套餐最优方案的配置（一）

名称	基本费用/元	本地通话/分钟	长途通话/分钟	短信/条	手机上网/兆	本地通话	长途通话	短信	手机上网
P1	20	0	0	100	30	0.08 元/分钟	0.18 元/分钟	0.1 元/条	0.5 元/兆
P2	25	10	5	150	40				
P3	30	20	10	200	50				

表 12.23　最优套餐方案的预期市场份额、收入和成本情况（二）

名称	在 S1 的份额	在 S2 的份额	在 S1 的收入/万元	在 S2 的收入/万元	产品成本/元	总收入/万元
P1	56.17%	11.92%	922	403	11.9	4248
P2	15.00%	23.53%	215	717	18.76	
P3	4.01%	46.45%	49	1280	25.62	
PY	18.33%	12.91%	289	416	15.8	

从表 12.8 的数据可以看出，最优套餐方案中各个分档在各细分市场的市场份额有偏重性，总体上比较均衡，现有套餐的市场份额受到的冲击比较小，并没有造成恶性竞争。求得的总客户价值约为 4248 万元，结果比较合理。从算法性能上来看，当遗传算法迭代到大约 100 代时，算法渐近收敛稳定，在计算时间方面也基本可以满足企业需求。

12.7 本 章 小 结

本章立足于电信企业手机套餐服务产品的管理与设计优化工作，在分析某电信企业实际数据的基础上，研究了手机套餐服务产品的智能决策和设计问题，主要研究工作集中在以下几方面。

（1）针对电信企业提出了手机套餐服务全生命周期管理的体系架构，分析了手机套餐服务设计优化的核心流程及工作内涵，建立了手机套餐服务从市场调研、客户细分、套餐规划、套餐设计、套餐配置、套餐营销、套餐评估等环节工作直至套餐优化、套餐退出的全生命周期管理体系，实现手机套餐服务的专业化、系统化、流程化管理。

（2）针对手机套餐服务的设计环节，提出一套基于顾客选择行为分析的手机套餐服务设计框架模型，实现了手机套餐服务设计从市场调研、客户细分、基于客户终身价值的套餐效用测算、客户购买选择行为分析、套餐方案评价到套餐方案优化的综合解决方案，为电信企业手机套餐服务设计过程提供方法论指导。

（3）从顾客消费行为分析入手，提出了电信客户细分的三维模型，采用了 Kohonen 聚类方法根据历史数据对客户群体进行聚类分析，实现了对目标客户群按相似消费特征进行聚类分群，有利于电信企业根据不同分群客户的消费特征制定有针对性的套餐或营销服务策略；同时，该方法充分挖掘和发挥电信企业积累的大量用户历史消费数据，能够借助数据挖掘工具与智能算法辅助企业进行客户分群研究、套餐效用评价及最优套餐设计方案决策等工作。

（4）提出了基于顾客选择行为分析的手机套餐服务量化评价方法。该方法可以估算手机套餐服务各分档的市场占有份额和顾客终身价值，帮助电信企业量化对比不同的套餐方案，并在此基础上进一步进行优化决策。该评估模型中考虑了手机套餐服务的竞争套餐、公司现有套餐、收入长期性、未来收益和资金折现率等的影响，更加符合电信市场实际情况。

（5）分析了均匀属性手机套餐服务的特点，在基于顾客选择行为分析的手机套餐服务量化评价方法的基础上，提出了针对均匀属性手机套餐服务设计优化的模型，并设计了遗传算法求解优化模型。该方法能够帮助电信企业应用先进的智能优化算法获得比较满意的手机套餐服务方案，避免手机套餐服务的设计单纯依赖人工经验和定性分析，实现手机套餐服务设计的科学化和系统化。

参 考 文 献

安相华，刘振宇，谭建荣，等. 2010. QFD 中质量特性实现水平的多目标协同确定方法[J]. 计算机集成制造系统，16（6）：1292-1299.

曹洪. 2004. 捆绑销售的经济学层面思考[J]. 安徽大学学报（哲学社会科学版），28（2）：91-94.

曹健，张友良，赵海燕，等. 1999. 并行工程中设计任务的动态分配方法研究[J]. 计算机辅助设计与图形学学报，（2）：168-171.

陈丽娴，杨望成，郝泽林. 2018. 迈入服务利润区：制造业服务化模式与案例[M]. 北京：中国财富出版社.

陈知然，于丽英. 2015. 服务管理目标优化配置的 Fuzzy-QFD 线性规划模型构建与求解[J]. 运筹与管理，24（6）：128-135.

程岩. 2010. 电子商务中面向产品线的动态定价方法研究[J]. 系统工程学报，25（4）：533-539，578.

杜荣. 2004. 产品定价与促销中的决策优化问题研究[D]. 西安：西安电子科技大学.

耿秀丽，邱华清. 2018. 基于多目标规划的产品延伸服务规划[J]. 计算机集成制造系统，24（8）：2061-2070.

官振中，任建标. 2013. 价格和库存驱动替代的两产品动态定价策略[J]. 系统管理学报，22（2）：177-184.

官振中，史本山. 2007. 基于顾客选择模型易逝性产品收益管理订购和定价策略[J]. 系统工程理论与实践，27（9）：47-53.

官振中，史本山. 2008. 易逝性高科技产品收益管理定价策略[J]. 管理科学学报，11（5）：102-109.

郭国庆. 2001. 市场营销学通论[M]. 北京：中国人民大学出版社.

郭捷，李永壮. 2012. 基于离散选择模型的顾客选择偏好分析[J]. 工业技术经济，（12）：60-65.

何桢，赵有，马彦辉. 2008. 模糊 QFD 中技术特性重要度排序方法[J]. 天津大学学报，41（5）：631-634.

胡劲松. 2001. 模糊指派问题求解方法研究[J]. 系统工程理论与实践，21（9）：94-97，117.

胡应环. 2006. 基于遗传算法的捆绑销售定价策略研究[D]. 福州：福州大学.

黄爱华，蒲洪彬，李伟光，等. 2013. 基于人工免疫机理和 LS-SVM 的顾客需求重要度预测[J]. 华南理工大学学报（自然科学版），41（1）：89-94.

纪丰伟，陈恳. 2002. 基于 PDM 平台的任务调度技术研究[J]. 计算机集成制造系统，8（7）：511-514，521.

康凌男. 2012. 浅谈钢丝绳生产企业施行捆绑销售的可行性[J]. 北方经济，（8）：61-62.

来有为，陈红娜. 2017. 以扩大开放提高我国服务业发展质量和国际竞争力[J]. 管理世界，(5)：17-27.
李德春，肖岳峰. 2007. 基于多项式 Logit 模型的快速消费品促销效果评估[J]. 桂林电子科技大学学报，27（1）：74-77.
李建明，童秉枢. 1998. 产品数据管理技术的现状与发展[J]. 计算机集成制造系统，(6)：1-6.
李延来，唐加福，姚建明，等. 2008. 质量屋中顾客需求最终重要度确定的集成方法[J]. 计算机集成制造系统，14（5）：1015-1022.
李玉家，胡宗武，金烨. 2002. 并行产品开发过程中的任务分配问题研究[J]. 中国机械工程，13（7）：580-583.
李志广. 1993. 产品开发与价值分析[M]. 南京：东南大学出版社.
李志勇，余湄. 2018. 网络借贷利率定价研究：基于无套利定价的视角[J]. 系统工程理论与实践，38（7）：1698-1705.
刘丹，陈冰. 2014. 基于 D-S 理论与 QFD 结合的物流服务产品设计[J]. 武汉理工大学学报（信息与管理工程版），36（4）：517-522.
刘乐. 2013. 基于 QFD 的产品虚拟设计的初步研究[D]. 沈阳：东北大学.
刘士新，王梦光，唐加福. 2001. 资源受限工程调度问题的优化方法综述[J]. 控制与决策，16（S1）：647-651.
雒兴刚，汪定伟，唐加福. 2006. 基于质量功能展开的产品配置模型[J]. 控制与决策，21（12）：1360-1364.
雒兴刚，汪定伟，唐加福. 2007. 产品数据管理中任务指派问题的模型和算法[J]. 系统工程学报，22（5）：467-473.
雒兴刚，王楠，张忠良，等. 2018. 关联规则挖掘方法在智能卷烟配方维护中的应用[J]. 中国烟草学报，24（3）：21-29.
吕锋，杨印生，汤晋. 2015. 产品规划中顾客需求分析的集成方法[J]. 吉林大学学报（工学版），45（4）：1213-1218.
孟庆良，蒋秀军. 2012. 基于定量化 KANO 模型的顾客需求最终重要度确定方法[J]. 统计与决策，(6)：32-35.
牟博佼，陈剑，肖勇波. 2009. 寡头企业产品线竞争结构研究——基于顾客离散选择行为[J]. 清华大学学报（哲学社会科学版），(S1)：21-26.
牟博佼，肖勇波，陈剑. 2010. 基于 MNL 选择模型的替代产品定价和库存决策研究[J]. 中国管理科学，18（3）：25-32.
南健飞. 2004. 论顾客满意度评价体系的构建[M]. 重庆：西南石油大学石油工业出版社.
聂冲，贾生华. 2005. 离散选择模型的基本原理及其发展演进评介[J]. 数量经济技术经济研究，22（11）：151-159.
潘宇曦，叶宇航，贺仁龙. 2011. 基于数据挖掘的电信行业精确化套餐设计方法研究[J]. 情报杂志，30（B06）：123-125.
漆晨曦，辜敏，陈金亮. 2007. 电信企业套餐梳理关键点分析[J]. 通信世界，(18)：27-28.
祁国宁，杨青海，黄哲人，等. 2004. 面向大批量定制的产品开发设计方法研究[J]. 中国机械工程，15（19）：1697-1701.

齐微. 2019. 考虑顾客选择行为的产品线定价研究[D]. 沈阳：东北大学.
裘立波. 2009. 基于协同过滤的信息商品个性化捆绑推荐研究[D]. 合肥：合肥工业大学.
孙园园，刘飞，李丽. 2014. 基于 Kano-QFD 的个性化产品属性指标重要度确定方法[J]. 计算机集成制造系统，20（11）：2697-2704.
唐加福，刘士新，陈以增，等. 2003. 产品优化设计的资源分配模型[J]. 系统工程学报，18（3）：284-288.
王强，李孟军，陈英武. 2007. 卷烟配方数据挖掘技术研究进展[J]. 中国烟草科学，28（4）：14-17.
王晓辉，易斌，谭国治，等. 2013. 基于烟叶原料化学特性的卷烟配方叶组分组方法[J]. 烟草科技，（3）：5-7，22.
王晓暾，熊伟. 2010. 质量功能展开中顾客需求重要度确定的粗糙层次分析法[J]. 计算机集成制造系统，16（4）：763-771.
吴健，陈刚，尹建伟，等. 2004. 基于本体的产品配置知识共享[J]. 浙江大学学报（工学版），38（4）：478-483，494.
吴健安. 2011. 市场营销学[M]. 北京：高等教育出版社.
谢焰，吴达，金永明，等. 2008. 国内外几种知名品牌卷烟化学特性比较[J]. 烟草科技，（6）：33-37.
熊伟，杨国辉，熊琨. 2013. 基于仿真实验的 QFD 相关分析粗糙集方法研究[J]. 系统仿真学报，25（7）：1622-1626，1632.
杨波，黄克正，孙红卫. 2002. 面向并行工程的任务分配与规划[J]. 计算机集成制造系统，8（7）：542-545，560.
杨煜俊，刘清华，万立，等. 2004. 基于条件约束满足问题的产品配置研究[J]. 计算机集成制造系统，10（11）：1332-1337.
余嘉明，刘洁. 2004. 捆绑销售中的价格策略研究——心理账户理论的运用[J]. 管理现代化，（5）：4-7.
俞科峰，刘智琼. 2011. 电信运营商产品管理系统设计与实施研究[J]. 电信科学，27（3）：134-136.
张铁军. 2013. 基于顾客选择行为分析的手机套餐优化设计方法[D]. 沈阳：东北大学.
张铁军，雒兴刚，蔡莉青，等. 2014. 基于顾客选择行为的移动资费套餐优化模型[J]. 系统工程理论与实践，34（2）：444-450.
张艳坤. 2015. 捆绑销售对消费者购买意愿的影响研究——感知价值的中介作用[D]. 济南：山东大学.
张忠良，汤建国，乔丹娜，等. 2016. 基于代价敏感学习的卷烟感官质量评估方法[J]. 中国烟草科学，37（5）：75-81.
张子辰. 2018. 考虑服务特性的产品与服务的复合捆绑策略研究[D]. 沈阳：东北大学.
赵亮. 2016. 基于关联规则挖掘的卷烟配方维护方法[D]. 沈阳：东北大学.
郑联语，唐晓青，汪叔淳. 2001. 基于 QFD 的数控加工工艺质量优化规划方法[J]. 机械工程学报，37（8）：38-42.
Adams W J，Yellen J L. 1976. Commodity bundling and the burden of monopoly[J]. The Quarterly Journal of Economics，90（3）：475-498.
Agard B，Bassetto S. 2013. Modular design of product families for quality and cost[J]. International

Journal of Production Research，51（6）：1648-1667.

Aggarwal C C，Wolf J L，Wu K L，et al. 1999. Horting hatches an egg：a new graph-theoretic approach to collaborative filtering[R]. San Diego：the fifth ACM SIGKDD International Conference on Knowledge Discovery and Data Mining.

Akao Y. 1990. Quality Function Deployment：Integrating Customer Requirements into Product Design[M]. Cambridge：Productivity Press.

Aldanondo M，Hadj-Hamou K，Moynard G，et al. 2003. Mass customization and configuration：requirement analysis and constraint based modeling propositions[J]. Integrated Computer-Aided Engineering，10（2）：177-189.

Alexandrov A，Bedre-Defolie Ö. 2014. The equivalence of bundling and advance sales[J]. Marketing Science，33（2）：259-272.

Ansari A，Siddarth S，Weinberg C B. 1996. Pricing a bundle of products or services：the case of nonprofits[J]. Journal of Marketing Research，33（1）：86-93.

Armacost R L，Componation P J，Mullens M A，et al. 1994. An AHP framework for prioritizing customer requirements in QFD：an industrialized housing application[J]. IIE Transactions，26（4）：72-79.

Armstrong M，Vickers J. 2009. Competitive non-linear pricing and bundling[J]. The Review of Economic Studies，77（1）：30-60.

Avenali A，D'Annunzio A，Reverberi P. 2013. Bundling，competition and quality investment：a welfare analysis[J]. Review of Industrial Organization，43（3）：221-241.

Aydin R，Kwong C K，Ji P. 2016. Coordination of the closed-loop supply chain for product line design with consideration of remanufactured products[J]. Journal of Cleaner Production，114：286-298.

Baier D，Gaul W. 1998. Optimal product positioning based on paired comparison data[J]. Journal of Econometrics，89（1/2）：365-392.

Balachander S，Ghosh B，Stock A. 2010. Why bundle discounts can be a profitable alternative to competing on price promotions[J]. Marketing Science，29（4）：624-638.

Balakrishnan N R，Chakravarty A K. 2008. Product design with multiple suppliers for component variants[J]. International Journal of Production Economics，112（2）：723-741.

Balakrishnan P V S，Gupta R，Jacob V S. 2004. Development of hybrid genetic algorithms for product line designs[J]. IEEE Transactions on Systems，Man and Cybernetics，Part B，34（1）：468-483.

Ben-Akiva M，Lerman S R. 1985. Discrete Choice Analysis：Theory and Application to Travel Demand[M]. Cambridge：The MIT Press.

Bertsimas D，Mišić V V. 2017. Robust product line design[J]. Operations Research，65（1）：19-37.

Bhargava H K. 2013. Mixed bundling of two independently valued goods[J]. Management Science，59（9）：2170-2185.

Bing J. 2011. Exogenous learning，seller-induced learning，and marketing of durable goods[J]. Management Science，57（10）：1788-1801.

Blanchet J，Gallego G，Goyal V. 2016. A Markov chain approximation to choice modeling[J]. Operations Research，64（4）：886-905.

Boyaci T，Akçay Y. 2018. Pricing when customers have limited attention[J]. Management Science，64（7）：2995-3014.

Bradley R A，Terry M E. 1952. Rank analysis of incomplete block designs：I. the method of paired comparisons[J]. Biometrika，39（3/4）：324-345.

Bradlow E T，Rao V R. 2000. A hierarchical Bayes model for assortment choice[J]. Journal of Marketing Research，37（2）：259-268.

Brbić M，Arko I P. 2015. Tuning machine learning algorithms for content-based movie recommendation[J]. Intelligent Decision Technologies，9（3）：233-242.

Breese J S，Heckerman D，Kadie C. 1998. Empirical analysis of predictive algorithms for collaborative filtering[R]. San Francisco：the Fourteenth Conference on Uncertainty in Artificial Intelligence.

Broder J，Rusmevichientong P. 2012. Dynamic pricing under a general parametric choice model[J]. Operations Research，60（4）：965-980.

Brucker P，Nordmann G. 1994. Thek-track assignment problem[J]. Computing，52（2）：97-122.

Burkart W R，Klein R，Mayer S. 2012. Product line pricing for services with capacity constraints and dynamic substitution[J]. European Journal of Operational Research，219（2）：347-359.

Butler J C，Dyer J S，Jia J M，et al. 2008. Enabling e-transactions with multi-attribute preference models[J]. European Journal of Operational Research，186（2）：748-765.

Cao Q N. 2013. Operational implications of retailer bundling[D]. Ann Arbor：The University of Texas at Dallas.

Cao Y，Luo X G，Kwong C K，et al. 2012. Joint optimization of product family design and supplier selection under multinomial logit consumer choice rule[J]. Concurrent Engineering，20（4）：335-347.

Cao Y，Luo X G，Kwong C K，et al. 2014. Supplier pre-selection for platform-based products：a multi-objective approach[J]. International Journal of Production Research，52（1）：1-19.

Carbajo J，de Meza D，Seidmann D J. 1990. A strategic motivation for commodity bundling[J]. The Journal of Industrial Economics，38（3）：283-298.

Chan L，Wu M L. 2002. Quality function deployment：a literature review[J]. European Journal of Operational Research，143（3）：463-497.

Chan L，Wu M L. 2005. A systematic approach to quality function deployment with a full illustrative example[J]. Omega-international Journal of Management Science，33（2）：119-139.

Chang S A，Tayi G K. 2009. An analytical approach to bundling in the presence of customer transition effects[J]. Decision Support Systems，48（1）：122-132.

Chaudha A，Jain R，Singh A R，et al. 2011. Integration of Kano's model into quality function deployment（QFD）[J]. The International Journal of Advanced Manufacturing Technology，53（5）：689-698.

Chen J M，Chang C I. 2013. Dynamic pricing for new and remanufactured products in a closed-loop supply chain[J]. International Journal of Production Economics，146（1）：153-160.

Chen K D，Hausman W H. 2000. Technical note：mathematical properties of the optimal product line selection problem using choice-based conjoint analysis[J]. Management Science, 46（2）: 327-332.

Chen X, Wang X J. 2015. Free or bundled: channel selection decisions under different power structures[J]. Omega, 53: 11-20.

Chen Y, Fung R Y K, Tang J. 2005. Fuzzy expected value modelling approach for determining target values of engineering characteristics in QFD[J]. International Journal of Production Research, 43（17）: 3583-3604.

Chen Y, George E I. 1999. A Bayesian model for collaborative filtering[R]. Fort Lauderdale: International Conference on Artificial Intelligence and Statistics.

Chen Y Z, Fung R Y K, Tang J F. 2006. Rating technical attributes in fuzzy QFD by integrating fuzzy weighted average method and fuzzy expected value operator[J]. European Journal of Operational Research, 174（3）: 1553-1566.

Chen Z L, Pundoor G. 2006. Order assignment and scheduling in a supply chain[J]. Operations Research, 54（3）: 555-572.

Chien Y H, George E I. 1999. A bayesian model for collaborative filtering[R]. Ottawa: International Conference On Artificial Intelligence and Statistics.

Chin K S, Wang Y M, Yang J B, et al. 2009. An evidential reasoning based approach for quality function deployment under uncertainty[J]. Expert Systems with Applications, 36（3）: 5684-5694.

Choi J P, Stefanadis C. 2001. Tying, investment, and the dynamic leverage theory[J]. The RAND Journal of Economics, 32（1）: 52-71.

Choudhary V, Ghose A, Mukhopadhyay T, et al. 2005. Personalized pricing and quality differentiation[J]. Management Science, 51（7）: 1120-1130.

Chuang J C I, Sirbu M A. 1999. Optimal bundling strategy for digital information goods: network delivery of articles and subscriptions[J]. Information Economics and Policy, 11（2）: 147-176.

Chung J, Rao V R. 2003. A general choice model for bundles with multiple-category products: application to market segmentation and optimal pricing for bundles[J]. Journal of Marketing Research, 40（2）: 115-130.

Coello C A. 2000. An updated survey of GA-based multiobjective optimization techniques[J]. ACM Computing Surveys, 32（2）: 109-143.

Cohen H. 1995. Quality Function Deployment: How to Make QFD Work for You[M]. Saddle River: Prentice Hall.

Cohen M A, Whang S. 1997. Competing in product and service: a product life-cycle model[J]. Management Science, 43（4）: 535-545.

Conner C G, de Kroon J P, Mistree F. 1999. A product variety tradeoff evaluation method for a family of cordless drill transmissions[R]. Las Vegas: ASME Design Engineering Technical Conference.

Corless R M, Gonnet G H, Hare D E G, et al. 1996. On the Lambert W function[J]. Advances in Computational Mathematics, 5（1）: 329-359.

Dagkakis G, Rotondo A, Heavey C. 2019. Embedding optimization with deterministic discrete event simulation for assignment of cross-trained operators: an assembly line case study[J]. Computers

& Operations Research，111：99-115.

Dai Z H, Scott M J. 2007. Product platform design through sensitivity analysis and cluster analysis[J]. Journal of Intelligent Manufacturing，18（1）：97-113.

Debreu G. 1952. A social equilibrium existence theorem[J]. Proceedings of the National Academy of Sciences of the United States of America，38（10）：886-893.

Demeulemeester E L，Herroelen W S. 1996. An efficient optimal solution procedure for the preemptive resource-constrained project scheduling problem[J]. European Journal of Operational Research，90（2）：334-348.

Demeulemeester E L，Herroelen W S. 1997a. A branch-and-bound procedure for the generalized resource-constrained project scheduling problem[J]. Operations Research，45（2）：201-212.

Demeulemeester E，Herroelen W. 1997b. New benchmark results for the resource-constrained project scheduling problem[J]. Management Science，43（11）：1485-1492.

Deng W，Zhao H M，Yang X H，et al. 2017. Study on an improved adaptive PSO algorithm for solving multi-objective gate assignment[J]. Applied Soft Computing，59：288-302.

Desai P S. 2001. Quality segmentation in spatial markets：when does cannibalization affect product line design?[J]. Marketing Science，20（3）：265-283.

Dixon M J，Verma R. 2013. Sequence effects in service bundles：implications for service design and scheduling[J]. Journal of Operations Management，31（3）：138-152.

Dobson G，Kalish S. 1988. Positioning and pricing a product line[J]. Marketing Science，7（2）：107-125.

Dobson G，Kalish S. 1993 Heuristics for pricing and positioning a product-line using conjoint and cost data[J]. Management Science，39（2）：160-175.

Dockner E，Feichtinger G. 1986. Dynamic advertising and pricing in an oligopoly a Nash equilibrium approach[J]. Journal of Economic Dynamics and Control，10（1/2）：37-39.

Dokeroglu T，Sevinc E，Cosar A. 2019. Artificial bee colony optimization for the quadratic assignment problem[J]. Applied Soft Computing，76：595-606.

Dong L X，Kouvelis P，Tian Z J. 2009. Dynamic pricing and inventory control of substitute products[J]. Manufacturing & Service Operations Management，11（2）：317-339.

Du C H，Cooper W L，Wang Z Z. 2016. Optimal pricing for a multinomial logit choice model with network effects[J]. Operations Research，64（2）：441-455.

Elmaghraby W，Keskinocak P. 2003. Dynamic pricing in the presence of inventory considerations：research overview，current practices，and future directions[J]. IEEE Engineering Management Review，31（4）：47.

Erdem T，Keane M P，Sun B H. 2008. A dynamic model of brand choice when price and advertising signal product quality[J]. Marketing Science，27（6）：1111-1125.

Erixon G，Ostgren B. 1993. Synthesis and evaluation tool for modular designs[R]. Hague：International Conference on Engineering Design.

Farquhar P H，Rao V R. 1976. A balance model for evaluating subsets of multiattributed items[J]. Management Science，22（5）：528-539.

Fay S, Xie J H. 2008. Probabilistic goods: a creative way of selling products and services[J]. Marketing Science, 27 (4): 674-690.

Fay S, Xie J H. 2010. The economics of buyer uncertainty: advance selling vs. probabilistic selling[J]. Marketing Science, 29 (6): 1040-1057.

Fellini R, Kokkolaras M, Michelena N, et al. 2004. A sensitivity-based commonality strategy for family products of mild variation, with application to automotive body structures[J]. Structural and Multidisciplinary Optimization, 27 (1/2): 89-96.

Feng G Y, Li X B, Wang Z Z. 2017. Technical note: on the relation between several discrete choice models[J]. Operations Research, 65 (6): 1516-1525.

Ferrer J C, Mora H, Olivares F. 2010. On pricing of multiple bundles of products and services[J]. European Journal of Operational Research, 206 (1): 197-208.

Fiebig D G, Keane M P, Louviere J, et al. 2010. The generalized multinomial logit model: accounting for scale and coefficient heterogeneity[J]. Marketing Science, 29 (3): 393-421.

Forza C, Salvador F. 2002. Managing for variety in the order acquisition and fulfilment process: the contribution of product configuration systems[J]. International Journal of Production Economics, 76 (1): 87-98.

Franceschini F, Maisano D A, Mastrogiacomo L. 2015. Customer requirement prioritization on QFD: a new proposal based on the generalized Yager's algorithm[J]. Research in Engineering Design, 26 (2): 171-187.

Franceschini F, Rupil A. 1999. Rating scales and prioritization in QFD[J]. International Journal of Quality & Reliability Management, 16 (1): 85-97.

Fuchs C, Diamantopoulos A. 2012. Customer-perceived positioning effectiveness: conceptualization, operationalization, and implications for new product managers[J]. Journal of Product Innovation Management, 29 (2): 229-244.

Fujita K. 2002. Product variety optimization under modular architecture[J]. Computer-Aided Design, 34 (12): 953-965.

Fujita K, Amaya H, Akai R. 2013. Mathematical model for simultaneous design of module commonalization and supply chain configuration toward global product family[J]. Journal of Intelligent Manufacturing, 24 (5): 991-1004.

Fung R Y K, Popplewell K, Xie J. 1998. An intelligent hybrid system for customer requirements analysis and product attribute targets determination[J]. International Journal of Production Research, 36 (1): 13-34.

Gans J S, King S P. 2006. Paying for loyalty: product bundling in oligopoly[J]. Journal of Industrial Economics, 54 (1): 43-62.

Ghosh B, Balachander S. 2007. Research note: competitive bundling and counterbundling with generalist and specialist firms[J]. Management Science, 53 (1): 159-168.

Glover F, Hultz J, Klingman D. 1979. Improved computer-based planning techniques[J]. Part II. Interfaces, 9 (4): 12-20.

Goldberg D E. 1989. Genetic algorithms in search, optimization, and machine learning[M]. Boston:

Addison-Wesley Professional.

Gonzalez-Zugasti J P，Otto K N，Baker J D. 2000. A method for architecting product platforms[J]. Research in Engineering Design，12（2）：61-72.

Green P E，Krieger A M. 1989. Recent contributions to optimal product positioning and buyer segmentation[J]. European Journal of Operational Research，41（2）：127-141.

Green P E，Krieger A M. 1992. An application of a product positioning model to pharmaceutical products[J]. Marketing Science，11（2）：117-132.

Green P E，Krieger A M. 1996. Individualized hybrid models for conjoint analysis[J]. Management Science，42（6）：850-867.

Guiltinan J P. 1987. The price bundling of services：a normative framework[J]. Journal of Marketing，51（2）：74-85.

Gupta S，Krishnan V. 2009. Integrated component and supplier selection for a product family[J]. Production and Operations Management，8（2）：163-182.

Haddadi S，Ouzia H. 2004. Effective algorithm and heuristic for the generalized assignment problem[J]. European Journal of Operational Research，153（1）：184-190.

Handel B R，Misra K. 2015. Robust new product pricing[J]. Marketing Science，34（6）：864-881.

Handel B R，Misra K，Roberts J W. 2013. Robust firm pricing with panel data[J]. Journal of Econometrics，174（2）：165-185.

Hansen E R. 1979. Global optimization using interval analysis：the one-dimensional case[J]. Journal of Optimization Theory and Applications，29（3）：331-344.

Hansen E，Walster G W. 2004. Global Optimization Using Interval Analysis[M]. New York：Marcel Dekker.

Hansen P，Jaumard B，Meyer C，et al. 1998. New algorithms for product positioning[J]. European Journal of Operational Research，104（1）：154-174.

Hanson W，Martin K. 1996. Optimizing multinomial logit profit functions[J]. Management Science，42（7）：992-1003.

Hanson W，Martin R K. 1990. Optimal bundle pricing[J]. Management Science，36（2）：155-174.

Hao J K，Dorne R，Galinier P. 1998. Tabu search for frequency assignment in mobile radio networks[J]. Journal of Heuristics，4（1）：47-62.

Hartmann S. 1998. A competitive genetic algorithm for resource-constrained project scheduling[J]. Naval Research Logistics，45（7）：733-750.

Hartmann S，Kolisch R. 2000. Experimental evaluation of state-of-the-art heuristics for the resource-constrained project scheduling problem[J]. European Journal of Operational Research，127（2）：394-407.

Hauser J. 1988. The house of quality[J]. Harvard Business Review，66（3）：63-73.

Hausman J A，Wise D A. 1978. A conditional probit model for qualitative choice：discrete decisions recognizing interdependence and heterogeneous preferences'[J]. Econometrica，46(2)：403-426.

He W，Ni Q F，Lee I B H. 2003. Enterprise business information management system based on PDM framework[R]. Washington：IEEE International Conference on Systems，Man and Cybernetics.

Heinrich M, Jungst EW. 1991. A resource-based paradigm for the configuring of technical systems from modular components[R]. Florida: IEEE Conference on Artificial Intelligence Applications.

Herlocker J L, Konstan J A, Terveen L G, et al. 2004. Evaluating collaborative filtering recommender systems[J]. ACM Transactions on Information Systems, 22 (1): 5-53.

Hess S, Bierlaire M, Polak J W. 2005. Estimation of value of travel-time savings using mixed logit models[J]. Transportation Research Part A-policy and Practice, 39 (2/3): 221-236.

Hill T. 1999. Manufacturing Strategy: Text and Cases[M]. New York: McGraw-Hill.

Hitt L M, Chen P Y. 2005. Bundling with customer self-selection: a simple approach to bundling low-marginal-cost goods[J]. Management Science, 51 (10): 1481-1493.

Ho W. 2008. Integrated analytic hierarchy process and its applications – a literature review[J]. European Journal of Operational Research, 186 (1): 211-228.

Hofmann T. 2004. Latent semantic models for collaborative filtering[J]. ACM Transactions on Information Systems, 22 (1): 89-115.

Holland J H. 1975. Adaptation in Natural and Artificial Systems[M]. Ann Arbor: University of Michigan Press.

Hölttä K, Salonen M. 2003. Comparing three modularity methods[R]. Chicago: ASME Design Engineering Technical Conferences.

Horst R, Tuy H. 1993. Global Optimization: Deterministic Approaches[M]. Berlin: Springer-Verlag.

Hsieh C H, Chen S H. 1999. A model and algorithm of fuzzy product positioning[J]. Information Sciences, 121 (1): 61-82.

Hsu T H, Chu K M, Chan H C. 2000. Fuzzy clustering on market segment[R]. San Antoni: IEEE International Conference on Fuzzy Systems.

Huang G Q, Zhang X Y, Liang L. 2005. Towards integrated optimal configuration of platform products, manufacturing processes, and supply chains[J]. Journal of Operations Management, 23 (3/4): 267-290.

Huang Y S, Hsu C S, Ho J W. 2014. Dynamic pricing for fashion goods with partial backlogging[J]. International Journal of Production Research, 52 (14): 4299-4314.

Hughes A. 2012. Strategic Database Marketing: The Master Plan for Starting and Managing a Profitable, Customer Based Marketing Program[M]. 4th ed. New York: McGraw-Hill Education.

Hui W, Yoo B, Choudhary V, et al. 2012. Sell by bundle or unit?: Pure bundling versus mixed bundling of information goods[J]. Decision Support Systems, 53 (3): 517-525.

Ji P, Jin J, Wang T, et al. 2014. Quantification and integration of Kano's model into QFD for optimising product design[J]. International Journal of Production Research, 52(21): 6335-6348.

Jia W Q, Liu Z Y, Lin Z Y, et al. 2016. Quantification for the importance degree of engineering characteristics with a multi-level hierarchical structure in QFD[J]. International Journal of Production Research, 54 (6): 1627-1649.

Jiang Y C, Shang J, Kemerer C F, et al. 2011. Optimizing E-tailer profits and customer savings: pricing multistage customized online bundles[J]. Marketing Science, 30 (4): 737-752.

Jiao J X, Simpson T W, Siddique Z. 2007. Product family design and platform-based product development：a state-of-the-art review[J]. Journal of Intelligent Manufacturing，18（1）：5-29.

Jing B. 2011. Social learning and dynamic pricing of durable goods[J]. Marketing Science，30（5）：851-865.

Jørgensen S. 1986. Optimal dynamic pricing in an oligopolistic market：a survey[J]. Lecture Notes in Economics and Mathematical Systems，265：179-237.

Kachani S，Shmatov K. 2011. Competitive pricing in a multi-product multi-attribute environment[J]. Production and Operations Management，20（5）：668-680.

Kahraman C，Ertay T，Büyüközkan G . 2006. A fuzzy optimization model for QFD planning process using analytic network approach[J]. European Journal of Operational Research，171（2）：390-411.

Kamakura W A，Russell G J. 1989. A probabilistic choice model for market segmentation and elasticity structure[J]. Journal of Marketing Research，26（4）：379-390.

KanoN，Seraku N，Takahashi F，et al. 1984. Attractive quality and must-be quality[J]. The Journal of the Japanese Society for Quality Control，14（2）：147-156.

Kaul A，Rao V R. 1995. Research for product positioning and design decisions：an integrative review[J]. International Journal of Research in Marketing，12（4）：293-320.

Kenan N，Jebali A，Diabat A. 2017. An integrated flight scheduling and fleet assignment problem under uncertainty[J]. Computers & Operations Research，100：333-342.

Kim J B，Albuquerque P，Bronnenberg B J. 2017. The probit choice model under sequential search with an application to online retailing[J]. Management Science，63（11）：3911-3929.

Kim S，Moon S K. 2017. Sustainable product family configuration based on a platform strategy[J]. Journal of Engineering Design，28（10）：731-764.

Klašnja-Milićević A，Ivanović M，Nanopoulos A. 2015. Recommender systems in e-learning environments：a survey of the state-of-the-art and possible extensions[J]. Artificial Intelligence Review，44（4）：571-604.

Klein R，Scholl A. 1999. Computing lower bounds by destructive improvement：an application to resource-constrained project scheduling[J]. European Journal of Operational Research，112（2）：322-346.

Kogan K，Shtub A. 1997. DGAP - the dynamic generalized assignment problem[J]. Annals of Operations Research，69：227-239.

Kohli R，Jedidi K. 2015. Error theory for elimination by aspects[J]. Operations Research，63（3）：512-526.

Kohli R，Jedidi K. 2017. Relation between EBA and nested logit models[J]. Operations Research，65（3）：621-634.

Kohli R，Krishnamurti R. 1989. Optimal product design using conjoint analysis：computational complexity and algorithms[J]. European Journal of Operational Research，40（2）：186-195.

Kohli R，Sukumar R. 1990. Heuristics for product-line design using conjoint analysis[J]. Management Science，36（12）：1464-1478.

Kornish L J. 2001. Pricing for a durable-goods monopolist under rapid sequential innovation[J].

Management Science，47（11）：1552-1561.

Kraus U G，Yano C A. 2003. Product line selection and pricing under a share-of-surplus choice model[J]. European Journal of Operational Research，150（3）：653-671.

Kuhn H W. 1955. The Hungarian method for the assignment problem[J]. Naval Research Logistics Quarterly，2（1/2）：83-97.

Kuksov D，Lin Y F. 2010. Information provision in a vertically differentiated competitive marketplace[J]. Marketing Science，29（1）：122-138.

Kumar D，Chen W，Simpson T W. 2009. A market-driven approach to the design of platform-based product families[J]. International Journal of Production Research，47（1）：71-104.

Kumar V. 1992. Algorithms for constraint-satisfaction problems：a survey[J]. Ai Magazine，13（1）：32-44.

Kuo R J，Ho L M，Hu C M. 2002. Cluster analysis in industrial market segmentation through artificial neural network[J]. Computers & Industrial Engineering，42（2/3/4）：391-399.

Kuok C M，Fu A D，Wong M H. 1998. Mining fuzzy association rules in databases[J]. ACM SIGMOD Record，27（1）：41-46.

Kurata H，Nam S H. 2010. After-sales service competition in a supply chain：optimization of customer satisfaction level or profit or both?[J]. International Journal of Production Economics，127（1）：136-146.

Kurata H，Nam S H. 2013. After-sales service competition in a supply chain：does uncertainty affect the conflict between profit maximization and customer satisfaction?[J]. International Journal of Production Economics，144（1）：268-280.

Kutschenreiter-Praszkiewicz I. 2013. Application of neural network in QFD matrix[J]. Journal of Intelligent Manufacturing，24（2）：397-404.

Kwong C K，Bai H. 2003. Determining the importance weights for the customer requirements in QFD using a fuzzy AHP with an extent analysis approach[J]. IIE Transactions，35（7）：619-626.

Kwong C K，Luo X G，Tang J F. 2011. A methodology for optimal product positioning with engineering constraints consideration[J]. International Journal of Production Economics，132（1）：93-100.

Kwong C K，Luo X G，Tang J F. 2011. A multiobjective optimization approach for product line design[J]. IEEE Transactions on Engineering Management，58（1）：97-108.

Laguna M，Kelly J P，González-Velarde J，et al. 1995. Tabu search for the multilevel generalized assignment problem[J]. European Journal of Operational Research，82（1）：176-189.

Lam J S L，Lai K H. 2015. Developing environmental sustainability by ANP-QFD approach：the case of shipping operations[J]. Journal of Cleaner Production，105：275-284.

Lee C K M，Ru C T Y，Yeung C L，et al. 2015. Analyze the healthcare service requirement using fuzzy QFD[J]. Computers in Industry，74：1-15.

Levin Y，McGill J，Nediak M. 2009. Dynamic pricing in the presence of strategic consumers and oligopolistic competition[J]. Management Science，55（1）：32-46.

Levin Y，McGill J，Nediak M. 2010. Optimal dynamic pricing of perishable items by a monopolist facing strategic consumers[J]. Production and Operations Management，19（1）：40-60.

Li F C，Xu L D，Jin C X，et al. 2012. Study on solution models and methods for the fuzzy assignment problems[J]. Expert Systems with Applications，39（12）：11276-11283.

Li H M，Huh W T. 2011. Pricing multiple products with the multinomial logit and nested logit models：concavity and implications[J]. Manufacturing & Service Operations Management，13（4）：549-563.

Li H M，Webster S. 2017. Optimal pricing of correlated product options under the paired combinatorial logit model[J]. Operations Research，65（5）：1215-1230.

Li M Q，Feng H Y，Chen F Z，et al. 2013. Numerical investigation on mixed bundling and pricing of information products[J]. International Journal of Production Economics，144（2）：560-571.

Li M，Jin L，Wang J. 2014. A new MCDM method combining QFD with TOPSIS for knowledge management system selection from the user's perspective in intuitionistic fuzzy environment[J]. Applied Soft Computing，21：28-37.

Li T，Zhang H T. 2015. Information sharing in a supply chain with a make-to-stock manufacturer[J]. Omega，50：115-125.

Li Y L，Tang J F，Chin K S，et al. 2011. Estimating the final priority ratings of engineering characteristics in mature-period product improvement by MDBA and AHP[J]. International Journal of Production Economics，131（2）：575-586.

Li Y L，Tang J F，Chin K S，et al. 2012a. A rough set approach for estimating correlation measures in quality function deployment[J]. Information Sciences，189：126-142.

Li Y L，Chin K S，Luo X G，2012b. Determining the final priority ratings of customer requirements in product planning by MDBM and BSC[J]. Expert Systems with Applications，39（1）：1243-1255.

Li Y L，Tang J F，Luo X G，et al. 2009. An integrated method of rough set，Kano's model and AHP for rating customer requirements' final importance[J]. Expert Systems With Applications，36（3）：7045-7053.

Li Y L，Tang J F，Luo X G. 2010. An ECI-based methodology for determining the final importance ratings of customer requirements in MP product improvement[J]. Expert Systems with Applications，37（9）：6240-6250.

Liao C N，Kao H P. 2014. An evaluation approach to logistics service using fuzzy theory，quality function development and goal programming[J]. Computers & Industrial Engineering，68：54-64.

Lin S. 2017. Add-on policies under vertical differentiation：why do luxury hotels charge for Internet while economy hotels do not?[J]. Marketing Science，36（4）：610-625.

Liu J，Chen Y Z，Zhou J，et al. 2016. An exact expected value-based method to prioritize engineering characteristics in fuzzy quality function deployment[J]. International Journal of Fuzzy Systems，18（4）：630-646.

Liu Q，Zhang D. 2013. Dynamic pricing competition with strategic customers under vertical product differentiation[J]. Management Science，59（1）：84-101.

Liu Y Y，Chen Y Z，Zhou J，et al. 2015. Fuzzy linear regression models for QFD using optimized h values[J]. Engineering Applications of Artificial Intelligence, 39: 45-54.

Lobel R, Perakis G. 2011. Dynamic pricing through sampling based optimization[R]. Antalya: the 51st Airline Group of The International Federation Operational Research Societies Annual Symoposium and Study Group Meeting.

Lu M H, Madu C N, Kuei C H, et al. 1994. Integrating QFD, AHP and benchmarking in strategic marketing[J]. Journal of Business & Industrial Marketing, 9 (1): 41-50.

Luce R D. 1959. Individual Choice Behavior: A Theoretical Analysis[M]. New York: John Wiley.

Luenberger D G. 1973. Linear and Nonlinear Programming[M]. Boston: Addison-Wesley Publishing.

Luo X G, Kwong C K, Tang J F. 2010. Determining optimal levels of engineering characteristics in quality function deployment under multi-segment market[J]. Computers & Industrial Engineering, 59 (1): 126-135.

Luo X G, Kwong C K, Tang J F, et al. 2011. Integrating supplier selection in optimal product family design[J]. International Journal of Production Research, 49 (14): 4195-4222.

Luo X G, Kwong C K, Tang J F, et al. 2012. Optimal product positioning with consideration of negative utility effect on consumer choice rule[J]. Decision Support Systems, 54 (1): 402-413.

Luo X G, Li W, Kwong C K, et al. 2016. Optimisation of product family design with consideration of supply risk and discount[J]. Research in Engineering Design, 27 (1): 37-54.

Luo X G, Tang J F, Kwong C K. 2010. A QFD-based optimization method for a scalable product platform[J]. Engineering Optimization, 42 (2): 141-156.

Luo X G, Tang J F, Wang D W. 2008. An optimization method for components selection using quality function deployment[J]. The International Journal of Advanced Manufacturing Technology, 39 (1/2): 158-167.

Luo X G, Tu Y L, Tang J F, et al. 2008. Optimizing customer's selection for configurable product in B2C e-commerce application[J]. Computers in Industry, 59 (8): 767-776.

Lv Y, Guo G, Cheng D J. 2004. An integrated approach for market segmentation and visualization based on consumers' preference data[R]. Shanghai: 2004 International Conference on Machine Learning and Cybernetics.

Martin M V, Ishii K. 2002. Design for variety: developing standardized and modularized product platform architectures[J]. Research in Engineering Design, 13 (4): 213-235.

Matutes C, Regibeau P. 1992. Compatibility and bundling of complementary goods in a duopoly[J]. The Journal of Industrial Economics, 40 (1): 37-54.

McAfee R P, McMillan J, Whinston M D. 1989. Multiproduct monopoly, commodity bundling, and correlation of values[J]. The Quarterly Journal of Economics, 104 (2): 371-383.

McCardle K F, Rajaram K, Tang C S. 2007. Bundling retail products: models and analysis[J]. European Journal of Operational Research, 177 (2): 1197-1217.

McFadden D. 1974. Conditional logit analysis of qualitative choice behavior, in Frontiers in Econometrics[J]. Academic Press, 1 (2): 105-142.

McFadden D, Train K. 2000. Mixed MNL models for discrete response[J]. Journal of Applied Econometrics, 15 (5): 447-470.

McFadden D. Modelling the choice of residential location[C]//Karlqvist A，Snickars F，Weibull J. in Spatial Interaction Theory and Planning Models. Amsterdam：North Holland Publishing：75-96.

Mcguinness D L，Borgida A. 1995. Explaining subsumption in description logics[R]. Montreal：International Joint Conference on Artificial Intelligence.

Mehta G，Lou Y Y. 2013. Modeling school bus seat belt usage：nested and mixed logit approaches[J]. Accident Analysis & Prevention，51：56-67.

Mesihovic S，Malmqvist J，Pikosz P. 2004. Product data management system-based support for engineering project management[J]. Journal of Engineering Design，15（4）：389-403.

Messac A，Martinez M P，Simpson T W. 2002. Effective product family design using physical programming[J]. Engineering Optimization，34（3）：245-261.

Meyer M H，Lehnerd A P. 1997. The Power of Product Platforms：Building Value and Cost Leadership[M]. New York：Free Press.

Meyer M H，Utterback J M. 1993. The product family and the dynamics of core capability[J]. Sloan Management Review，34：29-47.

Mikkola J H，Gassmann O. 2003. Managing modularity of product architectures：toward an integrated theory[J]. IEEE Transactions on Engineering Management，50（2）：204-218.

Mishra V K，Natarajan K，Padmanabhan D，et al. 2014. On theoretical and empirical aspects of marginal distribution choice models[J]. Management Science，60（6）：1511-1531.

Mittal S，Falkenhainer B. 1990. Dynamic constraint satisfaction problems[R]. Boston：The Eighth National Conference on Artificial Intelligence.

Mittal S，Frayman F. 1989. Towards a generic model of configuration[R]. Detroit：International Joint Conference on Artificial Intelligence.

Moon S K，Shu J，Simpson T W，et al. 2010. A module-based service model for mass customization：service family design[J]. IIE Transactions，43（3）：153-163.

Moore W L，Louviere J J，Verma R. 1999. Using conjoint analysis to help design product platforms[J]. Journal of Product Innovation Management，16（1）：27-39.

Moorthy K S. 1988. Product and price competition in a duopoly[J]. Marketing Science，7（2）：141-168.

Moorthy K S，Png I P L. 1992. Market segmentation，cannibalization，and the timing of product introductions[J]. Management Science，38（3）：345-359.

Moussavi S E，Mahdjoub M，Grunder O. 2019. A matheuristic approach to the integration of worker assignment and vehicle routing problems：application to home healthcare scheduling[J]. Expert Systems with Applications，125：317-332.

Mussa M，Rosen S. 1978. Monopoly and product quality[J]. Journal of Economic Theory，18（2）：301-317.

Nalebuff B. 2004. Bundling as an entry barrier[J]. The Quarterly Journal of Economics，119（1）：159-187.

Narasimhan C. 1984. A price discrimination theory of coupons[J]. Marketing Science，3(2)：128-147.

Natarajan K，Song M，Teo C P. 2009. Persistency model and its applications in choice modeling[J].

Management Science，55（3）：453-469.

Nayak R U，Chen W，Simpson T W. 2002. A variation-based method for product family design[J]. Engineering Optimization，34（1）：65-81.

Newman J P，Ferguson M E，Garrow L A，et al. 2014. Estimation of choice-based models using sales data from a single firm[J]. Manufacturing & Service Operations Management，16（2）：184-197.

Paramasivam M，Plaisted D A. 1998. Automated deduction techniques for classification in description logic systems[J]. Journal of Automated Reasoning，20（3）：337-364.

Park J，Shin D，Insun P，et al. 2008. A product platform concept exploration method for product family design，in Design Theory and Methodology[J]. Journal of Engineering Design，19（6）：515-532.

Patterson J H. 1984. A comparison of exact approaches for solving the multiple constrained resource，project scheduling problem[J]. Management Science，30（7）：854-867.

Pawlak Z，Skowron A. 2007. Rudiments of rough sets[J]. Information Sciences，177（1）：3-27.

Pazzani M，Billsus D. 1997. Learning and revising user profiles：the identification of interesting web sites[J]. Machine Learning，27（3）：313-331.

Perçin S，Min H. 2013. Optimal machine tools selection using quality function deployment and fuzzy multiple objective decision making approach[J]. Journal of Intelligent & Fuzzy Systems，24（1）：163-174.

Prasad A，Venkatesh R，Mahajan V. 2010. Optimal bundling of technological products with network externality[J]. Management Science，56（12）：2224-2236.

Qi W，Luo X G，Wang H H，et al. 2019a. Robust product positioning considering customer preferences[J]. IEEE Systems Journal，13（3）：2154-2165.

Qi W，Luo X G，Yu Y，et al. 2019b. Product line optimisation based on semiparametric choice model[J]. International Journal of Production Research，58（2）：1-17.

Raharjo H，Brombacher A C，Goh T N，et al. 2010. On integrating Kano's model dynamics into QFD for multiple product design[J]. Quality and Reliability Engineering International，26（4）：351-363.

Rajan A，Rakesh，Steinberg R. 1992. Dynamic pricing and ordering decisions by a monopolist[J]. Management Science，38（2）：240-262.

Rao V R，Russell G J，Bhargava H，et al. 2018. Emerging trends in product bundling：investigating consumer choice and firm behavior[J]. Customer Needs and Solutions，5（1/2）：107-120.

Reinartz W，Kumar V. 2003. The impact of customer relationship characteristics on profitable lifetime duration[J]. Journal of Marketing，67（1）：77-99.

Rijal A，Bijvank M，de Koster R. 2019. Integrated scheduling and assignment of trucks at unit-load cross-dock terminals with mixed service mode dock doors[J]. European Journal of Operational Research，278（3）：752-771.

Salton G. 1988. Automatic Text Processing：The Transformation Analysis and Retrieval of Information by Computer[M]. Redwood City：Addison-Wesley.

Sarwar B，Karypis G，Konstan J，et al. 2001. Item-based collaborative filtering recommendation algorithms[R]. Hong Kong：International Conference on World Wide Web.

Savelsbergh M. 1997. A branch-and-price algorithm for the generalized assignment problem[J]. Operations Research，45（6）：831-841.

Schafer J B，Konstan J A，Riedl J. 1999. Recommender systems in e-commerce[R]. Taipei：World Automation Congress.

Schlosser R. 2015. A stochastic dynamic pricing and advertising model under risk aversion[J]. Journal of Revenue and Pricing Management，14（6）：451-468.

Schmalensee R. 1982. Commodity bundling by single-product monopolies[J]. The Journal of Law and Economics，25（1）：67-71.

Schmalensee R，Thisse J F. 1988. Perceptual maps and the optimal location of new products：an integrative essay[J]. International Journal of Research in Marketing，5（4）：225-249.

Sener Z，Karsak E E. 2010. A decision model for setting target levels in quality function deployment using nonlinear programming-based fuzzy regression and optimization[J]. The International Journal of Advanced Manufacturing Technology，48（9）：1173-1184.

Sheikhzadeh M，Elahi E. 2013. Product bundling：impacts of product heterogeneity and risk considerations[J]. International Journal of Production Economics，144（1）：209-222.

Shen M X，Tzeng G，Liu D R. 2003. Multi-criteria task assignment in workflow management systems[R]. Big Island：Hawaii International Conference on System Sciences.

Shima T，Rasmussen S J，Sparks A G，et al. 2006. Multiple task assignments for cooperating uninhabited aerial vehicles using genetic algorithms[J]. Computers & Operations Research，33（11）：3252-3269.

Shocker A D，Srinivasan V. 1974. A consumer-based methodology for the identification of new product ideas[J]. Management Science，20（6）：921-937.

Shocker A D，Srinivasan V. 1979. Multiattribute approaches for product concept evaluation and generation：a critical review[J]. Journal of Marketing Research，16（2）：159-180.

Shugan S M，Moon J，Shi Q N，et al. 2017. Product line bundling：why airlines bundle high-end while hotels bundle low-end[J]. Marketing Science，36（1）：124-139.

Shugan S M，Xie J H. 2000. Advance pricing of services and other implications of separating purchase and consumption[J]. Journal of Service Research，2（3）：227-239.

Silberhorn N，Boztuğ Y，Hildebrandt L. 2008. Estimation with the nested logit model：specifications and software particularities[J]. OR Spectrum，30（4）：635-653.

Simpson T W. 2004. Product platform design and customization：status and promise[J]. Artificial Intelligence for Engineering Design，Analysis and Manufacturing，18（1）：3-20.

Simpson T W，Maier J R A，Mistree F. 1999. A product platform concept exploration method for product family design[R]. Las Vegas：ASME Design Engineering Technical Conference.

Simpson T W，Siddique Z，Jiao J R. 2006. Product Platform and Product Family Design：Methods and Applications[M]. New York：Springer.

Sireli Y，Kauffmann P，Ozan E. 2007. Integration of Kano's model into QFD for multiple product design[J]. IEEE Transactions on Engineering Management，54（2）：380-390.

Slater P J P. 1999. Pconfig：a web-based configuration tool for Configure-To-Order products[J]. Knowledge Based Systems，12（5/6）：223-230.

Song J S，Xue Z L. 2007. Demand management and inventory control for substitutable products[P]. Working Paper，Duke University.

Song W Y，Ming X G，Han Y. 2014. Prioritising technical attributes in QFD under vague environment：a rough-grey relational analysis approach[J]. International Journal of Production Research，52（18）：5528-5545.

Sosa M E，Eppinger S D，Rowles C M. 2004. The misalignment of product architecture and organizational structure in complex product development[J]. Management Science，50（12）：1674-1689.

Sousa-Zomer T T，Miguel P A C. 2017. A QFD-based approach to support sustainable product-service systems conceptual design[J]. The International Journal of Advanced Manufacturing Technology，88（1）：701-717.

Spann M，Fischer M，Tellis G J. 2015. Skimming or penetration? Strategic dynamic pricing for new products[J]. Marketing Science，34（2）：235-249.

Srinivas N，Deb K. 1994. Multiobjective optimization using nondominated sorting in genetic algorithms[J]. Evolutionary Computation，2（3）：221-248.

Srivastava J，Cooley R W. 2000. Web usage mining：discovery and application of interesting patterns[J]. Acm Sigkdd Explorations Newsletter，1（2）：12-23.

Steiner W J，Hruschka H. 2002. A probabilistic one-step approach to the optimal product line design problem using conjoint and cost data[P]. Review of Marketing Science Working Papers1-4-1003.

Stewart D W，Myers J H. 1998. Segmentation and positioning for strategic marketing decisions[J]. Journal of Marketing Research，35（1）：128.

Stigler G J. 1963. United States v. Loew's Inc. : a note on block-booking[J]. The Supreme Court Review，1963：152-157.

Stremersch S，Tellis G J. 2002. Strategic bundling of products and prices：a new synthesis for marketing[J]. Journal of Marketing，66（1）：55-72.

Stüttgen P，Boatwright P，Monroe R T. 2012. A satisficing choice model[J]. Marketing Science，31（6）：878-899.

Su X M. 2010. Optimal pricing with speculators and strategic consumers[J]. Management Science，56（1）：25-40.

Sudharshan D，May J H，Shocker A D. 1987. A simulation comparison of methods for new product location[J]. Marketing Science，6（2）：182-201.

Tan K C，Shen X X. 2000. Integrating Kano's model in the planning matrix of quality function deployment[J]. Total Quality Management，11（8）：1141-1151.

Tang J F，Fung R Y K，Xu B D，et al. 2002. A new approach to quality function deployment planning with financial consideration[J]. Computers & Operations Research，29（11）：1447-1463.

Tang J F，Mu L F，Kwong C K，et al. 2011. An optimization model for software component selection under multiple applications development[J]. European Journal of Operational Research，212（2）：

301-311.

Tang J F，Wu Z Q，Kwong C K，et al. 2013. Integrated production strategy and reuse scenario：a CoFAQ model and case study of mail server system development[J]. Omega，41（3）：536-552.

Teghem J，Pirlot M，Antoniadis C. 1995. Embedding of linear programming in a simulated annealing algorithm for solving a mixed integer production planning problem[J]. Journal of Computational and Applied Mathematics，64（1/2）：91-102.

Thurstone L L. 1994. A law of comparative judgment[J]. Psychological Review，101（2）：266-270.

Tomiyama T，Shimomura Y，Watanabe K. 2004. A note on service design methodology[R]. Salt Lake City：ASME 2004 International Design Engineering Technical Conferences and Computers and Information in Engineering Conference.

Train K E. 2003. Discrete Choice Methods with Simulation：GEV[M]. Cambridge：Cambridge University Press.

Tsafarakis S，Doulamis A，Matsatsinis N F. 2008. An integrated market simulation model for the design of new products[R]. Singapor：IEEE International Engineering Management Conference.

Tsang E. 1993. Foundations of Constraint Satisfaction[M]. London：Academic Press.

Tseng H E，Chang C C，Chang S H. 2005. Applying case-based reasoning for product configuration in mass customization environments[J]. Expert Systems with Applications，29（4）：913-925.

Tversky A. 1972. Choice by elimination[J]. Journal of Mathematical Psychology，9（4）：341-367.

Tversky A. 1972. Elimination by aspects：a theory of choice[J]. Psychological Review，79（4）：281-299.

Ulrich K T，Eppinger S D. 2015. Product Design and Development[M]. New York：McGraw-Hill Education.

Urban G L，Hauser J R. 1993. Design and Marketing of New Products[M]. Englewood Cliffs：Prentice Hall Press.

Vassiliou C，Stamoulis D，Martakos D. 2006. A hybrid content-based clustering architecture：minimising uncertainty in personalised multimedia content[J]. International Journal of Intelligent Systems Technologies and Applications，1（3/4）：319-345.

Venkatesh R，Kamakura W. 2003. Optimal bundling and pricing under a monopoly：contrasting complements and substitutes from independently valued products[J]. The Journal of Business，76（2）：211-232.

Venkatesh R，Mahajan V. 1993. A probabilistic approach to pricing a bundle of products or services[J]. Journal of Marketing Research，30（4）：494-508.

Venkatesh R，Mahajan V. 2009. The design and pricing of bundles：a review of normative guidelines and practical approaches[C]//Rao V. Handbook of Pricing Research in Marketing. Northampton：Edward Elgar Publishing：232-257.

Walczak D，Brumelle S. 2007. Semi-Markov information model for revenue management and dynamic pricing[J]. OR Spectrum，29（1）：61-83.

Wang C H，Chen J N. 2012. Using quality function deployment for collaborative product design and optimal selection of module mix[J]. Computers & Industrial Engineering，63（4）：1030-1037.

Wang F，Li H，Liu A J，et al. 2015. Hybrid customer requirements rating method for customer-oriented product design using QFD[J]. Journal of Systems Engineering and Electronics，26（3）：533-543.

Wang J. 1999. Fuzzy outranking approach to prioritize design requirements in quality function deployment[J]. International Journal of Production Research，37（4）：899-916.

Wang R X，Wang Z Z. 2017. Consumer choice models with endogenous network effects[J]. Management Science，63（11）：3944-3960.

Wang Y M，Chin K S. 2011. A linear goal programming approach to determining the relative importance weights of customer requirements in quality function deployment[J]. Information Sciences，181（24）：5523-5533.

Ward S B. 1957. Tying arrangements and the leverage problem[J]. The Yale Law Journal，67（1）：19-36.

Wasserman G S. 1993. On how to prioritize design requirements during the QFD planning process[J]. IIE Transactions，25（3）：59-65.

Wei X. 2010. Rough AHP approach for determining the importance ratings of customer requirements in QFD[J]. Computer Integrated Manufacturing Systems，2010. 16（4）：763-771.

Wen C H. 2010. Alternative tree structures for estimating nested logit models with mixed preference data[J]. Transportmetrica，6（4）：291-309.

Whinston M D. 1990. Tying，Foreclosure，and Exclusion[J]. The American Economic Review，80（4）：837-859.

Williams C B，Allen J K，Rosen D W，et al. 2004. Designing platforms for customizable products in markets with non-uniform demand[J]. Salt Lake City：ASME 2004 International Design Engineering Technical Conferences and Information in Engineering Conference.

Williams H L. 1977. On the formation of travel demand models and economic evaluation measures of user benefit[J]. Environment and Planning A：Economy and Space，9（3）：285-344.

Wilson J M. 2005. An algorithm for the generalized assignment problem with special ordered sets[J]. Journal of Heuristics，11（4）：337-350.

Wu M C，Sun S H. 2006. A project scheduling and staff assignment model considering learning effect[J]. The International Journal of Advanced Manufacturing Technology，28（11/12）：1190-1195.

Wu S L，Chen S L. 2011. A bi-level algorithm for product line design and pricing[J]. IEEE Transaction on Engineering Management，58（1）：97-108.

Wu S Y，Hitt L M，Chen P Y，et al. 2008. Customized bundle pricing for information goods：a nonlinear mixed-integer programming approach[J]. Management Science，54（3）：608-622.

Wu X D，Li J，Khasawneh M T. 2020. Rule-based task assignment and scheduling of medical examinations for heterogeneous MRI machines[J]. Journal of Simulation，14（3）：189-203.

Xiao W X，Du G，Zhang Y Y，et al. 2018. Coordinated optimization of low-carbon product family and its manufacturing process design by a bilevel game-theoretic model[J]. Journal of Cleaner Production，184：754-773.

Xie H, Henderson P, Neelamkavil J, et al. 2004. A systematic search strategy for product configuration[R]. Ottawa: Industrial and Engineering Applications of Artificial Intelligence and Expert Systems.

Xie X L, Beni G. 1991. A validity measure for fuzzy clustering[J]. IEEE Transactions on Pattern Analysis and Machine Intelligence, 13 (8): 841-847.

Xu X W, Hopp W J. 2009. Technical note: price trends in a dynamic pricing model with heterogeneous customers: a martingale perspective[J]. Operations Research, 57(5): 1298-1302.

Yadav M S, Monroe K B. 1993. How buyers perceive savings in a bundle price: an examination of a bundle's transaction value[J]. Journal of Marketing Research, 30 (3): 350-358.

Yadav M S. 1994. How buyers evaluate product bundles: a model of anchoring and adjustment[J]. Journal of Consumer Research, 21 (2): 342-353.

Yang B B, Ng C T. 2010. Pricing problem in wireless telecommunication product and service bundling[J]. European Journal of Operational Research, 207 (1): 473-480.

Yang Q Y, Yu S R, Jiang D. 2014. A modular method of developing an eco-product family considering the reusability and recyclability of customer products[J]. Journal of Cleaner Production, 64: 254-265.

Yigit A S, Allahverdi A. 2003. Optimal selection of module instances for modular products in reconfigurable manufacturing systems[J]. International Journal of Production Research, 41 (17): 4063-4074.

Yu T L, Yassine A A, Goldberg D E. 2003. A genetic algorithm for developing modular product architectures[R]. Chicago: ASME Design Engineering Technical Conferences.

Zaim S, Sevkli M, Camgöz-Akdağ H, et al. 2014. Use of ANP weighted crisp and fuzzy QFD for product development[J]. Expert Systems With Applications, 41 (9): 4464-4474.

Zhang J. 2006. An integrated choice model incorporating alternative mechanisms for consumers' reactions to in-store display and feature advertising[J]. Marketing Science, 25 (3): 278-290.

Zhang X Y, Huang G Q, Rungtusanatham M J. 2008. Simultaneous configuration of platform products and manufacturing supply chains[J]. International Journal of Production Research, 46 (21): 6137-6162.

Zhang Y Y. 2005. Product portfolio planning with customer-engineering interaction[J]. IIE Transactions, 37 (9): 801-814.

Zhang Z C, Luo X G, Kwong C K, et al. 2018. Impacts of service uncertainty in bundling strategies on heterogeneous consumers[J]. Electronic Commerce Research and Applications, 28: 230-243.

Zhang Z C, Luo X G, Kwong C K, et al. 2019. Return and refund policy for product and core service bundling in the dual-channel supply chain[J]. International Transactions in Operational Research, 26 (1): 223-247.

Zhang Z F, Cheng H, Chu X N. 2010. Aided analysis for quality function deployment with an Apriori-based data mining approach[J]. International Journal of Computer Integrated Manufacturing, 23 (7): 673-686.

Zhang Z F, Chu X N. 2009. Fuzzy group decision-making for multi-format and multi-granularity linguistic judgments in quality function deployment[J]. Expert Systems with Applications，36（5）：9150-9158.

Zhang Z L，Joseph K，Subramaniam R. 2015. Probabilistic selling in quality-differentiated markets[J]. Management Science，61（8）：1959-1977.

Zhang Z L，Luo X G，Garca S，et al. 2017a. Exploring the effectiveness of dynamic ensemble selection in the one-versus-one scheme[J]. Knowledge Based Systems，125：53-63.

Zhang Z L，Luo X G，García S，et al. 2017b. Cost-Sensitive back-propagation neural networks with binarization techniques in addressing multi-class problems and non-competent classifiers[J]. Applied Soft Computing，56：357-367.

Zhao Y X，Choi T，Cheng T C E，et al. 2014. Buyback contracts with price-dependent demands：effects of demand uncertainty[J]. European Journal of Operational Research，239（3）：663-673.

Zheng P，Xu X，Xie S Q. 2019. A weighted interval rough number based method to determine relative importance ratings of customer requirements in QFD product planning[J]. Journal of Intelligent Manufacturing，30（1）：3-16.

Zhong S Y，Zhou J，Chen Y Z. 2014. Determination of target values of engineering characteristics in QFD using a fuzzy chance-constrained modelling approach[J]. Neurocomputing，142：125-135.

Zhu L Z，Liu X W. 2010. Technical target setting in QFD for web service systems using an artificial neural network[J]. IEEE Transactions on Services Computing，3（4）：338-352.